PROCÈS

DES

DOCKS NAPOLÉON

Paris, —Imprimerie de L. MARTINET, rue Mignon, 2.

EXTRAIT

DE LA

TRIBUNE JUDICIAIRE

RÉDIGÉE PAR

J. SABBATIER

Ancien sténographe des Chambres législatives pour le *Moniteur universel.*

———◆———

PROCÈS

DES

DOCKS NAPOLÉON

———◆◦◦———

PARIS

BORRANI ET DROZ, LIBRAIRES-ÉDITEURS,

RUE DES SAINTS-PÈRES, 9.

—

1857

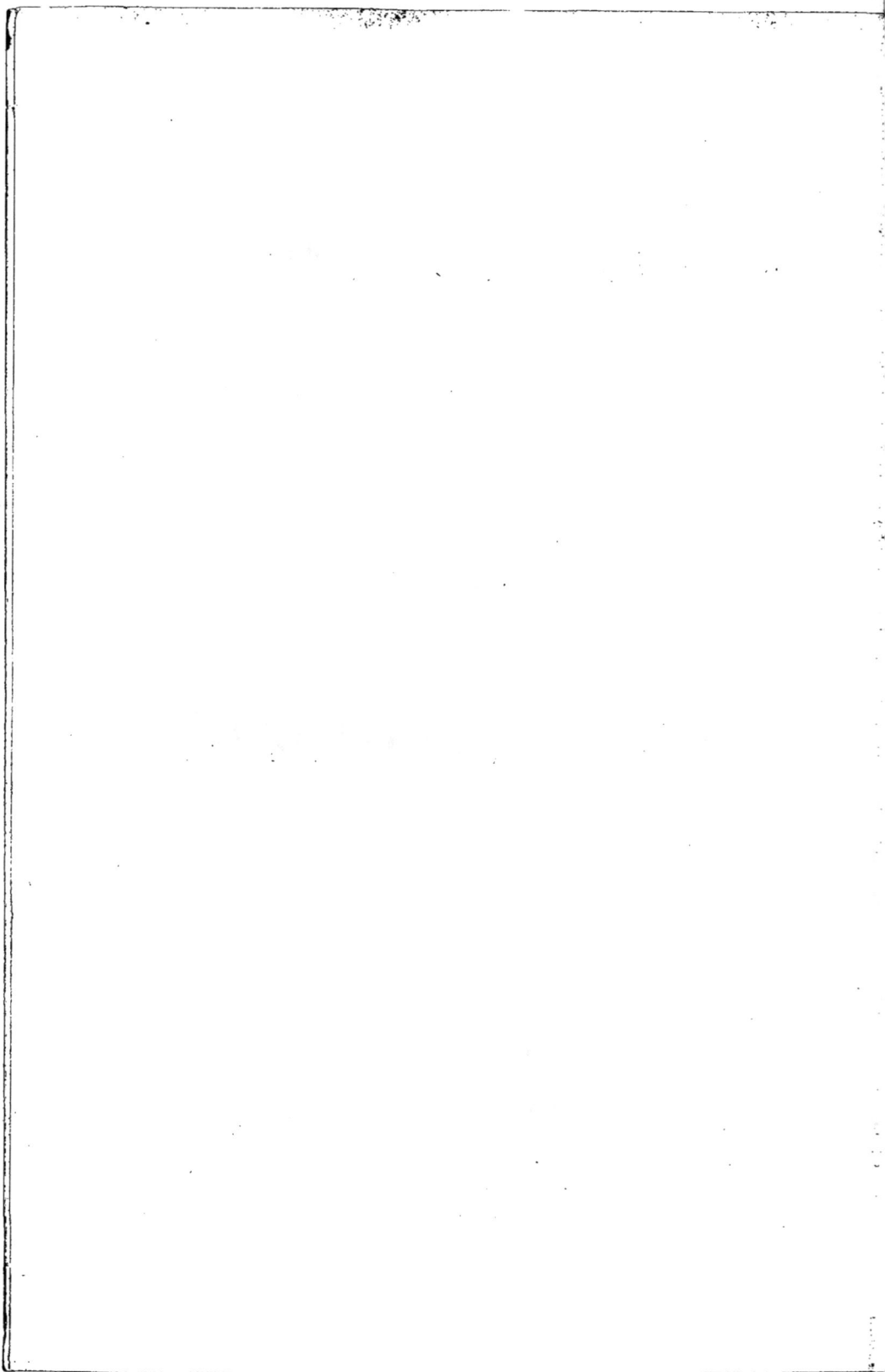

LA
TRIBUNE JUDICIAIRE.

—·—

TRIBUNAL CORRECTIONNEL DE LA SEINE.

(6ᵉ CHAMBRE.)

PRÉSIDENCE DE M. DUBARLE, Vice-Président.

DOCKS NAPOLÉON.

**Abus de confiance et escroquerie. — Dilapidation du fonds social.
Détournement de plusieurs millions.**

Ce procès est le plus important que nous ayions encore publié. Il est de ceux qui contribuent à caractériser une époque, car si les crimes et les délits se ressemblent tous en ce qu'ils sont l'expression de l'éternelle passion humaine, ils varient dans leurs formes suivant les mœurs des temps où ils se produisent. Nous nous attachons donc à donner un compte rendu fidèle et complet, malgré son étendue, du drame qui vient de se dérouler devant la 6ᵉ Chambre de la police correctionnelle. Les financiers y trouveront d'utiles enseignements ; le peuple des actionnaires une leçon d'expérience ; les jeunes avocats de beaux modèles de discussion ; la magistrature debout un effort suprême de l'esprit, de la logique et de l'éloquence réunis ; la magistrature assise elle-même, un modèle de clarté, de méthode, d'impartialité dans la direction des débats : tout ce qui concourt, en un mot, à donner à la Justice, dans notre pays, une si grande supériorité.

Le procès des Docks Napoléon touche à l'intérêt de nombreux actionnaires qui ont versé dans cette entreprise une somme que les débats ont fixée à plus de 20 millions. Les noms des principaux financiers de notre temps y sont directement ou indirectement mêlés.

Une volumineuse procédure comprend plusieurs milliers de pièces résumées ou analysées dans une expertise exacte et méthodique qui a duré plusieurs mois. Les avocats chargés de porter la parole pour les parties en cause appartiennent aux rangs les plus distingués du barreau. Parmi les cinq prévenus se trouvent le fils d'un illustre avocat, deux banquiers qui ont pendant quelques années occupé une place importante dans les grandes affaires financières. Tout se réunit donc pour attirer l'attention vivement éveillée du public.

Un décret du 17 septembre 1852 accordait à MM. Cusin, Legendre et Duchêne de Vère la concession de Docks à construire sur des terrains situés place de l'Europe, pour faire l'expérience en France d'une institution qui a pris un si grand développement en Angleterre.

Il fut accueilli lors de sa promulgation par une faveur très marquée. Les souscripteurs arrivèrent en foule pour solliciter des actions.

On fut très surpris de ne pas voir cette affluence suivie d'une prompte exécution. Le procès révélera les causes de ce long retard.

Après de nombreuses péripéties, une décision ministérielle du 21 juillet 1855 refusa l'homologation de la Société anonyme projetée par acte du 12 octobre 1852. Une inspection de finances fut ordonnée, et eut pour conséquence le retrait de la concession, sauf les droits des tiers, par décret du 19 décembre 1855.

Le 13 janvier 1856, MM. Cusin, Legendre et Duchêne de Vère furent mis en état d'arrestation.

L'instruction se poursuivit par les soins de M. Treilhard, juge d'instruction, et fut terminée au mois d'octobre.

M. le procureur impérial, après l'examen des pièces, requit un supplément d'instruction contre M. Orsi, qui en 1854 avait remplacé M. Duchêne de Vère, comme concessionnaire, et contre M. Arthur Berryer, qui avait rempli auprès de la Compagnie les fonctions de commissaire du gouvernement.

En décembre 1856, une ordonnance de renvoi en police correctionnelle fut rendue contre les cinq prévenus.

Ils avaient d'abord été assignés pour le 10 février. Mais, à la demande des avocats, l'affaire a été remise au 25 pour que les pièces pussent être examinées.

Au cours de l'instruction, les trois administrateurs provisoires qui ont été nommés par l'assemblée des actionnaires après l'arrestation des concessionnaires, se sont portés parties civiles au nom de la Compagnie.

La prévention a pour objet les délits d'abus de confiance et d'escroquerie qui auraient été commis au préjudice des actionnaires, dont les fonds n'ont été employés que jusqu'à concurrence de quelques millions à l'achat de terrains place de l'Europe, aux travaux de déblai nécessaires pour établir le sol au niveau des rails de la gare du chemin de fer du Havre, enfin à l'acquisition de l'entrepôt réel des douanes, de l'Entrepôt de l'octroi et de l'entrepôt libre, dits Entrepôts du Marais, sur le bord du canal Saint-Martin. Le surplus aurait été détourné par les prévenus pour être appliqué à d'autres opérations ou à des prélèvements personnels. MM. Cusin, Legendre et Duchêne de Vère sont cités comme coauteurs, MM. Arthur Berryer et Orsi comme complices.

M. ERNEST PINARD, substitut de M. le procureur impérial, occupe le siége du ministère public.

Mᵉ HENRY CELLIEZ, avocat, assisté de Mᵉ DENORMANDIE, avoué, se présente pour les administrateurs provisoires, parties civiles : MM. Torchet, Picard et Labot.

Les avocats des prévenus sont : Mᵉ NIBELLE, pour M. Cusin ; — Mᵉ DUFAURE, assisté de Mᵉ PICARD, avoué, pour M. Legendre ; — Mᵉ NOGENT-SAINT-LAURENS, pour M. Duchêne de Vère ; — Mᵉ GRÉVY, pour M. Orsi ; — Mᵉ MARIE, pour M. Arthur Berryer.

Audience du mercredi 25 février 1856.

INTERROGATOIRE DES PRÉVENUS.

CUSIN, 49 ans, ancien banquier, détenu.

M. LE PRÉSIDENT. — Vous étiez banquier à Paris lorsque, le 17 septembre 1852, parut le décret qui vous accordait, à vous et à vos associés, la concession des Docks ; vous étiez antérieurement à la tête, en qualité de banquier, de la Compagnie financière qui avait pour titre l'Union commerciale ?

CUSIN. — Oui, M. le président.

D. A quelle époque a été formée la Compagnie de l'Union commerciale ?

R. En 1846.

D. Quel était son capital ?

R. 3 millions réduits ensuite à 2 millions.

D. Dans quelle position pécuniaire était l'Union commerciale en 1852, au moment où la Société des Docks a été organisée?

R. Dans une situation très convenable, très satisfaisante.

D. Il résulte de l'examen auquel on s'est livré dans l'instruction que cette Compagnie devait être fondée par vous et par Legendre au capital de 12 millions, sur lesquels 3 millions étaient exigés pour la constitution de la Société, et que 2 millions seulement auraient été réalisés; que ces 2 millions formaient tout l'actif de la Société qui a fonctionné depuis 1845 jusqu'en 1849 avec un capital fictif?

R. La situation était extrêmement difficile à cette époque. Dès le mois de janvier 1846, la Banque avait haussé son escompte, qui avait été jusque-là de 4 pour 100, et c'était la première fois qu'un pareil fait se produisait.

Notre Société n'a pas été créée par un appel au public, elle a été en quelque sorte fondée en famille. Nos relations avaient amené non pas des promesses de souscriptions, comme cela se pratique dans toutes les Sociétés, mais des engagements verbaux en grand nombre. Quand est arrivé le mois d'août, la récolte ayant été peu abondante, tel qui devait prendre 15,000 francs d'actions n'en a pris que pour 10,000 francs. La situation des affaires a empiré de plus en plus, l'hiver de 1847 a été plus mauvais que celui de 1846, et enfin la révolution de février est arrivée. Cependant nous étions soutenus par l'espoir que ceux qui avaient pris des engagements verbaux les tiendraient; nous avons pu réunir une somme assez importante, et nous nous sommes empressés de la mettre à la disposition du commerce.

D. Nous vous parlons de ce fait parce qu'il a une certaine importance. En 1846, vous fondez une maison de banque qui devait avoir 3 millions de capital, et vous vous déclarez constitués avec 2 millions. C'est là une irrégularité qui ne doit pas tarder à se reproduire dans une autre Société d'une manière bien autrement grave. Veuillez préciser quelle était, au mois de septembre 1852, la situation de l'Union commerciale. Le capital de 2 millions avec lequel elle fonctionnait était-il disponible, pouvait-il s'appliquer à de grandes entreprises? N'était-il pas, au contraire, considérablement diminué par des dépenses préalables?

R. Il était liquide.

D. Il résulte du rapport de l'expert que votre gestion avait été imprudente, que vous aviez immobilisé la plus grande partie du capital qui vous avait été confié, et qu'au moment où les Docks ont commencé, votre fonds de roulement n'était que de 320,000 francs, ce qui réduisait l'importance de votre maison à de très faibles proportions?

R. Je dois faire observer que les maisons de banque ne peuvent pas conserver leur capital liquide. Une opération s'engage, elle peut durer deux ou trois mois, et on ne trouve pas toujours des fonds de roulement disponibles. Cela arrive dans toutes les grandes entreprises, où les premiers capitaux engagés en entraînent d'autres, si l'on ne veut pas s'exposer à les perdre. En 1849 et 1850, c'est-à-dire à une époque rapprochée de septembre 1852, nous nous étions engagés dans des opérations considérables en Espagne.

D. Et dans plusieurs autres, à Paris, qui absorbaient 15 ou 16,000,000 francs de votre capital. — Un autre fait au point de vue de l'Union commerciale : Vous étiez astreint à verser 250,000 francs, ainsi que votre co-associé Legendre, pour le montant d'actions qui devaient rester comme garantie de votre gestion. Vous n'aviez pas ces 250,000 francs, vous les avez empruntés et versés comme vos propres capitaux, puis vous les avez remboursés avec l'argent provenant de la caisse. Vous amoindrissiez de cette manière le capital social dans la proportion de 500,000 francs?

R. J'ai trouvé à emprunter 250,000 francs qui me manquaient. Évidemment, quand je me suis associé avec M. Legendre, je ne prévoyais pas que la révolution de février viendrait entraver les précautions que j'avais prises pour mon remboursement, qui était échelonné de six mois en six mois. La maison que nous prenions gagnait de 100 à 120,000 francs par an, je pouvais donc rembourser facilement. La révolution arrive, les époques de mes remboursements sont reculées, mais ils s'opèrent.

D. Je sais bien que les 250,000 francs ont été remboursés, mais avec l'argent des actionnaires ; et la preuve que ce n'est pas avec vos propres ressources, c'est que vous avez fait chaque année des prélèvements considérables sur la caisse. Ces prélèvements se sont élevés, pour vous et pour vos quatre coaccusés, à une somme de plus de onze cent mille francs, dont vous êtes tous débiteurs envers la Compagnie des Docks. Au surplus, ce ne sont là que des observations préliminaires, et le débat éclaircira tous ces points, que je ne fais qu'indiquer en passant.

C'est donc le 17 septembre 1852 que vous avez obtenu le décret de concession des Docks. Pour la mise à exécution de ce décret, vous avez formé une Société en commandite qui devait être plus tard convertie en Société anonyme. L'acte de cette Société est à la date du 12 octobre 1852, le capital social était fixé à 50 millions, divisés en 200,000 actions de 250 fr. J'appelle votre attention sur les articles 6 et 7 des statuts :

« Le fonds social est fixé à la somme de 50 millions de francs, divisés en » 200,000 actions de 250 francs chacune. La Société ne sera constituée que par la » souscription de la totalité des actions. Le montant des actions sera *payable* » *moitié en souscrivant*, l'autre moitié au fur et à mesure des besoins.»

C'était là les dispositions fondamentales des statuts, et vous y avez contrevenu. Vous avez ouvert, à partir du 12 octobre, la souscription dans vos bureaux ; il vous est arrivé un grand nombre de demandes d'actions. Il résulte du rapport de l'expert, et des recherches très longues et très consciencieuses auxquelles il s'est livré, que vous auriez reçu des lettres de demande pour 225,000 actions. Vous rappelez-vous cela ?

R. Parfaitement.

D. Ce chiffre ne vous a pas paru suffisant; lorsque vous vous êtes présenté devant votre Conseil de surveillance, vous lui avez déclaré que le nombre des demandes n'était pas de 225,000, mais de 318,000. Vous avez même produit un état constatant ce chiffre de 318,000. Vous êtes allé plus loin encore : vous avez déclaré que le chiffre des demandes s'était élevé à 870,366, représentant une somme de plus de 200 millions. Vous rappelez-vous ce fait ?

R. Pas du tout.

D. Nous vous en donnerons la preuve dans le cours des débats ; nous vous représenterons la pièce dans laquelle se trouve cette énonciation. Ceci est grave, parce que cela prouve qu'au début de l'affaire vous n'étiez déjà plus dans le vrai. Vous avez reçu des lettres par lesquelles on vous demande 225,000 actions, et vous produisez les états portant qu'on vous en demande 318,000 ; et puis, dans une déclaration verbale, vous enflez considérablement ce chiffre, vous le portez à 870,366 ?

R. Les états dont l'expert a parlé ont été faits dans les bureaux. Ce n'est pas sur ces états que les attributions des actions ont été faites, c'est sur les lettres. L'expert a pu se tromper ; il s'est trompé. Il est évident que, dans les états qu'ils ont dressés, les employés n'ont voulu faire qu'une évaluation du chiffre des actions demandées, et je n'ai jamais fait valoir ceci que comme considération morale Quand j'ai dit qu'il y avait eu plus de demandes que d'actions émises, je n'ai dit qu'une chose parfaitement vraie.

D. Vous précisiez des chiffres, vous disiez : J'ai 870,000 demandes, il ne m'en faut que 200,000.

R. Où ai-je dit cela ?

D. Dans votre rapport au Conseil de surveillance, à la date du 27 novembre 1852, c'est-à-dire à une époque très rapprochée de la constitution de la Société, et voici ce que j'y lis :

« Cependant sans avoir fait un seul appel aux capitaux, le public avait accueilli » ce projet avec un empressement qu'on aurait difficilement compris si le nom du » Prince qui patronnait notre entreprise n'en justifiait et n'en expliquait pas la » vivacité. Plus de *deux cents millions* de demandes nous ont été adressées et ont » répondu victorieusement aux détracteurs de cette opération. »

Voilà un rapport fait par vous, qui concorde avec ce qu'a dit l'expert lorsqu'il a déclaré que vous aviez porté le chiffre des demandes à plus de 870,000 ; il est évident qu'il a trouvé ce chiffre quelque part. Au surplus, nous entendrons l'expert. Ainsi, dès le début, vous trompez le Conseil de surveillance, vous trompez le public, vous entrez dans une voie mauvaise, dans celle du mensonge, même dans celle du faux, car dans un état destiné à constater le nombre des demandes d'actions, des chiffres ont été grattés ou ajoutés. Quelqu'un vous demandait-il 100 actions, vous ajoutiez un zéro, ce qui faisait 1,000 au lieu de 100.

R. Ce n'est pas ainsi que les choses se sont passées... L'assemblée du Conseil dont vous parlez eut lieu le 28 novembre 1852, et l'attribution des actions avait été faite le 9 ou le 10 octobre, pendant que M. Legendre était à Londres.

D. Ne confondons pas : ce n'est pas sur la réunion du Conseil ni sur l'attribution des actions que je provoque votre attention en ce moment; c'est sur le grattage des chiffres de l'état, grattage fait dans le but de tromper le Conseil et le public, et de prouver que les nombres que vous accusiez étaient réels. Si alors vous aviez produit des lettres de demandes d'actions dont le nombre était bien suffisant, puisqu'il s'appliquait à 225,000 actions, il n'y aurait pas eu fraude ; mais vous vouliez donner à l'affaire une importance plus considérable. Vous disiez près de 800,000 quand le chiffre réel n'était que 220,005, et pour en justifier aux yeux du Conseil de surveillance, vous n'hésitiez pas à recourir au moyen du grattage.

R. J'affirme que je n'ai jamais produit au Conseil ni lettres ni état, que l'état dont vous parlez n'a jamais été un titre quelconque pour établir le chiffre des demandes.

D. Les lettres ont été retrouvées, elles sont parmi les pièces de conviction; elles pourront vous être représentées dans le cours des débats. Ce qui résulte de ceci, c'est que des erreurs très volontaires ont été commises par vous ; c'est que des chiffres mensongers ont été mis à la place des chiffres vrais, et que par conséquent vous étiez, dès le début, sorti de la vérité.

Maintenant nous allons rencontrer le même système d'erreurs et de mensonges en ce qui touche l'attribution des actions. Pour la souscription, vous aviez un délai extrêmement court. La souscription avait été ouverte dans les bureaux le 12 octobre et fermée le 20 : quel chiffre de demandes avez-vous admis dans cet intervalle?

R. Je ne me rappelle pas au juste, de 100 à 120,000.

D. Vous en avez délivré 85,000.

R. Il n'a été versé effectivement dans la caisse que le montant de 85,000 actions ; mais il est établi dans le rapport qu'un certain nombre de lettres avaient été rachetées, ce qui porte le chiffre des actions attribuées à 100,000 environ.

M. L'Avocat impérial. — A 101,867.

M. le Président (à Cusin). — Toujours est-il que, dans les mois d'octobre et de novembre, vous aviez encaissé une somme qui s'élevait à 10 ou 11,000,000 francs. Vous vous rappelez ce fait. Vous aviez 10 ou 11,000,000 francs dans votre caisse. Aviez-vous pris soin de créer une caisse particulière pour recevoir ces valeurs si considérables?

R. Non, M. le président, la sortie des espèces ne devait pas tarder, puisque les terrains achetés devaient se payer comptant.

D. C'étaient là des sommes très considérables. Il s'agissait d'une Société qui se fondait, et dont la durée devait être longue. Il semble que vous auriez dû pourvoir à la création d'une caisse particulière, au lieu de déposer de telles sommes dans la caisse de l'Union commerciale ; vous ne l'avez pas fait. Enfin, vous aviez en caisse de 10 à 11 millions. Le 28 novembre, dans cette assemblée du Conseil dont nous parlions tout à l'heure, un membre vous demande quelle est la somme encaissée, et vous répondez de la manière la plus affirmative : 17 millions! Vous rappelez-vous ce fait?

R. Il y avait d'une part les lettres qui avaient été rachetées, de l'autre les démarches que faisait à Londres M. Legendre pour obtenir une souscription dont il n'a été rien dit, celle de la maison Ricardo, qui a manqué par le fait de notre volonté. Quand M. Legendre est revenu de Londres et que j'ai vu l'impossibilité d'accepter les conditions des capitalistes anglais, je me suis tourné, d'accord avec ces messieurs, vers M. Riant, qui, nous ayant vendu des terrains pour des sommes considérables, me paraissait dans des conditions tout à fait bonnes pour prendre un certain nombre d'actions. Les pourparlers ont duré quelque temps; M. Riant n'a dit non que quelque temps après : M. Legendre était retourné à Londres. C'est ainsi que, d'accord avec mes collègues, j'ai pu accuser le chiffre que vous relevez, en pensant que M. Riant, qui nous avait vendu des terrains pour 9 millions, prendrait des actions pour le tiers de cette somme.

D. Le point sur lequel j'appelle votre attention est celui-ci : Comment se fait-il que, n'ayant placé à cette époque que 86,000 actions, ce qui faisait de 10 à 11 millions, vous ayez déclaré au Conseil que vous aviez 17 millions en caisse?

R. J'ai déjà répondu. Nous étions dans des termes tels avec M. Riant, que nous ne doutions pas qu'il ne nous consolât, en prenant des actions pour une somme importante, des chagrins que nous avions éprouvés en rejetant l'inacceptable proposition des Anglais. ,

D. Vous n'aviez pas pu, à cette époque, recevoir l'assurance que la Compagnie de Londres à laquelle vous vous étiez adressé vous prêterait l'appui de ses capitaux?

R. Ce n'est pas la Compagnie de Londres qui a refusé l'opération, c'est nous.

D. Ainsi vous ne deviez pas considérer sa souscription, très éventuelle, comme devant se réaliser. Comment parliez-vous donc de 17 millions?

R. J'ai eu l'honneur de vous répondre que nous comptions sur M. Riant pour 5 ou 6 millions d'actions.

D. Nous entendrons M. Riant. En attendant, c'est de la sorte que vous expliquez que, n'ayant que 10 millions, vous en annonciez 17?

R. Oui, M. le Président.

D. C'est un tort grave ; il était plus simple de dire au Conseil de surveillance : Nous avons 10 milllions en caisse, nous espérons, au moyen de souscriptions que nous avons en vue, porter ce chiffre à 17 millions. C'eût été beaucoup mieux, vous auriez été dans le vrai, et vous ne vous seriez pas exposé au reproche d'avoir trompé le Conseil. Ce n'est pas tout. Vous avez écrit le 14 janvier au Ministre du commerce que vous aviez, non pas 10, non pas 17, mais 25 millions en caisse. Voici les termes de votre lettre :

« Nous avons fondé une Société anonyme au capital de *cinquante millions*, et » dès le 20 octobre dernier, la souscription était close, *la moitié du capital social* » *exigible était versée*. Dès lors commençait pour nous une responsabilité dont » nous avons mesuré l'étendue et que nous n'avons pas un instant déclinée. »

R. Ma réponse sera bien simple, et j'espère qu'elle jettera la lumière sur ce point du débat. Nous étions allé voir M. le comte de Persigny, alors ministre du commerce (c'était, je crois, le 20 ou le 22 novembre), et nous lui avions exactement exposé la situation. M. de Persigny nous avait conseillé de nous adresser à M. Pereire. Nous l'avions fait immédiatement. Des pourparlers s'étaient engagés ; la négociation se suivait ; M. de Mecklembourg était avec nous pour la mener à bonne fin ; nous avions acheté des terrains, nous nous occupions des terrassements, et enfin l'acte qui a été plus tard signé le 18 mars était projeté. Cet acte avait été délibéré et arrêté bien avant l'époque de sa date, puisqu'il avait été préparé par M. de Mecklembourg, qui malheureusement était mort lorsqu'il a été passé. Il n'échappera certainement pas à M. le Président qu'au moment où nous avons acheté des terrains et fait des terrassements, nous étions d'accord avec le ministre, et que nous avons dû lui écrire la lettre dont parle M. le Président, car il était décidé que les actions seraient mises en syndicat et que M. Pereire serait le chef absolu de l'affaire, par l'intermédiaire de M. de Mecklembourg.

D. C'est une simple allégation, et la preuve qu'elle n'a aucun fondement, c'est qu'après avoir écrit au ministre : « La souscription est close, la moitié du capital est versée, » le lendemain même le Ministre vous demandait la justification de ce capital de 25 millions, ou vous la faisait demander par le directeur général du commerce, ce qui est la même chose ?

R. C'est bien différent !

M. L'AVOCAT IMPÉRIAL. — Voici les termes de la lettre de M. Heurtier, directeur général :

» J'ai lu attentivement la lettre que vous m'avez adressé le 15 de ce mois pour » me faire connaître les opérations de la Compagnie des Docks Napoléon, depuis le » 17 septembre dernier, date du décret qui vous a autorisés à établir ces Docks. » Je ne trouve pas les énonciations de votre exposé assez précises en ce qui con- » cerne l'emploi de la *somme de vingt-cinq millions*, que vous avez encaissée.

» Je vous prie de m'envoyer sans retard le décompte exact détaillé de cette » somme. »

CUSIN. — J'ai eu l'honneur de dire que la négociation avec M. Pereire, ouverte d'accord avec M. de Persigny, mettait toutes choses à leur place, et que lorsque M. Heurtier nous a écrit, nous lui avons répondu que ce n'était pas à lui, mais au Ministre que la justification devait être faite.

M. LE PRÉSIDENT. -- Vous mettez ici en avant le nom du Ministre : comment voulez-vous qu'une pareille assertion soit acceptée du tribunal, lorsque vous allez de mensonge en mensonge, lorsque vous avez produit ce système de mensonge, non-seulement quant au nombre des actions, mais quant au chiffre des sommes encaissées? Ainsi, vous recevez 225,000 demandes, et vous dites 318,000, et puis 800,000 ; ainsi, vous avez 10 millions en caisse, et vous dites tantôt 17, tantôt 25. Il y a dès le début un système de mensonge qui semble avoir été organisé pour induire tout le monde en erreur, le public d'abord, le Conseil de surveillance ensuite, et enfin le Ministre du commerce.

M. L'AVOCAT IMPÉRIAL. — A quelle époque ces prétendues conférences avec M. le Ministre du commerce?

CUSIN. — Le 22 ou le 23 novembre 1852, c'est-à-dire deux ou trois jours après la déclaration que les souscriptions étaient faites.

M. LE PRÉSIDENT. — Comment se fait-il qu'en janvier vous persévériez à alléguer le chiffre de 25 millions?

LE TÉMOIN. — Nous étions d'accord avec M. Pereire.

D. M. Pereire n'est intervenu qu'au mois de mars 1853.

R. Si le traité porte la date du 18 mars, ç'a été uniquement pour répondre à un scrupule de M. Pereire, qui ne voulait pas signer avant d'avoir fait un rapport au Ministre. Ce rapport est daté du 17 mars.

D. Voici ma question. Vous dites que dès le mois de novembre vous aviez signalé au Ministre l'état exact des choses, à savoir que vous n'aviez encaissé que 10 millions au lieu de 25. En ce cas vous auriez dit la vérité au mois de novembre : pourquoi alors alléguer 25 millions en janvier? Le directeur général, M. Heurtier, auquel vous écriviez cette lettre du 15 janvier, ne savait donc rien de la réalité des choses?

R. Je ne pouvais pas aller au-devant de confidences que le ministre pouvait ne lui avoir pas faites.

D. Vous fixez au 21 ou au 22 novembre votre entrevue avec le Ministre : comment donc expliquez-vous la déclaration que vous lui faisiez, en présence de la déclaration contraire que vous faisiez, le 20 novembre 1852, par-devant le notaire Dufour, et dans laquelle vous affirmiez que la totalité du capital social était souscrite? Vous mentiez donc à l'un ou à l'autre?

R. Nous avions, nous, souscrit les actions manquantes ; nous nous étions engagés à fournir l'intégralité du capital.

D. Vous cherchez à décliner en partie la responsabilité qui pèse sur vous, en disant : « 85,000 actions seulement ont été souscrites ; le reste, c'est la maison Cusin, Legendre et Comp. qui s'en est chargée. » Vous comprenez qu'une pareille raison est fort peu admissible. Comment! vous aviez un capital de 2 millions, dont 15 ou 1,600,000 francs étaient immobilisés, et vous alliez souscrire pour 30 et quelques millions d'actions?

R. D'abord, ce n'était pas 30, c'était 14 ou 15, puisque 11 étaient déjà versés.

D. 25 millions, c'était la moitié du capital engagé, et la nécessité pouvait faire appeler l'autre moitié, c'est-à-dire encore 25 millions, ou 125 fr. par action. Et c'est dans cette situation que vous vous chargiez du placement de 115 mille actions?

R. Nous les prenions pour les placer.

D. Vous ne les avez pas placées. Mais revenons au traité Pereire, car plus on marche dans cette affaire, et plus on est environné de mensonges. Vous avez déclaré qu'au début de la Société vous aviez placé 101,867 actions. Or, dans le traité Pereire, qui est du 18 mars, vous déclarez que 87,800 actions seulement sont placées : comment donc pouvez-vous concilier cette allégation avec la précédente?

R. Les lettres que nous attendions n'étaient pas toutes arrivées.

D. Vous n'avez pas plus délivré de lettres pour les 101 mille que pour les 80 et quelques mille.

R. Je vous demande pardon.

D. Ceci sera vérifié, et nous allons vous dire pourquoi vous avez procédé ainsi, et pourquoi vous n'avez pas délivré le nombre d'actions qui vous étaient demandées : Parce que, au début, les actions avaient assez de faveur, elles étaient négociées à primes, et plus vous en auriez gardé, plus vous auriez gagné. Voilà pourquoi, au lieu d'en délivrer 200,000 qui vous étaient demandées, vous n'en délivriez qu'un nombre très restreint.

R. C'était à cause de l'opération alors poursuivie à Londres par MM. Legendre et Riant.

D. Ici encore vous n'êtes pas dans le vrai. Legendre, votre coinculpé, et M. Riant sont allés à Londres ; mais le 9 octobre ils étaient de retour et vous rapportaient le traité de la maison Ricardo, qui prenait 60 à 70 mille actions à des conditions qui ne nous sont pas connues, mais qui paraissent assez avantageuses. Vous avez déclaré, vous personnellement, que les propositions n'étaient pas acceptables, et Legendre a été renvoyé à Londres pour signifier à la maison Ricardo la rupture du traité. C'est alors que vous vous êtes chargé de placer toutes les actions, parce que vous vouliez réaliser à votre profit le bénéfice des primes.

R. Je vous répondrai très catégoriquement, sur ce sujet, qu'à l'arrivée de MM. Riant et Legendre, une rupture entre M. Riant et moi a été la conséquence de l'avortement de la négociation. La réconciliation entre M. Riant et moi n'a été faite que le 20 novembre, dans le cabinet de M. Dufour.

D. L'état de votre caisse et de vos écritures a été arrêté à la date du 7 mai 1853, deux mois après le traité Pereire. A cette époque, vous débitiez votre maison de banque de la somme totale de 87,800 actions, qui avaient produit une somme de 10 millions 975 mille francs. Il n'y avait donc alors de placé par vos soins que 87,800 actions, et il en restait encore à votre disposition, c'est-à-dire attachées à la souche, 112,000. Le nombre de 112,000 figure dans votre traité avec M. Pereire. Par ce traité vous vous étiez imposé plusieurs conditions. M. Pereire avait remarqué un vice dans la confusion de la caisse des Docks avec celle de l'Union commerciale, et il avait demandé qu'une caisse spéciale fût créée pour les Docks. Il avait remarqué aussi que les fonds qui étaient dans vos mains n'auraient pas dû y être, et il avait demandé que tous les fonds disponibles fussent portés en compte courant au Crédit mobilier ; et puis que les 112,000 actions qui restaient encore à délivrer, qui se trouvaient par conséquent dans la caisse des Docks, fussent mises en *syndicat*. Il était interdit à toutes les parties, à M. Pereire comme à vous, d'en vendre jusqu'à ce que certaines formalités eussent été accomplies. Vous en avez vendu ; pourquoi ? Parce que l'affaire, qui s'était un instant discréditée par la rupture avec la maison Ricardo, s'était relevée dans les premiers jours de janvier, lorsque le bruit avait circulé que M. Pereire allait se mettre à la tête de l'entreprise. Il y avait eu une hausse qui a atteint jusqu'à 55 francs, et vous avez profité de cette circonstance pour agir contrairement au traité du 18 mars ; vous avez vendu un certain nombre d'actions pour réaliser la prime à votre bénéfice.

R. Non, M. le Président. Je n'aurais pas mieux demandé que de déposer les fonds au Crédit mobilier ; mais c'eût été exécuter le traité du 18 mars, ce que M. Pereire ne voulait pas avant que les demandes du 17 mars lui eussent été accordées.

D. Je ne vous fais pas une inculpation de ce fait, je dis que c'était là une des conditions du traité ; mais je vous rappelle qu'une autre condition du même traité, et de celle-là je vous fais une inculpation, c'est que les 112,000 actions restant dans la caisse ne pouvaient être négociées par personne, qu'elles devaient être mises en syndicat, 83,000 pour M. Pereire, 29,000 pour vous, qu'il était interdit jusque-là d'en vendre et que vous en avez vendu.

R. Je réponds formellement non.

D. Le contraire résulte encore du rapport de l'expert.

R. Le rapport n'est, du commencement à la fin, qu'une masse de confusions.

D. C'est ce que nous verrons. Je vous préviens, en attendant, que l'expert a trouvé non-seulement que vous aviez vendu des actions, mais il a même trouvé le chiffre des actions vendues : ce chiffre est de 2,732. Maintenant vous ne vendiez pas ces actions sous votre nom, mais sous le nom de tiers ; vous avez emprunté même celui de votre valet de chambre, qui figure pour une vente de 1,003 actions.

R. J'ai fort heureusement trouvé l'explication de ce fait, qui, en apparence, a de la gravité. Dans le traité Pereire une réserve de 1,978 actions était faite pour satisfaire aux demandes d'un certain nombre de souscripteurs auxquels il avait été accordé des délais pour payer. Il est arrivé que M. Picard, l'un de nos principaux employés, au lieu de délivrer les actions, que les souscripteurs auraient pu vendre à la Bourse avec une prime de 9 francs, leur a simplement remis cette prime ; et le nom de Bernard a été pris pour éviter de mettre plusieurs noms sur les livres. Maintenant je dois supposer que les 2,300 dont vous venez de parler sont les mêmes que les 1,978 qui avaient été exceptées du syndicat, et dont plusieurs sont restées disponibles par suite des opérations que je viens de signaler. Ainsi les ventes ont été faites du consentement et avec l'autorisation de M. Pereire. Quant au surplus, je répète ce que j'ai déjà eu l'honneur de dire : Non, il n'a pas été vendu d'actions sur celles mises en syndicat.

D. Bernard, votre valet de chambre, n'est pas le seul sous le nom duquel vous ayez fait des opérations, pour prélever les bénéfices illicites qui résultaient de ces négociations d'actions. Vous aviez ouvert sur votre livre un compte *Docks négociations*, et c'était à ce compte que vous aviez porté ces opérations illicites. J'en trouve deux notamment qui ont donné l'une 56,000 francs, l'autre 79,307 francs de bénéfice. Je le répète, à raison de la faveur qui s'attachait au nom de M. Pereire, les actions s'étaient élevées à 280 francs, et même 300 francs, et vous profitiez de cette circonstance pour faire vendre, sous le nom de Bernard, ces actions qui ne valaient que 250 fr., prix d'émission. Vous profitiez donc d'une prime illicite de 50 fr. (1) qui ne vous appartenait pas ; c'est ainsi qu'on a trouvé sur vos livres ces deux opérations, l'une de 56,000 francs, l'autre de 79,307 francs. J'ajoute que vous ne faisiez pas cela dans l'intérêt de la Compagnie dont vous étiez gérant, mais au profit de votre maison de banque : c'étaient Cusin et Legendre qui spéculaient sur des actions dont ils n'étaient que les détenteurs. Voilà ce qui résulte du rapport de l'expert. Que répondez-vous ?

R. Que je n'ai aucune espèce de connaissance de ce fait. J'affirme positivement que, pas plus dans la maison de banque que dans la Société des Docks, nous n'avons fait d'attribution de bénéfices. J'affirme encore que les écritures, depuis le début de l'affaire jusqu'au 2 août 1853, ont été tenues par M. Picard; par conséquent M. Picard a conservé ainsi par devers lui toutes les notes qui pourraient me mettre à même de répondre aux demandes qui me sont faites et qui établissent la parfaite vérité des faits que j'affirme.

D. Lorsque M. Picard sera entendu, il répondra à ce fait; mais puisque son nom est prononcé, nous devons dire ceci: qu'il s'est déterminé à donner sa démission le 5 août 1853, précisément parce qu'il avait vu qu'on se livrait à des tripotages d'actions auxquels il ne lui convenait pas de prendre part. Vous les niez ces tripotages, vous niez les bénéfices illicites

---

(1) La cote du cours est faite sur le chiffre nominal de l'action de 250 francs. Le cours de 300 francs correspond donc à une prime de 50 francs.   (*Note du rédacteur.*)

que vous vous procuriez ainsi; nous allons en trouver des preuves.

Le 30 juin 1853 on a relevé votre situation active et passive. La totalité des recettes montait à 11,843,546 fr., ainsi qu'il résulte des livres de votre maison. Vos dépenses s'étaient élevées à 8,617,233 fr.: il y avait donc un excédant de recette sur les dépenses de 3,216,313 fr. Vous deviez à cette époque des sommes assez importantes, notamment 11 à 1,200,000 fr. pour travaux de terrassements. Cependant de votre passif, mis en regard de votre actif, il résultait un déficit de 538,000 fr., et on l'explique, parce que vous aviez fait à deux Sociétés industrielles des avances très considérables : nous voulons parler des Sociétés de Javel et de Pont-Remy. Vous étiez créditeur de ces deux Sociétés ; vous aviez pris chez elles des intérêts au fur et à mesure que l'argent des Docks vous était venu.

R. Nous nous étions chargés, comme banquiers, du placement des actions de Javel et de Pont-Remy.

D. Comment se fait-il qu'on vous voie figurer pour 3 millions dans la compagnie de Javel ?

R. C'est un emploi que nous avions fait du capital des Docks.

D. Mais qui vous avait autorisé à affecter 3 millions du capital des Docks aux actions de Javel et de Pont-Remy ?

R. Personne.

D. Aviez-vous consulté le Conseil d'administration ? Vous étiez-vous fait autoriser par une réunion d'actionnaires ?

R. C'était inutile, l'emploi n'était pas à demeure, c'était un fait passager qui ne devait durer que le temps de trouver, pour les actions de Javel, d'autres preneurs dont l'argent aurait remplacé celui que nous avions employé.

D. Vous dites que c'était un emploi passager, et trois ans se sont écoulés depuis que vous l'avez fait !

R. Nous avions voulu religieusement laisser les choses dans l'état où elles se trouvaient lors du bilan de 1854, mais les circonstances sont devenues plus difficiles que nous n'avions pu le prévoir.

D. Tout le temps de votre gestion, vous vous êtes trouvé avoir appartenant aux Docks des sommes considérables qui se chiffraient par millions. Votre devoir, comme gérant des Docks, était de faire de ces sommes l'usage le plus utile et le meilleur, c'est-à-dire de réaliser le plus promptement possible vos capitaux, et d'en faire le placement qui vous présentait le plus de garantie ? Vous ne l'avez pas fait ?

R. Nous pensions le faire.

D. Et vous immobilisiez ces capitaux dans les entreprises industrielles, et l'on vous voit augmenter de jour en jour l'importance de vos intérêts dans la compagnie de Javel! Dans les six mois qui suivent la création des Docks, vous disposez d'abord de 400,000 fr., puis de 1 million 400,000 fr. sur leur capital.

R. Cet argent n'est pas perdu.

D. Vous contreveniez ainsi à vos statuts et aux ordres de l'Administration, car le Ministre vous avait prescrit de déposer les fonds à la Caisse des consignations ou de prendre des bons du Trésor. Vous n'en faites rien : au lieu de tout cela, vous versez 405,000 fr. dans la Société de Pont-Remy, puis vous arrivez au chiffre de 3 à 4 millions pour la Société de Javel ; et tout cela avec l'argent des Docks, sans demander conseil à personne, sans consulter ni le Conseil d'administration, ni les actionnaires. Est-ce que par hasard les actionnaires avaient versé leur argent pour qu'on le plaçât dans une Société de produits chimiques ?

R. Non, mais la réalisation de ces valeurs était présente à notre esprit, et serait infailliblement arrivée, si les circonstances l'eussent permis. Nous croyions avoir le droit de faire ce que nous avons fait, et nous croyions bien faire. Si nos prévisions ne se sont pas réalisées, c'est la difficulté des temps qu'il faut en accuser. Et puis le projet du bilan de 1854 nous autorisait à maintenir le *statu quo;* dans l'attente de l'homologation, nous ne pensions pas que notre situation provisoire se prolongerait aussi longtemps.

D. — L'homologation que vous attendiez était une raison de plus de ne pas disperser les fonds que vous aviez en dépôt. D'un jour à l'autre l'entreprise pouvait prendre une grande activité, et vous aviez besoin alors de capitaux considérables. Il fallait faire ce que vous disait le Ministre : déposer ces fonds à la Banque, à la Caisse des consignations, ou les convertir en bons du Trésor. Vous ne l'avez pas fait.

En 1853, votre situation s'est encore assombrie. Vous avez cherché, par tous les moyens possibles, à réaliser les ressources qui vous manquaient précisément parce que vous augmentiez vos dépenses et que l'argent des Docks ne suffisait plus aux charges que vous vous étiez imposées. C'est alors qu'on vous voit faire des opérations sur les actions et en vendre des quantités très-considérables. Nous trouvons que vous en avait fait vendre 13,500 par l'intermédiaire d'un M. Jules Lecomte.

R. Oui, M. le Président.

D. Est-ce que ce M. Jules Lecomte serait par hasard l'ancien rédacteur de l'*Indépendance belge?*

R. Oui, M. le Président.

D. Ah! nous ne savions pas qu'il eût cette qualité de courtier. Eh bien, il a vendu 13,500 actions ?

R. Il ne les a pas vendues pour son compte.

D. Je comprends, Jules Lecomte était pour vous une couverture ; vous opériez sous son nom, comme sous celui de Bernard, votre valet de chambre.

R. Mais non, M. le Président.

D. Cette négociation a amené une perte de 300,000 francs ?

R. Je n'ai pas connaissance de cela.

D. Nous l'établirons en temps et lieu. Vous avez encore fait négocier par un sieur Schlesinger 6,985 actions, qui ont donné une perte de 183,000 francs. — Nous rappelons ce que nous disions tout à l'heure : au moment où les actions se négociaient à prime, vous vendiez, vous mettiez dans votre caisse personnelle les bénéfices qui en résultaient, et lorsque vous faites vendre des actions à perte, vous portez la perte au compte des Docks. Votre opération est toute simple : Y a-t-il bénéfice, vous le prenez ; y a-t-il perte, vous la faites supporter aux Docks.

R. Il n'a été fait aucune attribution, aucun partage, personne n'a rien mis dans sa poche. Je tiens essentiellement à établir ce fait. L'expert a dit que telle et telle opération avait produit tels bénéfices. Si les bénéfices ont été produits, ils existent encore. Ni M. Legendre, ni moi, ni personne, n'a mis un sou dans sa poche. Les explications qui pourront être données en temps et lieu détruiront ce précédent fâcheux que l'accusation veut faire peser sur nous.

D. Pourquoi faisiez-vous vendre 13,500 actions par Lecomte, rédacteur de l'*Indépendance belge ?* Vous aviez un encaisse plus considérable qu'il ne vous le fallait pour les Docks, vous aviez 4 millions tout prêts.

R. Nous ne les avions pas sans comprendre les avances faites à Javel et à Pont-Remy.

D. Sans doute, et c'est pour cela que vous faisiez vendre à perte les actions des Docks.

R. Si nous avions agi autrement, nous aurions compromis d'une manière bien plus grave les intérêts des actionnaires. Toute opération commerciale bien ou mal engagée doit être soutenue. Mais je prétends que les nôtres étaient bonnes ; les abandonner, les laisser en souffrance, s'arrêter tout d'un coup, c'eût été les jeter dans une perturbation épouvantable ; c'eût été, je le répète, faire éprouver aux actionnaires une perte bien autrement forte que celle qu'ils ont éprouvée.

Je dois faire une autre remarque. Le traité intervenu entre nous et M. Pereire, au mois de mars, l'attribution de 88,000 actions, la mise en syndicat de 112,000 autres, tout cela devait nous amener des bénéfices.

D. Nous verrons tout à l'heure que les avantages que vous vous attri- buez par le bilan de 1854, 1 million comme commission de banque et 300 mille francs pour trois mois de gérance, vous faisaient d'assez beaux bé- néfices, sans que vous en vinssiez demander d'autres à la vente des actions.

R. L'attribution d'actions dont je parle était une attribution purement morale sur laquelle je m'appuie pour détruire la mauvaise impression pro- duite sur le tribunal par les opérations auxquelles nous nous livrions. La position où nous sommes est déjà bien assez malheureuse (elle ne peut être pire), pour qu'on ne nous refuse pas le droit de dire ce qui peut atténuer les griefs qui nous sont reprochés. Ainsi, M. Pereire, au début de l'affaire, nous avait fait attribuer 29,000 actions sur celles qui devaient être mises en syndicat, et toutes les opérations qui ont été faites depuis l'ont été avec une entière bonne foi de notre part. Je le dis bien sincèrement, si nous avions su, quand nous avons entamé l'affaire de Javel avec M. de Sus- sex, que nous lui donnerions 3 millions, nous ne l'aurions pas conclue.

L'affaire des Docks prenait notre temps à un point qui ne peut s'imaginer, ce qui faisait que nous ne pouvions pas donner les mêmes soins aux autres opérations. Mais nous avions l'espoir de voir cesser cet état de choses si le traité avec M. Pereire fût devenu définitif; la liberté qu'il nous aurait donnée nous aurait permis de nous occuper immédiatement de l'affaire de Javel, de celle de Pont-Remy et de toutes les autres, et nous y aurions trouvé des ressources qui auraient rétabli la caisse des Docks.

D. Vous dites que, si vous aviez prévu que l'affaire de Javel vous entraînerait à un versement de 3 millions, vous n'y seriez pas entré ; mais vous y êtes entré dans l'intérêt de votre banque, l'Union commerciale, et si vous avez été entraînés à y mettre plus de fonds que vous ne pensiez, c'est que cette affaire se présentait à vous comme un Eldorado. Vous faisiez l'affaire avec l'argent des Docks ; mais si elle eût donné tous les bénéfices que vous en attendiez, ce n'eussent pas été les Docks qui en auraient profité.

Lorsque vous avez négocié cette affaire, M. de Sussex s'est réservé 20 p. 100 comme gérant, 40 p. 100 comme fondateur industriel et auteur de découvertes, c'est-à-dire qu'il commençait par prélever 60 p. 100 sur les actionnaires, avant tout bénéfice. Mais dans cette part du lion, il y avait bien quelque chose pour la maison de banque Cusin et Legendre. Vous, Cusin, vous vous étiez fait remettre 800 actions, qui faisaient un capital de 400 mille francs. Vous vous étiez fait faire cette remise dans votre intérêt personnel, et non dans l'intérêt des Docks. Cependant c'était avec l'argent des Docks que vous opériez, c'était avec l'argent des Docks que vous espériez des bénéfices considérables.

R. Il y a confusion dans ce que vous venez de dire, M. le Président ; il n'a été fait aucune espèce d'attribution, les choses restaient libres.

D. Quel devait être le sort de ces 400 mille francs?

R. Le jour où le règlement définitif avec les Docks serait arrivé, ce traité aurait eu toutes ses conséquences, et on aurait vu notre volonté se manifester là ; mais dans la situation où nous étions, les choses sont restées libres, comme je vous le disais.

D. C'est-à-dire que personne n'en a rien su jusqu'au moment où la Société des Docks, enfin avertie, a fait saisir les actions. Il est bien entendu que vous aviez fait l'affaire de Javel avec l'argent des Docks, et que vous vous étiez fait faire des remises considérables, puisqu'elles se chiffraient par 400 mille francs. Il est bien entendu encore que ce bénéfice était pour l'Union commerciale, et que les Docks n'en auraient rien eu.

R. C'est une induction.

D. Vous avez restitué ces actions à l'Union commerciale, mais vous n'avez jamais parlé de restitution quand il s'est agi des Docks.

Il est évident, il est encore bien établi qu'à la date du 19 février 1854 vous vous chargez en recette de 120,000 actions, c'est-à-dire d'une

2

somme représentant 15 millions ; à cette somme doivent se joindre les produits des entrepôts des Marais et de Putod que vous aviez achetés. Nous voyons dans les écritures que ces entrepôts avaient donné à cette époque un bénéfice de plus de 500 mille francs ; ce qui porte l'actif des Docks à plus de 15 millions 500 mille francs. C'est ici le cas de vous demander comment il se fait qu'ayant en caisse non-seulement des capitaux considérables restés sans emploi, que vous auriez dû placer suivant l'avis du Ministre, soit à la Caisse des consignations, soit en bons du Trésor, ce qui aurait rapporté des intérêts aux actionnaires, mais encore deux entrepôts qui fonctionnent et dont les bénéfices sont représentés par un chiffre de 500 mille francs, comment il se fait, dis-je, que depuis trois ans que la Société des Docks avait été constituée, que les actionnaires avaient versé leur argent, il n'y ait eu, malgré les nombreuses demandes qui vous sont parvenues, ni assemblée générale, ni distribution du dividende? Aux termes des statuts, les actions devaient recevoir un intérêt de 4 p. 100 ; comment se fait-il qu'il n'ait pas été donné même un sou d'intérêt?

R. Ceci est très facile à expliquer. Nous étions continuellement en négociations, tantôt avec M. Pereire, tantôt avec M. de Rothschild, tantôt avec d'autres ; si nous avions assemblé les actionnaires, et que nous leur eussions dit ce qui se faisait, nous aurions compromis les négociations pendantes. Ces négociations n'ont jamais cessé. Il y en avait encore au mois de novembre 1855, six semaines avant notre arrestation ; nous étions alors en pourparlers avec M. de Rothschild.

D. Mais les difficultés dont vous parlez, en supposant qu'elles vous eussent empêché de réunir vos actionnaires pendant deux ou trois ans, ne devaient pas vous empêcher de leur distribuer au moins l'intérêt de 4 pour 100, qui devait être pris même sur le capital?

(Le prévenu ne répond pas.)

En 1853, vous vous trouviez dans une situation qui s'empirait tous les jours. Vous aviez auprès de vous un commissaire du gouvernement, M. Berryer. M. Berryer était là plutôt à titre officieux qu'à titre officiel, puisqu'il ne pouvait être commissaire du gouvernement qu'autant que la Société serait homologuée et convertie en Société anonyme : voulez-vous nous dire comment il se fait que vous ayez été amené à donner à M. Berryer une allocation très considérable en dehors de son traitement?

C'est en 1853, au mois de mars, que M. Berryer a été nommé, par arrêté du Ministre du commerce. Le Ministre vous disait : Le traitement est de 5,000 francs, c'est vous qui devez en faire les fonds ; mais vous ne devez pas avoir de rapports directs avec le commissaire impérial ; vous devez faire verser au trésor le traitement de M. Berryer, et M. Berryer le fera ordonnancer par le Ministre. Le traitement de M. Berryer était de 425 francs par mois environ ; comment se fait-il que vous, gérant des

Docks, vous ayez triplé ce traitement par un traitement supplémentaire et secret de 1,250 francs par mois, ce qui le portait, à l'insu du Ministre à près de 1,750 fr.? Quel a été votre motif?

R. M. Berryer devrait éclairer le Ministre sur le système des Docks, soit à Londres, soit ailleurs, c'était par conséquent un travail continuel qui absorbait une partie de son temps. Maintenant nous n'ignorions pas que la situation de M. Berryer était exceptionnelle, c'est-à-dire que, n'étant pas constitués en Société anonyme, il ne pouvait pas être commissaire impérial. Mais le Ministre voulait avoir auprès de nous quelqu'un qui lui dît comment les choses se passaient. Le lendemain du jour où nous avons obtenu la concession, nous avions demandé un règlement d'administration publique. Nous nous livrions à l'étude des questions que nous avions à résoudre, et il nous avait paru que le Ministre aimait mieux avoir auprès de nous une personne de son choix, pour discuter les points qui nous embarrassaient, que de les discuter directement avec nous. Voilà le motif pour lequel nous avons fait à M. Berryer quelques avances comme banquiers.

D. Comment, quelques avances? Elles se sont élevées à 110,000 francs!

R. Je reprends mon expression; j'ai voulu dire *traitement*, et ce traitement n'a pas porté sur une grosse somme.

D. Ne perdons pas de vue qu'indépendamment de ce traitement vous lui avez donné 110,000 francs. Quel est le motif qui a pu vous déterminer à donner clandestinement, à l'insu de tout le monde, à un homme qui avait été placé auprès de vous par le gouvernement pour contrôler votre entreprise, pour éclairer le Ministre sur ce qui se passait dans la Compagnie, pour lui dire si les intérêts de la Compagnie et ceux du public étaient dans des mains honnêtes; comment se fait-il qu'outre ce que vous appelez une avance de 110,000 francs, vous ayez donné à M. Berryer une somme mensuelle de 1,250 francs par mois, indépendamment de son traitement? Quel est le motif qui vous y a déterminé?

R. Les frais de voyage que nécessitaient les études qu'il avait à faire.

D. Si vous aviez à étudier l'affaire des Docks, vous pouviez envoyer des agents en Angleterre, en Hollande; mais vous preniez pour cela l'agent même du gouvernement, cela paraît singulier.

R. J'ai trouvé dans le rapport de l'expert copie d'une lettre que M. Berryer écrivait au Ministre, en novembre ou en décembre 1853, dans laquelle il lui disait qu'il allait étudier la question des Docks et des warrants.

D. Oui, mais en même temps M. Berryer disait au ministre qu'il subviendrait aux frais de voyage au moyen de ses ressources personnelles. Il se gardait bien de parler du traitement clandestin de 1,250 francs, qu'il recevait par mois, et le Ministre comprenait si bien que les choses devaient être comme l'écrivait M. Berryer que, dans une lettre qu'il adressait au ministre des affaires étrangères, qui le consultait précisément à l'occasion d'une lettre de M. Berryer, nous trouvons l'expression la plus énergique, la plus formelle, que les frais de voyage devaient être supportés par M. Berryer sur ses propres ressources; M. Berryer le comprenait tellement ainsi, qu'il disait : Je ne demande rien, cette affaire m'intéresse ; je ferai le voyage à mes frais, et plus tard, si le gouvernement trouve que les travaux auxquels je vais me livrer ont une certaine utilité, il me donnera sans doute une indemnité. Ainsi dans cette affaire, vous, banquier, vous trompiez encore la religion du Ministre. Ce supplément de traitement n'avait-il pas pour objet de décider M. Berryer à fermer les yeux ? N'avait-il pas pour but de l'empêcher de voir ce que l'expert a vu très clairement dans l'affaire des Docks, ce que M. Pereire y avait entrevu ? Quel motif enfin avez-vous eu d'ouvrir un crédit de 110,000 francs à M. Berryer?

R. Je le répète, c'était pour payer son temps. Je vais vous dire quelque chose de plus. Les questions d'entrepôt, de warrants, d'aménagement de marchandises, nous connaissions tout cela sur le bout du doigt ; mais nous avons pensé que le gouvernement voulait savoir si ce que nous disions était exact. Pour cela, nous avions besoin d'envoyer quelqu'un en Angleterre ; M. Berryer s'adresse à nous pour obtenir les fonds nécessaires à son voyage. Maintenant il va sans dire que, si au lieu d'être banquiers nous eussions été autre chose, sa demande aurait pu nous paraître singulière. Que font les banquiers ? Ils donnent de l'argent à qui il leur plaît d'en donner. S'ils se trompent, c'est leur affaire ; mais je ne pense pas qu'on puisse les condamner pour cela. Nous avons voulu indemniser M. Berryer du travail qu'il faisait. Je dois ajouter qu'étant allé moi-même à Londres en janvier 1854, M. Berryer y était installé de telle sorte, qu'il m'a procuré l'entrée dans tous les Docks, et qu'il a fait mettre à ma disposition des modèles, des registres, une foule de documents dans lesquels nous avons trouvé des avantages très grands pour poursuivre dans la voie où nous étions entrés, quant à l'aménagement intérieur des Docks.

D. Ceci n'est malheureusement pas vrai ; ce n'est pas pour cela que vous avez ouvert un crédit de 110,000 francs à M. Berryer. Vous ne pouviez pas ignorer sa situation gênée, embarrassée ; elle était notoire. Elle résulte du reste de ses lettres, dans lesquelles il vous demande constamment de l'argent, et vous lui avez donné des sommes considérables. Je comprendrais jusqu'à un certain point que vous lui eussiez, comme vous le dites, ouvert un crédit ; mais quel motif a pu vous décider à faire l'abandon de ces sommes ? Vous savez ce que je veux dire : je parle de ce traité secret, qui n'est nié ni par vous ni par Berryer, qui porte la date de septembre 1854, et dans lequel vous dites à Berryer :

« Votre compte s'élève à 59,000 francs ; sur cette somme il faut déduire 15,000 francs de traitement que nous vous avons donné. Reste 44,000 francs. Nous vous parferons 100,000 francs, lorsque l'homologation de la Société des Docks aura été obtenue du Conseil d'État et que l'affaire aura été constituée en Société anonyme ; nous nous engageons à vous donner quittance de ces 44,000 francs, et à vous remettre 56,000 francs en actions libérées, ce qui fera un total de 100,000 francs. »

Encore une fois quel motif aviez-vous de donner ainsi 100,000 francs à M. Berryer?

R. Il fallait constituer l'entreprise ; nous agissions en vue des résultats probables qu'elle devait avoir, et il me semble que, sur les attributions qui nous étaient faites, nous pouvions bien en faire à notre tour. Nous en avons fait à bien d'autres, à M. Wilmar, par exemple.

D. M. Wilmar est un Anglais qui vous avait mis en rapport avec les actionnaires : c'était un intermédiaire, et il n'était pas commissaire du gouvernement. Que vous donniez une prime à un intermédiaire, cela peu se comprendre ; mais au commissaire du gouvernement chargé spéciale-ment de vous surveiller, d'éclairer le Ministre sur votre gestion, de pro-téger les intérêts énormes qui vous étaient confiés, que vous lui donniez un traitement clandestin de 15,000 francs par an, et que vous lui disiez : Notre Société va être constituée en Société anonyme, et quand elle le sera, nous vous donnerons encore 100,000 francs ; nous sommes en droit de vous demander pourquoi? .

R. Il me semble, M. le Président, que j'ai répondu. J'ai eu l'honneur de dire que les voyages de M. Berryer, sa coopération pour arriver à éclairer la division du Ministère du commerce, qui entend peu de chose à ces questions, les dépenses auxquelles cela l'entraînait, justifient parfaitement les indem-nités que nous lui avons allouées. Il nous a paru d'ailleurs tout à la fois plus convenable et plus simple de déterminer une somme que de nous livrer à un examen de détail pour savoir ce qu'il avait dépensé, par sous et cen-times, à l'hôtel ou sur le paquebot. Remarquez d'ailleurs qu'il n'y a eu en cela rien de clandestin ; tout s'est fait d'accord avec nos collègues, MM. Stockes et Orsi (M. Duchêne de Vère n'était pas à la réunion) ; c'est par conséquent une affaire réglée au grand jour et non dans l'ombre.

D. Comment! vous n'avez pas voulu faire un compte par sous et deniers, vous avez donné à M. Berryer un traitement mensuel de 1,250 francs, et il est inscrit sur vos registres pour une somme de 110,000 francs! Au sur-plus, Berryer répondra lui-même quand nous l'interrogerons.

J'ai à vous interroger sur un autre point, sur le traité avec la maison Fox et Henderson : vous aviez acheté des terrains, mais vous n'étiez pas converti en Société anonyme; par conséquent il n'y avait pas encore possibilité de faire aucuns travaux. Comment se fait-il que vous passiez avec la maison Fox et Henderson, qui d'ailleurs est maintenant en faillite, un traité de construction pour les Docks, dont le chiffre s'élève à 24 millions, à la moitié de votre capital social? Comment se fait-il que vous lui imposiez l'obli-gation de prendre 32,000 actions, et que vous déclariez qu'elle a versé la somme représentant ces 32,000 actions, c'est-à-dire 4 millions? Et puis, comment se fait-il que, par un traité secret, vous, concessionnaire chargé de protéger, de défendre les intérêts des actionnaires qui vous les ont confiés, vous receviez un pot-de-vin de 1,800,000 francs?

R. Le pot-de-vin n'a été ni demandé ni reçu, ou, pour mieux dire, il n'a jamais été question de pot-de-vin. Les 1 million 800,000 francs devaient être une atténuation aux sacrifices déjà faits. La vente des actions ayant amené un déficit, et la maison Cusin et Legendre s'étant chargée de ce sacrifice, après avoir traité avec MM. Fox et Henderson, opération pour laquelle nous avions consulté le Ministre, après avoir pris les devis tels qu'ils étaient établis pour les travaux du Louvre, il a été marchandé sur les bénéfices que ces messieurs feraient, afin qu'une partie de ces bénéfices arrivât comme atténuation à couvrir les sacrifices qui avaient été faits. Cette combinaison était si peu secrète, que tout le monde la connaissait, que tous les membres du Conseil d'administration la connaissent, et jamais personne n'a manifesté aucune inquiétude, élevé aucune réclamation, aucune prétention sur cette somme qui, au su de tous, de l'aveu de tous, devait servir d'atténuation aux pertes que nous avions faites.

D. Ceci est une pure allégation de votre part. Rien dans votre situation ne justifie le traité si considérable que vous avez fait avec Fox et Henderson, car vous stipuliez pour 24 millions de travaux, c'est-à-dire l'emploi de la moitié de votre capital, alors que ces travaux n'avaient aucune urgence. En faisant, dis-je, avec MM. Fox et Henderson un traité si considérable, vous leur imposiez l'obligation de prendre 32,000 actions. Cela peut se comprendre par le désir d'atténuer votre situation dans une certaine mesure, mais alors pourquoi un traité secret? Pourquoi, si ces 1,800,000 francs n'étaient pas un pot-de-vin, faire trois actes au lieu d'un seul? Vous dites que cette remise était faite non pas à vous personnellement, mais à tous les concessionnaires, pour atténuer une perte qui s'élevait à des millions? Il est permis de n'en rien croire.

R. Si les choses eussent été ainsi faites, quelle trace serait restée du sacrifice que ces messieurs s'imposaient pour ces constructions, qui devaient avoir toujours une grande importance comme travaux? Si au lieu de 24 millions on avait dit seulement 22 millions 200,000 francs, il n'y aurait pas eu possibilité de faire l'atténuation des 1 million 800,000 francs.

D. C'est-à-dire que, pour appeler les choses par leur nom, il n'y aurait pas eu possibilité de tromper tout le monde. Aujourd'hui on vient vous dire: Le traité avec MM. Fox et Henderson portait à 24 millions le chiffre des travaux, et puis il y avait un traité secret en vertu duquel ces messieurs faisaient une remise de 1 million 800,000 francs. Ceci a été envisagé à ce point de vue par tout le monde. Vous avez plaidé devant le Tribunal de commerce, et le Tribunal de commerce a qualifié l'acte de la manière la plus sévère. Il a dit que les constructeurs anglais, comme Cusin et Legendre, s'étaient entendus pour tromper les actionnaires.

R. J'ai le malheur d'être en prison, je ne sais que ce qu'on me dit.

D. Dans l'intérêt des actionnaires, il n'était nullement nécessaire de faire un traité secret ; il fallait fixer l'importance des travaux, non pas à 24 millions, mais à 22 millions 200,000 francs, et par conséquent ne pas faire un traité secret de 1 million 800,000 francs, qui fait supposer une attribution toute personnelle, aussi bien que les 400,000 francs qui vous ont été donnés dans l'affaire de Javel.

R. Il n'y a pas plus d'attribution personnelle dans un cas que dans l'autre ; cela sera établi, je l'espère. Une petite observation. La remise de 1 million 800,000 francs coïncide avec la nécessité où nous étions de payer 900,000 francs d'hypothèques sur l'entrepôt de Putod, sinon il fallait vendre des actions pour près d'un million pour purger cette hypothèque, ce que nous avons été obligé de faire, et c'est là l'origine du compte de M. Orsi. Ainsi, vers la fin de juin 1854, c'est-à-dire un mois avant la présentation du bilan, ce besoin d'argent nous a mis dans le cas de faire à M. Orsi la proposition de négocier les actions que nous avions sous la main.

D. Ce point sera expliqué ; mais on vous inculpe aujourd'hui d'avoir voulu mettre ces 1 million 800,000 francs dans votre poche. Au mois d'août 1854, le Ministre était préoccupé singulièrement de la situation des Docks. On vous a demandé un bilan de votre situation active et passive. Vous l'avez présenté, et pour atténuer le déficit énorme qui existait dans la caisse, vous y avez fait figurer pour la première fois les actions de Javel et de Pont-Remy. Ce bilan a été l'objet d'un examen très attentif ; il a été constaté qu'il était complétement mensonger ; vous l'avez dit vous-même, il avait été dressé pour égarer la religion du Ministre.

Il est quelques points sur lesquels vos efforts pour arriver à une balance qui était impossible, n'auraient pas même pu être tentés, si le commissaire du gouvernement avait fait son devoir. Vous y avez fait figurer 1 million pour commission de banque, et 300,000 francs pour frais de gérance. Ainsi voilà une entreprise qui se constitue en novembre 1852, et le 12 août 1854, vingt-deux mois après, on produit un bilan où les gérants, qui avaient 10 pour 100 sur les bénéfices de l'entreprise, demandent 1 million pour commission de banque, 300,000 francs pour frais de gérance : comment pouvez-vous justifier cela ?

R. Les statuts disent que les administrateurs pourront avoir tout à la fois un traitement et une part dans les bénéfices. Mais permettez-moi de vous faire remarquer que la présentation de ce bilan avait été faite sur la demande du Ministre, c'est un fait qu'il faut ne pas oublier. Le bilan était dressé purement et simplement à l'appui de la demande en homologation de la Société anonyme.

D. Je le veux bien ; mais ce n'était pas une raison pour faire un bilan mensonger.

R. Le bilan n'est pas mensonger.

D. Les chiffres qui y sont portés figurent pour la première fois. Ce sont des chiffres arrangés, par conséquent mensongers en ce qu'il y a 1 million pour frais de commission, et 300,000 francs pour frais de gérance. Il y avait là une exagération incroyable. Comment, pour 15 ou 18 mois d'exercice 300,000 francs pour frais de gérance, indépendamment de votre commission de banquier ! Il me semble que c'était entendre singulièrement les intérêts des actionnaires.

R. Ceci n'était qu'un projet.

D. Il y a bien autre chose. Vous et vos coïnculpés, vous êtes portés sur les livres pour des sommes assez considérables, et qui se sont augmentées au fur et à mesure que les capitaux affluaient. Ainsi vous, Cusin, vous êtes débiteur personnellement de 265,000 francs, Legendre de 444,000, Duchêne de 123,000, Berryer de 110,000.

R. C'est à la maison Cusin et Legendre que cette somme est due.

D. Voilà qui est de plus en plus merveilleux. Vous êtes portés tous les trois à titre de débiteurs sur les livres de la maison de banque pour des sommes qui s'élèvent à près d'un million, mais qui proviennent de l'argent des Docks, et si vous veniez à payer un jour, ce serait à la maison Cusin et Legendre que vous payeriez !

R. Je soutiens que le rapport de l'expert est fait contrairement à tous les principes. Legendre et moi nous vivions très économiquement ; nous prenions par an 8, 10, 12,000 francs pour vivre, nous et nos familles, d'une manière conforme à notre position ; nous ne prenions rien de plus.

D. Il est un fait sur ce point qui résulte non de l'instruction, mais de votre situation comme gérant de l'Union commerciale. Vous preniez votre part aussi dans cette Société, et, suivant M. Dépinoy, cette part était de 1,000 francs par mois.

R. C'est une erreur des plus grandes..... Je voudrais cependant bien ne rien laisser passer... Voici comment nous procédions. Nous avions un compte courant dans la maison de banque, et quand nous avions besoin de 2 ou 300 francs, nous en payions l'intérêt. Nous avons alors imaginé de prélever une somme de 1,000 francs par mois, qui était portée à notre débit, mais sans intérêt. Tout notre avantage était de ne pas payer d'intérêt dans le courant de l'année. Mais à l'époque de l'inventaire, les 12,000 francs que nous avions pris dans le courant de l'année étaient diminués de notre compte. Je tiens à bien établir cela.

D. Vous vous expliquerez là-dessus. Revenons à l'affaire des Docks.

R. Vous avez dit que nous avions, M. Legendre, M. Duchêne, M. Berryer et moi, prélevé près de 1 million 100,000 francs. Vous ne faites pas état des intérêts que nous avions dans l'Union commerciale.

D. Dans cette maison, dont le capital était de 2 millions ?

R. La somme de 1,100,000 francs se réduit par le fait à 600,000 francs, parce que nous sommes, Legendre et moi, intéressés dans l'Union pour 500,000 francs. L'expert n'a pas pu dire qu'il n'y eût pas à la souche des actions nous appartenant. Or, nous n'avons pris, depuis l'origine des Docks, que 9, 10, 12, 13,000 francs au plus pour nos dépenses journalières. Admettons que l'Union ne marchât qu'avec les Docks, ce qui n'est pas, Legendre et moi nous aurions pris 30,000 francs sur ce même argent, ce ne serait pas 1,100,000 francs, mais 30,000 francs ; et encore j'exagère. Legendre n'a pas pris plus de 12 à 13,000 francs par an, moi autant, cela fait 26,000 francs au plus. Vous voyez que cette observation a une énorme portée. On nous a imputé tant de choses, que je ne dois laisser aucune occasion de me justifier.

D. L'expert répondra à vos observations sur ce point. Nous voulons seulement vous faire remarquer ceci, que le chiffre des remises qui vous ont été faites s'est augmenté. Il était de 225,000 francs au 31 décembre 1853, il a été depuis de 253,000 ; et celui de Legendre dépasse beaucoup les 250.000 francs qu'il devait rapporter, puisque son compte s'élève à 444,000 francs.

Legendre. — C'est une erreur des plus complètes.

Cusin. — Les prélèvements ont été faits en raison des besoins de la famille et de la position que nous occupions. Nous vivions avec la plus grande économie. Je me charge d'établir que nous n'avons pas dépensé 15,000 fr. par an, que nous n'avons pas même atteint ce chiffre.

M. le Président. — Pouvez-vous vous expliquer sur le bilan de 1855, préparé, arrangé pour l'assemblée des actionnaires que vous deviez enfin convoquer et duquel résulte un déficit de 6,866,000 francs?

R. J'y ai été complétement étranger; ma préoccupation n'était pas de dresser le bilan, mais de savoir ce qu'il y avait à faire. Nous étions en pourparlers avec M. Lehon. M. Lehon nous conseille de convoquer les actionnaires; nous les convoquons. Le 9 janvier, les actionnaires ont le droit de venir déposer leurs actions; il en est déposé un très grand nombre. Il y avait nécessité de se trouver là et de s'expliquer. Je déclare qu'il n'y a eu ni arrangements d'écritures, ni arrangement d'un tableau, ni projet d'explications à donner à cette assemblée, qui devait se tenir 15 jours après. M. Malpas, le seul témoin que j'aie fait assigner, vous dira comment a été dressé ce bilan et quelles communications lui ont été faites. Quant à nous, nous n'avons pas à le justifier, nous n'y avons en rien contribué.

D. Lorsque nous interrogerons l'expert, nous lui demanderons des explications sur ce bilan, et nous devons dire qu'il se trouve à peu près d'accord avec vous, car entre vos appréciations et les siennes il n'y a qu'une différence extrêmement légère.

C'est ainsi que vous arrivez à la fin de 1855, époque à laquelle est intervenu le décret qui a révoqué la concession qui vous avait été faite. Les termes de ce décret sont graves, ils vous chargent, nous devons les remettre sous vos yeux.... Vous savez que le Ministre du commerce avait délégué un inspecteur général des finances pour vérifier toute votre comptabilité.

Un rapport qui a dû vous être communiqué a été fait, et c'est par suite de ce rapport qu'est intervenu le décret dont voici le texte :

« Vu notre décret du 17 septembre 1852, etc. ; — Vu l'avis de la section du
» Conseil d'État, etc. ; — Vu les rapports de l'inspecteur général des finances, qui a
» été chargé de vérifier la situation de l'entreprise ;
» Considérant que, de ces documents et de l'ensemble des documents recueillis, il
» résulte que les concessionnaires, par *les irrégularités et les abus graves de leur*
» *gestion*, se sont mis dans l'impossibilité absolue de réaliser les intentions de notre
» décret précité et de procurer au commerce, etc.
» Avons décrété : — L'autorisation accordée aux sieurs Cusin, Legendre et
» Duchêne de Vère est révoquée sans préjudice des droits des tiers, etc. »

Et à cette occasion nous devons vous rappeler ce passage d'une lettre d'un de vos coaccusés, d'Orsi. Orsi appelait votre attention sur votre gestion et vous écrivait de Londres, le 23 août 1853, dans les termes que voici :

« Je ne puis, mon cher monsieur Cusin, m'empêcher de vous faire observer
» qu'à Londres comme à Paris les Docks se meurent, si par un coup hardi et
» renonçant à toute remorque, vous ne vous attachez pas à marcher tout seul. On
» a parlé d'influences au Ministère de l'intérieur. Illusion ! L'influence, c'est la
» bonne gestion de l'affaire ; l'influence, c'est le résultat positif, tangible, progressif
» des opérations de la Division des marais ; l'influence enfin, c'est la diminution du
» capital, la souscription et le versement de ce qui reste, et l'homologation des
» statuts. Voilà mon opinion carrément formulée. Ainsi que j'ai eu le plaisir de
» vous l'annoncer, vous êtes sûr de trouver ici 5 millions placés. Si vous en dési-
» rez davantage, vous n'avez qu'à le dire.. Mais conformément à vos instructions,
» je me suis borné au chiffre de 5 millions. »

Vous l'entendez : il vous disait que ce que vous aviez de mieux à faire, c'était de bien gérer l'entreprise, et vous n'avez pas tenu compte de ses conseils, puisque vous êtes devant le tribunal de police correctionnelle, et qu'un décret a déclaré votre gestion entachée de graves abus.

R. Il me semble que M. Orsi, en me disant de me garantir de toute espèce de remorque, rendait au contraire un certain hommage à la possibilité que nous aurions de faire marcher l'affaire, et que, quand il écrivait cela, il n'avait pas du tout l'intention de jeter un blâme sur nous.

D. Je n'ai pas dit un blâme, j'ai dit un conseil. J'ai ajouté que ce conseil était celui de la bonne gestion de l'affaire, et que le décret de révocation déclare énergiquement que votre gestion n'a pas été bonne.

R. La gestion ne laissait rien à désirer, elle marchait comme elle devait marcher ; je parle du matériel et du personnel. Encore une fois, quand M. Orsi nous disait de ne pas céder à des influences, il faisait allusion aux personnes avec lesquelles nous étions en rapport. Jusqu'alors toutes les influences privées disparaissaient ; nous étions tous dans le cas d'aller de l'un à l'autre, et encore une fois je ne pense pas que M. Orsi ait voulu jeter un blâme sur la manière dont les intérêts sociaux étaient conduits. Telle n'était pas son intention.

D. Maintenant que nous avons jeté un coup d'œil sur l'ensemble de l'opération, nous devons vous rappeler que vous êtes traduit en police correctionnelle sous la double inculpation d'abus de confiance, pour avoir détourné les capitaux des Docks de leur destination, pour les avoir appliqués à un usage autre que celui auquel ils étaient destinés ; et puis vous êtes accusé d'escroquerie comme ayant employé des manœuvres frauduleuses, en ce sens que vous auriez présenté, comme constituée, une Société qui ne l'était pas, et appelé les actionnaires à entrer dans une affaire qui n'offrait aucune espèce de garantie, puisqu'elle n'était pas même légalement constituée. Cette double inculpation vous est commune avec Legendre et Duchêne de Vère, qui ont fait ce que vous avez fait vous-même.

R. Il est évident que tout a été fait en commun.

D. Il est des actes qui vous sont reprochés personnellement, d'autres collectivement, comme ayant été accomplis par vous, concurremment avec Legendre. Et tout d'abord nous vous dirons que Legendre a prétendu dans l'instruction que, s'il était resté nominalement attaché à l'affaire, en fait c'était vous qui aviez fait tout. Expliquez-vous là-dessus.

R. Le tribunal peut être parfaitement convaincu que, s'il y a eu un malentendu dans cette affaire, ça été d'y avoir employé trop de personnes. Il serait bien singulier que toute la responsabilité pesât sur nous, et que nos collaborateurs n'en eussent encouru aucune. Bien des personnes ont travaillé avec nous : M. le baron Heeckreen, M. Guibert, M. Carteret....

D. Ces personnes n'étaient pas concessionnaires. Je parle en ce moment de vous et de Legendre. Or, Legendre a déclaré dans l'instruction qu'il avait été intéressé dans la maison de banque, mais qu'il était resté étranger à l'émission des actions, que vous faisiez tout dans l'affaire des Docks, qu'il avait donné de temps en temps sa signature, mais qu'au fond il avait ignoré ce qui s'était passé. Telle est sa déclaration.

R. Je suis surpris... Mais je dirai que tout s'est absolument passé dans le cabinet de Cusin et Legendre. Bien des personnes qui ne faisaient pas partie de la maison, mais qui, à un titre quelconque, savaient ce qui s'y passait, pourraient en déposer.

D. Ainsi l'énonciation fausse d'un capital, tantôt de 17 millions, tantôt de 25, vous serait exclusivement imputable. Il en serait de même de la négociation des actions et de toutes les mesures importantes qui ont été prises.

R. Je regrette d'avoir à m'expliquer sur ce point, mais enfin je pourrais faire appel aux souvenirs de M. Plé. Un débat s'était engagé entre nous à l'occasion du chiffre de 200,000 actions.

D. Par conséquent Legendre savait comme vous que les 200,000 actions n'étaient pas placées?

R. Sans doute, et une circonstance me revient à l'esprit. Les questions avaient été si bien débattues, qu'à la suite de cette conférence, qui avait été très longue, M. Riant, avec lequel j'étais en froid, mit sa main dans la mienne, et nous nous embrassâmes dans le cabinet de M. Dufour. M. Legendre savait parfaitement bien que les actions n'étaient pas souscrites; j'ajoute que la maison de banque savait bien aussi que l'encaissement n'en était pas fait. Je crois, M. le Président, que j'ai répondu.

D. Ainsi vous n'assumez pas seul la responsabilité des mesures qui avaient une certaine importance; vous déclarez qu'elles étaient prises de concert avec les autres concessionnaires?

R. Oui, M. le Président.

D. Voilà votre réponse en ce qui touche Legendre. En ce qui touche Berryer, vous avez déjà répondu. Berryer et Orsi paraissent devant le tribunal comme vos complices. Ils ne sont pas considérés comme les auteurs de l'escroquerie et de l'abus de confiance, mais seulement comme s'en étant rendus complices. Orsi avait été chargé par vous de négocier un très grand nombre d'actions. Il a remis par votre ordre, à la Compagnie de Graissessac à Béziers, 12,000 actions des Docks pour un prêt de 360,000 francs. Est-ce dans l'intérêt des Docks que ce prêt était fait?

R. Évidemment, puisqu'il figure dans le bilan de 1854.

D. Mais à cette époque vous aviez un encaisse considérable : 3 à 4 millions; vous avez dû appliquer les 300,000 fr. à autre chose?

R. C'est toujours la même réponse à vous faire. Dans les questions que vous me faites, M. le Président, comme dans le rapport de l'expert, il n'est jamais tenu compte de la situation où se trouvaient les affaires de Javel et de Pont-Remy. On établit ainsi un encaisse qui n'existe pas. Dès l'instant qu'on sait que nous avions appliqué le capital des Docks aux affaires de Pont-Remy et de Javel, il est bien évident que, chaque fois qu'on établit notre position, il faut tenir compte de cette application, et on ne le fait jamais.

D. Orsi a déclaré qu'il n'avait été qu'un intermédiaire officieux dans la négociation de ce prêt; que, si vous aviez voulu le faire vous-même, vous auriez discrédité la Société des Docks, et qu'il l'avait fait en son nom, uniquement pour vous rendre service.

R. Pour rendre service à l'affaire des Docks.

D. L'encaisse des Docks était plus considérable que les dépenses; les Docks n'avaient donc pas besoin d'emprunter 300,000 fr.?

R. C'est toujours la même chose. Si l'expert avait tenu compte des sommes versées dans les caisses de Javel et de Pont-Remy, il ne serait pas arrivé à trouver un disponible aussi considérable que celui qu'il a trouvé. Si vous voulez du chiffre que vous m'indiquez, j'y consens ; mais retranchez-en Javel et Pont-Remy.

D. Dans cette hypothèse même nous n'arriverions encore pas au résultat que vous indiquez, puisque l'encaisse serait supérieur de près de 400,000 francs, car vos avances vis-à-vis de Pont-Remy et de Javel n'avaient pas, à cette époque, dépassé 2 millions. En sorte qu'il y aurait un solde créditeur de plus de 2 millions, au commencement de 1854, c'est-à-dire au moment où vous avez fait le report où figurent les 12,000 actions. Par conséquent, de quelque manière qu'on envisage la question, vous n'aviez pas besoin d'emprunter 360,000 francs.

R. Je vous demande pardon.

D. Ceci s'expliquera. Ce n'est pas la seule question que j'aie à vous adresser : Orsi a encore déposé, entre les mains du duc de Galliera, 8,000 actions pour un prêt de 240,000 francs ; est-ce comme administrateur des Docks ou comme intermédiaire qu'il faisait ce nouvel emprunt pour sauvegarder votre situation ?

R. Pour cela, je suis embarrassé ; ma mémoire me fait complétement défaut.

D. Orsi, quand nous l'interrogerons, éclaircira ce point. — Duchêne de Vère a donné sa démission en 1853. Ce n'était qu'une fiction, car en 1854 nous le voyons encore s'occuper des affaires tout comme auparavant. En 1853, il donne sa démission sous signature privée ; en 1854, nous le voyons faire des actes publics, notamment un traité par lequel il partage avec vous les 10 pour 100 de bénéfice ?

R. Il avait donné sa démission sous la réserve de tous ses droits.

D. Il était donc devenu étranger à la gestion des affaires à cette époque ?

R. La date de la rupture de nos rapports avec M. Duchêne de Vère s'établira par son compte courant dans la maison Cusin et Legendre.

D. Il s'élève à 123,000 fr., n'est-ce pas ?

R. Nous avons cessé nos rapports de gestion avec M. Duchêne de Vère, à l'époque où nous avons cessé de lui donner de l'argent, vers le commencement de juillet 1854. Depuis le 12 août 1854, il ne s'est rien fait dans l'affaire des Docks. Ils existaient : ils sont restés comme ils étaient. Depuis cette époque, il ne s'est fait aucune opération de vente ou d'achat à la Bourse ou ailleurs. La démission a été donnée le 20 juin, la cession des rapports a eu lieu le 15 juillet.

D. Lorsque, en 1853, vous aviez mis en circulation des actions vierges de toute opération, est-ce qu'il n'avait pas circulé des bruits fâcheux à la Bourse sur l'émission de ces actions, dont le papier attestait qu'elles n'avaient pas encore été mises en circulation ; n'avez-vous pas entendu exprimer des soupçons à cet égard ?

R. Il m'en est revenu quelque chose.

D. Est-ce qu'à cette époque-là vous n'auriez pas fait déposer dans une chambre quinze à dix-huit mille actions, et employé un moyen assez singulier pour leur donner l'apparence d'actions qui auraient beaucoup circulé ?

R. Je ne me rappelle pas cela.

D. Mais on dit que, pour leur donner l'apparence d'actions vieillies, elles auraient été jetées dans une chambre, et que là deux ou trois personnes armées de balais les auraient bouleversées de toutes les façons ?

R. Je ne me rappelle pas cette circonstance-là.

D. Avez-vous quelque chose à ajouter à votre déclaration ?

R. Si vous voulez bien le permettre, M. le Président, je réserverai pour la suite des débats ce que je pourrais avoir encore à dire.

LEGENDRE, 62 ans, l'un des associés de la maison Cusin, Legendre et Cie, l'un des concessionnaires des Docks.

M. LE PRÉSIDENT. Vous avez été l'associé de Cusin pour l'Union commerciale ; tous les faits qui lui sont imputés relativement à cette Société vous sont communs avec lui. Vous avez été comme lui concessionnaire des Docks ; tous les reproches qui lui sont adressés s'appliquent également à vous : qu'avez-vous à dire ?

LEGENDRE. J'ai à dire que, lors de la concession des Docks, j'ai été envoyé en Angleterre pour traiter l'affaire Ricardo ; que, pendant mon absence, les demandes d'actions ont afflué en si grande abondance, que j'ai pensé qu'on pourrait se passer des Anglais. Cependant, mes négociations avec eux avaient réussi ; j'avais envoyé à M. Cusin un projet de Société signé par eux ; ce n'est que plus tard que leurs exigences ont paru si exagérées, qu'on les a repoussées.

D. Vous avez dit dans l'instruction que tout se faisait sous votre nom, plutôt qu'avec votre participation ; est-ce que vous vous contentiez de ce qu'on vous disait ?

R. Lorsque je suis revenu à Paris, une grande quantité d'actions demandées avaient été distribuées aux différents demandeurs ; mais on en avait réservé pour une somme considérable aux Anglais.

D. Lorsque vous êtes revenu d'Angleterre, vous avez rapporté, dites-vous, un traité signé avec les Anglais ?

R. C'était un projet de traité. Je n'étais dans cette négociation qu'un simple mandataire comme M. Riant.

D. La maison anglaise était-elle engagée par ce projet de traité ?

R. Elle l'était, sauf les conditions particulières qui restaient à discuter. On les discuta, et elles parurent si exorbitantes, que le Conseil d'administration décida que, vu les souscriptions en France, qui étaient considérables, il n'y avait pas lieu d'accéder aux propositions de la maison anglaise. C'est alors que je retournai en Angleterre.

D. Vous dites que le Conseil d'administration fut d'avis de renoncer à l'association anglaise : le contraire résulte de l'instruction. Il en résulte que, lorsque vous êtes revenu à Paris porteur de l'engagement conditionnel de la maison anglaise, ce ne serait pas le Conseil de surveillance, mais vous et Cusin qui vous seriez arrogé le droit de le repousser ?

R. Tout ce que je me rappelle, c'est que, M. Cusin m'ayant dit qu'il fallait renoncer à ce traité, je retournai en Angleterre pour tâcher d'obtenir des conditions plus favorables. Je n'y parvins pas ; et, comme les souscriptions en France étaient considérables, je le répète, on pensa pouvoir se passer des Anglais. Maintenant, quant à ce qui concerne la déclaration de constitution de la Société, j'ai agi de bonne foi, en toute conscience. Voyant des souscriptions aussi nombreuses que celles qui arrivaient de tous les points de la France, je crus franchement, de bonne foi, que le fonds social était souscrit.

D. Non ; vous avez fait sciemment une fausse déclaration. Quelle nécessité de faire cette déclaration du 20 novembre, où vous dites que la Société est constituée, c'est-à-dire que toutes les actions sont souscrites et payées. Pourquoi ne pas attendre?

R. Pour moi, la souscription était complète. Il y a eu dans tout ceci un grand tort, selon moi : ça été de ne pas demander la moitié ou le quart du versement des actions souscrites. Si cette fraction eût été versée immédiatement, nous ne serions pas ici aujourd'hui, parce que le capital eût été complété.

D. On devait verser 125 fr. par action ; c'était bien la moitié ?

R. Cela n'a pas été fait.

D. Par une raison bien simple : vous gardiez les actions par-devers vous afin de profiter de la prime ?

R. Je n'en sais rien. Comme il y avait 200,000 actions souscrites, naturellement on ne pouvait pas accorder à chaque souscripteur la quantité d'actions qu'il avait demandées.

D. Vous étiez l'un des chefs de la maison de banque : votre devoir n'était pas de vous en rapporter à ce qu'on disait, mais de vérifier.

R. Quand on a confiance en son associé, comme j'avais confiance en M. Cusin, on ne songe pas à passer en revue une masse de lettres aussi considérable que celle que nous avions reçue. Je m'occupais plus spécialement du travail des bureaux. Je le répète, je croyais la souscription entière et complète lorsque j'ai signé la déclaration.

D. Est-ce que vous n'avez pas vérifié par vous-même quelle était la situation de l'affaire ; de quelle manière la comptabilité était tenue?

R. M. de Mecklembourg, en qui j'avais toute confiance, faisait partie du Conseil d'administration, et il avait été décidé qu'il n'y aurait qu'une personne qui s'occuperait de l'affaire des Docks. C'est alors qu'on transporta les bureaux des Docks dans une partie de l'hôtel Laffitte, nᵒˢ 27, entièrement distincte de celle qu'occupait la maison de banque. Vous pouvez demander à M. Picard, qui était à cette époque chargé de l'affaire des Docks, de quelle manière se faisait cette administration.

D. Ainsi, dès ce moment, vous ne vous êtes plus occupé de ce qui se faisait?

R. J'étais dans le cabinet; je donnais ma signature quand on me la demandait, mais toutes les opérations des Docks se faisaient dans d'autres bureaux. Quand on avait décidé une chose, M. Cusin, ou plus particulièrement la personne qui travaillait avec lui, venait me dire : « Telle chose est décidée, telle signature doit être donnée; » et la confiance que j'avais faisait que je la donnais. A chaque instant les choses étaient sur le point de se terminer, et désirant de toute mon âme que cette affaire se terminât, je donnais mon concours dans tout ce qui était possible pour la faire réussir.

D. Comment avez-vous consenti à ce que les capitaux des Docks fussent appliqués à Javel et à Pont-Remy?

R. M. Cusin vous a répondu pour moi : Javel et Pont-Remy étaient un placement pour l'argent des Docks. Je considérais ces deux affaires comme excellentes. C'est pour retirer un intérêt de l'argent des Docks, qui restait endormi, que nous avons fait ce placement-là. Je le considère encore aujourd'hui comme bon, si on veut n'y pas apporter d'entraves.

D. Vous savez bien aussi qu'à l'égard de Javel il a été fait une remise de 100 actions?

R. Il faut distinguer deux choses : Javel, affaire montée par une maison de banque, et les Docks, grande affaire qui promettait un avenir considérable. Javel pouvait nous servir puissamment à monter les Docks, c'est pour cela que nous nous y sommes livrés tout entiers comme banquiers. D'ailleurs, les placements que nous faisions à Javel avaient un caractère essentiellement provisoire.

D. Et vous faisiez ces placements avec des capitaux qui n'étaient pas vôtres?

R. J'ai eu l'honneur de vous dire, M. le Président, que l'affaire de Javel nous paraissait bonne, excellente; nous la croyions certaine. C'est pour cela que j'ai consenti à ce que des fonds inactifs y fussent placés provisoirement. Ces fonds devaient être retirés plus tard, lorsque les besoins du service l'exigeraient.

D. Votre expérience des affaires devait vous indiquer que le placement que vous faisiez ainsi, à titre purement provisoire, pouvait se prolonger au delà du terme prévu. La prudence vous interdisait donc de le faire. D'ailleurs, vous ne deviez pas affecter à Pont-Remy et à Javel l'argent des Docks, et vous ne l'avez fait, évidemment, que pour obtenir une prime de plus?

R. Vous pourriez me dire que je me suis trompé, mais non m'en faire un crime.

D. Pour vous, l'erreur était difficile. Vous aviez la lettre du Ministre qui vous disait de placer cet argent soit à la Banque, soit à la Caisse des consignations, ou de le convertir en rentes sur l'État.

R. Je n'avais pas de rapports avec le Ministre.

D. Les fonds employés à Javel sont représentés par plusieurs valeurs : il y a des actions et des obligations ; avez-vous porté les obligations comme les actions à l'actif des Docks ?

R. Le principe des obligations avait été établi par nous, mais la délivrance de ces titres a été postérieure.

D. Répondez à la question précise que je vous fais : Dans l'actif des Docks faites-vous figurer les obligations Javel ?

R. Oui, M. le Président.

D. Depuis quelle époque ?

R. Je ne saurais préciser. La délivrance des obligations n'a été faite que depuis notre arrestation.

D. Nous vous précisons à tous deux cette question, et en voici l'importance. Il y a débat entre la liquidation de l'Union, dont vous étiez les gérants, et les administrateurs provisoires des Docks. Les liquidateurs de l'Union élèvent la prétention que les obligations doivent entrer dans la caisse de l'Union. C'est comme banquiers que vous avez fait cette affaire ; or vous auriez fait figurer à l'actif des Docks des actions, et à l'actif de l'Union des obligations. Et comme les obligations ont été créées postérieurement aux actions, et qu'aux termes de leur création elles priment les actions, l'Union viendrait prendre la meilleure partie de l'actif, les actions n'auraient aucune espèce de valeur. Je vous demande donc si vous avez fait figurer à l'actif des Docks les obligations comme les actions de Javel ?

CUSIN. — Nous avions, par délibération du mois de juillet 1855, décidé qu'une émission d'obligations serait faite. Il fallut nécessairement un certain temps pour que ces obligations arrivassent à être confectionnées, imprimées, et tout ce qui s'ensuit. Eh bien! on ne veut attribuer à l'actif des Docks qu'une seule chose : les actions. J'ai des réserves sérieuses à faire sur ce qu'ont fait depuis les liquidateurs de l'Union commerciale, qui ont pris mon lieu et place. Je suis à même de donner des détails qui éclaireront complètement la religion du tribunal. Les liquidateurs n'ont pas le droit de faire l'attribution des obligations.

D. Cette partie des débats devant revenir, nous pouvons la négliger en ce moment.)

M. L'AVOCAT IMPÉRIAL. — Je soutiens, les livres à la main, qu'au moment où vous avez placé l'argent des Docks à Pont-Remy et à Javel, c'est-à-dire en 1853, je ne parle pas des obligations qui ont été prises en 1854, je soutiens qu'en 1853, lorsque vous jetiez 2 millions à Javel et 405,000 fr.

3

à Pont-Remy, vous ne remettiez pas aux Docks les titres de ces actions,
vous les gardiez dans l'Union commerciale. Ce n'est que le 12 août 1854
que, pour masquer le déficit, lorsqu'il s'est agi d'envoyer un bilan qui
pût permettre l'homologation, vous avez voulu combler le déficit apparent
par les titres de Javel et de Pont-Remy, que vous possédiez depuis
dix-huit mois.

R. Je fais remarquer qu'un procès-verbal établit qu'une de nos premières opérations a été de tenir compte des actions de Javel. Dès
ce moment donc, la maison Cusin et Legendre était dessaisie de fait de
ces actions.

D. La preuve de l'inculpation, je la trouve dans votre bilan de 1853.
Ce n'est qu'en août 1854 que vous avez crédité les Docks des sommes prêtées à Sèvres et à Pont-Remy. Avant cette époque, les écritures étaient
passées au profit de l'Union.

R. L'Union ne pouvait passer d'écritures qu'au moment où l'acceptation était faite par les Docks. Ainsi MM. Torchet et Picard n'ont pris
livraison qu'au mois de mars ; c'est seulement ce jour-là que les écritures
ont été passées dans l'Union commerciale.

LEGENDRE. — Quant à moi, je déclare formellement que tout ce qui a
pu appartenir à Javel ou à Pont-Remy, était la propriété des Docks. Je
ne me suis jamais mêlé de la comptabilité, de la tenue des livres, mais
j'affirme que tout appartenait aux Docks.

M. LE PRÉSIDENT. — Avez-vous eu connaissance qu'en 1852 et 1853
des actions avaient été vendues au-dessous du cours ?

R. J'en ai eu connaissance.

D. Est-ce que ce n'est pas votre fils qui s'occupait de ces négociations ?

R. Mon fils était employé dans la maison, il faisait ces négociations
comme d'autres.

D. Avez-vous entendu dire aussi que 12,000 actions avaient été données en nantissement à la Compagnie du chemin de fer de Béziers ?

R. Dans ce moment-là, je ne m'occupais nullement des Docks, dont
l'administration était tout à fait séparée de celle de la maison de banque ;
ce n'est que plus tard que j'ai appris qu'un dépôt d'actions avait été fait
dans la Compagnie de Graissessac à Béziers.

D. Vous ne vous occupiez que de la maison de banque ?

R. Pas d'autre chose ; et lorsque M. Chappuis, l'inspecteur général des
finances est venu, il m'a toujours trouvé confiné dans la maison de
banque, où je me tenais. Chaque fois que je lui ai offert d'aller travailler avec lui, il m'a renvoyé. Un jour M. Monginot, qui a été désigné
par le juge d'instruction pour faire l'expertise, est venu à Mazas, où je
suis détenu, et m'a dit : Mon travail sera peut-être un peu long, mais je
n'aurai jamais rien à vous demander. Et en effet, je n'ai pas revu M. Monginot.

D. Voulez-vous nous donner quelques explications sur ce fait, que vous êtes porté débiteur de 444,000 francs?

R. Je tiens à faire comprendre au tribunal qu'il y a une erreur matérielle. J'ai 250,000 francs d'actions à la souche, qu'il faut déduire. Ensuite il faut remonter un peu haut. J'étais autrefois dans le commerce des toiles, je l'avais quitté, je n'avais plus d'occupation, lorsque MM. Fréville et Comp., maison fort honorable dont M. Cusin était l'associé, manifesta l'intention de quitter les affaires et de céder ses opérations à M. Cusin. On me proposa d'entrer dans cette affaire ; je fis cette observation à MM. Fréville et Comp., que je n'avais pas de fonds. Ils me répondirent que cela ne faisait rien, que je trouverais facilement ma mise de fonds, et qu'en calculant seulement les bénéfices qu'ils faisaient, dans l'espace de deux à trois ans je pourrais rembourser ce que j'aurais emprunté. En effet, ils avaient fait une belle fortune. Je consentis. Je fus obligé d'emprunter. J'avais pris trois ans pour rembourser ; mais la révolution de 1848 arriva et nous mit dans l'impossibilité de réaliser personnellement les bénéfices que nous devions espérer. Malgré l'extension qu'avait prise notre maison et le crédit dont elle jouissait, nous n'avions pas de bénéfices. L'époque de mes remboursements est arrivée en 1849, 1850, 1851 ; j'ai été obligé de les opérer. C'est alors que j'ai fait des prélèvements, mais je les ai faits sur la maison de banque, et nullement sur l'argent des Docks, puisque c'eût été au préjudice de l'établissement des Docks. Comme vous l'a dit M. Cusin, nous ne prenions que ce qui était nécessaire pour notre subsistance, 10, 12,000 francs par an. Et, remarquez que depuis l'existence de la maison de banque Cusin et Legendre nous n'y avions rien prélevé. Aujourd'hui on nous fait un crime de ce qui devrait tourner à notre avantage. 1848 avait laissé un déficit dans la maison, nous étions parvenus à le combler, et, je le répète, nous n'avions prélevé ni intérêt ni dividende, rien de ce qui avait été distribué à nos actionnaires. Nous aurions donc aujourd'hui un compte à réclamer d'eux, à leur demander ce qui devait nous revenir. Enfin, pour répondre à l'inculpation, depuis l'affaire des Docks, nous n'avons prélevé que ce qui était absolument nécessaire à notre subsistance, et ces prélèvements nous les avons faits non pas à la compagnie des Docks, mais à la maison de banque.

D. Vous dites que l'administration des Docks était dans une partie séparée de l'hôtel où était la maison de banque, que vous ne vous en occupiez pas, que vous vous occupiez seulement de la maison de banque ; mais quand il s'est agi de Berryer, vous vous en êtes bien occupé?

R. Je vous répondrai que pour moi, mettant à part sa qualité de commissaire du gouvernement, qui était officieuse, M. Berryer était la personne qui s'occupait plus que qui que ce soit de faire réussir l'affaire. M. Berryer y donnait tout son temps, il faisait des voyages à Londres, il travaillait à faire réussir l'entreprise, non-seulement avec nous, mais encore près du ministère, où je ne suis jamais allé. Il montrait à cette époque la meilleure volonté du monde, et c'est dans la conviction où j'étais que cette entreprise réussirait, que je ne balançais pas à donner à M. Berryer la rémunération de ses services.

D. Puisque vous vous occupiez de la maison de banque, vous avez dû avoir connaissance du crédit ouvert à M. Berryer, qui s'est élevé à 110,000 francs?

R. Sans doute. Pourquoi la maison de banque n'aurait-elle pas consenti à ouvrir un crédit à M. Berryer comme à d'autres personnes! Nous avons été trompés souvent, mais on ne peut pas faire un crime à un homme d'avoir ouvert un crédit à un autre homme, comme je vous l'aurais ouvert à vous, M. le Président, si vous aviez eu besoin d'argent. On rit.)

D. Mais vous avez dû savoir que ce compte ouvert s'était converti, à une certaine époque, en don?

R. Il n'y a pas eu de don du tout. M. Berryer était constamment débité sur les livres des sommes qu'on lui versait. Nous admettions que l'affaire arriverait à bonne fin par ses soins, par son travail quotidien. Supposons que cette affaire, qui a malheureusement mal tourné, eût bien tourné, il eût été dû à M. Berryer, comme à tous les autres qui s'en seraient occupés, une rémunération. Je n'aurais pas balancé à la lui donner, et, en conscience, je n'aurais pas cru faire une mauvaise action.

D. Vous aviez connaissance de l'acte qui lui accordait 100,000 francs?

R. Certainement; mais cet acte ne devait avoir d'exécution qu'autant que l'affaire serait arrivée à bonne fin.

D. Enfin vous en avez eu connaissance, c'est tout ce que j'ai à vous demander : avez-vous quelque chose à ajouter à ce que vous venez de dire?

R. Rien, monsieur le Président, si ce n'est les observations que les dépositions des témoins pourront rendre nécessaires.

DUCHÊNE DE VÈRE, 45 ans, l'un des concessionnaires des Docks.

M. LE PRÉSIDENT. — Vous êtes prévenu des mêmes faits que vos deux coprévenus, Cusin et Legendre.

DUCHÊNE DE VÈRE. — Mon intervention dans cette affaire est très claire. Je suis l'auteur du plan des Docks; c'est moi qui l'ai élaboré en grande partie, je n'ai connu aucun fait de comptabilité... J'attendrai que vous vouliez bien m'interroger pour répondre. Je ne connais la plupart des faits introduits dans les débats que par l'instruction. J'ai donné ma démission assez promptement; ma participation dans l'affaire est assez légère.

D. Vous êtes sorti de l'affaire en 1853, par suite de circonstances que je ne veux pas rappeler, mais vous n'en êtes sorti qu'ostensiblement, en réalité vous y êtes resté.

R. M. le Président, l'observation n'est pas très exacte. J'en suis réellement sorti le 16 avril 1853. J'en suis sorti de telle façon que je n'y ai plus eu aucune espèce d'action. Ma démission a été connue du commissaire du gouvernement, du gouvernement lui-même, elle a été publiée, rien n'a été caché. J'avais donc perdu toute espèce d'influence sur la conduite de l'affaire. Ni mes observations, si j'avais eu à en faire, ni mon intervention n'eussent servi à rien. Je ne suis intervenu dans aucune opération subséquente. On ne m'a jamais consulté que sur la question pratique des Docks. A celle-là j'ai continué de travailler et j'aurais continué dix ans pour que l'affaire réussit; j'avais voué ma vie à son succès. J'étais donc, non dans l'affaire, mais à côté; je n'avais ni le droit, ni le pouvoir de rien savoir de ce qui se passait dans la comptabilité.

D. Vous prétendez qu'à partir de votre démission, vous êtes resté complétement étranger aux opérations : la correspondance prouverait le contraire. Il y a entre autres une lettre de Berryer, du mois de février 1854, par laquelle il réclame que vous fassiez le voyage de Londres, de la manière la plus accélérée possible, que votre présence y est nécessaire.

R. Oui, mais il serait étrange d'induire de cette lettre de M. Berryer, qui m'appelait à Londres, que je fisse encore partie de l'administration de la Société. Cette lettre est du reste la seule qui existe, il n'y en a pas d'autre.

D. Il y en d'autres. Vous avez signé un traité avec M. Paxton, un Anglais avec lequel les Docks étaient en relation.

R. Lorsque cette lettre est arrivée, on m'a demandé d'aller à Londres pour expliquer la position des Docks aux personnes anglaises qui pouvaient être disposées à entrer dans l'affaire. J'ai longtemps habité l'Angleterre, j'y ai des relations personnelles, je parle l'anglais, et j'ai fait tous mes efforts pour attirer dans l'entreprise des capitalistes anglais. J'avais foi en cette entreprise, après ma démission comme avant; j'y ai foi encore; je la crois bonne, excellente comme affaire, je la crois surtout appelée à rendre les plus grands services au public. Sir John Paxton y entrait à ma recommandation, et c'était une très bonne acquisition, car M. Paxton s'est longtemps occupé de l'intérieur des Docks, personne ne pouvait veiller mieux que lui à la construction des Docks français, sous le rapport de l'hygiène comme sous celui de l'aménagement des marchandises.

D. Vous avez signé un traité pour partager les bénéfices, et le 20 novembre 1852 vous vous êtes associé à Cusin et à Legendre pour déclarer devant le notaire Dufour que les fonds étaient versés et que la Société était constituée.

R. C'est vrai, cette déclaration a été faite dans le cabinet de M. Dufour. Comme on vous l'a dit, j'avais la profonde conviction que les actions

étaient souscrites : la maison Cusin et Legendre avait les meilleures relations possibles. Je ne doutais pas le moins du monde, je ne pouvais pas
douter qu'elle fût capable d'effectuer le payement des actions prises en
son nom. Je ne me suis aucunement mêlé, pour mon compte, du placement des actions, ni d'aucune opération de Bourse, et je n'ai jamais possédé une seule action.

D. On dit cependant qu'à une certaine époque vous auriez été détenteur
de 200 actions.

R. Jamais.

D. Ce fait a été énoncé par Cusin. (A Cusin.) Un de vos employés vous
a demandé des renseignements à cet égard, à l'occasion d'un titre de
200 actions qui avait été remis à Duchêne de Vère?

Cusin. — Effectivement, M. Duchêne de Vère doit se rappeler qu'il
m'a fait remettre un jour un paquet de souches jaunes s'appliquant à
200 actions que lui avait donné M. Carteret.

Duchêne de Vère. — Je ne m'en souviens pas.

M. le Président. — Enfin vous n'avez jamais eu d'actions?

R. Jamais.

D. Mais la maison de banque vous avait ouvert un crédit de 123,000 fr.

R. C'est une erreur. C'est la première fois que j'entends parler de cette
somme. J'ai pris, je crois, 116,000 francs, dont j'ai payé les intérêts,
n'ayant aucune espèce d'appointements, n'ayant rien prélevé sur les Docks.
Je n'ai pris que le strict nécessaire pour mes voyages multipliés à Londres,
et pour les dépenses très considérables que nécessitait l'état de vie que je
devais tenir à Londres, dans l'intérêt des Docks. Si l'affaire eût réussi, il
est évident que j'aurais reçu une indemnité, soit à titre d'appointements,
soit à tout autre; rien ne m'eût été plus aisé que de justifier de mes
dépenses à la liquidation ou à n'importe qui, et cette indemnité m'aurait
servi à rembourser MM. Cusin et Legendre.

Arthur BERRYER, 45 ans, commissaire du gouverne-
ment près la Compagnie des Docks.

M. le Président. — C'est au mois de février 1853 que vous avez été
nommé Commissaire du gouvernement près de la Compagnie des Docks?

Berryer. — Oui, M. le Président.

D. Dans la lettre par laquelle le Ministre vous faisait part de votre nomination, il vous annonçait qu'un traitement de 5,000 francs était attaché
aux fonctions que vous alliez remplir?

R. Oui, M. le Président.

D. Quelque temps après, vous avez consenti à recevoir un supplément
de traitement de 1,250 francs par mois?

R. M. le Président, il serait nécessaire de dire quelle était ma position aux Docks ; quelques explications sont pour cela indispensables.

J'ai été nommé par M. de Persigny qui attachait, comme vous le savez, une très grande importance à l'entreprise. M. de Persigny désirait avoir une connaissance exacte des choses telles qu'elles étaient, et non telles qu'elles étaient annoncées. M. de Persigny me chargea, par un intermédiaire des plus honorables, le 10 mars 1853, c'est-à-dire quelques jours après ma nomination, de lui faire un rapport sur les Docks. Je fis ce rapport. Je signalais au Ministre qu'au lieu de 200,000 actions placées, il n'y en avait que 85,000, et que les livres ne me semblaient pas avoir le caractère commercial exigé en pareil cas ; qu'ils étaient bien tenus d'après un brouillard, mais qu'ils n'étaient pas revêtus d'un véritable caractère commercial. Le Ministre ne me fit aucune espèce d'observation.

A quelque temps de-là, il me demanda un état de situation des Docks ; je lui envoyai un nouveau rapport très détaillé dans lequel je l'avertissais que le capital des Docks n'était pas fait et que la Société était dans l'impossibilité de marcher. Il ne me fut fait aucune espèce d'observation.

Un peu plus tard, j'ai fait un troisième rapport au Ministre, où j'expliquais la difficulté de ma situation. Les Docks étaient une Société en commandite qui n'était pas soumise au contrôle d'un commissaire du gouvernement, les concessionnaires m'avaient accepté officieusement, ils pouvaient me refuser les communications que je leur demandais. Enfin, je ne laissais rien ignorer de la situation administrative des Docks.

Dès mon entrée, j'avais demandé aux concessionnaires tous les documents qui pouvaient établir la situation de la Société. Il y avait en caisse une somme considérable qui n'était pas représentée en valeurs. Je fis des observations. MM. Cusin et Legendre m'écrivirent une lettre par laquelle ils m'annonçaient que cette somme était dans leur maison de banque. Je communiquai cette lettre au Ministère de l'agriculture et du commerce. En réponse, le Ministre, qui était alors M. Magne, chargea le directeur général, M. Heurtier, d'inviter ces Messieurs à déposer les fonds disponibles à la Caisse des Consignations, ou de les convertir en bons du Trésor. Le Ministre savait donc parfaitement quelle était la situation des Docks.

Pendant que je suivais cette affaire avec un caractère officiel en apparence et sans être soutenu officiellement, une chose me frappa, qui me frappe encore aujourd'hui, c'est que la question des Docks, qui est cependant une question vitale, n'était connue de personne au ministère, on n'en savait absolument rien. Pendant quinze ou dix-huit mois, j'eus de fréquents entretiens, soit avec le Ministre, soit avec M. Heurtier. Je ne cessais de leur expliquer que, si les Docks rencontraient des difficultés financières, il y en avait une plus grave encore : c'était que la question technique n'était connue de personne, ni de ceux qui devaient les faire fonctionner, ni de ceux qui devaient les surveiller.

Le Ministre fut frappé de cette situation. La question financière pour les Docks se compliquait à ce moment par la retraite de M. Pereire, par les échéances des achats de terrains qu'avait vendus le chemin de fer de Saint-Germain, et enfin par les travaux de déblais à la place de l'Europe qui absorbaient aussi une somme très considérable. Je n'ai jamais pu, et cela vous le comprendrez très facilement après l'instruction qui a eu lieu, je n'ai jamais pu avoir une connaissance exacte de l'état financier des Docks. Du reste, je l'ai dit souvent au Ministre, je ne suis pas comptable, j'ai très peu d'aptitude à surveiller une maison de banque, ou une administration financière. Ce qui me préoccupait, c'était la question des Docks en elle-même, c'est pour celle-là que j'ai déployé, autant que je l'ai pu, mon intelligence et mon activité.

J'ai expliqué au Ministre que la situation financière était très critique, que M. Pereire se retirait au moment où il n'y avait plus de ressources et où sa retraite pouvait tuer même une société considérable. La Société allait crouler, et je regardais sa chute comme un malheur public, et à cause du nom qu'elle portait, celui du chef de l'État, et à cause de l'institution qui pouvait rendre de si grands services au pays.

C'est à ce moment que je demandai à aller en Angleterre. Tout à l'heure M. le Président disait que le Ministre n'était pas instruit de la manière dont je recevais de l'argent, je lui en demande pardon. J'avais expliqué à M. le directeur général que les concessionnaires, dans la situation où ils se trouvaient comme question d'argent, voulant faire étudier la question technique, désiraient que les frais de mon voyage en Angleterre fussent supportés par eux. Je vais préciser le fait, et on pourra citer les témoins. J'en causai à plusieurs reprises avec M. Heurtier, et dans une dernière entrevue à ce sujet, je lui rappelai l'offre des concessionnaires. M. Heurtier me répondit : C'est tout simple. Je vais chez MM. Cusin et Legendre et je dis : Le Ministre m'autorise à prendre chez vous l'argent nécessaire à ma mission. Je reçus ma mission, mes passe-ports et des introductions près diverses personnes de Londres. On produira les lettres de recommandation. Je sais parfaitement que le gouvernement français appuie ses envoyés ; pour les employés de deuxième ordre, comme je l'étais alors, les appuis sont en général extrêmement réservés : aussi, ce qui va vous frapper, c'est qu'au lieu de simples lettres de recommandation, j'avais des lettres officielles ; j'étais recommandé à M. le comte Walewski, ambassadeur, à M. Herbert, consul général, dans des termes très chauds. On savait parfaitement que mon nom, le nom très-honorable que je porte et qui reçoit aujourd'hui une si profonde humiliation en moi, pouvait servir à la solution de la question des Docks. En apparence, je n'allais en Angleterre que pour étudier la question pratique.

J'y suis arrivé... Mais auparavant je dois, pour bien préciser les faits, parler d'une scène qui s'était passée chez M. Fleury, chef de la division du commerce extérieur. C'était vers le 7 décembre 1853, je lui annonçai que je partais. Il me demanda quels fonds subviendraient à mes dépenses ; je lui répondis que les concessionnaires y pourvoiraient. Il s'emporta, il me dit que M. Heurtier ne savait pas ce qu'il faisait ; que je ne pouvais pas, étant l'agent du gouvernement, recevoir de l'argent des concessionnaires. Il ajouta qu'il ne me remettrait pas des documents si je partais dans ces conditions.

Cependant, trois jours après je reçus un passe-port et des lettres de recommandation. Auparavant j'avais reçu, le 5 décembre, une lettre de M. Heurtier, dans laquelle il me disait : « Puisque vous vous êtes pourvu ailleurs de la question d'argent, vous pouvez partir. »

Je suis arrivé en Angleterre, comme je vous le disais, aussi appuyé que possible. Quand j'ai cherché à traiter la question des Docks Napoléon, je dois vous le dire franchement, en Angleterre tout le monde m'a ri au nez. On se demandait ce que pouvait être un dock à Paris ; le nom tout d'abord présentait un non-sens. On se demandait, d'un autre côté, quelles pouvaient en être les alimentations. J'expliquai la situation dans laquelle se trouvait le commerce parisien. Je dis que presque toutes nos denrées sont soumises aux lois de douane, aux droits d'octroi, que ces dépenses sont toujours lourdes pour le commerce, et qu'il était nécessaire d'avoir des entrepôts qui facilitassent la transmission des marchandises sans frais d'avances pour les divers négociants.

Soit que je fusse dans le vrai, soit qu'on m'accordât quelque bienveillance, après quinze jours passés en Angleterre, je revins en France parfaitement renseigné. J'avais écrit étant en Angleterre une lettre à l'ambassadeur, M. Walewski. Dans cette lettre, je lui expliquais très au long la situation que j'avais prise et qu'on m'avait laissé prendre très facilement.

Le 31 décembre 1853, j'étais revenu en France ; je dis au Ministre que j'entrevoyais la conclusion de l'affaire des Docks. Pendant mon séjour à Londres, je m'étais abouché avec les personnages les plus importants, avec des hommes dont les noms sont illustres, qu'on avait fait nobles à cause de leurs travaux, auxquels on avait prodigué les plus hautes distinctions publiques.

Dès cette époque, le gouvernement avait entre ses mains les plans, je les ai vus ; ils doivent exister encore. Dans cette situation, on pouvait faire pour 20 ou 25 millions de constructions. J'allai trouver sir Charles Fox et M. Henderson, son associé. Je leur expliquai l'état des choses, non pas seulement au point de vue des constructions, mais de l'administration. MM. Fox et Henderson furent tellement frappés de ce que j'avais pu leur dire, que non-seulement ils ouvrirent l'oreille à nos propositions, mais qu'ils s'engagèrent à souscrire pour 50,000 actions, soit 12 millions de capital.

Le gouvernement connut donc l'effet de ma première démarche en Angleterre, il le connut si bien, qu'il m'autorisa à repartir pour suivre mes démarches au point de vue du capital et de mes études spéciales sur la question des Docks... Je vous demande pardon d'être un peu long, mais ces explications sont nécessaires pour me laver de l'accusation. Je retournai en Angleterre.

Comme j'avais l'honneur de vous le dire tout à l'heure, j'avais reçu de M. le comte Walewski un accueil plein d'une excessive bienveillance. Je reçus alors de toutes les personnes qui étaient haut placées à Londres, soit dans l'industrie, soit dans le commerce, soit dans la finance, soit dans la diplomatie, les mêmes témoignages de bienveillance. Je prie M. le Président de vouloir bien remarquer que je n'ai eu de relations à Londres qu'avec les hommes les plus éminents, que je ne suis jamais descendu aux relations de bas étage, ni à celles de l'agio, quoique je me sois abouché, pour ainsi dire, avec de bien nombreuses personnes. Je puis vous prononcer les noms des personnes qui, après les honorables relations qui m'ont rapproché d'elles, seront profondément étonnées de me voir dans cette enceinte. Ce sont en effet : sir John Bowring, aujourd'hui gouverneur de Hong-Kong ; de Mac'Culloch, le plus éminent économiste anglais ; lord Palmerston ; Ed. Cardwell, l'élève le plus distingué de sir Robert Peel ; sir Thomas Freemantle, le directeur des douanes ; M. Humel, solicitor général des douanes, qui est l'un des savants les plus éminents parmi les jurisconsultes de ce pays. Voilà les hommes avec lesquels j'avais des relations, avec lesquels je cherchais à sauver l'institution créée par le décret du 17 septembre 1852.

Je suis entré dans ces relations, et avec le bienveillant appui de ces hautes intelligences j'ai commencé à soulever le voile de cette puissance anglaise, dont nous voyons les effets, dont nous ne connaissons pas la cause. J'ai vu que l'Angleterre n'était forte et n'inondait le monde de ses produits que parce qu'elle accordait au négociant la plus grande facilité pour monnayer sa marchandise ; ce spectacle m'a frappé d'admiration.

Tout me souriait alors, l'alliance faisait qu'on m'ouvrait les bras, j'en ai profité. J'ai fait tout ce qu'il était possible au monde pendant trois ans, pour importer dans mon pays cette institution. Je l'ai fait avec entraînement ; j'y ai dépensé mon activité, mon temps, mon argent.

L'accusation m'oppose un compte de 140,000 francs avec la maison de banque Cusin et Legendre ; je puis en faire un autre. Quand je me suis marié, j'avais 350,000 francs en réunissant ma fortune à celle de ma femme, j'ai eu en trois ans le maniement de 250,000 francs. J'ai reçu de la Société des Docks 110,000 francs, 140,000 francs, si vous voulez, le chiffre sera plus élevé. J'avais reçu de ma femme 50,000 francs de capitaux par contrat de mariage ; j'avais, avec mes appointements de 5,000 fr., 20,000 francs de revenus. J'en dépensais 30,000 pour les dépenses de ma maison, de ma vie, soit, pour trois ans, environ 100,000 francs. J'ai mis tout le reste dans l'affaire des Docks ; j'étais amené à cette dépense pour me tenir au niveau des relations honorables que j'avais liées. J'ai travaillé avec courage, et je persévérerai malgré la honte que je subis aujourd'hui, parce que la pensée que je suis est une noble pensée. Vous savez quelle était ma situation politique et le nom que je porte ; mais vous ne savez pas la douleur que j'ai causée à mon père en acceptant les fonctions que j'ai remplies : en suivant la voie que je m'étais tracée, ma persévérance ne peut être justifiée que par le but honorable que je me suis proposé.....

. Je suis retourné en Angleterre. Il s'agissait de lier une combinaison française et anglaise ; les personnes avec lesquelles j'étais en rapport ont immédiatement accepté mes idées. A la suite de conférences préliminaires, on a discuté un traité, pas avec moi, pas en ma présence.

. Une question préliminaire avait été posée par moi, je veux parler de la remise. Ce n'était pas une remise d'argent, une remise à titre de cadeau ; jamais, à ma connaissance, il n'en a été fait, jamais il n'a dû en être fait. Il en avait été question dans le but que voici (je n'accepte pas pour moi ce qui a été expliqué par les concessionnaires, je m'explique, moi, vis-à-vis du tribunal). M. Fox, en entreprenant les travaux, s'engageait à faire souscrire des actions pour une somme considérable ; mais M. Fox, pour apporter un concours d'argent, devait se trouver vis-à-vis d'une Société parfaitement liquide en ce qui regarde les capitaux.

Je discutais avec M. Fox cette question d'une remise ; M. Fox me dit : Je ne fais pas de remise. Je lui explique alors que cette remise n'est pas un cadeau à faire, mais une manière de couvrir une perte qu'on m'avait dit exister sur le capital des Docks au détriment des actionnaires. Je disais à M. Fox : Vous comprenez très bien que ce déficit, comblé par l'abandon d'une partie de vos bénéfices, remettra immédiatement l'affaire tellement en bonne situation, que toutes les personnes auxquelles vous proposerez d'y entrer s'empresseront de le faire, tandis que si vous la présentez avec un déficit, il est évident que personne ne voudra y entrer. Voilà la considération vraie, exacte, qui m'a amené à parler d'une remise. Je n'ai jamais eu aux Docks le maniement, la direction d'aucuns fonds. J'affirme, malgré l'accusation qu'on fait peser sur moi, que je n'ai jamais reçu une action. Si j'avais voulu me faire faire des cadeaux, vendre mon silence, il m'était très facile de recevoir de la main à la main. Loin de là, j'ai donné récépissé de toutes les sommes que j'ai reçues de la maison Cusin et Legendre. On a pris ma correspondance particulière, on y a cherché des accusations, on n'y a vu qu'une gêne d'argent. Quand on est lancé dans une entreprise comme celle où je m'étais engagé, quand on poursuit un but comme celui que je poursuivais, il peut vous survenir des gênes d'argent. Qu'a-t-on vu dans la gêne que j'éprouvais ? J'empruntais, mais je devais rendre ou par des travaux, des dépenses ou de l'argent; et la preuve que je n'avais qu'un compte courant, c'est que je donnais un reçu de toutes les sommes que je recevais. Je n'ai jamais eu dans l'affaire des Docks qu'un compte parfaitement clair, considérable peut-être, mais qui s'expliquait par les dépenses que j'étais forcé de faire. Outre les 110,000 francs que j'ai reçus des Docks, et mes revenus, il s'est trouvé dans ma fortune une disparition de 60,000 francs, constatée par la séparation de biens que je viens de faire avec madame Berryer.

Pour revenir à l'affaire des Docks, dès que MM. Fox et Henderson ont été abouchés avec les concessionnaires, je n'ai plus eu de relations avec eux. Je me suis si peu occupé du traité, que j'étais en Angleterre lorsqu'il se passait à Paris.

J'ai poursuivi l'affaire des Docks avec une ardeur incroyable. M. le Président disait tout à l'heure ou donnait à entendre qu'on m'abandonnait une somme d'argent pour que je me fisse aveugle ou muet. Je n'ai été ni l'un ni l'autre. Tous mes rapports, jusqu'au mois de septembre 1855, font connaître absolument la situation au Ministre. Le Ministre ne pourrait pas me démentir. J'ai eu avec lui (tantôt M. Magne, tantôt M. Rouher) vingt conversations particulières, dans lesquelles je lui ai dit qu'il fallait sauver à tout prix les Docks dans l'intérêt public aussi bien que dans l'intérêt des actionnaires. On ne l'a pas voulu. J'ai proposé les moyens les plus honorables, les plus pratiques, les seuls possibles encore aujourd'hui, si on ne veut pas étrangler dans une question personnelle une question d'intérêt public.

J'ai fait trois, quatre, six rapports, je n'ai rien caché, je n'avais aucun intérêt à rien cacher. Je ne suis pas de ceux qui cherchent à pallier les mauvaises actions. Je crois qu'il est beaucoup plus facile de n'en pas faire. Je n'en ai pas fait, je n'en ai pas voulu faire; je suis resté persévéramment dans l'affaire des Docks dans le principe, et j'y ai consacré tout ce que j'avais de force et d'intelligence.

M. LE PRÉSIDENT. — Vous avez prétendu, il y a un instant, qu'on n'avait en aucune façon ignoré au ministère du commerce à quelle source vous puisiez l'argent de vos voyages. Vous avez été jusqu'à dire que vous aviez annoncé qu'il vous était fourni par les concessionnaires. Le contraire résulte de la correspondance. Il y a une lettre au dossier dans laquelle le Ministre ou le directeur général vous faisait sentir précisément que ce n'étaient pas les concessionnaires qui devaient fournir de pareils fonds, et vous répondiez à ce scrupule en disant : « Je me suis pourvu, et c'est » avec mes ressources personnelles que je fais les frais de voyage. » Dans cette même lettre, vous allez au-devant des explications qui pourraient vous être demandées, vous faites connaître vos ressources ; vous allez plus loin : vous parlez du département de la Drôme et du banquier sur lequel vous pouviez tirer des traites.

M. l'Avocat impérial. — Voici la lettre que vous écriviez :

« Monsieur le Directeur général ,

» Vous désirez savoir avec quels fonds je pourvoirai aux dépenses de voyage
» que je vous ai demandé de faire en Angleterre pour y étudier des Docks.

» J'ai l'honneur de vous faire savoir que c'est sur mon avoir personnel que je
» prélèverai la somme qui me sera nécessaire. Pour que vous connaissiez plus cer-
» tainement ma position, je fournis à mon banquier des traites sur Valence
» (Drôme) auxquelles les loyers que j'ai à toucher au premier janvier prochain
» feront face.

» Si le résultat de mes recherches en Angleterre est utile aux vues du gouverne-
» nement, j'ai toujours pensé que je serais par lui indemnisé de mes déboursés. »

R. Cette lettre a été écrite dans le cabinet de M. Heurtier, à la suite
d'une conversation que nous avions eue. Il m'avait dit : Il n'est pas dans
l'ordre de vous donner une réponse catégorique pour vous autoriser à demander l'argent de vos voyages aux concessionnaires ; écrivez-moi un mot
pour me dire que vous ferez vous-même les fonds. Je répondis à M. Heurtier : Voici ce que je peux faire : je peux prendre les dépenses à mon
compte personnel, et puis je réglerai avec le banquier qui m'avancera sur
des prêts apparents. C'était en effet la première combinaison, c'était ainsi
que devaient se faire les choses. Mais, en y réfléchissant, M. Heurtier me
dit : Écrivez-moi une lettre (lettre à laquelle il n'a pas répondu), où vous
me direz que vous prenez les fonds sur vos ressources personnelles. C'est
la discussion que j'avais eue avec M. Fleury, et dont je vous ai parlé tout
à l'heure, qui avait amené cet échange de lettres. C'est uniquement pour
la régularisation administrative qu'on m'a fait écrire cette dernière lettre.
Il ne faut pas qu'il y ait ici la moindre amphibologie ; si quelque doute
restait dans l'esprit du tribunal, je demanderais qu'on citât M. Fleury ; il
ne pourra pas nier la scène qu'il a eue avec moi.

M. le Président. — Vous prétendez que M. Fleury était instruit que
vous deviez faire le voyage de Londres sur les fonds des concessionnaires.
Eh bien ! voici une lettre où vous dites que M. Fleury veut ajourner le
voyage parce qu'il n'y a pas de fonds au budget de l'année. On préparait
alors le budget de l'année suivante.

R. C'est encore un billet écrit dans le cabinet de M. Heurtier.

D. Il est signé de vous.

R. Oui ; mais la signature ne dit pas la date du billet. Ce qu'il ne faut
pas perdre de vue, c'est que pendant trois ans il y a eu pour cette affaire
des Docks un labeur qui surpasse les forces humaines. On ne se rend pas
compte de la position d'une Société qui porte le nom du chef de l'État et
qui se trouvait dans cette situation, autour de laquelle, si j'osais ainsi
parler, rôdaient comme des loups dévorants des hommes qui voulaient
l'absorber. Eh ! messieurs, je ne puis pas avoir la tête assez puissamment

organisée pour dire après trois ans la date précise d'un billet que **M.** Heurtier m'obligeait à lui écrire inopinément.

M. le Président. — Vous avez fait connaître au tribunal que lorsque vous aviez été nommé commissaire du gouvernement, votre premier soin avait été de faire un rapport sur la situation où se trouvait l'affaire, vous avez signalé notamment que les livres n'étaient pas tenus dans la forme commerciale. Ceci est parfaitement vrai.

Vous avez ajouté que le Ministre avait été trompé par les déclarations qui lui avaient été faites sur le capital qui n'était pas encore souscrit. Vous avez dit, dans votre rapport du 22 mars 1853, un mois après votre entrée en fonctions, qquel était alors le chiffre exact des actions souscrites; environ 85,000 ; tout ceci est parfaitement exact, et le Ministre a dû, à partir de ce moment, connaître la situation de l'affaire.

Dans le cours de la même année, vous avez fait un second rapport, et, dans ce second rapport, en date du 11 septembre 1853, vous avez signalé 4 millions 191,549 francs (je prends vos chiffres) en caisse. Jusque-là vous paraissez avoir parfaitement compris et rempli votre devoir et sauvegardé les intérêts qui vous étaient confiés. Mais à ce rapport du mois de septembre, le Ministre a répondu ; il s'est préoccupé de l'emploi de la somme considérable que possédait la Société des Docks et dans sa lettre du 1er octobre 1853, il vous a dit : « La Société des Docks ayant plus de 4 millions en caisse, je vous invite à veiller à ce que cette somme reçoive l'emploi que j'ai indiqué; » et en même temps, il vous annonçait qu'il avait écrit à Cusin et à Legendre de ne pas conserver en caisse la somme de 4 millions 191,549 francs, mais de la convertir en bons du Trésor. Vous étiez donc parfaitement renseigné sur les prescriptions faites par le Ministre à Cusin et à Legendre.

Plus tard vous avez été invité à donner de nouveaux renseignements au Ministre, par suite de plaintes formées par un grand nombre d'actionnaires, qui trouvaient que l'affaire ne produisait pas les résultats auxquels on devait s'attendre; qui s'étonnaient que dix-huit mois se fussent écoulés sans que les statuts eussent été observés, sans que l'assemblée générale eût été convoquée, sans qu'ils eussent reçu un sou d'intérêt, et qui allaient jusqu'à suspecter la bonne foi des gérants. On vous demande, à vous commissaire du gouvernement, des renseignements. Vous écrivez au Ministre, et dans votre lettre du 24 mai 1854 vous lui déclarez que vous vous êtes livré aux investigations les plus nombreuses et les plus minutieuses ; que vos impressions, d'abord favorables aux actionnaires, se sont modifiées par suite d'un examen plus attentif, et que leurs plaintes sont sans fondement. Vous ajoutez, pour calmer les inquiétudes du Ministre :

« Je viens d'examiner la position financière des Docks. La maison Cusin et Legendre est débitrice de 4 millions 976,000 francs. Je me suis assuré que ce solde

» de près de 5 millions a reçu l'emploi le meilleur, dans les conditions les plus
» désirables, celles qui présentent la plus entière sécurité.... »

Ce n'est pas tout : sachant qu'une partie de cette somme avait été versée dans la caisse des Sociétés de Pont-Remy et de Sèvres, vous ajoutez
ceci :

« Ce sont des placements sur hypothèque de premier ordre, sur des im-
» meubles présentant les plus entières sûretés. »

Comment pouvez-vous expliquer un pareil langage?

R. J'avais demandé des renseignements à MM. Legendre et Cusin, qui
m'avaient fait connaître leur situation vis-à-vis des Sociétés de Javel et de
Pont-Remy. Ceci doit se rapporter à la fin de décembre 1853. Ces Sociétés
avaient, à cette époque-là, une valeur réelle et certaine, et un avenir qui
devait inspirer toute confiance. En présence de la demande du Ministre, je
priai ces messieurs de m'éclairer sur la situation vraie de ces entreprises,
que je ne connaissais même pas de nom. Ils me répondirent que la valeur
de Javel et de Pont-Remy était beaucoup plus considérable que le placement qu'ils avaient fait des fonds des Docks sur ces établissements ; que
non-seulement la valeur intrinsèque de ces immeubles était là pour
garantie, mais que les titres qu'ils avaient primaient tous les autres titres.

Vous me parlez d'une lettre du mois de mai, il y en a une postérieure.
Lorsque je suis entré un peu plus avant dans l'affaire, j'ai reconnu qu'il n'y
avait pas de placement hypothécaire, mais bien des valeurs qui compre-
naient dans leur avoir des immeubles. C'était à cela que s'appliquait le
mot *hypothécaire.* Peu de temps après, dans une lettre au Ministre, j'ai
rectifié cette expression.

D. Il y a une nouvelle lettre du Ministre du 17 juin 1854, qui vous
demande comment il se fait que dans un de vos rapports vous ayez fixé
l'encaisse à 4 millions 191,549 fr., et dans l'autre à 4 millions 937,965 fr.
Il vous demande une explication sur cette différence. Il vous demande ensuite en quoi consiste le placement hypothécaire dont vous avez parlé, et
il ajoute que dans des affaires de cette nature il y a obligation pour le
département du Commerce d'exercer un contrôle sévère.

R. Je comprends que le Ministre demande un contrôle sévère : mais
lorsqu'on vient lui dire qu'une Société qui se prétend constituée avec
200,000 actions n'en a que 85,000, que les livres ne sont pas réguliers;
quand un commissaire du gouvernement dit cela au Ministre, et que le
Ministre ne répond rien, que voulez-vous que fasse le commissaire ? Pouvais-je lui donner des renseignements plus propres à éveiller son attention ? Cent fois je me suis plaint à lui de cette situation, et jamais mes
plaintes n'ont amené aucun résultat. On ne prenait aucune mesure ni dans
l'intérêt de l'institution, ni dans l'intérêt des actionnaires. Vous avez des

lettres de moi où j'indiquais les mesures qu'il y avait à prendre. On me répondait qu'il s'agissait d'une Compagnie non autorisée, que le gouvernement n'avait pas à en connaître; véritablement, il fallait pour persévérer toute l'ardeur de ma conviction, de ma foi dans les succès de l'affaire. Oui, cent fois j'ai averti le Ministre; vous avez une lettre, vous pouvez la lire; cent fois j'ai dit à M. Magne et à M. Rouher, qui lui a succédé, qu'il fallait sauver la Compagnie dans l'intérêt de l'institution et dans l'intérêt non moins sacré des actionnaires qui perdaient leur argent. J'ai eu un jour avec M. Magne une scène des plus vives, une scène telle que je suis sorti de son cabinet; il m'a rappelé, mais il n'a pris aucune mesure, et M. Rouher n'en a pas pris davantage. Après tout, je ne veux pas aller au fond des choses... Mon Dieu! messieurs, vous avez fait une instruction, vous l'avez faite très longue, et aujourd'hui que nous sommes en accusation, vous voyez que nous sommes en présence du chaos.

D. Il me sera facile de vous prouver que ce que vous appelez le chaos c'est la lumière.

Mᵉ Marie. — Ce serait, dans tous les cas, la lumière après dix-huit mois de travail.

M. l'Avocat impérial. — Au lieu de parler de chaos, il serait plus simple de donner cette lettre rectificative, par laquelle vous prétendez avoir averti le Ministre qu'il n'y avait pas de placement hypothécaire.

Mᵉ Marie. — Nous la chercherons.

M. le Président. — Vous demandiez quelle était la situation d'un commissaire impérial et ce qui lui restait à faire après avoir fait connaître la situation de la Compagnie près de laquelle il était placé. Eh bien! je vous dirai que le devoir du commissaire impérial était de ne pas dire que l'encaisse des Docks était placée sur des valeurs hypothécaires offrant toute sécurité; que vous vous étiez livré à un contrôle très sérieux, et que vous aviez acquis la certitude que les intérêts des actionnaires n'étaient pas en péril. — Ce qu'il fallait dire, c'était précisément le contraire de ce que vous avez dit. Au lieu d'écrire que l'encaisse des Docks était placée de la manière la plus sûre sur hypothèque, il fallait dire que 5 millions appartenant aux actionnaires avaient été imprudemment, frauduleusement jetés dans les Sociétés de Javel et de Pont-Remy, et voilà ce que nous ne trouvons nulle part dans vos rapports. Avez-vous jamais parlé de cette transformation qu'avait subie l'encaisse des Docks?

R. Parfaitement. Les faits étaient entièrement connus du Ministre. Ils l'étaient tellement que le bilan du 12 août 1854, qui suit cette lettre de quelques jours, parle des valeurs de Javel et de Pont-Remy. Si ces valeurs n'avaient pas été connues du Ministre, il y avait une chose toute simple à faire : c'était, en recevant le bilan, de me dire : Donnez-moi des explications. (M. l'Avocat impérial me demandait tout à l'heure une lettre qu'on cherche et qu'on va trouver.) Le Ministre, en recevant ce bilan, aurait

dû demander au commissaire du gouvernement quelles étaient ces valeurs. Il ne l'a pas demandé.

Vous me citiez tout à l'heure les plaintes des actionnaires : il y avait
des choses très-graves qui pouvaient être très-fondées ; aussi la réponse
que je fais est toute spéciale. En effet, un grand nombre de gens ne cherchaient qu'à devenir maîtres des Docks. Je ne veux suspecter l'intention
de personne, mais la lettre qui est sous vos yeux ne se rapporte qu'à un
fait de cette nature. Il s'agit d'un actionnaire très-considérable qui avait
voulu entrer dans l'affaire, qui avait fait des propositions à MM. Cusin et
Legendre, qui était venu chez moi me demander s'il n'était pas possible
d'évincer le personnel et de se mettre en son lieu et place. C'est à l'occasion de ce fait que j'ai écrit au Ministre que les plaintes des actionnaires
n'étaient pas aussi fondées qu'elles paraissaient l'être.

D. Vous avez dit tout à l'heure que vos voyages en Angleterre étaient
parfaitement connus du Ministre, et que tout le temps que vous aviez
passé en Angleterre était, pour ainsi dire, la conséquence d'une mission
que vous aviez reçue. Il paraît qu'il n'en serait pas ainsi, car nous avons
une lettre adressée par le Ministre du commerce à son collègue des affaires étrangères, à la date du 17 juin 1854, et dans cette lettre nous lisons
ce paragraphe :

« M. Berryer n'avait d'ailleurs aucun caractère pour traiter cette affaire, l'in -
» tervention du commissaire du gouvernement près l'entreprise des Docks, dans
» une transaction ayant pour objet de reconstituer cette entreprise, eût présenté,
» *à l'étranger surtout,* des inconvénients réels. »

Enfin, le Ministre des affaires étrangères avait consulté le Ministre du
commerce, et ce dernier lui répondait que vous n'étiez pas autorisé à agir
en Angleterre dans votre qualité de commissaire du gouvernement.

R. Le ministre a pu écrire cela, mais le fait n'en était pas moins connu du
ministère. Quelqu'un s'est-il avisé de dire au commissaire du gouvernement : « Vous vous mêlez de ce qui ne vous regarde pas? » Bien loin de
là : lorsque, après le traité avec la maison Fox et Henderson, je suis revenu à Paris (c'était vers la fin de février), j'ai été chez M. Magne : il m'a
vivement complimenté sur les résultats que j'avais obtenus.

D. Tout cela n'explique pas la lettre du ministre de l'agriculture et du
commerce à son collègue des affaires étrangères.

R. Le ministre de l'agriculture et du commerce pouvait écrire ce que
bon lui semblait : il était mon supérieur... Du reste, les journaux ont fait
grand bruit de ma présence à Londres. On m'a présenté à la reine ; j'ai été
reçu dans les maisons de la plus haute société ; j'étais, pour ainsi dire,
avoué du gouvernement, on m'écrivait officiellement du ministère en Angleterre; il ne s'est pas passé un jour où ma situation à Londres n'ait été
connue au ministère. Il y a même ceci de remarquable que, dans une

circonstance, le Ministre avait refusé de m'y laisser aller. Du reste M. Magne et M. Rouher, qui lui a succédé, ont eu en maintes occasions l'explication de mes voyages en Angleterre ; ils ont su que j'y étais pour étudier la question des Docks. Ils ont su les personnages que j'y voyais, les gens dont j'étais entouré. Voyez de quelle manière j'agissais : je n'agissais pas comme quelqu'un qui faisait une mauvaise action ; je ne stipulais rien.

Vous me parlez d'un traité dont j'ai retrouvé une copie dans le rapport de l'expert. Ce traité n'a jamais eu le sens qu'on lui prête. Ce traité a été fait sans que la personne pour laquelle on le faisait ait su de quoi il s'agissait. C'est, je crois, un M. Tenain qui l'a écrit ; il pensait qu'il s'agissait d'un marché, probablement. Il a été fait en d'autres termes une copie de ce traité, qui a été complétement modifié. Il a été déposé chez M. Dufour, notaire. Comme l'affaire des Docks prenait une tournure qui me décidait à me retirer, je demandai l'anéantissement de ce traité ; il a été anéanti. Voilà quelle est ma situation vis-à-vis de la pièce que l'on m'oppose.

Ce traité anéanti établissait ce qu'on a appelé des marchés. Je me trouvais dans une situation telle, que depuis les trois ou six mois qui s'étaient écoulés depuis mon immixtion active dans l'affaire, je n'avais aucun nantissement, aucune garantie de mes dépenses de la part de ces messieurs ; je me trouvais à découvert des sommes qu'ils m'avaient avancées, à moins que je ne pusse justifier de mes dépenses. Je ne puis pas accepter le traité qui est reproduit.

D. Dans une lettre que vous écriviez au Ministre, et dans laquelle vous vous disiez chargé, de concert avec les sieurs Stockes et Carteret, d'établir la situation financière de la Compagnie, dans cette lettre, du 12 septembre 1854, nous trouvons une phrase sur laquelle nous avons une explication à vous demander :

> « Quant à la présence de mon nom parmi les actionnaires de la Compagnie des
> » Docks et des administrateurs futurs de cette Société, je ne puis que vous dire
> » que c'est à mon insu que mon nom a été porté sur la liste qui vous a été
> » remise ; à mon grand étonnement j'ai appris ce fait et je récuse toute participa-
> » tion *intéressée dans cette Société.* »

Eh bien ! au moment où vous écriviez cela, vous receviez mensuellement un traitement occulte de la Compagnie, ou plutôt des concessionnaires.

R. Du tout ! C'était une somme qu'on me remettait tous les mois, et voici à quoi elle était destinée : j'habite Versailles, il me fallait venir tous les jours à Paris ; je prenais des voitures ; j'étais obligé d'aller aux entrepôts, au ministère, chez Cusin ; j'y suis allé autant de fois qu'il y a de jours dans l'année.

D'un autre côté, j'ai fait faire en Angleterre des travaux que le tribunal ne soupçonne pas, mais qui sont gigantesques. Les Docks se sont établis en Angleterre et fonctionnent aujourd'hui, après soixante ans de tâtonnements. Chaque Dock a sa manière particulière d'être administré. Il est excessivement difficile de se rendre compte dans un Dock de ce que la marchandise peut y devenir, de ce qu'elle peut y perdre. Il y a eu en Angleterre des documents considérables, effrayants, rassemblés sur la question des Docks. Il m'a fallu voir tous ces documents ou les faire traduire, ou en faire faire des extraits. J'avais en Angleterre des jeunes gens attachés aux Docks, et qui, moyennant une subvention que je devais leur faire, m'envoyaient tous les documents dont j'avais besoin, et que mes relations avec les directeurs des Docks me permettaient de puiser aux sources les plus sûres.

Ces relations m'ont mis à même d'avoir la connaissance la plus exacte, la plus complète de tous les règlements qui servent au fonctionnement des Docks ; mais j'avais besoin tous les jours de faire des recherches sur les progrès ou les accidents qui se produisaient dans ces établissements. C'étaient là des choses utiles, indispensables pour l'établissement des Docks en France.

J'ai fait entendre souvent à Cusin et à Legendre quelles étaient les études techniques auxquelles je me livrais ; et je dois ajouter, à leur honneur, que lorsque je leur ai fait connaître les dépenses que j'avais faites, jamais ils n'ont élevé la moindre objection, et se sont empressés de les payer, de me fournir tous les fonds qui m'étaient nécessaires.

Je disais, messieurs, que j'avais fait des dépenses considérables ; elles n'ont pas été perdues : elles avaient amené les Anglais à entrer dans l'affaire, et un homme dont le nom est au-dessus de toute atteinte, ayant bien voulu gratuitement se rendre en Angleterre, a été patroné par moi auprès de tous les directeurs ; il a pu recueillir ainsi des documents du plus grand prix pour notre institution. En France, j'avais deux employés qui ne faisaient pas autre chose que copier et analyser les documents qui m'arrivaient chaque jour, et qui étaient volumineux. Ces travaux devaient être rémunérés par des payements réguliers, c'est pour cela qu'il m'était alloué une somme fixe par mois. J'ai fait ainsi des dépenses considérables, et il s'en faut de beaucoup que les 1,250 fr. que je recevais par mois m'aient couvert de ces dépenses. J'ai fait huit grands séjours en Angleterre ; j'y suis allé à peu près comme on va de Paris à Saint-Cloud.

D. Mais enfin vous auriez dû comprendre qu'en votre qualité de commissaire du gouvernement, ce traitement qui vous était alloué à l'insu du Ministre (car il ne résulte pas de vos explications que le ministère l'ait jamais connu), était incompatible avec vos fonctions.

R. Si le ministre ne connaissait pas les détails de ma situation, il en connaissait l'ensemble. Il savait très bien que je ne pouvais pas passer dix ou douze mois en Angleterre sans y dépenser de l'argent. M'accuser d'avoir voulu voler l'argent des actionnaires est une monstruosité !

D. Vous êtes accusé, non pas de l'avoir volé, mais de l'avoir reçu.

R. L'accusation est inqualifiable !

M. L'Avocat impérial. — Défendez-vous avec plus de calme et de modération, dans votre intérêt.

R. Monsieur l'avocat impérial, je suis fâché de me laisser emporter ; mais lorsque l'on est si cruellement blessé dans son honneur, il est difficile de se contenir. En raison des dépenses que je faisais, 100,000 fr. devaient m'être alloués lorsque l'affaire serait homologuée. J'avais reçu 110,000 fr. ; je serais donc resté débiteur de 10,000 fr. vis-à-vis la maison Cusin et Legendre.

D. Le traité a-t-il été déposé chez un notaire ?

R. Oui, monsieur l'avocat impérial.

D. A quel moment devait-il être ouvert ?

R. Après l'homologation ; mais il a été déchiré quelques mois après le dépôt.

D. A quelle époque a-t-il été déposé ?

R. Le 14 septembre 1854.

ORSI, 49 ans, l'un des concessionnaires des Docks.

M. le Président. — A quelle époque êtes-vous entré dans la Société des Docks ?

Orsi. — Vers la fin de 1852, à une époque très voisine de la constitution de la Société.

D. En quelle qualité ?

R. Le voici : M. Duchêne de Vère vient un matin à la maison (la Société était déjà constituée) ; il me dit qu'il allait me présenter à MM. Cusin et Legendre... Il me présente à ces messieurs.

D. Après la retraite de Duchêne de Vère, avez-vous été appelé à partager les avantages des concessionnaires ?

R. Non, monsieur le Président.

D. Vous avez succédé comme concessionnaire à Duchêne de Vère ?

R. Oui ; mais il y a eu une raison à cette substitution. L'affaire était dans les mains de M. de Rothschild, qui devait la réorganiser. Il l'étudiait depuis longtemps ; après bien des hésitations il avait accepté de la reconstituer ; cependant il hésita encore : au moment de signer, il exprima quelques inquiétudes pour des motifs particuliers à un des concessionnaires. On me fit sentir que M. de Rothschild n'hésiterait plus à terminer l'affaire des Docks, si une autre personne prenait la place de M. Duchêne de Vère. Comme je tenais beaucoup à ce que cette affaire se conclût dans l'intérêt des actionnaires et du nom qu'elle portait, je m'offris pour prendre la place de M. Duchêne de Vère. La substitution fut acceptée ; je me rendis chez M. Dufour pour signer : je croyais l'affaire terminée ; je croyais M. de Rothschild décidé à y entrer. Sept à huit jours se passèrent, et M. de Rothschild ne signa pas. On en demanda la raison, et M. de Rothschild répondit : « Je désire savoir si le gouvernement m'autorise à fractionner les Docks en plusieurs établissements, au lieu d'un établissement unique.» Le gouvernement y consentit, et un traité fut rédigé et signé dans le cabinet de M. de Rothschild par MM. Cusin, Legendre et moi. Au bout de quelques jours, M. de Rothschild refusa de réaliser l'engagement formel quoique verbal qu'il avait pris. J'avais la certitude que M. de Rothschild était disposé à se charger de l'opération, et c'est justement pour l'y déterminer que je consentis à entrer, sans avantage aucun, à la place de M. Duchêne de Vère.

D. A partir du moment où vous y êtes entré, on vous voit déployer une grande activité, emprunter, sur dépôt d'actions, des sommes considérables : 360,000 fr. à la Compagnie de Graissessac à Béziers ; 240,000 fr. à M. le duc de Galliera. Cette remise de tant d'actions devait vous révéler la situation de la Société?

R. C'est vrai ; je me doutais bien que ses besoins étaient considérables ; mais tout le monde partait d'un principe : sauver l'affaire. Elle était belle, il fallait la soutenir par tous les moyens possibles ; c'est la raison qui m'a déterminé à contracter les deux emprunts auxquels vous faites allusion.

D. Vous avez joué ce rôle non-seulement en France, mais en Angleterre. On vous voit vendre 2,000 actions à Londres.

R. Ce n'est pas de la vente, c'est de l'achat de 2,000 actions qu'il s'agit. Cette opération a été faite à la suite de la baisse qu'avaient subie les actions. Nous voulions, M. Cusin et moi, tâcher de relever le marché pour le placement d'une partie de ces actions qui étaient encore dans nos mains. Pour cela, nous songeâmes à ouvrir un marché, une bourse à Londres, afin de pouvoir faire ce qu'on appelait des arbitrages entre Londres et Paris, et c'est pour cela qu'une quantité d'actions fut achetée par moi, Orsi, et par M. Armani mon associé. Elles ont été payées par des remises faites à la maison de Londres par M. Cusin, et elles ont été livrées à M. Cusin. Ce ne sont donc pas des actions vendues, ce sont des actions achetées.

D. Ainsi, c'était une opération pour faire monter les actions, afin d'écouler celles qui étaient en réserve?

R. Oui, monsieur le Président.

D. Avez-vous participé à quelques-uns des traités faits par les concessionnaires, notamment à celui de la maison Fox et Henderson?

R. Il faut toujours remonter à l'origine de cette affaire. On voulait la sauver à tout prix. Quel était l'obstacle qui s'opposait à ce qu'elle fût sauvée? C'était le déficit de 5 millions qui nous empêchait d'aller au Conseil d'État. Lorsque MM. Fox et Henderson ont fait un contrat avec les concessionnaires des Docks, nous leur avons dit : « Il y a là une somme de 1 million 800,000 fr. que vous avez consenti à donner ; il faut que vous la versiez dans la caisse des Docks, il faut combler ce déficit. » Il fallait bien employer cette forme pour trouver là 1 million 800,000 francs dont les actionnaires n'auraient pas profité si on avait diminué le contrat d'autant. Le traité était nul si les statuts ne venaient pas à être homologués par le Conseil d'État, et jamais le Conseil d'État ne les aurait homologués sans que le déficit fût comblé. Voilà le motif de cette opération, à laquelle je n'ai en rien participé.

D. On vous reproche encore quelques termes de la correspondance qui s'est échangée entre vous et les concessionnaires, alors que vous étiez à Londres et que vous cherchiez à remonter l'affaire. On vous reproche, notamment, ce passage d'une lettre que vous auriez écrite à Cusin :

« Lorsqu'une affaire est sûre et d'un bénéfice énorme, c'est tout bonnement une » folie de donner à des actionnaires ce qu'on peut mettre dans sa poche. »

Je vous demanderai quelques explications sur cette phrase.

R. L'explication de cette phrase est parfaitement facile : les expressions qu'on y blâme ne se rapportent nullement à l'affaire des Docks ; elles se rapportent à une affaire d'aluminium dont s'occupait M. Sussex. M. Sussex avait trouvé moyen de produire, de faire cet aluminium ; il voulait en tirer un grand parti, et nous discutâmes longtemps avec M. Cusin la question de savoir s'il valait mieux former une compagnie par actions, ou trouver deux ou trois capitalistes qui consentiraient à émettre la somme d'argent nécessaire à la fabrication du nouveau produit. M. Cusin était d'avis de former une société. C'est inutile, disais-je, un ou deux capitalistes suffisent pour faire marcher cette fabrication, pourquoi donner à des actionnaires un bénéfice qu'on peut réaliser sans recourir à eux? Voilà l'explication de la lettre.

D. On donnait à cette phrase un caractère plus général : on la considérait comme pouvant se rattacher à l'affaire des Docks?

M. L'Avocat impérial.—N'avez-vous pas vendu des actions sur le marché de Paris?

R. Oui, Monsieur, le même motif qui faisait faire des reports a fait faire cette vente.

D. C'étaient des actions détachées de la souche, et vous savez parfaitement bien qu'il ne pouvait pas en être détaché, si elles n'avaient pas été souscrites?

R. Je savais parfaitement bien que ces actions allaient constituer une perte ; mais je savais aussi que ces Messieurs, qui les avaient déclarées souscrites, auraient fait la différence.

D. Si MM. Cusin et Legendre les avaient souscrites, ils n'auraient pas eu besoin d'un prête-nom. Dès qu'ils avaient recours à un prête-nom pour cette vente, qu'ils n'osaient pas faire eux-mêmes, il y avait quelque chose de suspect qui devait appeler votre attention. Vous dites, dans votre mémoire écrit qui est aux pièces, que Cusin, Legendre et Duchêne de Vère ne pouvaient, sans déprécier ces valeurs, les faire vendre sous leur nom ; c'est donc pour cela qu'ils les faisaient vendre sous le nom d'un intermédiaire ?

R. Je ne le nie pas.

M. LE PRÉSIDENT.—Vous étiez possesseur d'un grand nombre de ces actions?

R. Non pas comme propriétaire.

D. Comment se fait-il que, dans un traité fait entre vous et un Anglais, le sieur Wilmar, vous disiez que vous en aviez pour 500,000 francs, et que vous les remettiez entre les mains de cet Anglais, pour faire je ne sais quelle opération de bourse?

R. Le traité n'a jamais été exécuté.

D. Mais cette énonciation du traité était-elle véritable ou mensongère?

R. C'était un projet qui n'a jamais été réalisé.

D. Possédiez-vous, oui ou non, ces actions?

R. Non.

D. Par conséquent elles vous avaient été prêtées ?

R. C'était une opération qui devait être faite dans le même but que celle de Londres, pour obtenir la hausse.

D. Ce sont des manœuvres assez singulières, et aujourd'hui vous nous dites que cette énonciation est mensongère ?

R. Il y a une erreur. Lorsqu'il s'agissait de relever le cours des actions, M. Wilmar vint proposer à M. Cusin de faire un report de 500,000 francs sur un nombre déterminé d'actions. Il fut fait un traité à cet égard. Les actions devaient être déposées entre les mains de M. Mallet, qui devait faire une avance de 500,000 francs. Le traité fut passé et signé ; et puis sur les observations que je fis à M. Cusin, relativement au danger de cette opération, M. Cusin dit : Il faut l'annuler. Le traité fut annulé, et les actions ne sortirent pas de la caisse. Voilà l'explication de l'affaire.

D. Ce que vous déclarez, c'est que votre énonciation était fausse et que les actions dont vous parlez étaient empruntées à Cusin?

R. Parfaitement.

M. L'AVOCAT IMPÉRIAL. — Vous faisiez des opérations de bourse avec les actions des Docks pour le compte de Cusin et Legendre, et pour reconnaître le service que vous leur rendiez, Cusin et Legendre partageaient avec vous le bénéfice. Ils vous donnaient 10 pour 100 sur le résultat des opérations?

R. Nous ne pouvions pas retirer à M. Wilmar la part qui lui revenait.

D. Il y avait là 10 pour 100 de prélèvement, à qui les remettiez-vous?

R. A M. Wilmar.

D. Non, la part de Wilmar était faite, et, indépendamment de sa part, il y avait encore 10 pour 100 de bénéfice.

Mᵉ GRÉVY. — Il est évident qu'Orsi n'était là qu'un prête-nom, et que l'opération se faisait pour ces Messieurs?

ORSI. — Tous les bénéfices devaient entrer dans la caisse des Docks.

M. LE PRÉSIDENT. — Il est fâcheux que vous ayez consenti à prêter votre nom aux concessionnaires, qui n'auraient pas pu faire de telles opérations sans votre concours.

DÉPOSITIONS DES TÉMOINS.

M. DUFOUR, 32 *ans, notaire à Paris.*

M. LE PRÉSIDENT. — Lorsque les inculpés ont été faire, le 20 novembre 1852, une déclaration dans votre étude, portant que la Société des Docks était constituée par la souscription intégrale de 200,000 actions, a-t-il été échangé entre eux des explications?

R. Aucune.

D. Il vous a été dit que toutes les actions, au nombre de 200,000, avaient été souscrites : Avez-vous pu croire que le fait était vrai?

R. Parfaitement vrai, d'autant plus qu'il était de notoriété à Paris que les souscriptions avaient dépassé de beaucoup le nombre des actions créées. On parlait dans le public d'une souscription de 200 millions, au lieu de 50 millions.

D. Est-ce que Cusin ne vous aurait pas dit quelque chose de nature à vous faire comprendre que la totalité des actions n'était pas souscrite?

R. On ne m'a donné aucun renseignement, si ce n'est que les souscriptions étaient couvertes.

D. N'êtes-vous pas le notaire de M. Riant?

R. Non-seulement son notaire, mais son successeur médiat.

D. C'est chez vous que s'est passé l'acte par lequel **M.** Riant a vendu des terrains à la Compagnie des Docks?

R. Oui, pour une somme de plus de 9 millions.

D. N'avez-vous pas été dépositaire de certains plis cachetés qui vous auraient été remis par les concessionnaires?

R. J'ai été dépositaire de deux plis ; j'en avais oublié un lorsque j'ai été entendu par M. le Juge d'Instruction. Le premier a été retiré par ces Messieurs ; le second a été ouvert en ma présence.

D. Lorsqu'on a déposé ces plis entre vos mains, vous a-t-on donné connaissance des papiers qu'ils contenaient?

R. Nullement. Les personnes qui me les avaient remis sont revenues, elles ont retiré les papiers, et j'ai conservé l'enveloppe d'un de ces plis.

D. Comment se fait-il que cette enveloppe soit restée dans vos mains?

R. Elle y est restée comme décharge, la décharge a été mise sur l'enveloppe.

D. Est-ce que vous demandez décharge de tous les plis qui sont déposés dans vos mains?

R. Non, c'est par hasard que j'ai pris décharge cette fois. Il n'est pas dans mes habitudes de le faire ; je ne sais sous quelle impression j'ai agi dans cette circonstance.

M. L'AVOCAT IMPÉRIAL. — Vous a-t-on donné connaissance du traité qui se trouvait sous l'un de ces plis ?

R. Nullement. Ce pli m'a été remis cacheté et signé. Les déposants sont venus le reprendre plus tard et l'ont déchiré.

M. LE PRÉSIDENT. — N'est-il pas à votre connaissance qu'il contenait la promesse d'une rémunération ?

R. J'ai entendu dire qu'il avait pour objet des rémunérations à des personnes dénommées, pour le cas où la vente des terrains de M. Riant se réaliserait.

D. Savez-vous le chiffre de ces rémunérations ?

R. C'était 80,000 francs, je crois, destinés à M. Duchêne de Vère et à l'architecte.

D. Est-ce qu'il n'est pas venu chez vous des actionnaires, à la date de 1852 ?

R. Il en est venu à plusieurs époques. Aux uns j'ai donné communication des statuts, aux autres j'en ai délivré expédition.

CUSIN. — Lorsque la constitution a été faite, ne vous rappelez-vous pas que M. Riant m'a donné une poignée de main pour rétablir des relations rompues, et que M. Plé nous a servi d'intermédiaire ?

LE TÉMOIN. — Je crois en effet me rappeler que MM. Cusin et Riant se sont donné une poignée de main.

CUSIN. — Vous voyez que M. Plé était présent. Eh bien, toutes explications lui ont été données. Je comprends que M. Dufour déclare qu'on ne lui a pas dit que les souscriptions n'étaient pas déposées dans la caisse ; mais cela a été dit à M. Riant.

LE TÉMOIN. — J'affirme que devant moi il n'a été rien dit qui pût me donner à croire que le capital n'était pas versé.

M. RIANT, 67 *ans, ancien notaire et ancien membre du conseil municipal de Paris.*

M. LE PRÉSIDENT. — Quelles relations avez-vous eues avec les inculpés ?

R. Comme membre du conseil municipal, j'ai eu occasion d'entrer plusieurs fois en relation avec M. Cusin, banquier, à raison des emprunts contractés par la Ville, et je dois dire que je n'ai jamais eu qu'à me louer de mes rapports avec lui. Ses souscriptions étaient régulières, les sommes qu'il annonçait reconnues exactes, son cautionnement toujours versé à la caisse de la Ville. En 1852, M. Cusin n'obtint pas les emprunts de la Ville, et on le considérait comme plus sage que ses concurrents qui les avaient obtenus. Tout cela nous donnait beaucoup de confiance en lui.

A quelque distance de là, M. Horeau, l'architecte qui avait fait le fameux projet pour les Halles centrales, me présenta M. Duchêne de Vère qui avait concouru à l'Exposition de Londres. M. Duchêne de Vère sollicitait, conjointement avec M. Cusin, l'obtention de la concession des Docks. Le décret obtenu, je fis tous mes efforts pour engager les concessionnaires des Docks à s'appuyer sur l'exemple et sur le crédit des Anglais. En effet, les Anglais pratiquent depuis de nombreuses années ce que le décret de 1852 a voulu établir en autorisant les Docks, c'est-à-dire l'emmagasinage et la manutention de la marchandise dans les conditions de la meilleure conservation, et la représentation de la marchandise par des certificats ou warrants qui servent à la négocier sans déplacement et à la mobiliser ainsi indéfiniment. Il était, selon moi, très utile que l'industrie anglaise concourût à établir les Docks à Paris. Mais nous sommes dans d'autres conditions que l'Angleterre, les Docks doivent fonctionner autrement chez nous. Ils doivent fonctionner non-seulement pour les marchandises importées, mais encore pour celles qui sont destinées à l'exportation. Dans un intérêt tout à fait parisien, dans l'intérêt de cette grande cité qui devient aujourd'hui essentiellement manufacturière, nous désirions que les marchandises fabriquées à Paris avec des matières importées en France, et qui s'élèvent à 3 ou 400 millions par an, pussent être déposées dans les Docks et poinçonnées (comme c'était, du reste, l'idée de Colbert), pour mettre un terme à la fraude qui les discrédite à l'étranger. Nous pensions donc qu'il était nécessaire que les Anglais vinssent nous apporter non-seulement leur argent, mais leur concours et leur expérience. Établir des Docks à Paris est matériellement facile, mais les rendre florissants, mais les faire servir à l'écoulement de 3 ou 400 millions de marchandises fabriquées à Paris, c'est ce que le temps et l'expérience seuls peuvent faire. Or les Anglais sont nos aînés en cette matière, comme en bien d'autres.

Mes observations étaient justes, elles furent prises en considération. Je me décidai à aller en Angleterre, pour appuyer M. Legendre. Nous entrâmes en négociation avec la maison Ricardo. Nous lui demandions son concours, elle nous l'accordait. Nous ne signâmes pas avec elle un traité; mais nous arrêtâmes des conditions.

De retour à Paris, nous trouvâmes M. Cusin disposé à porter seul le fardeau de cette immense affaire. Je ne partageai pas sa confiance, et je me retirai incontinent.

Je n'avais plus aucune relation avec M. Cusin, quant à cette affaire, lorsque, trois ou quatre mois après, on vient me dire : Il dépend de vous, si vous voulez consentir quelque concession, de faire marcher les Docks. — De quoi s'agit-il ? — M. Pereire vient prendre les Docks. L'intermédiaire qui me disait cela était M. Plé, mon conseil, homme très respectable. Je répondis aussitôt : Tout ce que M. Pereire voudra, je le ferai ; je suis hautement convaincu de la capacité hors ligne de M. Pereire ; je suis sûr qu'il fera marcher l'affaire. Qu'est-ce qu'il demande ? — Que vous réduisiez votre contrat de moitié. — Je n'y mets pas d'obstacle. Il n'y avait pas là de sacrifice pour moi : cette moitié,dans trois ans, avec la réalisation des Docks, devait naturellement doubler de valeur. — Mais l'autre moitié, au lieu de vous être payée comptant, ne le sera qu'à terme, et pour les 2,250,000 francs qu'on vous devra, vous voudrez bien ne pas prendre d'intérêts, parce qu'il nous faut trois ans pour constituer les Docks. J'y consentis tout de suite, je ne fis aucune objection ; seulement, je demandais que M. Pereire nous donnât sa parole qu'il resterait à la tête des Docks. C'est ce qui explique que sa signature figure sur la rétrocession de mes terrains.

J'étais préoccupé des Docks dans l'intérêt de la ville de Paris : je regarde cette institution comme essentiellement parisienne et gouvernementale ; je la considère comme devant un jour assurer la tranquillité de Paris, car ce n'est pas sans inquiétude que j'ai vu que la population de Paris s'était augmentée dans ces dernières années de 400,000 habitants. Jamais l'État ni la Ville de Paris n'auraient assez d'argent pour venir au secours d'une pareille population aux jours du chômage. Je crois donc qu'il faut à tout prix éviter le chômage. Comme nous n'aurions pas assez d'argent pour payer les ouvriers, comme on ne pourrait pas satisfaire à leurs besoins avec les utopies de Louis Blanc et autres (On rit), je suis d'avis qu'il faut prévenir le chômage par de bonnes institutions commerciales. J'accédai donc avec empressement aux conditions de M. Pereire, qui favorisaient l'établissement des Docks.

M. L'AVOCAT IMPÉRIAL.—Vous êtes venu de Londres avec le traité Ricardo?

R. Oui, Monsieur.

D. Et la rupture n'est pas venue de Ricardo, mais de Cusin ?

R. Je crois qu'on a demandé des conditions nouvelles à M. Ricardo et que M. Ricardo les a refusées. Je dois dire, à l'honneur des Anglais, que la rupture des conventions arrêtées ne serait jamais venue d'eux.

D. Vous avez dit dans votre déposition écrite que, lorsque vous étiez arrivé d'Angleterre, Cusin se montrait très mécontent du traité, qu'il annonçait l'intention de rompre, et trouvait que les Anglais demandaient un trop grand nombre d'actions?

R. C'est parfaitement exact. Je crois qu'en voyant les demandes de souscriptions affluer de tous côtés, il s'était fait illusion sur la puissance de sa maison et l'influence de son nom.

M. LE PRÉSIDENT.—Ainsi la rupture a suivi immédiatement votre arrivée?

R. Immédiatement.

D. Et vous aviez tout lieu de croire que, si les propositions avaient été acceptées, la maison anglaise n'aurait pas reculé ?

R. Certainement. De pareils retours ne sont pas dans les habitudes anglaises.

D. Est-ce qu'il y avait des conditions exorbitantes, contraires à l'honneur national?

R. Il n'y avait rien de semblable. Ils figuraient dans la Compagnie aux mêmes conditions que les actionnaires français. Bien des pourparlers eurent lieu, et il n'y eut pas la moindre contestation sur le fonctionnement du comité français et du comité anglais.

D. Aujourd'hui, selon vous, la responsabilité morale de cette rupture doit peser sur Cusin. Mais on dit, dans son intérêt, que s'il avait manifesté l'intention de refuser les conditions de la maison anglaise, dont vous et Legendre étiez porteurs, c'est qu'il y avait des clauses incompatibles avec l'honneur national, que lui personnellement ne pouvait pas accepter. Il n'aurait jamais souffert, dit-il, qu'en ce qui concernait un établissement placé sous le patronage de l'Empereur, l'administration principale fût à Londres, et qu'il n'y eût à Paris qu'un bureau secondaire?

R. Je ne me rappelle pas qu'il ait été question de pareilles conditions. Il est possible que les Anglais aient dit qu'il fallait qu'ils eussent la majorité dans le comité de Londres. Je suppose qu'ils l'eussent demandé, il fallait bien leur laisser les moyens de se mouvoir, pour apporter chez nous, soit leur longue expérience, soit leurs capitaux. Lorsque nous allions leur demander 15 ou 20 millions, il fallait bien leur laisser une certaine faculté d'agir. Les choses ne pouvaient pas se faire autrement.

D. Ainsi ce qui vous décidait personnellement, c'étaient les capitaux des Anglais que vous vouliez voir arriver, et surtout leur expérience?

R. Oui, M. le Président. Les Docks ont été inventés lorsqu'on cherchait à perfectionner l'emmagasinage. Et il est arrivé ce qui arrive souvent lorsque l'on cherche, comme le dit la Bruyère : on a trouvé mieux que ce qu'on cherchait, on a trouvé la mobilisation de la marchandise. Eh bien ! il faut, en France, trouver encore autre chose. Les Docks, dans ce pays, auront surtout le très grand avantage de permettre l'institution du poinçonnage ; l'ouvrier répondra alors de son œuvre, et notre marchandise, qui est exportée sur tous les points du globe, y sera accueillie avec une confiance qui en assurera l'écoulement.

D. Vous avez dit que vous étiez resté complétement étranger à ce qui s'était fait dans les Docks ; est-ce que ce n'est pas postérieurement à ce voyage, le 10 ou 12 octobre 1852, que vos terrains ont été vendus?

R. Non, M. le Président ; les terrains étaient vendus auparavant, immédiatement après le décret de concession, autant que je puis me rappeler. Quant à la rétrocession de moitié, elle a été faite après, en mars 1853.

M⁰ NIBELLE, avocat de Cusin.—Lorsque le témoin a vendu cette quantité de terrains, avait-il été stipulé, entre les concessionnaires et lui, qu'il prendrait une somme plus ou moins considérable d'actions dans l'entreprise?

R. Jamais rien de semblable n'a été stipulé indirectement, ni indirectement. Je n'ai jamais, quant à moi, pris aucune action dans aucune affaire industrielle quelconque, pas même dans le chemin de fer de Rouen, à l'établissement duquel j'ai activement concouru.

Cusin. — Dans une affaire si grave pour moi, il est tout naturel que mes souvenirs soient plus précis que ceux de M. Riant. M. Riant nous est arrivé de Londres sous le coup de la préoccupation désagréable que la négociation anglaise n'avait pas réussi. Nous avions acheté les terrains de M. Riant sur papier libre au mois de juin. C'est le lendemain ou le sur-lendemain du décret de septembre que nous avons régularisé le contrat des terrains qui n'avait été jusque-là qu'à l'état de projet. J'étais au débarcadère quand ces messieurs sont arrivés. Le lendemain, je suis allé chez M. Riant, il était au lit; il s'est habillé devant moi. Je crois que nous sommes allés ensemble chez M. de Persigny. M. Riant vint à la maison; j'examinai, chemin faisant, les conditions que les Anglais nous faisaient. La subordination du comité français au comité anglais me parut impossible. M. Riant nous dit bien ce qu'il attendait des Docks, mais il ne dit pas tout ce que nous en attendions. Il ne s'agissait pas seulement de trans-porter les Docks anglais à Paris; il fallait le faire dignement. Je dis à M. Riant : « Les propositions dont vous êtes porteurs ne sont pas admis-sibles. Non-seulement nous avons le nom de l'Empereur à la tête de l'af-faire, mais nous avons le prince Murat à la tête du Conseil d'administra-tion. Voulez-vous que nous subordonnions le comité français au comité anglais? Il y a un moyen : prenez des actions, et en les prenant vous calmerez le chagrin que nous avons de la non-réussite de notre tentative en Angleterre. » M. Riant nous dit, en effet, qu'il n'en prendrait pas; qu'il ne voulait pas se mêler dans des opérations industrielles; mais quand la bonne harmonie a été rétablie entre M. Riant et moi, j'ai pu croire que cette résolution n'était pas irrévocable. Je tiens à constater ce fait, monsieur le Président. Je dois ajouter ce que M. Riant a oublié, c'est qu'il m'a embrassé et m'a dit : « Les choses sont rétablies mainte-nant. »

R. Je n'ai aucun souvenir de tout cela. Je ferai remarquer seulement que, quand je suis arrivé de Londres, vous étiez accablé de demandes de souscriptions, et que vous n'aviez nul besoin de me demander la mienne, à moi qui n'ai jamais souscrit à rien.

M. le Président. — Vous avez dit que ce qui avait principalement déterminé Cusin à refuser le concours de la maison Ricardo, c'est qu'i avait trouvé que cette maison demandait trop d'actions.

R. Je crois me rappeler que c'était là en effet la cause principale, et cela s'explique par la demande excessive d'actions qui existait sur la place de Paris. Il y en avait non pas pour 50, mais pour 60 et 80 millions, à ce que disait Cusin. Il y en avait tant à cette époque, qu'il ne pouvait, disait-il, en proposer à personne. Il se trompait sur ce point.

D. Il résulte de la déposition du témoin que les actions avaient une telle faveur à cette époque, que Cusin désirait les conserver toutes. C'était un moyen de réaliser un bénéfice par la prime?

Cusin. — Le rapport de l'expert établit le contraire, puisque nous avons été obligés de racheter des promesses.

D. Vous rachetiez des promesses précisément en vue des primes. La promesse, qui était la représentation d'une action non délivrée, se vendait à la Bourse 8 à 9 fr., et l'action pouvait se vendre un jour avec 50, 60 fr. de prime.

R. Nous ne nous sommes servis d'aucune. Je demande la permission d'insister sur un point : M. de Persigny nous demanda un jour, pour nous en faire un grief, ce que M. Riant avait pris d'actions, et sur notre réponse qu'il n'en avait pas pris, il s'emporta.

Me Nibelle. — Il y a mieux à dire : M. Cusin a acheté à M. Riant pour 9 millions de terrains ; s'il était aussi cupide qu'on le dit, c'était bien le cas de demander une prime. S'est-il réservé quelque chose par traité secret ou autrement ?

Le Témoin. — Non ; il n'a rien demandé, rien exigé.

M. le Président. — Rien ne l'établit ni n'est de nature à le faire soupçonner. Le prix réel auquel M. Riant vendait son terrain était stipulé dans le contrat.

M. l'Avocat impérial. N'est-il pas à votre connaissance que Legendre était parti pour Londres afin de rompre le traité Ricardo ?

R. Il est en effet parti pour Londres ; mais on m'a dit que c'était pour obtenir de meilleures conditions de la maison Ricardo.

D. A quelle époque êtes-vous revenu de Londres, et à quelle époque Cusin vous a-t-il manifesté l'intention de porter seul le fardeau de l'affaire ?

R. Le 10 ou le 12 octobre.

M. le Président. — A l'occasion de la vente de vos terrains, vous êtes entré en relations avec Duchêne de Vère ; ne lui avez-vous pas donné une rémunération, un pot-de-vin ?

R. J'ai donné une rémunération à divers intermédiaires. J'en avais oublié deux dans cette répartition. Ils vinrent me réclamer une indemnité pour la peine qu'ils avaient prise en s'occupant, en 1848, de la création des Docks. Je leur proposai 12,000 fr., j'allai jusqu'à 20,000 fr. ; ils en demandaient 60,000 ; le tribunal de première instance leur en accorda 30,000. C'est un usage. Tous ces gens qui s'agitent autour des grandes entreprises, aussitôt que ces grandes entreprises sont réalisées, s'empressent de réclamer des salaires qui leur sont plus ou moins dus. J'ai fait des remises comme tout le monde, et je les ai faites de la manière la plus honorable.

D. Combien avez-vous donné à peu près à Duchêne ?

R. 60,000 fr. environ ; depuis j'ai ajouté 20,000 fr. M. Duchêne avait été en Angleterre ; il avait fait des dépenses ; il me demanda un supplément motivé sur ces dépenses, et il me parut juste de le lui accorder.

D. A part le traité avec M. Pereire, et ce qui concerne la rétrocession de vos terrains, vous êtes resté étranger à l'affaire ?

R. Absolument.

D. Des droits considérables d'enregistrement ont dû être payés?

R. Environ 500,000 fr.

D. La vente de vos terrains s'élevait primitivement à 9 millions 200,000 fr.; quel en était le chiffre après la rétrocession?

R. 4 millions 200,000 fr.

D. Quel est le motif qui vous a déterminé à revenir sur un acte accompli de cette importance?

R. Une raison de la plus grande simplicité. Dans cette opération, la vente de mes terrains n'était pas ma seule préoccupation. Je portais un intérêt encore plus vif à la fondation des Docks, qui importait essentiellement à la prospérité présente et future de la ville de Paris. D'ailleurs, mes terrains devaient acquérir une augmentation considérable. La rétrocession devait devenir avantageuse. Il le faut bien pour compenser l'abandon d'intérêt pendant trois ans à laquelle j'ai consenti, ce qui équivaut à une remise de 15 pour 100. Mes terrains ne me causent aucune préoccupation, malgré leur importance. Je règle ma dépense sur mes revenus, et ces terrains, qui sont la propriété de ma famille, sont placés dans un quartier où chaque année ajoute à leur valeur un chiffre supérieur au produit que pourrait donner l'emploi du prix s'ils étaient vendus. Mes terrains ne m'inquiètent donc pas. Je ne tiens pas à les réaliser. Ce sera l'affaire de mes enfants. C'est connu de tout Paris. (Sourires).

M. SUSSEX, 37 *ans, chimiste, gérant de la Société de Javel.*

M. LE PRÉSIDENT.—Vous fabriquez des produits pour l'agriculture, des engrais?

R. Oui, monsieur le Président.

D. A quel capital votre Société a-t-elle été constituée?

R. Au capital de 3 millions d'abord, porté ensuite à 5 millions.

D. Veuillez nous faire connaître vos rapports avec la maison Cusin et Legendre. Leur maison de banque était, dans le principe, celle où vous aviez un compte courant. Expliquez-nous comment ce compte, faible au commencement, est devenu par la suite si considérable?

R. Vers le commencement de 1852, je proposai à MM. Cusin et Legendre de m'ouvrir un crédit qui me mît à même de fabriquer des engrais par un nouveau procédé dont je suis l'auteur. Ce crédit devait être employé à essayer mon procédé, à faire des engrais, et si le résultat de ces essais était favorable, je devais proposer à MM. Cusin et Legendre de constituer une société considérable pour l'exploitation de mon brevet. MM. Cusin et Legendre consentirent à m'ouvrir un crédit; les essais prirent quelques mois. M. Cusin, M. Legendre, moi et quelques autres personnes qui figurent dans l'affaire, nous dressâmes des statuts qui furent signés *ne varietur*. Il fut fait de plus entre nous un acte sous condition suspensive, par lequel MM. Cusin et Legendre se chargeaient du placement des actions de la société future, les essais réussissant. Le 20 avril 1852, l'acte définitif fut passé dans l'étude de Mᵉ Dufour, et alors MM. Cusin et Legendre émirent le capital. Ils versèrent certaines sommes à valoir sur les actions dont le placement leur appartenait. Voilà l'origine de mes rapports avec MM. Cusin et Legendre.

D. Lorsque la Société fut constituée, quelles furent les premières attributions, et notamment la part qui vous fut faite comme gérant?

R. Il m'était attribué 40 pour 100 nets dans les bénéfices de la Société, en raison de mon apport, et 20 pour 100 comme gérant.

D. De sorte qu'à ce double titre vous preniez 60 pour 100!... Est-ce que Cusin et Legendre ne s'étaient pas obligés à souscrire la moitié du capital, quoi qu'il arrivât?

R. Ils s'étaient réservé exclusivement le droit de placer toutes les actions; il m'était interdit d'en placer. Je devais donc considérer ces messieurs comme devant fournir tout le capital.

D. Quelle est la date précise de la constitution définitive de votre Société?

R. Le 15 septembre 1852.

M. LE PRÉSIDENT (à Cusin). — Ainsi, au mois de septembre 1852, l'Union commerciale, dont vous étiez les gérants, se chargeait de la totalité du capital de 3 millions de la Société de Javel : avec quoi deviez-vous y faire face?

R. Avec le public. Toutes les fois qu'un banquier figure quelque part pour placer des actions, il fait appel au public.

D. Combien en avez-vous placé de ces actions?

R. 5 à 600 seulement.

D. Vous en avez conservé par conséquent 5,500, et vous avez fourni au témoin l'intégralité du capital?

R. Évidemment.

D. Avec quels fonds, avec l'argent des Docks?

R. Sans doute.

D. Voilà qui est constaté : vous avez fondé la Société de Javel, au capital de 3 millions, avec l'argent des Docks?

R. J'ai l'honneur de vous faire observer, monsieur le Président, que toutes les fois qu'une souscription est ouverte chez un banquier, ce banquier appelle le public à venir prendre chez lui les actions qu'il a à vendre. Les préoccupations qui nous étaient suscitées par les Docks ne nous ont pas permis de nous occuper de l'affaire de Javel. C'est ce qui nous a forcé à lui attribuer provisoirement des fonds étrangers; mais nous n'avions pas l'intention de monopoliser ces actions : nous voulions parfaitement bien les vendre.

D. (Au témoin). Les 60 pour 100 que vous vous êtes attribués sur les bénéfices, à titre d'inventeur et de gérant, les avez-vous conservés pour vous seul?

R. Non, monsieur le Président. J'ai eu l'honneur de vous dire que j'avais fait des attributions aux personnes qui m'avaient prêté leur concours pendant les expériences dont je parlais il y a un instant, et que je considérais comme les fondateurs de la Société.

D. Quelles sont ces personnes, quelle est cette part?

R. Je crois avoir attribué 10 pour 100 à MM. Cusin et Legendre.

D. Dans votre déclaration au juge d'instruction, vous avez dit 20 pour 100.

R. Je crois me rappeler que c'est 10 pour 100 à chacun de ces messieurs. Je leur ai fait cet abandon par lettres, à chacun d'eux personnellement.

D. (A Cusin et à Legendre). — Ainsi, c'était avec l'argent des Docks que vous faisiez l'affaire, et c'était *personnellement* que vous receviez 20 pour 100?

Cusin. — Puisque l'accusation arrive à se servir de ce fait, je déclare que nous n'avons pas partagé de bénéfices avec M. Sussex; je l'établirai clairement quand MM. Monginot et Dépinois viendront.

D. (Au témoin). — Est-ce qu'à certaine époque il n'y a pas eu un dividende qui s'est élevé à quelques francs pour 100. — *R.* Oui, en 1853, les actions ont rapporté 26 francs, c'était quelque chose comme 5 1/4 pour 100.

D. MM. Cusin et Legendre ont-ils reçu leur part dans cet intérêt? — *R.* Nécessairement.

Cusin. — Non, monsieur, Legendre et moi nous n'avons pas participé à cette répartition. Rien n'était terminé alors, tout était provisoire; le règlement de l'affaire était subordonné à l'attribution des actions aux Docks.

D. Comment! vous aviez dans les mains un grand nombre d'actions, et vous n'avez pas reçu l'intérêt afférent à chacune de ces actions?

Le Témoin. — Effectivement, ils ont reçu le dividende afférent aux actions dont ils étaient propriétaires.

D. Eh bien, ce dividende, qui est plus considérable que les souvenirs du témoin ne semblent l'indiquer, ce dividende ne figure nulle part dans la comptabilité des Docks. C'est avec l'argent des Docks que Cusin et Legendre ont fait les opérations, et c'est dans leur poche qu'ils mettent le dividende?

Cusin. — Je viens de faire remarquer que le règlement de l'affaire était subordonné à l'attribution des actions aux Docks, et cette attribution n'a été consommée que dans le mois de mars de l'année 1856; jusque-là MM. Torchet et Picard n'avaient pas pris livraison des actions. Voilà pour le premier point. Dans le bilan de 1854, nous avions bien porté l'attribution aux Docks des actions dont nous étions détenteurs, mais en réservant de faire compte après l'acceptation de ce payement.

D. (Au témoin). — Votre capital de 3 millions a été insuffisant ; vous avez été obligé de l'augmenter. Par quel moyen l'avez-vous augmenté ? — *R.* Au moyen d'une émission d'obligations.

D. Et elle a été faite par la maison Cusin et Legendre ?

R. Non, pas précisément. L'émission a été décidée en Conseil , et MM. Cusin et Legendre n'ont pas pris, comme banquiers, l'engagement de faire souscrire ; ils ont souscrit eux-mêmes les 2 millions d'obligations. Il est intervenu un traité où personnellement ces messieurs souscrivaient les obligations, mais ce n'était pas la maison de banque.

D. Toutes les obligations ont-elles été placées ?

R. Une partie a été mise en dépôt pour faire face aux dépenses déjà faites, ou nous les avons données en garantie à des créanciers. Il en a été déposé chez M. Dufour, notaire, 400 sur la totalité des obligations, représentant 400,000 francs.

D. Par qui ce dépôt a-t-il été fait ?

R. Par moi, comme gérant. 949 ont été gardées par Cusin et Legendre.

D. Ainsi, sur ces 2000 obligations, Cusin et Legendre en auraient pris pour près de 1 million, et ils seraient propriétaires de la moitié environ ?

R. Oui, de 949.

D. (A Cusin). — Ces 400,000 francs déposés chez M. Dufour, c'est encore de l'argent des Docks ?

R. Oui, monsieur le Président.

D. Comment se fait-il que vous ayez continué à marcher dans cette voie, à disposer de ce qui ne vous appartenait pas ? Puisque l'affaire de Javel ne produisait pas les résultats que vous en attendiez, il semble que vous n'auriez pas dû y mettre de nouveaux capitaux ?

R. Quand on est banquier et qu'on est engagé dans une affaire, il faut aller jusqu'au bout.

D. Je comprends cela quand on agit avec son argent ; mais quand c'est avec l'argent d'actionnaires qui n'ont pas entendu le placer dans l'opération de M. Sussex, quelque bonne qu'elle soit, il me semble qu'on devrait y mettre plus de circonspection. Or, il est évident que les personnes qui avaient pris des actions dans les Docks, n'entendaient pas que leurs fonds vinssent alimenter les entreprises de M. Sussex ?

R. J'ai eu l'honneur de répondre que, si l'affaire des Docks eût été terminée, nous aurions trouvé, dans la liberté de l'emploi de notre temps, la possibilité de faire un placement avantageux des actions immobilisées dans l'affaire Sussex.

D. (Au témoin). — A quelle époque cette création d'obligations a-t-elle été faite ?

R. Le 14 juillet 1854.

D. (A Cusin). — Vous dites qu'à cette époque vous étiez engagé à soutenir l'affaire Javel, et pour la soutenir vous vous serviez de l'argent des Docks ?

R. Nous avions toujours l'espoir de placer les actions. Nous voulions sauver l'affaire, comme nous le dirons plus tard, et la sauver par tous les moyens possibles. Nous n'avons jamais eu en vue qu'une chose : donner corps et vie aux Docks ; et le moyen d'y parvenir n'était pas de laisser discréditer les affaires dans lesquelles nous étions engagés. Du reste, je prierai M. Sussex de vouloir bien dire au Tribunal si les conditions nouvelles dans lesquelles il était placé n'étaient pas de nature à donner à son entreprise une certaine solidité.

D. Ceci est en dehors du débat ; nous n'avons pas à examiner si l'affaire de Javel, pas plus que celle de Pont-Remy, est une bonne ou une mauvaise opération.

(Au témoin). — Vous avez dit tout à l'heure que vous aviez donné à Cusin et à Legendre, en leur nom personnel, 20 pour 100 de vos bénéfices : cette part de bénéfices n'a-t-elle pas été convertie plus tard en 800 actions Javel ?

R. Oui, M. le Président.

M. LOMBARD, 49 ans, *ex-directeur de la division des Marais aux Docks, détenu.*

D. Vous étiez l'un des principaux employés des Docks ?

R. J'étais directeur de la division des Marais, chargé des entrepôts.

D. Avez-vous participé à l'émission des actions ?

R. En aucune manière.

D. Vous êtes détenu en ce moment et mis en accusation au sujet d'un détournement de fonds qui vous est imputé ?

R. Je n'étais chargé d'aucun maniement de fonds comme directeur, seulement j'ai fait des prélèvements pour me payer des appointements qui m'avaient été promis. Du reste, ce sont des faits qui s'expliqueront devant la Cour d'assises, quand j'y passerai.

D. Quels rapports avez-vous eus avec Cusin et Legendre ?

R. Mes rapports avec eux étaient tout naturels : MM. Cusin et Legendre étaient les administrateurs de la Société, j'étais leur subordonné, je recevais les ordres qu'ils me donnaient.

D. Vous vous occupiez des écritures ?

R. En aucune manière.

D. Ne vous a-t-on pas chargé de faire le bilan de la situation des Docks à une époque où vous aviez cessé d'appartenir à cette administration ?

R. Oui, on m'en a chargé en 1854, mais j'appartenais aux Docks.

D. Est-ce que ce travail était dans vos attributions ?

R. Non ; mais je venais fort souvent à l'administration, où l'on m'appelait pour me consulter sur certaines spécialités que j'étais plus à même d'apprécier. Un jour, en réunion du Conseil, on porta sur la table des documents qui émanaient de la maison de banque Cusin et Legendre ; et là il fut question, M. le Commissaire impérial présent, d'établir des comptes. Ma présence à cette réunion n'était pas chose extraordinaire, puisqu'il ne se passait pas de jour que je n'allasse à l'administration centrale. Ces messieurs me dirent : Vous vous entendez très bien à faire des chiffres, voilà des documents qui arrivent de la comptabilité, nous voudrions établir une situation d'après ces documents. J'examinai les chiffres de l'actif et du passif, j'établis la situation sur-le-champ. Pour me rendre compte si cette opération était bien exacte, je pris une feuille volante en forme de journal, j'y raisonnai chaque article, je le déduisis, je fis, en un mot, une espèce de grand-livre de cette feuille et j'établis une balance que je remis à ces messieurs.

D. Vous dites que vous avez fait ceci d'après des éléments qui vous étaient donnés ; mais cela a-t-il été relevé par vous sur les livres ?

R. Non, on m'a apporté des feuilles volantes émanant de la main des employés de la maison... Voilà quatorze mois que je suis en prison, ma mémoire est fatiguée ; je ne pourrais pas vous dire au juste le nombre de ces feuilles, mais il y en avait plusieurs.

D. Est-ce qu'elles n'étaient pas de la main de Cusin ?

R. Aucunement.

D. Vous n'êtes pas d'accord avec un témoin qui a déclaré que cette situation avait été dressée par vous sur une feuille volante d'après des documents écrits et signés de Cusin ?

R. Les documents qui m'ont été remis en plein Conseil n'étaient aucunement de la main de M. Cusin ; ils étaient de la main d'un employé, je ne sais lequel. L'écriture de M. Cusin m'est bien connue.

D. Est-ce que vous n'avez pas été étonné qu'on vous fît faire un travail qui était dans les attributions d'un autre employé, d'un employé de la comptabilité centrale ? Comment se fait-il qu'on soit allé chercher à l'entrepôt des Marais un employé supérieur dont ce n'est pas la fonction, pour le faire travailler à une situation qui devait être faite par les employés chargés habituellement de ces travaux ? Est-ce que cela ne vous a pas paru extraordinaire ?

R. Si on me l'avait fait faire avec mystère, je l'aurais trouvé extraordinaire, mais on me le demandait en plein Conseil.

D. Pourriez-vous indiquer les personnes qui étaient là ?

R. Il y avait M. le Commissaire impérial, M. Cusin, M. Legendre, M. Orsi, M. Carteret, M. Stockes, d'autres peut-être ; je puis avoir oublié des noms depuis trois ans.

M. L'AVOCAT IMPÉRIAL. — A quelle époque avez-vous été chargé de ce travail ?

R. Au mois d'août 1854. Cela a été fait séance tenante. Tous les documents étaient sur la table. C'étaient, je le répète, des pièces émanées de la comptabilité de l'administration centrale ; elles se composaient de plusieurs feuilles de la main d'un employé ; il n'y avait pas de trace de la main des administrateurs.

M. LE PRÉSIDENT. — Puisque la chose était si simple, puisqu'il suffisait de mettre à l'actif ce qui était à l'actif, et au passif ce qui était au passif, par quel motif allait-on vous chercher, vous qui habituellement ne travailliez pas aux bilans ?

R. En effet, je ne faisais que le bilan de ma comptabilité, ou plutôt je le faisais faire la plupart du temps par mon teneur de livres ; mais je n'ai pas été étonné, parce que vingt fois j'avais été appelé à l'administration centrale pour assister aux Conseils. Je n'étais pas seulement un directeur pour recevoir le public, j'avais quelque habitude des affaires, je pouvais donner des renseignements très utiles en matière de douane et de statistique. A l'époque surtout où ces messieurs voulaient créer des Docks près de chaque chemin de fer, il était très naturel qu'ils vinssent me consulter sur les renseignements que je pouvais leur donner. C'est pour cela que je n'ai rien trouvé d'étonnant à cette demande de situation en plein Conseil. S'ils me l'eussent faite hors du cabinet, je n'aurais pas accédé.

D. Duchêne de Vère faisait-il partie du Conseil ?

R. Il n'appartenait plus à l'administration.

D. Ainsi, il résulte de votre déposition qu'on vous a appelé dans cette circonstance pour vous faire faire un bilan ?

R. Oui, monsieur.

CUSIN. — M. Levitre était à la tête de la comptabilité de l'administration centrale ; mais M. Lombard ayant plus que lui encore l'habitude de ces sortes de travaux, c'est pour cela que nous l'avons chargé de vérifier si les chiffres étaient exacts. Voilà ma seule observation.

Audience du 26 Février 1857.

M. ZALESKI, 48 *ans, ancien banquier.*

M. LE PRÉSIDENT. — Vous avez eu des rapports avec les concessionnaires des Docks, voulez-vous nous les faire connaître ?

R. Je n'ai eu des rapports avec eux qu'après avoir été choisi comme délégué par un certain nombre d'actionnaires pour aller demander à ces messieurs de renseignements sur la situation de l'affaire.

D. Étiez-vous vous-même actionnaire des Docks ?

R. Oui, monsieur. Je suis encore porteur de 145 actions.

D. N'êtes-vous pas détenteur d'un plus grand nombre d'actions appartenant à divers autres actionnaires ?

R. Je suis détenteur d'environ 2,000 actions.

D. Expliquez-nous ce qui s'est passé ?

R. Vers le mois de mars 1854, quand les plus grandes inquiétudes ré-gnaient sur la situation des Docks, un certain nombre d'actionnaires se réu-nirent chez M. Dufoy, et nommèrent trois délégués pour aller prendre des renseignements au siége de la Société.

D. Quels étaient les bruits qui couraient ?

R. On parlait du traité Fox et Henderson. Les conditions dans lesquelles il était conclu, et qui avaient transpiré, avaient excité les inquiétudes des actionnaires des Docks.

D. Et les vôtres en particulier ?

R. Oui, parce que ayant entendu dire, à une certaine époque, que M. Pe-reire se mettait à la tête de l'affaire, j'avais pris un grand nombre d'actions. Les négociations rompues avec M. Pereire, les actions avaient baissé et ne se sont jamais relevées; nous étions dans cette situation, lorsque nous avons ap-pris l'existence d'un traité avec MM. Fox et Henderson, qui avait pour objet des constructions s'élevant à 24 millions. Comme j'ai l'habitude de ces sortes d'affaires, ce chiffre me paraissait exagéré. Nous nous sommes donc réunis pour aviser au moyen de savoir la vérité. M. Dufoy, M. Augereau et moi, nous sommes donc allés au siége de la Société ; c'était la première fois que je voyais M. Cusin. Nous lui avons exprimé le motif de notre démarche ; il nous a dit de ne pas nous alarmer, qu'il y avait un *Commissaire du gouvernement* qui sur-veillait l'affaire, que tout était régulier, et que nos craintes étaient sans fon-dement.

Peu satisfaits de cette réponse, nous allâmes chez M. Magne, alors ministre des travaux publics ; nous lui exposâmes les mêmes inquiétudes ; nous lui dîmes que nous étions allés chez les concessionnaires et qu'ils nous avaient refusé de nous communiquer les livres, en nous disant que tout était régulier, et que d'ailleurs il y avait un Commissaire du gouvernement pour surveiller. M. Magne nous répondit qu'il écrirait à ces messieurs, pour leur enjoindre de nous donner connaissance des livres et de nous dire pourquoi ils avaient con-clu un marché comme celui dont il s'agissait. Nouvelle démarche, nouvelle réponse que l'affaire marchait parfaitement bien. Nous demandâmes à M. Du-chêne de Vère s'il existait réellement un marché pour 24 millions de con-structions. M. de Vère nous répondit que le marché n'était que conditionnel. Ne trouvant pas cette réponse suffisante, car nous avions la certitude de l'exis-tence du traité, nous priâmes ces messieurs de nous dire exactement ce qui se passait ou de procéder à la dissolution de l'affaire.

Je me suis ensuite adressé à M. Dufour, notaire, pour lui demander copie de l'acte constatant la constitution de Société. Après quelques hésitations, il me l'a donné et m'a dit que les concessionnaires, quand ils s'étaient présentés dans son étude, lui avaient déclaré que toutes les actions étaient souscrites. J'ai remis à M. Magne l'expédition que j'avais obtenue de M. Dufour.

D. Vous avez donc eu deux audiences du Ministre ?

R. Nous en avons eu quatre. Enfin, je crois que le dernier acte de M. Magne, comme ministre du commerce, a été de renvoyer au Conseil d'État un certain projet des concessionnaires pour la constitution définitive de la Société. Nous nous sommes adressés au Conseil d'État pour savoir à peu près quel était le projet de ces messieurs, qui devaient nous faire un nouvel appel de 125 fr. par action, à nous qui avions déjà perdu tant d'argent. Nous désirions qu'ils n'obtinssent pas l'autorisation de ce nouvel appel de fonds. Nous nous présentâmes chez M. Cornudet, rapporteur du Conseil d'État, et nous lui donnâmes beaucoup de renseignements, notamment la déclaration de la constitution de la Société. Voilà, messieurs, comment j'ai été entraîné dans cette affaire, et les rapports que j'ai eus avec ceux qui la dirigeaient.

D. Il résulte de votre déclaration que vous et un certain nombre d'actionnaires alarmés par les bruits qui circulaient sur la situation de la Société, vous êtes allés trouver les concessionnaires, et que vous vous êtes adressés à Cusin, qui a cherché à vous rassurer en vous disant : Il y a un Commissaire du gouvernement, tout ira bien. De là vous êtes allé chez le Ministre, qui a écrit pour qu'on vous donnât les renseignements que vous désiriez, et vous êtes retournés chez Cusin et Legendre, qui ne vous ont pas donné ces renseignements..... Leur avez-vous parlé du traité Fox et Henderson ?

R. Oui, moi qui ai des relations à Londres, je leur ai dit que MM. Fox et Henderson ne jouissaient pas d'un bon crédit, et effectivement ils sont aujourd'hui en faillite.

D. Avez-vous entendu parler d'un pot-de-vin de 1 million 800,000 francs ?

R. A cette époque, je n'en avais pas connaissance ; je ne l'ai su que plus tard.

D. En avez-vous parlé aux membres du Conseil d'État.

R. Nous ne le savions pas encore, ce n'est que lorsque M. Chappuis a été chargé de faire l'examen des livres que nous l'avons su.

D. Lorsque vous êtes revenu auprès des concessionnaires après votre audience du Ministre et l'assurance qu'il vous avait donnée, leur avez-vous demandé nettement, formellement la communication des livres?

R. Sans doute.

D. Que vous a-t-il été répondu ?

R. Des choses très vagues, à ce point que nous sommes retournés chez le Ministre. Ils nous ont dit que l'affaire marchait très bien, qu'ils étaient sur le point de négocier soit avec M. de Rothschild, soit avec d'autres.

D. Mais que vous ont-ils répondu quand vous avez demandé à voir la comptabilité ?

R. Ils ont dit que la Société n'était pas constituée, qu'ils n'étaient pas tenus de nous la montrer. Je leur répondais les statuts à la main : Vous êtes obligés de nous donner communication des livres. L'article 49 porte qu'on doit nous réunir tous les ans, vous avez deux ans d'existence et vous ne nous avez pas encore réunis. Dites-nous où nous en sommes ! si vous avez des difficultés, il vaut mieux réunir les actionnaires et les leur exposer. Vous êtes en négociations, dites-vous, avec tel ou tel banquier, cela ne vous empêche pas de nous faire connaître la situation de l'entreprise. A toutes ces questions il n'a jamais été fait de réponse catégorique et satisfaisante.

D. Combien aviez-vous d'actions à cette époque?

R. 200, et j'en représentais 10,000.

D. (A Cusin). Eh bien, voilà des hommes qui viennent vous demander non pas des renseignements officieux, mais officiels; pourquoi les leur refusez-vous? Répondez!

R. Il sera bien établi que le traité Fox et Henderson...

D. Ce n'est pas là la question. Voilà des intéressés pour des sommes considérables qui, alarmés par les bruits qui courent, demandent des renseignements, vous les leur refusez; ils s'adressent au Ministre; le Ministre vous écrit, vous enjoint de leur montrer la comptabilité, vous refusez encore et pourquoi? Vous répondez, d'après ce que dit le témoin, que vous êtes en négociation avec M. de Rothschild; cela n'empêchait pas de communiquer la comptabilité à qui avait droit de la voir.

R. Toutes les affaires du monde seraient impossibles, s'il fallait à chaque instant faire de pareilles communications.

D. Toutes les affaires ne se trouvent pas dans la situation où se trouvaient alors les Docks.

R. Au moment où M. Zaleski s'est présenté, les négociations étaient pendantes; M. de Rothschild n'avait pas signé, nous n'étions pas libres de communiquer un traité à l'état de projet.

D. Monsieur est banquier, il aurait pu se rendre compte de la situation.

R. Lorsqu'on négocie avec des hommes comme M. de Rothschild et M. Pereire, on n'initie personne avant l'heure. Si nous n'avons pas fait de réunions d'actionnaires, c'est encore parce qu'il y avait des affaires pendantes soit avec l'un, soit avec l'autre.

D. Vos réponses sont constamment évasives; le tribunal appréciera.

M. L'Avocat impérial (au témoin). — Cusin ne vous a-t-il pas renvoyé chez le notaire, ne vous a-t-il pas parlé de l'acte du 20 novembre par lequel la Société aurait été constituée?

R. Nous savions fort bien que Me Dufour était le notaire de ces messieurs, et comme nous avions des doutes sur la constitution de la Société, nous avions voulu nous convaincre si elle était oui ou non constituée. M. Dufour m'a refusé toute communication la première fois. J'ai dû lui écrire officiellement vers la fin de mars, et ce n'est qu'après un premier refus qu'il m'a donné expédition de l'acte.

D. N'avez-vous pas acheté de nouvelles actions depuis.

R. Non certes, les actions avaient baissé de plus de 50 francs, je n'ai pas voulu m'exposer à vendre à perte.

M. LE Président. — Je lis dans votre déposition écrite que vous avez demandé des renseignements aux concessionnaires, qu'ils vous les ont refusés et qu'ils ont ajouté : Au surplus, nous avons un Commissaire impérial ; nous sommes soumis à sa surveillance, nous n'avons de comptes à rendre qu'à lui.

R. C'est bien ce qui nous a été répondu.

D. Par qui ?

R. Par M. Cusin lui-même.

Mᵉ MARIE. — Je voudrais préciser les dates. Le témoin a parlé d'une conférence avec le Ministre : à quelle date a-t-il été chez lui, et le Ministre a-t-il dit : Il y a un Commissaire du gouvernement ?

M. LE PRÉSIDENT. Ce n'est pas le Ministre qui l'a dit, c'est Cusin.

Mᵉ MARIE. — A quelle date M. Cusin a-t-il fait cette réponse ?

LE TÉMOIN. — En mars 1854. Je dois ajouter que le Ministre à qui nous avons exprimé nos craintes sur le traité Fox et Henderson, nous a dit : Il est impossible qu'un tel traité se fasse sans l'approbation des actionnaires.

M. LE PRÉSIDENT. — Ce traité vous alarmait parce qu'il absorbait la moitié du capital ?

R. Et surtout parce qu'il aurait nécessité un nouvel appel de fonds.

D. N'avez-vous pas eu quelques rapports avec M. Stockes ?

R. Je ne le connais pas.

D. Est-ce que vous n'avez pas entendu dire que 32,000 actions avaient disparu ?

R. Lorsque ces messieurs nous refusaient les comptes et restaient sans conseil d'administration, les actionnaires avaient eu une réunion et avaient choisi cinq membres comme administrateurs provisoires. J'avais l'honneur de faire partie de ces administrateurs provisoires. Nous voulions sauver la Société, c'est dans ce but que je suis allé avec mes collègues chez le Ministre, pour le prier de nous réserver la préférence à laquelle nous avions droit à raison de l'apport fait dans notre Société, du titre de concession, en regard de notre mise de fonds. Plusieurs personnes s'étaient présentées, M. Pereire, M. Charles Laffitte, M. de Rothschild, M. Lehon. Notre devoir était de chercher le moyen le plus avantageux pour sauver l'affaire. Je crois que M. Lehon avait chargé un M. Ségofin d'examiner la situation. M. Ségofin est allé, si je me le rappelle bien, avec quelques employés prendre connaissance des livres, et c'est alors, pour la première fois, que le traité Fox et Henderson nous a été dévoilé dans toute sa vérité ; c'est-à-dire qu'il y avait 32 ou 34,000 actions qui étaient données comme pot-de-vin. On en avait parlé à plusieurs d'entre nous, mais jusque-là nous n'en avions pas eu la certitude.

D. N'avez-vous pas su que ces 32,000 actions avaient été mises dans une caisse ? Que la caisse avait été confiée à M. Stockes, que lorsque l'inspecteur des finances l'a fait ouvrir il n'y a plus trouvé les 32,000 actions ? —

R. M. le juge d'instruction, lorsqu'il m'a interrogé, paraissait croire que les actions se trouvaient dans la caisse, et comme je manifestais quelque incrédulité, il me disait : Ces actions ne sont pas perdues, elles sont là.

D. Le juge d'instruction a fait ouvrir ou enfoncer la caisse, et il n'y a rien trouvé ?

R. Il me disait : Elles sont là positivement. — J'en serais très content, disais-je, mais j'ai entendu dire qu'elles n'y sont pas. — Savez-vous, ajouta-t-il, que ce que vous dites est fort grave, car je suis certain qu'elles y sont. La vérité est qu'elles n'y étaient pas.

D. (A Legendre). — Vous avez été interrogé au début de l'affaire sur le sort de ces 32,000 actions, et, dans l'instruction, vous paraissiez croire qu'elles étaient encore dans la caisse ?

R. Je n'ai jamais eu connaissance que M. Stockes les eût enlevées. Il ne pouvait y être touché qu'au fur et à mesure de l'exécution des travaux. Un jour que j'avais l'autorisation de rester dans ma famille, M. le juge d'instruction en profita pour envoyer chercher un commissaire de police et faire ouvrir la caisse en ma présence. On demanda la clef, elle ne se trouva pas. Le commis de M. Stockes, M. Hall, dit qu'elle était chez l'avoué de M. Stockes. On l'envoya chercher, et l'avoué arriva avec M. Stockes lui-même. C'est en présence de M. Stockes et de son avoué que l'ouverture eut lieu, et il ne se trouva pas d'actions dedans.

D. Comment cela se faisait-il, M. Stockes s'en était donc emparé ?

R. Je ne puis le savoir ; mais pour moi, c'est frauduleusement que les titres ont été enlevés.

M. MARTIN (du Gard). — Je suis l'avoué de MM. Fox et Henderson, et je viens à déclarer que la clef de la caisse avait été depuis cinq à six mois remise dans mes mains ; mais que suivant les instructions que j'avais reçues, je l'ai remise deux fois à des personnes envoyées par MM. Fox et Henderson.

D. (A Cusin). Avez-vous quelque question à adresser au témoin ?

R. Le témoin dit qu'il s'est présenté chez moi avec M. Augereau que je connais depuis longtemps et que je tiens pour un homme extrêmement honorable, et avec M. Dutfoy ; il est vrai que nous avons passé un instant ensemble, mais nous n'avons eu qu'une simple conversation, je ne pouvais pas leur donner de renseignements, j'avais confiance que l'affaire allait se terminer, je n'ai pas pu leur dire autre chose.

Quant au traité Fox-Henderson, le Ministre, M. Magne, a été consulté ; il s'est même servi de ces expressions en parlant à M. Stockes : Si vous apportez dans cette affaire les mêmes soins, la même activité que vous avez déployés dans le chemin de fer de l'Ouest, je fais mon compliment aux concessionnaires de vous avoir choisis.

D. M. le Ministre pouvait exprimer une certaine satisfaction de vous voir traiter avec des hommes qui avaient exécuté de grands travaux publics, mais il n'avait pas à entrer dans l'économie du traité. Il pouvait vous dire que vous vous étiez adressés à des gens habiles, c'est possible ; mais ces compliments portaient plus sur les hommes que sur le traité, car, lorsqu'on lui a parlé de 24 millions de travaux pour une Société qui ne fonctionnait pas, il a manifesté son étonnement, et il a dit : Il n'est pas possible que ce traité existe sans être ratifié par la Société.

CUSIN. — Hier, un mot est passé que j'ai eu tort de ne pas relever : on a dit que nous avions procédé sans devis, eh bien ! les devis ont été faits avec un soin tout particulier. Le général Morin, directeur du Conservatoire des arts et métiers, était à ce moment à la disposition de la Compagnie pour étudier les constructions.

D. Où sont ces devis?

R. Ils doivent être à l'administration centrale ; dans le temps je les ai donnés à M. Orsi. Je répète qu'ils ont été faits avec le plus grand soin.

M. L'AVOCAT IMPÉRIAL. — Il y a des devis de MM. Janicot et Horeau.

M LE PRÉSIDENT. — A quelle époque le général Morin s'est-il retiré ?

R. Au mois d'août 1853.

D. Vos devis primitifs ont dû être établis sur un périmètre beaucoup plus considérable que celui sur lequel vous deviez opérer. Il est probable que les devis s'élevant à 24 millions s'appliquaient à des constructions calculées sur un périmètre plus étendu. Plus tard, lorsque M. Pereire a dû entrer dans l'affaire, et que M. Riant a consenti à la rétrocession, vos devis ont dû être diminués ?

R. MM. Horeau et Janicot ont fait exécuter un relief d'après un dessin qui avait été examiné par M. Morin. Ce plan en relief permettait de bien se rendre compte de l'emploi du terrain. A la suite de la rétrocession de M. Riant, des modifications ont été faites sur le papier ; mais il reste établi que des devis ont été faits et qu'ils ont été examinés par M. le général Morin et par M. le baron Heeckeren. Voici un autre fait très important. Le témoin vient de parler de M. Lehon, avec lequel il a été en rapport dès le mois de juillet ou le mois d'août 1854. Plus tard, en octobre de la même année, quand nous éprouvions des difficultés pour obtenir l'anonymat pour la Société, nous avons remis à M. Lehon tous les renseignements nécessaires. C'est un fait sur lequel j'appuie beaucoup et qui pourra être utile.

D. Les devis qui s'appliquaient à 24 millions de travaux doivent se trouver quelque part.

Mᵉ HENRY CELLIEZ. — Ces devis qui, conformément au contrat, ont été dressés aux frais de la Société et par ses architectes, ont été produits lors du récent procès devant le Tribunal de commerce, à la suite duquel MM. Fox et Henderson ont été condamnés à restituer les 32,000 actions.

M. LE PRÉSIDENT. — On devra produire ces pièces.

Mᵉ CELLIEZ.— Ce n'est pas nous qui les avons; elles étaient dans le dossier de MM. Fox et Henderson, et nous ont été communiquées.

M. L'AVOCAT IMPÉRIAL. — Les devis avaient été faits pour un terrain qui coûtait 9 millions ; c'est Horeau et Janicot qui ont donné le reçu des 29,000 fr. Quant à Fox et Henderson, rien ne constate qu'ils aient fait de devis.

CUSIN. — Ce sont les mêmes. D'ailleurs rien de plus facile que de faire appeler le général Morin, qui a vu tous les devis et pourra dire avec quel soin ils ont été faits.

M. L'Avocat impérial. — Le ministère public ne prétend pas qu'il n'ait pas été fait de devis, seulement il soutient que MM. Fox et Henderson n'en ont payé aucun. Les devis ont été payés à MM. Horeau et Janicot.

Cusin. — M. l'Avocat impérial voudra bien remarquer que, quand on traite avec des ingénieurs, on leur présente des devis tout faits et qu'ils prennent l'engagement de les exécuter. MM. Fox et Henderson n'avaient pas de devis à faire, mais à exécuter ceux qu'on leur présentait. Toute la question pour le tribunal est de savoir si les devis ont existé.

M. PEREIRE (Émile), 58 ans, banquier.

M. le Président. — Quels sont les rapports que vous avez eus avec les inculpés concessionnaires de l'entreprise des Docks?

Le Témoin. — En 1853, au mois de janvier, j'ai été invité par M. le Ministre de l'intérieur à examiner l'affaire des Docks, qui avait été créée quelques mois auparavant, et qui, après avoir eu un certain succès lors de l'émission des actions, se trouvait dans un grand embarras. J'acceptai la mission qui m'était confiée, et j'entrai en relations avec M. Cusin, avec M. le baron de Mecklembourg, M. le général Morin et M. Orsi. Je connaissais beaucoup antérieurement M. le baron de Mecklembourg et M. le général Morin ; je voyais pour la première fois M. Orsi et M. Cusin. Je demandai les éléments constitutifs de l'affaire, les engagements qui avaient été pris, les souscriptions qui avaient été faites, et après l'examen qui dura assez longtemps je pus me rendre compte que, ce que le public croyait, ce que le gouvernement avait cru, n'existait pas, c'est-à-dire que les actions n'étaient pas complétement émises, tant s'en fallait, puisqu'il n'y en avait pas la moitié d'émises; qu'il avait été fait des opérations en terrains qui grevaient la Société dans une proportion considérable, et qui ne pouvaient pas assurer le succès de l'affaire. D'accord avec ces messieurs, nous entamâmes des négociations avec M. Riant, pour résilier une partie des achats qui avaient été faits. Cette affaire a été laborieuse ; nous en vînmes à bout.

J'avais à examiner en même temps les bases constitutives de l'opération, c'est-à-dire les moyens d'en assurer le succès. Le capital était trop considérable : la Société s'était constituée au capital de 50 millions. Je fis réduire le capital à 25 millions, et c'était déjà beaucoup. Pour arriver à cela, il fallait réduire toutes les dépenses qui avaient été faites. Il y en avait certaines qui ne pouvaient pas l'être. C'était l'acquisition de l'entrepôt des Marais, l'entrepôt Putod. Ensuite il y avait des dépenses considérables à faire ; le choix du terrain n'avait pas été peut-être bien fait, puisque le terrain avait une valeur industrielle qui ne comportait pas l'établissement de Docks, car le quartier de la Chaussée-d'Antin a une valeur d'habitation plutôt que de magasins; et indépendamment de cela il fallait ajouter à cette valeur des dépenses considérables, celle des déblais : il y avait 13 à 14 mètres de déblais à faire pour que les Docks fussent mis au niveau du chemin de fer. La raison pour laquelle on les avait établis place d'Europe, ce n'était pas le voisinage de la Chaussée-d'Antin, c'était la contiguïté du chemin de fer. Lorsque l'affaire fut constituée, l'acquisition du terrain que ces messieurs avaient faite à divers propriétaires du quartier de l'Europe, ne leur permettait pas d'être en communication avec le chemin de fer, puisque la compagnie de Saint-Germain possédait des terrains qui les séparaient du chemin de fer. J'ai vendu ces terrains comme directeur de la compagnie de Saint-Germain à ces messieurs, à dire d'expert, et à des prix un peu inférieurs à ceux de leur marché primitif.

Le marché des déblais a été fait par M. le général Morin, sans mon intervention, et de concert avec l'architecte de la compagnie des Docks et l'ingénieur de la compagnie du chemin de fer, sur le tarif des travaux publics.

C'étaient les mesures préliminaires de l'affaire en elle-même. Il y en avait d'autres qui ne pouvaient être obtenues que par les modifications législatives que j'avais demandées au gouvernement. Si l'on devait rester dans les conditions de la législation commerciale actuelle, il est évident que l'entreprise des Docks ne pouvait pas prospérer. On avait cherché à faire une imitation anglaise, sans remarquer la différence qu'il y a entre la situation de Londres et de Paris, Londres port de mer, Paris ne l'étant pas, et ensuite sans envisager les conditions de la législation commerciale différentes en France de ce qu'elles étaient en Angleterre, et qui ne permettaient pas une extension des entrepôts comme celle qu'on voit se produire à Londres.

Avant de construire, d'ouvrir des magasins pour faire des entrepôts et d'espérer un succès semblable à celui des Docks de Londres, le premier soin devait être de faire disparaître les entraves aux développements de la faculté d'entreposer. Il fallait que la législation et les moyens commerciaux fussent semblables à ceux de l'Angleterre : car il y a eu deux entrepôts à Paris ; on a été obligé d'en fermer un, et le second est plus que suffisant, puisque souvent il n'y a pas assez de marchandises pour le remplir, et j'en ai été plus tard locataire pour y mettre les meubles de l'hôtel du Louvre que nous faisions construire. Donc, quand on avait déjà un entrepôt plus que suffisant pour les besoins du commerce, dans les conditions de la législation commerciale actuelle, c'était une aberration, une erreur d'examen de vouloir imiter l'Angleterre, sans se placer dans les conditions commerciales où était l'Angleterre.

Ce fut l'objet d'une série de demandes appuyées de mémoires justificatifs pour assimiler la législation française à la législation anglaise, afin qu'après avoir construit des entrepôts, il y eût des marchandises pour les y loger. C'est à ces conditions, qui avaient été débattues avec les concessionnaires des Docks, et avec M. le baron de Mecklenbourg et le général Morin, que nous sommes arrivés à formuler des demandes au gouvernement.

Le lendemain du jour où ma lettre fut remise à M. le Ministre de l'intérieur, lui rendant compte de la mission qu'il m'avait confiée, de l'état financier de la Compagnie, de l'état des actions non souscrites, et lui indiquant les conditions générales qui pouvaient assurer le succès d'une entreprise de cette nature, le lendemain je signai un traité qui avait été rédigé en même temps que la lettre, puisque la lettre se référait au traité, en vertu duquel j'acceptais les fonctions d'administrateur de la Compagnie des Docks, et me chargeais de la négociation des actions non souscrites à cette condition expresse, que les demandes contenues dans la lettre adressée la veille au Ministre de l'intérieur seraient acceptées.

Les négociations se sont poursuivies. Le Ministre de l'intérieur a nommé une commission composée des principaux chefs de l'Administration des finances et de l'Administration des travaux publics et du commerce, de M. Legentil, président de la Chambre de commerce, de M. Ledagre, président du Tribunal de commerce, des notabilités administratives et commerciales qui pouvaient éclairer le débat. On présenta au Corps législatif un projet de loi et au Conseil d'État un autre projet qui n'avait pas besoin de la sanction législative. Ces deux projets furent vivement débattus. Il y eut une vive opposition de la part des députés des villes de commerce, de Nantes, de Bordeaux, de Marseille et du Havre, qui craignaient les développements trop grands d'un entrepôt à Paris, et les projets furent ajournés. C'était la base de la transaction, car il n'était pas possible de commencer les magasins si l'on n'était pas sûr d'y avoir des marchandises ; il valait mieux s'arrêter.

Lorsque la session fut close, voyant que rien de ce qui formait la base de l'opération ne pouvait être accordé, craignant les illusions du public, ayant appris qu'on vendait les actions mises en réserve pour le cas seulement où les demandes faites au gouvernement auraient été accordées, j'ai donné ma démission par un acte extrajudiciaire au mois de juillet 1853 ; de sorte que je me suis occupé pendant six mois de cette affaire, sans avoir jamais mis les pieds à la Compagnie des Docks. J'ai eu de nombreuses relations avec tous ces messieurs, excepté avec M. Legendre, que je n'ai vu qu'une fois, le jour où il est venu apposer sa signature sur l'acte de rétrocession avec M. Riant ; mais depuis ce temps-là je n'ai plus eu de relations avec eux.

D. Vous venez de dire au tribunal à quelles conditions vous aviez consenti à entrer dans l'affaire. Il y a un point sur lequel j'appelle toute votre attention, et je provoque vos explications. Quant aux conditions économiques, à la réforme de la législation, soit commerciale, soit douanière, ceci est en dehors de la mission dont le tribunal a à s'occuper aujourd'hui : vous venez de dire que vous aviez d'abord examiné quelle était la situation financière de la Compagnie, et c'est sur ce point que je veux vous demander des explications plus complètes que celles que vous avez données. Quand M. le Ministre de l'intérieur, qui était alors chargé du ministère du commerce, vous a prié de vous occuper de l'affaire, pourquoi vous donnait-il cette mission ? Il y avait quatre mois à peine, que la Compagnie fonctionnait, que le décret avait été rendu : pourquoi s'adressait-on à vous à cette époque, pour vous demander de vous mettre à la tête de cette Compagnie ?

R. Ç'a été en quelque sorte accidentellement. J'étais en ce moment au ministère de l'intérieur , à une commission du Crédit foncier, qui était composée d'un grand nombre de membres de l'administration , du Conseil d'État et de la finance ou du haut commerce. On discutait la question du Crédit foncier. M. le comte de Persigny présidait la commission. On vint le chercher pour une affaire que je ne connaissais pas. Il sortit pour aller à son cabinet. Au bout de quelques instants, il rentra avec un air très courroucé, parla à un de ses directeurs de ce qu'on venait de lui dire. Je vis que le directeur me désignait. A la fin de la séance, M. le Ministre de l'intérieur me pria de rester et me dit : Voulez-vous charger de l'affaire des Docks ? Je suis impatienté par cette affaire ; elle est très mal menée par des gens qui n'y connaissent rien. A ce moment, ces messieurs n'avaient pas fait connaître que la souscription n'était pas complète. Sans cela on n'aurait pas probablement songé à moi. Ce n'est pas moi qui en aurais été chargé si le hasard ne m'avait pas fait trouver au ministère de l'intérieur pour le Crédit foncier.

Le premier soin que je devais avoir, c'était de savoir où était le capital, et comment avaient été placées les actions. C'est alors que j'ai demandé la liste des souscriptions. Ces messieurs m'ont apporté, avec une grande bonne foi, toutes les listes. J'ai vu des demandes qui dépassaient beaucoup le chiffre des actions allouées. Il faut savoir que dans ces souscriptions il y a des choix à faire ; il y a des gens qui souscrivent pour 10,000 actions ou pour 1,000, et qui n'ont pas la faculté d'en payer 100 ou 50, qui veulent spéculer sur une différence de prix.

J'ai vu des réductions qui, dans certaines limites, m'ont paru intelligentes, parce que les souscriptions étaient bien écrites, mais n'étaient pas sérieuses, n'étaient pas faites par des gens qui pussent payer les sommes pour lesquelles ils voulaient s'engager.

J'ai vu une situation fâcheuse, et je l'ai signalée. Il était fâcheux qu'on eût déclaré que le capital était entièrement souscrit lorsque incontestablement, réellement, je ne considérais comme souscrit que ce qui avait été payé : il n'y avait que 85,000 actions sur lesquelles le payement avait été fait. Par conséquent il y en avait 115,000 environ sur lesquelles le payement restait à faire. Cela m'a été expliqué par la non-souscription des Anglais.

Il y avait 1,978 actions, dont la souscription paraissait sérieuse, dont le payement n'avait pas été fait. Et c'est pour cela que ces messieurs m'ont signalé les 85,000 actions comme versées, et effectivement elles l'étaient ; le capital était même en partie employé. Les 1,978 actions ont été versées ultérieurement, parce que le cours des actions l'a permis. Les actions étant remontées au-dessus du pair après le mois de janvier, on a pu à ce moment réaliser ces actions. De sorte qu'il y en eut 87,000 souscrites et 113,000 qui ne l'ont pas été, et qui devaient rester en dépôt chez MM. Cusin-Legendre, pour être vendues par les soins de M. le baron de Mecklembourg et les miens, lorsque le moment serait venu.

D. Ainsi la Compagnie des Docks devait avoir un encaisse considérable, malgré certaines dépenses qui avaient été faites, et néanmoins les Docks n'avaient pas de caisse.

R. C'était une question de crédit. Si M. de Rothschild avait été le créateur des Docks, on ne lui aurait pas demandé une caisse spéciale. Avant que la Compagnie soit constituée régulièrement, c'est-à-dire que ses statuts soient homologués par le Conseil d'État et le gouvernement, on ne constitue pas à proprement parler une caisse; les fonds restent dans les mains du banquier de l'affaire; et quand le banquier a une certaine surface, une grande responsabilité, chacun s'en loue, puisque les fonds sont en sûreté. Tant que la caisse particulière n'est pas régulièrement constituée, qu'il n'y a pas d'employés, d'administrateurs responsables, ils sont mieux dans les mains du banquier que dans les mains d'employés subalternes. De sorte que c'était une question de crédit, à savoir si la maison Cusin-Legendre avait assez de crédit pour qu'on laissât dans ses mains une somme de 10, de 15, de 20 millions. Voilà la question, il n'y en avait pas d'autre.

Je ne connaissais pas la maison. Je croyais qu'elle n'avait pas assez l'habitude des affaires pour pourvoir à de grands placements. Mon étonnement n'est pas venu de ce qu'il n'y avait pas de caisse spéciale à ce moment; mais mon doute, comme celui de M. le baron de Mecklembourg, qui avait une grande habitude des affaires, était que les capitaux fussent dans des mains assez habiles et assez responsables pour les conserver ou les bien placer au profit de la Société. Ce n'est pas une observation absolue, c'est une observation relative. S'ils avaient été dans les mains de M. Hottinguer, ou de M. Marcuard, ou de M. de Rothschild, de banquiers anciennement connus, il n'y aurait rien eu à dire. Mais je ne connaissais pas assez la maison Cusin-Legendre pour avoir cette confiance en elle, ce crédit qui fait qu'on aurait pu déposer 10, ou 15, 25 millions chez eux, si tout avait été souscrit, sans avoir de crainte sur l'emploi qu'ils pouvaient en faire.

On me rendit compte de l'emploi qui avait été fait des fonds, c'est-à-dire des payements faits pour les entrepôts. On avait déboursé certaines sommes dont on me présentait les quittances; puis il y avait une somme qui a dû être payée, qui a été payée dans mon cabinet, en billets de banque, au mandataire de M. Riant, à valoir sur le prix de ses terrains. Tout cela diminuait beaucoup la somme. J'avais, par précaution, stipulé que le surplus serait déposé à la caisse du Crédit mobilier, comme j'aurais dit à la Banque de France ou chez M. de Rothschild, pour que ce fût dans des mains plus responsables que celles de MM. Cusin-Legendre. Ce n'était pas en vue de fonder une caisse spéciale: le moment de la fondation d'une caisse spéciale n'était pas venu; le Ministre ne pouvait pas le demander. Le Ministre demandait qu'on prît des bons du

Trésor. S'ils avaient été à l'ordre de MM. Cusin-Legendre la question du crédit n'aurait pas été suffisamment sauvegardée, car ils auraient pu les négocier à volonté.

D. Vous rappelez-vous quel était l'encaisse à l'époque où est intervenu le traité entre vous et les concessionnaires?

R. Je crois qu'il était de 4 millions 700,000 francs ou 4 millions 900,000 fr.

D. Avez-vous donc cru que cette somme de 5 millions environ était liquide dans la caisse de la maison Cusin-Legendre?

R. Non. Mais je ne voulais pas un emploi en affaires industrielles, je ne l'aurais pas toléré, et j'avais quelque droit d'imposer des modifications, puisque j'avais un traité en vertu duquel on devait déposer les fonds à la caisse du Crédit mobilier, en espèces. Sans exciper de ce droit-là, je n'aurais pas permis l'emploi industriel; mais comme je connaissais, par réputation, le commerce de ces messieurs, commerce d'escompteurs de papier de commerce, de petit papier de marchand, je pensais, et c'était ce que M. le baron de Mecklembourg me disait, que l'emploi qu'ils en feraient pouvait être utile à leur commerce. Avoir 4 ou 5 millions, c'est beaucoup quand on a une compagnie à un capital de 2 millions, c'est une grande avance pour développer ses affaires; mais c'était un emploi qui ne me paraissait pas dangereux.

D. Mais si ces capitaux avaient été employés de la manière que vous venez de dire, c'étaient des capitaux qui ne devaient pas tarder à rentrer, car l'usage du commerce est de placer à 90 jours.

R. Ces placements sont toujours disponibles.

D. Par conséquent, c'étaient des capitaux qui restaient essentiellement mobiles?

R. Toujours disponibles au jour le jour; ils sont placés à 90 jours, mais si on les porte à la Banque, on a l'argent le lendemain.

D. Rien n'était de nature à vous faire croire qu'à cette époque tout ou partie de ce capital avait pu être employé dans des entreprises industrielles et immobilisé.

(A Cusin). — N'avez-vous pas fait déjà à cette époque, c'est-à-dire en mars 1853, des avances considérables aux établissements de Javel et de Pont-Remy?

CUSIN. — A cette époque les avances n'étaient pas considérables.

D. Vous en aviez déjà fait?

R. Nous avions un capital considérable. Je vais remémorer à M. Pereire l'emploi de l'argent. Nous avions donné 2 millions pour chacun des deux entrepôts achetés, ce qui représentait 4 millions déboursés dès le mois de novembre ou de décembre; 2 millions 300,000 francs à M. Riant, dans le cabinet de M. Pereire. Cela faisait déjà 6 millions 300,000 francs. Il faut ajouter 300,000 francs que M. Pereire a exigés comme somme donnée au moment de la signature du traité pour les terrassements. Cela représente 6 millions 600,000 francs. Si, à cette somme de 6 millions 600,000 francs on ajoute les 500,000 francs que M. Pereire a exigés en signant la vente des terrains, on verra que l'encaisse n'a jamais été de 5 millions; il a été tout au plus de 1 million 800,000 francs.

LE TÉMOIN. — Pour préciser les dates, je dirai que c'est au mois de mars 1853 seulement que le traité de rétrocession avec M. Riant a été signé, et que le payement de 2 millions 300,000 fr. en billets de banque a été fait.

CUSIN. — Le traité est du 18 mars, du moins sa date apparente, mais je suis forcé de vous dire que le 18 mars n'est pas la date du traité fait par nous.

LE TÉMOIN. — Il a été fait pour être signé le lendemain du jour où nous serions d'accord sur les demandes faites au Ministre.

M. LE PRÉSIDENT. — Le traité remonte à une époque antérieure.

LE TÉMOIN. — Il a été rédigé successivement, mais pour être signé et avoir date certaine le lendemain du jour de la lettre que j'écrivais à monsieur le Ministre de l'intérieur.

D. (A Cusin). — Il est établi qu'à l'époque où les négociations se poursuivaient entre vous comme gérant des Docks et M. Pereire, il y avait un encaisse considérable au profit des Docks, lequel s'élevait à 4 millions 965,000 fr., près de 5 millions. Vous aviez déjà immobilisé une partie de ce capital, et vous aviez employé, sinon la totalité de ces 5 millions, au moins une partie, dans l'intérêt des sociétés industrielles auxquelles vous étiez intéressé, et la preuve, c'est qu'au 31 décembre 1852 le bilan de votre maison porte que M. Sussex, en sa qualité d'administrateur des établissements de Javel, vous doit 172,000 fr.; et le bilan du mois de juin 1853, six mois après, au moment où se placent les négociations avec M. Pereire, porte que vos avances envers l'établissement de Javel montent à 1 million 426,667 fr.; par conséquent, dans cette période de six mois où se place le traité Pereire, vous avez augmenté dans une proportion de plus de 1 million 200,000 fr. vos avances à l'établissement de Sussex. Vous n'avez pu le faire qu'avec l'argent des Docks.

CUSIN. — C'est évident.

D. Si c'est évident, le débat se termine.

R. Nous n'avons jamais eu 5 millions sous l'empire du traité avec M. Pereire.

LE TÉMOIN. — Voulez-vous que je fixe les chiffres?

Les débours s'élevaient, le 27 mars, à 2 millions 295,000 fr. pour l'entrepôt des Marais; 2 millions 150,000 fr. pour l'entrepôt Putod; 523,000 fr. pour les terrains de la Compagnie de Saint-Germain; 753,000 fr. pour droits d'enregistrement de l'acte Riant et de l'acte Saint-Germain. Total, 5 millions 721,000 fr. Il restait donc en caisse 4 millions 965,000 fr. Comme le dit M. Cusin, il y avait à déduire de ces 4 millions 965,000 fr.: 300,000 fr. donnés sur les terrassements des Docks, et 2 millions 300,000 fr. payés à M. Riant. Il restait donc environ 2 millions 400,000 fr.

D. Déjà, à cette époque, il y avait 1 million 200,000 fr. versés dans la Compagnie Sussex?

CUSIN. — Faites attention qu'un compte arrive à s'augmenter par les débours faits, mais seulement au fur et à mesure que ces débours se font.

D. (A Cusin). — Toujours est-il que, du 31 décembre 1852 au mois de juin 1853, des sommes très considérables ont été versées par vous, et n'ont pu l'être qu'avec les sommes empruntées à l'argent des actionnaires. Vous aviez stipulé, dans le traité du 18 mars 1853, qu'il serait créé une caisse particulière. Vous aviez aussi consenti à ce que les 112,528 actions qui restaient à la souche seraient mises en syndicat, c'est-à-dire que, pendant toute la durée des négociations, elles seraient pour ainsi dire immobilisées, en ce sens que personne n'aurait le droit d'y toucher.

LE TÉMOIN. — C'est M. le baron de Mecklembourg et moi qui représentions la Compagnie des Docks. J'avais voulu le contrôle de M. le baron de Mecklembourg pour qu'on ne pût pas supposer que j'en ferais un emploi à mon profit personnel.

D. On avait même réglé la part attribuée à chacun dans ce nombre de 112,000 actions : 83,000 devaient être réservées à M. Pereire et à sa clientèle, et 23,000 à la maison Cusin et Legendre. Il avait été formellement stipulé qu'on n'en vendrait pas.

R. Il n'y avait que moi qui avais le droit de les vendre.

D. Vous n'en avez pas vendu ?

R. Je n'en ai pas vendu parce que je ne voulais pas vendre des actions à prime, si j'étais dans le cas d'abandonner l'affaire. On m'a reproché, je ne dis pas que ce soient les personnes présentes, de n'avoir pas vendu les actions lorsqu'elles étaient à 50 fr. de prime. C'est ce que je n'ai pas voulu faire, parce que je n'ai pas voulu bonifier ou faire bonifier des tiers au détriment d'autres tiers. Je ne voulais pas que les actions profitassent d'un moment d'entraînement ou d'engouement de la Bourse pour vendre ces actions à prime lorsque je savais que, sans l'obtention des demandes que j'avais faites au gouvernement, l'affaire n'était pas bonne. Je ne voulais m'immiscer en rien dans les affaires des Docks jusqu'à ce que les conditions dans lesquelles je croyais l'affaire bonne fussent accordées par le gouvernement.

D. Votre situation dans l'affaire, qui était le seul motif de la hausse des actions, était tout éventuelle, puisqu'elle était subordonnée à l'acceptation par le Gouvernement des réformes par vous indiquées.

R. ... Et basées sur les projets que le gouvernement avait soumis au Corps législatif et au Conseil d'État.

D. Cette réserve a-t-elle été gardée par tout le monde dans cette période de temps dont vous parlez ? Tout le monde s'est-il abstenu de vendre des actions ?

R. Je ne puis rien affirmer. On me signalait, dans les derniers jours du mois de juin, l'apparition sur le marché de la Bourse d'actions neuves. J'ai appelé M. le général Morin et M. le baron de Mecklembourg pour leur dire que ces actions neuves pouvaient provenir des 112,000 actions réservées, et que je ne pouvais pas avoir la responsabilité de cela : car c'était vendre des actions qui n'avaient pas de base certaine, puisque les statuts n'avaient pas été adoptés, puisque le fonds social même n'était pas constitué ; puisque, originairement, il était de 50 millions et qu'il avait été réduit, d'après les statuts modifiés par moi, à 25 millions. Le gouvernement reconnaissait ce chiffre inférieur ; je ne voulais pas m'en départir.

D. (A Cusin). — Pendant les négociations avec M. Pereire n'avez-vous pas fait vendre à la Bourse un certain nombre d'actions ?

R. Les 1,978 dont M. Pereire vient de parler tout à l'heure et dont le payement n'avait pas été fait.

D. Il y a une confusion sur laquelle il faut s'expliquer. Dans les 87,000 actions figurent les 85,000 réalisées et les 1,978 qui étaient bien attribuées, mais pour lesquelles vous aviez accordé du temps pour payer. Il ne peut pas s'agir de ces actions-là : elles étaient entre les mains de gens solvables auxquels vous aviez accordé du temps pour se libérer !

LE TÉMOIN. — Il y a des gens qui souscrivent des actions, et qui malheureusement ne les payent pas. On ne leur délivre pas les titres, qui sont au porteur ; on ne peut pas leur faire crédit en délivrant les titres. MM. Cusin-Legendre restaient détenteurs de ces 1,978 actions, et ne devaient les délivrer que lorsqu'on aurait payé. Je ne sais pas s'ils en ont vendu davantage.

D. C'est un point qui pourra être fixé par l'expert lorsque nous l'entendrons. Les écritures nous feront connaître le nombre d'actions qui ont été vendues depuis l'époque où les négociations ont commencé avec vous jusqu'au 14 juillet 1853, époque où vous avez rompu.

Lorsque vous vous êtes retiré, vous vous êtes appuyé sur une consultation qui vous a été donnée par un membre honorable du barreau, M. Duvergier, dans laquelle il vous considérait comme n'étant pas lié et comme pouvant vous retirer de l'affaire.

R. Oui, Monsieur. Je voulais répudier toute solidarité.

D. Je dois appeler votre attention sur une qualification qui se trouve dans l'instruction. Elle a de la valeur dans votre bouche surtout. Vous avez bien connu cette affaire, vous avez même rendu un service à l'administration des Docks, par la rétrocession d'une partie des terrains qui lui avaient été vendus ; mais enfin, vous avez exprimé sur cette affaire l'opinion qu'elle avait été *déplorablement conduite.*

R. Certainement ; mais jusqu'à ce moment-là il y avait plus d'ignorance que de culpabilité. J'ai remis à M. le juge d'instruction une note qui expliquait ce que je voulais dire par le mot *déplorable.* On achetait des terrains d'une manière définitive et par contrat notarié, sur lesquels on payait les droits d'enregistrement et les intérêts depuis l'époque du contrat. On achetait ensuite aux héritiers Haguermann d'autres terrains séparés du terrain acheté à M. Riant par une rue, la rue de Bruxelles. Ensuite on avait acheté à M. Baring, aux Batignolles, pour 1 million 900,000 francs d'autres terrains. Ces terrains étaient traversés en échiquier par des rues reçues par la commune des Batignolles, rues fréquentées, servant de débouchés même à la gare très importante du chemin de fer de Rouen et de l'Ouest. Tout cela supposait la suppression de rues et par conséquent des dépenses considérables. Le mot *déplorable* peut s'appliquer à une entreprise qui demandait 50 millions lorsque 25 auraient suffi.

D. Le mot *déplorable* s'applique à l'intelligence ?

R. Oui, Monsieur ; car à ce moment-là je n'aurais pas continué mes rapports si j'avais pu soupçonner des malversations.

Mᵉ NIBELLE. — Après que M. Pereire eut donné sa démission, ce qui était fatal pour la Société que voulait former M. Cusin, M. Pereire n'eut-il pas la pensée heureuse pour l'association de rentrer dans les Docks, et n'eut-il pas à cette occasion chez M. Poyer une conférence secrète avec M. Cusin ? Voudrait-il bien nous raconter cette circonstance ?

R. Peut-être dix-huit mois après j'ai eu une conférence avec M. Cusin. Je n'ai pas voulu qu'elle eût lieu chez moi, encore moins chez lui. Elle a eu lieu chez une personne tierce que M. Cusin avait envoyée pour voir s'il n'y avait pas moyen que je rentrasse dans l'affaire des Docks. Le Corps législatif était réuni à ce moment, on pouvait reprendre les demandes que j'avais faites et qui étaient devenues caduques par la clôture de la session. J'ai eu un entretien d'une heure, une heure et demie avec M. Cusin ; nous n'avons pas pu nous mettre d'acccord. Je ne puis pas dire les termes de l'entretien ; il a roulé sur des termes généraux.

Mᵉ NIBELLE. — Je voudrais fixer les souvenirs de M. Pereire. M. Pereire ne dit-il pas à M. Cusin : Puisque je suis ici, c'est que les Docks me conviennent ; quelles sont vos conditions ? Alors M. Cusin répondit : Lorsqu'un petit homme comme moi tient à se mettre en relations avec un colosse comme vous, ce n'est pas à lui à parler ; je ne ferai aucune condition. Alors M. Pereire se serait retiré, et quelques jours après M. Pereire aurait fait dire à M. Cusin qu'il lui fît poser des conditions. M. Cusin espéra alors la rentrée de M. Pereire. C'est ce que je voulais établir.

R. Il y a eu des pourparlers.

CUSIN (à M. Pereire). — A partir de ce moment, nous avons jeté les yeux sur le baron de Heeckeren ; vous le savez, il n'a pas discontinué de vous voir, et j'ai retrouvé dans les pièces qu'on ne m'a pas saisies la copie d'une lettre que je lui ai adressée à lui, et qui par le fait devait vous être adressée à vous, lettre dans laquelle nous déclarions (M. Legendre et M. Orsi l'ont signée aussi) que nous nous en rapportions à M. Pereire pour tout ce qui pourrait être fait dans l'intérêt de l'affaire. C'est par suite de scrupules que vous avez partagés du reste, que nous n'avons pas voulu entrer en rapports directs avec vous.

M. LE PRÉSIDENT. — Tous ces pourparlers, ces espérances, ce désir de reprendre l'affaire, sont étrangers aux faits de la prévention.

Mᵉ NIBELLE. — M. Cusin a toujours vécu d'espérance, et c'est ce qui l'a perdu.

M. LE PRÉSIDENT. — Il trouvait l'affaire mauvaise et désirait la placer sous un patronage considérable.

Mᵉ NIBELLE. — Il croyait que les Docks vivraient avec M. Pereire.

Mᵉ DUFAURE. — Je désirerais avoir un renseignement de M. Pereire. Dans le rapport de l'expert, il est copié un acte qui aurait été passé entre M. Pereire et M. Cusin, postérieurement au rejet du projet de loi sur le nantissement qui avait été présenté au Corps législatif ; mais l'expert dit que ce traité est sans date.

LE TÉMOIN. — Il n'y a que le traité du 18 mars.

CUSIN. — C'était le projet fait par nous qui est resté dans mes papiers. Un point capital que je voudrais que M. Pereire pût se rappeler, c'est l'époque du commencement de nos entretiens. Nos entretiens n'ont pas commencé dans le mois de janvier, ils ont commencé plus tôt. Le traité pour les terrassements est daté du 31 janvier 1853. Il a fallu du temps pour arriver à cette affaire.

LE TÉMOIN. — Je crois que c'est dans le mois de janvier. A une distance de quatre ans, je ne puis me rappeler.

CUSIN. — Je le comprends, et ce ne sont pas les quatorze mois que j'ai passés en prison qui m'ont donné une mémoire bien présente ; mais enfin veuillez rappeler vos souvenirs, puisque cela ne vous fait rien à vous, et que cela peut nous faire beaucoup de bien à nous. Je vois avec un grand bonheur la bienveillance de vos déclarations. Nous avons commencé à avoir l'honneur de vous voir dans les premiers jours de novembre 1852.

M. LE PRÉSIDENT. — Cela n'a qu'une médiocre importance pour le tribunal. M. Pereire pense que c'est dans le courant de janvier que le Ministre lui a parlé pour la première fois.

LE TÉMOIN. — C'est peut-être dans le mois de décembre, mais ce n'est certainement pas en novembre ; au surplus, je donne une date certaine : c'est l'époque où l'on discutait la question de reconstitution du Crédit foncier de France.

Mᵉ HENRY CELLIEZ. — M. Pereire voudrait-il répéter des explications qu'il a déjà données dans l'instruction écrite, sur une opération de 3,000 actions que nous trouvons au mois d'avril 1854, de compte à tiers entre lui, M. de Rougemont et M. Cusin ?

R. M. Poyer, qui est un intermédiaire et qui avait mis dans l'origine M. Cusin en rapport avec moi, vint me parler au nom de M. Rougemont d'une acquisition d'actions des Docks qui avaient subi une baisse considérable. J'ai dit : Je prendrai un tiers.

M. LE PRÉSIDENT. — Il s'agissait de racheter à la Bourse ?

R. A la Bourse, pour notre compte personnel, avec notre argent. M. Cusin a fourni les fonds à M. Rougemont pour les actions qu'il voulait acheter.

D. Ce n'est pas vous qui avez fourni les fonds à Cusin ?

R. Ce n'est pas moi ; je n'ai eu aucune relation avec M. Cusin pour cela ; c'est un agent de sa maison, qui est venu quelquefois chez moi, qui me dit : M. Rougemont croit que les affaires vont s'arranger en Angleterre, qu'on peut acheter des actions des Docks. Voulez-vous fournir les fonds pour un tiers de ce qu'il veut ? Je lui ai remis l'argent, et M. Rougemont a fait cette opération dont je ne me rappelle pas le résultat. C'est en 1854, c'est tout à fait étranger à l'affaire des Docks.

CUSIN. — Voilà des faits qui, avec la réunion qui a eu lieu chez M. Poyer, puisque l'opération a été rappelée par l'avocat de la partie civile, prouvent que continuellement, jusqu'à la dernière heure, nous avons travaillé avec M. Pereire.

LE TÉMOIN. — Vous avez eu beaucoup d'espérances, en quelque sorte fondées. Il y avait tant de personnes qui voulaient relever cette affaire, qu'on allait de chez M. Rothschild chez moi pour faire croire à l'un que l'autre allait reprendre l'affaire. Je disais chaque fois : Je ne m'en occuperai pas, laissez M. Rothschild s'en occuper. Je crois que M. Cusin a toujours vécu dans une illusion complète. C'est ce qui a été le malheur de l'affaire. M. Cusin a toujours eu une trop grande idée de l'affaire sans en connaître les bases, cela n'implique pas sa moralité.

Mᵉ MARIE. — C'est en juillet 1853 que M. Pereire a abandonné l'affaire. Je désire savoir si, jusqu'à cette époque, M. Pereire s'était occupé de surveiller les opérations de M. Cusin.

R. Je n'ai jamais rien surveillé.

Mᵉ MARIE. — De constater au moins ce qui se faisait.

R. Je ne pouvais pas m'immiscer dans l'administration ; je ne voulais pas faire œuvre d'administrateur. Comme institution, il y a peu d'affaires qui m'aient occupé autant. Si j'avais les pièces, je pourrais montrer les travaux qui ont été faits à cet égard ; il a été fait des travaux très sérieux par les gens qui sont avec moi, qui ont été occupés pendant six mois pour donner des renseignements au Conseil d'État et à la commission dont je faisais partie. Mais quant à la question du maniement des fonds et de la gestion proprement dite de l'affaire, je ne m'en suis jamais occupé, puisque je n'ai jamais mis les pieds à l'hôtel Laffitte depuis que ces messieurs l'occupent. Seulement un jour M. Michel m'a proposé de me faire voir l'entrepôt et quelques modifications qu'on y avait introduites. J'ai fait une tournée pour voir les améliorations réelles qui y avaient été apportées par les concessionnaires, mais voilà la seule chose que j'ai faite ; je n'ai jamais su l'emploi des fonds parce qu'on avait stipulé qu'ils devaient être déposés au Crédit mobilier. La chose aurait été beaucoup plus importante si les 113,000 actions avaient été placées, puisqu'elles auraient représenté un capital considérable ; mais du moment que l'encaisse n'était que d'environ 2 millions 400,000 francs, le risque devenait moins grand. C'est pour cela que je n'ai pas insisté.

M. STOCKES, 38 ans, *banquier à Paris.*

M. LE PRÉSIDENT. — Vous avez eu des rapports avec Cusin et Legendre à l'occasion des négociations qui s'étaient établies entre eux, d'une part, et MM. Fox et Henderson de l'autre, dont vous étiez le représentant à Paris. Voulez-vous faire connaître au tribunal ce qui s'est passé entre vous et ces messieurs?

LE TÉMOIN. — Autant que je me rappelle, c'est vers le commencement de 1854 que M. Arthur Berryer, que j'avais connu à Paris lorsque j'étais administrateur et concessionnaire du chemin de fer de l'Ouest, lui étant Commissaire du gouvernement près du chemin de fer de Lyon, vint me trouver à Londres et me dit qu'il était Commissaire du gouvernement près des Docks Napoléon, qu'on désirait deux choses : trouver des entrepreneurs pour faire les travaux, et en même temps trouver des Anglais qui entreraient dans le Conseil futur d'administration pour y introduire toute l'expérience que nous avons, que nous sommes censés avoir du système des Docks et des warrants, qui ne sont pas aussi bien connus en France qu'à Londres. Comme je devais entrer dans le Conseil d'administration si l'affaire avait été formée, je n'ai pas été avec les entrepreneurs ; mais je me suis mêlé avec beaucoup de zèle de l'affaire pour essayer de lui donner les éléments de force et de vitalité qui lui manquaient, et j'ai aussi fait entrer dans l'affaire, à la condition de la formation toujours, trois ou quatre Anglais très éminents qui lui auraient été très utiles.

Souvent à Paris, auprès du gouvernement, du ministère du commerce, j'ai fait des démarches, j'ai fait tout ce que j'ai pu pour arriver à la formation de cette Compagnie. La première chose que j'ai faite, ç'a été de demander à M. le Ministre des travaux publics, qui était alors M. Magne, avec qui j'avais eu de très bonnes relations dans le chemin de fer de l'Ouest, si réellement le gouvernement avait le désir, comme on le disait, de voir entrer un élément anglais dans l'état des choses. J'ai reçu de lui toutes les assurances possibles à cet égard, et d'accord avec lui j'ai travaillé beaucoup à cela.

D. N'étiez-vous pas le représentant à Paris de Fox et Henderson?

R. Non, Monsieur. Comme ces messieurs ne parlent pas français, et comme quelques-uns des autres ne parlaient pas anglais, j'ai souvent servi d'interprète ; mais je n'ai pas accepté, devant être membre du Conseil d'administration, le rôle de représentant des entrepreneurs.

D. Faites connaître au tribunal quel a été ce traité qui est intervenu entre MM. Fox et Henderson, d'une part, et MM. Cusin et Legendre de l'autre part.

R. Il s'appliquait à la construction des travaux.

D. Pour quelle somme? Ne s'agissait-il pas de 24 millions de travaux?

R. Oui, je crois.

D. N'a-t-il pas été stipulé qu'une certaine quantité d'actions seraient remises à MM. Fox et Henderson?

R. Ils devaient prendre payement partie en argent et partie en actions ; c'était le fond de l'engagement avec eux, parce que je crois me rappeler que lorsque ces messieurs sont venus en Angleterre chercher un élément anglais, c'était non-seulement pour avoir l'expérience censée des Anglais dans une affaire pareille, mais en même temps pour chercher à placer des actions qui n'avaient pas été souscrites ou payées lors de la création de l'affaire.

D. Ce nombre d'actions que MM. Fox et Henderson devaient prendre, n'était-il pas de 32,000, représentant 4 millions ?

R. C'est possible.

D. Est-ce que ces actions n'ont pas été mises dans une caisse particulière ?

R. Elles ont été en partie mises dans une caisse.

D. Est-ce que ce ne serait pas la totalité, au contraire ?

R. Je ne crois pas.

D. N'est-ce pas vous qui conserviez la clef de cette caisse ?

R. Pendant un certain temps MM. Fox et Henderson me l'ont laissée.

D. Au dernier moment vous aviez les clefs ; on s'est adressé à vous lorsqu'il s'agissait de l'ouvrir ?

R. Je n'avais pas les clefs ; elles étaient, avec tous les papiers de MM. Fox et Henderson, chez l'avoué, et non pas chez moi.

D. Au mois de juillet 1854, est-ce que ces 32,000 actions, représentant 4 millions, n'ont pas été mises en votre présence dans la caisse, et la clef remise à MM. Fox et Henderson ?

R. Je ne crois pas que la totalité des actions y ait été mise.

D. Non pas la totalité parce qu'une certaine portion de ces actions, 14,400, avaient été remises aux concessionnaires.

R. Voilà, autant que je puis me rappeler, ce qui en était. Sur la somme que MM. Fox et Henderson devaient recevoir en actions, il y en avait une partie qui devait combler les pertes que la Compagnie des Docks Napoléon avait déjà subies, que je n'ai jamais pu approfondir, mais que tout le monde admettait comme arrivées par suite de malheurs ou de mauvaise administration.

D. Est-ce qu'il n'avait pas été convenu que, sur ces 32,000 actions, 1,800,000 francs seraient donnés aux concessionnaires pour les indemniser des pertes qu'ils alléguaient avoir faites ?

R. J'ai toujours compris que c'était un sacrifice que les entrepreneurs faisaient sur leurs bénéfices pour aider à combler les pertes qui seraient tombées sur les actionnaires.

D. Ces actions étaient données dans l'intérêt exclusif des concessionnaires ?

R. Je n'en sais rien. Je me rappelle que M. Cusin s'est toujours fait un mérite, et cela m'a frappé comme une chose méritoire, que loin d'exiger quelque chose pour lui, ce qu'on disait dans le monde que d'autres concessionnaires et d'autres administrateurs faisaient quelquefois, le sacrifice qu'il imposait aux entrepreneurs était au profit des actionnaires.

D. Si ces 1,800,000 francs étaient versés au profit des actionnaires, il était bien plus simple de ne faire figurer des travaux que pour 22,200,000 francs, qui étaient leur prix réel. Il n'y avait pas besoin d'en élever le chiffre à 24 millions pour faire secrètement une remise de 1,800,000 francs.

R. Je ne comprends pas bien.

D. Vous venez de dire que les travaux avaient été évalués à 24 millions ; et ainsi dans l'intérêt de l'affaire, qui était dans une situation fâcheuse , les entrepreneurs consentaient à faire un sacrifice de 1 million 800,000 francs et à remettre par conséquent aux concessionnaires un certain nombre d'actions (14,400) représentant cette somme de 1 million 800,000 francs ; vous avez cru que cette remise était dans l'intérêt des actionnaires ?

R. C'est vous qui me donnez les chiffres. Je demande pardon à M. le Président, si j'ai l'air de raisonner avec lui ; j'ai juré de dire la vérité, voilà la vérité, le fond de ma pensée. Pour former une Société anonyme, il faut prouver au Conseil d'État que vous avez tout votre capital. Or donc, si ces messieurs ou les actionnaires, par leur faute ou par malheur, avaient perdu une somme de 2 millions, je suppose, ils ne pouvaient pas se présenter devant le Conseil d'État sans combler cette perte de 2 millions. Si vous... pardon... si un homme quelconque, étant entrepreneur, prend pour 24 millions de travaux, et sur ces 24 millions fait le sacrifice de 2 millions, il ne devra recevoir que 22 millions dans le fait ; mais il accuse réception de 24 millions ; faisant le sacrifice de ces deux autres millions, il remplit le capital diminué de 2 millions ; tandis que si on lui avait dit : Réduisez vos entreprises, vos devis, vos estimations de 24 millions à 22 millions, vous auriez toujours eu le trou de 2 millions à combler.

D. Est-ce que, à l'époque où le traité a été fait, vous avez été appelé à en examiner les conditions ?

R. Non ; j'ai été présent pendant de longues discussions auxquelles ce traité a donné lieu, et on me demandait l'explication des phrases françaises pour les Anglais, des phrases anglaises pour les Français. M. Henderson, homme très pratique, associé de Fox (ses voyages à l'étranger sont très rares, c'est ce qui fait que je me rappelle bien cette circonstance), est venu passer un certain temps à Paris pour débattre les clauses et conditions de ce traité.

D. Avez-vous eu sous les yeux les devis, les plans des constructions ?

R. Oui, je les ai vus ; je ne les ai pas examinés ; j'ai vu des masses de plans.

D. Est-ce qu'il n'avait pas été convenu que ces 32,000 actions seraient placées dans une caisse particulière, et qu'on ne pourrait y toucher que lorsque l'homologation des statuts et la conversion de la Société en Société anonyme auraient été accordées ?

R. Je ne crois pas que jamais pareille chose se soit faite.

D. (A Legendre.) Vous le disiez pourtant tout à l'heure, Legendre.

LEGENDRE. — Je n'ai eu connaissance que d'une chose : c'est qu'après le traité on devait déposer les actions dans une caisse qui était dans l'administration des Docks.

D. Et on ne devait toucher à cette caisse qu'après une certaine époque ?

R. Après l'homologation des statuts.

D. Comment se fait-il que les actions aient disparu avant l'homologation des statuts ?

R. Je ne puis pas le savoir.

D. Qu'est-ce qui a pris ces actions ?

LE TÉMOIN. — MM. Fox et Henderson, parce que ces actions leur appartenaient. Je suis convaincu, sans pouvoir l'affirmer, que non pas la totalité des actions, mais qu'une partie, la part qui appartenait à MM. Fox et Henderson, avait été mise dans une caisse ; je crois que vous, M. le Président, qui devez avoir toutes les pièces, vous trouverez des traces de cela.

D. Vous ne pouvez donner aucun renseignement sur l'époque où ces 32,000 actions ont été retirées ? Elles n'ont pu l'être que par Fox et Henderson ?

R. Parfaitement. M. Treilhard, juge d'instruction, m'a fait appeler vers le commencement de l'année dernière, non pas pour déposer, mais pour causer avec lui, et je lui ai dit alors que s'il désirait des détails sur le sort de ces actions, sur les époques auxquelles on les avait vendues, le prix qu'on en avait tiré, il serait excessivement simple de s'adresser à MM. Fox et Henderson, qui, j'en étais convaincu, s'empresseraient de lui donner, chiffre par chiffre et jour par jour, tous les renseignements que la justice pourrait désirer.

D. A une certaine époque et dans le courant de 1854, notamment au mois d'août, ne vous a-t-on pas soumis le bilan de la Société des Docks ?

R. Nous avons été dans l'habitude de nous réunir à plusieurs pour essayer de soutenir l'affaire, qui était dans une position excessivement irrégulière, qui était inapte à être présentée au Conseil d'État. M. Cornudet, conseiller d'État, a beaucoup travaillé à cela. Dans cette réunion, on nous présentait des chiffres et nous prenions des notes. Nous faisions tout notre possible pour arriver à avoir un bilan convenable, présentable. Je dois dire, je sais très bien qu'on accuse MM. Cusin et C$_{ie}$, et qu'on se fait du tort en voulant les défendre ; mais je ne suis pas leur avocat ; je dois dire, ayant juré de dire la vérité, que j'ai été extrêmement frappé, dans tout l'examen que nous avons fait, dans les travaux auxquels nous nous sommes livrés, M. Carteret, quelques autres et moi, que chaque fois qu'il s'agissait de quelque chose qui pouvait à juste titre leur appartenir, la première parole de M. Cusin a toujours été de dire qu'il en faisait le sacrifice pour aider à combler les pertes dont on pouvait le regarder comme l'auteur. Ceci s'appliquait à une certaine somme à laquelle il avait droit pour commission de banque, ainsi qu'aux appointements qui pouvaient lui être dus comme gérant ou comme administrateur provisoire.

D. Faisait-il réellement l'abandon de ces sommes ?

R. Il nous le disait.

D. Oui, mais il n'en faisait rien, puisque dans le bilan d'août 1854, sur lequel nous appelons votre attention, nous voyons figurer 1 million comme commission de banque et 300,000 francs pour frais de gérance.

Me NIBELLE. — Il les abandonnait.

M. LE PRÉSIDENT. — Non, puisque cela figure au bilan.

LE TÉMOIN. — Voilà mon impression.

D. Vous répétez ce que vous avez entendu dire. On agissait ainsi en août 1854 pour obtenir que le Conseil d'État, sur le vu d'une situation paraissant régulière, homologuât les statuts. C'était une situation arrangée, c'est-à-dire ne représentant pas la situation réelle et vraie des choses.

R. Quant à cela, je n'en sais rien. On nous a donné des chiffres, et nous les avons pris. On nous promettait toujours de nous donner plus tard la justification de tous ces chiffres ; mais, de guerre lasse, j'ai quitté l'affaire avant d'avoir vu cette justification.

Cusin. — Je désirerais que M. Stockes précisât bien par qui les actions ont pu être prises dans la caisse : car la caisse destinée à renfermer les 17,600 actions a été achetée par lui ; à telles enseignes qu'elle a été payée par la maison Cusin-Legendre, qui était en compte avec M. Stockes. J'affirme que nous n'avons jamais su que les actions fussent prises partiellement ou totalement. Par conséquent je prie M. Stockes, par les rapports qu'il avait avec MM. Fox et Henderson, de dire qui était chargé de faire les levées faites dans la caisse.

Le Témoin. — Ceci m'est impossible à vous dire à cette distance de temps. M. Fox est venu lui-même quelquefois, il a envoyé des employés.

M. le Président. — Vous ne pouvez donner aucun renseignement à cet égard ? Toujours est-il qu'au moment de l'instruction et lorsque vous avez été interrogé, vous croyiez que les 17,600 actions étaient encore dans la caisse ?

Cusin. — On a dû trouver dans les pièces une déclaration de MM. Fox et Henderson, dans laquelle ils disaient que ces actions nous seraient remises.

D. Il y a aux pièces un document duquel il résulte que les 32,000 actions avaient été remises à MM. Fox et Henderson, mais qu'ils ne devaient en faire usage qu'après l'homologation des statuts. Les statuts n'ayant pas été homologués, quand on a ouvert la caisse dans l'espérance qu'on y trouverait encore les 32,000 actions, ou au moins 17,600 actions, on y a plus rien trouvé. (Au témoin). — Quel usage MM. Fox et Henderson ont-ils fait de ces actions ?

Le Témoin. — Je crois qu'ils les ont vendues.

D. Ces actions étaient la représentation des travaux qu'ils devaient faire. Comme ils n'ont pas fait les travaux...

R. Je crois qu'ils faisaient des dépenses.

D. Ils n'ont pas pu faire des dépenses pour approvisionnement : car pas un coup de pioche n'a été donné, pas la moindre exécution de travaux n'a été faite. Par conséquent, ils ont enlevé une valeur de 2 millions 200,000 francs qui ne leur appartenait pas.

R. On les croyait très riches, et ils l'étaient peut-être à cette époque ; tout le monde le croyait ; on n'a jamais eu la moindre méfiance à leur égard. Si mes souvenirs ne me trompent pas très grossièrement, je crois que la seule convention faite entre eux et ces MM. Cusin et Legendre pour la vente des actions était qu'il ne se vendrait pas beaucoup de ces actions au même moment, qu'ils mettraient un certain délai pour ne pas faire tomber le cours de la Bourse par des ventes considérables.

D. Ces actions n'étaient que la représentation des travaux à exécuter ; par conséquent, elles ne devaient être émises et jetées dans la circulation que lorsque les travaux auraient été faits, et pour payer ces mêmes travaux.

R. Ils avaient des études très compliquées à faire.

D. On leur avait remis les devis ; ils n'ont pas fait ces études.

CUSIN. — M. Stockes a raison. Quand nous avons traité avec M. de Rothschild pour établir une succursale des Docks à la gare du chemin de fer du Nord, nous avons dû nous préoccuper de diminuer d'autant les premiers devis faits pour la place de l'Europe ; car il entrait dans nos plans alors d'en faire autant à toutes les têtes de chemins de fer qui arrivent dans Paris. Un traité est intervenu entre MM. Fox et Henderson et nous, dans lequel ils accordaient aux concessionnaires le droit de faire cette somme de travaux, partout et comme les besoins de l'entreprise l'exigeraient.

D. Il n'en est pas moins vrai qu'il résulte de tout ce qui vient d'être dit que MM. Fox et Henderson, sans avoir rien fait, se sont attribué 17,600 actions représentant 2 millions 200,000 francs.

M⁰ NIBELLE. — Qu'est-ce que M. Stockes a fait de la clef de la caisse ?

M. LE PRÉSIDENT. — Elle est restée entre ses mains.

M⁰ MARTIN (du Gard). — Il y a six mois que j'ai la clef, elle est encore entre mes mains. Le commissaire de police me l'a rendue.

M. LE PRÉSIDENT. — Il est évident que tout le monde, les inculpés d'abord, la justice ensuite, ont cru qu'on allait mettre la main sur les actions, et qu'on n'a plus rien trouvé.

M. L'AVOCAT IMPÉRIAL. — A quelle époque vous a-t-on remis la clef ?

M⁰ MARTIN (du Gard). — C'est au moment où le commissaire de police a été délégué pour saisir les actions.

M. LE PRÉSIDENT. — Ce doit être dans le mois de février 1856.

M⁰ MARTIN (du Gard). — C'est quatre ou cinq mois avant que MM. Fox et Henderson m'avaient remis la clef.

M⁰ HENRY CELLIEZ. — Le tribunal pourrait entendre comme témoin M. Martin (du Gard), qui paraît pouvoir donner des explications sur ce fait. Six mois avant la perquisition, la clef était entre les mains de M. Martin (du Gard).

M⁰ MARTIN (du Gard). — Quelques mois avant.

M⁰ HENRY CELLIEZ. — C'est pendant ce temps que les actions sont sorties. Il a fallu prendre la clef dans les mains de M. Martin (du Gard). Il pourra donc nous renseigner.

M⁰ MARTIN (du Gard). — Je vais expliquer cela. A deux reprises, une fois un employé de la maison Fox et Henderson est venu me demander la clef ; une autre fois un M. Hall, qui est un jeune Anglais et représente la maison Fox et Henderson, est venu me demander la clef ; je l'ai donnée, j'avais instruction de la donner aux personnes désignées qui me la demanderaient.

M. LE PRÉSIDENT. — Par qui vous a-t-elle été remise primitivement ?

M⁰ MARTIN (du Gard). — Par ce M. Hall, la même personne à qui je l'ai rendue.

M. LE PRÉSIDENT. — MM. Fox et Henderson ne nient pas qu'ils aient retiré ces actions de la caisse?

M⁰ MARTIN (du Gard). — En aucune façon.

M. L'AVOCAT IMPÉRIAL. — Ils ont été condamnés à les restituer.

M⁰ MARTIN (du Gard). — Il y a appel du jugement.

M. LE PRÉSIDENT. — Le fait est acquis aux débats.

M⁰ MARTIN (du Gard). — Il est impossible que, la caisse étant placée dans un couloir attenant au cabinet de ces messieurs, ils n'aient pas été prévenus, par des gens sous leur dépendance, qu'on avait pris les actions en très grande partie.

M⁰ NIBELLE. — Quelle position prenez-vous au débat? Vous faites-vous accusateur?

M⁰ DUFAURE. — Êtes-vous partie civile?

M⁰ MARTIN (du Gard). — Je parle au nom de MM. Fox et Henderson. Je réponds à une question que m'adresse M. le Président.

M⁰ HENRY CELLIEZ. — Mais vous n'êtes pas témoin!

M⁰ DUFAURE. — Nous verrons si vos clients ne devraient pas être sur les bancs de la police correctionnelle à notre place.

M. LE PRÉSIDENT. — Le débat doit s'arrêter. Les actions n'ont pas été volées, la caisse n'est pas fracturée, elle ne porte aucune trace d'effraction; il n'est pas nié qu'elles aient été prises par MM. Fox et Henderson. Seulement il paraît que, d'après les inculpés, elles auraient été prises à leur insu. Elles avaient été remises à Fox et Henderson, et un traité portait qu'on ne devait en faire usage que postérieurement à l'homologation des statuts.

M. MONGINOT, 54 ans, *expert, teneur de livres.*

M. LE PRÉSIDENT. — Vous avez été chargé comme expert, dans le cours de l'instruction et par ordonnance du juge d'instruction, d'examiner la comptabilité de la Société des Docks Napoléon. Faites connaître au tribunal d'une manière générale, quel a été le résultat de votre commission.

LE TÉMOIN. — J'ai été chargé par M. Treilhard, juge d'instruction, d'examiner d'abord la situation de la maison de banque *l'Union commerciale*, ensuite la comptabilité des Docks et les comptes résultant des relations avec les usines de Javel et de Pont-Remy.

L'examen de l'Union commerciale m'a fait connaître que la Société avait d'abord été formée au capital de 3 millions, mais que 2 millions seulement avaient été réunis, et que par une délibération des actionnaires le capital avait été réduit à 2 millions.

J'ai reconnu ensuite que les deux gérants, Cusin et Legendre, s'étaient engagés à verser chacun une somme de 250,000 francs; que ces versements n'avaient pas été complets, et que les fonds avaient depuis été versés par

Cusin, parce qu'il les avait empruntés à la maison Fréville ; que Legendre avait fait son apport d'une manière plus considérable, mais que tous les deux postérieurement avaient fait des prélèvements qui avaient fait disparaître complétement leur apport, et que, bien loin de fournir une garantie de leur gestion, ils étaient restés débiteurs.

J'ai reconnu également que, dans la maison de banque, les trois quarts du capital étaient immobilisés par des placements qui étaient contraires aux dispositions formelles des statuts. Les statuts de la Société n'autorisaient les gérants qu'à faire des opérations d'escompte et leur interdisaient de se livrer à des prêts de fonds dans les entreprises. Il leur était également interdit de s'engager dans les emprunts publics autrement que pour des tiers. Le capital restait donc à peine à la somme de 300 ou 400,000 francs disponibles pour faire face aux exigences des négociations d'effets de commerce, qui s'élevaient dans la maison à environ 50,000 francs par jour.

D. Cusin et Legendre ayant retiré plus tard leur apport de 250,000 francs chacun, le capital, qui devait s'élever à 2 millions, s'est trouvé réduit à 1 million 500,000 francs.

R. Oui, monsieur le Président.

D. Il résulte de ce que vous venez de dire que 1 million 500,000 francs étaient immobilisés par les gérants de l'Union commerciale. Les affaires permettaient-elles de réaliser facilement et promptement ces capitaux ?

R. Les créances dans lesquelles les capitaux sont engagés ne sont pas encore recouvrées aujourd'hui.

D. Au bout de quatre ans expirés les capitaux sont encore engagés : voilà la situation de l'Union commerciale bien nettement déterminée.

R. Le décret des Docks est du 17 septembre 1852. Le capital de la Société devait être de 50 millions, dont 25 millions réalisables immédiatement et les autres 25 millions pouvant être appelés ultérieurement. Avant que les actionnaires aient demandé les actions, puisque le chiffre des actions n'était pas encore déterminé et ne l'a été qu'au dernier moment, un voyage avait été décidé et a été fait par M. Legendre et par M. Riant à Londres. Là un traité qui, d'après les notes, m'a paru avoir été conclu avec M. Ricardo, laissait à ce banquier le tiers des actions moyennant une commission de 1 1/2 pour 100. Au retour de ces messieurs, un nombre considérable d'actions avaient été demandées à Paris, et M. Cusin a refusé la réalisation du traité. M. Legendre est parti immédiatement pour l'annuler. Les actions demandées s'élevaient à 225,000, je crois, de manière à pouvoir réunir à peu près 25 millions, si tout avait été rempli. Il n'était pas probable que tout le serait. Dans les demandes, il pouvait arriver que certains actionnaires en eussent souscrit pour un nombre plus considérable que celles qu'ils espéraient obtenir. Cependant, il ne leur en a été accordé en moyenne qu'à peu près un tiers de leur demande ; les deux tiers restaient donc disponibles. Dans les réunions du Conseil de surveillance, un état existe où ce chiffre des demandes est porté à 370,000 ou 353,000. Il y a des cahiers par ordre alphabétique qui ne sont pas conformes aux lettres. La plupart des chiffres ont été grattés, et à la place des quantités inscrites sur les lettres on en a porté de beaucoup plus considérables. Environ cent cinquante de ces lettres peuvent être considérées comme ayant été quadruplées.

D. Dans quel but ces grattages avaient-ils été opérés? Était-ce pour faire croire au Conseil de surveillance et aux personnes qui auraient intérêt à demander ce renseignement que le chiffre de demandes était beaucoup plus considérable que celui qui existait réellement?

R. Je n'ai trouvé de rapprochement entre cette altération et le parti qu'on pouvait en tirer que dans une déclaration de M. Cusin au Conseil d'administration, dans laquelle il disait que plus de 200 millions d'actions avaient été demandées.

D. (A Cusin). — J'appelle votre attention sur ce point. Ce fait a une très grande gravité. Des chiffres différents ont été mis en avant par vous. Du travail de l'expert il résulte que le chiffre des demandes qui vous ont été réellement adressées se montait à 225,495 actions, représentant, si elles étaient toutes levées, une somme de plus de 50 millions. Ce chiffre ne vous a pas paru assez considérable pour que vous puissiez en entretenir le Conseil de surveillance, et alors vous auriez produit au Conseil des demandes qui primitivement s'appliquaient à ces 225,495 actions; mais après leur avoir fait subir une préparation qui avait eu pour résultat d'exagérer considérablement le chiffre de ces demandes pour le porter à plus de 800,000 actions, soit 200 millions de francs.

Cusin. — Je repousse l'imputation d'avoir chargé les chiffres, comme une chose monstrueuse, et je puis ajouter inutile, puisque j'annonçais au Conseil d'administration le 27 ou le 28 novembre que le capital n'était pas complet.

D. Vous disiez que vous aviez 17 millions en caisse.

R. J'ai expliqué hier comment j'avais l'espoir de faire entrer M. Riant dans une proportion convenable de souscription d'actions en payement du prix de ses terrains. Je répète de la manière la plus formelle que je n'ai jamais vu ces états, que je n'avais pas besoin de les voir. J'ajoute encore que je ne les ai pas produits à la séance du Conseil dans lequel il a été question de cela. Nous n'étions pas avec ces messieurs dans des termes qui pussent expliquer une pareille démarche. Il faut se pénétrer qu'au moment où ces choses se sont passées, tout le personnel de la maison était dans un état de fatigue très grand. Par conséquent, nous ne pouvions, ni moi, ni M. Legendre, ni M. Duchêne, aller regarder si les feuilles volantes... car faites-y attention, ce ne sont pas des registres; la déclaration de M. Monginot perd beaucoup de sa gravité : il vous parle de registres, ce mot *registres* attire l'attention surtout des magistrats, ce sont des feuilles volantes...

M. LE PRÉSIDENT. — Ne perdons pas de vue la question. Il s'agit de lettres qui vous ont été adressées. Telle personne vous écrivait une lettre dans laquelle elle demandait de lui attribuer un certain nombre d'actions. Il résulte de la déposition du témoin que ce sont ces lettres dans lesquelles on a forcé à l'aide d'opérations de grattage.

M. LE PROCUREUR IMPÉRIAL. — C'est sur les bordereaux qu'on a gratté.

LE TÉMOIN. — Les lettres envoyées sont restées intactes ; ce sont elles qui m'ont servi à reconnaître les surcharges qui ont été commises. Il n'existe que des registres par colonnes qui indiquaient les actions demandées et les actions accordées. Ces registres étaient faits par ordre alphabétique, au nombre de 24. Ils formaient la seule comptabilité spéciale à ce mode d'inscription. Sur ces registres, la majorité des chiffres sont grattés. On le voit au premier coup d'œil. Les chiffres qui d'abord ne reproduisaient que le montant des lettres ont été remplacés par une quantité quatre fois plus considérable.

CUSIN. — Les cahiers, les feuilles, les registres, comme on voudra les appeler, étaient des renseignements pour trouver les noms des demandeurs d'actions. Ça n'avait aucune portée, c'était un livre de notes, un brouillard, un mémorandum comme toutes les maisons en ont.

M. LE PRÉSIDENT. — Ce n'est pas seulement pour quelques unités. On comprend que des erreurs soient possibles, quand on aligne un nombre de chiffres considérable. Mais d'après le rapport de l'expert, ce forcement aurait été de plus de 90,000. Quand on compulse les lettres on trouve un chiffre de 225,495 actions demandées. Quant on se reporte aux états, on trouve qu'il aurait été demandé 318,659 actions.

R. Je demande qu'on nous présente quelques-uns de ces états ; je suis certain d'avoir là-dessus des explications très catégoriques à donner.

(On fait passer à Cusin quelques cahiers.)

Ce sont des feuilles volantes, ajoute l'accusé. Voici M. Arena, par exemple, qui est porté pour 160 actions. On lui en a donné 100. Quel intérêt avions-nous à dire qu'il en avait demandé 220 ou 230 ?

D. L'intérêt était de faire croire que l'affluence des souscripteurs était plus considérable qu'elle n'était réellement. Vous le compreniez tellement ainsi, que dans la première réunion du conseil de surveillance vous ne dites pas que vous êtes arrivés au chiffre de 318,000 actions demandées, mais vous allez plus loin, vous dites qu'on a demandé 817,000 actions représentant un capital de plus de 200 millions, quand il n'en fallait que 50.

M. Monginot, continuez votre déposition.

LE TÉMOIN. — Les versements ont commencé le 12 octobre 1852, et ont continué jusqu'au 20 novembre environ. La majeure partie des capitaux a été versée dans la limite du 12 au 20 novembre. Ces versements ont produit 10 millions et quelques 100 mille francs, pour 85,000 actions. Dans les mois de novembre et de décembre, les actions placées ont élevé le chiffre du versement à 10,500,000 francs. A cette époque, un certain nombre d'actions ont été prélevées et mises dans un carton particulier, et on leur a ouvert un compte sous le titre de *Docks-Négociations*, c'est-à-dire qu'elles étaient des-

7

tinées à être négociées. Ces actions ont été placées, mais au mois de juin
suivant, 330 sont rentrées dans la caisse de la Société au moyen de rachats,
tandis que les autres avaient été réellement vendues. Ces actions, et 1978
autres, avaient été placées et rachetées, de sorte que la différence entre les
rachats et les ventes primitives laissait un bénéfice aux concessionnaires.
J'ai dans mon rapport indiqué la personne qui avait reçu les 330 actions,
et j'ai encore indiqué de qui on les avait rachetées pour les faire rentrer
dans la Société. Des lettres, des promesses d'actions qui avaient été délivrées, ont été reprises ou censées reprises, pour faire délivrer des actions
qui ont été vendues à prime.

Au mois de mars 1858 un traité avait été passé, des conventions avaient été
arrêtées avec M. Pereire, et les actions avaient été *syndiquées*. On ne pouvait
plus les vendre, et c'était pour se faciliter les moyens d'avoir des actions
qu'on avait inscrit des demandes qui avaient été refusées dans le début. J'ai
dans mon rapport fait le relevé des personnes au nom desquelles on avait
inscrit ces demandes.

A la même époque on a aussi inscrit des placements d'actions au nom de
diverses personnes, notamment du sieur Bernard, valet de chambre de M. Cusin. On a porté sur les livres qu'on lui avait avancé de l'argent pour acheter
des actions, on paraît lui laisser le bénéfice fait avec ce même argent, mais
on voit que l'argent a été remis en partie pour satisfaire à des promesses d'indemnité, et, pour la presque totalité, à M. Gustave Legendre.

De tous ces documents, il résulte que les concessionnaires avaient conservé
un bénéfice de 60 et quelques mille francs.

D. Ainsi le bénéfice de 60,000 fr. qui a été réalisé, n'a pas été attribué
à la compagnie des Docks, mais à Cusin ou à Legendre ?

R. On avait d'abord fait emploi d'une partie de ce bénéfice, on avait ouvert
un compte, puis au 12 août 1854 lorsque l'on a fait certaines écritures de
circonstance, cette somme a passé au profit de Cusin, Legendre et compagnie.

CUSIN. — Ce que dit M. l'expert est très grave. M. Pereire, dans les explications qu'il a données, répond en partie. M. Picard, qui va venir tout à
l'heure, établira que si on a pris le nom de Bernard, ça été purement et simplement pour ne pas multiplier sur les livres les noms de ceux à qui les actions
avaient été attribuées. J'ajoute que le bénéfice que les actions ont produit, et
que M. l'expert évalue à 60,000 francs, a été distribué à tous ceux qui dans la
liste fournie à M. Pereire avaient droit à ces mêmes actions.

D. (Au témoin). — Lorsqu'il s'est agi de traiter avec M. Pereire, celui-ci
a constaté, par les écritures qui lui ont été présentées à cette époque,
qu'il y avait 85,000 actions qui avaient été souscrites réellement, qu'en outre
il y en avait 1,978 qui, bien que souscrites, n'avaient pas été délivrées à des
personnes auxquelles il avait été accordé des délais pour payer. Les inculpés
prétendent que les actions qui ont été vendues à cette époque étaient précisé-

ment ces 1,978 actions. Le témoin peut-il dire la quantité d'actions qui sont sorties de la caisse des Docks jusqu'au 14 juillet 1853 ?

LE TÉMOIN. — Si la version que présente M. Cusin maintenant était vraie, il serait également vrai que c'est le contraire qu'on a porté sur les livres. Ainsi il est impossible d'admettre, d'une part, que des personnes seraient venues chercher des actions qui auraient été ajournées pour en prendre livraison dans un meilleur moment, afin d'en tirer une prime, et qu'en même temps la caisse des Docks ait fourni l'argent pour acheter ces actions, les ait vendues elle-même, les ait encaissées, et que le bénéfice ait été remis à Cusin et Legendre. Je n'ai pu constater que ce qui était écrit. On mettait bien comme libellé, *actions ajournées*, mais ces actions ne pouvaient pas être ajournées au profit de Bernard, puisque c'est à lui qu'on donnait l'argent, c'est en son nom qu'on les vendait, qu'on prenait le bénéfice dont il ne profitait pas, mais qu'on remettait à Cusin et Legendre.

CUSIN. — Je réponds que les 1,978 actions sont bien éclaircies par la déposition que M. Pereire vient de faire tout à l'heure.

D. Il ne faut pas donner aux paroles de M. Pereire une portée qu'elles n'ont pas. Il a dit qu'il ignorait si les actions vendues faisaient partie des 1,978, ou si on en avait vendu plus de 1,978. Si on n'en a vendu que 1,978 vous serez dans le vrai, en faisant votre observation ; mais si l'expert vient vous dire et si le tribunal, à l'aide de renseignements qu'il se procure et des vérifications qu'il pourra ordonner, a la preuve qu'il a été vendu plus de 1,978 actions, l'inculpation portée contre vous, d'avoir vendu des actions alors que vous ne deviez pas les vendre, serait fondée.

R. Depuis l'origine de l'affaire jusqu'au 5 août 1853, M. Picard a tenu exclusivement tous les livres, et par conséquent il n'y avait pas moyen d'y mettre une seule des actions, si elles avaient été portées à l'époque dont on parle.

D. Nous entendrons M. Picard sur ce point. Nous demandons à l'expert, dans ce moment, s'il peut nous faire connaître le nombre d'actions qui étaient sorties au 14 juillet 1853, date de la rupture du traité ?

LE TÉMOIN. — Je crois que c'est 5,000 ; ce qui avait ramené le capital à 11 millions 500 mille francs.

D. Il n'aurait dû en sortir que 1,978, d'après l'inculpé.

R. Il y en aura eu un plus grand nombre de vendues.

CUSIN. — Comme M. Monginot entend les questions de comptabilité, je demande la permission de profiter de ce que M. le Président a dit lorsque M. Pereire était là. Il y avait un capital libéré de 10 millions. Nous n'avons donné à Javel que 1 million 200 mille francs, jusque et y compris le 30 juin, et jamais dans aucun cas nous n'avons donné à Pont-Remy plus de 500 mille francs. Pourquoi aurions-nous vendu des actions ? Qu'est-ce que nous aurions fait de ce capital ? Cette raison a une portée.

D. Combien était-il sorti d'actions au 30 juin ?

LE TÉMOIN. — 84,794 actions avaient été encaissées par les souscriptions directes; plus, 5,257 en octobre et novembre 1852. Voilà la situation au 17 novembre 1852.

Au 30 juin, il y en avait 87,802. Ces chiffres sont dans mon rapport.

D. Comment se fait-il qu'au mois de novembre 1852 il était sorti 89,000 actions, et qu'au mois de juin 1853 il n'en était sorti que 87,000?

R. Il y a eu des ventes et des rachats, des remplacements.

D. (A Cusin). — Quand vous avez arrêté vos comptes avec M. Pereire, il a été constaté que 85,494 actions étaient sorties et payées, et qu'il y avait 1,978 actions pour lesquelles vous aviez accordé des délais; ce sont celles-là que vous auriez négociées, selon vous. Mais ces deux chiffres réunis font 87,472. L'expert nous dit qu'au mois de juin 1853 il était sorti 87,802 actions. Par conséquent il y a 300 actions qui n'auraient pas dû être sorties.

Mᵉ PICARD, avoué de M. Legendre. — Vous auriez l'explication de cette demande…..

M. LE PRÉSIDENT. — Il va me la donner.

Mᶜ PICARD. — Je ne crois pas qu'il puisse se rappeler…..

CUSIN. — Les 330 actions! je ne me rappelle rien du tout. J'ai affirmé que je n'avais pas vendu.

M. LE PRÉSIDENT. — Le témoin dit que, dans la période dont nous nous occupons, vous avez négocié sous le nom de diverses personnes des actions à prime, et que ces primes sont entrées dans la maison de banque et non dans la caisse des Docks.

R. Le fait sera expliqué par Mᵉ Picard. Je soutiens que le bénéfice qui en est résulté a été attribué à ceux aux noms desquels les actions avaient été réservées.

D. Votre domestique Bernard figure pour 1,000 actions.

R. M. Picard a pris son nom pour éviter quinze ou vingt noms qu'il aurait fallu mettre. Je crois même me rappeler que la prime a été de 9 fr.

LE TÉMOIN. — Je ne sais pas si je dois faire part au tribunal des opérations sur les terrains?

M. LE PRÉSIDENT. — Cela me paraît inutile. Tout s'est passé entre M. Riant et M. Pereire. A moins que la défense ne juge devoir vous adresser quelques questions à cet égard, passez; occupez-vous de ce qui concerne la comptabilité.

LE TÉMOIN. — Il restait donc, au mois de mars 1853, environ 112,000 actions à placer. Ces actions ont été en partie employées pour faire des reports au chemin de fer de Béziers ou d'autres. En fin de compte, elles ont toutes été vendues, moins les 5,824 qui sont restées dans le portefeuille et qui existent encore.

Au mois de novembre 1853 et au mois de février 1854, deux articles ont été passés sur les livres de la comptabilité des Docks : l'un pour 2 millions, l'autre pour 2 millions 66,000 fr. Ces 4 millions 66,000 fr., avec les sommes déjà énoncées, complétaient 15 millions dont MM. Cusin-Legendre se débitaient au profit de la Société des Docks comme représentant 120,000 actions à 125 fr. chacune. Ces deux chiffres ont été créés pour faire une somme ronde ; mais les actions n'ont jamais été négociées dans ces proportions-là. Il était impossible, par les négociations que j'ai relevées, d'arriver à un chiffre de 15 millions d'actions régulièrement émises, et de plus ces derniers 4 millions 66,000 fr. avaient occasionné, pour les réaliser d'après le cours, une perte de près de 1 million. Une partie a été négociée sous le nom de M. Jules Lecomte, qui avait un compte ouvert sur les livres de la maison de banque, et qui se trouvait irrégulièrement porté comme créancier des sommes qu'il versait, sans être débité des actions qu'il avait été chargé de vendre.

D. (A Cusin). — Vous faisiez vendre des actions sous le nom de Jules Lecomte, homme de lettres. Vous avez vendu sous son nom 13,500 actions, et vous réalisiez sur cette seule opération une perte de 304,320 fr.

D. La perte est plus considérable encore ; mais c'était le cours. Les actions ne sont jamais arrivées au pair depuis et y compris le mois de mai 1853 ; elles sont restées au-dessus deux mois seulement : en mars et avril. Il fallait que l'opération marchât.

D. Si elle ne marchait pas, c'est que vous jetiez des millions dans l'affaire de Pont-Remy et dans celle de Javel.

Vous vous étiez débité, au 19 février 1854, d'un nombre considérable d'actions ayant produit 15 millions, et à cette époque l'entrepôt des Marais avait donné des recettes qu'on évalue à 591,000 fr. D'un autre côté, les dépenses de la Société, non pas jusqu'au 19 février 1854 mais jusqu'au 1er janvier 1856, c'est-à-dire l'ensemble de toutes les dépenses de la Société, n'a jamais dépassé 11 millions 536,000 fr. Par conséquent, vous n'aviez pas besoin à cette époque de vendre des actions à perte et de donner à M. Jules Lecomte des actions qui réalisaient une perte de 304,000 fr. Si vous l'avez fait, c'est parce que vous vouliez soutenir *à tout prix* des affaires qui vous étaient *personnelles*.

R. Je regrette de n'être pas entré, lorsque M. Pereire était là, dans les détails de l'affaire et dans la nécessité de faire face à ses besoins. Puisque nous avions commencé à Javel, voulez-vous que l'affaire fût abandonnée ?

Aujourd'hui l'affaire prend une tournure parfaite : elle produit des résultats merveilleux ; et si nous n'avions pas continué les avances qui étaient commencées, l'affaire aurait sombré ; toutes les affaires du monde sombrent si on ne leur donne pas ce qui est utile à leur marche. Ç'aurait été ma défense, si j'avais eu l'honneur de me présenter devant les actionnaires. Je leur aurais dit : « Comment voulez-vous que nous fissions ? Vous dites que nous avons eu tort de donner des fonds à Javel et à Pont-Remy. C'étaient des placements. Ils ne sont pas arrivés au chiffre indiqué, mais il fallait les continuer ; car si on ne les avait pas continués, on courait la chance de tout compromettre ; et que seraient devenus les Docks ? une ruine.

D. (au témoin). — Cusin vient de parler de résultats merveilleux de la Société de Javel. Est-ce que vous pouvez éclairer le tribunal à cet égard?

Le Témoin. — Ce que j'ai mis dans mon rapport est le contraire de ce que déclare M. Cusin.

J'ai dressé une situation indiquant quelle était, au mois de juin 1853, la situation des Docks. Il devait rester 3 millions en caisse qui n'étaient pas employés. En faisant le compte de l'emploi justifié par les livres mêmes, en déduisant les sommes employées pour Javel et Pont-Remy, il devait rester un solde en caisse.

J'ai dressé une autre situation pour 1854. Alors les livres de la Société des Docks n'étaient pas d'accord avec les livres de la maison de banque, puisque ceux-ci accusaient une rente de 15 millions pour des ventes d'actions au pair, tandis qu'en réalité il a été reconnu qu'il avait fallu donner une plus grande quantité d'actions pour obtenir 15 millions. Toujours est-il que cette somme de 15 millions est indiquée comme encaissée. C'est alors que j'ai relevé toutes les dépenses, non pas jusqu'en 1854, mais jusqu'à la fin de la Société, et j'y ai compris tous les payements réguliers ou irréguliers. Quant aux payements irréguliers dont on n'a pas parlé, ce sont des dépenses qui figurent sur les livres, mais qui ont été contestées. Toutes ces dépenses, quelles qu'elles soient, y compris Javel et Pont-Remy, ne s'élèvent pas à 15 millions. Par conséquent, j'en ai conclu que la différence du montant des actions devait être restée en caisse, puisqu'on n'en avait pas l'emploi.

Cusin. — M. Monginot a fait, pour un teneur de livres et surtout pour un expert, une confusion que, quant à moi, je n'ai pas encore pu comprendre. Il prend les livres des Docks, il dit : Sur le livre des Docks se trouve ceci. Et, simultanément, il prend les livres de l'Union commerciale, il y trouve ceci ; et mêlant les deux, il arrive à trouver une différence entre l'un et l'autre.

Je sais bien que lorsque nous nous sommes débités de 4 millions 66,000 francs, ces 4 millions 66,000 francs n'ont pas produit effectivement pour l'Union commerciale 4 millions 66,000 francs, mais pour les Docks ça a produit 4 millions 66,000 francs, puisque nous nous en débitons ; nous reconnaissons l'Union commerciale débitrice de 4 millions 66,000 francs qui, ajoutés aux 11 millions encaissés, font bien les 15 millions. Mais évidemment sur les livres de Cusin-Legendre le sacrifice fait pour le placement de ces 4 millions est en moins. M. Monginot, dans l'évaluation à laquelle il s'est livré dans son rapport, arrive à dire : Vous avez reçu 15 millions. Pour les Docks, oui, nous avons reçu 15 millions, puisque nous prenons la responsabilité du déficit sur ces 15 millions. Mais pour la maison Cusin-Legendre, évidemment les 4 millions 66,000 francs n'ont pas produit 4 millions 66,000 francs, puisque c'étaient des actions de 125 francs qui, vendues à 75 ou 72 francs, ont donné une perte de 50 ou 52 francs par action.

M. le Président. — Comment consentiez-vous à réaliser des actions à un taux si onéreux ? C'était pour soutenir votre affaire de Javel qui n'avait rien de commun avec l'affaire des Docks. Vous agissiez sous votre propre responsabilité, sans en avoir parlé à personne, clandestinement, et à l'insu des actionnaires. Quand vous consentiez à prendre 75 francs pour 125 francs, c'était une perte énorme que vous vous imposiez.

R. Je croyais que ce qui avait été dit hier par mon co-inculpé avait amené la lumière dans l'esprit du tribunal. Il fallait que l'affaire fût sauvée ; il ne fallait pas la laisser sombrer. Ce n'était pas une perte pour les actionnaires. La commission de banque, les frais de représentation, tout ce qui s'accorde généralement dans toutes les affaires aux hommes qui se vouent à la réussite d'une affaire, nous l'abandonnions ; dans le bilan que nous avons dressé, nous ne prenions rien.

J'ajoute, pour montrer que nous devions, ainsi que M. Pereire l'a établi, attendre de l'avenir les plus grands résultats, que le traité avec M. de Rothschild, du 7 juillet 1854, démontre que nos espérances n'étaient pas vaines. Un financier aussi haut placé n'aurait pas été signer un traité avec nous, sans nous demander préalablement tous renseignements. J'invoque subsidiairement le traité signé avec M. Hinguerlot. Je tiens à établir que l'affaire devait être profitable ; seulement il fallait attendre.

Je reviens à M. Monginot : Remarquez quel préjudice énorme la lecture de son rapport peut nous faire. Comment ! il dit : Vous aviez 15 millions en caisse et vous négociez encore des actions! Mais non, la perte faite sur les 4 millions est en déduction et, par conséquent, ce que j'appellerai le capital liquide a une importance bien moins considérable que ne le suppose M. Monginot.

Puisque je parle de M. Monginot, en fait d'erreurs matérielles, comment se fait-il, dès l'instant qu'il rend compte à toute page de la situation de Legendre et de la mienne, qu'il prétende que nous avons prélevé 500,000 fr. qui sont encore à la souche? Vous chiffrez ensemble, M. Monginot, le compte de M. Orsi, de M. Berryer, de M. Duchêne, de M. Legendre et le mien, pour nous donner cette horrible tournure d'avoir prélevé 1 million 100,000 francs sur les Docks, quand M. Legendre et moi, par exemple, nous avons vécu notre maison et nous, nous sommes arrivés à payer juste notre existence. Par conséquent, nos deux comptes, en tout état de cause, doivent ne pas être chiffrés avec le compte de M. Berryer, de M. Orsi, de M. Duchêne. Dans ce rapport de 450 pages réduit en autographie à 157, vous ne dites pas une seule fois que les 500,000 francs sont encore, à l'heure qu'il est, à la souche et diminuent d'autant la somme dont Legendre et moi nous sommes débiteurs. De sorte que, pour quiconque lit votre rapport, et le tribunal doit en être impressionné d'une manière bien défavorable pour nous, non-seulement nous paraissons n'avoir pas fait nos mises, mais ce qui est pour ainsi dire une chose monstrueuse, nous nous serions donné toutes les aisances de la vie ; Legendre aurait pris 450,000 francs, et moi, j'aurais pris 250,000 francs. Eh bien ! le fait vrai réel, le voici : Legendre a pris 200,000 francs. Voilà dix ans qu'il travaille avec moi, que nous sommes associés ensemble, nous n'avons prélevé de bénéfices qu'une fois, je crois, à l'inventaire de 1849. Depuis ce temps-là, par un scrupule de conscience, parce que nous sommes des hommes d'honneur, nous n'avons jamais voulu faire de partage de bénéfices !

Ce qu'on ne dit pas, et ce qu'un teneur de livres doit savoir, c'est qu'une maison de banque, une maison de commerce, quand elle a un compte de profits et pertes, c'est un avoir, c'est un actif. M. Monginot atténue continuellement ce compte, de manière qu'il lui donne des proportions tellement exiguës, que ça ne ressemble à rien ; et, comme si pareille chose pouvait s'imaginer, quand j'établis moi, que la maison Cusin-Legendre, l'Union commerciale, doit 2 millions 300,000 francs aux Docks, M. Depinoy, avec lequel je vais avoir tout à l'heure maille à partir, nie que les Docks soient créanciers de cette somme, puisqu'il réclame 240,000 francs au lieu de donner 2 millions 300,000 francs, chose que le tribunal aura peine à comprendre. Mais ce que je désire que M. Monginot explique tout de suite, c'est qu'on déduit du compte de profits et pertes 578,000 francs qui sont le solde de notre compte, pour établir que nous n'avons pas fait de bénéfices ; sans s'apercevoir, un teneur de livres ! sans s'apercevoir que s'il porte 578,000 francs de plus à profit et pertes, il augmente le droit de réclamation des Docks de la même somme de 578,000 francs. Vous rappelez-vous que vous avez porté à profits et pertes, et par conséquent à perte, une somme de 578,000 francs ? Je demande pardon au tribunal, je le remercie de l'indulgence avec laquelle il m'a écouté.

M. LE PRÉSIDENT. — Le tribunal entend toutes vos explications ; c'est son devoir.

CUSIN. — Toutes ces explications sont poignantes pour nous. Je ne connaissais pas le rapport de Monsieur, car on ne peut pas appeler connaître un rapport quand, dans l'instruction, on me disait : Vous connaissez la page tant ?... Quand mon honorable défenseur m'a remis ce travail, quand j'ai vu cette accumulation d'erreurs chiffrées par des sommes si énormes, porter 578,000 francs de plus d'un côté, faire un mariage de deux comptabilités, prendre dans l'une et dans l'autre ce qu'on veut, tandis que ce doit être séparé, ne pas dire que M. Legendre et moi nous avons chacun 250,000 francs à la souche pour arriver à grossir notre compte ! ce sont de ces erreurs qui doivent frapper le tribunal, et si je n'avais pas été détenu depuis quatorze mois, j'aurais demandé un supplément d'instruction, parce que des faits de ce genre, outre qu'ils touchent beaucoup celui ou ceux contre lesquels on les articule, ont, pour ainsi dire, cette portée d'arriver à leur ôter tout ce qu'ils sont en droit d'attendre.

On dit que nous sommes malheureux ; on le voit bien, avec la situation dans laquelle nous sommes. Malhonnêtes ! jamais, jamais, jamais !

Encore un mot, j'ai fini. Ce n'est pas tout. Je viens de citer les 578,000 fr. passés à profits et pertes, mais ce n'est pas tout. Pour grossir le chiffre des pertes, est-ce que M. Monginot ne porte pas 1 million 250,000 fr. de perte sur l'affaire ¡de Javel? Est-il possible qu'une pareille pensée vous vienne? Il porte la moitié de perte sur cette affaire pour grossir le chiffre de la perte des Docks, et la faire monter à ce colossal chiffre de 6 millions 600,000 fr.

C'est encore bien gros ce que j'ai l'honneur de vous dire, mais ce n'est pas tout.

(L'émotion qu'il éprouve force M. Cusin à se rasseoir. Après avoir attendu quelques instants qu'il se remette, M. le Président déclare que l'audience est suspendue. L'audience est reprise au bout de dix minutes.

M. LE PRÉSIDENT. (A Cusin). — Vous n'aviez pas terminé vos observations.

R. J'ai encore un mot à dire.

Dans l'évaluation à laquelle l'expert se livre sur la situation de la maison, il augmente les pertes dans une proportion énorme. J'en ai fait le relevé, le chiffre s'en élève à 1 million 622,947 fr. 54 c. J'ai déduit avec le soin dont je suis capable, de cette somme, ce qui à mes yeux et dans les chiffres mêmes qui sont indiqués par lui, pouvait véritablement être considéré comme perte, j'arrive seulement à 463,881 fr. 83 c. ; de sorte que le chiffre porté dans le rapport est de 1 million 159,065 fr. supérieur à la perte réelle qui sera subie, alors que la liquidation définitive de l'Union commerciale sera terminée.

Ceci clôt la série d'observations financières que vous avez eu la bonté de me permettre de détailler tout à l'heure devant le tribunal. Si vous voulez m'y autoriser, j'attendrai que l'expert continue son travail, ou pour mieux dire sa déposition, et j'appuierai ce que j'ai dit d'une manière générale, chaque fois que l'occasion s'en présentera.

LE TÉMOIN. — Je n'hésiterais pas à admettre les explications fournies par M. Cusin, si elles étaient acceptables. Malheureusement, mon rapport se trouve en contradiction manifeste avec ce qu'il vient de dire.

Quant aux 15 millions qui forment la première question, ces 15 millions ne ressortent pas d'une démarcation possible dans la vente des actions. Au mois de juin 1854, elles étaient toutes vendues; il en restait 5,824 qui ont été trouvées par les administrateurs provisoires. Je dis seulement ceci : A une époque qui a précédé sans doute celle où les 4 millions 66,000 francs ont été pris en charge par les gérants pour des actions au pair, une quantité plus considérable d'actions avaient été placées, mais 15 millions étaient encaissés, et j'ai dit : avec les 15 millions, vous aviez de quoi faire face, non pas seulement aux dépenses réelles de la Société jusqu'alors, mais aux dépenses de la Société jusqu'au jour où elle a cessé d'exister, et même à tous les emplois de fonds qui ne concernaient pas la Société.

M. Cusin me reproche d'avoir dit que ces messieurs avaient prélevé des sommes considérables, sans avoir dit en même temps qu'ils avaient à la sou-che de leur maison de banque des actions pour une somme équivalente. Ces actions, laissées à la souche de l'Union commerciale, avaient été déposées par les gérants pour garantir leur gestion dans cette Société; ils n'avaient donc pas le droit de prélever sur la caisse des Docks une somme équivalant à leur cautionnement dans la maison de banque.

Quant à la somme de 578,000 francs, j'ai dit dans mon rapport qu'elle provenait d'un compte *Docks-Négociations* ouvert sur les livres de la maison de banque, et qui n'avait jamais été balancé.

D'abord, il avait été ouvert sur la comptabilité des Docks un compte *Docks-Négociations* qui s'est soldé par un bénéfice, et à une époque ultérieure, on a ouvert sur les livres de la maison de banque un compte *Docks-Négociations* dans lequel on a fait figurer des sommes importantes d'achats et de reventes.

J'ai décomposé ces achats et ces reventes ; ce compte se soldait par une perte de 578,000 francs ; j'ai compris cette somme dans les pertes générales qu'ont subies les ventes d'actions.

M. Cusin a dit aussi que, pour expliquer les pertes, j'avais compris la non-valeur sur les actions de Javel que j'avais évaluées à moitié, c'est-à-dire à 1 million 250,000 francs au lieu de 2 millions 500,000 francs qui est la valeur nominale. M. Cusin n'a probablement pas compris mon rapport ; j'ai dit que les recettes pour les Docks, inscrites soit sur la comptabilité des Docks soit sur celle de la maison de banque, s'étaient élevées tant par le placement des actions que par le produit de l'entrepôt des Marais, à 18 millions 900,000 francs ; que toutes les dépenses avaient été de près de 12 millions, et que l'excédant des recettes sur les dépenses s'élevait à 7 millions ; que cette différence s'expliquait d'abord par 3 millions versés à Javel et à Pont-Remy ; par 800,000 francs prélevés par Cusin, Legendre, Duchêne de Vère, Berryer et Orsi ; par un versement de 1 million 300,000 francs fait à la maison de banque ; et par un déficit d'environ 2 millions sans emploi justifié.

Que, d'un autre côté, ce déficit reparaissait :

1° Par la perte sur la vente des actions, perte montant à environ . . . . 2,660,000 fr.

2° Par les pertes pour report. 300,000

3° Par les prélèvements détaillés ci-dessus. 800,000

4° Par la *perte probable sur les actions de Javel*. . . 1,250,000

5° Enfin, par le déficit non justifié. . . . . 2,000,000 fr.

CUSIN. — Les explications qui viennent d'être données ne détruisent pas ce que j'ai eu l'honneur de dire. Il y a deux choses, d'une part les livres des Docks qui présentent les actions au pair, d'autre part les livres de l'Union commerciale qui présentent la rentrée des actions pour la somme que cette même rentrée procurait. M. l'expert fait continuellement une confusion entre ces deux faits. Dès le premier jour, dès la première heure nous avons voulu que le déficit ne se trouvât pas sur les livres des Docks, qu'il se trouvât exclusivement sur les livres de l'Union commerciale qui s'entendrait avec ses coïntéressés, lorsque le moment serait venu de liquider d'une manière ou d'une autre. Je n'ai pas besoin de m'étendre beaucoup sur les circonstances qui nous ont empêchés d'arriver à combler ce déficit. La négociation des actions était subordonnée aux besoins, jamais nous n'avions visé à avoir plus que les sommes strictement utiles. Si même je fixe mes souvenirs, je vois que si nous avons vendu des actions, ça a été, par exemple, quand le chemin de Saint-Germain nous a fait un commandement, quand l'obligation hypothécaire de 900,000 francs sur l'entrepôt Putod, est arrivée à échéance, et toujours ainsi. Par conséquent, il me serait possible si j'étais assis avec l'expert pendant deux heures, d'arriver à faire ma démonstration. Il n'échappe pas à M. le Président que j'ai été teneur de livres aussi. J'ai perdu cette habitude puisque depuis 20 ans je suis chef de maison, et ne me suis plus occupé d'écritures, mais j'en sais suffisamment pour arriver à l'occasion à pouvoir débattre un compte.

M. L'AVOCAT IMPÉRIAL. — Vous ne détruisez pas le rapport de l'expert.

LE TÉMOIN. — Il y avait le compte des *Docks-Négociations*, le compte des effets publics. Il y avait un troisième compte. C'est dans la décomposition de ces comptes que j'ai cherché la sortie et la rentrée des actions. Je suis arrivé à reconnaître que les actions placées représentaient 20 millions 500,000 francs. Elles ont produit 3 millions de moins. Par conséquent, on a encaissé pour 17 millions 500,000 fr. d'actions au moins. Toute la question est là. Il fallait 11 millions 500,000 fr. pour faire tous les frais. Si l'on a été embarrassé pour trouver de l'argent, c'est qu'on a fait emploi de l'argent d'un autre côté. Si l'on avait conservé les fonds, on aurait pu faire le payement de Putod, le payement de Saint-Germain. J'ai reconnu dans mon rapport qu'on avait été obligé de vendre des actions à perte pour payer ces deux sommes qui étaient des obligations existant depuis janvier 1853, parce que l'argent disponible avait été auparavant employé à autre chose.

M. LE PRÉSIDENT. — Vous entendez la réponse de l'expert. L'expert dit que vous avez encaissé pour plus de 20 millions d'actions, puisqu'il n'en reste aujourd'hui à la souche que 5824. Ainsi vous avez à rendre compte de tout ce qui excède ce nombre de 5824, par conséquent de 195,176 actions.

LE TÉMOIN. — Il y a celles qui sont engagées au Crédit mobilier, et celles qui ont été remises à MM. Fox et Henderson.

CUSIN. — Voici mes chiffres. Au lieu de faire comme monsieur a fait, de chercher dans les combinaisons de chiffres des choses plus ou moins difficiles à saisir, je me suis fait ce raisonnement tout simple. Le traité avec M. Pereire établissait 112,528 actions. Il en était réservé 1978. Il est bien établi que les 1978 ont été vendues, et par conséquent je les distrais des 112,528. On arrive ainsi au chiffre de 110,550.

M. LE PRÉSIDENT. — Le chiffre de 112,528 est indépendant de ces 1978 actions. Il résulte de la déclaration de M. Pereire qu'il y avait 85,000 actions d'une part de 1978 qui restaient non payées.

CUSIN. — 5824 existent en caisse, 17,600 ont été données à MM. Fox et Henderson, pour faire 2 millions 200,000 fr., 11,200, ont été mises en rapport à Béziers et Grainessac, total 34,624. Otez-les des 112,528, le chiffre se trouve de 77,904. Combien 77,904 actions à 125 fr. produisent-elles ? Je ne dis pas le chiffre, je vois que ces messieurs ont la bonté de faire le calcul puisque je m'étais trompé de 1,978.

D. Vous pourrez présenter demain vos chiffres au tribunal.

R. Du chiffre total du déficit il faut retrancher 2 millions 925,000 fr. pour Javel et Pont-Remy. Les liquidateurs des Docks ont fait une saisie conservatoire, le 13 octobre 1856, de 1389 actions, plus 300,000 fr. d'argent. Ces valeurs et cet argent sont déposés à la Banque de France. De plus, à mon compte, il revient encore 600,000 fr. que les Docks auront à percevoir de l'Union commerciale. Le chiffre total par conséquent se trouve être de 5 millions 214,000 fr., qui déduits des 9 millions 200,000 fr., représentent un chiffre de perte d'environ 4 millions.

D. D'après ce que vous venez de dire, vous borneriez le déficit à 4 millions, au lieu de le porter aux 7 millions présentés par l'expert? Vous pourrez revoir ces chiffres, et s'il y a lieu de les mettre sous les yeux du tribunal, demain vous le ferez, et le tribunal les contrôlera. Vous reconnaissez dès à présent que le déficit sera au moins de 4 millions?

R. Oui, Monsieur.

Mᵉ CELLIEZ. — Le tribunal ne jugerait-il pas à propos de se bien fixer sur le point de savoir si toutes les actions autres que les 5824, qui sont aujourd'hui représentées, et autres que celles qui sont engagées dans les dépôts, sont sorties par vente, ou s'il n'y en a pas de conservées quelque part?

M. LE PRÉSIDENT. — Cusin vient de dire qu'il en est un certain nombre qui ont servi pour des opérations de report.

Mᵉ HENRY CELLIEZ. — Nous savons où elles sont, celles-là.

M. LE PRÉSIDENT. — Les 11,200 remises à la Compagnie de Béziers ne s'y trouvent plus.

LE PRÉVENU ORSI. — Les 11,200 actions des Docks avaient formé le report du Béziers. La Compagnie de Béziers n'ayant plus voulu continuer, j'ai commencé à retirer par 1000, 1500, 2000. J'en ai retiré 7200. Sur ces 7200 actions, 6000 ont été, après cinq ou six mois de reports que j'ai faits, reprises par M. Pereire pour le Crédit mobilier, et sont encore dans la caisse du Crédit mobilier. Les 1200 autres actions sont employées à un autre report. Il y avait encore 4000 actions à la Compagnie de Béziers. Béziers n'a plus voulu les garder et m'a assigné pour les retirer. J'ai assigné moi-même la maison Cusin-Legendre et la Compagnie des Docks pour faire retirer ces actions. La Compagnie de Béziers a fait vendre les actions elle s'est liquidée des avances qu'elle avait faites, et, elle a conservé l'excédant de la vente, parce que j'avais un compte pour les reports et les intérêts à régler avec elle.

Mᵉ HENRY CELLIEZ. — M. Orsi vient de dire qu'il y a 1200 de ces actions placées dans un autre report. Je désirerais qu'il voulût bien nous dire où elles sont.

ORSI. — Je le dirai quand le Tribunal voudra,

Mᵉ HENRY CELLIEZ. — Ce serait le moment de s'expliquer là-dessus.

M. LE PRÉSIDENT. — Où sont-elles déposées ?

ORSI. — Chez un de mes amis.

D. Il faut le nommer.

R. M. Lévy.

D. Qu'a produit la vente des 4,000 actions engagées à la Compagnie de Béziers?

R. 228,000 francs.

D. Qu'avait à réclamer la Compagnie de Béziers ?

R. La valeur du report, c'est-à-dire environ 23 francs 20 centimes par titre, ce qui faisait à peu près 120 à 125,000 francs, plus les intérêts depuis le jour où les actions avaient été mises en report.

D. A quel taux était l'intérêt ?

R. 5 pour 100 ; avec la commission 8 pour 100, que j'ai payées.

Mᶜ HENRY CELLIEZ. — Maintenant, outre les 5,824 actions que nous possédons, les 11,200 dont voici le compte, les 32,000 ou les 17,600 données à MM. Fox et Henderson, tout le reste a-t-il été vendu ? Y a-t-il une réserve d'actions quelque part ?

CUSIN. — Aucune de notre fait.

M. LE PRÉSIDENT. — Tout cela a été vendu dans les conditions les plus défavorables, avec des pertes de 50 francs.

CUSIN. — 49 et quelquefois plus.

D. Vous donniez à 50 francs de perte des titres qui valaient 125 francs.

R. Le prix auquel les actions se vendent s'inspire des époques dans lesquelles on se trouve. Nous n'avons pas passé des époques très heureuses et très favorables pour toutes les transactions commerciales, et encore une fois, jamais de gaieté de cœur nous ne nous sommes décidés à vendre des actions à perte, nous n'avons fait que subir la pression des nécessités.

D. Malheureusement les nécessités en présence desquelles vous vous trouviez n'étaient pas prises dans le cœur de l'affaire que vous aviez mission de développer et de défendre, dans l'intérêt des Docks, mais c'était pour soutenir d'autres affaires dans lesquelles vous étiez malheureusement engagés.

R. Nous avons ici un grand désavantage. Les opérations commerciales ne sont pas très familières au Tribunal.

Dès l'instant qu'on a donné 1 million 600,000 francs à une affaire, si 300, 400,000 francs sont encore utiles quand toutes les bourses sont fermées, quand toutes les difficultés naissent, que faire? Si on ne les lui donne pas, l'affaire sombre ; si l'affaire sombre, tout ce qu'on a donné est pour ainsi dire compromis. Je me place toujours à ce point de vue. Jamais nous n'avons voulu donner ni 2, ni 3, ni 4 millions à Pont-Remy ou à Javel, mais les affaires étaient d'une nature telle, qu'une fois le mouvement engagé les difficultés ne permettaient pas d'arriver à trouver la possibilité de faire mieux ailleurs. Encore une fois, pour ces mêmes affaires les réalisations sont aujourd'hui infiniment plus profitables, plus faciles qu'elles n'étaient aux époques où nous nous sommes condamnés à ce dur sacrifice.

Nous serions très coupables si, ayant fait cette vente d'actions, nous n'avions pas eu quelque chose à apporter en holocauste, en expiation, si je puis me servir de cette expression, du sacrifice que nous faisions. Nous nous étions donné beaucoup de peine pour l'affaire des Docks, des attributions considérables nous étaient faites, nous avions même stipulé avec les Anglais 1 1/2 pour 100 de commission sur le placement des actions; une commission nous était donc due. Il y a par conséquent à déduire du déficit que j'évalue à 4 millions, toutes les attributions qui nous avaient été faites : ceci n'est pas une illusion, c'est un fait bien réel, bien positif. Une affaire de cette importance vaut la peine d'être étudiée. M. Pereire a dit qu'il avait une masse de documents. Vous avez pu voir, par la saisie des papiers qui a été faite chez moi, combien j'en avais aussi moi ; par conséquent combien nous avons passé et repassé toutes les questions qui pouvaient intéresser cette grande affaire. Je dis donc que le chiffre de 4 millions et demi ne doit pas être pris comme une fixation du sacrifice définitif, mais qu'il faut en déduire la commission de banque et les autres allocations qui pouvaient nous être faites.

D. Dans quel but vous étaient données ces allocations considérables dont vous parlez, et qui viendraient atténuer, suivant vous, le déficit ? Pour faire les affaires des actionnaires, pour appliquer leur argent au résultat vers lequel ils tendaient, pour faire fructifier cette affaire des Docks, dont vous étiez concessionnaires, et non pas pour faire de l'argent l'emploi que vous en avez malheureusement fait.

M. Monginot, continuez votre déposition.

Le Témoin. — Je vais arriver au bilan du 12 août 1854, parce que nous y retrouverons certains griefs que j'ai relevés dans mon rapport.

Au mois d'août 1854, une nouvelle combinaison de MM. Cusin, Legendre, Orsi et autres personnes, vint présenter au Ministre une demande pour obtenir une nouvelle concession plus large que celle qui avait été donnée au début. Le capital devait s'élever d'abord à 40, puis à 80 millions. Le Ministre fit demander une situation. On dressa cette situation, et on en fit remonter la date au 12 août ; mais en réalité cette situation n'a été établie que dans le mois de septembre ou d'octobre. La situation réelle devait présenter, d'après des chiffres mêmes écrits par M. Cusin, un déficit d'environ 6 millions (car j'ai trouvé des notes de sa main où il porte le déficit à cette somme); une telle situation n'aurait pas été acceptable. On en dressa une autre de laquelle il résultait qu'au lieu d'être en perte de 6 millions, les Docks n'auraient plus été en perte que de 4,000 francs. Cette situation a d'abord été dressée sur des feuilles volantes. Le livre journal a été refait en entier, puis le grand-livre et ils ont été reportés textuellement sur les registres.

Ces écritures terminées, d'autres situations ont été dressées depuis; des balances ont été arrêtées chaque mois, à partir de 1854 jusque dans le courant de 1855. Par conséquent cette position a été maintenue, et n'a pas été faite seulement pour le besoin d'un moment, sauf à la faire disparaître quand la cause qui l'avait amenée aurait aussi disparu.

Cette situation comprenait d'abord la mise à la charge de la Société de sommes qui devaient rester à *la charge personnelle des concessionnaires ;* et l'inscription en dépenses de *sommes qui n'avaient jamais été payées.* Ainsi on avait porté au compte des concessionnaires des bénéfices sur les négociations d'avril, dont j'ai parlé tout d'abord, lesquels s'élevaient à la somme de 79,000 fr., et devaient appartenir aux Docks. On avait porté pour les architectes 71,000 fr. qui ne leur ont jamais été versés, les architectes n'ont reçu que 29,000 fr. Puis on avait porté comme souscripteurs en déchéance, comme débiteurs divers avec trois ou quatre libellés, plus ou moins intelligibles, suivis du mot Souscripteurs en déchéance ou Actions perdues, 3 millions 161,000 francs ; — puis les allocations d'un million pour le placement des 50 millions, à raison de 2 pour 100 ; — puis 300,000 francs pour frais de bureau ou honoraires de la gérance ; — enfin 176,000 francs qu'on avait mis comme représentation des meubles de l'administration qui n'avaient jamais été achetés. On était arrivé en combinant toutes ces sommes au chiffre de 6 millions. Dans cette somme figurent des actions qui devaient exister et qu'on n'avait pas portées.

MM. Tainin et Baillot, employés de la maison de banque, se trouvaient portés sur les livres comme débiteurs de 12,500 fr. pour avance sur 125 actions qu'ils avaient déposées, leurs 125 actions restant à l'administration jusqu'à qu'ils eussent rendu la somme. Ils ne l'ont pas rendue, et ils déclarent qu'ils n'ont jamais fait ce report ; mais enfin les écritures portaient que 125 actions étaient entrées à l'administration, et que 12,500 francs avaient été payés. On a employé les actions, on les a vendues pour 18,150 francs. Si l'on avait reçu l'argent de la vente de ces actions, on ne pouvait conserver comme débiteurs ceux qui les avaient déposées, puisqu'on avait vendu leur gage. Cependant on les a maintenus comme débiteurs, et on les a passés en perte dans les articles du 12 août, comme s'ils étaient des débiteurs insolvables.

J'ai relevé également un article où M. Cusin a prélevé 100 actions à 100 francs, au lieu de les prélever à 125 francs ; cela faisait une différence d'un millier d'écus.

Il y avait aussi au compte de M. Perron 3,000 francs pour actions qu'il avait versés, et dont il n'avait pas été fait recette. Ce pouvait être une erreur, une omission, mais il fallait rétablir les chiffres.

Il y a quelques autres erreurs que j'ai détaillées dans mon rapport. Ce sont les principales que je viens d'indiquer.

Au mois de juin, on avait fait une position de laquelle ressortait une perte de 6 millions, et, au mois de juillet, on en avait fait une autre. Depuis cette époque du mois d'août 1854, où toutes les actions étaient placées, on n'a plus fait d'opérations jusqu'à la fin de la Société.

M. Cusin a persisté contre toute évidence à maintenir l'exactitude de ce bilan du 12 août, qui me paraît avoir été créé pour les besoins de la cause.

D. (A Cusin.) Il y avait nécessité pour vous de présenter au Ministre une situation qui pût le satisfaire, et qui lui cachât la position réelle de la Société. C'est alors que vous avez fait figurer au bilan des chiffres qui n'avaient pas leur raison d'être, mais qui pouvaient faire croire au Ministre que l'actif et le passif s'équilibraient, et que par conséquent il n'y avait aucun reproche sérieux à vous adresser. L'expert a relevé les divers articles qui figurent à ce bilan du 12 août 1854, et il a reconnu de nombreuses erreurs sur lesquelles il importe que vous donniez immédiatement des explications. Ainsi, par exemple, les architectes, qui ont reçu 29,000 francs, sont portés pour 71,000 francs; par conséquent cet article a été forcé en dépense de 43,000 francs. Comment ça s'explique-t-il ?

Cusin. — Il n'y a aucune espèce d'écriture de l'ordre que vous indiquez. Purement et simplement, l'écriture faite a été celle de la suppression de la perte, au moyen de l'établissement de la commission et des frais de représentation. Quant à toutes les autres dépenses, elles résultent des pièces. J'ai vu dans le rapport de monsieur qu'il incriminait ce titre : donné 71,000 francs aux architectes. Je fais remarquer que si les 71,000 francs n'ont pas été donnés entièrement aux architectes, une dépense de 71,000 francs qu'il peut critiquer n'en a pas moins été faite. Seulement au lieu d'être intégralement pour les architectes, elle est partie pour les architectes, partie pour autre chose.

D. Pour quelle autre chose ?

R. Je n'ai pas les livres.

D. Si les architectes n'ont reçu réellement que 29,000 francs, ne portez à leur article que 29,000 francs. Pourquoi porter 71,000 francs ?

R. J'affirme que la dépense a été faite. Les livres n'ont subi aucune altération.

D. Comment vérifier une dépense si vous ne dites pas quelles sont les parties prenantes.

R. Je suis heureux de la question. Il fallait que l'expert se transportât au livre de caisse, il aurait vu à qui les 43,000 francs ont été payés.

Le Témoin. — Il n'y a rien de semblable sur le livre de caisse. Ces articles du 12 août ont été faits en dehors de toute la comptabilité.

D. (A Cusin). — Vous incriminez dans des termes assez vifs le rapport de l'expert ; vous prétendez que ce rapport renferme un très grand nombre d'erreurs, et que si l'expert s'était livré à certaines recherches, il aurait acquis la preuve de beaucoup de choses. Mais il y a un document qui a précédé le rapport de l'expert et que nous devons y rattacher, c'est le procès-verbal de vérification de vos écritures qui a été fait par ordre du Ministre des finances et du Ministre du commerce, par un inspecteur général des finances. Ce rapport est là, il a trente pages, il est moins volumineux que le rapport de l'expert, car l'inspecteur général n'avait pas mission de pénétrer dans les détails comme l'expert devait le faire. L'inspecteur général a examiné avec soin votre comptabilité, et les conclusions auxquelles il est arrivé sont très sévères : car elles ont amené le retrait du décret du 17 septembre 1852 et la qualification de votre gestion dans les termes dont nous vous avons donné connaissance. Dans ce rapport nous lisons que le bilan du 12 août notamment, et vos écritures en général, étaient arrangés de façon à *dissimuler la vérité*, qu'on doit les qualifier d'*artifices d'écritures*, que ces situations sont des *situations arrangées* afin de *masquer la vérité*.

Dans le même rapport, on lit que vous avez, dans certaines circonstances, donné des *quittances frauduleuses*, que votre gestion tout entière, aux yeux de M. l'inspecteur général des finances (et nous regrettons que sa maladie l'empêche de se rendre à cette audience pour y répéter ce qu'il a dit au Ministre), que votre gestion est frappée d'une *nullité radicale*, que le déficit est très considérable et peut s'élever à 10 millions), et qu'enfin on trouve sur vos livres des dépenses *véritablement frauduleuses*.

Vous avez eu connaissance de ce document?

Cusin. — Jamais.

D. Il est extraordinaire que vous n'ayez pas été appelé par le Ministre à donner des explications sur les documents qui étaient le résultat de l'examen de votre gestion par un homme que ses fonctions importantes mettaient à même de contrôler d'une manière utile et certaine ce que vous aviez pu faire.

Nous vous disons que ce document, qui a une très grande et une très haute importance, ne doit pas être séparé du rapport de l'expert qui est venu confirmer, par suite de l'examen dans lequel il est entré, tout ce que M. l'inspecteur général des finances avait établi. Seulement l'expert n'a pas qualifié aussi durement.

R. J'ai eu 'honneur de me présenter, sur une lettre d'audience, devant M. Rouher ; j'étais accompagné de M. Malpas, qui pourrait confirmer ce que je vais annoncer. M. le Ministre a été très bienveillant. J'ai demandé communication du rapport, et M. Julien, qui était dans son cabinet, a répondu qu'il était à copier, qu'on ne pouvait pas me le communiquer.

M. LE Président lit un passage du rapport de l'inspecteur :

« On peut s'étonner à bon droit que des hommes, ayant l'habitude des affaires de » banque, aient pu, au détriment de leur entreprise, déprécier leurs propres » valeurs, en livrant à la circulation au-dessous du pair 95,504 actions en concur- » rence de 87,472 autres appartenant à des actionnaires qui les ont acquises au » prix de 125 francs. »

Il y a de longs détails de chiffres. Plus loin :

« Depuis lors, ils ont acheté, rétrocédé, transigé ; ils ont multiplié les combinai-

» sons et les traités, disposant de l'actif social comme de leur propriété personnelle
» et repoussant toute intervention des actionnaires, en un mot *faisant abusivement*
» argent d'*actions livrées* au-dessous du pair.

» Leur gestion entière est frappée d'*une nullité radicale.* Elle se résume d'ailleurs
» en un déficit, qu'on peut, par approximation et provisoirement, évaluer à 10 mil-
» lions de francs et qui comprend une *dépense frauduleusement dissimulée* de
» 1,800,000 francs. (*Traité secret avec Fox et Henderson.*) »

Voilà comment votre gestion a été appréciée.

R. Si ce rapport que vous venez de lire établit une différence de 10 millions, il ne tient compte ni des 2 millions 925,000 fr. pris en charge par
les Docks, ni des 2 millions 300,000 fr. dont la maison Cusin se reconnaît
débitrice envers les Docks. Il en résulte que ce chiffre de 10 millions bruts,
qui n'est que 7 millions 500,000 fr. d'après le calcul auquel tout le monde
vient de se livrer, n'était que la moitié tout au plus du chiffre que l'inspecteur des finances établit dans son rapport.

M. L'AVOCAT IMPÉRIAL. — L'expert, dans son rapport, relève, à l'article 11 du bilan, les frais de gérance alloués aux concessionnaires et le droit
de commission qu'ils perçoivent sur les actions. Ils en ont placé régulièrement
87,000. Or ils s'allouent, comme droit de commission, 1 million sur le placement de 200,000 actions. Ceci n'est pas régulier.

Maintenant, j'ajoute que les architectes sont portés à deux comptes : ainsi,
dans un des paragraphes de l'art. 1er, je vois que les architectes ont dû recevoir 43,188 fr. Je me reporte à l'art. 10, et je trouve qu'on leur a encore
donné 71,591 fr. Ainsi on les aurait payés deux fois, et cependant, d'après les
reçus, les déclarations de M. Janicot et de M. Horeau, les seuls architectes de
la Société, on ne leur a payé que 29,000 fr. Ces faits sont exacts, n'est-ce pas?

LE TÉMOIN. — Oui, monsieur.

M. LE PRÉSIDENT. — Il y en a un autre sur lequel nous devons appeler
votre attention. Pour aligner les chiffres et présenter une situation qui pût
être acceptée par le Ministre, nous voyons figurer une somme de 2 millions
226,000 fr. comme payée à M. Riant. C'est le solde de ce qui devait lui être
payé deux ans après, car aujourd'hui la somme est exigible ; mais elle n'était
ni payée, ni exigible à l'époque où l'on a dressé le bilan.

R. Il n'est pas écrit sur les livres que la somme avait été payée à M. Riant.
On a employé un autre moyen de dissimuler la position. On avait porté 3 millions de mauvais débiteurs ; mais il aurait fallu que la situation finale, qui ne
présentait que des résultats, des soldes, parût avec les 3 millions qui auraient
nécessairement attiré quelque observation. Pour masquer cette situation, on
a combiné avec les mauvais débiteurs les 2 millions 226,000 fr. dus à M. Riant,
de manière qu'il n'y eût que 1 million 200,000 fr. de débiteurs. On a fait
compensation de ce qui était dû à M. Riant avec ce que devaient ces prétendus débiteurs insolvables. De sorte que la situation était fausse sous un double
rapport, parce qu'elle faisait disparaître la trace d'une perte de 3 millions

et la remplaçait par le prétendu payement d'une somme encore exigible aujourd'hui.

CUSIN. — Le moment est arrivé de faire à l'expert une démonstration qui, je crois, va être très claire. Le bilan dont il parle porte une perte de 3 millions 740,000 fr., et si mon souvenir est exact, 1 million de commission que j'ajoute à la perte, 4 millions 740,000 fr.; 300,000 fr. de frais de représentation que j'ajoute encore à la perte, 5 millions 40,000 fr.; 1 million 800,000 fr. pour la commission de MM. Fox et Henderson, 6 millions 840,000 fr.; permettez-moi de dire 7 millions.

Dès l'instant que Cusin, par ses livres, se reconnaît débiteur de 2 millions 300,000 fr., quelle différence y a-t-il avec le bilan du 12 août, qui chiffre la perte par toutes les sommes que je viens d'avoir l'honneur de détailler devant le tribunal : 4 millions 500,000 francs? Par conséquent, examen fait de la comptabilité de la maison Cusin, de la comptabilité des Docks, je suis en mesure, maintenant, de défendre une à une toutes les dépenses qui ont été faites.

Quand l'expert dit qu'on a eu tort de payer une voiture, de donner 1,000 fr. à Mme Legendre, ceci est un fait qui rentre dans la discussion ; mais la dépense a été faite.

J'arrive à 7 millions, et examen fait des livres de la maison Cusin-Legendre, je trouve que les livres présentent un solde. Ce n'est pas une attribution que je fais arbitrairement, je ne me considère pas comme ayant le droit de dépouiller l'Union commerciale pour enrichir les Docks ; mais d'après l'examen auquel je me suis livré, je suis appelé à me considérer comme plus fort en comptabilité que les deux personnes qui ont fait cet examen : le compte des Docks est créditeur de 1 million 100,000 fr., un peu plus, un peu moins. Le compte de M. Orsi est créditeur, un peu plus, un peu moins, de 1 million 200,000 fr. Évidemment, la question est : Que faire de ces deux soldes créditeurs? La maison Cusin-Legendre n'a pas le droit de s'attribuer une balance de compte. Dès le 2 mai, quand j'ai eu l'honneur de voir M. Torchet, je lui ai donné le travail des faits que je signale. Dès le 17 avril je les ai fait connaître à M. Treilhard. Il en résulte que les chiffres du bilan du 12 août concordent avec la situation que je viens d'établir devant le tribunal il y a quelques instants.

Encore une fois tous les articles, sauf le million de commission, les 300,000 fr. de gérance, les 3 millions de souscripteurs en déchéance, résultent des pièces : on peut critiquer les dépenses, dire qu'elles ne sont pas à leur place ; mais, quant à dire qu'elles n'ont pas été faites, j'affirme qu'elles ont été faites ; dire qu'on a simulé une dépense quelconque, j'affirme que c'est une erreur.

LE TÉMOIN. — Je ne crois pas avoir à entrer, en ce moment, dans la discussion des détails que vient d'exposer M. Cusin.

M. Orsi, d'après les reçus de M. Cusin, a versé 1 million 800,000 fr., qui ne sont portés en recettes ni sur les livres de la maison de banque ni sur ceux des Docks.

D. Comment êtes-vous arrivés à reconnaître les versements faits par M. Orsi?

R. M. Orsi m'a remis les reçus; ces reçus ne sont portés nulle part.

Cusin. — Il existe sur les livres de la maison Cusin-Legendre un compte créditeur de 1 million au profit de M. Orsi. Or, comme dès la première heure après mon arrestation j'ai été appelé à jeter un coup d'œil sur les livres, je me suis aperçu de ce fait, et je l'ai immédiatement signalé.

D. (A Cusin). — Remarquez l'irrégularité du procédé. Vous donnez de la main à la main, à Orsi, des actions en nombre très considérable, car je crois que ce nombre s'est élevé au moins à 22,000 : 11,200 qui lui ont été remises pour les engager à la Compagnie de Béziers; 8,000 pour report de M. de Galiera; 4,000 à d'autres encore. Et après avoir opéré cette remise rien ne le constate! Ces actions sont mises en report par Orsi, qui verse les fonds provenant des reports à votre maison de banque, et qui se trouve crédité comme si c'était de l'argent lui appartenant, provenant de ses propres ressources qu'il vous avait apporté. Si Orsi était venu dire qu'il était véritablement votre créancier, nous ne saurions pas l'origine de ces versements extrêmement considérables.

R. Ici on est mal placé pour exciper de sa bonne foi; mais lorsque je traitais avec M. Orsi, ou pour mieux dire quand les Docks traitaient avec M. Orsi, les Docks étaient convaincus que, dans aucun cas, il n'élèverait aucune prétention sur une somme, si minime qu'elle soit, qui appartenait aux Docks.

C'est la même inculpation qui se produit sous différentes formes. Vous avez vu un compte à M. Bernard, un compte à M. Orsi. La réponse a été faite, peu importe l'intitulé du compte. La maison Cusin-Legendre n'était pas une maison en l'air; elle avait pour employés des hommes qui avaient de très beaux appointements, qui savaient ce qu'ils faisaient. Nous avions un teneur de livres aux appointements de 4,000 fr., un chef de comptabilité qui recevait 4,000 fr. Quand M. Orsi avait pour ses affaires personnelles un compte qui était entièrement distinct et séparé du compte du report, il est évident que, dans aucun cas, ni lui ni moi nous n'élèverions aucune espèce de prétention sur ce dernier compte.

M. le Président. —Vous dites que vous aviez un personnel qui fonctionnait régulièrement, qui se composait d'hommes chèrement appointés et qui, par conséquent, étaient initiés à vos opérations. Le contraire résulte de l'instruction. Nous entendrons tout à l'heure des témoins qui occupaient une position assez importante qui viennent dire que, dès le début de l'affaire, ils ont parfaitement compris que vous aviez voulu vous entourer d'un certain mystère, et que, par conséquent, les investigations de vos employés ne pouvaient pas porter sur vos actes. Il y a dans ceux qu'on vous reproche aujourd'hui une irrégularité bien grave. Ainsi, si Orsi s'était présenté comme créancier au lieu de débiteur, on n'aurait pas pu contrôler sa réclamation. Ceci prouve que l'argent des actionnaires était déplorablement employé. Vous avez dit que vous aviez confiance dans la loyauté d'Orsi. Il n'en est pas moins vrai que le procédé était des plus irréguliers, pour ne pas dire plus.

M. SAINT-MARTIN, 28 *ans, employé chez un courtier de la Bourse.*

M. LE PRÉSIDENT. — Vous avez été souscripteur d'un certain nombre d'actions en votre nom personnel?

LE TÉMOIN. — Oui, monsieur. Je crois que j'en avais demandé 200 et qu'on m'en avait donné 100.

D. Les avez-vous levées?

R. Non, monsieur.

D. On vous a envoyé une lettre contenant promesse d'actions que vous avez vendue à la Bourse?

R. Oui, monsieur.

D. Moyennant quelle somme?

R. Je ne puis pas me le rappeler.

D. Vous êtes sûr de n'avoir pas pris livraison des actions qui vous étaient attribuées?

R. Oui, monsieur, parfaitement.

D. Si vous aviez pris livraison, cela aurait produit une somme de 12,500 fr. Vous figurez cependant sur les livres comme ayant fait un versement de 12,500 fr.

R. Probablement la personne qui a acheté ma lettre a versé son argent en représentant la lettre portant mon nom.

D. A qui avez-vous vendu cette lettre?

R. Je ne sais pas. C'est M. Androuet qui m'avait fait souscrire cette lettre, qui l'a vendue, et qui m'a donné l'argent que j'avais gagné.

M. MONGINOT. — La lettre a été rapportée par M. Androuet; on lui a donné une prime de 9 fr. par action, et on ne lui a pas remis les titres d'actions.

M. DEPINOY, 50 *ans, liquidateur de l'Union commerciale.*

M. LE PRÉSIDENT. — Vous avez été commis par justice liquidateur de la maison de banque *l'Union commerciale?*

LE TÉMOIN. — Par justice d'abord, et par une assemblée générale d'actionnaires, le 31 mars 1856.

D. Faites connaître au tribunal ce qui est résulté de l'examen auquel vous

vous êtes livré de la situation particulière de l'Union commerciale, et de sa situation vis-à-vis de la Compagnie des Docks.

R. Lorsque j'ai voulu me rendre compte de la position, j'ai manqué de renseignements détaillés ; j'ai demandé à M. le juge d'instruction la liberté de voir M. Cusin. M. Cusin a pu travailler avec moi pendant quelques jours. Il m'a donné un premier aperçu de la situation de la maison vis-à-vis des Docks. Il a même fait un travail exprès pour moi, duquel il résulte que les Docks devaient être *débiteurs* de la maison. J'ai conservé ce travail ; il est entre mes mains, mais je ne l'ai pas ici.

D. Il serait important qu'il passât sous les yeux du tribunal ; vous le rapporterez demain. Pouvez-vous dire tout de suite quel est le chiffre qui ressortait de ce document ?

R. Les Docks étaient débiteurs d'environ 200,000 fr. Il y avait une recette de 15 millions, et la balance de ce compte était de 15 millions 200,000 fr.

D. De sorte que vous avez cru que la maison de banque dont vous étiez liquidateur provisoire, avait une créance à recouvrer sur les Docks ?

R. Oui, monsieur ; c'était corroboré par les écritures, que j'avais entre les mains. Les chiffres que je produis ne sont que la copie des livres de l'Union commerciale. Il était impossible de rien inventer : j'avais la copie des livres, je ne pouvais en produire d'autres. Lorsque M. le juge d'instruction m'entendit, il me demanda ce que j'avais trouvé à la maison de banque, et je répondis que j'avais trouvé du désordre. Ce n'est peut être pas le mot dont j'aurais dû me servir : j'aurais dû dire qu'il y avait des choses qui n'étaient pas très régulières, telles que des comptes ouverts à des personnes qui ont nié avoir jamais eu des relations avec l'Union, ou des débiteurs dont il a été impossible de découvrir l'adresse, ou des comptes entièrement mauvais et maintenus à l'actif de cette banque. Il y avait des codébiteurs, et on espérait peutêtre recouvrer sur ces codébiteurs ; c'est du moins l'explication que je me suis donnée.

D. Vous avez vu des personnes ayant des comptes ouverts, et qui ont nié avoir eu aucunes relations avec la banque ?

R. Ceci s'explique par un fait que j'ai vu se produire quelquefois, lors des souscriptions d'actions. Il y a des personnes qui demandent des actions au moment où elles doivent faire prime, et lorsque les actions baissent, elles nient leur demande d'action. Il y en a eu plusieurs dans ce cas. Lorsqu'on a voulu leur livrer, elles ont refusé en disant qu'elles n'avaient pas donné d'ordre pour souscrire ou pour acheter.

D. Avez-vous suivi contre ces gens-là ?

R. Je n'ai pas les lettres de demande entre les mains, je suis sans armes contre eux.

D. Revenons à la maison de banque l'Union commerciale. Son capital avait été formé à 3 millions ?

R. Primitivement.

D. Elle n'a jamais fonctionné avec ce chiffre-là.

R. Je n'en ai pas trouvé la trace, je n'ai vu que 2 millions. Dans la suite il y a eu un acte additionnel....

D. Qui réduisait le capital social. Nous le connaissons.

R. Je crois que oui.

D. Est-ce que, aux termes des statuts, Cusin et Legendre ne devaient pas verser 250,000 fr. ?

R. Ils devaient rester propriétaires de 250 actions de 1,000 fr., ce qui fait 250,000 fr.

D. Ont-ils véritablement versé dans la maison cette somme de 250,000 fr., et s'ils l'ont versée, cette somme est-elle restée comme garantie de leur gestion ?

R. D'après les comptes de chacun de ces messieurs, je trouve que les sommes ont été versées : il y a deux articles de versement ; mais ce versement a été repris plus tard, de sorte que chacun d'eux est débiteur du montant de ces actions. Ils sont débiteurs de 250,000 fr., et il y a encore quelques sommes prélevées par ces messieurs, à leur débit. Il y a les prélèvements que ces messieurs faisaient mensuellement dont ils sont débités.

D. Les statuts de l'Union commerciale n'attribuaient aux gérants aucun traitement, mais seulement une part dans les bénéfices ? Vous l'avez déclaré ?

R. Oui, monsieur.

D. Vous avez ajouté que néanmoins les deux gérants Cusin et Legendre prenaient chacun 1,000 fr. par mois.

R. Ceci s'explique encore, parce que ces messieurs, à une certaine époque, ne s'étaient pas attribué la part de bénéfices à laquelle ils avaient droit. C'était pour se couvrir de cette somme.

D. Comment se fait-il qu'ils ne s'étaient pas attribué leurs bénéfices ?

R. Je n'ai pas reçu d'explication à cet égard. J'ai vu M. Cusin cinq ou six fois seulement.

D. Vos recherches sur l'actif de l'Union commerciale ont-elles porté sur le point de savoir si cet actif se trouvait liquide, ou si au contraire il n'avait pas été depuis longtemps immobilisé.

R. Il y en avait une partie dans cette situation-là. J'ai fait établir, au compte de la maison, la situation à l'époque de la fondation de l'affaire des Docks. Le capital se trouvait engagé pour une partie ; mais si l'on avait liquidé, la maison se serait trouvée au-dessus de ses affaires.

M. L'AVOCAT IMPÉRIAL. — Et au 31 décembre 1853 ?

R. Je n'ai pas les chiffres assez présents ; je craindrais de donner un chiffre qui ne serait pas exact.

M. LE PRÉSIDENT. — Au moment de la formation de la Société des Docks, la maison avait-elle la disponibilité d'une partie importante du capital ?

R. Je crois qu'il y avait 900,000 fr. de disponibles.

D. Il résulte, du travail de l'expert, que cette somme devrait être réduite à 320,000 fr., et que le reste du capital social était représenté par les créances de 250,000 fr. sur Cusin et sur Legendre, et par des affaires dans lesquelles les capitaux étaient pour ainsi dire immobilisés, c'est-à-dire dont on n'avait plus la jouissance. Vous ne pouvez pas préciser?

R. Je ne puis pas préciser un chiffre.

D. Vous avez dit, dans votre rapport, que des commissions accordées aux gérants n'avaient pas été portées sur les livres de la maison.

R. Les 400,000 fr. d'actions de Javel que j'ai cru devoir réclamer à MM. Cusin et Legendre n'avaient pas figuré dans les écritures de la maison. C'est le hasard qui m'a fait connaître ce fait.

D. A quelle époque à peu près?

R. Ce doit être dans le courant de février 1856.

CUSIN. — C'est dans le courant de mars.

M. LE PRÉSIDENT. — Qu'est-ce qui vous en a donné connaissance?

LE TÉMOIN. — Je ne me le rappelle pas. Je l'ai entendu dire par plusieurs personnes qui m'ont dit : Demandez donc si ceci n'existe pas?

D. Cette commission énorme de 400,000 fr. n'est constatée en rien dans la comptabilité.

CUSIN. — Depuis l'époque à laquelle la remise de 400 actions nous a été faite, aucun inventaire n'a été dressé dans l'Union commerciale.

D. A quelle époque cette remise a-t-elle été faite?

CUSIN. — Je ne me le rappelle pas.

M. LE PRÉSIDENT. — M. Sussex est là ; il nous l'a dit hier, il peut nous le répéter aujourd'hui. A quelle époque la remise des 400,000 fr. a-t-elle été faite par vous?

M. SUSSEX. — Ce doit être vers le mois de septembre 1854.

D. Cette remise a lieu en 1854, et ce n'est qu'en février 1856 que le fait est révélé au liquidateur! Dans cet intervalle de dix-huit mois, on trouve l'expiration de deux périodes semestrielles, d'une période annuelle, époques où les maisons de banque dressent toujours leurs inventaires et font leur bilan plutôt deux fois par année qu'une : comment cette remise de 400 actions n'a-t-elle pas figuré sur vos livres?

CUSIN. — Il n'y pas eu d'inventaire arrêté.

D. Une maison de banque qui ne fait pas d'inventaire!

R. Nous ne nous considérions pas comme ayant le droit de faire un inventaire sans que les comptes avec les Docks fussent apurés. Nous faisions une balance.

D. Dans une balance vous auriez pu faire figurer cette somme de 400,000 fr. : c'était quelque chose!

R. Je suis mal placé pour discuter les intentions, mais le tribunal doit tenir compte de ce fait que j'affirme. Dès l'instant qu'il n'y a aucune attribution, que nous n'avons disposé d'aucune de ces actions, préjuger ce qui en eût été fait, cela me paraît être une des conséquences du sort que nous subissons, mais ce n'est pas justifié par nos précédents.

D. Quand on est resté dix-huit mois sans en parler à qui que ce soit, sans consigner sur les livres ce fait si important pour les actionnaires, soit de la maison de banque, soit des Docks, il n'est pas déraisonnable de croire que cela leur aurait été caché toujours.

R. Il n'y avait pas du tout de mystère, de secret. Ce n'était pas ignoré, puisqu'on l'a dit à M. Dépinoy. Je n'ai ni détruit ni déchiré les lettres; un accusé de réception a été donné à M. Sussex, et les lettres de M. Sussex doivent se trouver dans notre comptabilité avec toutes sortes d'autres papiers.

D. M. Sussex n'avait pas à se préoccuper de l'emploi que vous faisiez de cette somme qu'il vous remettait.

R. J'ajoute qu'il n'a pu être fait aucune mention de cela, puisqu'il n'y a eu aucun partage de bénéfice depuis 1852, époque à laquelle l'affaire des Docks est arrivée dans la maison.

D. Je dois vous dire tout de suite que ce n'est pas le seul fait de cette nature qui pèse sur vous. Les autres ont moins de gravité, parce que ce ne sont pas précisément des faits accomplis; mais on entrevoit, de la façon la plus claire, l'intention de votre part de vous conduire ainsi que vous l'avez fait lors de la remise des 800 actions Sussex. Il résulte, de la déposition du sieur Dépinoy, qu'à une certaine époque votre maison de banque avait négocié une affaire en Suisse. Vous avez réclamé, comme étant votre propriété personnelle, le quart d'une propriété appartenant à un M. Nodler; nous ignorons quelle était l'importance de cette propriété. Le témoin, en sa qualité de liquidateur de la maison, voulant sauvegarder les intérêts de l'Union commerciale, avait demandé que ce quart fût rapporté à l'actif. Vous avez prétendu qu'il vous appartenait. Plus tard il a découvert des papiers qui prouvaient que vous n'aviez pas dit la vérité, et vous avez restitué ce quart. (Au témoin) : Voulez-vous donner des explications sur ce fait, dont nous avons trouvé la trace dans votre déposition ?

LE TÉMOIN. — C'est une propriété située en Suisse, sur les bords du Rhône, dans le canton du Valais. C'est une vaste étendue de terrain qui a été concédée à M. Nodler, à la charge par lui d'établir des digues. On avait prêté de l'argent à M. Nodler, pour faire les travaux nécessaires, et d'autre argent pour d'autres affaires à Paris. C'est à cette époque que M. Cusin aurait acheté, ou aurait été censé acheter, un quart de la propriété, évalué à 90,000 fr. C'est en recherchant dans le dossier de cette affaire, que j'ai découvert cette acquisition. J'ai demandé à M. Cusin si ce n'avait pas été donné à titre de commission, en le priant de me le remettre dans le cas d'affirmative. M. Cusin, la première fois, a dit que non; que c'était bien à lui; qu'il avait fait l'acquisition de ses deniers; que je devais avoir le titre d'acquisition entre les mains. Effectivement, j'avais trouvé un titre d'acquisition. Cela m'a fait connaître quelle était la personne qui avait représenté M. Cusin en Suisse pour faire cette acquisition. Cette personne m'a dit n'avoir pas donné un sou pour l'acquisition. J'en ai conclu que le quart avait été donné à titre de commission. Alors j'ai exigé de M. Cusin, qui me l'a remis, un acte par lequel il fait abandon d'abord des 400,000 fr. d'actions de Javel, puis de la propriété suisse.

CUSIN. — Quand l'opération dont il s'agit a été faite, M. Nodler, qui était dans une situation fâcheuse, me dit : Je ne sais pas comment vous témoigner toute la reconnaissance que j'ai pour le service que vous me rendez. Il avait commencé par faire un acte chez Mᵉ Potier, notaire, rue Richelieu. Cet acte n'avait aucune valeur en Suisse, parce qu'il faut être Suisse pour obtenir le droit d'y être propriétaire. Dans cette situation, après en avoir conféré avec M. Legendre, il a été décidé que l'acte, pour être valable, serait soumis à toutes les formalités qui, en Suisse, sont obligatoires, c'est-à-dire qu'il faut réunir le canton ou le district dans lequel le canton se trouve, et que par une espèce de vote, on arrive à reconnaître à une personne (et ce ne pouvait pas être une société) le droit d'être propriétaire. Les choses ont été faites ainsi, et l'acte a été obtenu.

Mes explications sont absolument les mêmes pour l'affaire Sussex. L'inculpation d'avoir voulu nous approprier ces 800 actions ne peut exister qu'à l'aide d'une pure supposition, puisqu'il n'a été fait aucune attribution des bénéfices de la maison Cusin-Legendre depuis l'époque où tous ces faits se sont produits.

D. Pourquoi, lorsque vous avez été interpellé sur ce fait par le liquidateur de l'Union commerciale, n'avez-vous pas dit tout de suite la vérité?

R. Cela ne pas sera long à faire, et je crois que je vais porter la lumière là-dessus. Quand je me suis trouvé en présence de M. Dépinoy, j'étais dans une situation pénible ; j'avais obtenu de M. le juge d'instruction de sortir quelques jours par semaine ; vous devez comprendre qu'interpellé à brûle-pourpoint, pour ainsi dire, j'étais obligé de reprendre mes esprits. Je n'étais pas dans une situation normale. Quitter Mazas sous l'escorte d'agents, venir dans cette maison, cela me réveillait, toutes les fois que j'y entrais, de très pénibles souvenirs. M. Dépinoy m'a demandé des explications sur le projet suisse, j'ai dit que j'en causerais avec M. Malpas, qui devait venir me voir le lendemain ou le surlendemain. Les choses ont été régularisées dans la sortie qui a suivi l'ouverture faite par M. Dépinoy, suivant les pièces que j'ai remises à mon défenseur. J'ai remis la lettre de M. Nodler. Si un inventaire avait été fait dans l'intervalle de cette remise, je comprendrais que l'inculpation pût se servir de cela contre nous ; mais comme il n'en a été fait aucun, il me semble que je puis dire que nous sommes déjà assez malheureux et assez chargés sans qu'on nous fasse, par des suppositions, une inculpation plus grave que celle à laquelle nous avons à répondre ici.

D. Si la situation très pénible dans laquelle vous vous trouviez alors, vous a empêché de répondre d'une façon aussi catégorique que vous l'auriez pu faire sur certaines questions qui pouvaient vous être adressées, et qui avaient pour but d'améliorer la situation fâcheuse où se trouvaient les actionnaires des diverses compagnies dont vous étiez le gérant, comment n'avez-vous pas pensé, quand on vous parlait de cette affaire de Suisse, à restituer les 800 actions que vous aviez reçues dans des circonstances analogues?

R. Nous ne pouvions pas y penser, attendu qu'elles étaient parmi les autres actions de la maison. Nous n'avions pas à nous en occuper.

D. (Au témoin). — Est-ce qu'il n'y a pas eu aussi des actions de Seyssel qui ont été remises à titre de commission et qui ont été restituées sur votre demande.

R. Monsieur m'a remis des actions de Seyssel sans que je les lui aie demandées. Voilà comment les faits se sont suivis. Les actions de Javel ont été remises après l'affaire Nodler. Lorsque j'ai parlé à M. Cusin, il m'a dit : Je ne puis pas vous répondre tout de suite, donnez-moi le temps d'y songer ; je répondrai la première fois que je sortirai. En effet, M. Cusin m'a remis ces actions. Je lui ai demandé : N'y a-t-il pas des actions de Seyssel qui ont la même origine? — Je ne sais pas ; mais s'il s'en trouve, je vous les remettrai.

D Quelle est l'origine de ces actions de Seyssel?

Cusin. — Je les ai achetées pour le compte de l'Union commerciale. Seulement pour arriver à les faire figurer dans les assemblées générales, elles étaient inscrites comme appartenant à M. Legendre et à moi.

D. Vous dites que c'est pour arriver à représenter dans les assemblées générales. Est-ce que, quand une Société commerciale est propriétaire d'un certain nombre d'actions, les gérants ne peuvent pas représenter la Société ?

R. Si, Monsieur, mais j'ai agi ainsi pour multiplier le nombre des voix. Les actions de Seyssel étaient parmi les autres actions, soit au nom de Cusin, soit au nom de Legendre. J'ajoute que j'ai donné à M. Dépinoy, spontanément, des actions des mines de Boucarut.

Le Témoin. — Sans que je l'aie demandé, cela est vrai. Dans cette affaire, on accordait à la maison de banque, ou à M. Cusin, une commission de 25,000 fr., dans le cas de réussite de l'affaire.

Me Nibelle. — Les administrateurs provisoires des Docks ont saisi dans les mains du liquidateur de l'Union commerciale pour 1 million 300,000 fr. d'obligations. N'est-ce pas sur une lettre écrite par M. Cusin lui-même, à l'administrateur des Docks, que les Docks sont venus recouvrer cette somme considérable, qu'il leur désignait, parce qu'il voulait s'acquitter envers les Docks et leur indiquer les valeurs qui pouvaient leur appartenir ?

Le Témoin. — Je n'ai rien su de cela.

M. le Président. — Il y a des actions des sociétés de Pont-Remy et de Javel, qui ont été acquises avec l'argent des Docks.

Le Témoin. — Dans une maison de banque l'argent n'appartient à personne.

D. Comme liquidateur, vous avez soutenu être propriétaire de toutes les actions de Pont-Remy et de Javel ?

R. Au contraire, ces actions appartiennent aux Docks et ont été livrées par moi aux Docks, à l'époque du 20 mars, je crois.

D. Il y a des obligations pour 940,000 fr. ?

R. Les obligations, c'est autre chose. L'établissement de Javel, en dehors des actions qui ont été déposées à M. Cusin et qui appartenaient aux Docks, avait un compte courant. Au moment de liquider, j'ai pensé qu'il serait plus profitable pour les actionnaires d'avoir des obligations, qui entraînent hypothèque, qu'un compte courant. J'ai passé un acte avec M. Sussex, par lequel il m'a remis 949 obligations. Ce traité a été présenté à l'assemblée générale des actionnaires.

D. La remise des obligations est donc postérieure au commencement de l'instruction?

R. Oui, Monsieur : c'est dans l'assemblée générale des actionnaires, en date du 31 mars 1856, que le traité relatif à la remise des 949 obligations a été approuvé. Quant aux 400,000 fr. que représentent 800 actions, donnés par M. Sussex à MM. Cusin et Legendre, la compagnie des Docks a obtenu l'autorisation de saisir-revendiquer ces actions entre mes mains. Il y a deux choses distinctes : d'abord les 2 millions 500,000 francs d'actions de Javel, remises par nous aux Docks ; de plus, les 400,000 francs d'actions de Pont-Remy ; et en dehors de tout cela, longtemps après, saisie-revendication pratiquée par les administrateurs provisoires des Docks sur 949 obligations de Javel, plus les 800 actions de Cusin et Legendre.

Mᵉ HENRI CELLIEZ. — Voulez-vous me permettre de faire préciser ce qui concerne cette remise de 5041 actions Javel et 910 actions de Pont-Remy ? Cette remise a eu lieu, si je ne me trompe, au moment où l'inspecteur des finances a levé les scellés qu'il avait apposés sur ces valeurs?

LE TÉMOIN. — Voici comment les choses se sont passées. Dans les premiers moments, au 31 mars, les administrateurs des Docks vinrent me réclamer ce qu'ils disaient appartenir aux Docks. Je répondis : Quand vous me prouverez que je dois quelque chose, je ne demande pas mieux que de vous payer. Ayant trouvé l'indication que les actions appartenaient aux Docks, je dis à l'un des administrateurs M. Torchet ou M. Picard : Je suis prêt à vous donner vos actions quand vous voudrez. Effectivement jour avait été convenu pour livrer ces actions, lorsqu'ils me répondirent que, comme les scellés avaient été apposés par l'inspecteur des finances, ils devaient demander au Ministre l'autorisation de prendre ces actions. La chose dura une quinzaine de jours ou trois semaines, lorsqu'un matin, me trouvant chez M. Monginot, il me dit : Comment se fait-il que vous soyez ici dans ce moment? On prend livraison chez vous des actions de Javel et de Pont-Remy. Je fus tout de suite à la maison de banque, et je vis en passant dans le corridor sept ou huit personnes, les administrateurs des Docks, l'inspecteur des finances, et le caissier de la maison. J'appelai le caissier, et je lui dis que je trouvais fort étrange qu'on fît des opérations de ce genre en mon absence. Il m'apprit que ces messieurs étaient pressés d'avoir leurs actions. Comme j'étais obligé de les livrer, je ne dis rien. Le caissier un instant après vint me dire qu'on n'attendait plus que mon autorisation pour les enlever. Ces messieurs me présentèrent une décharge totalement contraire à celle qui avait été convenue entre nous. Je refusai. Mon agréé vint dans ce moment et m'engagea à accepter un modèle de décharge qu'il avait indiqué lui-même, et alors les actions furent enlevées, ou plutôt elles l'avaient déjà été avant que la décharge fût donnée. Ainsi à la date du 20 mars je remis aux Docks pour 2 millions 525,500 francs d'actions de Javel, pour 405,000 fr. d'actions de Pont-Remy, des titres de rente 3 pour cent, 4 1/2 pour cent, et divers papiers qui avaient été mis sous les scellés de l'inspecteur. Il existe un procès-verbal de la levée de ces scellés, dont je n'ai pas l'original. J'ai entre les mains la décharge de ces messieurs.

CUSIN. — Il est bien entendu que le total de nos comptes, à M. Legendre et à moi, se trouve susceptible d'une réduction de 250,000 fr.

LE TÉMOIN. — C'est ainsi que je l'envisage : les 250 actions de chacun représentant 250,000 fr. Ce débit de ces messieurs pourra être réduit de 250,000 fr., en supposant qu'ils ne participent pas à la collocation.

CUSIN. — Comment l'actif de la maison de banque se trouve-t-il réduit à 1 million 48,000 francs ? J'avoue que les inventaires auxquels, dans la solitude qui m'a été faite, je me suis livré, n'établissent pas une situation aussi précaire pour l'Union commerciale. Comment, si l'actif est de 1 million 48,000 francs, les Docks ont-ils pu saisir, revendiquer à eux seuls 1 million 300,000 fr. d'une part, les 949 obligations, et d'un autre côté 300,000 fr. ? Il y avait un actif qui dépassait celui que, dans son rapport du 31 mars, M. Dépinoy considérait comme pouvant être soumis aux actionnaires.

LE TÉMOIN. — Si l'actif s'est trouvé réduit, c'est parce que j'ai fait disparaître des comptes diverses créances qui me paraissaient tout à fait irrécouvrables.

CUSIN. — Dans la visite que j'ai eu occasion de vous faire, je vous ai instamment prié de ne vous livrer qu'à l'évaluation de chacune des créances, sans arriver à présenter un tableau qui assombrît autant la position. Il n'échappe pas au tribunal que tout nous est arrivé à charge dès l'instant que nos actionnaires ont su qu'ils avaient 52 p. cent à perdre. Notre situation a été aussi horrible que possible. Si M. Dépinoy avait été assez bon pour s'inspirer des conversations que j'avais eu l'honneur d'avoir avec lui, il se serait purement et simplement livré à une évaluation, mais sans la chiffrer par une perte aussi énorme que celle-là, 52 p. cent. Je trouve, en parlant seulement d'un certain nombre de créances, des obligations hypothécaires de Javel, de l'affaire de Suisse, de l'affaire d'Espagne, une affaire Dubois qui est dans une bonne condition, nos créances, qui sont susceptibles d'être considérées comme bonnes ; je trouve à l'heure qu'il est, à la maison Cusin-Legendre, un actif d'environ 4 millions. Voyez quelle différence énorme existe entre l'évaluation à laquelle M. Dépinoy s'est livré, et ce que je considère comme un fait; et depuis tout à l'heure onze mois, cela a dû nous être préjudiciable dans l'opinion de tous ceux qui en ont eu connaissance.

M. LE PRÉSIDENT (Au témoin). — Quelle est la situation vraie? L'inculpé prétend que la situation de l'Union est très prospère, et que son capital de 2 millions serait représenté par un actif de 4 millions.

R. Quant à l'appréciation des créances, M. Cusin vient d'en citer une, celle de la maison Dubois, dont l'importance serait de 680,000 francs. Cette créance repose sur un capital beaucoup moindre. J'ai donc dû proportionnellement réduire la créance. La maison de commerce du sieur Dubois est estimée 352,000 fr., et l'immeuble 200,000. Cela fait 552,000. Or là-dessus nous avons, nous, une créance de 680,000 fr. Cette maison a encore d'autres dettes pour environ 300,000 francs. De sorte qu'il ne reste que 552,000 francs pour payer plus d'un million. J'ai donc réduit la créance de plus de moitié. Il y a d'autres créances dans le même cas.

D. En chiffres, quelle serait, d'après votre évaluation, la situation de l'Union commerciale?

R. Je suis en train de faire une situation pour l'inventaire. Je ne l'ai pas encore. Mon opinion est qu'on arrivera à plus de 50 p. cent.

D. Il y a loin de 50 p. cent à 200 p. cent.

R. Il y a beaucoup de créances que monsieur peut estimer bonnes, et que je considère comme mauvaises.

D. Nous n'avons pas à nous préoccuper de la situation de l'Union commerciale. Nous souhaitons qu'elle soit la meilleure possible.

M. L'AVOCAT IMPÉRIAL. — A propos de cette situation de l'Union commerciale, je désire poser une question à l'expert qui a vu tous les livres de l'Union. Au 31 décembre 1853, l'actif net de l'Union se règle par 2 millions 349,000 fr.; mais je vois porté à l'actif 1 million 338,000 fr. avec ces mots : *Débiteurs douteux.* Je recherche le bilan de 1852, je trouve déjà la même somme de 1 million 338,000 fr. Je vais chercher au bilan de 1854, je trouve encore 1 million 338,000 fr. : ce qui montre que depuis trois ans on ne touchait rien de ces débiteurs douteux, et néanmoins on comprend cela dans l'actif net.

M. MONGINOT. — J'ai relevé dans mon rapport les sommes qui n'ont pas été touchées. La situation qui est établie dans mon rapport doit se trouver d'accord avec celle de M. Dépinoy.

M. L'AVOCAT IMPÉRIAL. — Dans ces 1 million 338,000 fr. il ne faut pas confondre une créance d'Espagne, qui est devenue meilleure.

Me CELLIEZ. — Elle forme un élément des 1 million 338,000 fr.

CUSIN. — C'est un chapitre très important. Voici l'affaire de Suisse qui présente une augmentation considérable par suite de la propriété. Voici l'affaire d'Espagne qui présente une augmentation considérable par la belle situation dans laquelle elle se trouve. Dans l'évaluation à laquelle je me suis livré je porte le chiffre de ces créances pour la valeur déboursée ; je n'y ajoute pas les bénéfices que l'affaire doit amener. Malgré cela, M. Dépinoy dit qu'une note de moi lui a servi pour faire sa réclamation. Effectivement, en prenant la balance de compte des Docks Napoléon, je suis arrivé à jeter sur une feuille de papier les additions d'un côté, et de l'autre j'ai porté la commission, les frais de représentation ; la différence entre un côté et l'autre se trouvait de 200,000 francs. Mais le jour où, à la suite d'une conversation avec l'expert, il m'a dit : Je rejette toute espèce de commission, de frais de représentation, il est clair que ce n'étaient plus 200,000 fr. que les Docks devaient, c'étaient au contraire 1 million 100,000 francs qui étaient dus aux Docks. Sous ce rapport, il est très fâcheux que les explications qui ont été données, les examens auxquels il s'est livré, n'aient pas permis, dès le mois de mars ou d'avril, à M. Dépinoy, de dire aux Docks : Voilà ce qui vous revient, 2, 3 millions. On aurait évité des procès qui ont duré très longtemps, qui ont commencé au mois de mai et n'ont reçu une solution provisoire qu'au mois d'octobre, puisque la saisie-revendication est du mois d'octobre ; nous aurions moins souffert de ce qu'on disait dans le public de notre position particulière.

M. LE PRÉSIDENT. (A Cusin.) — Comment expliquez-vous qu'au début de l'instruction, et lorsque M. Dépinoy était investi des fonctions de liquidateur de l'Union, vous présentiez une situation qui établissait les Docks comme débiteurs ?

CUSIN. — C'est une note, ce n'est pas un rapport.

D. (Au témoin Dépinoy.) Avez-vous conservé cette note ?

R. Oui, monsieur.

M. LE PRÉSIDENT. — Vous la rapporterez demain ; le tribunal désire qu'elle lui soit remise.

M. PICARD (Louis), *l'un des administrateurs provisoires des Docks ; partie civile.*

M. LE PRÉSIDENT. — Vous faisiez partie du Conseil de la Société linière de Pont-Remy, et c'est ainsi que vous avez fait connaissance avec les inculpés Cusin et Legendre ?

LE TÉMOIN. — Au moment où ces messieurs ont obtenu le décret de concession des Docks, j'étais administrateur avec MM. le baron de Mecklembourg, Cusin et autres, de la Société de Pont-Remy. C'est ce qui m'a mis en rapport avec les concessionnaires. Dans les premiers jours d'octobre 1852, j'étais avec M. de Mecklembourg à Pont-Remy, lorsque les concessionnaires des Docks m'ont appelé à Paris par dépêche télégraphique. Je me suis rendu à leur appel, et quelques jours après j'avais dans l'administration des Docks une position non définie, mais j'étais chargé à peu près de toute l'administration centrale. On s'est occupé presque aussitôt de la répartition des actions. Il y avait de nombreuses demandes : on a consacré à ce travail, sans désemparer, trois jours et deux nuits. Peu de temps après, on a reçu les versements. On avait accordé 106,000 actions ; 66 à 70,000 avaient été réservées pour la souscription anglaise, et 26 à 28,000 pour la maison de banque. Les versements de 85,000 actions seulement ont été effectués ; 10,000 actions ne se sont jamais présentées, et les lettres d'admission de 10,000 autres actions avaient dû être rachetées, parce qu'elles surchargeaient le marché et qu'en faisant fléchir les cours elles auraient empêché les souscripteurs de faire les versements. La souscription se trouvant ainsi réduite à 85,000 actions, les concessionnaires s'occupèrent de compléter le placement des actions : ce qui ne fut pas facile et donna lieu à des négociations très longues auxquelles je n'eus aucunement à intervenir.

Voilà pour la première période de cette affaire.

La seconde se rapporte au traité conclu avec M. Pereire. Les actions souscrites alors s'élevaient à 85,000 environ. Dans le traité passé le 18 mars il en fut réservé 1978, qu'on laissa aux concessionnaires pour satisfaire à diverses promesses faites à des tiers, qui n'étaient pas encore venus réclamer ces actions. Ces 1978 actions, avec les 85,494 autres souscrites, formaient 87,472 actions : c'est tout ce qui a été émis et payé d'actions. Le surplus est resté disponible.

En signant le traité, M. Pereire s'était réservé de se retirer dans le cas où il n'obtiendrait pas les diverses modifications qu'il avait demandées au gouvernement. Ne les ayant pas obtenues, il se retira le 14 juillet, et peu de temps après je dus me retirer aussi : je résignai mes fonctions le 5 août 1853.

D. Quels sont les motifs qui vous ont déterminé à vous retirer ?

R. J'avais des relations avec beaucoup de courtiers qui sont venus m'avertir qu'on vendait considérablement d'actions à la Bourse. Je ne savais d'où pouvaient provenir ces ventes. Les jours suivants, ils sont venus me dire : C'est votre administration qui fait vendre ; c'est certain. Et en effet on me signala des numéros d'actions qui n'étaient pas encore émises, et qui devaient se trouver entre les mains des concessionnaires pour la signature. Je fus extrêmement tourmenté par cette information, qui me révélait des circonstances tout à fait nouvelles, de nature à m'inquiéter sur la position des concessionnaires et sur celle qui pouvait résulter pour moi de mes rapports avec eux. Jusqu'alors j'avais eu une grande confiance dans ces messieurs et dans leur maison, qui ne passait ni pour spéculatrice, ni pour aventureuse. Mais je compris qu'il devait y avoir quelque désordre caché, puisqu'on agissait en dehors de moi. Je pensai que je ne pouvais que me compromettre en restant plus longtemps, qu'il fallait que je me séparasse, qu'il n'y avait pas d'autre moyen pour moi de faire connaître que je n'avais rien de commun avec tout ce qui pouvait advenir de blâmable. Je résolus donc de me retirer.

D. Vous aviez pressenti à ce moment qu'il se faisait, à votre insu, dans la maison des choses qui n'étaient pas convenables. Vous avez été informé par des courtiers qu'il se vendait à la Bourse des actions qui n'avaient pas été distribuées aux actionnaires sérieux ?

R. C'étaient des numéros d'actions dont j'étais certain que l'émission n'était pas faite régulièrement.

D. Ce qui était pour vous un soupçon n'a-t-il pas tardé à devenir une certitude par suite d'une circonstance particulière ?

M. L'Avocat impérial. — Gustave Legendre ne vous a-t-il pas demandé des actions ?

R. Voici comment le fait s'est accompli. Le jour où j'ai résigné mes fonctions, j'avais dans la caisse qui m'était affectée 2,528 actions, mises entre mes mains pour faciliter les échanges ; en général, ces actions avaient déjà beaucoup circulé. M. Gustave Legendre est venu me demander de les lui remettre. Je le questionnai et m'informai si c'était lui qui vendait des actions. Il me répondit affirmativement. Alors je lui remis les 2,528 titres, et lui déclarai que je résignais mes fonctions.

M. le Président. — Les vendait-il pour son propre compte ?

Le Témoin. — Non, monsieur ; mais il était en quelque sorte le représentant de ces messieurs ; il était mandataire de la maison de banque. Quand il venait me réclamer ces actions, je n'avais pas à les lui refuser ; et lorsqu'il me dit qu'elles étaient vendues, cela m'expliqua tout ce que j'avais pressenti, tout ce que j'avais craint. Je remis les actions, et je me retirai le même jour, à l'instant même.

D. Ne lui avez-vous pas posé la question de savoir s'il n'avait pas vendu déjà d'autres actions ?

R. Je ne le pense pas.

D. Vous avez été suffisamment éclairé par ce fait qu'il vous a déclaré que les actions que vous aviez entre les mains étaient déjà vendues ?

R. Il me dit qu'il en avait besoin. Je lui répondis : Vous vendez donc des actions ? Il en convint. Alors je lui remis les actions et lui annonçai que je me retirais.

D. Jusqu'au mois d'août, tant que vous êtes resté, est-ce qu'on s'est livré d'une manière générale à cette vente d'actions ?

R. Pas avant les derniers jours.

D. Mais on en avait fait acheter à la Bourse ?

R. On avait fait acheter quelques promesses d'actions. Ces promesses d'actions encombraient le marché et pouvaient compromettre la souscription. Conséquemment ce n'était pas une spéculation, c'était un moyen de soutenir le cours des actions.

D. N'est-il pas à votre connaissance qu'il ait été fait des opérations sous le nom de tiers ?

R. On n'a pas fait d'autre opération que celle que je vais expliquer au tribunal. Tout à l'heure je disais qu'en signant le traité du 18 mars on avait laissé aux concessionnaires 1,978 actions pour les livrer à diverses personnes auxquelles elles avaient été promises. Ces 1,978 actions tardèrent quelque temps à être réclamées, parce que le mouvement de hausse ne s'était pas fait sentir. Quelques jours après signature du traité, les cours s'étant relevés à 9 francs au-dessus du pair, on vint en réclamer une certaine quantité. Les personnes ne demandaient pas la livraison des titres, mais bien qu'on leur en remît le bénéfice ; c'est ce que je fis. Mais avant de faire revendre ces

9

actions, j'allai en conférer avec M. Cusin, et je lui dis qu'il y avait opportunité à en garder quelques-unes, parce que d'une part le nombre de celles qu'ils avaient était insuffisant pour subvenir aux promesses, et parce que, l'émission des 112,000 actions étant arrêtée, celles-ci pourraient bientôt présenter un certain avantage. M. Cusin approuva cette manière de voir, et je lui demandai alors sous quel nom je mettrais ces actions ; car je ne savais pas si je devais les mettre au nom de la maison de banque, au nom des concessionnaires, ou au nom d'un d'entre eux. Il était fort incertain, et ne me répondait pas. Je dis : En attendant, je vais toujours les mettre sous le nom de Bernard, valet de chambre de M. Cusin, qui déjà avait eu occasion de faire pour lui des achats, non pas des Docks, mais d'autres valeurs. En effet, l'administration des Docks offrait cette facilité à tous les actionnaires, et même à toute personne qui avait des rapports avec elle, de faire leurs achats ou leurs ventes de valeurs de manière à leur éviter d'aller les faire à la Bourse. Je pris donc des actions jusqu'à concurrence de 1,603. Sur ces 1,603, il en fut revendu, à la fin de mai, 1,053, qui donnèrent un bénéfice de 15,000 francs environ, et cette première partie de l'opération fut terminée. Ce qui a donné de l'importance à cette opération et fixé l'attention sur elle, c'est que, au même moment, la maison de banque avait fait une opération de 6 à 7,000 actions pour le courant du mois. On m'envoya cette opération à liquider, parce qu'il y avait plusieurs des courtiers qui avaient des comptes de reports ou d'avances avec l'administration centrale, et quand ils se présentaient à la caisse de la banque et qu'on leur demandait des valeurs ou de l'argent, ils disaient en avoir à recevoir ou à retirer de l'administration. De sorte qu'on m'envoya la totalité à régler. Le résultat fut que j'eus à recevoir une somme de 60,000 francs de plus que je n'avais à payer. Conséquemment j'étais débiteur de 60,000 francs. On m'envoya quelque temps après la note de cette opération, et je remis les 60,000 francs, après avoir déduit 20,000 francs environ pour payer les 150 actions qui restaient à lever sur les 1,203. Ce compte Bernard avait porté sur 1,203 actions ; il avait réalisé 15,000 francs de bénéfice environ sur 1,053 actions, et levé 150 actions, dont le prix avait été prélevé sur la différence résultant de l'opération faite par la maison de banque. M. Cusin ne m'ayant pas reparlé de ces actions, et l'affaire s'étant terminée dans le mois, elle est restée sous le nom de Bernard.

D. Vous venez de dire qu'à cette époque il avait été fait une opération de 6 à 7,000 actions ; était-ce une vente ?

R. Je ne sais pas.

D. Ce devait être un achat ou une vente ?

R. Il y avait des ventes, des achats ; c'était une liquidation.

D. Les 1,978 actions dont il a été question plus haut étaient-elles comprises dans cette opération de 6 à 7,000 actions ?

R. Nullement ; ça ne regardait pas du tout l'administration des Docks, c'était la maison de banque.

M. L'Avocat impérial. — Ces opérations étaient-elles sous le nom de Bernard ?

Le Témoin. — Non, monsieur.

M. le Président. — Vous venez de dire qu'à cette époque la maison de banque avait fait une opération sur 6 à 7,000 actions. Qu'est-ce que vous entendez par ce terme, *à cette époque* ? Était-ce huit, quinze jours, un mois avant ?

R. C'était dans le courant du mois d'avril 1853.

D. Vous avez eu connaissance du traité fait avec M. Pereire ?

R. Oui, monsieur.

D. Il est en date du 18 mars ?

R. Oui, monsieur.

D. Ce traité interdisait aux personnes qui l'avaient signé, c'est-à-dire à M. Pereire, d'une part, et Cusin de l'autre, de négocier les actions syndiquées ?

R. Mais ce n'étaient pas des actions syndiquées qui figuraient dans les opérations dont s'agit ; c'étaient des actions en circulation, achetées et vendues à la Bourse, comme tout particulier pouvait le faire.

D. Ce n'étaient pas des actions des Docks ?

R. Pardonnez-moi ; mais de celles qui étaient en circulation, et non pas des 112,000 actions auxquelles on ne pouvait pas toucher.

M. L'Avocat impérial. — Si ce n'étaient pas des actions non souscrites, il est inutile d'en parler.

Le Témoin. — On a donné à tort de l'importance à cette opération.

D. Si ce n'est pas sous le nom de Bernard c'est tout à fait différent. J'ai une question à adresser au témoin. Je lis dans sa déposition :

« Il me revenait de divers côtés qu'ils (Cusin et Legendre) faisaient vendre des » actions à la Bourse : je crus d'abord qu'il s'agissait de ventes pour le compte de » leurs clients, et je ne m'en alarmai pas ; mais lorsque, d'après le nombre et les » numéros des actions qui paraissaient sur la place, j'eus acquis la conviction qu'ils » avaient attaqué la masse des actions non souscrites, je fus indigné et songeai à me » retirer pour ne pas sanctionner par ma présence de pareilles transactions. Le pré- » texte de ma retraite me fut fourni le 5 août par Legendre fils. J'avais dans mon » bureau 2,500 actions environ en coupures diverses, destinées à faire les échanges » pour la commodité des actionnaires. Tous ces titres ayant été en circulation étaient » froissés et attiraient moins l'attention que ceux que l'on venait de détacher de la » souche. M. Legendre fils me les demanda pour les livrer ; je lui dis alors : Il est » donc vrai que vous vendez des actions ? et sur sa réponse affirmative, je lui remis » la liasse d'actions en lui annonçant que je me retirais. »

Vous maintenez l'exactitude de votre déclaration ?

R. Oui, monsieur l'Avocat impérial.

M. le Président. — Ce que vous avez dit dans l'instruction, peut-être d'une façon plus accentuée que vous ne l'avez fait à l'audience, c'est que vous vous êtes retiré parce que vous n'avez pas tardé à vous apercevoir, et même à apprendre par les rapports des courtiers avec lesquels vous étiez en relations, qu'il se négociait à la Bourse des actions qui n'avaient pas été souscrites, que plusieurs de ces actions par leur numéro vous révélaient qu'elles avaient été prises dans la caisse où elles auraient dû rester ; la confirmation de ce fait vous avait été donnée par Legendre fils, qui était venu vous demander 2,500 actions?

R. Il n'a pas confirmé ce fait.

D. Si, il a confirmé le fait, puisqu'il vous a dit qu'il se livrait à la vente des actions.

M⁰ PICARD, avoué de Legendre. — Il y a une question de faits et de date importante à préciser. Vendait-on des actions syndiquées, ou n'en vendait-on pas ? Tant que le syndicat a duré, a-t-on vendu ou non des actions en dehors des 1,978?

M. L'AVOCAT IMPÉRIAL. — C'est après le traité Pereire, c'est le 5 août 1853.....

M⁰ PICARD. — Qu'il y ait eu des négociations d'actions, personne ne le conteste. Durant le syndicat qu'est-ce qui s'est passé ?

M. LE PRÉSIDENT. — La question est de savoir si avant le 14 juillet 1853 il a été vendu des actions.

LE TÉMOIN. — Pas une à ma connaissance.

D. Vous vous êtes retiré le 5 août. Y avait-il longtemps que vous soupçonniez qu'on vendait des actions à la Bourse?

R. Il y avait huit ou dix jours.

D. Il est certain que jusqu'au 14 juillet on n'aurait pas dû en vendre une seule.

R. Je n'ai pas eu connaissance qu'il en ait été vendu une seule.

D. Savez-vous, oui ou non, si les actions qui ont été vendues à la Bourse, et dont la vente a excité votre juste attention et vos soupçons, ont été vendues à une époque antérieure ou postérieure au 14 juillet 1853?

R. Je crois que ce doit être postérieur au 14 juillet ?

M⁰ PICARD. — M. le Président veut-il demander au témoin quelle était, selon lui, la part de Legendre dans toutes ces opérations?

LE TÉMOIN. — Mes rapports étaient à peu près nuls avec MM. Legendre et Duchêne de Vère. Je n'avais de rapport qu'avec M. Cusin, qui était le mandataire de ces messieurs, qui avait le pouvoir de gérer en tout ce qui me concernait.

M. LE PRÉSIDENT. — Legendre s'occupait plus particulièrement de la maison de banque l'Union ?

R. Je n'ai jamais vu Legendre se mêler de grand'chose.

CUSIN. — Je fais remarquer que le fait de la distribution et de la vente des actions est un fait qui échappe à l'inculpation. Ce que j'ai eu l'honneur de vous avancer sous ce rapport est bien confirmé.

M. Picard ne peut être taxé de vouloir nous laver. La déclaration qu'il vient de faire, et dont je le remercie, confirme la déclaration de M. Pereire et explique la position que nous avions quant à Bernard. Le nom de Bernard a été pris pour éviter la peine de mettre un plus grand nombre de noms sur les livres.

M. L'AVOCAT IMPÉRIAL. — Il existe sur les livres plusieurs opérations sous le nom de Bernard.

LE TÉMOIN. — Sous le nom de Bernard il y a deux ou trois opérations ; les deux premières pour des affaires complétement étrangères aux Docks. Il venait dans mon bureau, au lieu d'aller chez l'agent de change, parce que j'étais en rapport avec tous les courtiers qui venaient me demander le matin si j'avais des ordres à leur donner. Bernard m'apportait des valeurs à vendre ou de l'argent à employer. J'ai fait deux opérations pour lui. Il avait un compte ouvert. Aussi, lorsqu'il y a eu indécision de la part de M. Cusin pour me donner le nom d'une partie prenante pour des payements qu'il fallait appliquer tout de suite à un compte quelconque, pour lui laisser le temps de s'entendre avec ses collègues, je me suis dit : Je vais toujours le mettre au compte de Bernard. Comme cette opération s'est terminée dans le mois, j'ai versé le solde et l'affaire a été finie ainsi sans avoir changé le nom.

D. Je trouve le nom de Bernard sur plusieurs comptes. Il y a une première opération aux chiffres de 27,875 francs et une autre de 28,840 francs. A un autre jour, on a bénéficié sous le nom de Bernard ; il est vrai de dire que ce jour-là on s'est montré généreux vis-à-vis de l'administration des Docks, et qu'on lui a alloué 1,000 francs comme frais de courtage.

R. C'est exact. Pour liquider, il fallait revendre les 1,053 actions ; j'ai fait l'opération avec un client de la maison, ce qui a donné lieu à un courtage de 500 francs à la charge de l'acheteur et de 500 francs à la charge du vendeur, soit 1,000 francs qui ont été portés à la caisse des Docks comme profit.

M. LE PRÉSIDENT. — Les bénéfices réalisés dans ces diverses opérations faites sous le nom de Bernard, et en apparence pour son compte, à quel crédit ont-ils été portés ?

D. J'ai dit que 15,000 francs avaient été comptés à la fin du mois à ces messieurs. Je ne sais pas à quel compte ils ont été portés, je ne m'en suis pas occupé.

D. Est-ce au crédit de la maison de banque ?

R. Non, j'ai donné un bon sur la maison de banque de 15,000 francs qui a été encaissé, je ne sais par qui ; mais ce sont ces messsieurs qui en ont reçu le montant.

D. Vous ne savez pas à quel crédit cela a été porté ?

R. Ce n'est pas un crédit, j'ai donné un bon qui a été encaissé.

D. L'expert va nous fixer sur ce point. A qui cette somme de 15,000 francs a-t-elle été attribuée ?

M. MONGINOT. — Aux sieurs Cusin et Legendre.

M. LE PRÉSIDENT. — Pas à la caisse sociale ?

M. PICARD. — Ce n'est pas à la caisse sociale que cela appartenait ; c'é-
taient des actions achetées au-dessus du pair. La caisse sociale a pu faire des
opérations au bénéfice des actionnaires. Il y a eu des opérations assez fructueuses faites au bénéfice des actionnaires ; mais celle-ci était faite sur des
actions prises à un prix supérieur au pair, acquises à titre onéreux, puisque ces
messieurs en avaient même racheté 1603, et qu'ils n'ont profité que sur 1,203.
Il y en a 400 sur lesquelles ils ont payé la prime et qu'ils ont concédées au
pair pour accomplir leurs promesses.

D. Vous dites qu'il a été fait à une autre époque des opérations fructueuses
pour les actionnaires. A quel crédit ont été mis les bénéfices résultant de ces
opérations ?

R. Ils sont restés au crédit des actionnaires, ils ont disparu dans des écritures passées postérieurement à la date du 12 août 1850 ; ils ont été appliqués
à la maison de banque, mais c'était aux actionnaires qu'ils appartenaient.

M. LE PRÉSIDENT. (A Cusin). — Voilà un fait qui a de l'importance :
M. Picard dit que, deux opérations faites à une certaine époque ayant donné
des bénéfices pour les actionnaires, ces bénéfices ont d'abord été portés au crédit
des actionnaires et que plus tard ils ont disparu par suite de variations, de revire-
ments d'écritures, et qu'ils ont été portés au crédit de la maison de banque.

CUSIN. — Il n'a été fait aucun prélèvement d'espèces. C'est purement et
simplement une balance. Je demande à M. Picard s'il n'a pas fait une petite
opération pour MM. Tainin et Baillot.

LE TÉMOIN. — La voici : M. Tainin, commis du contentieux, et M. Baillot,
son adjoint, ont sollicité de ces messieurs la permission de faire acheter 125
Docks, 100 pour le premier, 25 pour le second. Quoiqu'on les ait achetés
très cher, ils avaient l'espérance de gagner dessus. Quelques jours avant mon
départ, j'ai obtenu d'eux de vendre ces actions, et ils ont perdu l'un à peu près
7,000 francs et l'autre dans la proportion du quart. Ils avaient affecté à la
garantie de cette perte 3,000 francs d'actions de l'emprunt de Bruxelles ;
ces 3,000 francs d'actions ont disparu dans ces écritures dont je viens de
parler au tribunal, et même le produit des actions a été enveloppé dans cette
mesure, tandis qu'il devait revenir évidemment à ces deux employés, qui
étaient débités de la totalité de l'achat.

M. LE PRÉSIDENT. — N'est-il pas à votre connaissance que plus tard des
actions ont été détachées de la souche, et qu'on se serait efforcé, par certaines manipulations, de leur faire perdre le caractère d'actions neuves qu'elles
avaient en apparence ?

R. Je n'étais plus à l'administration quand cette affaire a eu lieu.

D. Quels renseignements pouvez-vous donner à cet égard ?

R. Vous allez recevoir des communications beaucoup plus certaines de la
personne qui a été témoin de ce fait, M. Ducros.

M. DUCROS, *chef du secrétariat à l'administration des Docks.*

M. LE PRÉSIDENT.—Vous étiez attaché à la Compagnie des Docks? A partir de quelle époque?

R. Depuis la création.

D. N'avez-vous pas été employé à une certaine époque, dans le cours de 1853 ou de 1854, à détacher des actions qui étaient dans la caisse, et qui étaient restées attachées à la souche?

R. Cela est arrivé deux ou trois fois.

D. Ne s'était-on pas préoccupé, à la Bourse, de l'émission sur la place d'un certain nombre d'actions ayant l'apparence d'actions neuves, dont le papier n'ayant subi encore aucune espèce de taches, n'étant pas maculé, semblait indiquer que les actions n'avaient pas circulé et qu'elles sortaient de la maison qui en était détenteur?

R. C'est en effet vrai.

D. Qu'est-ce qu'on a fait pour faire perdre à ces actions ce caractère?

R. Une seule fois, et pendant l'absence de M. Cusin, je crois, M. Legendre fils me fit venir dans sa chambre avec deux employés de la maison de banque. J'ai été occupé d'abord à talonner des actions, à voir si les numéros d'ordre se suivaient bien, si elles étaient bien signées, et à réunir ces talons au moyen d'une petite chemise et de ficelle. Ensuite, on m'a fait détacher ces actions, et au fur à mesure que je les détachais, le fils Legendre et les deux autres employés les jetaient dans la pièce où nous étions et les froissaient.

D. Combien en avez-vous détaché ce jour-là?

R. J'aurais de la peine à me rappeler le chiffre. Je crois qu'il y avait 12 à 16 cahiers de titres de 4. Cela faisait 1,200 ou 1,600 titres de 4; environ 6,000.

D. Qu'a-t-on fait de ces actions?

R. On les a remuées pour interrompre la série des numéros et les mélanger; puis on les a rétablies par paquets de 100.

D. Avec quoi les a-t-on remuées?

R. Avec une canne, un bâton, un manche à balai. Je n'étais occupé qu'à compter les titres.

D. A quelle époque ceci se faisait-il?

R. En 1854.

D. Pouvez-vous préciser le mois?

R. Vers juillet. Si j'avais les bordereaux, je pourrais dire la date. Il y a eu une masse d'actions détachées le 15 juillet 1854.

D. Est-ce que le bruit n'avait pas couru, dans les bureaux, qu'à la Bourse on se préoccupait de l'émission de ces actions?

R. Oui, Monsieur.

D. Était-ce pour éviter les commentaires et les remarques, qu'on faisait ainsi froisser et maculer les actions neuves ?

R. Probablement. On ne m'a pas rendu compte des motifs qui faisaient agir ainsi ; mais c'est à supposer.

M⁰ PICARD, avoué. — M. Ducros a été employé dans la maison de banque ? Peut-il dire quel rôle remplissait M. Legendre dans cette maison et dans l'affaire des Docks ?

M. LE PRÉSIDENT. — Qui est-ce qui s'occupait plus particulièrement de l'affaire des Docks ?

LE TÉMOIN. — C'est assez difficile à dire pour nous employés, qui n'étions jamais appelés auprès de ces messieurs que par l'intermédiaire de nos chefs. Il m'est impossible de dire, par conséquent, si c'était M. Legendre ou si c'était M. Cusin qui s'occupait plus particulièrement de l'affaire. M. Cusin passait pour s'en occuper plus que tout autre ; mais je ne puis pas préciser de circonstance particulière.

Audience du 27 Février 1857.

M⁰ NIBELLE. — On a parlé hier de grattages de chiffres pour enfler le nombre des actions demandées. C'est dans le bureau de M. Picard que ces grattages auraient eu lieu. Je vous prie, monsieur le Président, de vouloir bien demander à ce sujet quelques explications à M. Picard.

LE TÉMOIN PICARD, rappelé. — Je n'en ai pas eu connaissance.

M⁰ PICARD, avoué. — N'est-ce pas MM. Picard et Bourgeois qui ont été chargés de dresser les états de répartition des actions ?

CUSIN. — C'est M. Duchâteau qui a dressé la liste. Je demanderai qu'elle soit présentée à M. Picard pour voir s'il la reconnaît.

M. LE PRÉSIDENT. (Au témoin Monginot). — Voulez-vous représenter à M. Picard les pièces que vous avez signalées comme étant l'objet d'un grattage ?

(M. Monginot signale plusieurs pièces au témoin Picard.)

M. PICARD. — Je reconnais ces pièces-là, mais j'ai été étranger à leur confection.

M. LE PRÉSIDENT. — Il résulte des débats que, pendant qu'il y avait 225,000 actions demandées, on en portait le chiffre à 318,000 ; on l'a même porté plus tard à 800,000. C'était l'exagérer singulièrement.

R. Je suis resté étranger à tout cela.

M. LEVITRE, *ancien chef de bureau à l'administration des Docks, comptable au chemin de fer du Bourbonnais.*

M. LE PRÉSIDENT. — Vous avez dit, dans l'instruction, que la conduite des concessionnaires avait été singulière dès le début ; qu'ils tenaient leurs employés à distance, comme s'ils avaient voulu leur cacher quelque chose ; expliquez-vous sur ces expressions. Est-ce que la conduite de ces messieurs vous semblait de nature à vous faire croire qu'il se passait quelque chose d'irrégulier ?

R. Cela me faisait l'effet que ces messieurs ne voulaient pas que ce qui se faisait fût connu des employés.

D. Pour quels motifs ?

R. Je l'ignore. Il y avait à l'administration des Docks deux bureaux : une salle du conseil, où ces messieurs se réunissaient, et une pièce particulière où M. Cusin faisait ses écritures. Je n'ai jamais vu ce qui se passait dans cette pièce.

D. Savez-vous quelle est la part que Duchêne de Vère a prise à l'administration ?

R. Je l'ignore complétement.

D. Avez-vous entendu dire qu'une attribution d'actions lui avait été faite ?

R. Nullement.

D. N'avez-vous pas été chargé par Cusin de rechercher et de réunir les souches des actions non souscrites ?

R. Oui, en novembre 1854. Elles étaient disséminées partout. Il y en avait dans la chambre de M. Cusin, dans la salle du conseil, dans les couloirs ; en un mot, il y en avait un peu partout, excepté dans les bureaux. Les souches des actions réellement souscrites étaient dans un placard du bureau des Docks. A mon arrivée, en 1852, j'ai trouvé les souches de 85,000 qui avaient été souscrites ; le reste n'existait pas. Vers le mois de novembre, M. Cusin me chargea de constater par des fiches les souches qui manquaient ; c'est un travail que j'ai fait avec les employés de la banque. Nous les avons toutes trouvées, excepté cinquante souches représentant 200 actions. Pour justifier cette absence de cinquante souches, M. Cusin dit à M. Dufour et à moi qu'elles avaient été prises par M. Duchêne de Vère. Voilà le seul cas où je me sois occupé des actions des Docks.

D. (A Duchêne de Vère). Eh bien ! Duchêne, vous aviez dit que vous n'aviez jamais eu d'actions ?

R. Jamais ! Le témoin dit cinquante titres : c'est une absurdité.

CUSIN. — M. Duchêne de Vère était appelé à signer les actions, qui devaient porter la signature de deux administrateurs. Elles étaient signées tantôt Legendre et Cusin, tantôt Cusin, Legendre ou Duchêne de Vère. M. Duchêne de Vère en a signé un très grand nombre, des milliers, des masses. Il en emportait des paquets chez lui, qu'il rapportait après les avoir signées. Qu'y a-t-il d'extraordinaire à ce qu'il ait manqué un jour un paquet de cinquante oublié chez lui ? J'étais très soucieux de savoir ce qu'était devenu ce paquet. M. Carteret me rapporta un jour vingt-cinq de ces souches, en me disant : « C'est une affaire qui regarde M. Duchêne de Vère et M. Orsi. » J'ai fait appel l'autre jour au souvenir de M. Orsi ; je lui ai demandé s'il se rappelait quelque chose de pareil.

ORSI. — C'est une circonstance que je ne me rappelle nullement.

M. L'AVOCAT IMPÉRIAL. — M. Orsi signait-il les actions?

CUSIN. — Non ; les actions n'ont jamais été signées que par M. Legendre, M. Duchêne de Vère et moi.

DUCHÊNE DE VÈRE. — J'ai signé des actions, mais je n'en ai jamais possédé une seule. Il y avait un désordre épouvantable au milieu de toutes ces actions. Si ces messieurs avaient eu un certain nombre d'actions à me réclamer, ils l'auraient fait en 1854, lorsque je me suis retiré. Je ne comprends pas ce qu'on veut me dire aujourd'hui; je n'ai jamais possédé une seule action.

D. (A Cusin). Comment pouvez-vous expliquer le désordre dont on vient de parler? Des actions qui n'étaient pas émises, qui n'étaient pas signées, étaient éparpillées partout; il y en avait dans votre chambre à coucher, dans les couloirs, partout en un mot, excepté dans les endroits où elles auraient dû se trouver.

CUSIN. — Les actions étaient dans la chambre des fondateurs ; au milieu de ce mouvement de signatures et de déplacements, il n'est pas étonnant que quelques-unes se soient trouvées momentanément égarées. Quant à l'incident que j'ai soulevé, je maintiens ce que j'ai dit. Je prie M. Orsi de se rappeler la circonstance que je signalais tout à l'heure ; elle n'a qu'une gravité minime en elle-même, mais pour moi elle en a une grande. M. Orsi ne se souvient-il pas de m'avoir dit qu'il avait remis les actions à la Compagnie de Graissessac à Béziers? M. Carteret a été étonné, quand il a fait le récolement, de ce qu'en remettant les actions à la Compagnie de Graissessac à Béziers, on eût détaché les souches.

ORSI. — Je n'ai aucun souvenir de cela.

M. LE PRÉSIDENT. (Au témoin). — Veuillez vous expliquer sur le bilan de 1854.

R. On m'a donné des écritures toutes faites. Le bilan de 1854 a été dressé par M. Lombard.

D. Est-ce l'employé qui est détenu sous la prévention de détournements?

R. Oui, monsieur.

D. Est-ce que, parmi les écritures dont vous parlez, il n'y avait pas des pièces signées Cusin ?

R. Il n'y avait aucune pièce qui portât sa signature ; mais il y avait deux feuillets que j'ai remis à M. Monginot, couverts non d'écritures, mais de chiffres de la main de M. Baumont, mandataire de M. Cusin. Je dois ajouter que M. Cusin m'a dit que ces chiffres avaient été écrits par M. Baumont, sous la dictée de M. Stockes.

D. (A Cusin). Comment se fait-il que M. Stockes travaillât à établir votre bilan ?

R. Il a donné quelques explications au milieu d'un cercle dont M. Orsi faisait partie.

D. M. Stockes n'était pas gérant des Docks, c'était vous ; c'était donc vous qui deviez fournir les chiffres ; ils auraient dû être le relevé des livres ?

R. Ils étaient aussi le relevé des livres ; mais il s'agissait d'un projet sur lequel nous avions appelé les lumières de ceux qui travaillaient avec nous. Je n'entends nullement faire peser sur M. Stockes la responsabilité de ce travail.

D. Vous savez comment il a été qualifié par l'inspecteur général des finances ; il a dit que c'était un travail mensonger, une situation toute fictive, faite pour tromper la religion du Ministre. (Au témoin.) Est-ce qu'à l'occasion de ces écritures la lumière ne s'est pas faite pour vous ?

R. Ces messieurs faisaient disparaître le déficit de 3 millions ; pour moi, il me semblait, au contraire, que le déficit était de plus de 3 millions ; mais je n'avais rien à dire, et je n'avais qu'à faire ce qui m'était ordonné.

D. Enfin, vous avez déclaré dans l'instruction que la situation s'était révélée à vous pleine de nuages ?

R. Je l'ai dit parce que c'était mon opinion. Quand on a présenté ce déficit de 3 millions, je faisais la balance, et il me semblait difficile de ne trouver que 3 millions de déficit.

D. C'est après le bilan, postérieurement au 10 août 1854 par conséquent, que vous avez constaté qu'il ne restait dans la caisse que 5,824 actions ?

R. Oui, Monsieur.

D. Savez-vous quelque chose sur le traité Fox-Henderson ?

R. Je le connais pour l'avoir placé dans les archives.

D. Vous n'avez pas connu le traité secret ?

R. Non, Monsieur, j'ai vu seulement les trois traités apparents.

D. A l'occasion du premier, qui attribuait à MM. Fox-Henderson 32,000 actions, n'avez-vous pas été chargé de détacher de la souche un certain nombre d'actions qui leur ont été délivrées ?

R. Par le premier traité, MM. Fox-Henderson s'engageaient à faire pour 24 millions de constructions. Ce premier traité était modifié par un second, en ce que les travaux devaient être répartis sur divers lieux, au lieu d'être concentrés sur la place de l'Europe. Le troisième avait pour cause le retard apporté à l'exécution des engagements. Par ce dernier traité, il était alloué à MM. Fox et Henderson, à titre de provision 4 millions, en actions des Docks. Ce n'est que quelque temps après, je ne pourrais préciser l'époque, que M. Cusin m'a appelé dans sa chambre pour l'aider à détacher les actions qui devaient servir à compléter ce qu'on devait donner aux Anglais ; j'ai aidé à en détacher 13,000 et quelques.

D. A l'époque de cette opération, n'avez-vous pas entendu dire qu'on les avait jetées dans une chambre et foulées avec des balais, afin de leur donner l'apparence de papiers vieillis ?

R. Le fait dont je vous parlais est bien postérieur à celui que vous me signalez. J'en ai eu connaissance parce que M. Ducros me l'a dit.

D. Dans votre déposition écrite nous lisons un fait grave : ce serait une révélation qui vous aurait été faite par Cusin à l'occasion du bilan de 1854. Vous avez dit que la situation des Docks s'était montrée à vos yeux telle qu'elle était, c'est-à-dire mauvaise, embarrassée, fâcheuse, pleine de mystères, et vous avez ajouté qu'ayant laissé percer vos impressions, Cusin vous avait fait une confidence sur laquelle je rappelle vos souvenirs.

R. Voici ce qui est arrivé : c'était avant la rédaction du bilan, au moment où M. Cusin en préparait les éléments. M. Cusin étant dans mon bureau avec M. Lombard, et s'adressant à nous, nous expliqua sa position à propos de ce déficit de 3 millions :

« Voyez-vous, dit-il, combien je suis à plaindre ! Ce malheureux Gustave » Legendre m'a mangé 1 million. »

CUSIN. — A quelle époque, s'il vous plaît, aurais-je tenu ce propos ?

LE TÉMOIN. — Quand on préparait le bilan, par conséquent dans les premiers jours d'août 1854. M. Cusin se rappellera bien ce fait, les larmes lui roulaient dans les yeux, il disait : Tout ce que je pouvais avoir de bénéfice va se trouver mangé par cette perte. Quelque temps après la rédaction du bilan, le déficit de 3 millions était connu dans les bureaux de la maison Cusin et Legendre. On en parlait, et divers employés disaient : Cela ne nous étonne pas. — Comment cela ne vous étonne pas ! c'est un fait bien grave, puisque M. Gustave Legendre a mangé à lui seul 1 million. — Bah ! 1 million ! — M. Cusin me l'a dit à moi et à M. Lombard, les larmes aux yeux. — Ne croyez pas cela, ne croyez pas cela !.. Je regrette de répéter ces paroles, mais je le dois, puisque j'ai juré de dire toute la vérité.

M. L'AVOCAT IMPÉRIAL. — C'est votre devoir.

LE TÉMOIN. — Ne croyez pas cela ! disaient les autres employés ; M. Cusin joue parfaitement la comédie.

M. LE PRÉSIDENT. (A Cusin). — Vous avez entendu, ceci est très grave. Est-ce vrai ? ce propos a-t-il été tenu par vous ? Gustave Legendre vous a-t-il mangé 1 million ?

R. Voici le fait : je crois avoir expliqué dans l'instruction que la maison Cusin et Legendre était dirigée par plusieurs chefs de service dont chacun avait des attributions spéciales. J'ai dit que M. Gustave Legendre, employé à la comptabilité, était chargé de détacher les actions de la souche. Il va sans dire que c'était postérieurement au bilan, puisque le bilan présente un déficit. Je ne contredis pas tout ce que dit le témoin, il est évident qu'il y avait plus de 3 millions de déficit. J'ai pu, dans un moment de sensibilité, dans une circonstance qui coïncidait avec un voyage que j'avais fait à Londres, verser des larmes : ce ne sont pas les premières que j'ai versées, j'en ai versé alors et depuis ! Je savais qu'un versement devait être fait à M. le duc de Galliera ; des précautions avaient été prises pour qu'il fût opéré. J'étais allé à Londres, j'y avais passé dix à douze jours, et en revenant j'avais appris que la possibilité de faire ce payement n'existait plus, soit qu'on eût donné à M. Sussex plus qu'il ne fallait, soit à cause de toute autre circonstance. J'ai pu alors dire au témoin, dans un moment d'effusion : Je comptais trouver là 4 millions de fonds, je ne les ai pas trouvés. Voilà, autant que ma mémoire peut me le rappeler, ce qui s'est passé. Je n'ai pas lu les pièces de l'instruction, mais voilà l'explication que j'ai à donner.

D. Enfin, vous auriez parlé de ce million qui aurait été mangé par Gustave Legendre ?

R. C'est possible, mais je vous ai dit dans quelle circonstance.

D. Vous voyez l'opinion que donnaient de votre administration les faits dont parle le témoin. Il y avait plusieurs employés, le caissier était là et l'opinion commune était que vous jouiez une comédie !

R. Je ne puis pas donner l'explication de l'opinion que les employés avaient de ma conduite. Ils avaient pu parfaitement se rendre compte que les sacrifices que nous avions faits dépassaient 3 millions, et ils avaient raison. J'ajoute ceci, que je pourrais avoir parfaitement dit ce que Monsieur rapporte, et j'y trouve une justification qui est devenue pour moi une satisfaction : c'est que nous n'avons jamais eu la prétention de nous attribuer ni 1 million ni 1 million 200,000 francs. Il n'est pas étonnant que M. Levitre n'ait pas eu connaissance de la vente des actions des Docks. Vous savez que nous établissons par la comptabilité que, si nous avons vendu les actions au-dessous du pair, nous n'avions pas la prétention de faire subir cette différence à la Compagnie des Docks. Par conséquent, ceci n'entrait en aucune façon dans les attributions de l'administration centrale que le témoin représentait. Les autres employés savaient que la vente des actions avait amené une perte plus considérable que 3 millions et demi. Est-ce que, jusqu'à un certain point, ce n'était pas une justification pour nous ?

Maintenant, je l'ai déjà dit, nous n'avions jamais eu la pensée de nous attribuer un nombre si considérable d'actions. Si les affaires de Javel et de Pont-Remy nous ont entraînés à des sacrifices, le succès de ces deux affaires avait pour but de faire marcher les Docks. D'ailleurs, je l'ai dit tout à l'heure, nous avions 1 million à payer à M. de Galliera, et nous lui avons en effet payé, en juin et en juillet, une fois 300, une fois 400,000 francs.

D. (Au témoin). Avez-vous été propriétaire d'actions dans la Compagnie des Docks ?

R. Jamais.

D. Vous êtes-vous livré à des opérations, soit pour la vente, soit pour l'engagement d'actions ?

R. Non, monsieur le Président.

D. Avez-vous eu connaissance que votre nom ait été porté sur les livres ?

R. Non, monsieur le Président.

M. MONGINOT. — Le nom de Monsieur se trouvait, non sur les livres, mais sur les tableaux de demandes d'actions.

Mᵉ HENRY CELLIEZ. — Le témoin pourrait-il fixer d'une manière précise l'époque où plusieurs personnes s'étaient réunies pour dresser ce bilan qui a été porté à la date du 12 août.

LE TÉMOIN. — La date est de fin juillet ou du 1er au 12 août.

CUSIN. — J'en puis donner la date précise. Le 7 août on a signé la vente avec M. Hainguerlot pour les terrains; il est évident que la date certaine est après le 7 août.

Me PICARD, avoué. — Qu'est-ce que, dans l'esprit du témoin, voulaient dire ces mots : « Gustave Legendre a mangé 1 million ? »

LE TÉMOIN. — Je ne le sais pas; mais M. Cusin a dit, devant moi, que pendant son voyage à Londres M. Legendre avait mangé 1 million. J'ai parlé de ce fait aux employés qui m'ont dit que c'était une ruse, que des actions avaient été vendues pour faire face aux affaires de Javel.

M. HORDEZ, employé.

M. LE PRÉSIDENT. — Vous êtes actionnaire des Docks ; vous y avez mis la plus grande partie de votre fortune, dans l'espérance que cette affaire serait bien et loyalement conduite?

R. Oui, monsieur le Président.

D. Dites-nous ce que vous savez?

R. Il y a près d'un an que j'ai été interrogé par M. le Juge d'instruction : je ne me rappelle plus ce que j'ai dit, je vous prie de vouloir bien m'adresser des questions.

D. Y a-t-il eu quelque fait qui vous ait été personnel ? Si vous n'aviez à entretenir le tribunal que des bruits qui ont couru, des alarmes qui ont été répandues, nous n'aurions pas à nous étendre sur votre témoignage ?

R. Je ne puis répondre qu'aux questions précises que vous m'adresserez.

M. L'AVOCAT IMPÉRIAL. — Combien aviez-vous primitivement demandé d'actions?

R. 45.

D. Combien vous en a-t-on donné?

R. 15.

M. LE PRÉSIDENT. — Comment se fait-il qu'on n'ait pas donné au témoin le nombre d'actions qu'il demandait, car il n'en demandait pas beaucoup?

CUSIN. — M. Pereire vous l'a dit : on ne donnait jamais aux souscripteurs ce qu'ils demandaient.

D. C'est un tort : si vous aviez donné à chacun ce qu'il demandait, vous auriez placé votre capital.

R. Qu'est-ce qui nous serait resté pour les Anglais, si nous avions tout donné aux Français?

D. Le traité était rompu avec les Anglais.

R. C'est une erreur, et c'est là tout le mal de la situation. Si MM. Riant et Legendre étaient revenus avant l'attribution des actions, il est évident que nous n'en aurions pas gardé 30.

M. L'AVOCAT IMPÉRIAL. — Ils sont revenus le 10 ou le 12 octobre.

R. La date de leur retour est indiquée par leurs lettres ; du reste, je ferai un appel au souvenir de M. Picard : N'est-il pas vrai que MM. Riant et Legendre ne sont arrivés à Paris qu'après que l'attribution des actions avait été faite ? attribution qu'il ne faut pas confondre avec l'acte déclarant que la Société est constituée, lequel est postérieur.

M. LE PRÉSIDENT. (A Cusin).— Il résulte des déclarations précédentes que M. Riant et Legendre étaient de retour le 11 octobre, qu'ils rapportaient le traité Ricardo, et que deux jours après vous renvoyez Legendre à Londres avec un refus, parce que vous trouviez que les Anglais demandaient trop d'actions. L'attribution des actions ne pouvait pas encore être faite. Elle était d'ailleurs si voisine de la distribution de vos lettres, que vous auriez dû en envoyer d'autres et dire que vous étiez en mesure de donner les actions demandées.

(Au témoin). — Ce qui vous a décidé à porter plainte, c'est qu'aux termes des statuts il était dit qu'il y aurait des assemblées d'actionnaires, qu'un dividende et des intérêts seraient distribués, et que rien de tout cela n'a été fait ?

R. C'est bien la vérité, nous n'avons pas encore reçu un sou.

M. BERNARD BRÉDILLART, *garçon de magasin.*

M. LE PRÉSIDENT. — Vous étiez le valet de chambre de Cusin ?

R. Non, Monsieur, j'étais entré dans l'administration comme garçon de caisse.

D. Est-ce que vous aviez pris des actions ?

R. Malheureusement, puisque j'en ai encore.

D. Vous avez mis là toutes vos économies ?

R. Hélas ! oui.

D. Aviez-vous pris vos actions au début de la Société, ou les aviez-vous achetées postérieurement à sa prétendue constitution ?

R. J'en ai acheté 10 à 50 francs de prime.

D. Quelle somme avez-vous dépensée ?

R. Tout ce que j'avais et plus, puisque j'ai emprunté. J'ai suivi dans cette affaire les conseils du caissier.

D. De combien êtes-vous débiteur ?

R. Je n'en sais pas au juste le chiffre, mais cela s'élève bien à 30,000 francs.

D. Avez-vous connaissance que votre nom figurât sur les livres pour des opérations sur les actions ?

R. J'en ai entendu parler, mais jamais il n'y a figuré de mon consentement.

D. Ainsi vous êtes resté étranger aux opérations faites sous votre nom ?

R. Je n'en ai jamais eu connaissance.

M. L'AVOCAT IMPÉRIAL. — C'est de la maison de banque Cusin et Legendre que vous êtes resté débiteur de 30,000 francs ?

R. Oui, monsieur, mes actions y sont restées en nantissement.

TAININ, *employé au contentieux de la maison de banque.*

LE PRÉSIDENT. — Vous étiez employé de la maison de banque Cusin et Legendre avant la concession des Docks ; avez-vous eu des actions dans cette dernière entreprise ?

R. J'ai fait quelques opérations d'actions, mais très peu et au comptant.

D. En ce cas, votre nom n'aurait pas dû être porté sur les livres, cependant il y figure ?

R. M. le Juge d'instruction m'a déjà fait cette question. Mon nom figure en effet sur les livres pour une petite opération.

M. L'AVOCAT IMPÉRIAL. — De 18,000 et quelques francs ?

R. Voici dans quelle circonstance cette quantité d'actions a été mise sous mon nom. A une certaine époque, MM. Cusin et Legendre m'avaient promis quelques actions pour me rémunérer de mes services. Comptant sur cette promesse, j'avais vendu un certain nombre de ces titres, puis j'avais demandé à ces messieurs de me livrer la quantité d'actions promises, et sur leur refus, j'avais dû me couvrir par une autre opération. L'acquéreur que j'avais en main m'ayant manqué (c'est M. Picard qui avait levé les titres pour moi), j'ai cru que c'était une affaire complétement terminée. Mais lors d'une assemblée d'actionnaires, où je représentais d'autres personnes, la Compagnie crut devoir me retenir mes titres. J'ai formé à cette occasion une demande en honoraires, on m'a opposé le reliquat de cette opération que je signalais tout à l'heure. La Compagnie me demandait 7,000 francs ; nous avons transigé pour 3,000 francs, et j'ai renoncé à la répétition de mes honoraires.

M. BEAUMONT, *ancien employé de la maison Cusin et Legendre.*

M. LE PRÉSIDENT. — Dites-nous ce qui est à votre connaissance en ce qui touche la gestion Cusin et Legendre dans l'affaire des Docks ?

R. J'ai été complétement étranger aux affaires des Docks.

D. N'avez-vous pas été chargé, à une certaine époque, de contrôler le nombre d'actions qui pouvaient rester dans la caisse ?

R. Je n'ai rien contrôlé du tout.

D. Est-ce que vous n'avez pas été chargé de ce travail avec M. Levitre ?

R. Oui, mais je ne l'ai pas fait.

D. Est-ce que votre refus n'aurait pas tenu à ce que la conduite des gérants était peu régulière ?

R. Je ne connaissais pas le commencement de l'affaire, et je n'ai pas voulu y mettre la main.

D. Ainsi vous ne vous êtes pas soucié de vous occuper de ce travail ?

R. Non, Monsieur.

M. ANDROUET DU CERCEAU, *employé au ministère de l'intérieur.*

M. LE PRÉSIDENT. — Vous avez à une certaine époque fait des opérations sur les actions des Docks ?

R. Non, monsieur le Président.

D. Cependant votre nom est porté sur les livres de la maison Cusin et Legendre ?

R. J'avais demandé pour moi et mes amis des lettres de promesses d'actions ; j'en avais obtenu un certain nombre. Ces messieurs m'avaient engagé à les garder, puis ils les ont prises.

D. A quelle condition ?

R. A 9 fr. de prime par action.

D. Combien en aviez-vous ?

R. De 8 à 900. J'ai remis à mes amis ce qui leur revenait.

D. A quelle époque cela se passait-il ?

R. Au mois d'avril 1853.

D. Comment se fait-il que vous soyez resté si longtemps sans lever ces actions, puisqu'il était dit que, si l'on ne se présentait pas dans un certain délai, on était déchu ?

R. C'était par une faveur que m'avait faite l'administration.

D. Et cela s'est chiffré par une somme de... ?

R. Je ne me le rappelle plus.

M. L'AVOCAT IMPÉRIAL. — De 8,000 et quelques cents francs.

M. LE PRÉSIDENT. (A Cusin). — Comment se fait-il que de simples lettres périmées aient donné lieu à une prime délivrée au témoin ?

CUSIN. — Les actions dont Monsieur parle faisaient partie des 1978 qui étaient réservées dans le traité Pereire. M. Androuet était en relation avec nous, il était employé dans les bureaux du ministère du commerce, et nous avions pensé pouvoir lui faire ce petit avantage.

M. L'AVOCAT IMPÉRIAL. — Les actions délivrées à M. Androuet ne faisaient pas partie des 1978 réservées dans le traité Pereire.

(Au témoin). — N'est-ce pas sur la demande d'un nommé Bonal que vous vous étiez fait délivrer ces actions ?

R. Oui, Monsieur... Je ne voudrais pas que le tribunal crût que les services que M. Cusin pouvait attendre de moi fussent des services administratifs.

M. L'AVOCAT IMPÉRIAL. — Nous ne disons pas cela.

10

M. LE PRÉSIDENT. — Enfin le témoin était déchu de tous droits, et l'on est étonné de ce sacrifice en sa faveur.

CUSIN. — C'est tout simple, nous ne pouvions pas le faire avant le traité Pereire, nous le pouvions après. Ce traité est à la date du 18 mars, nous ne pouvions pas l'exécuter avant.... Malheureusement on n'a pas copié le traité secret avec M. Pereire, on n'a copié que celui qui est resté à l'état de projet. C'est M. Picard qui a fait cette opération.

D. Le ministère public vous dit que ces actions que vous avez payées à prime au témoin, ne faisaient pas partie des 1978 qui sont portées au traité?

R. J'ai l'honneur de dire que si.

D. (Au témoin). Avez-vous fait d'autres opérations avec les concessionnaires des Docks?

R. Non, monsieur.

M. LEFAURT, *artiste dramatique.*

M. LE PRÉSIDENT. — Vous avez fait des opérations sur les Docks?

R. J'ai acheté 400 actions.

D. Vous êtes porté sur les livres de la maison Cusin et Legendre comme ayant fait plusieurs opérations : vous aviez donc des rapports avec cette maison?

R. Oui, Monsieur.

D. Expliquez-nous quels étaient ces rapports?

R. Dès le début de l'affaire, j'ai connu M. Duchêne de Vère, et quand la concession avait été obtenue, on avait donné des promesses d'actions à beaucoup de personnes. Dans un moment où ces promesses étaient cotées très bas à la Bourse, M. Duchêne de Vère me dit : Prenez toutes les promesses d'actions que vous pourrez trouver, dites que nous accorderons une prolongation pour le payement. J'en ai rassemblé, d'autres ont fait comme moi, et à deux ou trois mois de là à peu près ces messieurs m'ont dit qu'ils les reprenaient à 9 fr. de prime.

D. Ainsi vous avez reçu autant de fois 9 fr. que vous aviez d'actions promises?

R. Oui, Monsieur.

D. Ceci s'est fait au commencement de 1853?

R. Je ne pourrais pas le dire au juste; mais c'est bien vers cette époque-là, lorsque les actions sont remontées un peu.

M. L'AVOCAT IMPÉRIAL. — Voici les reçus qui constatent les opérations. Sur les livres on écrivait l'opération sous le titre de : *Rachats de promesses d'actions*; les reçus constatent qu'on remettait seulement aux porteurs la différence. Ces reçus portent les dates des 1er avril 1853, 30 avril, 1er mars. Seulement sur les livres on inscrit cela comme un rachat de promesses de titres.

Duchène de Vère. — Je ne connais rien de tout cela. Comme M. Picard est ici, je désirerais qu'il s'expliquât. Je ne me suis mêlé en aucune façon de cette affaire.

Le témoin Picard rappelé. — Au moment où les actionnaires se sont présentés pour retirer leurs actions, j'avais d'abord payé celles du 31 mars, et puis dans la journée j'étais allé voir M. Cusin, pour lui demander s'il était à propos de conserver ces actions, parce que le nombre de 1978 qu'il en avait était insuffisant pour toutes les personnes qui auraient reçu des promesses, et dont j'avais la liste par devers moi. M. Cusin pensa qu'il y avait opportu-nité à les retenir : ce sont ces actions en effet que nous avons retenues, et c'est pour cela que nous les avons payées à ces personnes.

D. Ainsi ces actions-là signées de nom de Duchène de Vère ne se trouvaient pas d'une manière particulière....

R. Pas du tout.

Mᵉ Picard, avoué. — Ce sont les actions Bernard, et c'est ce qui fait qu'elles figurent dans les 1978. Vous en voyez 1003 au nom de Bernard.

M. CHRÉTIEN, *ancien caissier des Docks.*

M. le Président. — Vous avez été caissier, à une certaine époque, de l'administration des Docks ?

Le Témoin. — J'ai été nommé caissier par M. Cusin, en août 1855, après l'arrestation de M. Lombard.

D. Que savez-vous relativement à l'accusation ?

R. Rien, si ce n'est que j'ai payé deux fois des sommes assez importantes à M. Sussex ; je n'en sais plus le chiffre. Une troisième fois, on m'a demandé 7000 fr.: j'ai refusé de les payer, parce qu'on me disait que c'était un mauvais placement, et j'ai donné pour prétexte de mon refus que j'avais besoin d'en référer à M. Malpas.

D. Dans votre déposition écrite vous avez précisé les sommes que vous aviez payées, et vous avez déclaré qu'elles s'élevaient à 26,000 fr. ?

R. C'est possible.

M. DALMAS, *rentier.*

M. le Président. — Dites-nous ce qui est à votre connaissance relative-ment à la gestion des Docks?

Le Témoin. — En 1852, dans les premiers jours d'octobre, j'appris par les journaux que la souscription était ouverte chez MM. Cusin et Legendre, et comme il s'agissait d'une Compagnie portant le titre de : *Docks Louis-Napoléon,* j'avais toute confiance dans l'affaire. Je souscrivis tant en mon nom qu'au nom d'un de mes amis pour 1000 actions. On m'en attribua 420, sur 85 desquelles je versai 10,625 fr. Quelques jours plus tard, sur les 345 qui restaient, je versai 41,675 fr.: total, 52,300 fr.

Deux ou trois mois après, voyant que l'affaire ne s'organisait pas, qu'il courait des bruits fâcheux sur la maison Cusin et Legendre, et qu'enfin les actions baissaient considérablement, je me présentai plusieurs fois à l'administration pour savoir ce qui se passait. Ces messieurs me disaient que l'affaire était au Conseil d'État, que l'homologation allait venir d'un jour à l'autre, que l'argent était déposé à la Banque de France, qu'il y avait un Conseil de surveillance qui surveillait toutes les opérations, que par conséquent nous ne devions nullement nous inquiéter. Enfin, un jour que M. Legendre nous recevait dans son cabinet, après nous avoir fait l'éloge des Docks, il nous dit que le prince Murat était à la tête du Conseil de surveillance et que nous pourrions aller le voir, ce que nous fîmes. Le prince Murat nous dit que l'affaire était très bonne, qu'il avait étudié la question des Docks en Amérique, que nous devions garder nos actions, qu'elles doubleraient de prix, si l'affaire était bien gérée et bien dirigée, qu'enfin le décret seul valait 25 millions. Après ces paroles nous nous retirâmes plus que satisfaits, et nous attendîmes malgré tout ce qu'on disait. Mais un an après, voyant qu'aucun dividende ni intérêt ne nous était payé, nous retournâmes à l'administration pour savoir quand nous sortirions de cet état de choses. Les concessionnaires nous dirent encore qu'il fallait patienter, qu'on étudiait la question des Docks dans l'intérêt des actionnaires, qu'il y avait un Conseil de surveillance présidé par le prince Murat, et un Commissaire du gouvernement qui répondait de toute l'opération ; mais bref nous étions toujours dans la même position. Plusieurs fois nous les avons menacés de les poursuivre pour inexécution du traité. On nous disait que nous aurions tort, que nous en serions pour nos frais, qu'il nous arriverait ce qui était arrivé à deux ou trois actionnaires qui, ayant fait un procès, l'avaient perdu. Alors ne sachant comment faire, nous prîmes le parti d'adresser des pétitions au Ministre et même à l'Empereur. On nous répondait qu'on transmettait ces pétitions à qui de droit, qu'on les envoyait à une commission. Enfin ne sachant plus à qui m'adresser, j'ai vendu mes 420 actions par groupes : sur l'un j'ai perdu 15,000 fr., sur l'autre 6,000 fr., sur le troisième 9,000 fr.; bref j'ai perdu 30,000 fr. sur les 52,300 fr., que j'avais versés : voilà ce que j'avais à dire.

D. Vous aviez demandé 1,000 actions?

R. Oui; on ne m'en a donné que 420; si l'on m'avait donné les 1,000, j'aurais versé les 120,000 fr.

Me MARIE. — Le témoin a rapporté beaucoup de faits sur ses inquiétudes, sur ses démarches; je voudrais savoir à quelle époque il s'est présenté chez le prince Murat?

R. C'est vers la fin de décembre ou dans les premiers jours de janvier 1855. On pourrait le savoir au juste; on n'aurait qu'à le demander au prince Murat; c'était le jour qu'il déménageait. Nous nous étions rendus chez lui; le prince nous dit : « Je ne peux pas vous recevoir, vous voyez bien que je déménage; attendez-moi en bas. » Nous sommes descendus en bas, dans le jardin, et nous avons attendu le prince assez longtemps. C'était à une époque assez rapprochée de la concession.

Mᵉ MARIE. — Y avait-il déjà eu des actions vendues en baisse à la Bourse?

R. Je crois bien ; et c'est ce qui nous occupait le plus. Si ça avait monté, ça ne nous aurait pas tant occupés.

M. LE PRÉSIDENT. — Ainsi, vous avez été voir le Président de la commission, qui vous a dit qu'il n'y avait pas de crainte à avoir si l'affaire était bien gérée?

R. Oui, Monsieur.

D. Et vous avez pris patience pendant quelque temps?

R. Pendant un an, à peu près.

D. Et c'est vers la fin de 1853 que l'alarme vous a repris, et que vous avez adressé des pétitions?

R. Oui, Monsieur.

Mᵉ MARIE. — Qui vous a parlé d'une commission ?

D. Ce sont les lettres du Ministre qui nous annonçaient que nos pétitions étaient renvoyées à une commission.

M. LE PRÉSIDENT. — La liste des témoins à charge est épuisée; nous allons passer au seul témoin à décharge qui soit cité.

M. CARTERET, *propriétaire.*

M. LE PRÉSIDENT. — M. Carteret est assigné à la requête d'Orsi : sur quel fait le prévenu veut-il faire interroger le témoin ?

Mᵉ GRÉVY. — M. Carteret s'est occupé avec M. Orsi de la question des Docks. Je désirerais qu'il voulût bien expliquer, ce qu'il sait mieux que personne, quel but poursuivait M. Orsi.

M. LE PRÉSIDENT. (Au témoin). — Vous vous êtes occupé des Docks?

R. Oui, monsieur le Président.

D. A quelle époque ?

R. Au moment où l'on cherchait à les réorganiser sur de meilleures bases.

D. Veuillez nous dire comment M. Orsi s'en est occupé.

R. Je dirai d'abord comment je suis arrivé moi-même à m'en occuper. J'ai été consulté plusieurs fois par M. Orsi sur les Docks. Souvent il m'a demandé mon avis sur des questions très sérieuses et très graves; je le lui ai donné. Un jour, il ne m'avait pas suffisamment compris; il me pria de me rendre chez MM. Cusin et Legendre. C'était avant son entrée dans l'administration, M. Duchêne de Vère était encore l'un des administrateurs de l'affaire. Je fus mis en rapport avec ces messieurs, et je leur expliquai mes idées sur les difficultés à l'occasion desquelles M. Orsi m'avait demandé mon sentiment. Ils me dirent qu'ils avaient rendez-vous chez le Ministre et m'invitèrent à m'y rendre avec eux pour répéter les explications que je venais de leur donner. Je me trouvai le lendemain chez le Ministre, qui me demanda si j'étais dans l'affaire; et sur ma réponse négative, il voulut bien me témoigner le désir de m'y voir entrer. M. Orsi et les concessionnaires exprimèrent le même désir; c'est alors que j'acceptai, à titre officieux, de faire partie du Conseil d'administration. Je dois déclarer ici que les efforts de M. Orsi ont eu pour but la réorganisation de l'affaire, en dehors de tout intérêt personnel, et pour mobile un dévouement, un zèle que je me suis permis quelquefois de retenir. Il ne voulait qu'une chose : tirer l'affaire de l'état de ruine où elle était, et l'asseoir sur des bases sérieuses. Je puis affirmer, de la manière la plus positive, que je n'ai jamais vu un acte, entendu une parole de M. Orsi qui exprimassent autre chose que le désir ardent de reconstituer l'affaire, non, je le répète, dans son intérêt personnel, mais au profit de l'œuvre elle-même et des actionnaires. Ce sentiment honorable me paraissait l'entraîner trop loin, et souvent j'ai cru devoir en modérer l'ardeur excessive. Je puis citer ce qui s'est passé au moment où M. Orsi fut appelé à remplacer un des concessionnaires. Mᵉ Dufour, qui avait préparé l'acte, me demanda si mon nom n'était pas celui qu'il devait inscrire. Dieu m'en préserve ! dis-je; et me tournant vers M. Orsi : Prenez-y bien garde; je connais vos sentiments; mais savez-vous bien vous-même où vous allez? — Non, répondit M. Orsi; mais je sais ce que je dois faire !

M. L'AVOCAT IMPÉRIAL. — M. Orsi vous a-t-il parlé des ventes d'actions qui avaient eu lieu?

R. Non; je n'étais pas là pour surveiller les détails de l'administration. Je ne pouvais pas m'associer à une responsabilité devant laquelle je fuyais. En conséquence, tout ce qui était détails quotidiens se passait en dehors de moi ; mais plein de confiance en M. Orsi, j'étais et je suis encore convaincu qu'il agissait avec une parfaite loyauté.

Mᵉ GRÉVY. — Je crois que M. Carteret sait la destination de ce qu'on a appelé une remise de 1 million 800,000 fr. ; s'il le sait, je le prierai de vouloir bien exprimer son opinion sur ce point.

M. LE PRÉSIDENT. (Au témoin). — Avez-vous eu connaissance du traité secret en vertu duquel 1 million 800,000 fr. étaient attribués aux concessionnaires?

LE TÉMOIN. — Je ne sais rien des circonstances qui ont amené et préparé le traité Fox et Henderson. Je sais seulement que les plans et devis ont été dressés par des architectes honorables, que les conditions de ce traité ont été présentées à MM. Fox et Henderson; que ces messieurs les ont discutées et les ont fait discuter; par conséquent, que les choses se sont faites comme elles devaient se faire. Je sais, de plus, que le résumé de tous ces pourparlers, de tous ces travaux, a été soumis au Ministre, qui avait appelé les parties contractantes dans son cabinet. Je sais qu'après les avoir entendues en ma présence, le Ministre leur a dit : « Allez rédiger le traité sur ces bases. » C'est moi-même qui ai tenu la plume pour la rédaction.

Ce premier traité fait, on a procédé à un second dont les bases avaient été arrêtées en dehors de moi, et sur lequel me furent données de courtes expli-. cations.

On ne pouvait pas demander à MM. Fox et Henderson une réduction de prix sur un marché arrêté dans les conditions ordinaires. Mais en considération des pertes éprouvées, et pour combler en partie le déficit, on leur demandait un sacrifice, qu'ils avaient eux-mêmes intérêt à consentir ; car le déficit était le seul obstacle à la réorganisation de l'affaire ; cette remise de 7 pour 100 était pour eux le moyen d'assurer l'exécution du traité de construction.

Il est certain, en effet, que la vue du déficit a fait reculer successivement toutes les personnes qui ont voulu reconstituer l'affaire des Docks. Il fallait donc, par tous les moyens possibles, atténuer ce déficit.

Telle a été la pensée de tout le monde : relever l'affaire et développer les éléments nombreux de prospérité qu'elle renferme ; mais d'abord couvrir un passé déplorable que tout le monde connaissait, depuis le haut jusqu'au bas de l'échelle.

On a donc voulu, par ce traité secret, combler une partie du déficit, et l'on a dit : Voilà une somme qui va être donnée en apparence au profit des concessionnaires, mais qui restera dans la caisse des actionnaires. De telle sorte qu'en donnant quittance de 4 millions, MM. Fox et Henderson ne devaient recevoir que 2 millions 200,000 francs. Je ne dis pas que cette manière de procéder fût régulière ; mais elle était nécessaire, indispensable, et enfin les 1 million 800,000 francs ne devaient pas sortir de la caisse.

D. Quelle garantie avait-on que cette somme ne sortirait pas de la caisse et servirait à amoindrir le déficit ?

R. La garantie que les 1 million 800,000 francs ne devaient pas sortir de la caisse.....

D. Pourquoi cela n'a-t-il pas été expliqué dans le traité secret ?

R. C'était tout simple.

M. L'AVOCAT IMPÉRIAL. —Vous avez dit que, ce traité secret, tout le monde le connaissait ; le Ministre le connaissait-il ?

R. Je dis que ce qui était connu de tous, c'était le déficit, sur les causes duquel je n'ai pas à m'expliquer ; ce qui était connu, c'était le mal que tout le monde voulait guérir.

M. LE PRÉSIDENT. — Je demande pourquoi, dans le traité secret, on n'a pas présenté l'affaire sous le jour que vous venez d'indiquer. Vous venez de dire que cette manière de procéder était la conséquence d'une situation déplorable, mais dont il fallait sortir ; il était donc facile d'expliquer dans le traité secret ce qu'on voulait faire de ces 1 million 800,000 francs. Pourquoi n'a-t-on pas dit que c'était pour les replacer dans la caisse des Docks ?

R. Si on ne l'a pas dit, on l'a fait.

D. M. l'Avocat impérial vous demandait si vous aviez quelque explication à donner en ce qui touche les actions vendues au nom d'Orsi. Des reports considérables ont été faits par Orsi : l'un s'appliquait à 11,200 actions données en nantissement à la Compagnie de Graissessac à Béziers, l'autre à 8000 actions engagées à M. de Galliera ?

R. J'ai déjà répondu que M. Orsi n'était qu'un intermédiaire dans ces opérations, dans lesquelles cependant il engageait généreusement sa responsabilité, sans autre intérêt que le succès des Docks.

D. Ces actions étaient remises à Orsi sans que le moindre acte constatât de quelle façon cette remise était faite, en sorte que Orsi semblait en être propriétaire. Il les engageait soit à la Compagnie de Graissessac à Béziers, soit à M. Galliera, et versait ensuite à l'Union commerciale, comme sortant de sa propre caisse, les sommes qui provenaient de ces emprunts.

R. Une Compagnie de chemin de fer a bien assez de ses affaires, sans compliquer sa situation de difficultés pareilles à celles qui entouraient la Compagnie des Docks. On n'était pas sans pressentir les embarras intérieurs des Docks, et comme les reports se font toujours sur des valeurs au porteur, on disait : Donnez-nous un tiers porteur ; nous ne voulons pas avoir affaire aux Docks. Nous voulons la certitude de retrouver notre argent quand nous en aurons besoin. C'est ainsi qu'a agi la Compagnie de Graissessac à Béziers ; c'est ainsi qu'ont agi tous les autres prêteurs. On n'a voulu avoir affaire qu'à M. Orsi, et la preuve c'est que, lorsque l'échéance est venue, on a exécuté M. Orsi.

D. Je demande comment il se fait que la Compagnie des Docks remettait ses valeurs à Orsi, de telle façon que Orsi semblât son créancier, et que, si Orsi eût été capable de le faire, il aurait pu se présenter comme créancier de sommes énormes contre les Docks ?

R. C'est un fait de confiance de la part de l'administration.

D. Mais non d'une bonne administration.

R. C'est un fait de confiance personnelle.

Me GRÉVY. — Cette confiance était justifiée par la position de M. Orsi, qui était l'un des entrepreneurs de la construction du chemin de fer de Graissessac à Béziers.

R. Par M. Carteret. Tous les emprunts contractés par M. Orsi pour les Docks ont été imputés sur le compte qu'il avait au chemin de fer comme entrepreneur.

Me GRÉVY. — Comment ont été payés les intérêts ?

R. Dans le règlement de compte qui a eu lieu avec M. Orsi, on lui a fait supporter tous les intérêts des reports.

CUSIN. — M. Carteret se rappelle-t-il qu'un jour il m'a rapporté vingt-cinq souches jaunes ?

LE TÉMOIN. — Oui, cela est vrai. Un jour, il me serait peut-être difficile d'en trouver la date précise dans mes souvenirs, il m'est arrivé un certain nombre d'actions auxquelles, à ma grande stupéfaction, les souches se trouvaient jointes ; en les rapportant à M. Cusin je lui dis : Comment les choses se passent-elles donc chez vous ?

M. LE PRÉSIDENT. — Cela prouve la manière déplorable dont elles se passaient, puisque cela excitait la stupéfaction du témoin.

M⁰ PICARD, avoué. — Il y a une différence entre le désordre et le détournement.

M. L'AVOCAT IMPÉRIAL. — Ces actions auxquelles la souche était jointe, venaient-elles d'Orsi ou d'une autre personne ?

LE TÉMOIN. — Je ne me rappelle pas.

(*La liste des témoins est épuisée.*)

SUPPLÉMENT D'INTERROGATOIRE.

M. LE PRÉSIDENT. — Berryer, levez-vous ?

J'ai appelé principalement votre attention sur ce fait très grave, qui est l'un des chefs de la prévention, que vous, Commissaire impérial nommé par le Ministre avec un traitement de 5,000 francs par an, soit 450 francs par mois, vous aviez consenti à recevoir clandestinement de la Compagnie des Docks un traitement supplémentaire de 1,250 francs par mois, ce qui portait à 20,000 fr. votre traitement annuel. Vous avez repoussé avec une grande énergie le caractère de clandestinité ; vous avez déclaré que tout s'était passé au su et au vu du Ministre, que des conférences avaient eu lieu entre vous et M. Heurtier, directeur général de l'agriculture et du commerce, et que lorsqu'il s'était agi de faire les voyages en Angleterre dont vous nous avez entretenus, M. Heurtier avait compris que vous ne pouviez pas les faire à vos frais, et que la Compagnie devait pourvoir à cette dépense.

Je vous ai fait observer que la correspondance ministérielle semblait contredire votre assertion. Il y a une lettre de vous, en réponse à une lettre du Ministre qui ne se trouve pas au dossier, mais votre réponse s'y trouve.

BERRYER. — J'ai eu l'honneur de vous dire, monsieur le Président, que la lettre du Ministre ne se trouvait pas au dossier parce qu'elle n'avait jamais existé.

D. Vous disiez dans cette lettre que les voyages en Angleterre se feraient avec vos ressources personnelles, et j'appelle votre attention sur ce point ; que non-seulement votre lettre contenait cette assertion, mais que vous indiquiez au Ministre ou à M. Heurtier les ressources dont vous deviez faire usage ; que vous parliez du département de la Drôme, que vous nommiez les personnes sur lesquelles vous alliez disposer de sommes d'argent plus ou moins importantes. A ceci vous avez répondu que la lettre du Ministre n'avait jamais existé. Persistez-vous dans cette affirmation ?

R. Parfaitement. Je n'écris jamais sur d'autre papier que sur du papier marqué à un certain chiffre. La lettre qui est là, est sur du papier pris dans l'antichambre de M. Heurtier. On peut faire venir le fournisseur du ministère et lui demander s'il reconnaît ce papier.

D. Vous avez dit que ce fait était connu de M. Fleury ?

R. Parfaitement.

D. Vous persistez ?

R. Parfaitement.

D. Nous devons maintenant vous donner connaissance d'une lettre que nous venons de recevoir de M. Heurtier, et qui est conçue dans des termes sur lesquels j'appelle votre attention; la voici :

Paris, 26 février 1857.

« Monsieur le Président,

» Je lis dans le compte rendu des journaux que M. A. Berryer excipe, pour sa
» justification, de la connaissance qu'auraient eue le Ministre et le directeur général
» du commerce, de ce fait qu'il recevait de l'argent de la Compagnie des Docks,
» soit pour le défrayer des dépenses qu'entraînaient ses fonctions, soit pour aller à
» Londres étudier l'organisation des Docks.

» M. Berryer ajoute qu'il aurait rédigé dans mon cabinet et pour la forme, c'est-
» à-dire pour donner aux choses une apparence régulière, les lettres par lesquelles
» il déclarait vouloir faire, avec ses ressources personnelles, son voyage d'An-
» gleterre.

» Quel que soit l'intérêt qui puisse s'attacher au nom et à la position de l'inculpé,
» il est de mon devoir, tant pour l'ancien Ministre absent que pour moi-même, de
» démentir de pareilles allégations.

» La vérité est que, sur l'assurance donnée par M. Berryer qu'il entreprenait le
» voyage de Londres pour son instruction et *avec ses ressources particulières*, un
» congé lui a été accordé.

» Quelque temps après son retour, il fut dénoncé comme ayant pris une part ou
» une position dans l'affaire; je dus alors, au nom du Ministre, lui demander sa
» démission.

» L'administration supérieure a ignoré et n'aurait pu tolérer un seul instant des
» rapports de la nature de ceux révélés par les débats entre le Commissaire du
» gouvernement et la Compagnie des Docks.

» Veuillez agréer, monsieur le Président, etc.

» Signé : HEURTIER,
» Conseiller d'État, ancien directeur général
» de l'agriculture et du commerce. »

BERRYER. — J'ai à répondre à cette lettre très carrément. Un premier fait vient de me frapper : c'est celui de la demande de ma démission. Ce fait est tellement contraire à la vérité, que je crois qu'il est de mon devoir de demander l'audition de M. Heurtier. Il n'a été question de m'enlever mes fonctions de Commissaire du gouvernement à aucune époque. Si cette question s'est agitée au-dessus de moi, jamais on ne m'en a parlé.

Maintenant, quant aux faits spéciaux, la lettre de M. Heurtier ne me paraît pas une lettre assez explicative. Ma réponse au tribunal a dû être connue par les comptes rendus, plus ou moins exacts, des journaux. Il devient très néces-saire de la bien préciser... Je vous ai expliqué dans quelle voie d'entraîne-ment avait été ma situation dans les Docks. J'ai commencé par être simple

Commissaire du gouvernement, fournissant au gouvernement tous les documents, sinon nécessaires, du moins possibles pour moi. Je l'ai instruit religieusement et avec un très grand soin, je dirai même sans réserve, car, en raison de la situation que j'avais acceptée au très grand chagrin de mon père, j'ai voulu remplir mes fonctions avec l'exactitude la plus scrupuleuse. J'ai donc poursuivi mes investigations autant que le permettaient les ressources qui m'étaient données, au milieu du chaos de cette administration des Docks, qu'on a peine à pénétrer même aujourd'hui après quatorze mois d'une instruction minutieuse. J'ai toujours signalé au Ministre les faits qui sont en ce moment la base de l'accusation, et je les ai signalés si bien que rien n'a pu être ajouté depuis à ce que j'ai dit.

J'ai donc commencé par être simplement dans mes fonctions de Commissaire du gouvernement; je suis entré petit à petit dans la connaissance pratique des Docks. Pendant ce temps-là l'affaire se mourait. C'était quelque chose de navrant que de voir une institution aussi grande, aussi puissante, ne pas trouver l'appui des ressources financières, tandis que tous les jours nous voyons l'argent aller par millions aux entreprises éphémères, illusoires.

Malgré tout cela, je poursuivais mes recherches; j'ai souvent vu M. Heurtier, et je lui ai bien souvent parlé des Docks, non pas simplement comme Commissaire du gouvernement, mais comme un homme qui avait étudié et qui désirait contribuer à l'importation en France de cette grande institution. M. le directeur général savait parfaitement dans quelle situation financière se trouvait l'affaire, les embarras qui l'arrêtaient. Il savait parfaitement qu'il fallait la tirer de l'état où elle était; je ne pouvais pas moi, avec mon caractère apparent, il est vrai, mais qui n'était qu'une lettre morte, puisque tous mes rapports restaient sans réponse, forcer la main au Ministre et lui dire : Prenez des mesures. Je ne pouvais pas d'un autre côté me revêtir d'un caractère officiel pour aller en Angleterre, sans autorisation spéciale. En novembre 1853, il avait été formé une commission qui devait instruire à fond la question des Docks; je demandai à en faire partie. Je demandai en même temps à aller en Angleterre, pour y rechercher les moyens de tirer l'affaire du gouffre où elle était, sous le prétexte apparent d'étudier la pratique des Docks.

M. Heurtier dit qu'il ne savait pas que je recevais de l'argent des concessionnaires? J'affirme sur l'honneur, autant que la parole d'un homme peut être sacrée, j'affirme qu'il le savait. Je ne dis pas que M. Heurtier ait été informé jour par jour de ce que je recevais, ce n'est pas ce que je dis; mais j'affirme qu'il savait que je recevais de l'argent, et pourquoi je le recevais.

De retour à Paris, mon premier soin fut d'aller le trouver; je lui dis : L'affaire est sauvée. (Il y a une lettre de l'ambassadeur au Ministre des affaires étrangères qui, quelques jours avant mon retour en France, en présence des possibilités que j'entrevoyais, demandait pour moi un caractère officiel, caractère qui m'eût aidé puissamment à mener les ouvertures faites à bonne fin.) Je dis donc à M. Heurtier : L'affaire est sauvée ; non-seulement nous trouvons en Angleterre des bailleurs de fonds, mais comme constructeurs les hommes les plus éminents, MM. Fox et Henderson. Dans la situation où se trouve l'affaire, vous pouvez tout sauver ; non-seulement MM. Fox et Henderson construiront les Docks, mais ils vous apporteront le concours de souscripteurs anglais pour 50,000 actions.

Je suis retourné en Angleterre vers le milieu du mois de janvier suivant ; j'y ai passé six semaines. Comment ! M. Heurtier ne savait pas que j'étais en Angleterre, mais il m'avait fallu lui demander la permission d'y retourner ! Fallait-il lui redemander par écrit l'autorisation de recevoir des concessionnaires les fonds nécessaires à ce second voyage ? Je ne le pense pas.

Pendant mon absence, les faits se succédèrent, sans qu'on cherchât à en arrêter le cours, avec un enchaînement déplorable ; c'était un spectacle désolant. Il n'y a pas une heure, pas un instant d'interruption dans cette succession des faits, et le Ministre a tout su. Tout à l'heure M. Carteret, avec une loyauté de parole que vous ne pouvez pas suspecter, vous disait que le Ministre avait tout su.

Mes fonctions, messieurs, je les ai bien comprises, et je les comprends très bien. Je viens préciser des faits contre M. Heurtier, parce que dans sa lettre il veut nier ce que je déclare vrai.

Je suis devenu employé du gouvernement, malgré le mécontentement de mon père, pour poursuivre une idée grande, forte, et qui aujourd'hui encore pourrait être féconde en immenses résultats.

Messieurs, quand j'ai vu le rôle qui m'est fait aujourd'hui, je n'ai pas hésité un seul moment, et je n'hésite pas encore à garder par devers moi bien des choses que le respect des fonctions que j'ai remplies ne me permet pas de faire connaître. Je saurai être clair, sans dire rien qui doive être gardé sous le silence. Je pourrais, pour la légitime défense de ma moralité soupçonnée, parler de bien des combinaisons auxquelles je prenais une part active, incessante, énergique ; je pourrais vous dire, quand on a laissé mourir cette affaire, quels étaient les gens honorables que j'y entraînais, ceux qui auraient bien voulu y entrer, et dont les noms ont été mis en avant. Mais, au lieu de les appeler, on a mieux aimé laisser mourir l'affaire..... Je vous demande pardon de me laisser entraîner à des mouvements de passion et de violence ; mais tout l'honneur de mon nom est engagé dans cette affaire, l'honneur et je pourrais dire toute l'illustration de ma famille. Ah ! messieurs, vous ne savez pas ce que c'est que de se trouver sur ces bancs !...

J'ai fait mon devoir ; M. Heurtier savait que je recevais de l'argent ; j'ai fait vingt voyages en Angleterre. J'y ai passé, durant deux années, deux cent quatre-vingts jours. Est-il possible qu'après m'avoir engagé dans cette voie, qu'après avoir su pertinemment (et vous en trouverez une preuve dans les lettres qui seront produites) que je suivais en Angleterre, auprès des hommes les plus considérables, les plus honorables, et rien qu'avec ceux-là, que je suivais l'affaire dans tous ses détails, que je cherchais tous les moyens de la faire réussir, est-il possible de venir dire : Nous ne savions rien ! Vous avez su le premier pas et les pas successifs ; pas un jour on ne m'a donné un blâme, pas un jour on ne m'a dit : Arrêtez-vous !

Le fait de ma démission, je ne peux que le nier, car je ne l'ai jamais su ; jamais elle ne m'a été demandée. Il est faux qu'on m'ait jamais menacé de me retirer mes fonctions.

Le jour où, à la suite du retrait du décret, j'ai cessé de les remplir, j'aurais pu me regarder comme parfaitement libre de dire ce que je savais, et je ne l'ai pas fait.

Voilà ma réponse à M. Heurtier. Je ne veux pas suspecter ses souvenirs, mais je déclare qu'ils sont très inexacts. Si le Tribunal en a besoin pour s'éclairer, je demande ma confrontation avec M. Heurtier.

D. Vous aviez annoncé que M. Heurtier savait parfaitement que vous étiez rémunéré pour votre premier voyage en Angleterre ?

R. Je le maintiens.

D. Maintenant l'inculpation vous reproche d'avoir reçu diverses sommes s'élevant à un total de 110,000 francs. Vous avez déclaré que M. Heurtier avait su ce qui s'était passé depuis le commencement jusqu'à la fin, articulez-vous que M. Heurtier ait su que vous receviez un traitement mensuel de la Compagnie ?

R. J'ai déjà répondu ; mais, puisque vous insistez, je vais répondre encore.

Quand on s'engage dans des démarches comme celles où je me suis engagé avec l'approbation la plus complète, il est évident que l'autorisation ne peut pas être restreinte à l'ouverture des négociations ; il est évident que dans la position qu'on m'avait faite, ne m'ayant jamais dit la vérité sur la question telle qu'on la savait au ministère par M. Pereire, pour suivre la voie où j'étais entré il fallait user de tous les moyens, de toutes les ressources qu'il m'était possible de me procurer. J'ai expliqué l'emploi, la destination, soit de la mensualité de 1,250 francs, soit des sommes consacrées à mes voyages. Je maintiens ce que j'ai dit à cet égard, et vous prie de vous y reporter. J'ai eu aussi l'honneur de vous dire que tous les jours mes supérieurs, qui voyaient mes efforts, m'en félicitaient et m'en remerciaient. Les choses étant ainsi, peut-on dire que M. Heurtier ou le Ministre ne m'a donné d'autorisation d'aller en Angleterre que pour savoir, en huit jours de temps, ce qui était possible sur les Docks, leur fonctionnement, leur administration, et pour amener dans l'affaire les hommes considérables dont les noms se trouvent au dossier ?

M. LE PRÉSIDENT. — Le Tribunal, ayant besoin d'être éclairé, ordonne que M. Heurtier, conseiller d'État, précédemment directeur général de l'agriculture et du commerce, et M. Fleury, chef de division, seront entendus demain, à l'ouverture de l'audience.

La parole est à l'avocat de la partie civile.

PLAIDOIRIE DE Me HENRY CELLIEZ.

Messieurs,

Je me présente au nom de MM. Torchet, Picard et Labot, administrateurs provisoires des Docks, parties civiles. Je conclus à ce qu'il plaise au Tribunal :

« Attendu que les concessionnaires des Docks Napoléon, fondateurs de la Société
» créée pour l'exploitation de leur concession, ont appelé le public à souscrire des
» actions et à en verser le montant, conformément aux clauses d'un acte notarié du
» 12 octobre 1852 ;
» Que cet acte forme, entre eux et les preneurs d'actions, le contrat qui est la
» loi des parties ;
» Que la clause fondamentale de ce contrat relative à la constitution de la Société
» par la souscription de 200 mille actions et le versement de moitié du montant,
» soit 125 francs par action, a dû faire croire à chacun de ceux qui ont versé
» 125 francs qu'il s'engageait pour une part dans un capital effectif de 25 millions,
» estimé, quant à présent, suffisant pour entreprendre la création des Docks, objet
» du contrat, et utiliser ainsi la valeur de chaque action.
» Que les concessionnaires ont déclaré le 20 novembre, par acte authentique,
» que la clause était accomplie et la Société constituée, quoique, à ce moment, les
» versements ne s'élevassent, en réalité, qu'au chiffre de 10,599,250 francs re-
» présentant 84,794 actions ;
» Attendu que les concessionnaires ayant à leur disposition, en leur qualité de
» fondateurs de la Société et de mandataires des associés, la totalité des titres d'ac-
» tions, ont abusé de l'omnipotence qu'ils s'étaient attribuée, et dans laquelle ils se
» sont maintenus faute de constitution régulière d'un conseil d'administration, et
» faute de réunions de l'assemblée des actionnaires, et ont détourné un très grand
» nombre de titres sans en verser le montant dans la caisse sociale ;
» Que le chiffre total des actions souscrites, dont le montant a été employé, sauf
» examen critique, à des dépenses de la Société, est porté à 10,396,489 fr. 10 c.,
» dans le bilan de la maison de banque Cusin, Legendre et compagnie, au 31 dé-
» cembre 1855, laquelle somme représente, à 125 fr. l'une,   83,171 actions ;
» Que les titres non vendus et trouvés dans le portefeuille
» social au moment de la poursuite, sont au nombre de   5,824   —
» Que, d'après ces écritures, le total des actions encaissées au
» profit de la Société, ou représentées en nature, serait de   88,995   —
» qui, retranché du nombre total des actions de la Société, soit   200,000   —
» porterait le nombre de celles qui ne sont pas représentées et
» dont le produit, s'il a été encaissé par les prévenus, n'a pas été
» appliqué à sa destination, c'est-à-dire aux dépenses ou à l'en-
» caisse de la Société des Docks Napoléon, à   111,005   —

» Attendu que, d'un autre côté, les mêmes écritures créditent les Docks d'une
» somme de 15 millions pour encaissement de 120 mille actions, qui, ajoutées aux
» 5,824 représentées, laisse, sans indication d'emploi, 74,176 actions ;
» Attendu que, quel que soit le chiffre ressortant des débats, il est certain que la
» Société ne peut pas être considérée comme ayant cessé d'être propriétaire des

» actions dont les titres ne sont pas représentés par ses mandataires et dont le pro-
» duit n'a pas été employé par eux à sa destination spéciale, c'est-à-dire pour la
» Société;

» Qu'un certain nombre de ces actions doivent exister en nature dans des mains
» tierces, notamment celles qui ont été déposées à titre de gage, soit à la Compa-
» gnie de Graissessac, soit à la Compagnie du Crédit mobilier, soit ailleurs;

» Qu'il résulte, des débats et des documents du procès, que le produit des actions
» vendues ou engagées, en dehors des 83,171, a été, soit appliqué directement à
» tous ou plusieurs des prévenus eux-mêmes, soit employé pour leur intérêt per-
» sonnel dans diverses valeurs connues ou inconnues;

» Attendu que ces valeurs, acquises au moyen du produit des actions de la So-
» ciété, indûment vendues, sont en réalité la propriété de la Société et doivent
» dès lors, à défaut de restitution des titres d'actions eux-mêmes, être restituées à
» la Société, en quelque lieu qu'elles se trouvent, soit aux mains du séquestre ou
» dépositaire désigné par justice, soit aux mains des représentants de la maison de
» banque Cusin, Legendre et compagnie, soit dans les bureaux de la Société des
» Docks, soit partout ailleurs;

» Que l'énumération de celles de ces valeurs qui sont aujourd'hui connues peut,
» d'après les documents de la cause, être établie ainsi qu'il suit, sauf erreur ou
» omission :

» Titres d'actions de la Compagnie de Pont-Remy, déposés dans les bureaux des
» Docks, 910;

» Titres d'actions de la Société de Javel et de Sèvres, déposés dans les bureaux
» des Docks, 5,041;

» Titres d'actions de la même Société, remis aux mains d'un séquestre, qui
» les a déposés à la Banque de France, en vertu d'une ordonnance de M. le Prési-
» dent, en date du 15 octobre 1856, confirmée par arrêt du 7 janvier 1857, 800;

» Titres d'obligations de la même Société déposés à la Banque de France, en
» vertu de la même ordonnance, 949;

» Attendu que la restitution même des susdits titres, dont la valeur en argent ne
» peut être exactement appréciée, laissera encore un déficit de plusieurs millions
» au préjudice de la Société, dans lequel doit en outre figurer une somme de plus
» de 400 mille francs, reçue comme produit des entrepôts;

» Qu'il convient dès lors de condamner ceux des prévenus qui seront reconnus
» coupables des délits reprochés, à payer à la Société des actionnaires, représentée
» par les administrateurs provisoires, des dommages-intérêts dont le chiffre ne
» saurait être dès aujourd'hui fixé;

» Qu'il convient également, pour donner une sanction immédiate à la condam-
» nation et un moyen direct d'exécution sur les biens et valeurs appartenant aux
» condamnés, de fixer dès à présent une provision, même très inférieure au chiffre
» présumable des dommages-intérêts;

» Par ces motifs et autres à déduire ou suppléer,

» Recevoir la Société des Docks Napoléon, représentée par ses administrateurs
» provisoires, partie civile au débat engagé par suite de l'ordonnance de renvoi;

» Condamner solidairement ceux des prévenus qui seront reconnus coupables de
» délits, à raison des faits qui ont causé préjudice à la Société, à rendre et restituer
» à la Société des Docks Napoléon, 111,005 titres d'actions de ladite Compagnie,
» qui ont été détachés des souches, et dont le produit n'a pas été versé dans la
» caisse de la Société, en ce, compris les titres qui pourraient avoir été déposés
» en mains tierces, et notamment les 6,000 titres qui sont déposés à la Compagnie
» du Crédit mobilier, et les 1,200 titres que M. Orsi a déclarés être déposés aux
» mains de M. Lévy;

» Faute par eux d'avoir effectué ladite restitution dans les trois jours du juge-
» ment à intervenir, les condamner dès à présent et par le même jugement, sans
» qu'il en soit besoin d'autre, à restituer à la Société des Docks Napoléon les titres
» des valeurs connues ou inconnues aujourd'hui, qui ont été acquises au moyen
» du produit des actions, et notamment celles énumérées, savoir :
> » 910 actions de la Société linière de Pont-Remy ;
> » 5,841 actions de la Société de Sèvres et Javel ;
> » 949 obligations de la même Société ;
> » Les condamner en outre à payer à titre de restitution 400 mille francs,
» somme égale au produit net des entrepôts encaissé par eux, et à payer à ladite
» Société des Docks des dommages-intérêts à donner par état ;
> » Les condamner à payer immédiatement, à valoir sur lesdits dommages-intérêts
» et par provision, une somme de 500 mille francs ;
> » Dire que lesdites condamnations seront exécutées contre les condamnés soli-
» dairement par toutes les voies de droit et même par corps ; fixer la durée de la
» contrainte ;
> » Les condamner solidairement aux dépens ;
> » Dire que lesdites condamnations seront exécutées, notamment et par privilége,
» conformément à l'art. 121 du Code d'instruction criminelle, sur les sommes
» déposées par un ou plusieurs des prévenus ou à leur profit à titre de cautionne-
» ment pour la mise en liberté provisoire ;
> » Le tout sous toutes réserves des droits et actions de la Société des Docks contre
» tous tiers détenteurs des valeurs ou actions, ou débiteurs des sommes en prove-
» nant, notamment contre la Société en liquidation de l'Union commerciale,
» ancienne maison Cusin et Legendre, ainsi que de l'action de la Société en répa-
» ration du préjudice causé, contre ceux des prévenus à l'égard desquels les faits
» dommageables pour la Société des Docks Napoléon pourraient n'être pas reconnus
» qualificatifs de délits. »

Ces conclusions montrent au Tribunal quelle est la situation que veulent prendre dans cette affaire les administrateurs provisoires de la Société des Docks Napoléon.

Le procès criminel était déjà engagé au moment où MM. Torchet, Picard et Labot ont été investis de leurs fonctions. Ils auraient cru manquer à la mission qui leur est donnée de représenter et de défendre dans toutes les circonstances les intérêts des actionnaires lésés s'ils avaient négligé d'assister au débat soulevé par la poursuite criminelle. Mais ils ne se présentent pas devant le Tribunal comme parties plaignantes et principales. Ils sont, à proprement dire, parties jointes à raison de la poursuite qui est exercée par le ministère public. Ils n'ont pas à rechercher les délits et leur qualification ; ce soin appartient au ministère public. Ils n'auront à rechercher, dans les faits établis par l'instruction, dans les documents du débat, que la preuve du préjudice éprouvé par les actionnaires, et l'étendue de ce préjudice, afin de demander au Tribunal les restitutions et les dommages et intérêts, si tant est que la réparation soit possible, car, en présence de la grandeur de la faute, il y a bien peu de responsabilités qui puissent être efficaces.

Telle sera donc l'attitude des administrateurs des Docks Napoléon.

Vous vous rappelez, Messieurs, que quand on a annoncé le décret qui autorisait la construction des Docks Napoléon sur les terrains de la place de l'Europe, un grand nombre de souscripteurs se sont présentés ; qu'au moment où ont été délivrés les titres, l'acte fondamental disait que la Société ne pouvait être constituée que par le payement de la moitié des 200,000 actions, qui devait être effectué en souscrivant. Chacun de ceux qui sont venus réclamer la délivrance de leur titre et qui ont payé leur part, a donc cru évidemment s'engager pour sa portion dans la somme de 25 millions, qui était jugée nécessaire ou suffisante pour créer, quant à présent, l'établissement des Docks, c'est-à-dire qu'en versant sa part, l'actionnaire pensait que ce versement pourrait fructifier, grâce à l'adjonction des autres versements jusqu'à concurrence de 25 millions.

Ceux des actionnaires qui n'ont pas opéré ainsi, qui ont acheté des actions à la Bourse, ont dû croire nécessairement que les actions en circulation étaient de celles sur lesquelles le premier versement avait été opéré entre les mains des concessionnaires. Ils ne pouvaient pas et ne devaient pas supposer que c'étaient les concessionnaires eux-mêmes qui vendaient ainsi les titres à leur profit personnel pour en tirer un bénéfice.

Les deux catégories d'actionnaires qui composent toute la Société, ceux qui ont versé entre les mains des concessionnaires et ceux qui ont acheté à la Bourse, ont donc été trompés au moment de leur versement. Cela est manifeste.

Ils ont encore été trompés après leur versement : car en fournissant leur argent pour la construction des Docks Napoléon, ils entendaient que l'argent qu'ils versaient serait employé à cette opération ; et il est bien constant, quand on a assisté à ce débat, que l'argent a été employé à d'autres destinations, qu'il a été appliqué, soit à des besoins, soit à des spéculations qui ont un caractère tout à fait personnel.

Quel aveuglement ! Ces concessionnaires qui se trouvent à la tête d'une opération aussi magnifique que les Docks, dont tout le monde apprécie les avantages, s'imaginent d'employer à d'autres spéculations les fonds qui leur sont confiés !

Ils s'excusent en disant que, s'ils n'ont pas employé l'argent aux Docks Napoléon, c'est que l'autorisation a manqué pour la Société anonyme. C'est là-dessus que tout le débat a été établi ; on a cherché à prouver d'avance, pour la défense, qu'on n'avait jamais pu obtenir d'arriver à la constitution de la Société anonyme, à l'homologation.

Mais il y a là un cercle vicieux. Si l'homologation n'a pas été accordée, c'est précisément parce que l'argent n'a pas été appliqué à la construction même des Docks Napoléon. Sans contredit si, au lieu de dissiper d'une façon aussi déplorable les fonds qui leur avaient été remis, ces messieurs avaient posé la première pierre du monument ; s'ils avaient, comme ils en avaient le droit, même sans homologation, aux termes de leurs statuts, entrepris les fouilles, élevé un bâtiment ; s'ils avaient fait quelque chose, il n'y a pas de doute que

11

même avec la fausse déclaration, même avec les souscriptions incomplètes, ils auraient trouvé du secours de la part de tout le monde ; que ceux qui se sont éloignés d'eux les auraient aidés à continuer leur œuvre, parce que l'opération elle-même avait un caractère d'utilité publique au premier chef, parce qu'elle était extrêmement désirée par le gouvernement, parce qu'elle était appelée par les besoins du commerce et de l'industrie, ainsi que l'indique le décret de concession.

L'institution des Docks, en effet, déjà si avancée en Angleterre, est posée en principe depuis longtemps dans la législation française, après avoir été préconisée par tous les économistes. La loi de 1833, qui a créé l'entrepôt réel, aujourd'hui exploité par la Compagnie, a combiné le *dépôt* des marchandises soumises au droit, avec les *warrants* transférables par voie d'endossement. Le décret du 21 mars 1848, auquel a concouru l'un des honorables avocats assis à cette barre, a étendu aux marchandises cette double faculté. Cependant le commerce et l'industrie n'ont pas répondu, en France comme en Angleterre, à l'appel du législateur. L'usage des warrants s'est peu propagé dans la pratique.

Mais aujourd'hui le commerce et l'industrie commencent à entrevoir l'immense parti qu'ils peuvent tirer d'une institution qui met à leur ordre des magasins disposés pour la garde en commun, non plus seulement des marchandises venant du dehors, surveillées par la douane et destinées à l'importation, mais encore des marchandises produites à l'intérieur et destinées, soit à l'exportation, soit à la consommation nationale.

Ils comprennent non-seulement l'avantage de retarder jusqu'au jour de l'entrée en consommation le payement des droits de douane, mais aussi l'économie et le perfectionnement dans la conservation, l'aménagement et la manipulation de la marchandise emmagasinée et classée dans le dépôt commun. Ils savent quels bénéfices ils pourront recueillir de l'extension aux produits manufacturés, de cette institution principalement appliquée jusqu'ici aux denrées et aux matières premières. Ils apprécient toute l'utilité pratique qu'ils devront trouver dans la dispersion indéfinie du crédit fondé sur la circulation des warrants par endossement.

Le warrant avec endossement, c'est véritablement la substitution du crédit que nous pourrions appeler *réel*, au crédit personnel. Le papier qui constate la quantité et la nature de la marchandise déposée au Dock, peut être transféré par voie d'endossement à la personne à laquelle on veut transporter la propriété ou la possession de la marchandise, soit qu'on la vende, soit qu'on la donne en garantie d'un prêt. La marchandise se trouve ainsi mobilisée. On déplace un papier au lieu de déplacer la marchandise. L'homme qui a fabriqué un produit, peut immédiatement rentrer dans son capital en recevant l'équivalent de son produit ; il n'est plus obligé d'acheter le crédit d'un homme qui, par sa signature, garantira les facultés personnelles du sous-cripteur d'un billet, et qui ne donnera cette garantie qu'après une information sur la personne, recherche toujours délicate, souvent trompeuse. Il a sa marchandise et la marchandise fonde le crédit. La garantie repose tout entière sur une marchandise déterminée, et non dans la personne : c'est, comme je le disais, la substitution du crédit réel au crédit personnel.

Ces grands avantages des Docks sont maintenant compris, et bientôt réalisables. Mais sans aller bien loin dans les prévisions de l'avenir, il serait permis d'entrevoir les développements de l'institution, si par exemple le warrant ne se bornait pas à certifier la *quantité* et la *nature* du produit, mais en garantissait, soit la *qualité* soit la *sincérité de la marque* ; si les combinaisons de l'assurance étaient appliquées aux risques de la vente individuelle de ces produits conservés en commun ; si l'on envisageait dans cette grande ville manufacturière de Paris, qui compte 500 à 600 mille ouvriers, les garanties offertes contre le chômage, par la certitude de trouver immédiatement la valeur de chaque produit aussitôt après la création : à ce point de vue il y a là un intérêt gouvernemental et parisien. Ce n'est pas que ces développements et bien d'autres encore puissent être réalisés tout d'un coup, par la seule vertu de la législation. Nous n'aurions pas besoin d'être aussi exigeants, sur ce point, que l'était M. Pereire dans son mémoire du 17 mars. La législation ne crée pas les faits ; il faut créer les faits peu à peu, et transformer la législation au fur et à mesure des besoins qui se manifestent par les faits.

Le décret donné par l'Empereur pour la concession des Docks est conçu dans cet esprit. C'est un décret qui veut commencer quelque chose, sauf à le développer plus tard. La faute qu'ont commise les concessionnaires, la faute qui leur est particulièrement reprochable, c'est d'avoir laissé périr dans leurs mains ce commencement d'exécution et d'avoir retardé de plusieurs années la création d'une institution aussi utile, aussi grande que celle des Docks.

Cependant les conditions et les circonstances dans lesquelles la concession était donnée semblaient tout à fait favorables.

D'un côté, MM. Cusin et Legendre avaient, ainsi qu'un témoin vous l'a dit hier, une excellente réputation dans le monde financier et dans le monde de l'administration. Ils s'étaient présentés à la ville de Paris pour concourir à l'adjudication de plusieurs emprunts. Ils n'avaient pas réussi, et le témoin les louait d'avoir eu la sagesse de savoir s'abstenir. Ils avaient restitué très fidèlement les dépôts d'argent qui leur avaient été faits à cette occasion. Ils avaient une bonne renommée dans la Banque comme maison d'escompte. Ils se présentaient donc avec tous les caractères de l'honnêteté et de la force.

D'un autre côté, M. Duchêne de Vère avait étudié la question des Docks en Angleterre ; il s'était distingué à l'occasion de l'Exposition universelle en 1851 ; il avait été en situation par ses précédents de mériter la faveur de l'Empereur. L'Empereur avait pu apprécier l'utilité de l'institution des Docks pendant le long séjour qu'il a fait en Angleterre, alors que dans la vie privée, il étudiait cet art difficile de gouverner pour lequel il a su depuis montrer sa grande supériorité.

Les combinaisons qui ont présidé à la naissance d'une institution dont le double caractère est industriel et gouvernemental, s'expliquent donc tout naturellement. Et il est tout aussi naturel que ces concessionnaires se soient unis à un homme qui vous a fait voir la passion dont il est animé pour les intérêts parisiens, et qui est en même temps propriétaire de terrains bordant la rive d'un chemin de fer qui est comme le prolongement du port du Havre, la porte de l'Océan ; il était naturel que ces trois personnes se réunissent pour mettre à exécution la pensée créatrice des Docks.

Ce qui semble au premier abord moins facile à expliquer, c'est comment cette combinaison, au lieu d'arriver à la construction et à la mise en activité des Docks, n'ait abouti qu'à la création des actions, de cette marchandise trompeuse, dont la hausse ou la baisse s'opère trop souvent par des moyens qui ne supporteraient pas le grand jour. Les concessionnaires paraissent n'avoir songé qu'aux primes, à l'agiotage. C'était là leur principale préoccupation dans l'affaire. Pour eux les Docks ont été un moyen.

Sans doute, si leurs précédents avaient été connus, la faveur impériale ne se serait pas égarée sur eux. Quant à l'un, je garderai la discrétion qui a été observée jusqu'à présent dans ce débat. Pour les deux autres, je ne puis m'empêcher de rappeler qu'ils étaient précisément coutumiers des faits qui leur sont aujourd'hui reprochés ; déjà ils avaient fait une fausse déclaration pour le nombre des actions nécessaires à la constitution de leur première Société ; déjà ils avaient eu recours à ce triste expédient de prendre dans la caisse sociale, en s'excusant par des circonstances générales, les fonds nécessaires pour rembourser leurs emprunts personnels ; déjà ils avaient follement engagé dans des spéculations impossibles l'argent que les actionnaires de leur banque leur avaient confié, non pas pour faire ces opérations, pour commanditer des entreprises, mais pour faire la banque, seulement la banque. De telle sorte que le capital apparent de leur maison de banque n'était qu'une chose nominale.

En réalité, leur actif se composait, comme on l'a très bien démontré, de quelques créances qui étaient d'un recouvrement difficile, tardif, qui ne sont pas encore rentrées aujourd'hui, et à peine d'une somme disponible de 300 à 400,000 fr. Les dates ont quelquefois une signification qui semble fatale. Vous savez qu'avant le décret ils étaient déjà obligés envers les mines de Pont-Remy et de Javel. Le décret est en date du 17 septembre 1852. Or, au 15 septembre précisément, suivant le rapport de l'expert, on leur adresse de Pont-Remy le registre qui indiquait le chiffre de leur dette pour l'acquisition de Pont-Remy, 555,994 fr. ; et le 15 septembre est encore la date de l'acte constitutif de la Société de Javel, dans laquelle ils étaient tenus, ainsi que vous l'expliquait le témoin Sussex, de procurer le capital pour la formation duquel ils s'étaient réservé un droit exclusif.

C'est donc avec ce capital disponible de 3 ou 400 mille fr., et disponible, aux termes de leurs statuts, seulement pour des opérations de toute autre nature, qu'ils acceptaient les lourdes charges des deux entreprises de Javel et de Pont-Remy ; et c'est ainsi obérés qu'ils reçoivent la mission résultant pour eux du décret du 17 septembre 1852.

Il importe que le texte même du décret soit placé sous les yeux du tribunal, afin que le tribunal apprécie jusqu'à quel degré les concessionnaires ont manqué à leurs obligations, vis-à-vis des actionnaires qui leur confiaient leur argent, à leurs obligations, vis-à-vis du gouvernement qui leur avait fait la faveur de les choisir pour exécuter les Docks.

« LOUIS-NAPOLÉON :

» Sur le rapport du Ministre de l'intérieur, de l'agriculture et du commerce ;
» Vu le décret du 21 mars 1848, concernant les magasins généraux pour dépôt » de marchandises ;
» Considérant que le commerce doit retirer une très grande utilité de l'éta-» blissement des Docks ou magasins destinés à recevoir en dépôts les marchandises » dont on veut *mobiliser la valeur* au moyen de *warrants* ou récépissés *négo-» ciables par voie de simple endossement*, et qui sans cette faculté restent souvent » stériles dans les mains du producteur;
» Considérant que ces Docks ou magasins profiteront non-seulement au com-» merce, *mais encore à l'ouvrier travaillant à son compte* qui, en cas de mévente, » pourra déposer là ses produits et *continuer son travail au moyen des fonds qu'il* » *se procurera sur le récépissé délivré* par la Compagnie;
» Considérant que *l'expérience*, qui se fera à Paris d'un établissement analogue » à ceux qui fonctionnent si utilement en Angleterre et en Hollande, est de nature à » encourager la création de semblables établissements dans nos grands centres » commerciaux ;

» Décrète :

» ART. 1ᵉʳ. — MM. Cusin, Legendre et Duchêne de Vère sont autorisés à établir » à Paris sur les terrains qui leur appartiennent, près la place de l'Europe, des » magasins dans lesquels les négociants et industriels pourront, conformément au » décret du 21 mars 1848, déposer les matières premières, les marchandises et » objets fabriqués dont ils sont propriétaires.

» ART. 2. — Les marchandises déposées dans lesdits magasins seront considérées » comme appartenant à des sujets neutres, quelle qu'en soit la provenance et » quelles que soient les éventualités qui pourraient survenir.

» ART. 3. — Un règlement d'administration publique déterminera les obliga-» tions de la Compagnie en ce qui concerne la surveillance de ses magasins par » l'État, les garanties qu'elle devra offrir au commerce, et le mode des récépissés » transmissibles par voie d'endossement.

» ART. 4. — Le Ministre de l'intérieur, de l'agriculture et du commerce, et le » Ministre des finances sont chargés, chacun en ce qui le concerne, de l'exécution » du présent décret.

» Fait à Roanne, le 17 septembre 1852.

» Signé : LOUIS-NAPOLÉON.

» Contre-signé : F. DE PERSIGNY. »

Tel est le décret dont l'exécution a été confiée à MM. Cusin, Legendre et Duchêne de Vère.

Aussitôt qu'ils ont été possesseurs de cette concession, qu'ont-ils fait? Le décret portait que c'était à l'exemple de l'Angleterre qu'il fallait créer un *Dock-Modèle*, si je puis m'exprimer ainsi, un dock dont l'expérience pût servir à fonder plus tard de pareils établissements dans les grands centres commerciaux. Ils se sont retournés vers l'Angleterre. M. Legendre a été nanti, à la date du 29 septembre, des pouvoirs nécessaires pour aller traiter avec les Anglais. Il a été accompagné par M. Riant, qui avait un intérêt considérable dans l'affaire, puisqu'il était vendeur du terrain, place de l'Europe, désigné dans le traité comme appartenant aux concessionnaires. Ils partent donc vers la fin de septembre. Vous trouverez dans le dossier les détails relatifs à ce voyage en Angleterre, entrepris dans le but d'aller chercher tout à la fois des capitaux et l'expérience des Anglais pour la création des Docks. Le concours des Anglais devait, en effet, être fort précieux pour venir appliquer en France, en le modifiant suivant les nécessités des mœurs françaises et les habitudes du commerce et de l'industrie française, ce qu'ils avaient déjà si longtemps pratiqué en Angleterre. On s'adressa pour cet objet à des personnes qui avaient une grande expérience : M. Ricardo, comme banquier, et M. Read, l'un des hommes qui passaient en Angleterre pour avoir une pleine connaissance de cette industrie.

Je vous ai dit, Messieurs, que la correspondance vous indiquait ce qui s'est passé à cette époque, quel était le but poursuivi, et quel était l'esprit de chacun de ceux qui semblaient le poursuivre. Je dis qui *semblaient* poursuivre ce but, car si l'un des voyageurs en Angleterre était préoccupé principalement de l'établissement des Docks en France, l'autre ne partageait pas ces convictions; il n'était pas là dans le même but. La lecture d'une lettre de M. Legendre, en date du 6 octobre, adressée à M. Cusin, va édifier le tribunal sur toute la situation de l'affaire.

En parlant de M. Riant, il dit ceci :

« J'ai combattu les idées de mon compagnon sur l'importance qu'il attache aux
» Anglais. M. Lefort s'est joint à moi, et je vois avec plaisir qu'il est revenu un peu
» de ses impressions. Si ce n'était que nous nous sommes avancés à Paris *en disant*
» *que nous avions* un comité anglais, et qu'il paraîtrait extraordinaire si nous
» n'avions pas *quelques noms*, je les aurais déjà *envoyé promener*. J'ai toujours
» conservé *mes premières idées*; cette affaire devait nous procurer un beau béné-
» fice en faisant choix de la tête du commerce de Paris pour administrateurs. *Nous*
» *aurions tout placé* AVEC BELLE PRIME. Je *regrette* beaucoup que nous n'ayons
» pas pris ce parti. M. Read vient de nous dire que M. Ricardo accepte. Il demande
» le *tiers des actions;* demain, nous devons nous entendre sur quelques points sur
» lesquels il désire avoir des explications. Il demande quel sera son bénéfice. Nous
» avons répondu que son bénéfice sera sur la commission. M. Riant la lui a con-
» cédée à 1 1/2 pour 100 pour lui et M. Read. Je voulais sauver un demi, mais

» M. Riant s'est prononcé, *tant il tient au comité anglais.* D'un autre côté, je crois
» que ce sera un fameux COUP DE FOUET donné A LA BOURSE, et qu'il y aura beau-
» coup à faire de ce côté-là. »

Voilà les dispositions d'esprit de M. Legendre, le même qui vient ici avec
une grande bonhomie vous dire qu'il ne s'occupait pas d'affaires de Bourse,
qu'il s'occupait des affaires de banque, qu'il était étranger à tout ce qui s'est
fait, et qu'il ne sait pas comment les choses se sont passées !

Vous voyez dans quel esprit on est ; dans quel esprit est M. Cusin, dans
quel esprit est M. Legendre, dans quel esprit est celui qui les accompagne,
comment on résiste au comité anglais ; comment on ne l'accepte que parce
qu'on l'a annoncé et qu'on ne veut pas en avoir le démenti, parce qu'on ferait
une triste figure si l'on n'avait pas des noms anglais avec soi ; et l'on veut tout
cela, pourquoi faire ? Pour gagner une *belle prime* et donner un *coup de fouet
à la Bourse !*

Cette lettre est très significative, et quand, quelques jours après, nous verrons M. Riant revenir, rapportant le traité provisoire avec M. Ricardo, arriver à la gare, y trouver M. Cusin, qui aussitôt lui dit (instruit par la correspondance de M. Legendre des prétentions de M. Ricardo sur la commission et
sur le nombre des actions), que le traité ne peut être accepté dans ces termes,
qu'il faut en changer les *conditions,* nous comprendrons ce que cela veut dire ;
Nous pourrons apprécier la sincérité de l'explication par laquelle il tentera de
colorer son refus devant les personnes dont il cherchera à entraîner le concours autour de lui, se rejetant sur des sentiments très élevés de patriotisme,
et protestant qu'il n'aurait pas voulu accorder aux Anglais la direction de
l'entreprise. La vérité est qu'il n'a pas voulu accorder à M. Ricardo les conditions financières qu'il demandait, soit quant au nombre des actions, soit
quant à la commission.

Il était fortifié dans ce désir de se passer des Anglais, par l'illusion que lui
avait faite l'affluence des demandes de souscriptions recueillies depuis le 17
septembre jusqu'au 12 octobre. Nous n'avons pas besoin de discuter ici
des chiffres de souscriptions. Il est certain qu'il en est venu un très grand
nombre, au moins pour 225,000 actions.

Je ne veux pas entrer dans le détail de ces registres grattés, de cette liste
de 800,000 souscriptions. Cette liste prouve, dès l'origine de l'affaire, le manque absolu de sincérité dans les paroles et dans les actes de Cusin, de Legendre et consorts. Manque absolu de sincérité, c'est là le caractère dominant de
cette affaire, caractère essentiel à retenir, caractère qui peut être constitutif
de délit quand il se traduit ensuite en actes : c'est là le caractère que je recommande à l'attention du tribunal. M. le Président l'a fait ressortir de l'interrogatoire ; il est établi de même par les témoignages et par toutes les pièces
du procès.

Dans des cahiers grattés, raturés, surchargés pour changer les chiffres, il n'y a pas de faux, car ce n'est pas fait avec l'intention de dissimuler le chiffre qu'on a gratté, ou effacé, ou surchargé. Le grattage est fait d'une manière évidente. Cela n'a donc pas été destiné à être produit pour faire croire aux chiffres qui se trouvaient écrits. Mais ces cahiers étaient des préparations faites pour arranger les récits qu'on voulait faire plus tard, quand on déclarait 200 millions de souscriptions.

Quoi qu'il en soit, il est certain qu'il y a eu un très grand nombre de demandes. On a dit 300,000 ; ils ont écrit 800,000. Le chiffre qui résulte formellement des lettres est 225,000 actions, représentant 62 millions et demi.

Que devaient faire les concessionnaires dans une pareille situation ? Devaient-ils délivrer les actions qu'on leur demandait ou ne pas les délivrer ? Ils disent qu'il n'est pas d'usage de délivrer la totalité de la demande. Vous avez entendu M. Pereire, qui a une très grande expérience de ces sortes d'affaires, vous dire qu'on fait un choix parmi les souscripteurs, parce que ceux qui veulent avoir des actions en demandent plus qu'ils n'espèrent en obtenir ; d'autres plus qu'ils n'en peuvent supporter réellement. Il nous a dit que le choix dans la réduction lui avait paru fait d'une manière assez intelligente. Ce n'était pas le cas de suivre cet usage. En supposant que le chiffre des demandes fût plus considérable que le nombre des réalisations probables, les 62 millions demandés n'auraient pas même atteint le chiffre de 50 millions porté aux statuts. Il fallait donc subir les réductions que les circonstances détermineraient, et non pas les opérer soi-même, au risque de demeurer au-dessous du capital, comme cela est en effet arrivé.

Ici une question de date se présente, et M. Cusin vous dit : Nous avons diminué les lettres de demande, et nous avons arrêté la liste d'attribution avant de savoir que nous refuserions le concours des Anglais ; en admettant seulement les demandes pour 106,000 actions, nous faisions une sage réserve, parce qu'il fallait 66,000 actions pour le tiers de M. Ricardo, et il y avait quelques autres attributions à faire.

C'est un point qu'il sera facile d'éclaircir, que quant à moi je n'ai pas pu éclairer, parce que je n'ai pas vu les lettres d'admission ; mais elles sont là, le tribunal pourra vérifier les dates. On pourra voir si, effectivement, ces lettres portent des dates antérieures ou postérieures au 9 octobre. Si les dates sont antérieures au 9 octobre, il est très possible que l'explication de M. Cusin sur la réduction des demandes puisse être accueillie dans une certaine limite, parce qu'il pouvait y avoir là une réserve pour le traité anglais, qui était une chose sérieuse au moment où M. Legendre se trouvait en Angleterre. Si, au contraire, la masse des lettres constatant les souscriptions est postérieure au 9 octobre, l'excuse, les explications de M. Cusin, n'ont plus de portée, parce que, au 9 octobre, jour du retour de MM. Riant et Legendre, M. Cusin a formellement rejeté l'accession des Anglais.

Je signale le fait au tribunal. Après tout, cette circonstance n'a qu'un caractère accessoire dans la cause, car le reproche à faire à M. Cusin et consorts n'est pas seulement de n'avoir pas trouvé de souscripteurs, et d'avoir malhabilement repoussé les souscripteurs au moment où ils se sont présentés ; c'est celui d'avoir vendu des actions dans d'autres conditions que celles des statuts, après avoir fait une fausse déclaration dans l'acte de Société, après avoir trompé les actionnaires, d'abord au moment où on a reçu les souscriptions, puis au moment où on a vendu, par des tiers interposés, les titres qui sont la propriété sociale.

Nous arrivons, dans l'ordre des dates et des faits, au 12 octobre, à l'acte de Société. Je vous demande la permission de m'arrêter un instant sur cet acte : c'est le point essentiel du débat, c'est le contrat entre les actionnaires et les concessionnaires, qui doit être la base de la discussion. La violation des règles de ce contrat est la première cause du préjudice dont nous demandons réparation à M. Cusin et consorts. Je lirai seulement les trois ou quatre articles qui constatent le caractère de l'acte du 12 octobre.

L'article 1er dit :

» Il est formé une Société..... ayant pour objet : 1° la création et la construc-
» tion des Docks autorisés par le décret .... 2° la possession des entrepôts réels des
» douanes, d'octroi, des sels et des sucres indigènes..... 3° et l'exploitation de ces
» divers établissements. »

L'objet principal est évidemment la création des Docks :

« Art. 3. — Le siége de la Société est à Paris. Il est fixé *provisoirement* rue
» Laffitte, n° 27, *dans les bureaux* de MM. Cusin, Legendre et compagnie, ban-
» quiers. »

C'est chez MM. Cusin-Legendre et compagnie, que la Société des Docks reçoit l'hospitalité. On sait comment ces messieurs ont rempli ce devoir sacré.

« Art. 6. — Le fonds social est fixé à la somme de 50 millions de francs. Il sera
» divisé en 200 mille actions de 250 francs chacune, *émises* immédiatement.
» La Société NE *sera constituée* QUE par la souscription INTÉGRALE de ces
» 200 mille actions ; ce qui sera constaté par une *déclaration* authentique faite à la
» suite des présents *par les comparants.*

» Art. 7. — Le montant des actions souscrites est *payable* ainsi qu'il suit : *moi-*
» *tié* LORS *de la souscription.* »

Voilà donc la clause fondamentale : la Société *ne* sera constituée *que* par la souscription intégrale de 200,000 actions, dont la *moitié* est payable *lors* de la souscription.

« Art. 17. — Jusqu'à la mise en exploitation des Docks à construire à **Paris,**
» quartier de l'Europe, il sera payé aux actionnaires 4 pour 100 d'intérêt **sur les**
» sommes versées. »

On vous apporte l'argent, mais vous devez payer l'intérêt : c'est une obligation essentielle vis-à-vis de l'homme qui vous confie une petite somme ou une grosse somme. Il y a une masse très considérable d'hommes qui sont venus placer de très petites sommes dans cette opération , précisément à cause du nom qui lui servait d'auréole, à cause de l'utilité générale de l'entreprise. Vous avez donc l'obligation formelle de payer 4 p. 100 d'intérêts, précisément au moment où vous n'avez pas d'exploitation.

Voici le moyen de remplir cette obligation :

« Il sera pourvu à ce payement soit par les intérêts des *placements de fonds*, » soit par les produits des entrepôts du Marais, soit par tous autres produits acces- » soires de l'entreprise, soit enfin, en cas d'insuffisance, par un prélèvement sur le » capital social. »

Veuillez remarquer cet article qui sert principalement à la défense des prévenus, car ils disent : « Comment voulez-vous que nous puissions payer un intérêt, si nous n'arrivons pas à placer des fonds ? Nous avons placé des fonds comme nous avions l'usage de les placer ; nous avons cru l'emploi bon. Si nous nous sommes trompés, nous ne sommes pas criminels : nous nous sommes laissé entraîner dans des affaires, dont l'une se trouve bonne, dont l'autre est douteuse ; toutes les deux auraient pu se trouver bonnes, et nous avons été entraînés à les soutenir quand nous avons eu commencé. Il fallait pourvoir au placement des fonds, nous avions des intérêts à payer. »

Nous répondrons d'abord qu'on n'a pas payé d'intérêts. Cela commence à être grave, et par conséquent on aurait mieux fait de ne pas placer les fonds ou de les placer dans la construction elle-même, comme on en avait l'obligation, le droit et le devoir, d'après les statuts.

Mais de plus j'ai trouvé, dans les statuts eux-mêmes, la règle que devaient suivre les concessionnaires pour leurs placements de fonds, règle absolue. Elle n'est pas dans cette lettre du Ministre qui écrit plus tard : « Vous auriez mieux fait de placer ces rentes en bons du Trésor, ou à la Caisse des dépôts et consignations. » M. Pereire disait hier : Les bons du Trésor ne valaient pas mieux qu'un autre placement puisque, s'ils avaient été au nom de M. Cusin, il aurait pu en faire le même usage. Aussi l'acte de Société ne parle pas de bons du Trésor; il désigne les placements qui devaient être faits. Il y a un fonds de réserve, qui doit être pris sur les bénéfices, et l'art. 19 fixe l'emploi de cette réserve :

« Art. 19. — Le fonds de réserve sera placé en *rentes sur l'État ou autres* » *valeurs garanties par l'État*, et lorsqu'il aura atteint le chiffre de 5 millions de » francs, le prélèvement ci-dessus fixé pour sa formation pourra être réduit ou » suspendu par le Conseil d'administration. Il reprendra cours aussitôt que ce » fonds sera descendu au-dessous de ce chiffre. Lorsque le fonds de réserve aura » atteint le chiffre maximum de 5 millions, les revenus qu'il donnera entreront » dans les produits annuels de la Société et figureront dans les inventaires pour la » fixation des dividendes et bénéfices. »

De sorte que le fonds de réserve, limité à 5 millions, doit être, au courant de l'opération, placé en rentes sur l'État ou en valeurs garanties par l'État.

Voyons : supposez des hommes sérieux, soucieux des intérêts des actionnaires, soucieux de leur propre réputation, qui ne veulent pas risquer une affaire, se servir de l'argent qui leur est confié dans ce but, afin d'alimenter des spéculations dans lesquelles ils ont déjà pris des engagements, spéculations qui étaient déterminées, quant à leurs obligations du 15 septembre, avant le décret, de sorte que l'excuse du placement leur échappe jusqu'à un certain point ; ils n'ont pas cherché un placement pour les fonds ; ils n'ont pas trouvé un bon emploi pour ces fonds et réalisé ce qu'ils ont cru un bon emploi ; ils ont rempli leurs obligations personnelles, antérieures à l'origine des Docks, au lieu de suivre la règle qui était tracée par l'acte de Société, règle qui doit s'appliquer aux premiers fonds aussi bien qu'au fonds de réserve. Qu'est-ce, je vous prie, que le fonds qui n'est pas encore employé à la construction, avant l'exploitation, et que vous allez employer tout à l'heure pour continuer la construction, pour payer les achats des terrains, si ce n'est le fonds de réserve de l'entreprise ? Le fonds de réserve n'est pas autre chose que votre capital lui-même que vous devez entretenir au moyen d'un prélèvement sur les bénéfices, jusqu'à concurrence de 5 millions, lorsque vous aurez commencé l'exploitation de votre affaire. La règle doit donc être la même pour le placement du capital et pour le placement du fonds de réserve : rentes sur l'État ou valeurs garanties par l'État. Voilà la règle posée par les statuts vis-à-vis des concessionnaires. C'est la règle qui se trouve dans le contrat.

Je vais plus loin. Je prends l'art. 18, et je remarque quel a été l'esprit des fondateurs de l'affaire. La part des bénéfices qui leur est accordée est de 10 p. 100, à raison de leur apport, et il est dit que cette portion des bénéfices *pourra* être représentée par des titres nominatifs ou au porteur, dont la forme sera déterminée par le Conseil d'administration. Ainsi quand ces messieurs vont avoir lancé l'affaire à la Bourse, vont avoir donné le *coup de fouet* pour réaliser leurs bénéfices, ils créeront des actions pour représenter leurs 10 p. 100 de bénéfices, ils profiteront des circonstances favorables pour vendre ces actions, et ils ne seront plus intéressés à l'affaire. Ils auront monté cette affaire, ils auront gagné sur les actions, et ils passeront à une autre affaire pour la monter. Qu'ils fassent ce genre d'industrie, si bon leur semble. Quand il est bien fait, dans des conditions honorables, il a certainement son utilité ; mais alors qu'ils ne se fassent pas délivrer la concession des Docks Napoléon, qu'ils ne prennent pas l'obligation de mener à fin l'exécution du décret et des actes, qu'ils gardent leur rôle de banquiers, de monteurs d'affaires. Je ne conteste pas leurs actions, je ne conteste pas leurs primes ; mais quand je les vois confondre la qualité de concessionnaires et de monteurs d'affaires, quand je les vois stipuler que la part qui peut les attacher à l'affaire, les 10 p. 100, peuvent être réalisés en actions, je pénètre leur esprit, je comprends dans quel but ils ont fait l'affaire, et alors je ne m'étonne plus des circonstances que nous allons rencontrer tout à l'heure.

La Société est administrée par un *Conseil*, dit l'art. 22. Un *Comité* est chargé de l'exécution de ses décisions. Les opérations sont surveillées par des *Censeurs*.

Voilà les garanties données aux actionnaires. Seulement pendant un an, c'est-à-dire tout le temps nécessaire pour monter l'affaire et réaliser le bénéfice, savez-vous qui est-ce qui composera le Conseil d'administration? Ce seront précisément MM. Cusin, Legendre et Duchêne de Vère par dérogation aux articles 22 et 23. Ils auront un délai d'un an pour compléter le Conseil au nombre de vingt membres. Et pendant ce délai, ce seront MM. Cusin et Duchêne de Vère qui composeront le Conseil de direction. De sorte que voilà ces trois personnes qui se partagent ces fonctions établies afin de donner des garanties aux actionnaires, qui attribuent à deux d'entre elles la direction et à toutes les trois les fonctions du Conseil d'administration pendant une année, c'est-à-dire pendant le temps qu'elles estiment nécessaire pour réaliser le placement des actions.

Voici maintenant le dernier article de l'acte de Société :

« Art. 63. — MM. Cusin, Legendre et Duchêne de Vère sont spécialement char-
» gés, comme *mandataires* de tous les intéressés, de suivre l'homologation des
» présents statuts et d'obtenir le décret d'autorisation ; et, à cet effet, de consentir
» toutes les modifications qui seraient exigées aux présentes par le gouvernement,
» et de signer tous actes nécessaires.

» Ensuite EN ATTENDANT *cette homologation* et même A SON DÉFAUT, tous pouvoirs
» leur sont également donnés à l'effet de réaliser par acte authentique, au profit de
» la Société, les traités apportés sous le § II de l'art. 5 du présent acte; d'en
» payer les prix et de faire remplir, sur cet acte, les formalités nécessaires, de
» commencer IMMÉDIATEMENT les travaux de *fouille, construction* et exploitation ;
» en un mot de *faire fonctionner* la Société, d'administrer et gérer les affaires dans
» toute l'étendue des attributions énoncées aux présents statuts ; étant expliqué à
» l'avance que la souscription ou la possession des actions équivaudra à la ratifi-
» cation de la présente clause et de ce que les comparants auront fait en consé-
» quence. »

Nous sommes restés dans cette période pendant laquelle l'homologation a été *attendue*, n'est pas arrivée et a été *refusée*. Remarquez l'importance de cet article, puisqu'il règle la situation même dans laquelle nous sommes placés.

Ces messieurs ont dit aux actionnaires : « Les pouvoirs que nous vous demandons sont les pouvoirs d'agir *immédiatement*, de commencer les fouilles, la construction et l'exploitation. Par conséquent, nous avons pour devoir d'agir dans ces limites et dans ces termes-là. L'argent que vous allez nous donner, c'est l'argent que nous allons *employer immédiatement dans les travaux de fouilles, de construction* et d'exploitation. Nous n'avons pas besoin pour cela d'obtenir l'homologation, ni de l'avoir obtenue, et dussions-nous ne jamais l'obtenir (*même à son défaut*), nous emploierons toujours votre argent à commencer la construction. En effet, le décret ne nous a pas obligés à nous constituer en Société anonyme, nous pouvons nous constituer comme nous voulons : le décret a dit seulement qu'il y aurait un règlement d'administration publique pour déterminer comment les choses se régleraient dans les Docks. Quant à la forme de la Société, elle n'est pas indiquée, de sorte qu'on est libre de s'associer comme on veut. ·

Ils ont tendu à la Société anonyme, parce que la forme de Société anonyme permet plus facilement de placer les actions, de réaliser immédiatement, non-seulement le capital, mais la *prime* qui l'attache à l'action.

Voilà donc le contrat par lequel se trouvent liés les concessionnaires avec les actionnaires. Et le procès, qui s'agite devant vous a pour objet de rechercher si les conditions de ce contrat ont été remplies, si elles ont été remplies loyalement ; si l'accomplissement des conditions de ce contrat a entraîné des conséquences criminelles, et en même temps causé un préjudice aux actionnaires pour lesquels je me présente.

Première condition : c'est la constitution de la Société. Je n'insiste que médiocrement sur ce point-là. Fausse déclaration, faite le 20 novembre, de la constitution de la Société. Cela est incontestable. Il est évident que les actions n'étaient pas *souscrites et payées* dans les termes des statuts au moment où on l'a déclaré. Seulement on cherche des excuses, on cherche des explications, et ce sont ces excuses et ces explications qu'il s'agit d'examiner pour voir si elles sont valables.

On objecte la présence de ceux qui ont signé au contrat. Vous avez entendu M. Dufour, le notaire, qui a rédigé le contrat, et qui a reçu la déclaration. Il y avait sur les souscriptions une très grande notoriété, de manière que la question même des conditions dans lesquelles se faisait la déclaration, n'a pas été agitée le moins du monde. Ces messieurs ne sont pas venus dire ni à M. Dufour ni à M. Plé qui se trouvait là, qui a signé le contrat comme conseil : « Nous hésitons à faire notre déclaration, parce que nous n'avons reçu effectivement que le prix de 85,000 actions, et comme nous restons souscripteurs nous-mêmes pour tout le surplus, c'est-à-dire pour 115,000 actions environ, c'est un chiffre bien fort pour notre maison. Que devons-nous faire? Devons-nous attendre pour faire notre déclaration plus tard ? » Ils n'ont pas demandé un avis de ce genre. Ils se sont présentés, l'affaire était magnifique, les actions se cotaient ; encore en hausse à la Bourse ils sont venus faire leur déclaration de constitution par la souscription totale des actions. Personne ne leur a demandé à vérifier quoi que ce soit ; la déclaration a été acceptée comme étant la vérité. Or ce qui est vrai, c'est qu'il y avait 84,794 actions payées, et pour lesquelles on avait encaissé 10,599,250 fr. Ce sont les faits justifiés par le rapport, et acceptés par les prévenus dans le débat.

Il avait de plus été prélevé, pour un certain compte *Docks-Négociation* qui se trouve au livre des Docks, 5044 actions représentant 75,500 fr., par lequel le chiffre total des actions placées le 20 novembre se trouvait de 89,106. Voilà les chiffres précis.

Nous avons maintenant à examiner si l'articulation de ces messieurs, l'excuse qu'ils donnent, qu'ils se sont considérés comme souscripteurs des actions, peut atténuer cette faute grave de la fausse déclaration ; non pas que le fait soit incriminé : il constitue un délit prévu par la loi de 1856, il se trouve prescrit par les trois années qui se sont écoulées depuis qu'il a été perpétré ; mais il ne reste pas moins comme un fait moral de la plus haute gravité, comme point de départ des reproches que nous avons à faire aux concessionnaires.

Ils sont, disent-ils, souscripteurs de ce solde.

En premier lieu, ce n'est pas la vérité : jamais ils ne se sont considérés comme souscripteurs, jamais à aucune époque. Ils l'ont dit le 20 novembre, mais ils ne se sont jamais considérés eux-mêmes comme souscripteurs. Ils ne sont pas dans la situation d'un banquier ordinaire. Un banquier ordinaire fait avec un concessionnaire quelconque ou un industriel un traité, un contrat pour régler les conditions suivant lesquelles il se charge du placement des actions. Il le garantit ou il ne le garantit pas. Ces deux modes sont usités, tantôt dans un cas, tantôt dans un autre. Mais ici ils sont à la fois concessionnaires et maison de banque, de sorte qu'il n'y a pas de contrat, qu'il n'y a pas de conditions : ce sont eux qui déclarent qu'ils se considèrent comme souscripteurs. Supposez que des actionnaires ayant donné leur argent eussent voulu les faire payer ; où serait le contrat? Où serait le moyen de les faire considérer comme souscripteurs ? Est-ce qu'ils n'auraient pas dit : « Nous, souscripteurs ! Nous n'avons jamais souscrit, nous ne sommes pas obligés de payer ces millions, parce que nous n'avons pas souscrit ces millions. » Il n'y a pas de contrat, sans contrat il n'y a pas de lien de droit des deux côtés ; de sorte qu'il n'est pas vrai qu'il se soient jamais considérés comme souscripteurs, c'est-à-dire comme obligés de payer, de fournir l'argent pour une somme aussi considérable qui était en dehors de leurs facultés, et comme liés vis-à-vis des autres actionnaires.

Ils ne peuvent pas, l'expert vous l'a déclaré, et si mes souvenirs sont exacts, les statuts mêmes de leur maison de banque le leur défendent. J'ai eu ces statuts sous les yeux en communication, à l'occasion d'un procès que j'ai plaidé contre la liquidation devant la Cour : mon souvenir est exact, à ce que je crois, il est confirmé par la déclaration de l'expert; on nous communiquera sans doute les statuts de la maison de banque, afin de rectifier si je me trompe); mais si je ne me trompe pas, les statuts de la maison de banque leur interdisent les opérations de la nature de celles qu'ils ont faites là : ils peuvent bien faire les escomptes, réaliser des emprunts pour le compte de leurs clients, non pas pour leur compte ; ils ne peuvent pas commanditer des entreprises, ils ne peuvent pas prêter de l'argent dans les conditions où ils sont placés, ils ne peuvent pas constituer leur fonds en créances, ils ne peuvent pas souscrire d'actions pour leur compte. La maison Cusin-Legendre et compagnie ne peut pas être souscripteur d'actions. Or, c'est en qualité de chefs de la maison Cusin-Legendre et compagnie qu'ils prétendent avoir pris à sa charge la souscription d'actions.

La preuve qu'ils ne sont pas souscripteurs d'actions, c'est que sur leurs livres, qui ont été examinés par l'expert avec le plus grand soin, jamais à aucun endroit, à aucune page, à aucune date, dans aucun temps, ils n'ont porté qu'ils étaient débiteurs en qualité de souscripteurs d'actions d'une somme quelconque envers les Docks Napoléon. Ils ne se sont pas débités sur leurs livres, et les Docks ne sont pas crédités.

Ils ont porté le compte de la négociation des actions sur leurs livres. S'ils avaient été souscripteurs de cette masse d'actions, ils n'auraient pas, pendant l'administration de M. Picard, porté au compte des Docks la négociation des actions : en effet, à ce moment-là, la négociation a été faite de quelques actions, pour les nécessités de l'affaire, au profit et aux risques des Docks Napoléon ; tandis que plus tard la négociation a eu lieu aux risques des Docks Napoléon, quand il y avait de la perte, et au bénéfice de ceux qui faisaient la négociation quand il y avait du bénéfice. La négociation qui à l'origine a été portée sur le compte des Docks Napoléon, établit d'une manière claire et nette qu'ils n'étaient pas souscripteurs du solde.

Enfin je n'insiste pas sur la dernière raison, sur l'impossibilité matérielle pour eux de se présenter comme souscripteurs pour un si gros chiffre. Cela est constaté dans la déclaration de M. Pereire, dans sa lettre au Ministre, aussi bien que dans sa déposition devant vous. Cela est d'ailleurs au procès une vérité banale.

Au 20 novembre, si l'on s'est empressé de déclarer la constitution de la Société, il faut en trouver les motifs. L'un des motifs, tout au moins, est dans la situation de la Bourse à ce moment-là. Pour que le tribunal soit complétement éclairé sur ce point, je lui ai rapporté un état du cours des actions jour par jour, depuis le 20 octobre 1852 jusqu'à la fin de l'année 1855, de sorte que si l'on veut se livrer à une vérification quelconque sur le cours des actions à une époque quelconque, on en aura la possibilité.

Or, à la date du 20 novembre 1852, nous voyons que les actions étaient cotées 252 francs, ce qui établit un cours en hausse de 2 fr. La prime la plus forte a été réalisée le 4 novembre, l'action était alors à 268 francs. On était encore à 252 francs le jour de la déclaration. On se croyait donc en pleine prospérité. On s'empressait d'aller déclarer la constitution de la Société, parce que c'était nécessaire pour que les actions pussent circuler avec plus de facilité. Le malheur veut que, dans les jours qui suivent, les actions baissent : 250, 247, 244, 243, 240 francs, et quand nous arrivons au 28 novembre, à ce jour ou a eu lieu l'assemblée du Conseil projeté d'administration que vous connaissez, les actions sont en perte. C'est alors qu'on cherche des excuses sur la situation qu'on s'est faite imprudemment, qu'on essaye d'expliquer pourquoi l'on a rejeté le concours des Anglais. C'est alors qu'on fait ce discours dont vous vous rappelez les termes, sans que j'aie besoin de le relire tout entier, dans lequel, s'adressant au Conseil d'administration, M. Cusin explique qu'il y avait plus de 200 millions de demandes ; que, par conséquent, il était bien permis de croire que l'affaire se ferait parfaitement en France, et qu'alors il n'avait pas hésité à repousser le concours des Anglais, auquel on mettait d'ailleurs des conditions incompatibles avec leur patriotisme. C'est là ce qu'il y a dans ce petit rapport du 27 novembre. Vous voyez dans la délibération du 28 novembre des circonstances et des écritures qui ont été relevées dans le débat, et qui vous montrent avec quelle audace, audace inexplicable, ces messieurs ont persisté dans la mauvaise voie dans laquelle ils avaient commencé d'entrer, disant à leur Conseil d'administration une chose entièrement contraire à la vérité. Et en examinant le chiffre, on ne peut pas se tromper : quand on a encaissé 10 à 11 millions, on ne peut pas croire qu'on a dans sa caisse 17 millions. Or, à la demande de M. Dolfus : A quelle somme s'élève l'argent reçu des actions ? M. Cusin répond : 17 millions. Et ceci est dans une pièce qui constate la délibération, pièce qui ne peut être contestée sous aucun rapport, et qui n'est pas contestée par M. Cusin. Seulement, M. Cusin prétend que, s'il a dit cela, c'est qu'il a pu croire qu'il aurait 17 millions, c'est qu'il a pu compter sur telle circonstance ou sur telle autre.

Quand on pose une question comme celle-là, un banquier qui sait compter, et qui est honnête homme, dit : J'ai reçu 10 millions. Il ne dit pas 17 millions.

Il a donc trompé son Conseil d'administration au moment où il a fait cette déclaration, de la même façon qu'il a trompé les actionnaires quand il a fait la déclaration le 20 novembre, dans l'acte de Société lui-même, comme il a trompé tout le monde dans toutes les circonstances qui environnent la cause. Aussi, dès le lendemain, M. Dolfus donne sa démission, par une lettre dans laquelle il allègue des raisons telles quelles.

A compter de ce moment, vous allez voir l'affaire perdre tous les appuis sur lesquels elle aurait pu compter et ne pas réussir.

Nous arrivons de cette manière à la fin de 1852, et nous nous demandons : Où sont nos actions ? où est notre argent ? car c'est pour cela que nous sommes dans le débat, nous. Nous sommes les actionnaires, qu'avez-vous fait de nos actions ? qu'avez-vous fait de notre argent ? C'est la question que je vous répéterai à la fin de chaque année, chaque fois que nous allons faire nos comptes.

A la fin de 1852, il n'est encore guère sorti d'actions, ce n'est que plus tard que se font les grandes ventes. L'argent a été en partie employé d'une façon normale : à payer les terrains, à payer les entrepôts ; seulement on a déjà commencé un emploi illégitime dont nous poursuivons ici la réparation : Pont-Remy a reçu 366,000 francs et Javel 172,000. De plus, je vois, d'après le rapport de l'expert, qu'il y a de nombreuses maisons de banque avec lesquelles il a été fait des opérations de banque. Je ne sais pas si les opérations de banque peuvent être considérées comme des placements qui ont pu être permis aux termes des statuts. Je ne prétends pas les critiquer ; je ne vais pas jusque-là, parce que j'ignore s'il y a eu, de ce chef, un préjudice, et que le préjudice est la base unique de l'action en justice des parties civiles. Mais l'emploi qui a été fait pour remplir les engagements personnels qu'on avait pris vis-à-vis de Pont-Remy et de Javel est un emploi évidemment illégitime. A ce moment, fin 1852, on a déjà employé plus de 500,000 francs de cette manière, et ce n'est pas pour cet usage que les actionnaires ont confié leur argent à Cusin, Legendre et Duchêne de Vère, mais bien pour établir les Docks.

Les actionnaires commencent à réclamer. Comment vont procéder MM. Cusin et Legendre ? Vont-ils fournir des explications, soit au gouvernement, qui les presse, soit aux actionnaires qui demandent où en sont les fonds ? Voici comment ils vont procéder pendant tout le cours de l'année 1853 et de l'année 1854. Ils vont d'abord refuser toute explication à tout le monde, même au Ministre. Ils vont se servir de l'argent des Docks pour leurs propres affaires, et ils vont chercher en même temps un grand appui financier pour soutenir l'affaire d'un autre côté. Telle va être leur conduite, voilà la combinaison qu'ils adoptent, non pas de propos délibéré, mais parce qu'ils ont manqué l'affaire sur laquelle ils avaient compté ; parce que, là où ils avaient espéré trouver des primes et des bénéfices, ils n'en ont pas trouvé ; parce qu'ils ont été entraînés par la suite des affaires, comme ils vous le disaient.

Mais toutes les personnes que vous jugez comme prévenues d'abus de confiance vous tiennent toujours le même langage. Quand on est dépositaire d'une somme d'argent et qu'on l'emploie à une affaire autre que celle à laquelle elle était destinée, on ne l'emploie pas avec la pensée qu'on la perdra : on l'emploie avec la pensée qu'on va faire une bonne affaire, une bonne spéculation. On perd ; il faut rendre compte. Alors on a commis un délit, parce qu'on a abusé de la confiance : on a employé l'argent à un autre objet que celui auquel il était destiné, quand on l'a reçu à titre de mandat, à titre de dépôt ou autrement. Or, si l'on a abusé de cette confiance, on est mal venu à dire pour se défendre : « Je croyais l'affaire bonne ; j'ai employé l'argent à autre chose ; il y a deux affaires : l'une est bonne, l'autre est mauvaise. Je ne suis pas criminel ; je ne suis pas coupable. Je vous dois compte, mais je ne puis pas vous rembourser ; que cela en reste là. »

Il est impossible qu'on puisse se défendre avec une pareille exception. Il faut donc examiner la conduite de ces messieurs pendant l'année 1853 et les années suivantes.

Ces messieurs refusent toute explication au Ministre, et comme c'est là ce qui aggrave leur responsabilité, et en même temps décharge jusqu'à un certain point la responsabilité de l'administration publique, il importe que je fasse connaître au tribunal la correspondance de janvier 1853.

Le 10 janvier, le Ministre écrit aux concessionnaires, qui lui répondent le 14 janvier qu'ils seront bientôt en mesure d'adresser un mémoire sur l'état des acquisitions opérées par la Compagnie, conformément aux statuts. Nous relevons dans la lettre le passage suivant :

« Nous avons fondé une Société anonyme au capital de 50 millions de francs, et
» dès le 20 octobre dernier la souscription était close, *la moitié du capital social*
» *exigible était versée*. Dès lors commençait pour nous une responsabilité dont nous
» avons mesuré l'étendue et que nous n'avons pas un seul instant déclinée. »

Ils ne déclinent pas la responsabilité, mais ils déclinent le payement.

Le 21 janvier M. Heurtier, directeur de l'agriculture et du commerce, leur écrit cette lettre déjà lue dans le débat, où se rencontre cette phrase :

« Je ne trouve pas les énonciations de votre exposé assez précises en ce qui con-
» cerne l'*emploi de la* SOMME DE VINGT-CINQ MILLIONS que vous avez ENCAISSÉE.
» Je vous prie de m'envoyer, sans retard, le décompte exact et détaillé de *cette*
» *somme*. »

De sorte que le Ministre était persuadé qu'il y avait eu *encaissement de 25 millions*. Vous voyez qu'ils ont réussi jusque-là à tromper tout le monde.

Ils éludent la réponse. Je le crois bien. Une pareille question, dans la situation que nous connaissons aujourd'hui, devait singulièrement les embarrasser. La mise en demeure était trop formelle pour qu'ils pussent ne pas répondre ; mais ils évitent encore l'explication, et le 24 janvier ils se réfèrent au Conseil de surveillance, qui contrôlera leurs opérations, et disent qu'ils enverront ensuite l'état qui leur est demandé.

Jusque-là ils avaient été évidemment entraînés par l'espoir de gagner sur les primes ; mais il est manifeste qu'à ce moment-là il était encore temps pour eux, s'ils avaient voulu s'arrêter sur la pente fatale. Eh bien ! ils ne savent pas s'arrêter. Ils ne cherchent pas le moyen de discontinuer les payements quotidiens effectués avec l'argent des Docks pour Javel et Pont-Remy. Ils cherchent un appui financier pour constituer définitivement la Société, c'est-à-dire pour leur permettre de continuer les opérations commencées, en donnant à l'affaire une solidité qui favorise les spéculations sur les actions. C'est alors qu'ont lieu les tentatives et les combinaisons avec M. Pereire.

Il est très exact, comme le dit M. Cusin, qu'au mois de janvier 1853 on avait déjà commencé à l'aboucher avec M. Pereire. M. Pereire l'a dit lui-même, et le marché fait pour les terrassements est, en effet, à la date du 31 janvier.

Voici le résumé des combinaisons. De la part de M. Pereire, le concours qu'il apportait à l'affaire pouvait être très utile ; mais il a été donné certainement dans des conditions d'une très grande habileté dans la manière de conduire les affaires qui l'intéressaient le plus : celles de la Compagnie de Saint-Germain. La première opération qu'il fait, à la date du 10 février, c'est de vendre ses terrains sur la place de l'Europe, moyennant 1 million 169,000 fr., au prix de 102 fr. le mètre. Le 9 mars, il obtient de M. Riant la rétrocession de la moitié des terrains qu'il avait vendus, c'est-à-dire qu'il substituait ses propres terrains aux terrains que M. Riant avait vendus aux concessionnaires.

Le 12 mars il vend un autre terrain d'une façon éventuelle au prix de 126 francs le mètre, pour un chiffre de 1 million 100,000 francs.

Le même jour, on lui donne les pouvoirs nécessaires pour suivre l'affaire auprès du gouvernement, et le 17 mars il adresse au Ministre le mémoire que vous connaissez, et qu'il a reproduit en grande partie dans ses déclarations à l'audience. Il établit, quant à la situation et à l'encaisse de la Compagnie, les chiffres d'une manière assez précise pour qu'il ne soit pas nécessaire que je les mette de nouveau sous les yeux du tribunal. Les dépenses faites se composent principalement des achats de terrains et de différents actes accessoires. La somme qui doit rester en caisse est de 4 millions 965,409 francs 05 centimes. Voilà ce qui est constaté, et voilà un point de départ évident, incontestable, pour les chiffres que vous pouvez avoir à rechercher plus tard. C'est là un chiffre contrôlé et accepté par tout le monde.

C'est à cette même date, 18 mars 1853, qu'est passé le traité dont vous avez eu connaissance, qui constituait en réalité M. Pereire directeur, qui mettait l'affaire dans ses mains, qui fixait à 112,000 les actions non placées et les mettait en syndicat afin qu'elles ne pussent pas circuler, et qui, enfin, laissait à M. Pereire le soin d'agir auprès du gouvernement pour demander des améliorations, destinées suivant lui à rendre fructueux l'établissement des Docks.

L'accession de M. Pereire n'a pas produit les résultats espérés. Les actions ont éprouvé un mouvement de hausse. Mais, au fond, les actionnaires marchaient d'échec en échec. C'est d'abord au 16 avril la démission de M. Duchêne de Vère, suivie de la retraite de Mgr le prince Murat, le 28 avril, de la modification du traité du 18 mars, de la retraite de M. Pereire lui-même à la date du 14 juillet, enfin le 31 juillet de la démission de M. le général Morin. Ainsi, les concessionnaires sont successivement privés du concours des personnages honorables et considérables dont les noms servaient de patronage à l'entreprise.

Telle est la situation au moment de la rupture avec M. Pereire.

Examinons, puisque c'est un des points d'arrêt de l'affaire, quelle est alors la situation financière. C'est toujours la même question : Où sont nos actions ? où est notre argent ?

Les écritures sont arrêtées au 30 juin 1853 : nous savons quelles ont été les recettes et les dépenses, et où était passé l'argent. Nous ne savons pas encore où étaient passées toutes les actions, nous le saurons un peu plus tard.

Le relevé des recettes porte 11 millions 843,544 francs, qui se composent du montant des actions encaissées et des sommes reçues de la division des Marais. Vous savez, en effet, que les entrepôts (l'entrepôt réel des Douanes, l'entrepôt de l'octroi et des sels, l'entrepôt libre) continuent à être exploités et donnent lieu à une dépense quotidienne, à des recettes quotidiennes dont le produit net se trouve porté dans les comptes relatifs aux Docks Napoléon. J'insiste sur l'indication de ces deux sources de nos recettes, parce que nous trouverons un chiffre de 400,000 francs à la fin de notre discussion, dont nous demandons dès à présent, comme vous l'avez entendu dans mes conclusions, l'attribution à titre de restitution. Cela ne peut donner lieu à aucune difficulté.

Le chiffre de la recette est donc, au 30 juin 1853, de 11 millions 843,544 francs. Quant à la dépense, je n'examine pas si elle a été utile ou inutile, si l'on a bien ou mal dépensé : ce n'est pas le compte que nous avons ici à faire devant le tribunal correctionnel ; nous n'allons pas contester une dépense de 20,000, de 30,000, de 100,000 francs : les chiffres sont si gros, que nous pouvons avoir la main large, nous ne faisons pas un compte de clerc à maître. Nous cherchons seulement l'attribution des dépenses appliquées d'après les propres écritures des prévenus, d'après les livres tenus soit dans la maison de banque, soit dans la Compagnie des Docks. On a dépensé sur la caisse des Docks Napoléon 8 millions 627,232 francs. Il doit donc rester en caisse 3 millions 216,312 francs.

Qu'avez-vous fait de ces 3 millions 216,312 francs ?

On nous répond toujours par la même excuse, la même explication. On dit : « Que voulez-vous ? Nous avions commencé l'opération de Javel, il fallait bien continuer ; nous ne pouvions pas faire autrement. Voulez-vous que nous laissions périr cette Société de Javel ? Si nous laissons périr vos actions, les valeurs vont se trouver sans aucune solidité, et quand il faudra vous restituer quelque chose, nous n'aurons plus rien. »

C'est facile à dire aujourd'hui. D'abord, cette explication d'entraînement n'est pas une excuse, surtout quand il faut faire connaître au profit de qui on a employé l'argent. En outre, est-ce que ces messieurs avaient fait un *placement* à Javel ? Ils exécutaient jour par jour les promesses qu'ils avaient faites à M. Sussex antérieurement. C'était pour eux-mêmes qu'ils payaient, et non pas pour nous. Ce n'était pas pour placer notre argent : c'était pour remplir leurs engagements personnels.

Voici ce qu'ils avaient donné, au 30 juin 1853, aux deux grosses affaires dans lesquelles se trouve englobée la plus grande partie de l'argent des Docks : à Javel 1 million 426,000 francs, à Pont-Remy 405,000 francs, le tout représenté par les actions dont nous demanderons plus tard la restitution.

Que se passe-t-il depuis le 30 juin 1853 et le 14 juillet, jour de la démission de M. Pereire, jusqu'à la fin de 1853 ?

Ces messieurs ont perdu définitivement les appuis sur lesquels ils avaient compté pour soutenir l'affaire, c'est-à-dire pour lui donner cette situation extérieure qui leur permettrait de faire leurs spéculations à l'intérieur. Ils ont perdu le concours de M. Pereire, ils se retournent vers le Ministre et lui demandent de continuer ou de reprendre l'instruction pour l'homologation de la Société anonyme : cela est attesté par la réponse de M. le directeur général, en date du 10 août 1853.

C'est dans ce moment-là que M. Orsi, qui, bien qu'il ne se trouvât pas encore engagé dans l'affaire en qualité de concessionnaire, s'en occupait néanmoins déjà activement, écrivit une lettre déjà citée à cette audience et dont je ne saurais trop répéter les termes, parce qu'ils servent en effet à caractériser l'attitude et la conduite de M. Cusin et de M. Legendre dans toute cette affaire. Dans cette lettre du 23 août 1853, il est question des démarches de M. Orsi auprès de la maison Usielli et de la maison Devaux, qui se sont chargées, dit la lettre, de l'émission de 5 millions d'actions :

> « Je ne puis, mon cher M. Cusin, m'empêcher de vous faire observer qu'à
> » Londres comme à Paris, les Docks se meurent si par quelque coup hardi, et
> » renonçant à toute remorque, vous ne vous attachez pas à marcher tout seul. On a
> » parlé d'*influences* au ministère de l'intérieur, et vous savez ce que cela nous
> » coûté. On a cru devoir essayer de nouveau une autre influence, et nous n'avons
> » pas amélioré notre position pour cela. Ici on a essayé et insisté pour que la
> » question des influences fût de nouveau sur le tapis : illusion ! L'influence, c'est
> » la bonne gestion de l'affaire ; c'est le résultat positif, tangible progressif, des
> » opérations de la division des Marais, etc. »

Ce sont là de sages conseils donnés à Cusin, et s'il voulait, encore à ce moment de l'année 1853, rentrer dans la voie que lui trace l'art. 63 des statuts, faire les fouilles et commencer les constructions avec l'argent qu'il arrive à tirer des actions, il pourrait, même tout en faisant les affaires des Docks, suffire à ses besoins pour Javel : car je vais montrer tout à l'heure qu'il y a eu plus de 17 millions encaissés, et qu'il y a un chiffre qui est tombé dans un gouffre sans qu'on sache où il est passé. Il y a là un encaisse, que sans doute personne ne découvrira jamais, mais qui comprend des sommes supérieures à celles dont l'emploi se retrouve. Si donc on avait employé ces sommes à faire la moindre démonstration d'exécution, on aurait, je le répète, déterminé des concours très utiles, qui ont manqué parce qu'on n'a rien fait, parce qu'on a abusé de la situation, non-seulement pour remplir des engagements personnels, mais pour gaspiller l'argent qu'on obtenait par le déplorable procédé de vendre des actions à perte.

Les conseils n'étaient seulement pas donnés par ceux qui étaient les plus intimes dans l'affaire, par un de ceux-là qui devait devenir officiellement en juin 1854 un des concessionnaires, qui déjà devait être considéré comme étant entré dans l'affaire, comme remplaçant Duchêne de Vère, démissionnaire depuis avril 1853. Les conseils sont venus aussi de la part du Ministre, et il y a une pièce que je ne puis manquer de rappeler à l'attention du tribunal : c'est la lettre de M. Heurtier, en date du 29 septembre 1853 :

« Conformément à mes instructions, M. le Commissaire du gouvernement près
» l'entreprise des Docks Louis-Napoléon s'est livré, tant au siége de la Société que
» dans nos bureaux, aux recherches nécessaires pour apprécier exactement la
» situation financière de la Compagnie.
» En me rendant compte de cette enquête en termes d'ailleurs très favorables,
» M. A. Berryer me fait connaître que le reliquat du DÉPÔT *fait dans votre caisse*
» par ORDRE du *Conseil d'administration*, LUI AVEZ-VOUS DIT, était, au 10 sep-
» tembre dernier, de 4,191,549 francs 72 centimes. Ce chiffre est confirmé par la
» *reconnaissance* que vous avez adressée le 10 septembre à M. le Commissaire du
» gouvernement.
» Ces fonds n'*ont pu être représentés en numéraire*, par suite, ajoute M. Berryer,
» de l'obligation *où vous vous trouvez comme banquiers* de faire l'emploi des
» sommes qui vous sont remises, et pour lesquelles vous avez à payer un intérêt.
» Sans contester le mérite de cette explication, je dois cependant vous faire
» observer que, jusqu'à la constitution de l'entreprise en Société anonyme, il con-
» viendrait de conserver, sous la forme qui serait le plus aisément disponible et à
» l'abri de toute dépréciation, *les fonds versés par les actionnaires*, soit en les
» plaçant à la Banque ou à la Caisse des dépôts et consignations, soit en les con-
» vertissant en bons du Trésor.
» Je vous serais d'abord obligé, messieurs, de me fournir des *explications pré-*
» *cises* sur l'*emploi* que vous avez fait des 4,191,549 francs 72 centimes. Je saisis
» cette occasion pour vous engager à hâter la constitution de la Société anonyme.
» Il importe aux intérêts des actionnaires, comme à la responsabilité de l'admi-
» nistration, de sortir d'une situation provisoire qui préoccupe à juste titre les
» esprits. »

Je vois beaucoup de choses dans cette correspondance. Outre les conseils par le Ministre donnés à ces messieurs sur la conduite qu'ils ont à tenir, j'y vois une demande de justification, qui, si ces messieurs ne se sentaient pas coupables, devrait être fournie instantanément. On leur demande quel a été l'emploi des fonds, des 4 millions qu'ils n'ont pas pu représenter en numé- raire. Il fallait le lendemain, le jour même, répondre au Ministre : « Voilà comment nous avons placé cet argent ; il fallait bien placer l'argent pour en servir l'intérêt. Voilà comment nous l'avons placé, et voici l'intérêt que nous avons servi. »

Malheureusement les concessionnaires ne pouvaient pas répondre qu'ils avaient servi l'intérêt, puisque les actionnaires n'avaient rien exigé. On n'osait pas dire comment les fonds étaient placés, parce qu'en effet il n'y avait pas de placements. Alors on a recours, non-seulement à la dissimulation, à la réticence en n'écrivant pas ; mais on a recours, il faut le dire, à un grossier mensonge qu'on fait à M. le Commissaire du gouvernement. Ce mensonge est prouvé par cette phrase de la lettre du Ministre :

« En me rendant compte de cette enquête en termes d'ailleurs très favorables,
» M. Berryer m'a fait connaître que le reliquat du dépôt fait dans votre caisse PAR
» ORDRE du CONSEIL D'ADMINISTRATION; lui avez-vous dit, était, au 10 septembre,
» de 4 millions. »

Où est le Conseil d'administration ? De qui est-il composé ? Démission de
monseigneur le prince Murat, démission du général Morin au 31 juillet,
démission de M. Dolfus dès novembre. Le Conseil d'administration, ce sont
les trois concessionnaires. M. Duchêne de Vère en est-il encore ? N'y est-il
plus ? Il a donné sa démission, il n'est pas encore remplacé. Est-ce M. Orsi
qui l'a remplacé ? Nous ne savons pas. L'ordre du Conseil d'administration de
déposer dans la caisse de la maison Cusin des sommes quelconques ! il n'y en
a jamais eu, c'est une comédie ; M. Levitre et vos employés ont bien raison,
vous savez jouer la comédie aussi bien dans vos écrits que dans vos paroles.
Vous avez dit une chose manifestement contraire à la vérité. Il n'y a pas de
Conseil d'administration, il n'y a pas eu d'*ordre* donné, il n'y a pas de
distinction entre la caisse des Docks et la caisse de Cusin-Legendre et compagnie ; il y a confusion permanente. Vous avez logé la Compagnie chez vous,
dans vos bureaux ; il y a eu de l'argent reçu par les concessionnaires des
Docks, qui a été encaissé sans qu'on ait su comment, sans qu'on rende
compte comment l'argent arrive et comment il part. On a vu avec quel désordre les choses se font dans cette maison. Vous n'agissiez pas avec l'honnêteté, avec la droiture, avec la loyauté qui doivent animer des concessionnaires
du gouvernement, pour un acte aussi important que celui des Docks.

Il est donc constant que cette lettre constate la situation dans laquelle vous
vous trouviez et la fraude évidente de la part de Cusin et Legendre depuis le
commencement jusqu'à la fin, l'absence absolue de sincérité qui est le caractère dominant de cette affaire. C'est là ce qui fait que les actionnaires insis-
tent, que les administrateurs provisoires n'ont pas pu faire grâce aux concessionnaires, qu'ils ont dû venir ici discuter les intérêts des actionnaires comme
ils l'ont fait toujours depuis qu'ils ont pris l'administration, poursuivant les
valeurs partout où elles se trouvent, les revendiquant de toute manière, et ayant
Dieu merci, obtenu toujours la protection de la Justice dans cette mission.
La Justice, toutes les fois qu'on a pu mettre la main sur une valeur quelconque qui provînt de cette source, en a ordonné le dépôt ou le séquestre.
Nous avons obtenu tout récemment un arrêt qui met sous le séquestre les
valeurs existant dans la maison Cusin-Legendre et compagnie. Nous pourrons
rentrer dans ces valeurs après un certain temps, nous ne pouvons pas épargner aux concessionnaires les angoisses de la discussion, parce qu'il a été reconnu qu'ils ont, à toutes les époques, manqué de sincérité.

J'arrive à la lettre du 28 octobre 1853, de M. le directeur général, et j'ai
encore ici peine à m'expliquer une démarche de MM. Cusin et consorts.
Voici ce qu'écrit M. le directeur :

« Vous me demandez par votre lettre du 25 de ce mois l'autorisation de *consul-*
» *ter les dossiers* des Docks Napoléon, pour y puiser les éléments d'un travail que
» vous vous proposez de me soumettre prochainement. »

On demande des explications le 29 septembre. Ces messieurs ne répondent
pas. Quelque temps après, au mois d'octobre, ils disent au Ministre : « Per-
mettez-nous d'aller voir le dossier qui est au ministère, afin d'y trouver les
éléments du travail que nous nous proposons de soumettre au Ministre. »
Comment ! c'est vous qui demandez au Ministre d'aller chercher dans le dossier du ministère les éléments de votre travail ! Mais c'est à vous à fournir
ces éléments au Ministre : c'est pour cela que vous êtes les concessionnaires,
c'est pour cela qu'on vous a confié les Docks Napoléon, que vous avez reçu
l'argent des actionnaires. C'est là votre devoir.

« Je viens d'autoriser les chefs des divisions du commerce extérieur et du com-
» merce intérieur à vous laisser prendre connaissance, sans déplacement, du
» dossier dont il s'agit ; il sera mis à votre disposition dès que vous vous présen-
» terez muni de cette autorisation.
» J'ai hâte de recevoir le *travail dont vous m'avez entretenu,* et surtout les
» explications que je vous ai demandées, par ma lettre du 29 septembre, sur la
» *destination* donnée aux 4,191,549 francs 72 centimes *qui devaient se trouver*
» *dans votre caisse, au 10 septembre.* Les actionnaires s'inquiètent en présence de
» la dépréciation de leurs actions. Ils se plaignent à moi de ne pas toucher d'inté-
» rêt et de *n'être pas convoqués en assemblée générale* pour recevoir les commu-
» nications que comporte la marche de l'entreprise.
» Je ne saurais appeler trop sérieusement votre attention sur la nécessité de
» mettre promptement fin à une situation provisoire qui engage gravement *votre*
» *responsabilité vis-à-vis des actionnaires,* comme vis-à-vis de l'administration. »

Votre responsabilité est engagée vis-à-vis de vos actionnaires, et nous
venons vous demander compte aujourd'hui de cette responsabilité.

Qu'est-ce que vous faisiez pendant ce temps, pendant que vous cherchiez à
retarder les explications requises par l'autorité administrative ? Des spéculations
à la Bourse. En effet, à la même date, en novembre 1853, je trouve la trace
d'une opération de bourse de compte à demi entre M. Cusin-Legendre et compagnie et M. Rougemont et compagnie, achat d'un nombre d'actions moyennant la somme de 194,000 fr. Vous employez donc l'argent que nous vous
avons confié à faire une spéculation de bourse avec M. Rougemont.

Vous dites : Nous pouvions spéculer là-dessus ; nous sommes une maison
de banque.

Vous êtes une maison de banque ! Oubliez-vous donc que la concession a
été accordée à trois personnes, puis à une quatrième, parmi lesquelles figurent
les deux chefs de la maison, les seuls qui agissent tout à la fois banquiers et
concessionnaires ? Vous ne pouvez pas distinguer dans les qualités, quand
vous confondez tout dans les faits, l'argent et les écritures. Nous devons plaider
bientôt contre les représentants actuels de votre maison en liquidation, contre

vos cointéressés. Quand nous avons obtenu le séquestre, c'est à cause de la
confusion constante qui a existé dans les valeurs, confusion qui permet que
nous soyons considérés comme pouvant prétendre à la propriété de ces
valeurs ; c'est pour cela que le séquestre a été maintenu sur tout ce qui se
trouve dans la maison Cusin-Legendre et compagnie, en liquidation.

Pendant que vous vous livrez ainsi aux opérations de bourse, que vous recevez les observations du Ministre, que vous êtes surveillés par le Commissaire
du gouvernement, qui a fait au Ministre le rapport sur lequel le Ministre
vous demande compte des 4 millions, pendant que le Ministre vous dit que
les actionnaires se plaignent, vous recevez aussi des réclamations inces-
santes de ces mêmes actionnaires. On trouve dans le dossier, à chaque
instant, aux mêmes époques, 19 août, 22 septembre, 2 octobre, des lettres d'actionnaires, qui ne cessent de demander compte de ce qui se fait. De sorte que
j'ai parfaitement raison lorsque je dis dans mes conclusions que c'est en écar-
tant le Conseil d'administration, en n'ayant pas de Conseil d'administration
constitué, en n'ayant pas d'assemblée d'actionnaires, que vous avez pu vous
maintenir dans cette omnipotence dont vous avez abusé pour détourner ou
dissiper nos fonds, que vous les avez employés à votre usage personnel, pour
remplir vos obligations personnelles, et non pas pour les Docks. Vous avez
commis ainsi des actes que je n'ai pas besoin de qualifier, qui nous ont causé
un préjudice pour lequel vous nous devez réparation.   •

Au 31 décembre 1853, quelle est notre situation ? Nous allons trouver dans
les écritures les éléments de l'emploi de l'argent. Tout ce qui a été fait, était
à peu près consommé alors. Il y a peut-être eu depuis ce temps quelques
ventes d'actions, quelques rachats ; mais la plupart des opérations qui donnent
lieu à nos réclamations étaient consommées.

Je relève d'après les comptes, d'après le rapport, d'après les états qui sont
sur les livres, des chiffres dont nous ne pouvons contester l'application, mais
dont l'exactitude ne saurait être contestée par les prévenus.

Quelles sont les sommes employées par les concessionnaires à un autre
usage qu'aux Docks, et comment sont-elles marquées sur les livres de la maison Cusin, qui tenait écriture de ces emplois étrangers aux Docks ? 4 millions
679,492 francs 58 centimes, qui se composent des sommes appliquées à Pont-
Remy et à Javel, et des prélèvements personnels, en y ajoutant les sommes
engagées dans des créances irrécouvrables, 1 million 338,148 francs, déjà
cités dans les débats comme représentant plusieurs créances antérieures de la
maison Cusin qui ne sont pas encore recouvrées aujourd'hui.

Je prévois la critique pour cet article ; je pense qu'on me dira qu'on n'a
pas employé l'argent à établir ces créances, puisqu'elles sont antérieures.
Mais on a employé l'argent des Docks à remplacer l'actif que représentaient
ces créances, et si l'argent des Docks n'était pas entré dans la caisse de MM. Cusin-Legendre, il est clair que ce n'est pas avec les créances qu'on aurait fait

les dépenses qui sont indiquées sur les livres de la Compagnie. Donc quand je veux savoir la somme d'argent employée, il faut que j'y comprenne la somme de 1 million 338,000 francs.

Je n'insiste pas sur l'application de nos fonds à Pont—Remy et à Javel. Là-dessus on passe condamnation, en ce sens qu'on ne discute pas l'emploi qui a été fait, qu'on a reconnu à un certain moment que ces valeurs devaient être considérées comme étant notre.propriété, parce qu'elles ont été achetées avec notre argent. Nous ne refusons pas cette restitution, tout en nous réservant de ne la chiffrer en déduction que pour le prix réel qui en sera retiré en liquidation.

On conteste sur un autre chiffre, celui des prélèvements personnels sur lequel il faut que je donne des explications. Il est de 586,727 francs à la fin de 1853 pour les trois premiers concessionnaires. Le compte de M. Cusin est de 227,000 francs, le compte de M. Legendre 280,000, le compte de M. Duchêne de Vère 78,000 francs.

Commençons par M. Duchêne de Vère, qui nous dit qu'il n'a reçu ni un sou, ni une action.dans cette affaire. Il a concouru à tous les actes des concessionnaires ; c'est lui et M. Cusin qui ont été désignés comme directeurs. Il a signé les actions, et dans le cours du débat vous avez eu occasion de remarquer qu'alors qu'il cherchait à se distraire du débat, Cusin l'y ramenait et disait : « Nous sommes convenus de tout ensemble ; je n'ai rien fait tout seul : ce que j'ai fait je l'ai fait avec eux. »

Cusin ne veut pas accepter à lui seul cette charge et dit à Duchêne : « Vous êtes mon associé, nous avons agi ensemble ; vous avez concouru à ce qui s'est fait. » Duchêne dit : « Je ne l'ai pas su et je n'en ai pas profité. »

Je ne lui parle pas des profits qu'il a retirés de la création de l'affaire à titre de commission sur la vente des terrains. Mettons ceci de côté, quoique l'attribution, à la fin de 1852, d'une somme aussi considérable que celle qui a été indiquée à l'audience, eût pu, sans doute, le mettre en position de ne pas faire sur la caisse des Docks des prélèvements aussi considérables que ceux qu'il a effectués depuis le mois d'octobre 1852 jusqu'à la fin de 1853. C'est en avril 1853 qu'il a donné sa démission. Mais il a continué à concourir à l'affaire et à prélever des sommes sur la caisse jusque dans le courant de 1854 ; M. Cusin a expliqué qu'on n'avait cessé de le voir qu'au moment où l'on avait cessé de lui donner de l'argent. Dans cette année, il a touché 78,000 francs, et il dit qu'il n'a tiré ni un sou ni une action ! C'est un beau denier, 78,000 francs. Nous parlons par millions, et il semble que ce ne soit rien. 78,000 francs en un an, pour un seul homme, pris sur l'argent des actionnaires auxquels on ne paye pas les intérêts, qui sont ruinés, c'est une somme considérable. Quelle explication donne cet homme, qui appelle cela n'avoir pas reçu un sou ? Il dit qu'il a compté que l'affaire réussirait, et que, comme après tout il a bien travaillé, il devait être rémunéré. Il prenait donc ainsi une avance sur la rémunération à venir. Si c'était dans des proportions minimes, dans les proportions qui sont

nécessaires à l'existence, si, comme le dit M. Cusin, c'était dans des proportions de 8, 10, 12,000 francs dans une année, bien que beaucoup d'actionnaires puissent trouver que c'est là un appointement très considérable pour
ne rien faire dans l'intérêt de la concession, nous pourrions reconnaître qu'il
n'y avait pas là l'intention, frauduleuse en elle-même, de tirer de l'affaire un
profit illégitime ; mais on ne peut pas admettre le raisonnement de ce concessionnaire, qui se dit : « Après tout, qu'est-ce que c'est ? l'affaire est grande ;
j'ai travaillé, je prends quelques sommes, je suis récompensé ; plus tard, si
l'affaire ne va pas, on ne me demandera rien, cela se glissera dans les millions
qui seront perdus. » Cela n'est pas possible. Il y a 78,000 francs. Ce compte
s'élèvera encore, en 1854, au chiffre de 123,000 francs. Je dis qu'il est impossible que M. Duchêne de Vère ne soit pas considéré comme ayant participé
aux détournements qui lui sont reprochés. Il est certain qu'il a eu sa part
dans la direction des affaires qui ont amené ces détournements, et qu'il a
pris une part aussi dans les attributions d'argent. Qui sait s'il aurait contribué
à donner la même direction dans le cas où il n'aurait pas été payé de cette
manière et si on ne lui avait pas donné cet argent ? Qui sait s'il ne se serait
pas refusé à toutes ces ventes d'actions, à ces attributions d'argent à Javel et
à Pont-Remy ? si MM. Cusin et Legendre n'ont pas réussi à remplir leurs
obligations personnelles avec l'argent des Docks, précisément en s'assurant la
complicité de M. Duchêne de Vère par le traitement, par les prélèvements très
considérables qu'ils lui laissaient alors consommer ?

Pour les prélèvements de MM. Cusin et Legendre, on a reproché à l'expert
d'avoir négligé de dire qu'il y avait là un fonds de 250,000 francs pour
chacun, qui représentait leur mise dans la Société de banque Cusin-Legendre
et compagnie.

Je ne comprends pas les explications des prévenus ; je ne comprends pas
qu'ils puissent, qu'ils osent croire que des gens honnêtes et sincères pourront
accepter cette explication. Ils disent : Vous avez tort de me compter comme
un prélèvement les 250,000 francs qui doivent être représentés dans la caisse
par mes actions, qui seront toujours représentés par les titres de ces actions
attachées à la souche.

Ne parlons pas des actions ni des titres. Avez-vous, oui ou non, pris cet
argent dans la caisse ? Vous deviez laisser 500,000 francs dans le fonds capital
de votre maison de banque. Vous aviez pour cela des actions de votre Compagnie. Vous ne pouviez pas vendre ces actions, qui vous étaient personnelles ;
vous ne pouviez ni détourner l'argent qui était dans la caisse, ni prendre les
titres qui étaient dans le portefeuille. Vous avez laissé les titres, vous avez pris
l'argent et vous dites : Vous ne pouvez pas me reprocher le prélèvement. Je
vous le reproche ; je vous dis : Vous avez rempli votre caisse avec l'argent des
Docks, et vous avez ensuite puisé dans la caisse pour y prendre l'argent à votre profit personnel.

J'en ai dit assez pour faire voir quelle est l'impossibilité d'admettre l'ex-

cuse de M. Cusin. L'argent qui était là était l'argent des Docks ; qu'il y fût
à un titre ou à un autre, il y était ; il était confondu avec la masse provenant
des actions de la maison, et ensuite des affaires faites, et MM. Cusin et Legendre l'ont pris. Le chiffre est de 280,000 francs pour l'un, de 227,000 pour
l'autre, en décembre 1853 ; il va grossir encore pendant le courant de l'année 1854.

Examinons maintenant la conduite des prévenus pendant cette année 1854.

Rassurez-vous ; je ne veux pas entrer du tout dans la discussion de tous ces
détails qui sont relatifs à la reconstitution de l'affaire. Ceci est complétement
étranger à notre discussion, sauf quelques points que nous avons à relever
pour la moralité ; ce n'est pas là qu'est la discussion, parce que tout était consommé à la fin de 1853. Les prévenus disent qu'ils se sont consumés en frais
pour arriver à constituer l'affaire, et ils prétendent trouver là leur moyen
d'excuse. Ils n'auraient pas eu ces frais à faire s'ils avaient appliqué l'argent
aux Docks et commencé leur construction. C'est toujours ce qu'on peut leur
répondre. Au lieu de faire l'affaire de Javel, il fallait faire les Docks. Étiez-
vous obligés ou n'étiez-vous pas obligés de faire l'affaire de Javel ? Si vous
n'étiez pas obligés, il fallait mettre l'argent dans les Docks. Si vous étiez obligés,
c'était une obligation antérieure, c'était une chose personnelle à vous, et alors
vous avez détourné l'argent pour le mettre là. De deux choses l'une : vous avez
mis notre argent dans cette entreprise, ou pour avoir des bénéfices que vous
n'avez pas versés dans les Docks, ou pour remplir une obligation antérieure
personnelle.

Je signale donc seulement d'une manière générale ce qui s'est fait. On est
revenu vers les combinaisons anglaises. On a cherché à les faire agréer au gouvernement, qui a toujours répondu en demandant le compte. Chaque fois
qu'on s'est adressé à lui, il a dit : « Donnez-moi votre compte. Vous voulez
une combinaison, vous m'amenez monsieur un tel. Donnez-moi votre compte. »
C'est alors qu'à la dernière extrémité ils ont fait le faux bilan du 12 août 1854.
En même temps, ils ont spéculé sur les actions par achats et par ventes ; ils
ont fait des emprunts sur reports, et tout cela au milieu des réclamations in-
cessantes de leurs actionnaires. Voilà leur conduite pendant 1854.

Je vous demande pourquoi vous avez fait des emprunts, puisque vous n'a-
viez rien à dépenser pour les Docks, et que vous deviez avoir en caisse de l'argent des Docks, même en dehors de celui que vous versiez pour Javel et
Pont-Remy, pourquoi emprunter de l'argent ? Quelle nécessité de faire des
reports ? pour faire vos spéculations personnelles. Vous vous servez, pour faire
vos affaires personnelles, des actions qui nous appartiennent. C'est là, évidemment, un détournement s'il en fût. Pourquoi avez-vous vendu et acheté les
actions ? Pour entretenir le mouvement, pour jouer, pour spéculer, pour faire
un bénéfice : car c'est pour faire un bénéfice que vous avez racheté 49,000
actions, c'est-à-dire le quart du capital total, et les combinaisons que vous

cherchez en 1854 ont pour objet de réaliser, soit pendant que vous les cherchez, soit après que vous les aurez trouvées, un bénéfice personnel sur les
actions.

J'ai dit que je n'entrerais pas dans les détails. Voulez-vous que je vous
indique les nombreuses actions achetées et vendues? C'est inutile ; je les
récapitulerai à la fin. Les détails sont dans le rapport de l'expert. Et quand
on arriverait à contester ce rapport, à contester un chiffre de quelques milliers d'actions de plus ou de moins, est-ce que cela changerait la nature de
notre demande, les conclusions que nous avons à prendre? Est-ce que nous
pouvons établir ce compte par détails à une audience correctionnelle? Cela est
absolument impossible, surtout si l'on considère que ces achats et ces ventes
se font par des prête-noms et qu'il faut les découvrir à force de patientes et
minutieuses recherches. Le principe du détournement doit donc être posé ;
mais quant au compte à faire, il est impossible de le faire d'une manière à
donner satisfaction aux intérêts de la demande aussi bien qu'aux prétentions
de la défense à cette audience.

Sur les reports, nous n'avons que de courtes explications à donner. Les
reports sont constants. Nous savons où sont les actions et ce qu'elles sont
devenues ou à peu près. Pour les actions du duc de Galliera, il paraît certain
que l'emprunt a été remboursé ; ces actions sont rentrées dans le grand mouvement des 112,468. Quant aux 11,200 actions qui ont été employées d'abord
dans les mains des gérants du chemin de fer de Graissessac à Béziers, nous
savons aujourd'hui, par le débat et par la déclaration de M. Orsi, qu'il y en
a 1,200 déposées chez M. Lévy, ou confiées à M. Lévy à je ne sais quel titre ;
6,000 au Crédit mobilier, entre les mains duquel elles sont revendiquées, et
nous plaidons devant le tribunal de commerce, qui a sursis à statuer à raison
de l'action engagée devant le tribunal correctionnel. Il reste encore 4,000
actions pour arriver à 11,200. On dit que ces 4,000 actions ont été vendues
par l'administration du chemin de fer de Graissessac à Béziers. Il n'y en a aucune preuve dans le débat. Cela peut être ; je ne le conteste pas autrement ;
mais ce n'est pas établi, et nous avons le droit d'en demander compte.

Quant à toutes les démarches nombreuses qui ont été faites pour reconstituer l'affaire pendant l'année 1854, je me dispenserai d'en entretenir le tribunal. Je ne retiendrai que deux faits qui me paraissent importants : le fait
relatif au bilan du 12 août, et le traité avec MM. Fox et Henderson.

Sur ce traité avec MM. Fox et Henderson, j'ai des explications à donner, à
lire des contrats, à montrer la situation de l'affaire, parce qu'elle n'a été établie au débat qu'au moyen des explications données par les témoins d'une façon
plus ou moins incomplète, parce qu'on n'a pas vu les conventions secrètes qui
lient les concessionnaires avec MM. Fox, Henderson et compagnie.

Dans quelles circonstances a eu lieu la remise de 32,000 actions à MM. Fox
et Henderson, et pour quelle cause? Le voici.

14 février 1854, traité entre MM. Fox et Henderson et les concessionnaires pour la construction des Docks. Ici on a cherché à faire illusion au tribunal, et le défaut de sincérité n'est pas seulement chez les prévenus, il est chez la plupart des personnes qui ont touché à cette affaire. Je suis, jusqu'à un certain point, autorisé à tenir ce langage, puisque j'ai pour moi une décision judiciaire. J'ai un jugement du tribunal de commerce qui a déclaré ceci :

« Que la conduite de MM. Fox et Henderson a été dans toute cette affaire aussi » blâmable que celle de MM. Cusin, Legendre et Orsi ; qu'il y a lieu dans un intérêt » d'ordre public de déclarer nulle et de nul effet la convention du 14 février 1854, » aussi bien que celle du 24 juillet suivant. »

Je me trouve donc vis-à-vis de personnes qui ne sont pas au procès, mais à l'égard desquelles je puis dire un jugement à la main, et un jugement rendu avec les administrateurs provisoires des Docks Napoléon, que leur conduite a été aussi blâmable que celle des prévenus.

Il est toujours pénible d'être obligé de déclarer qu'on n'a pas une confiance absolue dans les déclarations d'un homme qui vient ici, et qui prête serment de dire la vérité, toute la vérité ; mais le rôle que M. Stockes a joué dans toute cette affaire me paraît si singulier, que je suis obligé de dire que je n'attache qu'une médiocre créance aux explications réservées qu'il a données devant le tribunal. Il y a dans sa correspondance, dans son intervention dans l'affaire, un rôle actif dont il a évidemment cherché à effacer le caractère par sa déposition ; serait-ce pour échapper à la responsabilité qu'il pourrait encourir ? Il y a là une histoire de clef..., il y a là une remise d'actions.., Il est certain que c'est lui qui a été là toutes les fois qu'on a traité, qui a ménagé les entrevues, qui a quelquefois représenté MM. Fox et Henderson dans de certaines circonstances.... Il y a là quelque chose d'inexpliqué.... Il ne faut donc pas prendre pour absolument certain tout ce qu'il a raconté à l'audience. Il faut apprécier ce qui est possible.

Nous avons un traité du 14 février 1854, dans lequel il est dit que les travaux coûteront 24 millions, qu'ils seront faits sur des plans et devis fournis par la Compagnie, dressés à ses frais par un architecte.

Quand on a plaidé contre nous, on a cherché à faire voir au tribunal de commerce que la délivrance des 32,000 actions représentant 4 millions avait sa cause dans la nécessité de payer à MM. Fox et Henderson ces travaux préparatoires. Or rien n'a été fait par ces messieurs. Les devis, les travaux, les plans, ont été fournis par les architectes. Nous avons plaidé, nous plaidons encore contre les architectes pour les prix de ces devis, de sorte qu'il est certain que MM. Fox et Henderson n'ont rien fourni du tout. La défense de MM. Fox et Henderson devant le tribunal de commerce était donc fondée sur des obligations que rien ne justifiait.

Déjà, dans une autre circonstance, ils avaient cherché à surprendre les juges. Les administrateurs provisoires, justement préoccupés de cette dispa-

rition de 32,000 actions aux mains de MM. Fox et Henderson, avaient intro-
duit un référé, afin d'être autorisés à former une opposition, pensant qu'il
leur était dû quelques sommes. Comme nous expliquions au juge ce fait de la
remise de 32,000 actions, ils soutinrent que ces 32,000 actions avaient été
par eux souscrites et *payées*, et j'ai encore là la copie que j'ai faite immédiatement ce jour-là, 22 juillet 1856, de la pièce communiquée par l'adversaire,
à l'appui de cette assertion contraire, on le voit aujourd'hui, à la vérité :

« Nous soussignés concessionnaires et administrateurs des Docks Napoléon,
» reconnaissons avoir *reçu* de MM. Fox, Henderson et compagnie la somme de
» *quatre millions* de francs pour solde du versement de 125 francs par action des
» 32,000 actions par eux souscrites au pair. Nous reconnaissons en outre que cette
» souscription de 32,000 actions remplace et rend nulle et non avenue celle qui
» avait été stipulée dans l'acte signé le 14 février dernier entre Fox et Henderson,
» d'une part, et les concessionnaires des Docks Napoléon d'autre part.
» Bon pour quittance de quatre millions.

» Signé : Cusin, Legendre et compagnie. »

Cette tentative était audacieuse. On savait que nous étions dépourvus de
documents. Nous n'avions pas le traité, les actes secrets ; ils étaient saisis,
sous la main de la Justice ; heureusement que nous avons pu renseigner suffisamment M. le Président, pour lui faire comprendre qu'il y avait là quelque
fraude, et il nous a accordé l'autorisation nécessaire pour faire l'opposition ;
mais il n'en est pas moins vrai qu'en cette circonstance comme devant le
tribunal de commerce, on a manqué de sincérité quand on se défendait de
cette manière ; et j'ai le droit de suspecter toute sincérité dans cette affaire
de MM. Fox et Henderson.

A mesure que j'y pénètre davantage, ma suspicion se confirme. Je vois
qu'il y a un traité secret qui n'a été connu, au moment où il a été fait, d'aucune des personnes qui avaient un intérêt à surveiller la situation, et surtout
du Ministre. Dans la déclaration de M. Carteret, il n'est pas dit que le Ministre ait connu le traité secret. Il n'est connu de l'instruction que parce que
les brouillons ont été saisis parmi les papiers de M. Cusin. La quittance que
j'ai lue tout à l'heure et destinée à donner une apparence à un fait qui n'était
pas vrai et à justifier frauduleusement, suivant les occurrences, d'un payement non effectué, n'était autre chose que l'exécution du traité *secret* du
14 février 1854, dont voici les termes :

« Par l'acte conclu et signé entre les parties en date de ce jour, et par lequel
» MM. Cusin, Legendre et Duchêne de Vère ont donné à MM. Fox, Henderson et
» compagnie l'entreprise à forfait de tous les travaux de construction des Docks
» Napoléon, il a été convenu que ces derniers recevraient en payement et pour un
» sixième du prix total des travaux 32,000 actions, de 125 francs l'une, libérées et
» au pair de la Compagnie des Docks Napoléon.
» Toutes les parties s'engagent mutuellement à faire loyalement tous leurs efforts

» et user de toute leur influence pour faire agréer cette combinaison par le gou-
» vernement.

   » Toutefois, et dans le cas où le gouvernement n'autoriserait pas l'emploi de ces
» 32,000 actions en payement dans les termes ci-dessus, MM. Fox, Henderson et
» compagnie s'engagent à *demeurer toujours souscripteurs personnellement et*
» *au pair des* 32,000 *actions de* 125 *francs ci-dessus.*

   » De leur côté MM. Cusin, Legendre et Duchêne de Vère ès noms s'engagent à
» accorder à MM. Fox, Henderson et compagnie, en raison de cette souscription,
» toutes les facilités nécessaires pour que le versement des actions et l'emploi de
» leur produit en payement des travaux ait lieu le même jour, de manière à ce que
» *les écritures de la Compagnie constatent régulièrement l'entrée et la sortie des*
» *espèces, et que MM. Fox, Henderson et compagnie ne soient pas obligés d'effec-*
» *tuer réellement le versement de leurs actions.*

   » Étant bien entendu que, dans tous les cas, MM. Fox, Henderson et compagnie
» continueront à recevoir en payement un sixième en actions et cinq sixièmes en
» espèces, ainsi qu'il est convenu en l'acte principal ci-dessus relaté. »

Peut-on expliquer d'une façon plus nette, plus simple, avec toutes ses circonstances, le plan que l'on combine pour faire croire à tout le monde qu'il y
a un versement effectif, pour le mettre dans les écritures, pour que l'entrée
et la sortie des fonds soient régulièrement constatées, tandis qu'il n'y a ni
entrée ni sortie de fonds? Peut-on organiser la fraude d'une manière plus
catégorique?

Voilà donc cette pièce qui n'était pas connue, qui était en dehors. C'était
une souscription factice, qui était présentée comme sérieuse, de l'argent dont
on donnait quittance plus tard, lorsqu'on avait ici un contrat par lequel il
était dit qu'il ne serait jamais payé.

Il y a eu de plus une autre convention secrète, relative au chiffre de
1 million 800,000 fr. La quittance de 1 million 800,000 fr. se rattache au
troisième traité fait avec MM. Fox et Henderson. Les deux autres traités
n'importent que médiocrement à connaître. Celui du 24 juillet 1854 a été
fait afin de pouvoir diviser la construction, au lieu de la faire sur un seul
point, et là il a été mentionné qu'on donnait quittance des 4 millions à valoir
sur le prix convenu des travaux. Ceci n'a été réalisé que le 14 août. Le traité
du mois d'août est un traité relatif à la modification des plans primitifs, pour
l'exécution des travaux, dans le cas où les travaux viendraient à être exécutés.

Voici les pièces qui constatent la remise des 1 million 800,000 fr. :

   « Messieurs, comme conséquence et *condition inséparable* du contrat passé entre
» nous ce jour, et par lequel nous nous sommes chargés de l'entreprise à forfait de
» la totalité des travaux de construction des Docks Napoléon, moyennant le prix de
» 24 millions de francs, nous nous engageons à vous remettre, à titre de commis-
» sion, au fur et à mesure de l'avancement des travaux, la somme de 1,800,000 fr.,
» soit 7 1/2 pour 100 sur chaque payement qui sera fait par la Compagnie, en vertu
» du contrat sus-énoncé. Ces payements se feront en actions de la Compagnie de
» 125 fr. l'une libérées, que vous avez consenti à accepter au pair, et sans que nous
» soyons tenus de vous payer une partie quelconque de votre commission en
» espèces. »

Cette pièce est datée du 14 février 1854, et signée Fox, Henderson et compagnie. Les actions représentant ces 1 million 800,000 fr. ont été remises aux concessionnaires en août 1854, le même jour qu'ils signaient le reçu fictif de 4 millions, montant des 32,000 actions, que nous avons lu tout à l'heure ; le reçu est conçu en ces termes :

« Nous soussignés Cusin, Legendre et Orsi reconnaissons avoir reçu de MM. Fox,
» Henderson et compagnie la somme de 1,800,000 fr., représentée par 14,400 actions
» libérées de 125 fr. l'une, pour solde de la commission stipulée au profit des con-
» cessionnaires des Docks Napoléon, sur le prix des travaux qui ont été concédés à
» MM. Fox, Henderson et compagnie, par l'acte du 14 février dernier. »

C'est le même jour qu'on signe la quittance des 4 millions, et la quittance des 1 million 800,000 fr. De part et d'autre, il était convenu qu'on devait donner cette somme de 1 million 800,000 fr. ; la convention a été tenue secrète, exécutée de cette manière. Il y a eu une remise faite à MM. Cusin, Legendre et Orsi. Ils ont par conséquent concouru tous les trois à cette action de recevoir les 1 million 800,000 fr., et à constater comme encaissés les 4 millions montant de la souscription factice de la part de MM. Fox et Henderson.

Maintenant ils donnent comme excuse...,·j'ai honte à rapporter les excuses qu'ils donnent..., ils disent : Il n'est ni entré ni sorti d'argent. Nous n'avons pas reçu d'argent ; à ce moment nous n'avons pas reçu de titres sur les 4 millions d'actions.

C'est absolument comme si vous les aviez reçus. Au lieu de donner 4 millions, et de recevoir 14,400 actions, vous n'avez donné que 17,600 actions. C'est absolument la même chose que si vous aviez pris ces titres-là. Le fait matériel est le même.

Vous dites : « Cela ne représentait ni de l'argent, ni des titres, cela ne représentait que des conventions dissimulées. Ah ! c'est vrai. Nous avons dissimulé la convention. Que voulez-vous? Il y avait (c'est M. Stockes qui a dit le mot) un *trou* à boucher, il fallait boucher ce *trou*. Nous avons imaginé cette combinaison. »

Pourquoi faire? Pour tromper le Ministre. Pour cacher le déficit.

Vous emploierez toutes les expressions que vous voudrez pour couvrir le déficit, le cacher, le masquer, l'expliquer ; c'est toujours la même chose. Vous voulez mentir au Ministre, et pour cela vous faites une convention ; vous ne voulez pas faire connaître votre situation telle qu'elle est, vous voulez la cacher ; vous faites la convention, et quand vous avez fait cette convention vous dites : Je ne suis pas aussi coupable, ni coupable de la même manière que si j'avais pris une action, de l'argent qui m'avait été remis à un titre quelconque.

Vous aviez pris de l'argent d'avance, et pour remplacer cet argent, afin qu'on ne vît pas que vous l'aviez pris, vous avez inventé cette combinaison

13

dans laquelle vous n'avez pas dit à MM. Fox et Henderson : « Nous ne vous payerons que 22 millions 200,000 fr., » mais : «Nous vous payerons 24 millions, et vous nous rendrez 1 million 800,000 fr. » Vous avez caché la chose. On ne se cache que pour faire le mal. Il est certain qu'il y a là des détournements aussi caractérisés que si vous aviez alors pris l'argent dans la caisse, puisque vous l'aviez pris par avance, et que vous avez fait cette convention pour cacher vos détournements. Si ce n'est pas la fraude elle-même, c'est un élément de la fraude ; c'est une preuve de la fraude.

Voyez jusqu'où l'on est emporté quand on est dans ces conditions ! Je dois dire que MM. Fox et Henderson résistaient à cette convention ; il a fallu pour les déterminer qu'on les trompât eux-mêmes (car ils se sont trompés même entre eux) ; il a fallu qu'on leur expliquât dans une correspondance qui est aux pièces, à la date de février 1854, que cette remise....

M. LE PRÉSIDENT. — Qui, on ?

Me CELLIEZ. — Je vais lire la pièce... Il a fallu qu'on leur expliquât qu'il s'agissait de sacrifices personnels à M. Cusin, à compenser au moyen de cette remise. La lettre est à la date du 4 février 1854. Elle est adressée par M. Berryer, qui négociait une portion de cette affaire, entre MM. Cusin et Legendre, et Fox et Henderson. M. Berryer a écrit à M. Cusin, le 4 février 1854 :

« Je viens d'avoir une conversation sur le fond de la pensée de sir Ch. Fox : il
» veut faire l'affaire ; il n'attend que l'avis du retour de M. Stockes pour partir pour
» Paris.

» La lettre de M. Orsi l'a vivement frappé et impressionné en bien ; il est donc
» très bien disposé ; une seule chose heurte son esprit.

» Il ne veut à aucun compte *faire une remise* sur les travaux *aux concession-*
» *naires* sans que cette remise ne soit constatée ouvertement. Pour qu'il ne restât
» pas dans son esprit une *impression fâcheuse* à cet égard, je lui ai fait dire qu'à
» ma connaissance, ce que Commissaire du gouvernement j'avais pu constater, les
» concessionnaires avaient pu sauver l'affaire en faisant des sacrifices qui se mon-
» taient à leur préjudice à 6 ou 700,000 fr., qu'il était juste qu'ils rentrassent dans
» ces avances et eussent en outre un bénéfice sur la cession de leur propriété : ceci
» a paru frapper ; je saurai ce soir positivement l'impression que cela a laissée. »

Voilà ce qui a déterminé M. Fox à donner cette remise. On n'a pas dit M. Fox : Nous voulons tromper le gouvernement. Vous verrez que dan 1 même temps il y a des lettres écrites, des visites faites au Ministre, des lettres écrites par M. Stockes pour réclamer la qualité d'administrateur ; des lettres collectives écrites par les membres qui devaient entrer dans le comité anglais, pour se mettre au service du gouvernement français. Il est clair que, si ces personnes sont des personnes honorables, elles ne seraient pas entrées dans une affaire dans laquelle on leur aurait dit : Vous allez tromper le Ministre, vous mettre au service du gouvernement français, mais nous aider à tromper le gouvernement français. Ce n'était pas possible. Alors on leur dit : Il y a une remise à faire aux concessionnaires ; c'est pour couvrir leurs dépenses.

Aujourd'hui on explique que c'était pour tromper le gouvernement, pour couvrir le déficit. Tout le monde a dit cela avec une naïveté que j'admire. Je ne puis pas comprendre comment il entre dans les esprits droits de venir donner sans rougir de pareilles explications !

Il fallait éclairer le gouvernement, lui dire la vérité de votre situation, et alors peut-être qu'à force de sincérité vous auriez trouvé le concours qui vous a manqué. Il est certain que le gouvernement a fait tout ce qu'il a pu pour empêcher le grand scandale qui a éclaté depuis un an. Il est certain que le gouvernement cherchait à favoriser de tout son pouvoir les combinaisons qui auraient remis à flot l'affaire des Docks Napoléon. Mais il fallait, pour obtenir le concours entier du gouvernement, vous montrer sincère envers lui.

Or, toujours vous avez décliné les explications ; vous avez envoyé à la fin une écriture pour justification. Cette écriture, il a fallu la travailler pendant plusieurs jours avec plusieurs personnes habiles. Il a fallu que ce M. Stockes vînt dicter les écritures qu'on avait à faire ; il a fallu que vous corrigiez les livres, que vous arrangiez des chiffres, que vous composiez des articles qui n'étaient pas les écritures vraies, qui n'étaient pas les écritures à leur date.

On a donné un renseignement inexact au tribunal quand on lui a dit que l'écriture avait été faite dans les premiers jours d'août. En relisant la correspondance, les demandes du Ministre, les demandes de notes, on verra que ce n'est qu'à une époque postérieure au 12 août que l'écriture a été faite. On l'a datée du 12 août, parce qu'on voulait la faire concorder avec une certaine demande ou une certaine note adressée au Ministre. A cette date du 12 août, on avait écrit une note générale sur le capital nécessaire à l'affaire, sur les éléments de ce capital, et notamment entre autres choses figure dans cette note le chiffre de 4 millions de la souscription Fox et Henderson. De sorte que, puisqu'on remettait cette note au Ministre le 12 août, on s'est vu obligé, quand on a fait l'écriture qu'on produisait à l'appui, de lui donner la date du 12 août. Le rapport constate que, le 9 septembre, M. le directeur général n'avait pas encore reçu ce bilan ; que, le 11 septembre, les concessionnaires éludèrent la réponse ; qu'enfin le bilan n'a été envoyé que le 7 octobre.

Devrai-je insister bien longuement pour démontrer la fausseté de l'écriture du 12 août 1854 ? Je ne crois pas que cela soit très nécessaire, après les débats et les explications qui ont eu lieu. Je la reprends seulement pour indiquer trois ou quatre chiffres, pour faire voir comment elle a été composée.

Vous le savez, elle n'est pas l'écriture naturelle : ce sont des articles inventés pour être mis sur le journal. Je ne sais pas... dans toutes ces pièces la mémoire s'égare quelquefois..., j'ai vu quelque part un brouillard de journal qui contient des écritures antérieures et postérieures à la date du 12 août 1854, et il n'y a pas d'écriture au 12 août 1854. Dans l'écriture naturelle, dans le livre-journal qui se tient jour par jour, on n'a pas passé tous ces articles du 12 août 1854 : il n'y a rien entre le 31 juillet et le 17 août, et ces écritures ne se trouvent même pas passées sur le livre-brouillard, mais seulement **sur le journal.**

Cependant on a persisté à se servir de cette fausse écriture, quand on a établi la situation fin décembre 1854 et fin décembre 1855. On s'en est servi dans diverses circonstances. Il y a même encore des moments où M. Cusin, dans sa discussion devant le tribunal, s'appuie sur ce bilan du 12 août. Or c'est une écriture qui a été composée, vous savez dans quelles circonstances, vous savez dans quel conciliabule. Examinons seulement quelques-uns des chiffres qui s'y trouvent.

L'écriture se compose de treize articles passés au journal. Voici le premier. C'est écrit en style de comptabilité.

12 août 1854.

Les suivants doivent à Cusin, Legendre et Cie, compte courant :

Primes. — Pour le montant des primes touchées.	1,060 fr.	»
Opérations. — Pour résultat des opérations faites sur actions.	59,136	50
Intérêts, commissions, escomptes. — Pour intérêts touchés à diverses époques.	13,017	04
Division des Marais. — Pour produit particulier de cette division.	230	05
Terrains place de l'Europe. — Pour vente de sable et herbe provenant de ces terrains.	55	»
Comptes de divers (architectes). — Pour avances de diverses sommes	43,188	46
Construction (leur compte). — Pour avances sur travaux. .	4,000,000	»
Total.	4,116,687 fr.	05

Cela veut dire en langage vulgaire que MM. Legendre et Cusin, dans le compte qu'ils ont établi, prétendent avoir payé les diverses sommes qui composent le total 4 millions 116,687 fr. 25 c., par exemple, les 4 millions pour les constructions dont nous venons de voir l'histoire dans cette affaire Fox et Henderson. Remarquez que les quittances, que les actes sont datés du 14 août, et non pas du 12, de sorte que l'écriture est postérieure à ces faits-là. On a réalisé le 14 août ce qui était convenu antérieurement ; on a écrit plus tard, et on a porté comme ayant payé le 12 août 4 millions qui n'ont pas été payés ; de telle sorte que voilà des écritures évidemment falsifiées.

Maintenant on porte un autre gros chiffre, 3 millions 161,750 francs, pour la perte réalisée sur l'émission de 63,504 actions. Il n'y a rien qui justifie cela, et quand l'expert fait le calcul de tout ce qui a pu être perdu sur les actions, il n'arrive qu'à un chiffre de 2 millions et quelques mille fr. Je mets au défi d'établir les éléments qui ont fourni ce chiffre de 3 millions 161,750 fr., qui est un chiffre déterminé, qui ne s'est pas produit tout seul, qui doit avoir des éléments s'il est sincère. S'il n'est pas sincère, s'il a été inventé pour compléter une addition, on a pu mettre le chiffre qu'on a voulu. Il n'y pas eu 3 millions de perte sur les actions.

Que vois-je encore? Il y a le million et les 300,000 fr. qu'on porte pour la commission. Un mot sur cette commission.

Jamais rien n'a figuré sur les livres, jamais vous n'avez payé un intérêt aux actionnaires, jamais vous n'avez crédité les actionnaires ni les Docks des intérêts; jamais vous n'avez établi aucun compte sérieux entre les Docks et vous. Vous avez chiffré à 15 millions la somme que vous dites avoir reçue pour les Docks. Un jour, le 6 septembre 1853, il vous a plu d'écrire que vous aviez reçu pour 2 millions d'actions, vous avez écrit 2 millions. Un autre jour vous avez voulu grossir le chiffre, et vous avez écrit 2 millions 66,000 fr. Tout cela n'est pas la sincérité. Vous prenez ici une commission de 1 million, c'est-à-dire 2 p. cent sur le capital de 50 millions pour ces actions sur lesquelles vous dites avoir encaissé 15 millions, sur lesquelles vous n'avez encaissé que 10 millions et dont vous avez employé le produit à tout autre chose qu'aux affaires des Docks Napoléon. C'est complétement dérisoire. Et puis 300,000 fr. pour le prélèvement des concessionnaires !

Je n'ai pas besoin d'insister davantage, de relever les détails du bilan du 12 août. Il ne sert qu'à prouver la fraude dont on a fait usage dans toute circonstance, le défaut de sincérité absolue, le mensonge, la fraude depuis le commencement de l'affaire jusqu'à la fin.

Maintenant vous dirai-je quelle est la situation finale dans laquelle on se trouve, soit en 1854, soit en 1855 ?

Le calcul résulte de tout le travail de l'expert. Vous comprenez qu'on ne peut pas à l'audience refaire un travail d'expertise, quand bien même cette expertise est contestée. Les experts sont habitués à voir contester leur travail. La preuve résulte des différents éléments de contrôle qui se trouvent dans ce travail. Il est certain qu'en étudiant d'une manière sérieuse et réfléchie le rapport de l'expert, on est persuadé de l'exactitude des chiffres qui sont contrôlés les uns par les autres.

D'ailleurs, je le répète, les chiffres ne sont pas le point important de cette affaire. Le compte, nous ne demandons pas mieux que de le faire ailleurs.

Nous devons aller au-devant d'une objection qui nous sera faite. Nous n'avons pas à compter seulement avec MM. Cusin et Legendre personnellement, nous avons aussi à compter avec MM. Cusin, Legendre et compagnie, parce qu'il y a là trois individualités dans lesquelles nous n'admettons pas toujours les distinctions qu'on veut faire. On ne peut pas, à l'abri de ces distinctions, sauver ce que Cusin et Legendre ont pris personnellement d'une main dans la caisse des Docks Napoléon, pour le confier à MM. Cusin, Legendre et compagnie, qui emportent la somme en disant : C'est à nous, ce c'est pas à vous. Nous sommes donc aussi entrés en compte avec Cusin, Legendre et compagnie, et nous les avons assignés devant le tribunal de commerce afin qu'ils payent.

Et il y a ceci de curieux que la maison Cusin, Legendre et compagnie, en liquidation, après avoir reconnu que ses écritures la constituent débitrice de 1 million 67,000 fr., somme évidemment inférieure à la dette réelle, oppose comme compensation 1 million de commission sur les 50 millions d'actions, 300,000 fr. pour les prélèvements de MM. Cusin et Legendre, et différentes autres sommes encore qu'elle aurait payées et qui sont portées dans les comptes, soit avec M. Duchêne, soit avec M. Berryer, soit avec M. Orsi. Qu'il y ait des comptes entre la maison Cusin, Legendre et compagnie, et M. Berryer, par exemple, cela ne nous regarde en aucune manière ; les Docks ne sont pas les créanciers de M. Berryer. Nous n'acceptons pas la compensation de la créance que nous avons sur la maison Cusin, Legendre et compagnie, et ce qui est dû par M. Berryer. C'est une affaire entre la maison Cusin, Legendre et compagnie, et M. Berryer. Nous avons repoussé de toutes nos forces, dans nos procès antérieurs, cette application. Nous n'accepterons M. Berryer, comme débiteur, qu'autant qu'il arrivera à être jugé, que son compte avec la compagnie constitue un élément du délit commis au préjudice des actionnaires des Docks. Dans tous les cas, aucune condamnation individuelle prononcée ici, ne peut paralyser les droits que nous exerçons dans ce moment-ci contre une personne qui n'est pas en cause, c'est-à-dire la maison en liquidation Cusin, Legendre et compagnie, qui comprend M. Cusin, M. Legendre et leurs commanditaires. Une partie de notre caisse a servi à constituer l'actif qui est aujourd'hui dans cette compagnie, nous allons l'y retrouver. Nous avons mis la main dessus au moyen du séquestre, et nous disons aux commanditaires de M. Cusin : De même que vous ne pouvez pas profiter de l'argent provenant des actionnaires des Docks, de même vous ne pouvez pas leur opposer la compensation résultant du chiffre fantastique que Cusin veut s'attribuer, en participation avec Legendre, pour prélèvement de gérance, et pour commission sur 50 millions d'actions, dont le prix a été dilapidé !

Je le dis en passant pour faire voir quelle confusion on a établie dans tout ceci, comment les actionnaires des Docks Napoléon sont ceux sur lesquels tout le monde tombe. C'est leur argent qui a servi à tout le monde, qui sert encore à faire marcher aujourd'hui la liquidation de la maison Cusin et Legendre, qui a servi à tout depuis que l'affaire des Docks est faite. La maison Cusin n'a pas, pour combler la différence entre le passif et l'actif, un élément autre que l'argent des Docks Napoléon. Vous verrez les situations successives à la fin de 1852, à la fin de 1853, à la fin de 1854, à la fin de 1855 ; il n'y a pas d'autre élément que celui-là. Vous prendrez le dire même de Cusin quand il a établi, à l'audience, que la créance des Docks, du commencement à la fin de 1855, doit être fixée à 4 millions. Il a fait ronfler ce chiffre hier dans le débat, et pour vous prouver une fois de plus quel est le degré de sa sincérité, il suffit de comparer ce dire avec le bilan de la maison de banque qui nous a été communiqué par le liquidateur.

Bilan approximatif de la maison Cusin, Legendre et Cⁱᵉ.

« La Société a été fondée au capital de. . . . . 2,000,000 fr.
» Sur lequel il a été versé seulement. 1,300,000
» D'après la déclaration de M. Cusin et les rapports faits par des actionnaires
» sur l'examen qu'ils ont fait de l'inventaire de la maison, les valeurs de l'actif
» consistaient :

1° Compte courant avec Javel et Sèvres, payé par obligations
 au porteur. . . . . 995,000 fr.

2° Actions de Javel et Sèvres remises au liquidateur par
 MM. Cusin et Legendre. 400,000

3° Hypothèque sur les biens du prince de la Paix (Godoï), situés
 en Espagne, avec capitalisation des intérêts. Ces biens ont
 cessé d'être sous séquestre. 350,000

4° Créances (Martre) sur les magasins de la Chaussée-d'Antin,
 qui se soldent par des payements semestriels 600,000

5° Créance (Nodler) sur des Suisses, garantie par hypothèque
 sur une maison place de la Bastille, et sur 800 hectares de
 terr   situés en Suisse, dont le quart est acquis à la maison
 en t ute propriété. Il y a eu vente de la maison et remboursement d'une partie de la somme. 300,000

6° Portefeuille, billets. 180,000

7° Argent en caisse. 120,000

8° Créance Legendre, par compte courant. 450,000

 Cusin, Legendre. 300,000
 Duchêne de Vère. 125,000
 Berryer. 130,000
 Orsi. 125,000
 Bernard. 30,000
 Legendre fils. . . . . , ... 17,000
 Durieu 125,000
                                                              ————————
                              Total. . . . . 4,247,000 fr.

Vous remarquez au n° 2 de ce bilan la prime accordée en actions de Javel, par M. Sussex à M. Cusin ; le liquidateur a obtenu qu'on la lui rendît, et il prétend conserver le bénéfice de cette opération : son motif est que l'opération a été personnelle à MM. Cusin et Legendre, et faite dans l'intérêt de leur maison. Les actionnaires de MM. Cusin et Legendre veulent bénéficier de ceci et nous en contestent la propriété.

Ensuite viennent trois bonnes créances ou évaluées comme bonnes, sur les six qui composaient ces 1 million 338,000 fr. dont j'ai parlé, créance sur l'Espagne, sur la Chaussée-d'Antin, sur les Suisses, actif d'une réalisation plus ou moins éventuelle et dans tous les cas peu disponible.

Les prélèvements portés sous le n° 8 figurent partout, dans l'actif de la maison de banque, dans l'actif des Docks, dans le compte du 12 août, et quel actif que de pareilles créances !

Voilà l'actif de la maison de banque, je vous demande où il y a là-dedans un centime qui ne vienne pas des Docks ? Tout vient des Docks, excepté les créances qui sont antérieures à l'accession des Docks dans les affaires de la maison de banque. Mais, encore un coup, qu'est-ce 'qui vous a permis de maintenir dans votre caisse de l'argent, dans votre portefeuille des billets et les autres créances nées à votre profit depuis la création des Docks, si ce n'est l'argent que vous avez pris aux Docks ? Vous n'auriez pas un actif que vous élevez à 4 millions, si vous n'aviez pas pris l'argent des Docks ; votre maison serait perdue depuis longtemps à cause de l'immobilisation de son capital dans des créances mauvaises ou d'un recouvrement tardif.

Je tiens, messieurs, à fixer aussi exactement que le permettent les écritures, le chiffre précis des sommes encaissées par les concessionnaires, comme provenant des deux origines qui constituent toute leur recette : Prix d'actions des Docks et produits de l'exploitation des entrepôts.

Je prends les chiffres tels qu'ils sont relevés dans les dernières pages du rapport.

On a *vendu* au pair 87,802 actions pour une somme de 10 millions 975,250 fr. On a *vendu* par diverses opérations 126,000 actions pour 11 millions 900,000 fr. : total de l'argent encaissé, 22 millions 900,000 francs, pour 213,802 actions vendues. Puis on a *racheté* 49,000 actions, voyez quel mouvement ! On a racheté le quart des actions 49,000 sur 200,000. On a dépensé pour cela environ 5 millions. De sorte que le produit de la vente des actions a été de 17 millions 918,000 fr., près de 18 millions.

Maintenant voici ce qui résulte de ces chiffres, quant au mouvement des actions elles-mêmes. Quand vous voyez figurer à la vente un chiffre de 213,000 actions, supérieur à la totalité des actions créées, il faut bien s'expliquer là-dessus. Il y a eu 200,000 actions émises ; on en a racheté 49,000 ; total, 249,000. On en a vendu 213,000. Quel est l'emploi des 36,000 qui restent ? Le voici : 17,600 entre les mains de MM. Fox et Henderson, 11,200 dans les reports, 1,390 qui manquent, et 5,824 qui sont représentées. Il n'y a donc de déficit en titre, d'après les calculs de l'expert, que 1,390 actions dont on ne peut pas se rendre compte. Les autres ont donné lieu à un mouvement de va-et-vient.

Ce mouvement a laissé dans la caisse 18 millions. Il faut y ajouter l'argent touché de la division des Marais : c'est un chiffre de 400,000 fr. environ.

Telle est donc la recette effective en argent dont ces messieurs doivent compte, même en supposant qu'on ne leur réclame pas les pertes occasionnées par les fautes de leur gestion, les ventes inopportunes et les rachats d'actions en dehors de la mission qui résulte pour eux de leur qualité de directeurs de l'affaire des Docks. En écus réels et comptés, il est entré dans leur caisse 18 millions 400,000 fr. Telle est la recette ?

Quelle a été la dépense des Docks ? 11 millions 636,000 fr., d'après leurs propres comptes, leurs propres écritures, en prenant tout ce qui peut être attribué aux Docks sans discussion ; nous ne contestons pas les dépenses quant à présent ; nous prenons, sans examen de détail et de chiffre, toute dépense dont l'affectation aux Docks est certaine. Le déficit serait de 6 millions 282,000 fr.

Or que dit M. Cusin quand il s'adresse à ses actionnaires ? Après son arrestation, le 13 janvier 1856, il écrit une lettre qui a été lue à l'assemblée du 23 janvier et qui est ainsi conçue :

Lettre de MM. Cusin et Legendre aux actionnaires des Docks.

« Messieurs,

» Nous vous avons convoqués en assemblée générale pour que vous ayez à procéder à la liquidation des comptes de notre gestion. Nous voulions vous présenter un compte rendu sincère et exact de notre administration, sans chercher à atténuer des erreurs, résultat de l'enchaînement de circonstances fatales. Nous voulions vous démontrer que, si des fautes ont été commises, on ne peut nous reprocher aucun fait qui puisse entacher notre honneur, qui, nous en sommes sûrs, sortira intact de cette déplorable affaire.

» Malheureusement nous sommes dans l'impossibilité matérielle de vous présenter des comptes avec preuves à l'appui ; nous nous empresserons de les établir aussitôt que les pièces de la comptabilité, qui sont actuellement sous les scellés, seront mises à notre disposition, ce qui, nous l'espérons, ne tardera pas.

» En attendant, nous prions M. Malpas-Duché de vous présenter la situation des Docks arrêtée au 31 décembre dernier, et nous comptons sur son obligeance pour vous donner tous les renseignements qui sont à sa connaissance.»

La lettre se termine par la démission de MM. Cusin et Legendre, qui est ensuite acceptée par l'assemblée.

Le bilan annoncé est ainsi dressé :

BILAN DE LA SOCIÉTÉ DES DOCKS NAPOLÉON AU 31 DÉCEMBRE 1855,

présenté à l'Assemblée générale des actionnaires le 23 janvier 1856.

ACTIF.

Division des Marais { Acquisition Jonnart	2,443,638 fr. 60		
do Putod	3,249,700 73		
Divers articles, assurances, etc.	95,261 94		5,758,601 24
Terrain Riant.	1,455,003 48		
do Saint-Germain	1,072,038 05		
Place de l'Europe { Droits d'enregistr*, frais d'actes, etc.	976,402 11		
400 à 550 mille mètres cubes de terrassement, à 2 fr. 50 le mètre	1,223,000 »		7,724,433 29
Fox et Henderson			2,200,000 »
5,041 actions de Javel.	2,250,500 fr.		
900 actions de Pont-Remy.	405,060 »		3,366,843 12
Cautionnement des Marais.	108,060 »		
Valeurs réalisables en caisse au Marais	33,252 62		
11,200 actions en report à Graissessac.	1,400,000 »		2,428,000 »
5,824 actions en caisse	728,000 »		
			24,177,847 65
Perte.			6,498,655 48
Somme égale.			27,676,503 13

PASSIF.

Dû à M. Riant.			2,226,503 fr. 13 c.
Dû à Béziers et Graissessac : Principal.	360,000 fr.	} 450,000 »	
Intérêts.	90,000		2,676,503 13
Capital réalisé.			25,000,000 »
			27,676,503 13

Ce bilan constate donc une perte de 6 millions 298,000 fr.

Me PICARD, avoué. — Qu'est-ce que c'est que cette pièce ?

Me CELLIEZ. — C'est une pièce du dossier.

Me PICARD, avoué. — De qui émane-t-elle ?

Me CELLIEZ. — De M. Cusin, qui l'a envoyée à ses actionnaires par M. Malpas.

Me PICARD, avoué. — Vous avez dit Cusin et Legendre. M. Legendre dit qu'il ne la connaît pas. M. Cusin dit qu'il ne sait pas ce que ça veut dire.

M. LE PRÉSIDENT. — Elle est énoncée au rapport de l'expert, qui discute les chiffres. Il en résulte une différence de quelques centaines de mille francs, entre le déficit constaté par lui et le déficit avoué par Cusin.

CUSIN. — Je suis tout à fait étranger à la rédaction de cette lettre.

Me CELLIEZ. — La lettre a été produite à l'assemblée des actionnaires, par M. Malpas.

CUSIN. — J'ai été arrêté le 19 janvier 1856; je n'ai travaillé en quoi que ce soit à la rédaction du bilan.

M. LE PRÉSIDENT. — Cet incident sera éclairci plus tard, on entendra M. Malpas.

Me CELLIEZ. — Et je produirai le procès-verbal de l'assemblée des actionnaires ; en attendant, je maintiens la pièce dans la discussion. Vous rappellerez vos souvenirs, je ne crois pas qu'il puisse y avoir contestation là-dessus. C'est une lettre qui a été portée à l'assemblée par M. Malpas-Duché. Cela s'est passé à la connaissance des actionnaires, des administrateurs. Il y a un aveu : c'est pour cela qu'on conteste aujourd'hui, un aveu d'un déficit de 6 millions 400,000 fr. On conçoit quelle force ce résultat, présenté aux actionnaires au nom de M. Cusin, donne à notre argumentation, au rapprochement de nos chiffres obtenus par divers modes de calculs avec les chiffres avoués par Cusin ; que si l'on ajoute à ces 6 millions 400,000 fr. la valeur des actions qui n'ont pas été vendues et qui ont disparu, qui représentent 3 millions 773,000 fr., on retrouvera le chiffre de plus de 10 millions, qui ajoutés aux 11 millions dépensés vont donner la valeur très approximative de la masse des actions qui a dû être vendue.

De sorte qu'il est certain que, sauf quelques erreurs qui ne peuvent porter que sur des fractions petites relativement à la masse, nous sommes dans le vrai en disant qu'il y a ici une perte réelle, soit en actions, soit en argent, sur les actions qui ont été émises, livrées, et sur l'argent qui a été réellement reçu par MM. Cusin et Legendre, sans compter ce qu'ils nous doivent à raison de la faute qu'ils ont commise pour avoir mal vendu.

Nous nous maintenons dans ces termes-là. C'est le sens de nos conclusions sur lesquelles je n'ai plus à m'expliquer que très brièvement quant à leur forme.

Nous demandons d'abord la restitution des titres.

Nous nous plaçons dans la position la plus simple d'honnêtes gens qui ont apporté leur argent et qui ont été trompés comme on le sait. Les prévenus disent qu'ils ont employé pour nous 10 millions ; cette somme est représentée par telle quantité de titres qu'ils ont vendus. Nous demandons les autres titres, dont la valeur n'a pas été employée pour la Société. Et si les titres n'existent plus, alors qu'on nous en rende les valeurs qui ont été achetées avec le prix de ces titres. Les prévenus reconnaissent qu'ils nous les doivent.

Il y a cette singularité, que vous remarquerez en parcourant les pièces, qu'on porte à la fois l'actif des Docks en 1855, certaines valeurs de Javel et de Pont-Remy, et qu'en même temps on continue à les porter dans l'actif de la maison de banque Cusin, Legendre et compagnie. Cela tient à ce que ces valeurs étaient, depuis la visite de l'inspecteur, sous les scellés et que les écritures de MM. Cusin et Legendre se constituaient sur des éléments fautifs. M. l'inspecteur, en mettant ces valeurs sous les scellés, a compris que les actions et obligations achetées par les concessionnaires, avec l'argent provenant des Docks, devaient être considérées comme la propriété des Docks.

Donc nous demandons comme conclusions subsidiaires, à défaut de la restitution de nos actions, toutes les valeurs qui ont été achetées avec leur produit, où qu'elles soient, dans quelques mains qu'elles se trouvent. Nous vous demandons de déclarer que c'est notre propriété ; quand nous aurons cette déclaration, nous irons trouver ceux qui les détiennent, et nous leur demanderons de nous rendre notre propriété.

Il est une somme sur laquelle il n'y a pas de difficulté possible. Pour celle-là nous vous demandons une condamnation *hic et nunc*.

Les prévenus ont exploité l'entrepôt des Marais, qui a produit une somme nette de 400,000 fr. en chiffres ronds. Qu'ils nous rendent ces 400,000 fr. Nous demandons au tribunal de nous accorder une condamnation quoi qu'il arrive, quelque système qu'il adopte sur le surplus de nos conclusions.

Ensuite nous demandons les dommages et intérêts qui peuvent résulter de l'insuffisance de ces valeurs, qui sont les seules choses qu'on pourra nous restituer, car il n'y a que cela au fond de l'affaire : des corps certains qui sont aujourd'hui sous la main de la justice. Cela vaut ce que cela vaut. Vous permettrez que nous ne les discutions pas. Nous n'avons pas intérêt à les discréditer, à les affaiblir pour faire juger que le préjudice est plus considérable. Nous avons un grand intérêt à ce que ces valeurs se soutiennent. Elles prendront une grande extension ou une grande diminution du crédit ou du discrédit qu'on jettera sur elles. Il n'est donc pas convenable que nous discutions le chiffre de ces valeurs. Si nous ne pouvons pas les discuter, nous ne pouvons pas savoir jusqu'à quel point nous serons indemnisés au moyen de cette attribution ; par conséquent nous ne pouvons pas fixer le chiffre des dommages et intérêts que vous nous accorderez. C'est pour cela qu'il est très raisonnable de vous demander ce que vous avez le droit de faire, et ce que vous faites souvent, surtout dans les matières de contrefaçon où les comptes sont difficiles à établir, en ordonnant que les dommages et intérêts seront donnés *par état*. S'il était nécessaire de rassurer le tribunal sur le droit qu'il a de dire que les dommages et intérêts seront donnés par état, je citerais des arrêts de cassation qui ont décidé que ce pouvoir appartient aux tribunaux correctionnels.

Enfin je demande une provision sur les dommages et intérêts afin de pouvoir exécuter, et je demande surtout acte de nos réserves vis-à-vis de tous les autres détenteurs ou débiteurs quelconques.

Je finis, Messieurs, comme j'ai commencé, en insistant sur l'attitude des administrateurs provisoires des Docks, dans ces douloureux débats.

Je ne demande pas la condamnation des prévenus au point de vue criminel. Vous allez décider, lorsque vous aurez entendu le ministère public et la défense, qui est coupable ou qui n'est pas coupable dans cette affaire. Nous ne voulons pas nous mêler de cette question de culpabilité, nous demandons seulement que ceux qui seront reconnus coupables, c'est-à-dire à l'égard desquels les faits qui nous portent préjudice seront considérés comme constitutifs d'un délit, soient civilement condamnés dans les termes de nos conclusions. Quant aux autres, à ceux à l'égard desquels vous ne constateriez pas de délit, comme le fait nous est toujours dommageable, comme il faut que nous puissions obtenir la réparation du préjudice causé, nous demandons la réserve de notre action civile afin de la porter devant les tribunaux compétents.

Dans ces termes je persiste dans les conclusions que j'ai eu l'honneur de poser devant le tribunal.

M. MALPAS, 40 ans, *propriétaire, témoin cité par Cusin.*

Mᵉ NIBELLE. — Je désire que le témoin explique une visite qui a été faite à M. le comte Lehon, et ce qui s'est passé relativement à M. le comte Lehon et Cusin.

M. le comte Lehon avait offert depuis longtemps son intervention auprès de M. Pereire ou de M. de Rothschild, pour mettre la Société à même d'obtenir l'homologation des statuts; il s'en est occupé très longtemps. M. Malpas est allé dès le 1ᵉʳ novembre, je crois, chez M. Lehon, qui après avoir fait une foule de promesses, a dit qu'il fallait que Cusin donnât sa démission. Il s'est fortement prononcé contre lui, comme un homme qui s'emparait des Docks.

LE TÉMOIN. — J'ai été très souvent en rapport avec M. le comte Lehon, dans l'intérêt des Docks, comme j'ai eu l'honneur d'être reçu souvent par le Ministre. Une fois, c'était effectivement le 1ᵉʳ novembre, je vis M. Lehon à son hôtel. Il me demanda de lui remettre la démission de MM. Cusin et Legendre. Je lui demandai : A quelles conditions? Il me répondit : Sans conditions, et si MM. Cusin et Legendre ne remettent pas leur démission, je ne réponds pas d'eux, et ils seront arrêtés.

M. LE PRÉSIDENT. — Quelle relation y a-t-il entre l'affaire actuelle et ces pourparlers qui ont pu s'établir entre le témoin et M. Lehon? Nous ne l'entrevoyons pas.

Me NIBELLE. — Lorsque M. Pereire se fut retiré et eut donné sa démission, M. Cusin fut mis en rapport avec M. Lehon, qui s'est chargé de faire marcher l'affaire, d'obtenir du Ministre qu'il connaissait personnellement, M. Rouher, l'homologation, et pendant longtemps il le leurra de cette espérance.

M. LE PRÉSIDENT. — Le tribunal sait que des pourparlers ont eu lieu avec M. de Rothschild, M. Hainguerlot, M. Lehon et d'autres.

Me NIBELLE. — C'étaient des pourparlers sérieux.

M. LE PRÉSIDENT. — Nous ne nions pas que les pourparlers aient été sérieux, mais quel rapport direct cela peut-il avoir avec la prévention?

CUSIN. — Il me semble qu'un point très capital, c'est que dès le 1er novembre l'arrestation a été présentée par M. Lehon comme un fait probable, et M. Malpas s'est servi dans sa communication d'expressions que j'aurais désiré qu'il reproduisît ici; j'aurais désiré que le tribunal tirât de là cette induction que nous ne nous sentions aucune culpabilité quant aux fraudes et aux détournements, puisque nous n'avons pris, à la suite de la communication qui nous était faite par Monsieur qui mérite toute croyance, aucune espèce de mesure, et que nous sommes restés à notre poste jusqu'au 10 janvier.

M. LE PRÉSIDENT. — Vous voulez établir ce fait qu'avant votre arrestation on vous avait fait entrevoir la possibilité d'une poursuite et que vous n'avez pas cherché à prendre la fuite? Je vais interroger le témoin sur ce fait.

(Au témoin). On a fait pressentir à ces messieurs qu'à raison de leur gestion une instruction criminelle pourrait être demandée et que leur arrestation pourrait s'ensuivre?

LE TÉMOIN. — Voici les paroles de M. Lehon : Je désire avoir au moins la démission de M. Cusin, et je la veux sans conditions. Je répondis: Je ne puis pas, quoique leur mandataire comme administrateur des Docks, vous donner la démission sans conditions. Je veux bien que vous soyez en rapport avec ces messieurs, je veux bien entrer en pourparlers et pour donner une solution à l'affaire, vous déposer la démission de ces messieurs; mais je ne puis pas le faire sans conditions. Il m'a dit alors : Je vous garantis une chose, c'est qu'ils seront arrêtés. Je répondis : Si je les considérais comme des voleurs, je dirais : Qu'ils soient arrêtés ! mais comme je suis convaincu qu'ils ne sont pas des voleurs, agissez comme vous voudrez, je me retire et donne ma démission d'administrateur.

Me PICARD, avoué. — Est-ce que ce n'est pas M. Malpas qui a remis la lettre dont on parlait tout à l'heure?

M. LE PRÉSIDENT. — Ceci à un trait beaucoup plus direct à l'affaire.

Il y a eu après l'arrestation de Cusin une assemblée des actionnaires. Vous l'avez présidée. N'a-t-il pas été présenté un bilan ou un aperçu de la situation tant active que passive ?

LE TÉMOIN. — C'est après l'arrestation de ces messieurs. Les livres n'étaient plus en la possession de l'administration. De l'administration il ne restait plus personne que les quelques administrateurs dont je faisais partie. Je présidai l'assemblée, parce que personne ne voulait la présider. Dans le seul but de faire connaître à l'assemblée générale une position approximative de l'affaire, j'ai établi des chiffres selon mes appréciations et selon ce que je savais en disant aux actionnaires : Je ne vous donne ceci que comme un aperçu ; voici le résultat de mes investigations. Je crois en âme et conscience que c'est la position réelle. Je n'ai pas entendu parler de l'affaire depuis. J'ai fait connaître ce qu'il y avait d'actif, ce que je connaissais de passif. Je ne puis pas déclarer que cela résulte d'un travail sérieux, puisque cela n'est établi que sur des souvenirs et que je n'avais aucun livre à pouvoir consulter.

D. N'arriviez-vous pas à ce résultat d'un déficit de 6 millions?

R. Je n'ai pas souvenance d'un chiffre.

D. Avez-vous, à l'occasion de l'établissement de cette situation, consulté M. Cusin ?

R. En aucune façon. M. Cusin était incarcéré.

D. Vous auriez pu communiquer avec lui avant cette assemblée. Avez-vous eu quelques communications avec lui ?

R. J'ai dû le voir plusieurs fois.

D. Vous n'avez pas dû arrêter ce chiffre sans en parler souvent?

R. Je n'affirmerais pas que j'ai causé avec lui. Il y a dix-huit mois. Je n'ai pas souvenance.

D. Il n'y a pas un an ?

R. Il y a treize mois. Il est possible que j'aie causé avec Cusin. L'affaire pouvait l'intéresser assez. Seulement je vous affirme que je n'ai pas pris en considération ce qu'il a pu me dire ou ne pas me dire. J'ai cherché la lumière. Il a pu me donner des renseignements qui m'ont servi à établir la position, mais j'ai pris comme documents ce qui résultait de nos conférences au milieu du conseil entre nous. Quant à ce que M. Cusin a pu me dire, il ressortait un déficit, si j'ai bonne mémoire, de 3 ou 4 millions, ou de 6 millions.

Mᵉ CELLIEZ. — M. Malpas a-t-il porté à l'assemblée une lettre de M. Cusin.

R. Oui, une lettre collective de démission.

M. L'AVOCAT IMPÉRIAL. — Cette lettre de Cusin faisait-elle allusion au chiffre du déficit ?

R. Je ne crois pas.

Mᵉ CELLIEZ. — Nous rapporterons le procès-verbal de l'assemblée.

R. Je ne puis vous dire que ce que je me rappelle.

M. LE PRÉSIDENT. — Votre sincérité n'est pas suspectée.

R. J'ai demandé à M. Cusin sa démission, et je l'ai apportée à l'assemblée.

Me PICARD, avoué. — La lettre est là, il ne peut pas y avoir de difficulté. Il adresse sa démission ; la lettre a 10 lignes et celle qu'on lisait tout à l'heure est une épître tout entière.

Audience du 28 Février 1857.

Me HENRY CELLIEZ. — Avant de reprendre la suite des débats, je voudrais vous prier, M. le Président, de faire vider l'incident relatif à la lettre de M. Cusin à ses actionnaires, qu'il a niée hier quand je l'ai lue. Je rapporte au tribunal le registre où est inscrit le procès-verbal de la délibération des actionnaires du 31 mars 1856. La lettre y est textuellement transcrite avec cette mention : « Le président donne lecture d'une lettre ainsi conçue. » Le procès-verbal est signé par le président de l'assemblée, M. Malpas, que vous avez entendu hier comme témoin.

Le texte de la lettre qui a été lue est parfaitement conforme à celui qui a été transcrit dans la délibération. La lettre est signée de M. Cusin et de M. Legendre. L'un des conseils de M. Legendre disait qu'elle ne pourrait pas être attribuée à son client. Je reconnais que nous n'en avons pas l'original, nous le trouverons peut-être ; mais, je le répète, la lettre telle que je l'ai lue est transcrite dans le procès-verbal de la délibération. L'exactitude du fait est attestée par la signature de M. Malpas ; je tenais à faire voir que nous avions cité fidèlement cette lettre, et qu'elle annonçait le bilan qui a été présenté à l'assemblée par M. Malpas.

M. LE PRÉSIDENT. — Il résulte de ce que vous venez de dire que l'original de la lettre n'est pas produit, mais que la lettre a été insérée dans le procès-verbal, et que le procès-verbal est signé par M. Malpas, qui se présentait dans la réunion au nom et comme mandataire de Cusin.

(A Cusin). Au surplus, ce qui résulte de cette lettre n'est pas nié par vous, vous n'avez jamais contesté que le déficit ait dépassé 6 millions.

INCIDENT.

Dépositions de MM. HEURTIER, directeur général au ministère du commerce, et FLEURY, chef de division.

M. LE PRÉSIDENT. (A Berryer). — Hier nous vous avons donné connaissance d'une lettre qui nous était adressée par M. Heurtier, et à la suite de laquelle le tribunal a cru devoir ordonner, pour aujourd'hui, la comparution de

M. Heurtier et de M. Fleury ; mais il importe, avant d'engager le débat, de bien préciser votre situation.

Vous reconnaissez qu'à partir du mois de septembre 1853, vous avez reçu de Cusin et Legendre, pour les Docks, un traitement supplémentaire qui n'était pas connu du Ministre, et qui s'élevait à la somme de 1,250 francs par mois ?

R. Je ne reconnais pas ce fait. Voici exactement ce qui s'est passé. La pièce sur laquelle on s'appuie est un simple projet de traité rédigé dans les bureaux de M. Cusin.....

D. Ne faisons pas de confusion.

R. Je n'en fais point. Je parle d'une note relative à cette affectation de 1250 fr. par mois. Cette note, faite à mon insu par un employé de M. Cusin, porte que l'affectation mensuelle de 1,250 fr. aurait commencé au mois de septembre 1853. Des livres de la maison Cusin, comme des récépissés que j'ai toujours donnés de toutes les sommes qui m'étaient remises, il résulte que je n'ai touché aucune somme de la maison Cusin avant le mois de décembre 1853, c'est-à-dire au moment où je partais pour l'Angleterre. L'affectation en a été faite par M. Cusin sur ce projet annoté de sa main, uniquement parce que M. Cusin avait sans doute reconnu par lui-même que, dès le mois de septembre, des dépenses considérables d'études avaient déjà été faites par moi, et il voulait faire remonter l'allocation mensuelle jusqu'au mois de septembre pour m'indemniser ; mais j'affirme que je n'ai pas reçu un sou avant le 10, le 12 ou le 13 décembre 1853. Je ne reconnais avoir reçu d'argent que le 13 décembre, c'est-à-dire la veille de mon départ pour l'Angleterre.

D. Il résulte cependant d'une lettre que vous ne niez pas, dont nous n'avons pas l'original, mais dont la copie représentée à Cusin a été reconnue par lui exacte, qu'un traitement clandestin de 1,250 fr. par mois vous avait été alloué à partir du mois de septembre 1853 ; car votre compte a été arrêté à ce moment, et l'on vous a fait une allocation de 15,000 fr., qui forment le total d'une année à raison de 1250 fr. par mois. Nous vous rappelons les chiffres. Votre compte ouvert se montait alors à 59,000 fr., on a fait imputation à votre profit de 15,000 fr., c'est-à-dire de l'allocation secrète de 1;250 fr. par mois, ce qui a réduit votre dette à 44,000 fr. Et puis on a ajouté que, lorsque l'homologation aurait été obtenue, on parferait la somme de 100,000 fr. au moyen d'une somme de 56,000 fr. en actions au pair.

R. J'ai eu l'honneur de répondre que cette note était un projet de traité dont je n'ai pas accepté la rédaction définitive, et il est regrettable que la minute déposée chez le notaire n'en ait pas été conservée. Il est très important qu'on se fasse représenter les reçus que j'ai donnés, car je le répète, je n'ai pas reçu un centime sans donner récépissé... Il y a dans le rapport de l'expert une erreur très grave. Il attribue une lettre de moi sans désignation d'année, au mois de novembre 1853 tandis qu'elle est du mois de novembre 1854 ; dans cette lettre je demandais 12 ou 1,500 fr. Encore une fois, monsieur le Président, veuillez vous faire représenter mes reçus, et vous verrez que je

14

n'ai touché aucune somme jusqu'à la veille de mon départ pour l'Angleterre.

D. Ainsi vous soutenez que lorsque vous êtes allé en Angleterre, en 1853, M. Heurtier avait parfaitement connaissance que les frais du voyage que vous alliez entreprendre seraient supportés par la compagnie des Docks?

R. Absolument.

D. Nous vous rappelons la lettre que vous avez écrite le 9 décembre 1853, et dont les termes vont être mis sous vos yeux.

R. Voulez-vous en même temps, monsieur le Président, faire donner lecture d'une autre lettre de moi de la même époque qui explique la première.

D. Voici celle qu'à la date du 9 décembre vous adressiez au directeur général, en réponse aux préoccupations du Ministre, sur votre voyage et sur les ressources avec lesquelles vous le faisiez :

> « Monsieur le Directeur général,
>
> » Vous désirez savoir avec quels fonds je pourvoirai aux dépenses du voyage » que je vous ai demandé de faire en Angleterre pour y étudier à fond la question » des Docks. J'ai l'honneur de vous faire savoir que c'est sur mon avoir personnel » que je prélèverai la somme qui me sera nécessaire. Pour que vous connaissiez » plus entièrement ma position, je fournis à mon banquier des traites sur Valence » (Drôme), auxquelles les loyers que j'ai à toucher au 1ᵉʳ janvier prochain feront » face.
>
> » Si le résultat de mes recherches en Angleterre est utile aux vues du gouver- » nement, j'ai toujours pensé que je serais par lui indemnisé de mes débours. »

D'après la teneur de cette lettre et des expressions qui y sont employées, il est évident qu'elle a été écrite pour faire cesser les préoccupations du Ministre.

R. Voici ce qui s'est passé. A la fin de novembre 1853, il avait été formé une commission au ministère de l'agriculture et du commerce, pour qu'on étudiât plus spécialement la question des Docks. J'écrivis à M. Heurtier pour lui demander de faire partie de cette commission. Comme je le lui disais, les études que j'avais déjà faites sur les Docks, pouvaient justifier ma présence dans cette commission. D'un autre côté, il était très important pour moi de me trouver au milieu des hommes remarquables qui composaient la commission, pour fixer mon esprit sur la direction à donner à l'affaire.

Dans la même lettre, je demandais à M. Heurtier de m'envoyer en Angleterre pour y étudier la question des Docks et y suivre des négociations qui déjà avaient été l'objet de quelques entretiens entre nous. Vers la fin de novembre 1853, je disais, dans cette même lettre, que comme il se pouvait que les ressources du ministère, ce qui résultait de mes conversations avec M. Heurtier, ne permissent pas de me donner les fonds nécessaires pour ce voyage, je m'étais précautionné d'autre part de la question d'argent. Je savais d'un autre côté, par mes relations journalières avec eux, que les concessionnaires désiraient envoyer quelqu'un à l'étranger pour y faire les études dont je m'occupais. J'en avais causé avec M. Heurtier, et c'était par suite de cette pensée que je lui annonçais mon intention de partir pour l'Angleterre, m'étant pourvu *ailleurs* de la question d'argent. Le 5 septembre, je reçus une lettre de M. Heurtier, et j'appelle l'attention du tribunal sur cette lettre, mais auparavant j'ai une observation à faire. La correspondance qui existait entre M. le Ministre et moi, m'avait toujours été adressée par les bureaux du commerce extérieur et par l'intermédiaire de M. Fleury, chef de cette division. Celle-ci ne passa pas par les bureaux et ne fut pas vue de M. Fleury. Voilà pourquoi je cite cette circonstance. Après avoir reçu cette lettre, je passai au ministère, et je dis à M. Fleury : Je pars pour l'Angleterre. — Comment partez-vous ? Nous n'avons pas de fonds à vous donner. — Non, mais je pense qu'un jour ou l'autre, on me remboursera mes frais de voyage. Du reste, M. Heurtier sait que les concessionnaires me font l'avance de l'argent qui m'est nécessaire. M. Fleury me dit avec humeur : Cela n'est pas possible, c'est en dehors de toutes les règles administratives. Je ne peux pas tolérer cela ; M. Heurtier se trompe, et si vous partez dans une circonstance pareille, je ne vous donnerai point communication des documents du ministère.

Je fus tellement frappé des paroles de M. Fleury, que je montai de suite chez M. Heurtier. M. Heurtier n'y était pas. J'entrai dans son cabinet, où travaillaient ses secrétaires, et je dis à l'un d'eux, qui s'appelle Barrat ou Barras : Je regrette de ne pas rencontrer M. Heurtier. Je viens de voir M. Fleury, je lui ai dit dans quelles conditions je partais pour l'Angleterre. Je m'étonne fort du langage de M. Fleury. Si j'étais son supérieur, je briserais un employé qui se permettrait de blâmer ainsi ce que j'ai fait, parce que ce n'est pas convenable comme discipline hiérarchique. Je cite ce fait, Messieurs, parce qu'il est grave. C'est à la suite de cela qu'a été écrite une lettre du 9 novembre qui répond, non pas à une lettre, mais à une conversation.

J'ai dit que je l'avais écrite dans le cabinet de M. Heurtier. Il y a eu erreur dans cette assertion, mais elle n'est pas grave. M. Heurtier avait un huissier dans la pièce qui précède son cabinet. M. Heurtier avait du monde, il me dit de lui écrire ; et je lui écrivis la lettre que vous avez sous les yeux dans le cabinet de l'huissier avec du papier que j'y pris et qui doit fixer votre attention. Cette lettre fut remise par moi à l'huissier, qui la transmit à M. Heurtier. Vous voyez que je précise les faits.

D. Comment se fait-il, si la chose avait été ainsi entendue, que dans cette lettre vous preniez soin d'aller au-devant des scrupules du Ministre, non-seulement en disant que vous faites les avances du voyage avec vos ressources personnelles, mais encore que vous entriez dans les détails ?

R. Ce que je viens de dire explique la prétendue contradiction que vous me reprochez. M. Fleury se renfermait dans les formes administratives ; il m'a fallu prendre une apparence officielle qu'on pût avouer ; voilà pourquoi j'ai parlé officiellement des ressources pécuniaires. Du reste, tout ce que j'ai dit est de la plus rigoureuse exactitude ; pas un mot ne peut y être changé,

Vous allez entendre MM. Heurtier et Fleury, et j'espère que leurs souvenirs concorderont avec les miens.

D. Un dernier mot. Vous prétendez que ce voyage était fait avec l'agrément de M. le Ministre ou celui des personnes qui le représentaient : comment se fait-il alors que, dans une lettre du 17 janvier 1854, M. le Ministre du commerce, répondant à son collègue des affaires étrangères, ait dit, à votre sujet, que l'intervention du Commissaire du gouvernement dans les négociations qui se traitaient en Angleterre dans l'intérêt des Docks, non-seulement ne saurait être convenable, mais même présenterait des inconvénients ?

R. Ceci est une lettre officielle, mais mon défenseur en produira une officieuse.

M. LE PRÉSIDENT. — Nous allons entendre MM. Heurtier et Fleury.

M. HEURTIER (Nicolas-Jean-Jacques), *42 ans, conseiller d'État.*

M. LE PRÉSIDENT. — A une certaine époque, vers la fin de l'année 1853, vous occupiez les fonctions de directeur général de l'agriculture et du commerce ?

R. Oui, monsieur le Président.

D. Vous avez eu des relations plus ou moins nombreuses, plus ou moins fréquentes avec M. Berryer, qui, quelques mois auparavant, avait été nommé Commissaire du gouvernement près la Société formée pour l'établissement des Docks à Paris. Il s'est agi, vers la fin de 1853, de faire un voyage en Angleterre : voulez-vous dire au Tribunal quels sont les pourparlers et les entretiens qui auraient eu lieu entre vous et M. Berryer à l'occasion de ce voyage ?

R. En 1853, si mes souvenirs me servent bien, au mois de janvier ou de février.....

BERRYER. — Au mois d'octobre !

LE TÉMOIN. — Au mois d'octobre peut-être, quelque temps après son installation, j'eus l'honneur de voir M. Berryer, qui me dit que, la question des Docks n'étant connue qu'à l'état théorique, il serait utile d'en aller étudier l'état pratique en Angleterre. J'ai lu dans le compte rendu des journaux que M. Berryer avait dit que cette question n'était connue de personne : c'est une erreur, elle avait été très étudiée ; mais sous le rapport des warrants et de l'emmagasinage, il restait beaucoup à étudier. J'ignorais si M. Berryer était en état de faire cette étude. Quoi qu'il en soit, il m'exprima le désir de faire, dans ce but un voyage en Angleterre.

Il faut que le Tribunal sache qu'il y a au budget des fonds destinés aux missions commerciales, et je dois dire que je n'avais pas répugné à voir M. Berryer remplir une mission de ce genre en Angleterre. Malheureusement le crédit était engagé, et je dis à M. Berryer qu'il était de toute impossibilité qu'il comptât sur un secours pécuniaire quelconque de la part du ministère.

M. Berryer me répondit qu'il pourrait faire ce voyage à ses frais. — Alors vous allez demander un congé, lui répliquai-je ; car il n'entre pas dans vos fonctions de Commissaire du gouvernement d'aller étudier à Londres, quand la Société que vous devez surveiller est à Paris. — Je le sais. Je demanderai un congé, et j'irai avec mes ressources personnelles accomplir cette mission. — Mais, répliquai-je, sous l'empire d'une préoccupation que je vais dire au Tribunal, il faudrait m'écrire cela. Écrivez-moi, et je vous donnerai des lettres de recommandation ; on vous recommandera à l'ambassadeur de manière que vous ayez tous les éléments d'étude que vous allez chercher à Londres.

Voici quelle était ma préoccupation, et pourquoi je demandais à M. Berryer de me déclarer par écrit que c'était sur ses fonds personnels qu'il allait faire le voyage d'Angleterre : comme il partait avec des lettres pour plusieurs fonctionnaires, et surtout avec une recommandation du Ministre des affaires étrangères pour notre ambassadeur à Londres, je voulais l'empêcher de se servir de ces recommandations pour venir plus tard demander une indemnité, et comme les fonds étaient engagés, j'exigeai cette garantie, qui devait paralyser toute réclamation future. M. Berryer a prétendu que cette lettre était de pure forme et qu'elle avait été écrite dans mon cabinet ; je déclare que ce fait matériellement n'est pas vrai. Je ne dis pas qu'il n'ait pas écrit dans les bureaux ou ailleurs, mais il n'a point écrit dans mon cabinet.

D. L'instruction fait connaître que, par suite de l'arrêté ministériel qui avait nommé M. Berryer Commissaire du gouvernement, un traitement de 5,000 fr. lui avait été alloué pour l'exercice de ses fonctions. C'était un traitement ostensible, celui qu'on alloue ordinairement aux fonctionnaires chargés de la surveillance des Sociétés financières. Mais l'instruction a fait connaître aussi qu'indépendamment de ce traitement il avait existé un traité, une convention particulière en vertu de laquelle un traitement secret de 1,250 fr. par mois, soit 15,000 fr. par an, était fait à M. Berryer par la Compagnie elle-même. Avez-vous eu quelque circonstance, quelque indice qui ait pu vous faire soupçonner l'existence d'une pareille transaction entre M. Berryer et la Compagnie des Docks ?

R. Je déclare sur l'honneur que jamais je ne l'ai su et que je ne l'ai appris que par la publicité de votre audience.

D. Relativement à ce voyage en Angleterre, M. Berryer, interpellé, a affirmé qu'il ne vous avait pas laissé ignorer que ce n'était pas à l'aide de ses ressources personnelles qu'il entendait le faire, mais avec des ressources qui étaient mises à sa disposition par les concessionnaires des Docks. Il a ajouté que vous n'aviez pas vu d'inconvénient à ce que les choses se passassent ainsi, mais que pour sauvegarder votre responsabilité vous lui aviez dit de vous écrire la lettre qui est au dossier.

R. Je déclare que c'est le contraire qui est la vérité. Je supposais que M. Berryer avait assez d'estime pour mon caractère pour n'admettre que difficilement qu'il me ferait ainsi jouer le rôle de niais ou de complice d'une mauvaise action. Je déclare de nouveau sur l'honneur que je n'ai rien su de ce traitement clandestin avant les révélations de votre audience. Je ne puis répondre que de mes faits personnels ; mais je connais trop bien le cœur et l'esprit de l'ancien Ministre de l'agriculture et du commerce, aujourd'hui ambassadeur à Londres, pour ne pas affirmer que M. de Persigny ne connaissait rien, pas plus que moi.

D. Ainsi, vous avez ignoré cette circonstance d'un traitement occulte de 1,250 francs par mois?

R. Absolument.

D. Vous affirmez aussi que vous avez ignoré que les frais des voyages en Angleterre fussent faits par les concessionnaires des Docks?

R. Absolument. Et j'ajoute que le rôle qu'on voudrait me faire jouer serait singulièrement contradictoire, car la lettre dont il s'agit n'aurait plus de sens. Pourquoi aurais-je demandé cette lettre à M. Berryer? A qui l'administration avait-elle à rendre compte du voyage de M. Berryer à Londres?

D. (A Berryer). Vous avez entendu, Berryer, la dénégation donnée par M. Heurtier; elle est formelle?

BERRYER. — Les dénégations de M. Heurtier n'atténuent en rien mon affirmation. J'ai dit à M. Heurtier que les concessionnaires Cusin et Legendre feraient les avances d'argent, et M. Heurtier a accédé à cette position. Le second témoin que vous avez appelé pourra peut-être, à cause de la scène dont j'ai parlé l'autre jour, retrouver des souvenirs plus précis à cet égard.

D. M. Heurtier vous a expliqué comment il ne voulait pas que les fonds de son département fussent engagés pour l'avenir, et comment il n'a point voulu vous laisser même le prétexte d'une réclamation future; c'est alors qu'il a jugé convenable de vous demander une déclaration pour vous l'opposer si plus tard vous aviez voulu vous servir comme d'un jalon de cette phrase qu'on trouve dans votre lettre : « J'espère que, si ma mission est utile, le gouvernement ne refusera pas de me rembourser mes frais de voyage. »

R. L'explication est dans ma lettre du 9 novembre, écrite par moi à M. Heurtier, où je lui dis :

« Je sais bien que les ressources financières du ministère ne vous permettront
» de me faire aucune allocation pour mes frais de voyage, mais je me suis précau-
» tionné ailleurs de la question d'argent. »

Je dis que, dans l'esprit de M. Heurtier, il n'était pas nécessaire de venir me faire préciser que ce n'était pas sur les fonds du ministère que j'allais en Angleterre; je lui avais déjà expliqué comment je considérais la situation du ministère vis-à-vis de moi. Je n'avais plus rien à ajouter après avoir dit que j'userais de mes ressources personnelles.

Je reviens à la pensée que le Ministre pourrait m'accorder une allocation. A quoi était-elle destinée : à ma caisse particulière? Pas plus que les autres sommes que je recevais de Cusin et de Legendre.

D. M. Heurtier a toujours ignoré que ce voyage dût se faire aux frais de Cusin et de Legendre.

R. La dénégation de M. Heurtier, je n'ai pas à en chercher la cause ; il peut avoir des souvenirs incomplets ; mais devant la dénégation de M. Heurtier, il m'est impossible de dire le contraire de la vérité. J'affirme que M. Heurtier savait par moi que les concessionnaires faisaient les fonds nécessaires à mon voyage. Quelles que soient les dénégations de M. Heurtier (que je regrette d'avoir vu entrer dans ce débat, parce que ses relations avec moi ont toujours été bienveillantes et honorables), quelles que soient, dis-je, les dénégations de M. Heurtier, je maintiens mon affirmation ; elle est complète : pas un mot de plus, pas un mot de moins.

D. Seulement, elle est contredite par M. Heurtier.

(Au témoin). Vous venez de vous expliquer sur ce premier voyage : avez-vous eu connaissance des voyages nombreux faits par le Commissaire impérial ?

LE TÉMOIN. — J'ai pu avoir connaissance de quelques-uns de ses voyages, mes souvenirs à cet égard ne sont pas assez précis ; je me rappelle seulement que M. Berryer nous a demandé à aller en Angleterre, demande que nous étions très disposés à lui accorder. M. Berryer est allé trouver M. Fleury, qui lui a dit : « Si vous pouviez remettre votre mission à plus tard, elle serait possible. » Mais M. Berryer, très impatient d'aller à Londres, déclara qu'il ferait le voyage avec ses ressources personnelles.

D. Ces voyages ont été nombreux. Nous voyons, par les déclarations de M. Berryer lui-même, qu'il est allé en Angleterre en 1853 et 1854 huit fois : en janvier, en avril, en mai, en juin, en octobre ; en novembre il allait en Hollande. En sorte que voilà un commissaire de surveillance qui paraissait surveiller très peu ?

R. Lorsque M. Berryer eut accompli sa première mission en Angleterre, il me fut dénoncé comme ayant pris une position dans l'affaire.

Me MARIE. — M. Heurtier prétend qu'il n'a pas eu connaissance des nombreux voyages de M. Berryer, et qu'il a su fort peu ce qu'il faisait en Angleterre ; je prie M. le Président de vouloir bien demander au témoin si, pendant ses voyages en Angleterre, M. Berryer n'a pas adressé plusieurs lettres à M. le Directeur général pour lui rendre compte, non-seulement de ses études, mais de ses négociations dans l'intérêt de l'affaire, et notamment auprès des personnages anglais qu'on voulait y attirer ?

LE TÉMOIN. — Mes souvenirs ne me servent pas bien ; mais il est très possible que M. Berryer m'ait écrit. Au reste, je n'ai été prévenu que du premier voyage : les autres ont été faits en dehors de mon autorisation personnelle ; je ne sais pas comment ils ont été faits.

Me MARIE. — M. Heurtier a cependant reçu plusieurs lettres de M. Berryer pendant qu'il était en Angleterre ; il en a reçu une notamment le 24 janvier 1854, lors du premier voyage.

M. LE PRÉSIDENT. — Je dois rappeler, pour l'exactitude des faits, que c'était lors du second voyage.

Mᵉ MARIE. — Peu importe ; le 21 janvier 1854 il a été remis à M. Heurtier, par l'intermédiaire de M. Orsi, une lettre de M. Berryer.

LE TÉMOIN. — Je ne trouve dans ma mémoire aucun souvenir à cet égard. Il est possible que M. Orsi ait apporté dans mon cabinet des lettres de M. Berryer. Ce qu'il y a de sûr, c'est que je n'en ai jamais reçu directement de M. Berryer. Mais il est possible que M. Orsi en ait déposé chez mon huissier, ou dans mon cabinet.

Mᵉ MARIE. — M. Heurtier n'aurait-il pas dit qu'il pourrait recevoir de M. Berryer des lettres officieuses, mais non des lettres officielles pour ne pas compromettre le gouvernement ?

R. Je n'ai aucun souvenir de cela.

M. LE PRÉSIDENT. — Il n'y a pas de lettre de M. Heurtier ; il y en a une de M. Orsi à M. Berryer. M. Orsi fait pressentir à M. Berryer que son caractère n'est pas officiel, mais officieux, et que, s'il a quelques renseignements à donner au Ministre, ils ne devront pas lui arriver directement, mais par un intermédiaire, probablement Orsi.

Mᵉ MARIE. — Il faut bien distinguer ce qui est officiel de ce qui est officieux ; on ne voulait pas toujours savoir officiellement ce qu'on savait très bien. Voici ce que je lis dans cette lettre de M. Orsi à M. Berryer :

« 23 janvier 1854.

» J'ai reçu votre lettre du 21 courant, et j'ai remis à M. Heurtier celle qui lui » était destinée.

» Quelque officieuses que puissent être vos lettres à M. le Directeur général, » lorsqu'elles sont relatives à l'organisation financière des Docks, il n'en est pas » moins vrai que, par suite du caractère dont vous êtes investi, elles empruntent » une nuance officielle qui n'est pas sans danger. M. Heurtier m'a fait sentir les » inconvénients de cette double position, et il m'a prié d'appeler votre attention à » ce sujet dans un double intérêt qui n'a pas dû échapper à votre appréciation. Il » serait donc préférable que vos lettres au sujet des Docks, en tant que cela » regarde le côté financier, fussent directement adressées à MM. les concession- » naires ou à moi, selon vos convenances.

» Après une assez longue entrevue avec M. Heurtier, il en est résulté l'impossi- » bilité pour l'administration de vous écrire une lettre dans le but de donner à » Sir C. Fox et ses amis un délai quelconque pour le versement du montant des » actions. Cette concession ne peut être que verbale. En effet, l'administration est » *censée* ignorer que le montant des actions n'est pas versé. Un acte passé par-devant » notaire constate que MM. Cusin, Legendre et Duchêne de Vère ont souscrit toutes » les actions. La position de ces derniers est nettement définie : l'administration ne » reconnaît d'autres souscripteurs que ceux qui sont déjà engagés, etc....

» Signé : ORSI. »

Ainsi, Messieurs, on ne devra pas s'étonner, comme vous voyez, si à côté de lettres qui sont officielles il peut y en avoir qui ne soient qu'officieuses, mystérieuses, insaisissables, intangibles. Quand il s'agit de négociations en Angleterre, on désavoue officiellement M. Berryer. On l'autorise officieusement à

faire le voyage, et dans une lettre émanant de M. Heurtier on lui écrit :
Vous êtes allé en Angleterre sans l'aveu du Ministre ; mais dans les entretiens
particuliers avec M. Orsi ou avec d'autres, c'est autre chose.

LE TÉMOIN. — Je déclare n'avoir jamais eu d'entretien intime avec M. Orsi
sur l'affaire des Docks ; s'il est venu au ministère, c'est sur l'invitation que je
lui en ai faite, pour lui demander si les concessionnaires étaient en mesure de se
présenter devant le Conseil d'État. Ces messieurs avaient déclaré que les fonds
étaient souscrits, et nous savions que les actions n'étaient pas passées. Nous
leur avons dit : Nous ne pouvons pas accepter, tolérer cette situation. Il faut
qu'il se trouve à côté de vous des maisons présentant assez de surface pour
montrer au Conseil d'État que c'est une opération sérieuse. Ils nous disaient
qu'ils étaient en relation avec des capitalistes anglais ; je les avertissais que
cette situation se prolongeait beaucoup trop longtemps, et j'ai fait, soit à
MM. Cusin et Legendre, soit à M. Orsi, des mises en demeure. Mais on disait
encore : Les Anglais vont intervenir ; les capitalistes sont tout prêts. Puis plus
tard, c'était un autre système : c'était M. de Rothschild qui allait se charger
de l'entreprise des Docks, c'était M. Pereire, et enfin, que sais-je ? Tout ce
que je puis dire, c'est que, si l'administration n'avait pas usé de cette longanimité qui était déterminée par l'intérêt des actionnaires, elle aurait révoqué
depuis longtemps le décret de concession.

CUSIN. — Ce que M. Heurtier vient de dire me suggère une observation
que j'ai sur le cœur. Il est très fâcheux que le ministère n'ait pas révoqué le
décret quand M. Pereire s'est retiré, nous étions alors dans une situation très
nette. M. Pereire, qui avait contracté avec nous vers le mois de février,
comme il l'a déclaré l'autre jour, M. Pereire se retirant au mois de juillet, et
M. Heurtier sachant, comme il vient de le dire, que le capital n'était souscrit
que par nous, si à ce moment on nous eût retiré le décret, nous nous présen-
tions devant les actionnaires et nous leur disions : « Nous avions traité avec
M. Pereire au vu et au su du ministère ; M. Pereire se retire, voici le traité. »
Nous nous serions épargné, nous aurions épargné aux actionnaires des soucis
jusqu'au moment où nous sommes, et l'on n'aurait pas trouvé la possibilité de
nous traduire en police correctionnelle.

M. LE PRÉSIDENT. — Ce n'était pas au Ministre, c'était à vous de prendre
l'initiative : vous n'avez pas le droit de venir faire un reproche au Ministre de
la longanimité qu'il a eue pour vous. C'était à vous de sentir, après la retraite
de M. Pereire, que le fardeau que vous portiez était trop lourd pour vos
forces.

Mᵉ MARIE. — Si l'observation est juste à l'égard de M. Cusin, je ne la trou-
verai pas moins juste pour M. Berryer, car M. Berryer avait dit, lui aussi, dès
le mois de mars 1853, quelle était la position ; M. Pereire l'avait dit, tout le
monde l'avait dit. Tout le monde était convaincu que l'affaire ne pouvait pas
marcher. Mais le ministère n'a rien fait, parce qu'il voulait le succès, parce
que le nom de Napoléon était associé à cette entreprise des Docks. On ne voulait

à aucun prix laisser tomber l'affaire : c'est pour cela que M. Berryer est allé en Angleterre, et qu'il y est allé avec l'autorisation du gouvernement.

M. L'AVOCAT IMPÉRIAL. — La réponse à tout cela est dans nos pièces.

Mᵉ MARIE. — Elle est dans les miennes aussi.

M. L'AVOCAT IMPÉRIAL. — Eh bien ! nous verrons.

LE TÉMOIN. — En ce qui concerne M. Berryer, jamais le gouvernement ne l'a chargé de faire les affaires de la Compagnie : vous trouverez dans la correspondance la preuve concluante de ce que j'affirme ici. M. Berryer avait deux qualités : il était Commissaire du gouvernement près de la Compagnie, et puis il était chargé par cette Compagnie de faire une exploration en Angleterre. Toutes les fois que M. Berryer a voulu prendre un caractère officiel en Angleterre, l'administration l'a désavoué. Maintenant, que M. Berryer se soit chargé de reconstituer l'affaire, je n'en sais rien ; mais ce qui est certain, c'est que jamais l'administration ne l'a avoué sur ce terrain, et elle ne pouvait pas l'avouer.

Mᵉ MARIE. — M. Heurtier dit que l'administration n'a jamais avoué M. Berryer s'occupant des affaires particulières de la Compagnie. Elle a su, cependant, qu'il s'en occupait très activement. Quand l'a-t-on désavoué ? Est-ce que, dans cette lettre du 21 janvier que je vous ai lue, on lui adresse des reproches ? Et maintenant, M. Heurtier nie-t-il, oui ou non, avoir eu des entretiens avec M. Orsi ?

LE TÉMOIN. — Positivement.

ORSI. — Je dois déclarer, sur l'honneur, que j'ai eu au moins quatre entretiens avec M. Heurtier vers le mois de janvier 1854.

LE TÉMOIN. — Je demanderai à M. Orsi sur quel point roulaient ces entretiens relatifs aux Docks.

ORSI. — Sur toutes les questions des Docks, et surtout sur la facilité que je démontrais, pour l'administration, de faire sortir cette affaire du chaos où elle était. Je dois dire, et je regrette de le dire en présence de M. Heurtier, que j'ai toujours rencontré un mauvais vouloir marqué.

LE TÉMOIN. — Du mauvais vouloir, jamais. Mais l'affaire n'était jamais en état : il y manquait toujours les souscriptions.

M. LE PRÉSIDENT. — M. Berryer, en sa qualité, ne pouvait-il pas, ne devait-il pas faire des rapports sur la situation de l'affaire ?

LE TÉMOIN. — Il pouvait en faire.

D. Nous avons sous les yeux un rapport, à la date du 27 mai 1854, signé Berryer : vous vous étiez préoccupé de l'encaisse de la Compagnie, et M. Berryer vous disait que l'encaisse était de 4 millions 191,549 francs. Dans un second rapport, il vous disait que l'encaisse est de 4 millions 900,000 francs, plus de 700,000 francs de différence. Cette différence, a fixé votre attention, et vous avez demandé au Commissaire du gouvernement la cause de cette augmentation considérable dans la caisse. M. Berryer vous répond : « Ce sont des placements hypothécaires qui ont été faits ; ces placements sont de premier

ordre; ils portent sur des valeurs de beaucoup supérieures à leur chiffre. »
Vous demandez au Commissaire du gouvernement des renseignements à l'occasion des plaintes des actionnaires, qui n'avaient reçu ni dividende ni intérêts
de leur argent depuis qu'ils l'avaient versé à la caisse de la Compagnie, et
M. Berryer vous répond :

> « J'aurai l'honneur de vous répéter ici ce que bien souvent j'ai cru devoir vous
> » dire à l'égard de la Société dont je suis chargé de surveiller les opérations; c'est
> » que les administrateurs de cette Société méritent à tous égards la confiance du
> » gouvernement.
> » La clarté des écritures donne la mesure de la probité apportée par les conces-
> » sionnaires dans leur gestion provisoire. »

Après ce rapport, exprimant une foi si robuste dans la moralité des concessionnaires, vous insistez cependant pour avoir des renseignements sur ces
placements hypothécaires qui présentent tant de sécurité : ces renseignements
vous sont-ils arrivés?

LE TÉMOIN. — Non, monsieur le Président.

D. Le Commissaire impérial ne vous a-t-il pas envoyé des rapports qui,
par leur teneur et l'esprit qui y régnait, étaient de nature à vous donner sécurité sur l'affaire?

R. Complète sécurité, et je puis vous dire que comme directeur général
j'étais impatient, très impatient de connaître la situation de l'encaisse et les
placements qui avaient été faits. C'est alors que M. Berryer me fit l'honneur
de m'envoyer un rapport dont M. le Président vient de lire un passage, dans
lequel il me disait que les placements étaient faits sur des valeurs hypothécaires. Si mes souvenirs ne me trompent pas, je crois avoir écrit à M. Berryer :
« Vous me parlez d'hypothèques, veuillez m'en faire connaître les titres. »

D. J'ai votre lettre, je vais en donner lecture :

> « J'ignore si les obligations hypothécaires ont été mises sous vos yeux ; mais dans
> » une affaire de cette nature et de cette importance, alors surtout que des réclama-
> » tions sont élevées par des tiers, quelque ait été d'ailleurs leur résultat judiciaire,
> » il y a, pour le département de l'agriculture, obligation d'un contrôle sévère dans
> » l'intérêt des actionnaires comme de l'entreprise elle-même. Vous comprendrez
> » donc parfaitement que je désire : 1° la production des obligations hypothécaires
> » constituant la plus grande partie des emplois ; 2° un relevé détaillé de l'emploi
> » des fonds qui ont reçu une autre destination. »

Voilà des termes qui énoncent nettement toute la sollicitude de l'administration.

Me MARIE. — M. Heurtier vient de déclarer qu'il était très impatient de
connaître la situation ; je lui demande si, à la date du 11 septembre 1853,
M. Berryer ne lui a pas adressé une situation parfaitement nette, de laquelle
il résultait qu'il y avait ou qu'il devait y avoir en caisse une somme de 4 mil-

lions 191,549 francs, somme disponible, ajoutait-il, pour faire face à toutes les éventualités. M. Heurtier a-t-il reçu cette situation?

R. Je crois que oui.

Mᵉ MARIE. — Il en résulte qu'à la date du 11 septembre 1853 on savait qu'il y avait un encaisse de 4 millions 191,549 francs qui n'était pas employé en valeurs hypothécaires. Il y a une autre déclaration qui constate que la maison Cusin et Legendre a pris cette somme et l'a employée dans sa banque. Voilà ce qui est formellement dit par M. Berryer : qu'a répondu M. Heurtier?

M. LE PRÉSIDENT. — Il y a ici une observation à faire : c'est que le rapport dont nous venons de parler est de six mois antérieur.

Mᵉ MARIE. — Je le sais bien; mais il en résulte que six mois auparavant on connaissait la position. Je demande ce qu'a répondu M. Heurtier?

LE TÉMOIN. — Je vais vous le dire. La maison Cusin et Legendre jouissait alors d'un grand crédit sur la place, et peut-être M. Berryer se souviendra-t-il qu'à cette époque nous étions du même avis : nous pensions que la maison Cusin et Legendre présentait assez de surface pour inspirer toute sécurité. C'est plus tard, quand les réclamations des actionnaires sont devenues plus vives, que la maison a présenté moins de confiance, que nous avons dit au Commissaire du gouvernement de s'assurer de la validité des placements.

M. L'AVOCAT IMPÉRIAL. — Ceci est de la discussion.

Mᵉ MARIE. — Il faut vérifier les faits avant la discussion. A la date du 11 septembre 1853, nous avons un rapport très net qui répond à tout, et pendant six mois les demandes de renseignements de M. Berryer restent toutes sans réponse.

M. LE PRÉSIDENT. — Il faut ajouter que le ministère invitait les concessionnaires des Docks à placer, soit à la Banque, soit à la Caisse des dépôts et consignations, soit à convertir en bons du Trésor les fonds qui restaient en caisse. C'était au Commissaire du gouvernement à veiller à l'exécution de cet ordre.

BERRYER. — M. le Directeur général a adressé une lettre semblable à MM. Cusin et Legendre. Il s'est mis en relation avec eux, et du moment que mon chef était en relation avec les concessionnaires que je surveillais, je n'avais plus rien à y faire. Cependant j'avais dit, dans mon rapport du 27 mai 1854, que les fonds étaient employés en valeurs hypothécaires. Le directeur général, ou du moins le chef de la division du commerce, me répondit qu'il fallait m'assurer de la réalité de ces titres hypothécaires. C'est à la suite de cette vérification que j'ai eu des communications avec le bureau du commerce, et que j'ai dit que les placements n'étaient pas faits sur des hypothèques, mais sur des actions. Et notez une chose : ceci se passait à la date du 27 mai, c'est-à-dire au commencement de juin 1854, et c'est deux mois et demi après qu'a été envoyé le bilan du 12 août—qui a été si fort discuté, dans lequel les valeurs Javel et Pont-Remy sont énoncées comme actions;—je n'ai reçu à cet égard, à cette époque ou plus tard, aucune observation, aucun avis du ministère, ni écrit, ni verbal.

LE TÉMOIN. — Tout ce que je puis dire à ce sujet, c'est que j'ai fait venir MM. Cusin et Legendre dans mon cabinet, et que je leur ai dit : « Il n'est pas possible que vous laissiez ainsi sans placement des valeurs dont vous êtes détenteurs à titre de mandat. » Ces messieurs m'ont toujours dit : « Dans un mois, au plus tard, nous produirons toutes les justifications que vous nous demandez », et puis ils reprenaient cette éternelle histoire : « Nous sommes en relation avec M. de Rothschild, avec M. Pereire, avec des capitalistes anglais qui mettront l'affaire à flot. » C'est dans ces circonstances que les actionnaires sont intervenus, et qu'on a dû envoyer l'affaire au Conseil d'État. Je renouvelle cette déclaration que, si l'administration a été si patiente, ça été pour ménager la situation des actionnaires, qui n'auraient rien retiré de la révocation du décret.

Me PICARD, avoué. — Je demanderai au témoin s'il voyait habituellement MM. Cusin ou Legendre, ou s'il ne voyait que l'un d'eux ?

R. Je voyais ordinairement M. Cusin, accompagné de deux autres personnes.

D. Avez-vous vu Legendre ?

R. Je ne me le rappelle pas.

Me DUFAURE. — Regardez-le, c'est celui qui occupe la seconde place au banc de l'accusation.

R. Je crois le voir pour la première fois.

M. FLEURY, 55 *ans, chef de la division du commerce.*

M. LE PRÉSIDENT. — En votre qualité de chef de division du ministère de l'agriculture et du commerce, vous avez eu des relations avec M. Berryer, Commissaire impérial près de la Compagnie des Docks ?

R. Oui, monsieur le Président.

D. Vous avez su que vers la fin de 1853 il a fait un voyage en Angleterre : quelles sont les paroles échangées entre M. Berryer et vous à l'occasion de ce voyage ? Sur quelle caisse les fonds de ce voyage ont-ils été pris ? Veuillez vous expliquer sur ces deux questions ?

R. M. Berryer s'est présenté à mon bureau comme faisant ce voyage en qualité de Commissaire du gouvernement pour étudier le système de fonctionnement des Docks en Angleterre, pour renseigner l'administration, en un mot pour remplir mieux ses fonctions de commissaire. Autant que je puis me le le rappeler, il me dit qu'il se rendait en Angleterre avec les fonds de la Compagnie. Je lui représentai qu'il y avait à cela un grave inconvénient que l'administration ne pouvait pas tolérer. J'ajoutai : Votre voyage en Angleterre pourrait être d'une certaine utilité pour l'administration ; nous sommes à la fin de l'année, il n'y a plus de fonds; mais si vous voulez différer ce voyage, je crois qu'il sera possible de vous faire allouer les frais nécessaires sur l'exercice de 1854. Voilà, monsieur le Président, tout ce que mes souvenirs me rappellent.

D. M. Berryer s'est-il ensuite expliqué avec vous sur l'argent, sur les ressources avec lesquelles il entreprenait ce voyage ?

R. Je crois qu'il m'a dit plus tard qu'il se rendait en Angleterre avec ses ressources personnelles.

D. Vous a-t-il parlé de sommes d'argent mises à sa disposition par les concessionnaires des Docks ?

R. J'ai eu l'honneur de répondre qu'il m'en avait parlé tout d'abord ; mais je lui avais dit : C'est impossible, vous ne pouvez pas aller en Angleterre avec les fonds de la Compagnie que vous êtes chargé de surveiller. Par suite de cette observation, M. Berryer me dit qu'il voyagerait avec ses propres fonds. Dès lors mes objections disparurent.

D. Dès lors vous avez été convaincu qu'il faisait ce voyage avec ses propres fonds ?

R. J'en ai été convaincu.

BERRYER. — Je crois que la déposition du témoin est entièrement conforme à ce que j'ai eu l'honneur de dire moi-même. J'ai dit au Tribunal que quand j'avais prévenu M. Fleury que les concessionnaires feraient les fonds de ma mission, M. Fleury, qui est un homme distingué comme administrateur, qui sait quelles sont les formes qui régissent tous les actes et les relations des employés, s'éleva très vivement et me dit que cela n'était pas possible, qu'il en ferait l'observation à M. Heurtier. Toute la question pour moi est ici de savoir si j'avais dit à M. Fleury, oui ou non, que les concessionnaires se chargeaient des frais de voyage.

Du reste, il y a une lettre émanée du cabinet du directeur général, par laquelle on me rappelle les termes dont je m'étais servi dans ma lettre du mois de novembre, où je disais que je m'étais précautionné de la question d'argent par ailleurs. C'est la lettre dont j'ai déjà parlé ; elle m'est parvenue directement du cabinet de M. Heurtier sans passer par les bureaux, sans être mise sous les yeux de M. Fleury. C'est après avoir reçu cette lettre que je parlai à M. Fleury de la situation qui m'était faite et qu'il me répondit : Cela n'est pas convenable, cela n'est pas possible.

M. L'AVOCAT IMPÉRIAL. — Il y a la parole d'un témoin et la négation d'un prévenu.

BERRYER. — Le fait d'être *prévenu* n'ôte pas l'honneur,

M. L'AVOCAT IMPÉRIAL. — Nous verrons cela tout à l'heure.

Mᵉ MARIE. — Ce que je veux constater, c'est la vérité du récit de M. Berryer. M. Berryer affirme qu'il a eu deux entretiens : l'un avec M. Heurtier, M. Heurtier nie ; l'autre avec M. Fleury, et M. Fleury déclare qu'en effet il a protesté contre la pensée de M. Berryer de se faire allouer des fonds par la Compagnie. Ce qui est certain, c'est que M. Berryer a dit au sein de l'administration : Je me ferai allouer des fonds par la Compagnie.

M. LE PRÉSIDENT. — M. l'Avocat impérial a la parole.

RÉQUISITOIRE DE M. ERNEST PINARD,

SUBSTITUT DE M. LE PROCUREUR IMPÉRIAL.

Messieurs ,

Après l'exposé de faits si complet et si lumineux que vous venez d'entendre, quel doit être en ce moment le rôle du ministère public ? Rentrer dans le récit chronologique, non : ce serait fatiguer vos esprits sans rien leur apprendre. Attendre les explications de la défense, c'est chose également impossible ; elle veut connaître, avant de répondre, nos réquisitions tout entières. Il faut donc, sans refaire à nouveau cette laborieuse histoire de la Société des Docks pendant trois ans, grouper de suite au point de vue de l'action publique tous les faits importants de l'affaire, en déterminer le caractère frauduleux, la qualification légale, et arriver à la conclusion pénale.

Due à une généreuse initiative, la Société des Docks aboutit à un grand désastre. Ouvrir au producteur un débouché, donner à l'ouvrier comme au grand fabricant la faculté de mobiliser la valeur de ses produits et de se créer ainsi, même lorsque la vente est paralysée, un capital nouveau qui devient un sérieux instrument de travail, telle fut la pensée qui dicta le décret du 17 septembre 1852. Pas un magasin élevé, pas un warrant délivré, pas un service rendu, et 6 millions dissipés en pure perte, tel fut le résultat dû aux concessionnaires.

De pareils désastres cachent toujours de grandes fautes. N'y a-t-il ici que des fautes d'imprudence ou défaut de capacité ? Les inculpés n'en devraient compte qu'à l'opinion publique et à leur conscience. Y a-t-il au contraire une longue fraude organisée, consommée sur une vaste échelle, et dont le dernier mot doit être une condamnation correctionnelle ? C'est là notre conviction intime, et ce sera la vôtre bientôt.

Il y a le procès général et le procès personnel ; le procès général, c'est l'affaire en bloc, le nombre et l'ensemble des délits commis. Le procès personnel, c'est la culpabilité de chacun envisagée séparément, la part de responsabilité qui leur est faite dans l'œuvre commune.

Voyons le procès général d'abord. Il se résume pour nous dans trois mots : Comment a-t-on abordé l'affaire des Docks ? comment l'a-t-on gérée ? comment a-t-on dissimulé ces fraudes de la gestion ?

L'affaire est abordée par les concessionnaires avec une préoccupation unique : celle de faire réussir non pas l'affaire, mais des spéculations personnelles. Voyez en effet quel est leur apport, comment ils dénaturent l'appel des fonds, et comment ils posent l'affaire.

Pour cette œuvre nouvelle, qui avait sans doute les précédents de l'île des Cygnes et de l'entrepôt des Marais, mais qui ne s'était jamais développée en France sur une large échelle, il fallait une réputation financière honorable et de gros capitaux. C'étaient là deux éléments essentiels au succès d'une entreprise qui n'avait encore conquis ses droits de cité qu'en Hollande et en Angleterre. Or, les concessionnaires n'apportaient qu'un passé suspect et une situation financière compromise.

Le passé suspect, c'est, pour Duchêne de Vère, cet arrêt rendu par contumace en Belgique et qui le condamne à dix ans de travaux forcés, sans qu'il ait obtenu sa réhabilitation ; c'est, pour Cusin et Legendre, cette fausse déclaration authentique du 22 juin 1846 et par laquelle ils affirmaient que trois mille actions souscrites permettaient à l'Union commerciale de se constituer en Société, quand le chiffre des actions réellement souscrites n'était que de deux mille ; c'est enfin ce procédé à l'aide duquel Cusin élude la prescription des statuts qui lui impose un cautionnement de 250,000 fr., en le versant à l'aide de l'emprunt Fréville, remboursé ensuite avec les propres deniers de l'Union commerciale.

Quant à la situation financière, elle est hors de proportion avec l'œuvre qu'il s'agit d'accomplir : Duchêne de Vère n'a rien, et Cusin et Legendre, qui ont déjà engagé jusqu'à concurrence de 1 million 600,000 francs les 2 millions de l'Union commerciale, n'ont d'autre réserve qu'un fonds de roulement de 400,000 fr., insuffisant déjà pour l'escompte journalier des effets de commerce.

Ainsi, passé suspect et défaut de ressources pécuniaires, voilà l'apport des concessionnaires.

L'appel de fonds est à peine adressé au public, que le désir de s'approprier la prime fait restreindre aux concessionnaires toutes les demandes. Parce que le marché accueille l'affaire avec une certaine faveur, ils rêvent de garder pour eux le bénéfice réalisable sur les actions mêmes qu'ils ne peuvent souscrire, et voici à Londres et à Paris leur double opération. A Londres, ils rompent avec Ricardo le traité par lequel celui-ci souscrivait un tiers des 200,000 actions ; c'était assumer sur eux une terrible responsabilité, quand l'Union commerciale ne pouvait leur fournir en capital disponible que 400,000 fr. ; mais l'ardeur de la spéculation leur donne de folles espérances, et tout est dit sur le motif qui les porte à déchirer cet engagement signé qui pouvait les sauver, quand on a entendu M. Riant s'exprimer sur l'époque et les circonstances de la rupture, et quand on a lu cette lettre du 6 octobre 1852 où M. Legendre regrette déjà le traité qu'il vient de signer, en songeant à la prime qu'il eût voulu s'attribuer d'une manière exclusive. A Paris, les demandes d'actions du 12 au 31 octobre 1852 s'élèvent à près de 276,000. C'est une magnifique occasion de placer les 200,000 titres ; mais il faut gagner avant tout la prime que les actions font en ce moment à la Bourse, et que ce gain soit pour les concessionnaires qui ne peuvent pas souscrire. On réduira donc même les souscriptions sérieuses pour garder plus d'actions, et c'est ainsi qu'on n'en accorde que 15 à Hordez au lieu de 45, que 15 à Shlesinger au lieu de 50, que 420 à Dalmas au lieu de 1,000. Le chiffre des demandes, qui s'élevait à près de 276,000, se trouve réduit à 101,867. Sur ces 101,867 actions, 87,802 seulement sont délivrées, parce que tous les détenteurs de promesses ne se présentent pas. Ainsi, on est logique sur la place de Paris et sur celle de Londres. La même pensée fait briser le traité Ricardo à Londres et réduire les demandes d'actions à Paris. Les actions qu'on refuse de livrer à Ricardo et aux souscripteurs sérieux, les concessionnaires sont dans l'impossibilité de les souscrire eux-mêmes ; mais ils songent déjà à les jeter à la Bourse sans les payer, afin de gagner à tout prix la prime qui a accueilli l'affaire au début.

Comment vont-ils maintenant poser l'affaire elle-même ? En mentant au public, au Conseil d'administration, au Ministre. Au public on donne l'acte notarié du 20 novembre 1852, dans lequel les trois concessionnaires affirment faussement que 200,000 actions sont souscrites et que la Société, qui aux termes des statuts ne peut naître sans cette condition, sera définitivement constituée. C'est là un délit spécial, assimilé par la loi du 17 juillet 1856 à l'escroquerie, et qui auparavant pouvait constituer le crime de faux. Eh bien ! ne relevons ce fait de la fausse déclaration qu'à titre de moralité : c'était au moins, on nous le concédera, le plus éclatant mensonge que les concessionnaires pouvaient faire au public. — Devant le Conseil d'administration réuni le 28 novembre, même système. On y appelle des hommes honorables qui peuvent inspirer confiance au public ; on n'ose pas soutenir carrément devant eux le mensonge de l'acte du 20 novembre, la souscription intégrale des 200,000 actions. Mais voilà le triple mensonge qui va calmer toutes les appréhensions et endormir toutes les défiances. D'abord, on affirme au Conseil qu'on réserve aux Anglais un tiers des actions quand, dès le mois d'octobre, on a rompu avec Ricardo, le souscripteur de Londres. Puis Cusin déclare que la souscription française a déjà donné 17 millions d'encaisse, quand l'argent versé dépasse à peine 10 millions. Enfin, il ajoute que le marché français a déjà offert 200 millions au moins par des demandes d'actions, quand le chiffre des actions demandées, s'élevant à peine à 276,000, ne donne tout au plus que le tiers de cette somme. Le Conseil pouvait-il douter de ces affirmations audacieuses ? Le cas était prévu, et pour les défendre, les concessionnaires avaient derrière eux les pièces à l'appui. Ces pièces étaient des bordereaux de demandes d'actions grattées pour enfler les chiffres, et un état, préparé spécialement pour la séance du 29 novembre, où l'on portait hardiment le chiffre des actions demandées à 870,356 : 870,356 actions auraient donné en effet, si elles avaient été souscrites, 217 millions environ, en les calculant à 250 francs, et près de

108 millions en les prenant au taux de 125. — Au Ministre, enfin, on fait le même mensonge qu'au public : le 14 janvier 1853, on postule l'homologation des statuts en écrivant que la Société a encaissé les 25 millions produits par la souscription des 200,000 actions. Le Ministre réclame le décompte de ces 25 millions produits par la souscription des 200,000 actions ; on lui répond le 24 janvier, pour promettre ce décompte, qu'on ne veut et qu'on ne peut jamais donner. Voilà comment les concessionnaires posent l'affaire, en trompant hardiment tout le monde : en bas, ceux qu'il faut exploiter; en haut, ceux qui les surveillent.

On comprend maintenant comment les concessionnaires abordaient cette lourde et gigantesque entreprise? Le but du décret du 17 septembre 1852, la création de l'affaire elle-même, l'avenir de la Société et le chiffre de ses ressources, peu leur importait ; ce qui était l'affaire pour eux, c'était de l'exploiter de suite, sur la place, à la Bourse, avant son développement, avant sa naissance en quelque sorte. Que l'entreprise meure ou qu'elle vive un jour, qu'importe? Ce qui importe, c'est de lancer l'affaire et de toucher la prime ; et alors il faut en convenir, si c'est là leur but unique, tout est logique dans la manière dont ils débutent. Leur passé suspect, leur défaut de ressources financières, ces deux vices de leur apport, rien ne doit les effrayer. L'appel de fonds, faussé à sa base par la rupture du traité Ricardo et la réduction des demandes du marché français, rien ne doit coûter pour garder ce bénéfice envié de la prime. Les mensonges au public, au Conseil, au Ministre, rien n'est trop hardi pour assurer le succès et grandir la confiance. Le mobile des concessionnaires est d'accord avec tous leurs actes au début.

Quand on commence une affaire sous l'empire de ces préoccupations déloyales, la pente est facile et le délit est proche. On le verra à la gestion des inculpés, cette seconde phase du procès pris dans son ensemble. Détournements et escroqueries, voilà les deux mots qui la résument : détournements vis-à-vis de la Société des Docks ; escroqueries vis-à-vis du public auquel on livrera les titres. Parcourons successivement ces deux séries de faits.

Les détournements ou abus de confiance au préjudice de la Société des Docks ne s'expliquent qu'en précisant nettement la situation des concessionnaires. Sont-ils propriétaires des valeurs sociales? il n'y a plus de délit. Sont-ils, au contraire, mandataires chargés de rendre compte? l'abus de confiance est flagrant. Or, cette dernière qualité légale ne saurait être déniée. Ils sont mandataires, et vis-à-vis des souscripteurs dont ils encaissent l'argent, et vis-à-vis du Gouvernement auprès duquel ils poursuivent l'homologation.

Le jour où le Gouvernement aura statué, le provisoire de la situation aura cessé ; mais la qualité du mandataire aura encore survécu avec toute son énergie, que le Conseil d'État ait répondu par un rejet ou une appro-

bation. S'il y a approbation, les concessionnaires deviennent gérants défi-
nitifs au lieu de rester gérants provisoires, et la gérance, quelle que soit sa
forme, n'est jamais qu'un mandat. S'il y a rejet, ils rendent compte et liquident, puisque le contrat entre eux et les actionnaires était subordonné à
une condition d'approbation ou de conversion en Société anonyme qui ne
s'est point réalisée. Ainsi cette qualité de mandataire les poursuit jusqu'au bout ; elle s'impose à eux, qu'ils se constituent définitivement ou
qu'ils liquident ; elle est leur titre unique pendant ce provisoire de trois
ans, à toutes les périodes de cette gestion coupable. Ce titre, nous le leur
imposons au nom du droit commun : nous le leur imposons encore au
nom de la loi spéciale qui les lie vis-à-vis du public ; cette loi, ce sont les
statuts dont ils ont été les seuls arbitres, et qui est la base unique de leur
contrat avec les actionnaires. (*L'art.* 63 *de ces statuts les déclare expressément mandataires*).

Du moment où ce titre de mandataire ne fait plus question, il faut que
les concessionnaires rendent compte, et de l'argent versé par les souscripteurs, et des actions non souscrites laissées à la souche. Or, c'est là
où nous constatons deux séries de détournements : détournements de capitaux, détournements des actions.

Pour préciser exactement les détournements de capitaux, il faut nous
demander avec les livres quelle est l'encaisse et quel est l'emploi à toutes
les phases de la gestion.

Le 31 octobre 1852, le chiffre des sommes encaissées à la suite de la
souscription est de 10 millions 625,125 francs. Le 31 décembre suivant,
il est, à raison du versement de quelques sommes arriérées, de 10 millions
686,750 francs. Le 31 décembre 1853, des ventes irrégulières d'actions
que les livres portent à 16,000 environ, élèvent le chiffre de l'encaisse à
12 millions 934,000 francs. Enfin, le 19 février 1854, les livres, constatant la livraison de 17,000 nouvelles actions, donnent comme dernier
chiffre de recette produit par un placement total de 120,000 actions la
somme de 15 millions. Aux bilans des 31 décembre 1854 et 1855, ce
chiffre de 15 millions n'a pas varié ; les inculpés y ajoutent seulement une
somme de 591,003 francs donnée en recette par l'entrepôt des Marais,
du 27 décembre 1852 au 18 octobre 1855. Ainsi 15 millions 591,003 francs,
voilà le résultat définitif de l'encaisse, d'après la comptabilité des concessionnaires : ce chiffre-là, nous l'acceptons, et leurs livres seront la base
même de notre discussion.

On comprend que ces sommes ne devaient pas rester stériles entre
leurs mains jusqu'au jour de l'homologation. Aussi un placement légal et
régulier des deniers encaissés devait-il leur faire produire un intérêt
jusqu'à ce qu'on les employât aux besoins mêmes de l'entreprise. Le
mode le plus naturel de ce placement provisoire, et qui n'avait que le
caractère d'une mesure purement conservatoire, était le dépôt à la Caisse

des consignations, ou l'achat de titres de rentes, ou la conversion en bons du Trésor. Le bon sens pratique indiquait de ne point engager à long terme des fonds qu'on devait, d'un jour à l'autre, consacrer à la fondation des Docks, et de les conserver ainsi sous une forme qui permît leur réalisation immédiate. La lettre du Ministre, du 27 septembre 1853, émettait aussi cet avis de prudence élémentaire, et l'art. 19 des statuts conseillait au moins par analogie un emploi provisoire en titres de rente. Les concessionnaires ne font pas cet emploi légal et provisoire, soit : il n'y a là qu'une irrégularité et point un délit.

Vont-ils au moins dépenser les fonds pour la création des Docks ? Ce serait peut-être agir vite et imprudemment, quand l'homologation n'est point encore accordée, et quand on n'a calculé ni les ressources, ni l'étendue de l'entreprise, ni le prix d'érection des entrepôts, ni l'appropriation possible des terrains qu'il s'agit d'acquérir. Mais après tout, l'imprudence ne serait point un délit. Ont-ils ainsi dépensé leurs capitaux ? Non. Sur les 15 millions encaissés, il y a lieu d'imputer des emplois de fonds considérables faits avec légèreté, mais pour la Société ; de ce nombre sont cinq opérations destinées à acquérir des terrains ou des entrepôts à la Compagnie ; de ce nombre sont encore des dépenses faites dans l'intérêt social. Ces acquisitions, ces dépenses, quelque élevé que soit le chiffre, et quoiqu'il ait été pour certains articles contesté par l'expert, nous les acceptons tout entières sans rien incriminer et sans rien discuter. Seulement, lorsqu'avec les livres nous aurons porté ce chiffre des emplois imprudents, des dépenses excessives aussi haut que possible, il faudra que, si ce chiffre n'atteint pas les 15 millions 591,003 francs, on nous justifie de la différence ; si cette justification n'est pas faite, le détournement sera nettement démontré.

Calculons ce chiffre de l'emploi et des dépenses.

On achète à Riant, le 21 novembre 1852, les terrains de la place de l'Europe pour la somme de 9 millions 199,220 francs ; mais le 9 mars 1853 on rétrocède une partie des terrains, et on réduit le prix d'acquisition à 4 millions 453,106 francs. On paye le même jour 2 millions 226,503 francs, et on obtient pour le surplus un délai jusqu'au 8 mars 1856. Ce dernier payement n'a point encore eu lieu.

Le 15 décembre 1852, on achète à la Société Jonnard l'entrepôt des Douanes, et on le paye comptant le même jour 2 millions 200,000 francs.

Le 18 février 1853, on achète l'entrepôt Putod 2 millions 950,000 francs. On paye le même jour 2 millions 150,000 francs et le surplus, soit 800,000 francs, est soldé dans le cours de l'exercice de 1854.

Le 10 février 1853, on achète au chemin de fer de Saint-Germain des terrains pour la somme de 1 million 169,425 francs : on paye le même jour 523,153 francs, et le surplus est soldé le 26 janvier 1854. Il est inutile de parler d'une seconde acquisition de terrains faite sous condition suspensive, avec le même chemin de fer, et qui ne s'est point réalisée. Enfin, dans le cours de l'exercice de 1853, on fait exécuter par le chemin de fer de Saint-Germain des terrassements sur les terrains acquis pour une somme de 1 million 211,000 francs, payée au fur et à mesure des travaux.

Réunissons les chiffres déboursés pour ces cinq opérations, nous n'arriverons jamais qu'à 9 millions 756,928 francs. Ajoutons le chiffre des dépenses faites pour la Société depuis le mois d'octobre 1852 jusqu'au 31 décembre 1855 ; comptons les frais nécessités par les procès, par la création de deux journaux dévoués à l'entreprise, par le payement des devis et des droits d'enregistrement ; comprenons-y la somme de 159,415 francs que rejette l'expert, comme ne s'appliquant qu'à des dépenses exagérées ou qui n'ont pas eu lieu. Ce chiffre total des dépenses faites en dehors des cinq opérations précédentes ne dépasse pas 1 million 879,573 francs, et quand on le réunit au chiffre intégral des acquisitions, on ne peut donner pour chiffre total des sommes employées que 11 millions 636,501 francs.

Or, rapprochez ce chiffre de 11 millions 636,501 francs des 15 millions 591,003 francs encaissés, reste une différence de près de 4 millions dont la justification devient impossible. Pour ces 4 millions, il n'y a plus d'emploi avouable : ni acquisitions, ni dépenses vraies, ni dépenses contestées, rien ne peut figurer en ligne dans le bilan de la gestion sociale pour expliquer leur disparition. Donc ils ont été détournés. La preuve est faite.

Faut-il nous arrêter à cette preuve ? Non ; suivons la trace de ces 4 millions et voyons par quelle voie a passé l'argent détourné. La Société des Docks n'avait point de caisse à elle : ses fonds étaient versés à l'Union commerciale, dont Cusin et Legendre étaient les gérants, et ceux-ci se bornaient à inscrire sur les livres les sommes reçues au crédit des Docks. Détenteurs des deniers, ils s'empressèrent de les employer à leurs besoins et à leur profit personnel, par un triple déboursé : déboursé pour Pont-Remy, déboursé pour Javel, déboursé pour tous les inculpés. Un mot sur chacun de ces trois déboursés.

A la Compagnie linière de Pont-Remy ils versent 405,000 francs. A quelle époque ? En 1853, quand la Société des Docks avait besoin de toutes ses ressources. Dans quel but ? Parce qu'ils sont débiteurs, depuis le 20 septembre 1852, de 120,186 francs vis-à-vis de la Compagnie linière, et qu'ils veulent s'assurer à eux seuls les bénéfices à retirer de 910 actions de Pont-Remy, qu'ils achètent en 1853. Aussi se gardent-ils de transférer à la Société des Docks ces actions payées avec son argent. Ils acquièrent pour eux avec les deniers des Docks. Si les actions de Pont-Remy doublent, et si elles rapportent de magnifiques dividendes, Cusin et Legendre doivent seuls en profiter. L'argent qui payait ces actions était donc détourné dans l'intérêt exclusif de Cusin et Legendre.

A la Société de Javel ils versent 2 millions 349,816 francs, en 1853 ; le versement monte à 3 millions 114,327 francs en 1854, et en 1855 une nouvelle somme de 930,526 francs est encore avancée. Pourquoi ces déboursés énormes, qui s'accroissent à mesure que l'encaisse des Docks s'a-moindrit et que le déficit se creuse? Pourquoi? Parce que Cusin et Legen-dre, fondateurs de Javel en avril 1852, ont là des intérêts personnels engagés, qu'il faut satisfaire à tout prix, même avec l'argent d'autrui. Ainsi ils ont garanti, au début, le placement des 3,100 actions de Javel au taux de 500 francs; ils ont pris, en 1854, les 2,900 actions de Javel qui restaient; ils se sont engagés à prendre pour 1 million 800,000 francs d'obligations sur 2 millions de titres nouveaux et privilégiés émis par Javel dans le cours de 1854. Ce sont là les dettes qu'il faut payer, les con-ventions qu'il faut remplir, les intérêts d'avenir qu'il faut sauver avec les deniers des Docks. Puis comme Javel, entreprise sérieuse, doit distribuer par actions 9 pour 100 de dividende, on ne donne point aux Docks ces titres payés avec leur argent : on les garde pour soi jusqu'au jour de la dé-confiture. Le détournement était si hardi, il donnait à Javel des capitaux si forts, qu'une prime secrète devait récompenser Cusin et Legendre : 800 actions de Javel leur sont données de la main à la main par Sussex, et ils se partagent par portions égales ce prix du détournement dont jamais les livres, soit de l'Union commerciale, soit des Docks, n'ont constaté l'entrée.

Aux inculpés ils distribuent à chaque moment des sommes provenant des détournements, et cela jusqu'aux dernières époques, alors que le déficit se creuse de jour en jour. En 1853 ces prélèvements sont de 586,527 francs ainsi répartis : 227,618 francs à Cusin, 280,567 francs à Legendre, 78,361 francs à Duchêne de Vère. En 1854 ils sont de 808,504 francs, dont 233,035 francs pour Cusin, 407,394 francs pour Legendre, 116,877 francs pour de Vère, 51,197 francs pour Berryer. En 1855 ils s'élèvent à 1 million 141,926 francs, dont 265,153 francs à Cusin, 444,874 francs à Legendre, 123,477 francs à de Vère, 109,020 francs à Berryer, 200,000 francs à Orsi.

Est-ce qu'un doute peut s'élever sur la nature de ces avances? En vain voudra-t-on les appeler des comptes courants constituant débiteurs ceux qui les ont reçus : je dis que ce sont des prélèvements illicites que nul ne devait rembourser, dans la pensée des concessionnaires, et je le prouve. Les comptes courants sont des avances provisoires se réglant à de courtes échéances : qui a jamais songé à régler celles-là depuis 1853? Qui a ré-clamé le règlement? Est-ce Cusin et Legendre, même lorsque l'argent leur manquait? Jamais. Les liquidateurs actuels de l'Union commerciale cher-chent ou chercheront à obtenir la rentrée de ces capitaux détournés, et ils auront raison ; mais Cusin et Legendre n'ont jamais songé à le faire, même au moment de leurs plus grands embarras, parce que ces prélèvements étaient les bénéfices de l'affaire, escomptés, partagés avant le succès, et pris sur les capitaux mêmes de l'entreprise. Que dis-je? les avances, ou ces distributions des dépouilles, ont continué jusqu'au dernier jour, lors-que le gouffre était connu de tous, et quand Cusin allait lui-même dresser cet état, qui constatait un déficit de plus de 6 millions, il augmentait encore, au profit des inculpés, le chiffre des prélèvements. (Comparaison des avances en 1854 et en 1855. — Lettre du 4 septembre 1855.) Veut-on, d'ailleurs, un acte qui tranche toutes les incertitudes sur la nature de ces avances ? Lisons le traité passé entre Cusin et Berryer, en septembre 1854, où l'on s'engage à donner décharge à ce dernier des 59,000 francs déjà prélevés, et où l'on promet d'élever la somme à 100,000 francs au jour de l'homologation des statuts. Est-ce là un compte courant ou un salaire, c'est-à-dire une remise des sommes qu'on ne doit plus restituer? Le doute n'est pas possible.

Voilà les trois déboursés qui expliquent la disparition des 4 millions : déboursé pour Pont-Remy, 405,000 francs, en 1853 ; déboursé pour Javel, 2 millions 349,816 francs, en 1853 ; déboursé pour les inculpés, plus de 1 million, de 1853 à 1855.

Je sais bien que, pour ôter à cette dissipation des deniers le caractère du détournement, on tentera cette explication impossible que je résume d'un mot : L'Union commerciale, dira-t-on, faisait sans doute ces avances à Pont-Remy, à Javel et aux inculpés avec les deniers des Docks ; mais elle se reconnaissait débitrice des Docks eux-mêmes pour toutes les sommes encaissées, et si elle en disposait, c'était avec la pensée de les rembourser comme caissière se constituant en débit. Je réponds en deux mots : Cusin et Legendre, gérants de l'Union commerciale et concessionnaires des Docks, n'avaient qu'une caisse, et le seul aliment de cette caisse était l'argent des Docks. Ils savaient bien que restituer un jour aux Docks l'argent dont on disposait si largement était chose impossible, et que constituer l'Union commerciale en débit n'était pour les Docks qu'une garantie dérisoire. Il suffit, pour s'en convaincre, de constater le bilan même de l'Union commerciale à cette triple époque : 31 décembre 1853, 31 décembre 1854, 31 décembre 1855. Au 31 décembre 1853, l'Union commerciale arrive, d'après les livres, à un actif net de 2 millions 109,767 francs : pour former ce chiffre, elle compte Pont-Remy pour 405,000 francs et Javel pour 2 millions 349,816 francs; ne contestons pas ces chiffres, bien que Javel réalisé à ce moment n'eût certes pas donné semblable somme. Mais ce qui est inacceptable, c'est de composer l'actif avec 1 million 338,148 francs de créances douteuses, et avec 586,527 francs d'avances faites aux inculpés, qui ne devront jamais restituer ces prélèvements. Si donc on enlève de l'actif que les gérants composent à l'Union commerciale les 1 million 338,148 francs de créances mauvaises, et les 586,537 francs d'avances qui ne doivent pas rentrer, le solde en faveur de l'actif n'atteint pas 200,000 francs. Au 31 décembre 1854, la situation a encore empiré : ne disons rien encore de Pont-Remy et de Javel comptés à l'actif brut, l'un pour 405,000 francs, et l'autre pour 3 millions 114,227 francs, bien que la réalisation des titres n'eût jamais donné pareille somme.

Mais notons ces 1 million 338,148 francs de mauvaises créances qui reviennent encore comme au bilan de 1853, et qui depuis 1852 n'ont pas donné un centime. Notons aussi ces 808,504 francs d'avances aux inculpés qui, aux yeux des concessionnaires, ne pouvaient être une créance sérieuse, puisque nul ne devait la rembourser. Si de l'actif net de 2 millions 138,836 francs vous retranchez ces deux sommes de 1 million 338,148 francs et 808,504 francs qui ne doivent point y figurer, vous arrivez au déficit : l'Union commerciale n'a plus d'actif net. En 1855, l'actif de l'Union commerciale ne s'est pas amélioré, et si aujourd'hui quelques-unes de ces créances que les inculpés classaient comme douteuses sont devenues meilleures, M. Dépinois, liquidateur, nous disait hier qu'il ne donnerait pas plus de 50 ou 52 pour 100 aux créanciers. Est-ce qu'avec une pareille situation, constituer l'Union commerciale débitrice des Docks était une garantie sérieuse ? N'était-il pas dérisoire de dire que cette inscription du crédit des Docks à l'Union couvrait le détournement de 4 millions et pouvait en faire opérer la restitution ?

Nous arrivons à la seconde série des détournements : celle des détournements d'actions non souscrites. Demandons-nous quel était leur nombre et quel a été leur emploi ?

Le 31 décembre 1852, le portefeuille de la Société des Docks renfermait 112,198 actions. Le 31 décembre 1853 les livres constatent que ce chiffre est tombé à 97,000, à raison du placement au pair de 16,000 actions. Le 19 février et le 31 décembre 1854, les mêmes livres réduisent encore le nombre des actions en portefeuille à 80,000, à raison de ventes portant sur 17,000 actions. Il y a dans ces ventes réalisées sans pouvoir légal, et dans ces placements accomplis en dehors des conditions et des délais qu'avaient fixés les statuts, de graves irrégularités; mais, comme l'argent provenant de ces placements ou de ces ventes a été versé à la caisse et figure dans les capitaux dont nous demandions le compte tout à l'heure, nous ne saurions voir dans la sortie de ces 33,000 actions un nouveau détournement. Seulement, prenant les chiffres des inculpés et acceptant la réduction des titres en portefeuille à 80,000, nous disons : Il faut de toute nécessité qu'on représente ces 80,000 actions ou leur valeur en numéraire. Or, le 31 décembre 1855 les inculpés ne peuvent plus représenter que 5,824 actions : 74,176 titres ont disparu, et sans que l'encaisse de 15 millions ait augmenté d'un centime : le détournement est flagrant.

Ne nous arrêtons pas là : pour les capitaux, nous avons constaté l'abus de confiance et nous avons recherché ensuite où avaient été les 4 millions détournés. Pour les actions suivons la même marche, et voyons où ont passé ces 74,000 actions qui n'ont pas rapporté, en disparaissant, une obole à la Société des Docks.

12,650 actions ont été vendues avant le 31 décembre 1853; 29,526 ont été vendues ou laissées en report du 31 décembre 1853 au mois d'août 1854;

32,000 ont été livrées à Fox et Henderson le 24 juillet 1854. La réunion de ces trois chiffres forme le chiffre total des 74,176 actions détournées.

Prouvons-nous la vente de 12,650 actions avant le 31 décembre 1853? Oui, avec une note de Gustave Legendre, fils du second inculpé, et une note de Talpomba, établissant qu'à cette date le portefeuille ne contient plus en réalité, malgré les énonciations contraires des livres, que 67,350 actions. Pourquoi, maintenant, cette vente de 12,650 actions? Les Docks avaient monté d'avril à juillet 1853, et ils avaient constamment baissé depuis. Avait-on vendu pour profiter de la hausse, ou réalisé les titres avec perte au milieu de la baisse? Nous n'avons pas de certitude à cet égard; mais ce qui est évident, c'est que la vente, dans tous les cas, n'avait eu lieu ni pour augmenter l'encaisse ni pour faciliter l'homologation dans l'avenir. Elle n'avait point pour but d'augmenter l'encaisse, puisqu'on se garde de la constater sur les livres, qu'on y fait des inscriptions contraires, et qu'on n'ajoute pas une obole aux capitaux. Elle ne pouvait avoir pour résultat de faciliter l'homologation, puisqu'elle agrandissait le déficit et que l'homologation ne pouvait avoir lieu sans le déficit comblé. Donc elle n'avait été consommée au mépris de tous les intérêts sociaux que dans l'intérêt exclusif des concessionnaires, et ceux-ci le sentaient si bien, qu'après avoir dissimulé l'opération sur leurs livres ils la cachaient avec soin au Ministre dans le rapport du 27 mai 1854, où le Commissaire du gouvernement affirmait encore la présence au portefeuille de 80,000 actions.

Du 31 décembre 1853 au mois d'août 1854, 29,650 actions sont encore vendues ou laissées en report sans rien rapporter à la Société, et sans que les livres fournissent la moindre mention sur leur sortie. Les concessionnaires sentent si bien que ces ventes frauduleuses constituent l'abus de confiance, qu'ils emploient tous les moyens pour écouler les actions subrepticement et pour opérer sous d'autres noms que les leurs. C'est Gustave Legendre, le fils de l'inculpé, prenant lui-même 2,500 actions malgré l'opposition de Picard, qui, à la suite d'une altercation fort vive sur ces manœuvres, donne sa démission; c'est Orsi ménageant aux deux autres gérants le concours de sa maison de banque à Londres pour des négociations sur les Docks; c'est cette maison elle-même, connue sous la raison sociale Orsi et Armani, écrivant le 20 mars 1854 à Cusin et Legendre qu'elle a pu faire des opérations pour eux sur ces actions, sous des noms supposés, et sans que le public se soit douté des véritables négociateurs; c'est Orsi vendant lui-même, sur le marché de Paris, 4,268 actions, ainsi que le constatent deux reçus des 12 mai et 10 juin 1854, et avançant dans son mémoire qu'il servait ainsi de prête-nom à Cusin et à Legendre, précisément parce qu'ils n'auraient pu vendre eux-mêmes. Quand il s'agit de mettre en report, les précautions sont les mêmes. Ces prêts onéreux d'argent qu'on n'obtient qu'à l'aide de ventes fictives d'actions reportées de quinzaine en quinzaine pour attendre une hausse qui n'arrivera pas, jamais les concessionnaires n'osent les négocier sous leurs noms; Orsi est toujours le grand intermédiaire, et à cause de ses relations si nombreuses dans le monde financier, et parce que ne figurant pas dans le décret de concession il n'est pas le *mandataire* chargé de garder en portefeuille les actions non souscrites. Aussi est-ce toujours sous son nom qu'on fait le report de 11,200 actions au chemin de Béziers le 1ᵉʳ mars 1854 ; celui de 8,000 actions chez le duc de Galliera, le 3 avril 1854 ; celui de 5,560 actions chez le même le 17 mai de la même année. Les opérations de ce genre sont tellement nombreuses, que le 10 juillet 1854 Orsi reçoit de Cusin 110,000 fr. pour payer des reports d'actions, et qu'à simple titre de frais de courtage il solde 8,000 francs à un seul courtier, le sieur Gastald. Ainsi s'en vont, sous l'action de ces ventes et de ces reports, les derniers titres du portefeuille, et de toutes ces actions déposées en nantissement chez des tiers, nous n'en retrouvons plus aujourd'hui que 1,200 gardées par Orsi, et 6,000 livrées en 1855 au Crédit mobilier pour garantir un nouvel emprunt. Ce sont ces 6,000 titres que le Crédit mobilier eût fait vendre en 1856, afin de se rembourser, sans l'opposition judiciaire des administrateurs actuels. Comment expliquer cette exploitation scandaleuse du portefeuille, ces ventes à tout prix, ces reports à toute condition, sinon par le mobile qui faisait disparaître déjà 12,650 actions en 1853 ?

32,000 actions sortent encore du portefeuille en vertu du traité Fox et Henderson. Ici la sortie est officiellement constatée, et l'on a eu recours aux actes pour masquer la fraude. Cette fraude se prépare en février 1854 et se consomme quatre mois après, le 24 juillet.

Comment l'a-t-on préparée en février? Par trois écrits distincts : le premier est un traité général aux termes duquel Fox et Henderson se chargent de tous les travaux de construction des Docks pour le prix de 24 millions; ces 24 millions sont payables 5/6ᵉˢ en espèces, 1/6ᵉ en actions, et l'ensemble du traité est résilié de plein droit si les concessionnaires n'obtiennent pas le décret d'homologation : voilà la pièce ostensible qu'on peut produire à tous, au Ministre et au public. La seconde est un traité spécial prévoyant le cas où le Gouvernement n'autoriserait pas la clause du payement en actions : Fox et Henderson s'engagent dans ce cas à rester souscripteurs de 32,000 actions représentant le sixième de 24 millions ; mais il est stipulé qu'ils ne verseront pas leur souscription, et qu'on l'inscrira soldée sur les livres au fur et à mesure des travaux. C'est là une pièce qu'on cachera bien entendu au Ministre, mais que certains initiés pourront encore voir sans danger. La troisième, qui est le dernier mot des concessionnaires, le post-scriptum expliquant les deux traités, c'est un acte aux termes duquel Fox et Henderson s'engagent à donner à Cusin, Legendre et Duchêne de Vère 14,400 actions sur les 32,000 qui leur seront livrées, c'est-à-dire 1 million 800,000 francs à titre de commission secrète. Voilà les trois écrits qui ont préparé la fraude : tous trois portent les mêmes signatures, tous trois ont la même date ; tous trois rédigés, acceptés, signés le même jour, sont l'œuvre d'une même pensée. C'est le 24 juillet qu'elle se réalise, et à l'aide de trois écrits portant la même date et qui ne sont que les annexes des actes du 14 février. Le premier est un traité aux termes duquel Fox et Henderson reçoivent 4 millions à valoir sur les travaux à faire, et obtiennent de garder cette somme à titre de compensation dans le cas où on diminuerait le devis des constructions à élever. Le second est une quittance de Cusin, Legendre et Orsi déclarant avoir reçu de Fox et Henderson 4 millions pour la souscription des 32,000 actions qui leur étaient attribuées. Le troisième est une quittance des mêmes signataires reconnaissant avoir reçu de Fox et Henderson les 14,400 actions promises par le traité secret. En résumé, Fox et Henderson ne recevaient ni ne déboursaient un centime : on ouvrait le portefeuille de la Société ; on en sortait 32,000 actions : Fox et Henderson en prenaient 17,600, et Cusin, Legendre et Orsi 14,400.

Voilà l'opération Fox et Henderson telle que la constatent les pièces et le jugement du Tribunal de commerce du 26 janvier 1856, dont je vous donne lecture. Y a-t-il une seule raison qui puisse la justifier ? En février 1854 stipule-t-on la commission secrète pour la verser à la caisse et l'attribuer ainsi à la Société ? Non, évidemment, ce serait dérisoire : puisque Fox et Henderson consentent à une remise de 1 million 800,000 francs sur le prix qu'ils doivent toucher, il eût été bien plus simple de stipuler 22 millions 200,000 francs, au lieu de 24 millions, et il n'était pas nécessaire de vaincre les scrupules de Fox sur la clandestinité du traité, scrupules dont je n'apprécie pas la valeur et le mobile, mais qui coûtaient au Commissaire du gouvernement des négociations laborieuses attestées par sa lettre du 4 février 1854. Puis, en juillet 1854, est-ce aussi pour combler le déficit qu'on s'empresse de toucher la commission stipulée ? Ici les raisons abondent contre les concessionnaires : ils n'espèrent plus l'homologation en face du déficit qui s'est agrandi tous les jours ; aussi veulent-ils recevoir les 14,400 actions de suite à tout prix. Ils déchirent le premier traité du 14 février, qui résiliait le marché des 24 millions au cas où le décret d'homologation ne paraîtrait pas ; ils donnent 32,000 actions valant au pair 4 millions à des constructeurs qui n'ont pas dressé un devis, pas élevé un magasin, pas préparé d'approvisionnements ; et ils reprennent pour eux 14,400 de ces actions, dont ils ne doivent compte à personne, puisque cette remise doit rester à tout jamais ignorée. Donc la négociation Fox et Henderson n'avait, en février et en juillet 1854, qu'un but unique et n'a eu qu'un résultat : sacrifier 32,000 actions du portefeuille pour que les concessionnaires puissent en prélever secrètement pour eux 14,400.

En vain dira-t-on que la commission secrète était stipulée non pas pour être versée officiellement à la caisse sociale, mais pour y être mise clandestinement, afin de permettre aux concessionnaires de cacher un déficit que l'administration ignorait, mais qui, une fois connu, aurait fait obstacle au décret d'homologation. Je réponds : Non, le but n'était pas tel, puisque la lettre d'Arthur Berryer du 4 février 1854 dit positivement que les concessionnaires voulaient avoir pour eux-mêmes un bénéfice sur la cession de leur propriété, bénéfice nécessairement occulte, puisqu'il était en dehors de ceux que leur assuraient les statuts. Non, le but n'était pas tel, puisqu'à cette époque déjà le déficit était de plusieurs millions, et que 1 million 800,000 fr. de plus en caisse n'eussent pas déterminé davantage une homologation qu'on n'espérait plus. Non, enfin, le but n'était point celui-là, puisque les 14,400 actions n'ont point été retrouvées à la caisse sociale ; qu'elles ne s'y sont traduites par aucun capital appréciable, et que six jours après la Société ne possédait plus que 5,824 actions. Les concessionnaires ne pourront pas dire non plus que les 14,400 actions ont disparu de la caisse de Stockes, avec les 17,600, sans qu'ils aient connu cette disparition. D'abord rien ne constate que ces actions eussent été déposées à la caisse de Stockes ; puis ce vol, ils l'eussent dénoncé, et ils étaient mis en demeure de le faire dès janvier 1855 par ces lettres de Guilloteau, leur agent, demandant à Cusin des renseignements sur la commission secrète et son emploi, et lui transmettant les bruits qui circulent à cet égard.

                                        « Londres, 29 janvier 1855.

» Je voudrais bien avoir copie de vos conventions secrètes avec Fox, pour que
» dans le cas où il ne serait pas des conférences, je ne me laissasse pas entraîner ou
» surprendre à quelques dispositions qui altéreraient vos droits aux 1,800,000 fr.
» déjà payés en actions. »

                                        « Londres, 30 janvier 1855.

» Veuillez maintenant me dire si, dans l'enlèvement des actions qui étaient dans
» la caisse de Stockes, il y a quelque chose qui ne soit pas connu de moi et qui se
» serait passé, soit avec votre approbation, soit même avec votre concours.
» Pour vous fixer davantage, je crois que dans le cas où vous seriez étranger à
» cette sortie d'actions, Stockes pourrait avoir insinué à sir Ch. Fox qu'elle n'a eu
» lieu que pour vous venir en aide (chose, du reste, qui se dit ici sous la forme la
» plus importante).
» Comme vous n'avez pas eu de tiers entre vous et sir Ch. Fox, lors de votre
» dernière conférence, autre que M. Stockes, il se pourrait qu'il eût fait une seule
» et même chose des 14,400 actions remises à vous sur les constructions et de celles
» qui sont sorties lors de sa première visite à la caisse. »

Ainsi, nous savons maintenant le sort des 74,176 actions détournées : 12,650 sont vendues en 1853 ; 29,526 sont vendues ou laissées en report dans les huit premiers mois de 1854 ; 32,000 sont livrées frauduleusement à Fox et Henderson.

Qu'on prenne ces détournements en bloc ou qu'on les analyse en détail, rien ne justifie, rien même n'atténue cette série d'opérations qui a jeté au vent cette masse d'actions non souscrites. Elles n'avaient pas lieu pour combler les premiers déficit opérés sur les capitaux encaissés, puisqu'on ne versait plus à la caisse le produit de la vente de ces actions. Elles n'avaient pas pour but de faciliter l'homologation, puisqu'elles la reculaient indéfiniment en agrandissant le déficit lui-même. Elles n'avaient pas même pour excuse l'obligation de solder immédiatement quelques dettes, puisqu'au mois de février 1854, alors que ces ventes clandestines d'actions se multiplient sur une vaste échelle, la caisse sociale conserve encore, malgré les malversations antérieures, un fond de roulement assez considérable. Ainsi, le 19 février, les livres constatent à l'actif 15 millions produits par le placement de 120,000 actions ; ajoutons-y 591,003 francs de revenus touchés du 28 décembre 1853 au 15 octobre 1855 : nous avons 15 millions 591,003 francs d'actif brut encaissé. Diminuons-le de tout le passif que comptent les livres des inculpés, c'est-à-dire de 11 millions 635,501 francs, depuis le 12 octobre 1852 jusqu'au mois de janvier 1856, sans déduire les dépenses contestées dont a parlé l'expert, nous arrivons à un excédant d'actif de 3 millions 954,502 francs. Prenons encore, sur cet excédant, les 2 millions 925,300 francs que les Docks ont payés pour Javel et Pont-Remy dès l'exercice de 1853 ; il restera toujours au moins 869,586 francs en caisse qui suffisaient aux besoins urgents et dispensaient de recourir à ces ventes si multipliées d'actions non souscrites.

Dira-t-on que, si les détournements des actions pris en masse ne se justifient pas, le chiffre énorme des titres disparus s'explique par le bas cours auquel les concessionnaires ont dû les vendre. Nous admettons en effet que ces ventes ont eu lieu plutôt en baisse qu'en hausse ; mais, à l'aide des bordereaux de négociation qui ont été retrouvés et saisis, il est facile de préciser le chiffre des pertes réalisées sur les ventes, et de démontrer qu'indépendamment des sommes perdues par suite des négociations à vil prix, il en est d'autres considérables que les concessionnaires se sont appropriées et dont ils n'indiquent pas l'emploi. Laissons un instant leurs livres, et éclaircissons ce point avec les bordereaux. Les concessionnaires créent 200,000 actions ; après en avoir émis régulièrement un assez grand nombre, ils en rachètent à des cours différents 49,842 : ils ont donc eu successivement entre les mains 249,842 actions. Sur ces 249,842 titres, 34,624 n'ont point été négociés : ce sont les 11,200 actions mises en report au chemin de Béziers, les 17,600 livrées à Fox et Henderson, et les 5,824 représentées au portefeuille ; 213,828 actions ont été remises aux souscripteurs ou vendues à la Bourse à des prix que l'expert a minutieusement relevés; 1,390 actions seulement ont été négociées ou données sans que l'expert ait retrouvé les bordereaux, et nous calculerons dès lors leur vente aux cours les plus bas de la Bourse. L'expert pouvait donc arriver à préciser, d'une manière à peu près mathématique, le chiffre des pertes résultant des ventes d'actions à vil prix, et il le fixe à 2 millions 666,384 fr.

Or, ce chiffre de perte, même en le portant à 3 millions, est encore bien au-dessous des sommes considérables que représenteraient les actions détournées du portefeuille, et dont on n'a point versé la valeur à la caisse quand on les a négociées.

La gestion des concessionnaires aboutissait donc, par le détournement des capitaux et par celui des actions, à un double déficit : le premier était de 4 millions, et le second de 9 millions ; au total, 13 millions. Diminuez ce chiffre des valeurs de Pont-Remy et de Javel reprises par les Docks, des 6,000 actions déposées en ce moment au Crédit mobilier, des 17,600 actions que Fox et Henderson sont condamnés à rendre, vous arrivez toujours à un déficit de plus de 6 millions. L'expert le calcule exactement à 6 millions 942,516 francs, et c'est là un chiffre si vrai, que Cusin préparant, après la vérification de M. l'inspecteur général des finances, un bilan pour l'assemblée des actionnaires, avoue lui-même un découvert de 6 millions 498,655 francs à la fin de l'année 1855.

Voilà le résultat de la gestion des inculpés vis-à-vis de la Société des Docks : le déficit créé par le *détournement*. Au regard du public, elle aboutit à un second résultat : l'*escroquerie*.

Ainsi, la vente des actions non souscrites, qui vis-à-vis la Compagnie est le délit de détournement, sera vis-à-vis des acheteurs de titres le délit d'escroquerie.

Pour constituer l'escroquerie, il suffit en effet de trois conditions légales : des manœuvres frauduleuses, l'influence de ces manœuvres sur la personne escroquée et la remise de fonds. Voyons si vis-à-vis des acheteurs ces trois conditions ne se trouvent pas dans la vente des titres.

Lorsque les concessionnaires font vendre à la Bourse les actions indûment détachées de la souche, ils se gardent bien d'indiquer qu'elles n'ont été ni souscrites ni payées ; tout acquéreur les refuserait comme un papier sans valeur actuelle que le gérant de la Société pourrait refuser lui-même ou réputer détourné. Ils vendent dès lors comme souscrites et payées des actions qui n'ont été ni payées ni souscrites. S'ils voulaient les négocier autrement, non-seulement la négociation du titre ne se ferait pas, mais ils jetteraient un discrédit immédiat sur les autres actions régulièrement émises et payées par les souscripteurs. Un acte authentique et notarié leur sert d'ailleurs pour justifier la vente : c'est celui du 20 novembre 1852, attestant mensongèrement la souscription des 200,000 actions et la constitution de la Société, qui ne pouvait avoir lieu sans cette souscription.

Cette fausse déclaration, si elle avait eu lieu depuis moins de trois ans, tomberait sous l'application de la loi du 17 juillet 1856, qui punit ce fait isolé des peines de l'escroquerie. Mais si la prescription est acquise pour cette fausse déclaration, il est au moins interdit aux concessionnaires de faire revivre cet acte mensonger destiné à tromper les tiers. Or, en laisser délivrer des expéditions qu'on joint aux statuts, vendre en même temps comme souscrites les actions qui ne le sont pas, les salir, les maculer avec des manches à balai, ainsi que l'a dit le témoin Ducros, pour faire croire qu'elles courent le monde depuis le mois d'octobre 1852, et qu'elles ont été valablement délivrées au moment de la souscription : voilà une série de faits qui ressuscitent l'acte du 20 novembre, et qui constituent, à n'en pas douter, la manœuvre frauduleuse.

Cette manœuvre a-t-elle trompé l'acheteur? Oui, évidemment. Il croit, en prenant l'action qu'on lui livre, à trois choses mensongères : il croit qu'elle n'a été détachée de la souche que contre un versement en espèces ; il croit que la Société est régulièrement constituée, quand elle n'est, à raison de la fausse déclaration, qu'une Société de fait contraire à la loi et aux statuts ; il croit enfin qu'elle a pour garantir les droits des actionnaires un encaisse de 25 millions, quand cet encaisse n'est que de 10 millions.

L'acheteur ainsi trompé verse les fonds ; et ils ont été nombreux, Messieurs, ces petits actionnaires attirés par le bas prix de l'action émise à 250 francs avec un versement immédiat de 125 francs seulement, séduits par le nom de l'entreprise elle-même, confiants dans ces hommes qui leur refusaient, comme au témoin Jalestry, les moindres renseignements sur l'affaire, et leur disaient solennellement : Qu'avez-vous à craindre? nous avons au-dessus de nous un Commissaire du gouvernement.

Ainsi les trois conditions légales de l'escroquerie se rencontrent dans ces ventes subreptices des actions non souscrites, et ce fait unique de la négociation des titres a ainsi constitué deux délits distincts : délit de détournement vis-à-vis de la Société ; délit d'escroquerie vis-à-vis des acquéreurs.

Nous connaissons maintenant toute la gestion des inculpés et son double résultat. Voyons comment ils dissimulent ces fraudes de la gestion, c'est la troisième phase du procès pris dans son ensemble. Cette dissimulation, nous la retrouvons partout, dans les chiffres généraux des bilans et des rapports, dans le détail des opérations spéciales, dans le bilan définitif du 12 août 1854.

Les chiffres généraux, les voici : au 31 décembre 1853, on n'a plus au portefeuille que 67,350 actions : on en inscrit aux livres 103,802. Au 19 février 1854, on a déjà entamé probablement les 67,350 actions qui restaient au portefeuille six semaines auparavant, et on en inscrit aux livres 80,000. Au 31 décembre 1854 on n'en a plus au portefeuille que 5,824 : on répète aux livres le chiffre de 80,000. C'est encore ce chiffre qu'on cite au Ministre dans le rapport officiel du 27 mai 1854, lorsque cinq semaines après on ne doit plus posséder que 5,824 titres.

Quant aux opérations spéciales, elles révèlent bien mieux encore l'intention persévérante de masquer à chaque pas les détournements. Nous pourrions citer des exemples à toutes les dates et à toutes les pages. Choisissons-en quelques-uns.

En 1852, les Docks font à la Bourse une prime de 11 fr. 10 centimes : on vend alors 5,057 actions. Plus tard on les rachète au-dessous du premier cours, et on réintègre les actions après s'être approprié la prime.

En 1853, on vend 330 actions au pair ou à prime ; on les rachète au-dessous du cours pour 38,000 francs, et on les rend au pair à la Société, au prix de 41,250 francs.

Le 1er avril 1853, on veut, soit pour payer une dette, soit pour accomplir une promesse, donner à Lefort et Androuet sur la caisse sociale une somme de 12,177 francs. On leur cède alors au pair 1,353 actions qu'ils revendent le même jour à la Société avec 9 francs de prime, c'est-à-dire avec un bénéfice de 12,177 francs qu'on leur paye, sans déplacer un seul instant les titres. Voilà le fait tel qu'il résulte des deux reçus signés par Lefort et Androuet. Seulement, comme on n'ose indiquer l'opération sur les livres, telle qu'elle s'est passée, on inscrit qu'on a racheté à Lefort et à Androuet 1,353 promesses d'actions à raison de 9 francs la promesse : c'était là une mention dérisoire, puisque rien n'obligeait les concessionnaires à racheter en avril 1853 des promesses périmées depuis le mois d'octobre 1852, et qui, par conséquent, n'étaient plus qu'un papier sans valeur.

Dans ce même mois d'avril 1853, on se sert du nom de Bernard, valet de chambre de Cusin, pour jouer et gagner à la Bourse avec les fonds de la Société. Ainsi on l'inscrit comme ayant emprunté à la caisse une somme totale de 125,371 francs en deux fois, et ces fonds rapportent un premier gain de 27,875 francs et un second de 28,840 francs. Sur ces opérations, les inculpés laissent aux Docks 1,000 francs à titre de courtage et gardent pour eux 56,715 francs.

Vient enfin ce fameux bilan du 12 août 1854 qui résume et couronne toutes les dissimulations d'écriture. Le 31 juillet 1854, les livres constatent que l'Union commerciale doit compte aux Docks de 3 millions 920,713 francs en espèces et de 9 millions 987,784 francs en actions. Aucune écriture n'est passée à la comptabilité des Docks du 31 juillet au 12 août, et ce jour-là même, quand les chiffres n'ont pas dû changer, puisque nulle opération n'est constatée depuis le 31 juillet, apparaît ce bilan définitif qui rend l'Union commerciale non plus débitrice des Docks pour plusieurs millions mais créancière de 4,445 francs. Comment une dette énorme s'est-elle transformée en une créance, et cela en quelques jours, sans écritures nouvelles, c'est là un tour de force habilement préparé et pour lequel Cusin avait eu recours à l'expérience de plusieurs : Stockes avait donné ses chiffres ; Lombard, l'employé infidèle, qui sera jugé demain par la Cour d'assises et dont on ne dévoilait pas les détournements pour se ménager son concours, avait aussi donné les siens ; et les concessionnaires envoyaient au Ministre, impatienté de leurs retards, ce fameux bilan où, grâce aux efforts de tous, le déficit était masqué à l'aide de treize articles frauduleux dont il faut analyser quelques-uns. Pour arriver à changer en créance la dette énorme qu'on ne peut pas payer, et qui, si elle était avouée au Ministre, attesterait le détournement, on supposera des déboursés imaginaires faits par l'Union commerciale dans l'intérêt des Docks, on paiera ceux-ci avec de fausses créances, ou on les constituera débiteurs de certaines sommes pour des services qui n'ont jamais été rendus.

Ainsi, à l'article premier, Cusin et Legendre s'allouent certaines sommes sous ces mots élastiques : *primes, intérêts, commissions, escompte.* Ils inscrivent un déboursé de 4 millions en numéraire comptés à Fox et Henderson, quand ils se sont bornés à partager avec eux, le 24 juillet, 32,000 actions. Ils comptent comme payés aux architectes une somme de 43,188 francs, à laquelle ils ajoutent à l'article 10 une autre somme de 71,591 francs, quand en réalité ils n'ont jamais remis à ceux-ci que 29,000 francs.

A l'article 2, ils transfèrent aux Docks les titres de Javel et de Pont-Remy pour une somme de 2 millions 925,500 francs qui est, d'après l'expert, bien supérieure à leur valeur actuelle. Puis, ils donnent en payement 3 millions 740,260 francs de créances imaginaires ou désespérées.

A l'article 3, ils établissent compensation entre partie de ces créances imaginaires et la somme de 2 millions 226,503 francs que les Docks doivent à M. Riant. De cette manière, ils sont censés avoir payé pour les Docks 2 millions 226,503 francs, et ils laissent encore à la Société 1 million 513,757 francs de créances imaginaires.

A l'article 5, ils comptent en portefeuille 17,024 actions quand ils n'en possèdent plus que 5,824.

A l'article 6, ils font payer à la Société des Docks 117,326 francs pour le matériel si incomplet de leurs bureaux.

A l'article 11, ils s'allouent 49,520 fr. pour frais généraux, 300,000 fr. pour indemnité de gérance, et 1 million pour droit de commission sur le placement de 200,000 actions, quand ils n'en ont régulièrement placé que 87,802.

Voilà à l'aide de quels chiffres la dette devenait une créance : voilà comme on couvrait ou plutôt comme on masquait le déficit. Ce bilan est le dernier acte de cette comptabilité frauduleuse qui trompe le public, le Conseil et le Ministre. Il la résume et la complète : il est le coup le plus audacieux qu'aient tenté les concessionnaires.

Voilà tout le procès général examiné, scruté dans son ensemble. Nous connaissons maintenant comment les inculpés ont abordé l'affaire, comment ils l'ont gérée, comment ils ont dissimulé les fraudes de la gestion. Ils l'ont abordée en apportant un passé suspect et une situation financière compromise, en repoussant dans une pensée de spéculation personnelle le traité Ricardo à Londres, et en réduisant les souscriptions à Paris, en posant mensongèrement l'entreprise devant le public par l'acte du 20 novembre, devant le Conseil par l'exposé du 28 novembre, devant le gouvernement par les lettres des 14 et 24 janvier. Ils l'ont gérée en commettant à chaque pas l'escroquerie et le détournement : l'escroquerie vis-à-vis du public, en vendant les actions non souscrites : le détournement vis-à-vis de la Société, en jetant 4 millions de capitaux à Javel, à Pont-Remy, à chacun des inculpés ; en livrant 8 millions d'actions aux marchés de Londres et de Paris, aux reporteurs, aux signataires des traités Fox et Henderson. Et ces fraudes d'une gestion de trois ans, ils les ont dissimulées par les chiffres généraux de leurs livres, par le détail de leurs opérations, par le bilan définitif du 12 août 1854.

Toute l'affaire est dans ce résumé de trois mots que je voudrais rendre encore plus concis et plus énergique. Tout est là, parce qu'ici les chiffres dominent les faits. Les faits, Messieurs, chacun peut les commenter, les grouper ou les diviser, les mettre en relief ou les atténuer selon son point de vue ; et nous savons tous combien, dans la bouche des éloquents défenseurs qui se lèveront tout à l'heure, la parole humaine est puissante pour changer sur ce terrain la physionomie d'une affaire. Mais des chiffres sont toujours des chiffres. Les inculpés les ont en vain tronqués, falsifiés sur leurs livres : jamais le faussaire ne peut tout prévoir. La logique des chiffres est plus forte que sa perspicacité, et au dernier jour ils reparaissent impitoyables pour l'accuser. Ils ont alors une singulière éloquence, et voyez comme ils écrasent toutes les objections. Les inculpés diront qu'ils vendaient les actions sous la pression de la nécessité et parce que la caisse était vide ; les chiffres qu'ils ont inscrits reparaissent et disent qu'au moment de ces ventes la caisse avait encore plus de 800,000 fr. en argent, malgré les détournements de 1853 pour Javel et Pont-Remy. Les inculpés diront encore que le déficit vient uniquement de la vente à vil prix des actions ; les chiffres des bordereaux de vente apparaissent et disent que la perte provenant de toutes les ventes n'est que de 2 millions 666,334 francs, et que les inculpés ont touché, en sus des détournements antérieurs, près de 2 millions qu'ils dissimulent. Voilà l'éloquence des chiffres : toujours leur réponse est impitoyable.

Résumés ainsi dans cette période de trois ans, ils nous rappellent une grande leçon : c'est que les hommes même les plus légers ou les plus coupables obéissent dans leurs actes à une logique dont ils ne se doutent pas. Les fautes amènent les fautes, comme le bien engendre le bien. Aussi les Sociétés financières ont-elles leur logique comme les Institutions d'un autre ordre. On les finit comme on les commence. Quand on débute avec le mensonge, on termine avec la fraude. La trame est une : la chaîne ne rompt pas : c'est là l'histoire tout entière de la Société des Docks.

Après le procès général, le procès personnel : quelle est la part de responsabilité légale de chacun des cinq inculpés : Cusin, Legendre, Duchêne de Vère, Orsi, Arthur Berryer ?

Cusin est partout, et l'on peut se demander quel est l'écrit compromet-
tant qu'il n'ait pas signé? quel est l'acte frauduleux auquel il n'ait pas
participé?

Au début, il apporte ces deux précédents que j'ai qualifiés : une fausse
déclaration de Société constituée au capital de 3 millions, le 22 juin 1846 ;
et le paiement de son cautionnement avec les fonds mêmes de l'Union
commerciale, dont il est gérant. Il rejette le traité Ricardo et réduit à
Paris les souscriptions pour s'approprier le bénéfice espéré de la prime. Il
signe l'acte faux du 20 novembre 1852, fait les déclarations mensongères
de la séance du 28 novembre, et répète les mensonges au ministre, dans
les lettres des 14 et 24 janvier 1853.

C'est lui qui prend l'initiative de la gestion et consomme avec Legendre
le détournement des capitaux et celui des actions. Si 405,000 francs sont
donnés à Pont-Remy, c'est que Cusin a des intérêts avec l'entreprise dès
septembre 1852. Si 2 millions 349,816 fr. sont donnés à Javel toujours
sur les capitaux des Docks, c'est que Cusin est fondateur de Javel, qu'il a
promis la souscription des titres, et qu'on lui en remet 400 comme commission secrète. Si 1 million 141,926 fr. sont distribués aux inculpés en
prélèvements illicites, Cusin en prend pour sa part 265,153 fr., et c'est
lui qui écrit, promet, prélève, lorsqu'il s'agit de discuter avec les autres,
notamment avec Berryer.

Quant à la disparition des actions, elle ne peut avoir lieu que parce
qu'il l'autorise ou l'accomplit. Quand on négocie sur les Docks, à Londres,
sous des noms supposés, une lettre officielle de la maison de banque Orsi
et Armani l'en avertit. Quand on en dépose au chemin de fer de Béziers,
11,200, qui ne sont jamais rentrés au siége de la Société, c'est lui qui
cautionne le déposant. Quand Orsi en vend de son propre aveu 4,278 sous
son nom, c'est Cusin qui les lui délivre, de concert avec Legendre, ainsi
que l'attestent les deux reçus des 13 mai et 10 juin 1854. Quand Orsi fait
reporter de quinzaine en quinzaine ces ventes ruineuses, afin d'attendre
une hausse qui n'arrivera pas et se procurer à tout prix des capitaux, le
reçu qu'il délivre le 10 juillet 1854 établit que Cusin, au courant de toutes
ces opérations, fait lui-même, avec les deniers sociaux, les frais de
report.

Quand il s'agit de préparer les traités frauduleux Fox et Henderson,
Berryer écrit à Cusin seul la marche, les obstacles, les incidents de la négociation. Non-seulement Cusin signe, avec Legendre et Duchêne de Vère,
les actes du 14 février, avec Legendre et Orsi, ceux du 24 juillet, mais il
écrit seul le brouillon relatif à la commission secrète et s'engage par écrit
à remettre 1,000 actions à Vilmar pour avoir contribué au succès de la
négociation.

Et les dissimulations d'écritures destinées à couvrir les fraudes de la
gestion, qui les a commises ou fait commettre, sinon Cusin? C'est lui qui

a la haute main près des commis écrivant les bilans de 1853 et de 1854. C'est à lui que Berryer s'adresse quand il est embarrassé pour défendre auprès du ministre des rapports erronés. C'est son valet de chambre Bernard qui servira de prête-nom pour jouer et gagner à la Bourse avec les fonds de la Société. C'est à lui que Bonnal s'adresse pour faire remettre à Lefort et Androuet cette somme de 12,177 fr. dont la sortie est masquée sous ce titre menteur : Rachat de 1,353 promesses d'actions. C'est lui qui fait dresser à Lombard ce bilan frauduleux du 12 août 1854, dont il connaît assez les détails pour en donner en 1855 un brouillon explicatif; c'est encore lui qui, avec Legendre, l'adresse au ministre pour tromper l'administration jusqu'au bout : c'est lui enfin qui le défendra pied à pied devant l'inspecteur général lui-même.

Ainsi il fait beaucoup seul, et rien ne se fait sans lui. Son regret est de ne point faire assez. D'une personnalité extrême et d'une vanité sans limites, il souffre de voir un nom dominer le sien. Emile Pereire l'a gêné le jour où il a voulu s'occuper de l'affaire : s'il laissait d'autres négocier l'appui de Rothschild, c'est que le déficit le forçait à cette humiliation. Il eût voulu des capitaux inconnus, des crédits sur des maisons de banque qui n'eussent pas dominé. Les grands noms financiers qui sont nés d'hier l'empêchaient de dormir, et il rêvait dans l'entreprise des Docks plus qu'une grande fortune, avant tout une grande renommée. Et aujourd'hui que son nom reste attaché à l'affaire, mais avec un stigmate déshonorant, aujourd'hui que la condamnation est proche et qu'il entend toutes les voix qui l'accusent, le reproche qui lui serait le plus sensible, ce n'est pas, croyez-le, d'avoir manqué au devoir de l'honnête homme, c'est de ne point passer pour un homme habile. Eh bien, que sa vanité soit une dernière fois satisfaite : qu'il soit constant pour tous qu'il a joué ici le grand rôle! Faites-lui la part la plus lourde dans la peine, puisqu'il l'a eue dans la responsabilité.

Legendre, comme gérant de l'Union commerciale et concessionnaire des Docks, s'associe à peu près à tous les actes qui créent la culpabilité de Cusin. Il n'est point le grand meneur, je le veux bien ; mais il suit très volontairement l'impulsion et en parfaite connaissance de cause.

Comme Cusin, il a ce triste précédent du 22 juin 1846 : une déclaration qui constituait le crime de faux. Comme lui, il veut s'assurer la prime, et la rupture du traité Riccardo, la réduction des souscriptions à Paris, devaient satisfaire complétement l'homme qui, de Londres, écrivait à Cusin, le 6 octobre 1853 : « Si ce n'était que nous nous sommes avancés à Paris, en disant que nous aurons un comité anglais, et qu'il paraîtrait extraordinaire si nous n'avions pas quelques noms, je les aurais déjà envoyés promener..... Nous aurions tout placé avec belle prime. Je regrette beaucoup que nous n'ayons pas pris ce parti. » C'est encore lui qui signe l'acte du 20 novembre 1852, qui assiste

Cusin à la séance du 28 novembre, et qui signe les lettres des 14 et 24 janvier 1853.

Associé à tous les intérêts comme à tous les actes de Cusin, il préside comme lui à toutes ces opérations à l'aide desquelles s'opèrent le détournement des capitaux et la disparition des actions.

Il est intéressé au même titre que lui dans l'affaire de Pont-Remy, dans celle de Javel ; il reçoit aussi le salaire des services rendus à Javel, en touchant de la main à la main, à titre de commission secrète, 400 actions de cette Compagnie. Il participe aux prélèvements illicites distribués aux inculpés, en prenant pour sa part 444,874 fr., et il est si bien au courant de la situation que Berryer s'adresse aussi à lui pour obtenir les avances qui paient son concours, dans les lettres des 18, 27 et 30 juin 1854.

N'était-il pas associé et de fait et de droit à tous les actes qui jetaient les actions sur les marchés de Londres et de Paris et dans de désastreuses opérations de report, quand les lettres et les reçus que nous citions tout à l'heure portent constamment les deux noms de Cusin et Legendre? Et quand il s'agit de préparer en février 1854 et de consommer en juillet la fraude des traités Fox et Henderson, Legendre signe partout et il signe non plus comme gérant de l'Union commerciale, mais en son nom privé comme concessionnaire, agissant sous sa responsabilité personnelle, et ne la laissant porter à personne.

A-t-il ignoré la dissimulation des écritures masquant les détournements, lorsque son fils Gustave Legendre constatait lui-même qu'au 31 décembre 1853 le portefeuille n'avait plus que 67,350 actions au lieu de 103,802 qu'indiquaient les livres? A-t-il tout ignoré, lorsque son fils maculait les actions pour les vendre sans péril, et fort du nom et de l'autorisation présumée du père, se faisait remettre 2,500 actions par Picard : remise forcée qui provoquait une scène et une démission? A qui Lefort et Androuet délivrent-ils les reçus de cette somme de 12,177 fr. détournée de la caisse sociale, sinon à Cusin et à Legendre? Qui signe et qui envoie avec Cusin ce fameux bilan du 12 août 1854, sinon Legendre lui-même?

Ainsi, lui aussi est partout, mais partout, il est au second rang, et le perpétuel argument de sa défense est celui-ci : J'ai laissé faire. Or, laisser faire, quand on est gérant, laisser faire, quand on intervient à tous les actes frauduleux, pour leur donner une valeur avec sa signature ; laisser faire, quand on a lu, quand on a vu, quand on a les yeux ouverts et la main prête à recevoir, c'est de la fraude et non pas de l'imprudence. Et cependant, c'est là un argument qu'on répète comme décisif, qui acquiert une certaine puissance à raison même de son élasticité ; il convient à nos mœurs relâchées et à nos théories sceptiques sur la probité. Mais dans le monde de la justice, n'ayons pas, Messieurs, des faiblesses périlleuses pour ces défaillances du sens moral. Proportionnons la peine à l'intention coupable ; voilà tout. Ce sera faire à Legendre la seconde place, et à une assez grande distance de Cusin.

Duchène de Vère est coauteur, mais au troisième rang. Vous savez son précédent judiciaire en Belgique, sa participation à l'acte du 20 novembre 1852 et aux lettres des 14 et 24 janvier 1853, qu'il signe comme concessionnaire. Après avoir touché ainsi aux préliminaires de l'affaire, il se défendra de son concours à la gestion coupable, en disant que sa démission l'a rendu étranger à tous les actes des deux premiers inculpés.

Je réponds en prouvant deux choses :

1° Jusqu'au 20 juin 1854, jour de la démission authentique, Duchène de Vère approuve officiellement toutes les opérations de Cusin et Legendre, et s'y associe comme concessionnaire ;

2° Depuis le 20 juin 1854 jusqu'au jour où l'instruction criminelle commence, il reste officieusement, secrètement leur associé.

Prouvons la première assertion : la démission sous seing privé est du 14 avril 1853 ; mais comme elle n'a d'autre but que d'éviter les reproches des actionnaires et de prévenir le scandale qui naîtrait de la publicité de la condamnation, remarquez combien les trois concessionnaires entre eux la considèrent comme non avenue. Ainsi, malgré sa démission, Duchène de Vère touche, en 1853 et 1854, sur la caisse sociale, 116,877 fr. de prélèvements illicites. En février 1854, Arthur Berryer presse son arrivée en Angleterre, et le voyage se fait. Le 14 février 1854, il signe les traités Fox et Henderson ; le 17 mars suivant, il signe, toujours comme concessionnaire, le traité Paxton, et le 17 juin, le traité de partage des bénéfices alloués par les statuts aux trois signataires.

Prouvons la seconde assertion : la démission par acte authentique est du 20 juin 1854 ; mais, en août 1854, Arthur Berryer demande encore l'arrivée de Duchène de Vère à Londres avec toutes les pièces, comme concessionnaire, et le voyage a lieu. Le 23 avril 1855, Duchène de Vère signe avec ce titre de concessionnaire un traité avec Cusin et Legendre pour convertir en titres de fondation les 10 p. 100 de prélèvement sur les bénéfices que leur accordaient les statuts. En 1855, il touche à la caisse sociale de nouvelles avances qui élèvent son compte à 123,477 fr., et Cusin déclare qu'après comme avant la démission, à toutes les phases de leurs opérations, rien n'a été fait qu'en vertu d'un accord préalable entre lui, Legendre et Duchène de Vère.

Ainsi, associé officiel avant le 20 juin 1854, associé secret depuis cette époque, Duchène de Vère a tout connu et tout apprécié. Plus fort que Cusin et Legendre sur la réalisation pratique de l'institution des Docks qu'il avait étudiés autrefois en Angleterre, il leur a laissé sans doute la haute main dans la direction de la situation financière : mais il a coopéré en troisième ligne aux actes de cette gestion coupable dont il a connu tous les fils, et dont il espérait exploiter en commun tous les résultats.

Après les trois auteurs viennent les deux complices.

Orsi s'est rendu complice des concessionnaires, et en les aidant dans la perpétration de certains délits, et en recevant un salaire prélevé sur les sommes détournées. Établir une seule de ces assertions, c'est prouver la complicité : justifions les toutes les deux.

Cusin, Legendre et Duchène de Vère ne pouvaient écouler eux-mêmes et en leur nom les actions non souscrites. Ils étaient mandataires et responsables, à ce titre, de la présence des titres à la souche. Si leurs noms eussent figuré dans les ventes, le public les eût désignés bientôt comme se désaisissant des actions qu'on savait n'avoir point été souscrites, et la fraude eût été découverte. C'est alors qu'Orsi leur sert de prête-nom et d'intermédiaire. Sans lui la vente des actions non souscrites n'eût pu se réaliser, et les reports eussent été également impossibles. Avec lui, au contraire, on peut opérer à Londres sous des noms supposés, vendre des quantités considérables de titres sur le marché de Paris, faire de nombreux reports aux chemins de fer de Béziers, chez le duc de Galliera, et dissimuler le tout, en créditant Orsi aux livres de plus d'un million, quand cette somme représente le produit des négociations d'actions accomplies sous son nom.

Lorsqu'il s'agit de préparer, en février 1854, le détournement d'actions que consacrent les traités Fox et Henderson, Orsi est à Londres et intervient activement, ainsi que l'atteste la lettre d'Arthur Berryer, du 4 février 1854. Lorsqu'il s'agit d'exécuter en juillet ces traités frauduleux, Orsi, administrateur des Docks, remplaçant officiellement Duchène de Vère depuis la démission notariée, signe les trois actes qui consomment le détournement et déclare dans la quittance avoir touché avec Cusin et Legendre les 1 million 800,000 francs de commission secrète.

Voilà l'aide et l'assistance du complice donnés à bon escient et pour la vente et le report de ces actions, qu'il savait non souscrites, et pour ces traités Fox et Henderson, dont il connaissait toutes les clauses.

A côté des services rendus, il y a le salaire : c'est d'abord 200,000 fr. d'avances prélevés sur la caisse des Docks, et qui ne devaient pas plus être remboursés que les prélèvements annuels distribués aux autres inculpés. C'est enfin le profit personnel qu'il peut tirer de la détention des titres mis à sa disposition : ainsi, le 10 mai 1854, il signe avec Vilmar et Wilson un traité aux termes duquel il donne, comme couverture d'opérations de Bourse, des actions des Docks valant au cours du jour plus de 500,000 fr. Il doit partager avec les souscripteurs du traité le bénéfice des opérations, et prélever en outre 10 pour 100 comme rémunération du service qu'il rend en offrant les Docks comme couverture.

Complice parce qu'il facilite les délits, complice parce qu'il en profite, Orsi ne saurait s'effacer derrière Cusin et Legendre. Non, il n'est point un commis dont on se sert sans lui révéler la portée des actes qu'on lui impose. Toute personne qui sert de prête-nom sait toujours qu'on n'emploie l'interposition que pour dissimuler une opération suspecte. Elle s'en rend compte d'une manière exacte quand elle a, comme Orsi dans l'affaire, cette haute position d'un administrateur remplaçant un des trois concessionnaires qu'a désignés le décret.

Et qui donc eût mieux connu qu'Orsi la situation réelle? N'était-il pas membre du conseil de surveillance de l'Union commerciale? N'était-il pas membre du conseil de surveillance de la Société Javel, à laquelle on versait les capitaux des Docks? N'était-il pas pour Cusin le grand négociateur, le conseil officieux, l'ami qui écrivait de Londres ces lettres intimes, qu'il faudrait toutes lire? Un jour il lui promet de suivre en tout ses avis pour l'affaire, et lui demande en même temps d'accepter ses traites et de sauver le crédit de la maison anglaise. Le 16 juin 1854, il lui explique comment le traité Fox est maintenu, réclame l'omnipotence de sa direction et lui promet d'arriver au but, quels que soient les moyens.

De bonne foi, l'homme qui écrit ces lignes et qui a cette situation, a-t-il tout ignoré, même la portée et la nature de son intervention? Non, assurément non. Inconsistant et léger, il aurait pu peut-être prêter, de bonne foi, son concours pour une opération isolée et sans importance. Mais ce concours donné, pendant deux ans, pour des actes dont il appréciait le danger, à des hommes dont il connaissait le passé et dont il partageait les fautes, ce concours soldé par des avances, ce n'est pas de la légèreté, nous l'affirmons, c'est de la complicité.

Ce n'est pas sans tristesse, Messieurs, que j'aborde la part de responsabilité qui concerne Arthur Berryer. Ce nom que je prononce comme celui d'un inculpé, on est habitué, depuis deux générations, à ne l'entendre retentir ici que comme le nom du défenseur de tous les accusés. Oui, il y a dans ce rapprochement involontaire un sentiment de douleur commun au magistrat comme au Barreau, et cet hommage est dû à celui qui a su personnifier parmi nous la puissance de la parole humaine. Mais au-dessus d'une émotion pénible, vous et moi nous plaçons le devoir : je vais chercher à le remplir avec cette modération de langage qui est due aux grands souvenirs que rappelle un grand nom, et avec cette fermeté qui ne doit jamais fléchir quand on exerce une fonction d'ordre public.

1° *Arthur Berryer a-t-il eu une part dans les sommes que les concessionnaires se procuraient à l'aide d'un délit?*

2° *Leur a-t-il donné son aide et son assistance, et a-t-il ainsi facilité les fraudes de la gestion?*

Si vous répondez oui à l'une ou à l'autre de ces deux questions, et s'il a agi en connaissance de cause, la complicité est établie.

Qu'a-t-il touché sur l'argent des Docks? Commissaire du gouvernement, il a droit à un traitement de 5,000 francs, et pour éviter toute confusion, il doit le recevoir par semestre et d'avance à la Caisse centrale du receveur du département de la Seine. Or, en dehors de ces émoluments ostensibles, fixés par l'autorité qui le nomme, qu'a-t-il accepté secrètement des concessionnaires? Quatre choses : des actions, un second traitement annuel, des prélèvements qualifiés avances, et une part secrète d'intérêt à régler le jour de l'homologation des statuts.

A-t-il reçu gratuitement des actions prélevées sur l'actif social? Oui, car comment qualifier autrement cette opération, inscrite sur les livres le 22 avril 1853, et qui se résume ainsi : On cède à Arthur Berryer 100 actions au pair à 250 francs, c'est-à-dire au prix de 12,500 francs. A cette époque, elles font 18 francs de prime, et on inscrit le même jour la vente de 88 de ces actions à 268 francs, c'est-à-dire au prix de 12,534 francs; ainsi, le même jour, sans bourse délier et à l'aide de deux opérations fictives, on lui attribuait 12 actions, qui furent plus tard vendues à son compte.

A-t-il touché un second traitement annuel, prélevé indûment sur les valeurs sociales? Oui, à partir du 1ᵉʳ septembre 1853, et jusqu'à la fin de 1855. Il était de 1,250 francs par mois, soit de 15,000 francs par an. On le cachait au Conseil d'administration et on le cachait au Ministre. Il a été perçu au moment où le déficit commençait, aux époques où il s'agrandissait, sans mesure, lorsque Arthur Berryer savait que la vente des actions détournées alimentait seule cette caisse des Docks où il puisait secrètement.

A-t-il en outre participé aux prélèvements en argent, distribués à tous les inculpés? Oui, son compte les élève à 51,197 francs en 1854, et à 109,020 francs en 1855. Il a été établi plus haut, dans l'examen général des faits, que ces sommes se prélevaient exclusivement sur les capitaux des Docks. Berryer le savait-il, et les acceptait-il comme des avances sur les gains futurs de l'entreprise, avances qu'il serait toujours dispensé de rembourser? Il faut répondre affirmativement sur ces deux points, quand on a lu sa correspondance de 1854 et 1855.

A mesure que le déficit augmente, les demandes d'argent d'Arthur Berryer deviennent plus pressantes. Ce déficit, il le connaît, puisqu'il constate la diminution des actions non souscrites dans ses rapports des 8 septembre 1853, 27 mai 1854, 24 février 1855; puisque, dans son procès-verbal du 3 janvier 1855, il ne retrouve plus que 5,824 actions; puisque les capitaux ne lui sont jamais représentés en numéraire; puisque, le 19 juin 1854, Cusin lui avoue n'avoir plus les titres des placements hypothécaires dont il lui avait parlé précédemment, puisque lui, Berryer, dans ses lettres à Cusin, parle lui-même de la sécheresse des ressources de ce dernier, de ses embarras, de sa triste situation. Eh bien! c'est lorsqu'il sait la caisse des Docks épuisée, l'Union commerciale sans actif, Cusin sans crédit, qu'il sollicite encore ces continuelles avances! N'est-il pas hors de doute pour lui que ces avances seront prélevées exclusivement sur les sommes que donnent jour par jour les actions détournées et vendues ?

Puis, comment les obtient-il ? En emprunteur sérieux, offrant des garanties ? Non, ce n'est pas en parlant de son crédit, c'est en parlant de sa misère. Il ne sollicite pas un prêt qu'on rembourse, mais une aumône qu'on ne rend pas. Je voudrais ne pas lire cette triste correspondance, mais il faut en citer au moins quelques lignes : ce sont toujours de déplorables affaires de famille qu'il faut régler, des billets qui doivent être touchés chez Cusin, et qu'il ne faut pas laisser protester, des tuiles qui tombent sur la tête, d'anciens comptes à régler, des intérêts privés compromis, parce que le Commissaire du gouvernement s'est dévoué corps et biens aux Docks et a tout négligé pour servir les concessionnaires. (Voir les lettres des 29 mars 1854, 25 novembre 1854, 8 janvier, 14 février, 23 février, 24 mars, 5 juillet 1855.) En voulez-vous d'autres ? Les voici :

« 4 septembre 1855.

» Mon cher monsieur,

» Je suis atteint par une déplorable affaire, et je vous prie de me venir en aide.

» J'ai besoin de mille francs ce matin pour désintéresser un homme qui a sur
» moi une créance qui m'est plus que pénible, mais qui surtout peut me faire grand
» tort comme situation.

» D'un autre côté, mon ami d'Espéry, qui est parti pour la Crimée, m'avait remis
» des billets non dus, payables de cinq en cinq jours au mois de septembre, et une
» traite de 1,500 francs tirée sur moi par lui, formant ensemble 6,500 fr.

» Les billets et la traite doivent être présentés chez vous. Je vous supplie, mon
» bon ami, de donner des ordres à M. Dubois, pour que ces valeurs qui portent
» mon nom ne restent pas impayées. En ce moment, plus que jamais, vous me
» rendrez service. Vous savez le chagrin de famille que j'ai eu ; je dois donc éviter
» tout ce qui pourrait atteindre ma considération.

» Si je ne craignais de vouloir faire une contre-partie à cette lettre, je vous dirais
» ma courte conversation avec M. Guibert ; elle est parfaite ; je vous la dirai tantôt.

» Signé, A. BERRYER. »

Cusin répond :

« 7 septembre 1855.

» Je reçois votre lettre de ce jour ; je ferai en sorte de vous remettre demain les
» mille francs que vous demandez à ma maison.

» Quant aux autres sommes dont vous me parlez, il m'est pénible et très pénible
» de vous dire que je ne puis en aucune façon vous laisser d'espoir pour elles ; de-
» puis plusieurs mois, je vous ai prévenu : les avances que nous vous avons faites
» sont considérables, vous avez dû vous tenir pour averti ; et, la main sur le cœur,
» je vous dis franchement que vous ne devriez pas me mettre dans la nécessité de
» répondre comme je le fais, que vous ne devez pas compter sur notre caisse. Au
» milieu des ennuis que j'ai, m'en donner un de plus, c'est n'être pas mon ami, et
» je puis dire, avec certitude de rester dans le vrai, que j'ai largement contribué à
» vous prouver mon attachement (on avait écrit et on a effacé ces mots caracté-

» ristiques : *acquitté ma dette)*, mais les forces humaines, comme les ressources
» d'argent, ont des limites.

» Encore une fois, vous n'auriez pas dû me mettre dans cette pénible nécessité. »

Le 24 octobre 1855, Berryer écrit encore :

« Mon ami,

» Au moment où tout m'accable, voici une lettre qui vient mettre le comble à
» ma position : je la trouve en rentrant chez moi ; c'est une poursuite pour des
» billets ; je l'avais suspendue, attendant des temps meilleurs, mais les jours qui
» viennent sont de plus en plus difficiles.

» Je sais que rien ne vous est possible comme écus, mais dans mes mortelles
» angoisses j'ai pensé que peut-être vous pourriez passer à mon ordre quelques
» valeurs qui ne peuvent figurer sur vos bordereaux à la Banque, et me fournir
» ainsi les moyens de sortir de cette cruelle position.

» Si cela est impossible, je me vois exposé à tout quitter pour faire face à mes
» propres engagements et aux responsabilités que j'ai prises pour des tiers ; mon
» cher ami, vous avez, malgré vos immenses difficultés personnelles, soutenu et
» sauvé qui n'a reconnu vos services que par la trahison ; pensez-vous soutenir un
» bon et sincère ami aujourd'hui ?

» Il s'agit de 6,500 fr. J'irai vous voir vers deux heures, mais avant je veux
» appeler votre attention vers un fait. La présence d'Orsi me paraît dangereuse place
» Vendôme ; je crois que l'on garde vis-à-vis de lui la même réserve et le même
» mystère qu'à notre égard ; cependant, comme c'est un fourbe de haute portée, il
» y a lieu de redouter ses menées ; j'ai trouvé le comte bien boutonné pour nous ;
» je pense que vous devriez chercher à avoir de celui-ci par écrit son opposition à
» ce que vous poursuiviez Orsi. Vous pouvez lui écrire que les conditions du crédit
» actuel ne vous permettent pas de différer cette rentrée Orsi et vous forcent à agir
» sans retard.

» Il vous répondra, ou de suspendre, et il en prend la responsabilité, ou d'agir,
» et vous vous débarrasserez de ces mensongères intrigues qui ont depuis si long-
» temps paralysé vos efforts et les moyens trouvés de sortir d'affaire. »

Cusin répond le lendemain :

« 25 octobre 1855.

» Il ne m'est pas possible de sortir un centime en ce moment, j'ai bien assez de
» mes affaires ; je vous l'ai dit, mon cher monsieur, je vous l'ai écrit : ce n'est pas
» bien à vous de mettre mon amitié à pareille épreuve ; il faut savoir subir la né-
» cessité ; je ne puis que le possible, et déjà tant et tant de fois je me suis dévoué
» pour vous, en faisant ce que nul autre à ma place n'eût fait, que vous devriez
» l'avoir toujours devant les yeux ; la mémoire, en pareil cas, ne doit pas faire dé-
» faut ; qu'il ne soit donc pas question de cela, ni aujourd'hui, ni jamais ; je suis
» arrivé, j'ai dépassé même tous les chiffres convenus, et vous n'êtes pas content !
» Encore une fois, vous n'auriez pas dû me mettre dans le cas de m'humilier, en
» quelque sorte, en avouant mon insuffisance comme argent, et qu'il n'en soit plus
» question entre nous jusqu'au mieux que j'appelle de tous mes vœux.

» Malgré cela je vous serre la main. »

Quand on a lu ces tristes pages, le doute n'est plus possible, et quel
que soit le nom que l'on donne à ces comptes, il est certain que le prêteur

ne devait pas demander le remboursement et que l'emprunteur ne devait jamais le solder. C'était un salaire, un don prélevé par avance sur la caisse sociale avant l'homologation.

Arthur Berryer a-t-il enfin stipulé d'une manière plus claire et dans un traité la part secrète d'intérêt qu'il consentait à recevoir des concessionnaires? Oui, et voici les pièces : Le 21 janvier 1854, il écrit à Cusin les lignes suivantes :

« J'ai, je pense, agi avec une telle liberté avec vous, que je ne dois point hésiter » à vous parler d'une question qui ne regarde plus que les trois concessionnaires : » c'est celle d'un intérêt, d'un bénéfice dans l'affaire, qui me peut être attribué.

» Libre vis-à-vis du gouvernement, libre vis-à-vis de l'administration de la Com» pagnie, je puis, je dois vous demander quelle part d'intérêt j'ai aujourd'hui dans » votre affaire.

» Ma fortune, fort ébréchée, me force à rechercher dans mon travail, dans mon » activité, les moyens de réparer le passé et d'assurer le présent; veuillez me fixer à » cet égard.

» En suivant cette affaire à Londres, j'ai rempli les vues du gouvernement; en » m'interposant auprès de certaines notabilités, je les ai décidées à venir vous ap» porter le point d'appui qui vous manquait.

» Je n'attends ni ne demande rien du gouvernement ; je renonce à mes fonctions, » et je vous demande à vous quelles sont vos intentions à mon égard.

» J'ai éprouvé une grande répugnance à vous écrire cette lettre, mais la torture » où m'a mis la discussion qui s'est engagée sur ma personne ces jours derniers » est trop pénible pour que je veuille la renouveler; même dans cette dernière ques» tion intime, j'ai préféré la correspondance.

» A. Berryer. »

Cusin répond le même jour :

« 21 janvier 1854.

» Je reçois à l'instant votre lettre de ce jour. Permettez-moi de n'y pas répondre » en détail, mais que je vous affirme de cœur, d'esprit et de plume, que, quoi qu'il » arrive, vous serez content de nous, voulant que notre parole soit vraie, sous telle » forme qu'il vous convienne d'en réclamer l'accomplissement. »

Le 25 août 1854, Arthur Berryer écrit encore à Cusin :

« Je comprends très bien que ma coopération vous devienne moins nécessaire, » puisque vous établissez des différences entre moi et les personnes qui travaillaient » avec vous ; mais si ce procédé me blesse profondément, j'ai assez de courage et » de respect de moi-même pour ne faire sentir à personne le contre-coup de ma » blessure. »

Cusin répond le lendemain :

« Cher monsieur,

» Je reçois votre lettre du 25 courant et viens vous répéter ce que je vous ai dit » hier, à savoir que j'étais profondément affligé du nuage qui surgit entre nous. » Mais ce n'est qu'un nuage ; mes explications hic et nunc auraient dû vous con-

» vaincre non-seulement de ma bonne foi, de mon bon vouloir : d'un autre côté
» je croyais, soit par mes actes, soit par mes écrits, soit enfin par mes épanchements,
» vous avoir suffisamment prouvé que je n'admettais pas que personne fût plus
» favorisé que vous. Vous voulez que je le répète, je le fais ; c'est entendu, et lors
» même que ce serait sur ma part, je vous donne ma parole d'honneur qu'il en sera
» fait ainsi, et pour qu'aucun doute ne vienne paralyser cette parole, qu'aucun
» membre n'aura un schelling de plus que vous dans les fruits des Docks, lors même
» que ce serait sur ma part que la différence serait prise. Mais mes collègues sont
» tous d'accord ; un sacrifice de ma part, c'est un en cas, mais qui doit détruire
» toutes passagères interprétations d'un fait qui vous a ému plus que nécessité.
» Croyez, mon cher monsieur, que vous avez en moi non un nécessiteux ami,
» mais un véritable et durable.

  » Tout à vous,   CUSIN. »

Enfin, avec le compte du 1er juillet 1854, Cusin adresse à Berryer un
projet de traité corrigé de sa main. Le voici :

 « La présente a pour objet de constater les accords particuliers auxquels, vous
» comme nous, nous donnons notre complète adhésion pour le règlement de votre
» position dans l'affaire des Docks Napoléon.
 » L'importance de votre compte chez nous s'élève à ce jour à 59,000 fr., chiffre
» qui est et demeure reconnu par vous comme exact.
 » De ce total, il y a lieu de déduire une somme de 15,000 fr., représentant un
» supplément d'allocation des 1,250 fr. par mois à votre traitement mensuel, soit
» pour le temps couru depuis le 1er septembre jusqu'au 1er septembre de l'année
» courante.
 » D'où résulte du compte ci-dessus une balance à votre débit, en chiffres ronds,
» de 44,000 fr.
 » De convention expresse, cette balance restera non exigible dans les conditions
» ci-après, et le service des 1,250 fr. mensuellement ci-dessus rappelés continuera
» comme par le passé, jusqu'au jour de l'homologation des statuts de la Compagnie,
» et cessera à cette époque de plein droit, et de même si l'impossibilité d'obtenir
» le décret d'autorisation est acquise.
 » Au premier cas, nous nous obligeons :1° à vous remettre quitus pur et simple
» du solde de 44,000 fr. formant la balance ci-dessus ; 2° et à vous compléter,
» jusqu'à concurrence de 56,000 fr. soit avec l'importance de la susdite balance,
» 100,000 fr. Nous disons 100,000 fr. au total, en actions de la Compagnie des
» Docks Napoléon libérées et définitives, et ce, dans les trois mois qui suivront la
» date de l'insertion au *Moniteur* du décret d'homologation.
 » Veuillez, monsieur, nous confirmer ces conventions par un exemplaire iden-
» tique qui sera revêtu de votre signature et déposé ainsi que le présent dans la
» même forme et chez le même notaire.
 » Il est surabondamment expliqué que les présentes stipulations sont d'honneur
» entre vous et nous, et que la présente et votre susdite confirmative seront remises
» cachetées entre les mains de Me Dufour, notaire, pour n'être ouvertes que le
» jour de la publication du décret qui nous constituera en Société anonyme, après
» cette ouverture, pour être communiquées sans déplacement et aux soussignés
» seuls, ou l'un d'eux, et en votre présence. »

Le traité fut en effet rédigé et déposé le 14 septembre 1854, chez

Mᵉ Dufour, notaire, sous une enveloppe scellée, qui contient cette suscription :

> « Le présent pli, déposé par les soussignés à Mᵉ Dufour, notaire, ne sera ouvert
> » qu'en présence de l'un d'eux et de M. Ch. Stokes, l'un des administrateurs du
> » chemin de fer de l'Ouest, le jour de l'insertion au *Moniteur* des statuts de la
> » Compagnie des Docks Napoléon. Ledit Mᵉ Dufour devra alors ouvrir et lire les
> » lettres incluses et les garder jusqu'à l'accomplissement des conventions qu'elles
> » consacrent, après quoi elles devront être remises à chacune des parties.
> » Paris, le 14 septembre 1854.

> » Signé : Joseph ORSI, LEGENDRE et CUSIN. »

Le traité fut retiré du pli cacheté. par les parties intéressées, le 28 mars 1855, alors que la situation s'assombrissait et qu'un inspecteur général des finances allait être nommé quelque temps après pour vérifier les comptes de la Compagnie.

Ainsi, actions cédées, traitement occulte, prélèvements illicites, sous le nom de comptes courants, part secrète d'intérêts stipulée dans un traité : voilà quatre faits établissant qu'Arthur Berryer a pris sciemment sa part des valeurs détournées. Le premier chef de complicité est donc nettement démontré.

Son grand moyen de défense pour répondre à ce premier chef consiste à dire que le Ministre ou plutôt M. le Directeur général savait tout et tolérait ces prélèvements, comme le remboursement de ses frais de voyage en Angleterre. Voyons : il faut sur ce terrain que les situations soient nettes et que pas une parole ne prête à l'équivoque. Vous avez entendu M. Fleury et M. Heurtier. Qu'a dit M. Fleury ? Ceci : Arthur Berryer voulait faire tout de suite à la fin e 1853 un voyage en Angleterre ; je lui demandai sur quels fonds ; il me répondit : Avec l'argent des Docks ; je manifestai mon opposition avec énergie, et il ne m'en parla plus depuis ce moment. Qu'a dit M. Heurtier ? Voilà sa déclaration bien nette : Jamais M. Berryer ne m'a parlé d'aller à Londres avec l'argent des Docks : je ne l'eusse pas toléré et je ne concevais d'indemnité possible pour le Commissaire du gouvernement que celle que les ressources du budget ministériel eussent permis d'inscrire plus tard à l'exercice de 1854. Où trouve-t-on une contradiction entre ces deux témoignages honorables ? Est-ce que Berryer a insisté, lorsque M. Fleury a repoussé sa proposition comme inacceptable ? Nullement, et lorsqu'il était ainsi averti par le chef de division que l'Administration ne tolérerait pas le fait, n'est-il pas naturel qu'il ait gardé le silence vis-à-vis du Directeur général ? Non, mille fois non ; les conversations du cabinet n'ont pu démentir la correspondance officielle, et pourquoi Berryer eût-il écrit cette lettre du 9 décembre 1853, si le Directeur général lui eût dit : Allez, partez, voyagez, et restez à Londres avec l'argent des Docks :

« Monsieur le Directeur général,

» Vous désirez savoir avec quels fonds je pourvoirai aux dépenses du voyage que
» je vous ai demandé de faire en Angleterre pour y étudier à fond la question des
» Docks.

» J'ai l'honneur de vous faire savoir que c'est sur mon avoir personnel que je
» prélèverai la somme qui me sera nécessaire. Pour que vous connaissiez plus
» certainement ma position, je fournis à mon banquier des traites sur Valence
» (Drôme), auxquelles les loyers que j'ai à toucher au 1er janvier prochain feront
» face.

» Si le résultat de mes recherches en Angleterre est utile aux vues du Gouver-
» nement, j'ai toujours pensé que je serais par lui indemnisé de mes déboursés.

» Veuillez agréer, etc.
                                                  » Signé : BERRYER.
» 9 décembre 1853. »

D'ailleurs, pour que l'objection de M. Berryer ait une portée sérieuse,
il faut qu'il la généralise et qu'il soutienne que l'Administration supérieure a connu et toléré tous les prélèvements exercés sous tant de formes :
actions cédées, traitement clandestin de 15,000 francs, avances ou dons
rémunératoires s'élevant jusqu'à 109,000 francs, part secrète d'intérêts
stipulée dans le traité de septembre 1854. Or, voilà ce qu'on n'osera
jamais prétendre! On avouera qu'il y aurait une singulière différence
entre soupçonner que les concessionnaires paieraient les frais d'un premier
voyage à Londres, et connaître tous les prélèvements clandestins alloués
au Commissaire du gouvernement. L'Administration n'a point connu
même le payement du premier voyage ; à plus forte raison a-t-elle ignoré
les parts si fortes faites avant, pendant et après les voyages !

Ces parts d'intérêts si nombreuses, qui faisaient d'Arthur Berryer
moins encore le salarié que l'associé des concessionnaires, n'étaient point
d'ailleurs allouées comme le remboursement des frais de voyage en Angle-
rerre. Jamais elles n'ont été faites à ce titre, puisqu'elles ont précédé le
projet de voyage lui-même qui ne se révèle qu'à la fin de novembre 1853,
et puisqu'elles ont continué après les voyages accomplis.

Jamais les concessionnaires ne les ont comprises ainsi, puisque, dans le
traité de septembre 1854, le traitement occulte, courant dès le 1er septembre 1853, ne doit cesser qu'au moment de la décision du Conseil
d'État et, que les 56,000 francs d'actions libérées ne seront accordées
que s'il y a homologation. Dans la pensée des contractants, on eût attendu
cinq ans l'homologation sans faire un seul voyage en Angleterre, que le
traitement clandestin eût couru, et que la part d'intérêt eût été payée.
C'étaient là les salaires des services rendus pour l'homologation.

Et l'Administration eût connu tout cela, et l'eût toléré, lorsque, le
9 septembre 1854, pour un fait de bien moindre importance, sans carac-

tère délictueux, mais inconvenant pour la qualité de Commissaire du
gouvernement, M. le Directeur général écrivait à Arthur Berryer cette
lettre sévère et méritée :

« Monsieur,

» J'ai remarqué avec surprise que vous étiez porté pour deux cent cinquante
» actions sur une liste d'actionnaires qui m'a été adressée par les représentants de
» la Compagnie des Docks Napoléon, et que vous figuriez à titre d'administrateur
» dans le conseil d'administration de cette Société, sur un nouveau projet de statuts
» récemment transmis à mon département. J'aime à croire que c'est sans votre
» autorisation et à votre insu qu'il a été fait ainsi usage de votre nom ; mais, dans
» tous les cas, vous comprendrez que vous ne pouvez avec convenance être inté-
» ressé à un degré quelconque dans une affaire dont la surveillance vous est confiée,
» et je dois vous faire savoir, en vous priant de me donner des explications sur le
» fait dont je viens de vous entretenir, que toute immixtion de votre part dans la
» Compagnie des Docks, soit comme actionnaire, soit comme administrateur,
» serait considérée par moi comme incompatible avec vos fonctions de Commissaire
» du gouvernement, et que j'aurais à prendre en conséquence une décision dont
» vous ne pourriez attribuer qu'à vous-même la rigueur. »

Quand on reproche, en ces termes, au Commissaire du gouvernement,
le fait d'avoir été porté comme souscripteur d'actions qu'il aurait payées
comme tout autre, peut-on dire de bonne foi que l'auteur de la lettre eût
toléré le traitement occulte, la délivrance gratuite d'actions libérées, les
dons rémunératoires, la part du traité secret ? Mais ce ne serait plus de la
tolérance, ce serait de la complicité.

Donc, l'objection des frais de voyage en Angleterre ne saurait détruire
ce premier chef de complicité ainsi qualifié : Partage des valeurs détournées en connaissance de cause.

Il est un second chef de complicité que nous avons ainsi formulé :

« Arthur Berryer a-t-il donné sciemment aux concessionnaires son aide et son
» assistance, et a-t-il ainsi facilité les fraudes de la gestion ? »

Oui, et de deux manières : dans la négociation des traités Fox et Henderson, et dans ses rapports au Ministre. Parcourons successivement ces
deux points.

En partant pour l'Angleterre, le Commissaire du gouvernement ne
pouvait avoir d'autre mission que celle d'étudier sur les lieux l'organisation pratique des Docks. Qu'il ait cherché en outre à faciliter le succès des
emprunts que négociaient les concessionnaires, c'est là un rôle que le
Ministre désapprouvait avec raison dans sa lettre du 17 janvier 1854,
lorsque, consulté par son collègue des affaires étrangères sur la nature
des instructions que demandait M. Berryer, il répondait :

« Monsieur et cher collègue, vous m'avez fait l'honneur de me transmettre, le 5 du
» courant, copie d'une lettre que M. Arthur Berryer, pendant son séjour en Angle-

» terre, a adressée à M. l'ambassadeur de France à Londres, dans l'intérêt de
» l'entreprise des Docks-Louis-Napoléon, auprès de laquelle il remplit les fonctions
» de Commissaire du gouvernement.

» Vous me priez de faire connaître la pensée de mon département au sujet des
» idées exprimées dans cette lettre, et de vous mettre ainsi en mesure de donner
» des instructions à M. le comte de Walewski.

» M. A. Berryer est de retour à Paris. Il m'a entretenu des propositions émises
» dans sa lettre à M. l'ambassadeur de France à Londres. Il en a conféré égale-
» ment avec M. le directeur général de l'agriculture et du commerce, et j'ai reconnu
» qu'il n'y avait pas lieu, quant à présent, de donner suite aux propositions dont il
» s'agit.

» M. Berryer n'avait, d'ailleurs, aucun caractère officiel pour traiter cette
» affaire. L'intervention du Commissaire du gouvernement près l'entreprise des
» Docks, dans une transaction ayant pour objet la reconstitution de cette même
» entreprise, eût présenté, à l'étranger surtout, des inconvénients réels. »

Mais admettons que les instructions de cette lettre n'aient point été
suivies. M. Berryer aura négocié un emprunt pour les concessionnaires,
et le gouvernement qui l'aura su n'aura rien dit, où sera le mal? Le mal
n'est pas dans la négociation loyale d'un emprunt ou d'une souscription.
Là où la complicité commence pour Arthur Berryer, c'est lorsqu'il
négocie non plus pour faire réussir l'emprunt, mais pour faire aboutir les
traités du 14 février 1854. Il en connaît le sens, la portée; il sait la commission secrète de 1 million 800,000 francs que Cusin veut faire stipuler à
tout prix : il est, non plus l'agent officiel étudiant une question économique dans l'intérêt de la Société des Docks, mais le correspondant officieux, discret de Cusin. Il lui écrit les 20, 21 janvier, le 1er, le 6, le
10 février, pour lui annoncer ses rendez-vous avec Fox, sa conversation,
le retard du voyage, le départ du constructeur, celui de Wilson et de
Stokes qui sont les intermédiaires de la négociation, et, le 4 février, il
écrit encore cette lettre où il annonce qu'il a tout fait pour obtenir la
commission secrète : les sacrifices des concessionnaires, le droit qu'ils ont
à vendre leur propriété, la connaissance qu'il a eue de leur situation
comme Commissaire du gouvernement, il fait tout valoir et n'oublie pas
un argument pour le succès de la fraude qui s'organise.

« Mon cher monsieur,

» Je viens d'avoir une conversation sur la fond de le pensée de S. Ch. Fox. Il
» veut l'affaire, il n'attend que l'avis du retour de M. Stokes pour partir pour Paris.

» La *lettre de M. Orsi l'a vivement frappé et impressionné en bien. Il est donc
» très bien disposé.* Une seule chose heurte son esprit : il ne veut à aucun compte
» *faire une remise* sur les travaux aux *concessionnaires, sans que cette remise ne
» soit constatée ouvertement.* Pour qu'il ne restât pas dans son esprit une impres-
» sion *fâcheuse* à cet égard, je lui ai fait dire qu'à ma connaissance, ce que *Com-
» missaire du gouvernement* j'avais pu constater, les concessionnaires avaient pu
» sauver l'affaire en faisant des sacrifices qui se montaient, à leur préjudice, à
» 6 ou 700,000 fr.; qu'il était juste qu'ils rentrassent dans ces avances, *et qu'ils*

17

» *eussent, en outre, un bénéfice sur la cession de leur propriété.* Ceci a paru
» frapper ; je saurai, ce soir, positivement l'impression que cela a laissée. »

Rien n'est aussi décisif qu'une pareille lettre, et il est maintenant établi
qu'Arthur Berryer a négocié la commission secrète dans l'intérêt des
concessionnaires.

Après avoir aidé les concessionnaires vis-à-vis de Fox et Henderson
pour assurer aux premiers les bénéfices d'un détournement, il faut qu'il
les sauve maintenant vis-à-vis du gouvernement. C'est là le second service qu'il doit rendre et il est la conséquence logique du premier. Comment pourrait-il, en effet, remplir librement sa mission ? Il lui faudrait
un singulier, un trop héroïque courage pour livrer les inculpés : ce serait
se livrer lui-même. Aussi, tout sera logique dans son attitude auprès du
Ministre ; il cherchera à sauver à tout prix, jusqu'au bout, même en laissant se continuer les détournements, ceux qui ont ces lettres compromet-
tantes, qui payent ses dettes quotidiennes et qui lui promettent le succès
avec eux au jour de l'homologation.

Reprenez un à un chacun de ses rapports et vous verrez que c'est toujours cette même pensée qui les inspire. Seulement cette pensée-là est
hésitante au début comme la démarche d'un homme qui ne s'est encore
engagé qu'à demi ; puis à mesure que les engagements sont plus forts, que
la chaîne est plus lourde, et que le retour au vrai devient impossible sans
se perdre, la défense des concessionnaires est plus énergique, et il les
protége sans faiblesse, sans réticence, en dissimulant hardiment les gros
faits.

Le 22 mars 1853, il ne saurait cacher la non-souscription de plus de
100,000 actions. Mais, sans dire un mot de l'acte faux du 20 novembre
1852, il cherche à le justifier implicitement, en disant que les 85,000 actions suffisent à tous les besoins.

Le 27 mai 1854, répondant aux lettres du Directeur général, qui a
demandé deux fois ce que sont devenus les 4 millions d'encaisse, il déclare
qu'ils sont employés en placements hypothécaires de premier ordre : il
énonce que le portefeuille contient encore 80,000 actions, quand il ne doit
plus en rester bientôt que 5,824, et il affirme en ces termes la loyauté des
concessionnaires :

« Sans revenir à la discussion de toutes les accusations, de toutes les dénoncia-
» tions qui ont été faites, et qui journellement se produisent contre les conces-
» sionnaires, je veux cependant vous dire, monsieur le Directeur général, que,
» depuis que j'ai été chargé par le gouvernement de la surveillance de la Compa-
» gnie des Docks, aucun fait, aucune idée n'est venue à ma connaissance qui
» puisse me faire douter de la probité et de la délicatesse, si malheureusement
» rares dans les affaires, que les concessionnaires de la Société des Docks ont ap-
» portées à leur gestion ; jamais une parole double, jamais un fait douteux.
   » Les administrateurs de cette Société ont, depuis plus de deux ans et demi,

» lutté contre des adversaires, qui, s'ils étaient les mêmes que ceux qui luttèrent
» en Angleterre et résistèrent si longtemps à l'occasion de l'institution des Docks,
» n'employaient pas les mêmes moyens ni les mêmes armes de combat.

» De la part de celui qui a été chargé par le gouvernement de surveiller l'insti-
» tution naissante que la volonté si intelligente de l'Empereur a voulu nationaliser
» chez nous, une déclaration semblable à celle que je viens de vous faire est très
» grave, je le sens ; mais précisément parce que j'ai assisté à toutes les luttes, parce
» que j'ai suivi tous les détails, que j'ai scruté tous les replis, pour ainsi dire, de
» cette grande affaire, je ne puis hésiter un seul instant à vous exprimer vivement
» ma profonde conviction. »

Le Directeur général ne s'est pas contenté de ces paroles sonores et a
écrit, le 17 juin, au Commissaire du gouvernement de se faire représenter les titres hypothécaires dont il parle.

Voici la lettre :

« Vous annonciez que ce solde (de 4 millions) a été employé principalement en
» placements hypothécaires de premier ordre. J'ignore si les obligations hypothé-
» caires ont été mises sous vos yeux ; mais dans une affaire de cette nature et de cette
» importance, alors surtout que des réclamations sont élevées par des tiers, quel
» qu'ait été d'ailleurs leur résultat judiciaire, il y a pour le département du commerce
» obligation d'un contrôle sévère dans l'intérêt des actionnaires, comme de l'entre-
» prise elle-même ; vous comprendrez donc parfaitement que je désire : 1° la pro-
» duction des obligations hypothécaires constituant la plus grande partie des em-
» plois ; 2° un relevé détaillé de l'emploi des fonds qui ont reçu une autre destination.

» Je vous prie, monsieur, de me transmettre ces documents complémentaires
» aussi tôt que possible. »

Le 19 juin, Arthur Berryer écrit alors à Cusin de le mettre en mesure
de répondre au Ministre, et Cusin, forcé d'avouer qu'il n'a point de titres
hypothécaires, parle vaguement de report sur actions.

Voilà donc la garantie du placement hypothécaire qui s'évanouit : voilà
le numéraire parti et jeté on ne sait où ; voilà Cusin surpris en flagrant
délit de mensonge ou de détournement. S'il a réellement trompé le Commissaire du gouvernement en lui parlant de titres hypothécaires qui n'ont
jamais existé, Arthur Berryer va se tenir en défiance, le signaler au Ministre ; si les titres ont existé le 27 mai 1854, jour où l'on affirmait au gouvernement qu'ils garantissaient des placements de premier ordre, pourquoi ont-ils disparu en trois semaines, pourquoi se sont-ils évanouis sans
que l'argent dont ils garantissaient l'emploi soit rentré ? Il est impossible
qu'Arthur Berryer, s'il n'est pas le complice, ne se pose pas ces deux
hypothèses et n'arrive pas dans les deux cas à tenir Cusin à distance, à
vérifier s'il a menti ou détourné, et à dire au Ministre ce qu'il a constaté.
Or, Berryer gardera le silence et restera l'ami de ces hommes dont il est
l'obligé et le complaisant salarié.

Le 3 janvier 1855, il dresse un procès-verbal des valeurs mises sous
scellé le 12 août 1854, et il trouve en portefeuille 5,824 actions seulement.

Or, le 24 février 1855, dans son rapport détaillé et confidentiel, il ne dira pas ce fait et ne fera allusion qu'à l'ancien chiffre de 17,000 actions qu'a constaté frauduleusement le bilan du 12 août 1854.

Dans ce même rapport du 24 février 1855, il parlera de ses négociations menées à bonne fin pour le traité Fox, en cachant toujours la commission secrète qu'il sait être derrière, et se glorifiera d'avoir sauvé des hommes aussi probes que les concessionnaires devant le précédent Ministre qui voulait, à un moment donné, les sacrifier. Ah! c'était le cas, ou jamais, puisque vous intituliez votre rapport *confidentiel*, de dire l'existence de cette commission secrète connue de vous depuis quatorze mois. Mais vous ne le pouviez pas! vous l'aviez *négociée*.

Le 17 août 1855, au lieu de faciliter la tâche difficile de M. Chapuis, l'inpecteur général qui recherche pour le ministre la vérité qu'on lui cache à tout prix depuis deux ans, il écrit à Cusin :

« Mon cher monsieur,

» J'ai eu l'ennui de ne pas vous voir hier : j'ai causé près d'une heure avec
» M. Chapuis. Je trouve qu'il *montre un peu beaucoup les dents* et que déjà
» quelques mots de compte à rendre au Ministre lui reviennent à la bouche. —
» Avertissez M. Lehon ; il est dangereux de laisser aller une idée dans la tête de
» qui ne sait pas la proportionner au but qu'elle doit avoir. »

Puis, le 15 septembre suivant, il adresse au Ministre un nouveau rapport destiné à parer le coup qui se prépare à mesure que M. Chapuis poursuit ses vérifications. Dans ce volumineux travail, le plus long qu'il ait encore adressé au gouvernement, il ne parle du traité Fox et Henderson que pour dire que les constructeurs anglais ont reçu 2 millions 200,000 francs dont ils sont comptables, et il se garde d'ajouter que les 1 million 800,000 francs ont été remis aux concessionnaires. Il parle bien des grandes spéculations sur les actions des Docks auxquelles se serait livré Orsi ; mais c'est pour ajouter : « J'ai la preuve que les concessionnaires n'ont en rien participé à ces opérations. » Vient ensuite un plan de réorganisation financière, où il propose au Ministre de déclarer que les pertes sont compensées par des plus-values réelles, et où il représente la situation actuelle sous le jour le plus favorable, en donnant à la Société un actif brut de 30 millions.

Enfin, quand il s'agit de renseigner le Ministre, le commissaire du gouvernement se concerte avec Cusin, Legendre et Orsi. Voici, en effet, la lettre qu'il écrit à Legendre :

« Cher monsieur,

» J'ai vu ce matin M. Stokes, et je remets à demain à midi, après nous être con-
» certés dans la matinée avec vous, MM. Cusin et Orsi, la réponse que je dois faire
» au Ministre.

» Tout à vous,   Signé : A. BERRYER. »

Enfin, même après le décret qui révoque la concession, le lien qui le rive à Cusin et Legendre est si intime et si fort, que, le 6 janvier 1856, il écrit encore au premier :

« Dans la journée, je serai en entrevue avec l'homme à l'argent ; sachez me dire » quelle concession de chiffres vous ferez pour le report.

» A vous de cœur. »

Et il lui envoie dans la même lettre une liste de personnes qu'il indique comme consentant à accepter des actions.

Voilà, Messieurs, comment le Commissaire du gouvernement remplissait sa mission, et c'était là la pente logique sur laquelle le poussaient les prélèvements secrets qu'on lui distribuait, les parts d'intérêts qu'on lui promettait, et le service inavouable qu'il avait rendu dans la négociation de la commission secrète de 1 million 800,000 francs.

Qu'on ne dise donc pas : L'administration, trop lente à frapper, a été plus négligente que son Commissaire du gouvernement n'est aujourd'hui coupable. En France, Messieurs, on aime singulièrement à rejeter sur le pouvoir toutes les fautes qui n'ont point été prévenues. S'il avait révoqué la concession au début, lorsque beaucoup croyaient à la solvabilité de Cusin et Legendre, souscripteurs des emprunts de Bruxelles et de la ville de Paris, lorsque son Commissaire lui attestait sur l'honneur la loyauté scrupuleuse de ces hommes, lorsque ceux-ci venaient chaque semaine affirmant que Pereire ou Rothschild prendrait les actions non souscrites, lorsque Pereire lui-même songeait à sauver l'affaire ; si dans ce moment on eût révoqué la concession en présence des nombreux et petits actionnaires en détresse, que n'eût-on pas dit sur la sévérité du Ministre ! Il a attendu, il a patienté, en refusant toujours l'admission au Cons il d'État tant que les actions non souscrites ne seraient pas prises par des hommes sérieux ; il a attendu, non par bienveillance pour les concessionnaires, mais par un sentiment de faveur ou de pitié pour les actionnaires ; il a attendu surtout, parce que le Commissaire du gouvernement défendait les hommes en cachant toutes les fraudes ; il a attendu enfin parce qu'il ne croyait qu'à l'impéritie et pas encore à l'improbité. Le jour où M. l'inspecteur général lui a dit la vérité qu'on avait cachée, a-t-il hésité, je vous le demande, à provoquer la révocation du décret et à laisser ces hommes à la justice ? Voilà la vérité, et, vous le voyez, c'est en vain qu'on veut déplacer la responsabilité et sauver l'inculpé, en accusant ceux qui l'ont gardé trop longtemps.

Vous savez maintenant, Messieurs, où le Commissaire du gouvernement en était descendu. Et cependant il avait, pour résister à ces tristes suggestions, ce que tout le monde doit avoir : la conscience, et ce que lui seul

avait, le souvenir de son nom. Ah! un nom peut être lourd à porter quand
il s'agit de la gloire qui s'attache à lui ; mais il n'est plus un fardeau, il
devient un bouclier quand il s'agit d'honneur et de probité. Comment
tomber avec ce souvenir-là ? Il faut que ceci soit bien vrai, puisque si
longtemps ce nom seul vous a préservé du soupçon. Oui, ce n'est qu'aux
derniers jours de l'instruction qu'Arthur Berryer, témoin d'abord, est devenu complice. On cherchait à douter jusqu'au bout.

Aujourd'hui, Messieurs, le doute n'est plus possible ; conscience, honneur, nom paternel, dignité personnelle, il a tout oublié. Non, j'aime à le
croire, et c'est là sa seule excuse, il ne l'eût pas fait tout d'un coup : il y
est arrivé successivement par degrés, poussé par la légèreté d'abord, par
les besoins ensuite, par les besoins âpres et pressants qui sont une sorte
de rançon payée pour les jours d'une vie trop facile. Engagé bientôt, rivé
aux concessionnaires, il a marché vite dans cette voie qu'on ne remonte
qu'avec un grand courage et qu'on descend si facilement.

Voilà, Messieurs, le procès personnel ; un mot le résume : vous avez
devant vous des associés ; tous ont participé, de près ou de loin, aux délits que j'ai classés et caractérisés en commençant ; Cusin est le grand
meneur, Legendre avec lui et après lui ; Duchêne de Vère a agi avec eux
officiellement avant la démission du 20 juin 1854, officieusement depuis ;
Orsi a prêté son nom, ses relations, son concours, pour que la fraude s'ac-
complît tout entière ; Arthur Berryer leur a vendu ses services et son silence, voilà l'association : parmi eux je ne vois pas des innocents et des
coupables, je n'aperçois que des nuances dans la culpabilité. A vous, Messieurs, à saisir ces nuances dans la gradation de la peine : mais ne rompez
pas ce lien de solidarité qui, pendant trois ans, leur a fait poursuivre le
même but et réaliser la même fraude ; que tous expient dans une proportion différente le grand scandale auquel ils ont tous concouru. Cusin,
voilà le plus coupable ; Legendre et Berryer viendront après lui. Duchêne
de Vère et Orsi ne seront placés que sur un plan très secondaire.

J'ai prononcé le mot scandale, et cependant, Messieurs, où sera-t-il quand
vous aurez puni ? Nulle part. Autour de ce procès, la crédulité a fait trop
de bruit ; faisons justice des erreurs des uns, des exagérations des autres.

Les uns ont dit : Il y a là des fraudes plus nombreuses que celles dont
parlera la justice, et celle-ci a dû s'arrêter à temps. Eh bien ! non ; c'est
là une erreur ou une calomnie. La justice ne s'est point arrêtée, elle a été
lentement, mais toujours. Elle s'est adressée aux concessionnaires d'a-
bord : comme mandataires, ils étaient les premiers responsables au point
de vue légal. A la suite de ces premières investigations, le Commissaire
du gouvernement devait perdre la qualité de témoin pour devenir un inculpé. Après lui enfin, la justice inculpait Orsi, et elle vous les a tous
livrés, après avoir cherché contre tous des charges et des preuves. Au delà,
il n'y a plus rien : ni preuves, ni charges, ni soupçons, ni indices. Toute

l'affaire est là, et ceux qui la veulent ailleurs ne l'ont jamais connue.

D'autres exagéreront à plaisir la portée de cette affaire, et pour dégager la situation des inculpés, on dira qu'ils en ont imité bien d'autres, qu'ils ont obéi aux tendances générales du monde industriel. N'écrivait-on pas, il y a deux jours, que l'affaire serait étouffée et ne suivrait pas son cours pour éviter des scandales inutiles? Et quelle est donc, Messieurs, l'époque qui n'ait point eu ses scandales ? Quelle est l'idée politique, sociale, économique, que les hommes n'aient point compromise? Où trouvera-t-on un grand mouvement, financier surtout, qui se produise sans écarts, sans chutes individuelles? L'homme ne touche à toutes choses que dans des conditions d'imperfection et de faiblesse. A vous de faire avec fermeté la part du délit dans ces développements immenses de l'industrie moderne. Ce n'est point la compromettre que de frapper les quelques individus qui la déshonorent. Les juges les plus sévères pour ces hommes seraient ces négociants honorables qui portent sur les marchés de l'Europe les produits et les merveilles de notre grand mouvement industriel, et qui placent l'honneur au-dessus de l'habileté. Ce qui affaiblit un grand pays, ce ne sont jamais les scandales qu'on révèle à la justice, ce seraient ceux qu'on n'oserait ni punir ni poursuivre.

Tous seront poursuivis, parce que la poursuite répare le passé dans la mesure où le passé se répare. La poursuite, elle permet de restituer à la partie civile de légitimes indemnités ; elle dégage l'entreprise exploitée par des mains coupables, et sauve peut-être pour l'avenir la réalisation de cette idée généreuse qui dictait à une main auguste le décret du 17 septembre 1852.

Mais cette poursuite elle-même ne serait qu'un scandale de plus si elle n'aboutissait pas à une répression sévère qui maintenant, Messieurs, dépend de vous seuls. En donnant ce grand exemple, vous rappellerez ce qu'est le sens moral à ceux qui seraient tentés de l'oublier, et vous effraierez au moins ceux qui ne l'ont jamais eu.

Audience du 2 mars 1857.

PLAIDOIRIE DE M° NIBELLE,

Défenseur de Cusin.

Messieurs,

Les Docks, en France! c'est une pensée de bien public ; les Docks, en France, ont ébloui M. Cusin ; ils ont été l'objet de ses constantes préoccupations. Il a été fier de parler des Docks en France, à l'industrie française, et, en devenant l'un des concessionnaires d'une vaste entreprise, il a moins songé au lucre (son dénûment actuel nous l'apprend), il a moins songé au lucre qu'à doter son pays d'un établissement qui fait la richesse de la Hollande et de l'Angleterre ; M. Cusin tenait à dire ce mot à ses juges.

La partie civile et la partie publique se font entendre ; mais, à côté de ces intérêts, il y a un intérêt non moins sacré : il y a le malheur d'un homme éprouvé par de longues années de travaux, de succès et de probité ; il y a sa ruine, il y a sa liberté perdue depuis plus de treize mois. On dirait que la fortune a pris plaisir à frapper sur M. Cusin tous les coups qui accablent l'esprit, tous les coups qui déchirent le cœur ; il perd sa mère, il perd sa fille aînée, il perd sa fortune, il perd sa liberté, et le voilà qui sort de prison pour entendre gronder contre lui la voix menaçante du ministère public, et pour me servir de l'expression de notre éloquent adversaire, impitoyable comme un chiffre. J'avoue que tant de misères sur une seule tête m'ont profondément remué.

M. Cusin est bon et honnête, et je le dis en présence des millions qu'on lui reproche d'avoir détournés. Ce grand spoliateur des Docks est chargé de millions sans doute ; il garde des trésors honteux pour reparaître un jour déshonoré, mais riche. Non, Messieurs, l'homme des millions est à jamais abandonné ; M. Cusin n'est chargé que de misère. Ce grand spoliateur des Docks a vendu son mobilier pour exister, et sa plus grande souffrance est de faire partager à sa femme et à sa fille ses dures privations ; il les a confiées à Dieu, il les a exilées dans un modeste couvent de Versailles. Il s'est privé de leurs consolations, et pourtant, lorsque le malheur nous poursuit on sent plus vivement le besoin de la famille ; c'est au milieu d'elle qu'on épanche son âme, qu'on jette toutes ses larmes ; c'est au milieu d'elle qu'on se sent moins captif, qu'on rêve des jours meilleurs ; c'est elle enfin qui apporte encore au prisonnier un rayon de joie. M. Cusin pourrait voir sa femme et sa fille deux fois par semaine ; il ne les voit que deux fois par mois. Le pauvre homme trouve lourde une course de Versailles à sa prison. Il calcule cette dépense du cœur, il n'a pas le moyen d'embrasser son enfant.

Une autre douleur me saisit en me levant dans cette cause. Des paroles émues et sévères, les paroles du devoir, m'ont appris qu'il fallait se défier des passions les plus généreuses : elles égarent. L'organe indigné du ministère public n'a trouvé sur ces bancs qu'une compagnie d'industriels associés à un Commissaire impérial pour détourner des fonds, ruiner des actionnaires. En entendant accuser avec tant d'ardeur un nom glorieux, un nom qui nous est cher, j'ai souffert comme si j'entendais accuser mon fils. Mais il s'est énergiquement défendu lui-même, et il sera bientôt défendu par un noble cœur, qui joint à la chaleur des bonnes années la maturité du talent. Je serai vrai dans toute ma défense, et la vérité, la voici.

Oui, des millions ont été dévorés par la baisse ; des millions ont disparu dans le gouffre de la Bourse. Mais le déficit actuel sauvait un avenir certain.

Qu'importait la perte momentanée de quelques millions, devant le salut des Docks ! Dans la tempête, le pilote jette des marchandises à la mer pour sauver le vaisseau, pour l'empêcher de s'engloutir. M. Cusin ne voyait que l'homologation des statuts, cette terre de salut, ce mirage qui l'a conduit à l'abîme : il s'est trompé ou plutôt on l'a trompé. Voilà toute la vérité, voilà toute ma défense.

M. l'avocat impérial aussi se trompe. Des préventions dont ne peut se garder toujours le magistrat consciencieux, l'aveuglent. Il découvre une faute contre l'honneur, un passé suspect, dans le passé sans tache de M. Cusin. Ah ! toute la banque de Paris se lèverait pour défendre ce passé de travaux et d'intégrité !

M. Cusin était l'homme de ses œuvres, il ne devait qu'à lui sa fortune amassée lentement, péniblement. Il ne reçut de ses parents que de la tendresse ; son père était employé à la Comédie française, il mourut en 1826, et le jeune Cusin resta le seul appui de tous les siens. Dès 1821, à l'âge de quatorze ans, il entra comme petit commis dans la maison de banque de M. Fréville. L'enfant se fit remarquer par son activité, par son intelligence. Le petit commis devint un commis important. En 1837, il était associé. En se retirant, M. Fréville ne crut pas être mieux remplacé que par l'enfant qu'il avait formé, et la maison Cusin, Legendre et compagnie se fonda. Nous sommes en 1846. M. Legendre était un homme connu honorablement dans le commerce. La nouvelle maison se constituait un capital de trois millions. Aucun appel au public. Des amis pleins de confiance et dévoués apportaient leurs capitaux. Des inquiétudes surgissent par suite de la question des subsistances, de la crise si terrible de 1846 à 1847 ; l'argent devient rare, l'argent s'effraie facilement. Tel a promis 50,000 fr., qui n'en remet plus que 20,000 ; il n'arrive ainsi que deux millions. M. Cusin à la tête d'une Société spéciale, volontaire, dont il connaît chaque membre, n'hésite pas à ouvrir sa maison de banque sur une base nouvelle et amoindrie ; mais il convoque les actionnaires, leur expose sa situation et est approuvé par eux. Ils lui donnent même spontanément un haut témoignage d'estime et d'affection, il demandait 25 p. 100 dans les bénéfices, ils votent 35 p. 100. Est-ce là un passé suspect ?

Les fondateurs, Cusin et Legendre, prenaient pour 500,000 fr. d'actions. M. l'avocat impérial reproche à M. Cusin d'avoir payé sa part avec l'argent de la Société. Rien de plus inexact. D'abord il versa toute sa petite fortune de plus de 100,000 fr., laborieuse épargne de sa vie, et MM. Fréville lui prêtèrent 140,000 fr. Cette somme était remboursable en deux, trois et quatre ans. M. Cusin rembourse le 9 juin 1848, 30,000 fr., le 3 juillet 1849, 5,000 fr., le 1er janvier 1850, 30,000 fr., le 1er avril, 30,000 fr. ; il obtient un délai pour le dernier payement, il se libère le 2 janvier 1851, il rembourse 20,000 fr. Voici les quittances.

La maison Cusin et Legendre gagnait 140,000 fr. par an. M. Cusin s'est acquitté avec l'argent de son travail. Est-ce clair ? Est-ce là un passé suspect ?

M. Cusin a fait comme font nos jeunes avoués, nos jeunes notaires qui soldent leurs études avec leur probité, leurs veilles et leur travail.

La solidité de la maison Cusin, la confiance qu'elle inspirait, grandit encore dans les mauvais jours qui ébranlèrent tant de fortunes, fermèrent tant de caisses réputées inépuisables. La maison Cusin traversa miraculeusement 1848, ne laissant pas en souffrance un seul billet, ne laissant pas le plus fort payement en retard d'un jour, d'une heure, d'un instant. Aussi, après s'être fondée à 2 millions, elle escomptait, en mars 1848, 5 millions au commerce; aussi grandissait-elle dans la confiance publique, et sa puissance croissait au milieu de nos difficultés financières. En 1849, la ville de Paris fait un appel; elle publie un emprunt de 25 millions. Les banquiers tremblent encore; ils n'ont pas encore reparu. L'un d'eux fait des offres onéreuses, inacceptables : elles sont rejetées; MM. Cusin et Legendre font des propositions avantageuses pour la ville, et la souscription s'ouvre dans leurs bureaux. En 1852, second emprunt de 50 millions, seconde proposition et la plus élevée de Cusin et Legendre. La souscription s'ouvre de même dans leur maison; ils ont ramené la confiance. La concurrence s'éveille, leurs propositions sont dépassées, ils remettent les fonds au premier souscripteur devenu plus hardi, ils n'ont rien gagné; mais grâce à l'élan imprimé par eux, la ville gagne une somme considérable. Le préfet exprima à MM. Cusin et Legendre la reconnaissance de la cité. La banque de Paris est pleine de ces souvenirs, et ces faits, nous les avons appris à l'audience, de la bouche d'un homme honorable, de M. Riant, qui lui-même a rendu tant de services au sein du conseil municipal.

La Belgique a besoin de 7 millions. La maison Cusin et Legendre souscrit l'emprunt, et gagne 400,000 fr. sur cette opération. Le gouvernement espagnol appelle M. Cusin, et est prêt à traiter avec lui. Nos plus hauts personnages se sont adressés à sa caisse, et elle a été ouverte à leurs besoins, à leur luxe nouveau. Les gouvernements traitaient avec M. Cusin. Tout le monde l'invoquait. Comment n'aurait-il pas eu des éblouissements? Comment n'aurait-il pas cru en lui à un crédit que des succès légitimes lui présageaient?

Il se met à l'œuvre, il étudie les questions financières de notre époque, il cherche, j'en conviens, une place exceptionnelle parmi les hommes de l'invention et de l'industrie, mais il la cherche honnêtement, honorablement; les grands noms financiers, nés d'hier, ne l'empêchent point de dormir; il ne met point le titre d'homme habile, la soif d'une grande renommée, au-dessus des devoirs de l'honnête homme, et il ne souhaite pas jouer ici le grand rôle au prix d'une lourde peine. Ce portrait amer ne ressemble nullement à M. Cusin.

Je dois vous faire connaître sa pensée enthousiaste lorsque les Docks lui apparurent, car cette pensée explique ses actes, toute sa conduite. Cette pensée est sa justification. Les Docks! c'était sa richesse, celle des actionnaires. Les Docks! c'était le crédit public et privé. Les Docks! c'était la solution d'une grave question sociale.

A ce point de vue élevé, qu'importaient les irrégularités et les obstacles!

Le nautonier audacieux franchit les mers à travers les écueils, pour arriver aux terres inconnues et fécondes que son esprit lui a révélées. Le pauvre Colomb a échoué : vous le plaindrez et vous direz qu'il n'est pas coupable. Paris, durant des siècles, disait-il, ville de luxe et de consommation, se transforme en immense cité industrielle. Paris sort radieux des mains de l'ouvrier comme de la main des fées, *fervet opus*. Les chemins de fer, ces nouvelles artères du pays dont Paris est le cœur, lui apportent une vie nouvelle. Les populations et le commerce accourent au centre. Il faut une nouvelle combinaison pour le Manchester nouveau, et M. Cusin s'écriait avec orgueil : *cette combinaison je l'ai trouvée !*

La Banque de France, disait-il, ne suffit plus à l'escompte, ne répond plus au besoin rapide de capitaux. Des billets, des signatures, sont souvent des garanties dangereuses. L'ouvrier qui fabrique chez lui et pour lui ne vend pas sur-le-champ, et pourtant il faut le pain du jour à sa famille.

Avec les Docks plus d'hommes qui trompent, plus de billets protestés, plus de production inactive; avec les Docks, l'emprunteur, c'est la marchandise. Avec les Docks, il n'y a plus que des marchandises représentées par un effet qu'on nomme warrant, transportable lui-même comme un billet de banque. On porte sur soi toute sa fortune : *omnia mecum porto*, peut dire le marchand des Docks. Cent balles de café circulent transmissibles par le simple endossement. L'ouvrier reçoit la moitié du prix de son travail et vend ensuite à loisir avec le warrant qu'il passe à l'acheteur, au consommateur. Ainsi l'emprunt, le placement de l'ouvrage, la vente, l'échange, deviennent l'œuvre ingénieuse et simple des Docks. Le travail a sa solution, et le pays respire et se repose dans l'industrie : voilà les Docks !

M. Cusin est jeune, infatigable, il se livre aux Docks avec enivrement. M. Riant lui communique toutes ses recherches, tous ses trésors sur les Docks. M. Cusin ne songe plus qu'aux Docks ; c'est son idée fixe, son rêve de tous les moments. On ne trouvait pas l'Union commerciale impuissante devant les emprunts de Paris ; elle a porté l'emprunt de Bruxelles, elle portera les Docks. M. Legendre, homme plus positif, s'abandonne aux Docks. M. Duchêne de Vère a demeuré quinze ans en Angleterre, il connaît parfaitement les Docks anglais, il est actif, habile, intelligent, il a les plus hautes relations. C'est tout ce que MM. Cusin et Legendre savent de lui : ils s'associent M. Duchêne de Vère. La demande en concession de Docks français est formée. M. Cusin communique son exaltation au Ministre. M. de Persigny, prêt à partir avec M. le Président de la république, promet le décret, et, dans ses souvenirs impériaux, il veut qu'il soit daté de sa ville natale. En effet, le décret est signé à Roanne, le 17 septembre 1852, et inscrit au *Moniteur*, dès le 22 ; les Docks s'appelleront *Docks Louis-Napoléon*. Le décret proclame la grande utilité des Docks, il annonce les services qu'ils rendront à l'ouvrier, au commerce, à la France; il porte qu'ils seront construits sur des terrains qui appartiennent aux concessionnaires. Dans son exaltation, certain d'avance du succès, certain d'obtenir le décret, comme plus tard il se croira fort de l'homologation, M. Cusin avait acheté provisoirement pour 9 millions les terrains de la place d'Europe à M. Riant, il avait acheté de même les Marais. Ces achats ne se réalisèrent qu'en décembre. M. Cusin n'hésitait pas. Il créait rapidement et largement ; c'est ainsi que l'on fait les hautes fortunes ou les ruines.

Le 12 octobre 1852, rédaction et signature chez Mᵉ Dufour des statuts de de la Société anonyme. La Société se fonde au capital de 200,000 actions à 250 fr. l'action, au capital de 50 millions. Les souscripteurs versent d'abord 125 fr. par action. On réalisait ainsi 25 millions.

La partie civile nous envoie un injuste reproche. Les concessionnaires, dès le début, s'emparent, dit-elle, du conseil, et sont tout dans l'affaire. Mon honorable confrère se trompe complètement ; il oublie la formation du conseil, il oublie les noms du prince Murat, du baron de Heeckeren, de M. Hallez-Claparède, du baron de Meklembourg, du général Morin. M. Cusin ne craignait donc pas les regards surveillants et la lumière.

La souscription s'ouvre en octobre. De toutes parts on accourt pour souscrire ; on compte près de 300,000 demandes, on n'en admet que 85,499. Là encore un reproche, une pensée accusatrice : La souscription donnait de suite les 25 millions, on les repousse pour s'approprier plus tard les actions. M. Pereire, qui n'est pas entaché de partialité en faveur des Docks de M. Cusin, vous a dit que le choix des actionnaires avait été intelligent ; il vous a dit que des insolvables guettaient des primes, levaient les titres pour le gain et fuyaient devant la perte il vous a dit que de tels souscripteurs étaient nuisibles et nombreux. Il faut d'ailleurs garder des actions pour les capacités, et les capacités sont avides, témoin les capacités anglaises. M. Riant, homme intègre, indiquait une maison de Londres, la maison Ricardo. M. Read s'offre pour procurer le concours de cette maison, et il exige 50,000 fr. pour son intervention ; le projet rompu, il plaide et obtient par transaction 25,000 fr. Dans l'industrie les intermédiaires sont indispensables, mais ils sont la lèpre des Sociétés naissantes, et il y a tant d'intermédiaires !

M. Ricardo entre dans l'affaire et prend pour sa part 70,000 actions. M. Cusin (je désigne ainsi l'entreprise des Docks), M. Cusin les accorde. Il ne retenait donc pas les actions, il n'en était pas avare, il ne les accaparait pas pour lui et les siens ; il avait une pensée plus grande, l'existence des Docks. Mais M. Ricardo a d'autres exigences, il veut plus que des actions, il veut la direction anglaise complète, absolue, sans le moindre partage. Le comité de Londres donnera les ordres, le comité de Paris obéira aux décisions suprêmes d'outre-mer, et n'en prendra aucune. Londres sera la tête, Paris ne sera que le bras. Tout est rompu. L'honneur national, chez M. Cusin, parle plus haut que l'intérêt. M. l'avocat impérial conteste ce mouvement généreux. Cependant une délibération l'atteste. Le prince Murat s'est rangé à l'opinion de M. Cusin, et M. Orsi dit, dans une lettre, que son cœur a bondi. L'intérêt ! mais les conditions anglaises étaient spoliatrices. M. Ricardo imposait un et demi pour cent de commission de ses actions pour lui, un demi pour cent pour M. Read, l'entremetteur, deux pour cent. Au nom de l'intérêt comme de l'honneur, on devait donc rejeter le traité Ricardo.

Une nécessité surgissait, réaliser les ventes, faire fonctionner la Société. Cette nécessité amène la déclaration du 20 novembre 1852.

Le grand criminel, M. Cusin, se transporte le lendemain chez le Ministre. Il lui raconte les achats importants de terrains, la rupture avec Ricardo. Le Ministre entre en colère, il montre la nécessité financière, il montre M. Pereire. M. Cusin obéit avec empressement ; dès le lendemain matin, il est chez M. Pereire. La discussion des intérêts commence à l'instant ; M. Pereire sait tout, il a tout entendu, il était dans une pièce voisine, chez le Ministre : il dicte leur arrangement, et marche vite. M. Pereire prend 83,000 actions, il en accorde 27,000 aux concessionnaires. Les actions sont mises en syndicat, personne ne peut les vendre, excepté M. Pereire et M. le baron de Meklembourg ; il y a trop de terrains achetés, M. Pereire se charge d'en faire reprendre une partie par M. Riant. La rétrocession a lieu le 9 mars, et M. Pereire signe l'acte de rétrocession ; il y a trop de terrains, et M. Pereire vend ses terrains à la place des terrains rétrocédés : on lui paye 1 million, il fera les terrassements : on lui paye six cent mille fr. ; il veut une procuration sans contrôle, le 12 mars on lui donne une procuration sans contrôle. Tout cela est consigné dans le traité post-daté du 18 mars 1853. Les Docks vivront. M. Pereire appartient aux Docks, ou plutôt les Docks lui appartiennent ; le puissant financier est trouvé, il est assez chèrement acheté. Le 17 mars, il adresse au Ministre un rapport qu'il se garde bien de communiquer à ses coïntéressés. Il demande l'exemption des droits, la restitution des droits payés ; il demande un privilége pour les ventes dans les dix principales villes de France. C'est renoncer aux Docks, en s'assurant un refus. A-t-il voulu entrer sincèrement dans les Docks ou seulement vendre ses terrains et faire des terrassements ? Il n'est pas lié envers les Docks, et les Docks sont liés envers lui ; il restera ou se retirera selon les circonstances, selon ses intérêts. C'est le contrat du lion.

Une loi peu propice aux Docks est proposée en mai. Des bruits d'une guerre glorieuse pour la France, mais fatale pour le commerce, circulent. Alors, le 17 juillet 1853, M. Pereire signifie, par huissier, sa démission. Il a eu le soin de demander, en exposant lui seul les faits, une consultation écrite à notre ancien et savant confrère Duvergier. La science lève ses scrupules : M. Pereire est si scrupuleux ! Deux millions six cent mille francs, c'est tout ce qu'il voulait des Docks. M. Cusin, déçu ainsi, est accablé. Il n'a plus l'orgueil du choix : il acceptera tous les secours qui lui adviendront ; il prendra les résolutions extrêmes : l'existence des Docks est menacée !

Il va confier son chagrin et son embarras à M. Magne. Le ministre écoute sa peine et lui dit : *Que ferez-vous ? un procès à M. Pereire ?* — Oh ! non ! je sacrifierai mes dix pour cent dans les bénéfices. — Vous avez raison; cela vaut mieux.

Bientôt, Messieurs, vous saurez combien était grand ce sacrifice de M. Cusin, qui a tout perdu pour les Docks et rien retenu d'eux.

M. Magne s'émut. Il se mit avec bonté à la disposition de M. Cusin. Tout était réglé pour l'homologation, cette force, ce levier des Docks. L'homologation était la vie des Docks. Il ne fallait donc plus que la rédaction des bureaux, mais les bureaux terminent lentement une affaire, quand ils la terminent : ils ont toujours des lenteurs, des difficultés.

Un commissaire impérial est nommé ; c'était l'homologation. Évidemment elle était résolue. Le ministre le proclamait. On ne nomme pas un Commissaire impérial à une Société civile. Le gouvernement voulait la création des Docks de M. Cusin. Après dix mois d'examen, il les reconnaissait : il leur envoyait son Commissaire impérial. M. Cusin ne s'attendait pas à la fuite de M. Pereire, à la désertion qui l'a tué.

Alors il fallut vendre et vendre mal, construire, commencer un déficit ou déclarer que les Docks se mouraient, étaient morts avec des dettes et 10 millions de terrains. Que faire ?

La maison anglaise Fox-Henderson se chargeait des constructions sur les terrains des Marais et de la place d'Europe pour vingt-quatre millions. M. Magne approuve, il exprime son estime pour la maison Fox-Henderson. Si MM. Fox et Henderson, dit-il, ont pour les Docks le même zèle qu'ils ont déployé dans le chemin de fer de l'Ouest, il n'y a qu'à féliciter les concessionnaires.

Ainsi, aucune inquiétude sur MM. Fox et Henderson. L'attestation part du ministre. On doit se féliciter.

Il y a encore un autre haut suffrage, c'est celui de M. de Rothschild. Il fait plus que le ministre : il apporte une application matérielle, un commencement de concours. Par un traité de juillet 1854, il relie les Docks à son chemin de fer. Cet exemple, donné par un homme important comme M. de Rothschild, entraînera l'adjonction des Docks à tous les chemins de fer de la capitale. Voilà que M. Cusin renaissait. M. de Rothschild l'appuyait, et il voyait revenir à lui le fugitif judiciaire de juillet. Un M. Poyet, en effet, lui rapportait souvent que M. Pereire disait de lui beaucoup de bien. M. Pereire ne dit du bien des gens que pour traiter avec eux. Un rendez-vous secret a lieu chez M. Poyet. M. Pereire demande à M. Cusin s'il est libre. Il apprend et blâme le traité Fox-Henderson. Il discute sa rentrée dans les Docks. On ne peut s'entendre, car les conditions de M. Pereire sont dures, et M. Cusin, joué une première fois, se tient sur la réserve. M. Pereire feint alors de se retirer. M. Cusin le laisse s'éloigner. M. Pereire revient sur ses pas, prend en souriant la main de M. Cusin : « Nous perdons notre temps ; nous faisons comme des marchands. » L'un vante, il veut vendre ; l'autre déprécie, il veut acheter. Puisque je suis » ici, les Docks me plaisent. Je veux bien de vous, du baron de Heeckeren ; » je ne veux pas des autres. Que m'offrez-vous ? » — « Quand un petit » homme comme moi tient ce que désire un colosse comme vous, il ne fait

» pas les conditions, il les attend ; et puis vous m'avez joué un tour si cruel…
» — La position devenait mauvaise, tout baissait ; à ma place vous auriez fait
» comme moi. » — Comme vous ?… Oh non, jamais ! » On se sépare, on
doit continuer la négociation par un ami de M. Pereire. M. Pereire envoie la
proposition verbale d'un compte à tiers. Il n'y a point de conclusion.

M. Riant vous l'a franchement appris : Dans les Sociétés qui se fondent, les
fondateurs doivent à tout le monde ; *c'est une pluie.* M. Poyet ne s'est-il pas
cru le créancier des Docks pour une conversation dans son appartement ? Il
faut être dans l'industrie pour connaître la chèreté du moindre service rendu
à une Société industrielle, le prix des heures, des minutes, la pluie de
M. Riant.

Aujourd'hui, il n'y a plus que deux puissantes maisons financières. Les
autres maisons ne sont que des satellites qui gravitent autour des deux soleils
d'Israël. Les autres maisons prennent le mot d'ordre chez leurs seigneurs, et
la Bourse, cet enfer bruyant, obéit à ses rois. Si l'on a pour soi ou contre soi
M. de Rothschild ou M. Pereire, on tombe ou l'on s'élève ; ils sont la vie ou la
mort. C'est un grand embarras, un grand malheur que cet absolutisme de
l'argent.

J'arrive au dernier effort, à la dernière déception, à la chute de M. Cusin.
M. Malpas-Duché lui parla de M. le comte Lehon comme d'un jeune homme
actif, obligeant, plein de capacité et jouissant d'un immense crédit. M. Rouher
était ministre; avec M. le comte Le honon obtiendra M. de Rothschild ou M. Pereire; avec M. le comte Lehon, certitude de l'homologation. M. Cusin est mis
en rapport avec le nouveau sauveur. M. le comte Lehon se dévoue à M. Cusin,
il se passionne pour les Docks. M. le comte Lehon et Cusin sont ensemble sans
cesse. C'est M. le comte Lehon qui écrit, c'est M. le comte Lehon qui agit.
Il va partout, il voit à discrétion le ministre. Il n'a que de bonnes nouvelles
pour celui qui a remis son salut dans ses mains. Cependant le ministre, si bien
disposé, parle de la vérification de la comptabilité des Docks par un haut employé, M. Chapuis. M. le comte Lehon combat d'abord cette mesure, puis
l'admet. M. Cusin appelle lui-même l'inspection dans une Société civile. Cette
inspection, il la désire. Elle commence le 2 août, et ne finit qu'à la fin de
septembre. D'après M. Cusin, le ministre l'aurait encore traité avec la plus
grande bienveillance en présence de M. Malpas-Duché. Il aurait fait appeler
le chef de division pour montrer le rapport, mais il était à la copie. M. Cusin
ne l'a jamais lu. Il apprend aujourd'hui que M. Chapuis a qualifié sévère-
ment l'administration des Docks. Cependant le ministre *accordait des sursis.*
Plus tard il a dit : « *Je veux sauver les Docks ! je veux sauver les hommes !*
» *Qu'on se presse !* »

M. Cusin, malade et inquiet, envoie M. Malpas-Duché chez son chaleureux
défenseur. M. Malpas-Duché revient le visage tout décomposé. La scène a été
violente. M. le comte Lehon a parlé en maître. Était-il sous l'empire d'une
subite indignation? il s'est écrié : « Je veux sa démission ! — A quelles con-

ditions ? — Point de conditions ! je la veux ! *je l'aurai !...* » M. le comte Lehon ajoute : *Dites-lui de fuir ; s'il ne fuit pas il sera arrêté.* M. Cusin s'indigne à son tour et reste. Le 19 décembre, retrait de la concession. M. Rouher
dit alors : *Les Docks sont sauvés ! les hommes attendent !*

M. le comte Lehon, sur lequel comptait M. Cusin, est aujourd'hui à la tête
des Docks. Les Docks sont sauvés !... Je raconte ce que m'a raconté M. Cusin ; je dis ses espérances toujours déçues, espérances qui l'ont perdu.

M. Cusin s'empresse de convoquer l'assemblée des actionnaires pour le
23 janvier. Il leur exposera sa situation, sa bonne foi, les embarras qu'on lui
a suscités. Il leur montrera les difficultés des temps, des circonstances. Il demandera avec confiance l'immunité à ceux dont il ne croit avoir trahi ni vendu
les intérêts. Il est arrêté le 10 janvier. Il donne sa démission de bonne foi,
sans craindre qu'elle aggravera sa position. Des liquidateurs, MM. Torchet et
Picard, sont nommés aux Docks. M. Despinois, liquidateur de l'Union commerciale, prépare un rapport pour la réunion du 31 mars. Il a promis de
remettre le rapport à M. Cusin, et il ne lui en donne aucune connaissance. La
défense, si libre devant ce Tribunal, ne peut se faire jour devant un liquidateur.

Tout est mystérieux dans le laboratoire de M. Despinois : il ne voit que 48
ou 52 pour 100 pour les créanciers, environ un million à distribuer. Il prétend
que l'Union commerciale est créancière des Docks, et M. Cusin déclare loyalement qu'il leur est dû près de 3 millions, et il indique, dans les valeurs
actuelles de la Société, 1 million 300,000 fr. en obligations et 300,000 fr.
en argent. C'est sur sa déclaration de débiteur consciencieux que les 1 million
600,000 fr. sont trouvés, saisis, placés sous le séquestre. Ah ! si M. Despinois
n'avait gardé enfouies de telles vérités, s'il n'avait pas dénié aux Docks leurs
droits certains et leurs ressources certaines également, des plaintes n'auraient
pas monté au parquet, et M. Cusin n'eût point perdu son repos, ses moyens
d'existence, sa liberté ! Si l'autorité fatalement bienveillante, si les trois ministres qui tenaient aussi intimement aux Docks, n'eussent pas montré durant
des années, toujours prête à paraître, l'homologation ; si au premier fait que
M. l'avocat impérial dénonce comme si criminel, la déclaration du 20 novembre 1852, on eût retiré la concession, ce déplorable procès qui fait tant de
ruines n'aurait pas lieu. M. Cusin, à la tête de l'Union commerciale, entouré
de crédit, honoré, eût continué à prospérer. Rêve funeste ! confiance malheureuse dans une création séduisante, dans les souscriptions, dans les intermédiaires, dans les marchands d'entreprises, dans les hommes d'intrigue et d'argent ! Vains regrets ! amères et inutiles réflexions sur le passé !

J'aborde les griefs si énergiquement mis en relief par M. l'avocat impérial.
Suivons avec lui les faits d'où ressortirait un flétrissant abus de confiance et
l'escroquerie plus flétrissante encore.

Et d'abord, la Société de Pont-Remy, la Société de Javel et Sèvres.

C'est l'argent des Docks que MM. Cusin et Legendre ont placé dans ces

Sociétés. Le fait est vrai, mais est-il un délit ? Devrait-il même être le sujet d'un reproche ? On devait des intérêts. Il n'est pas d'une bonne administration de laisser sommeiller des capitaux ; on remue le sol pour lui demander des fruits. Le mouvement est la vie des capitaux. Pont-Remy ! Mais c'est une excellente opération, tout le monde le reconnaît ; la partie civile n'ose se plaindre de Pont-Remy.

Javel et Sèvres ! Cette Société donne des intérêts importants, 9 pour 100, et son avenir, aux yeux de M. Cusin du moins, est plein de richesses pour les actionnaires. Un étranger a apporté récemment 1 million à Javel, c'est un administrateur des Docks, M. Labot, qui nous l'apprend dans son rapport à une récente assemblée générale. MM. Cusin et Legendre ont sans doute placé de trop grosses sommes dans les deux Sociétés ; mais ils ont été entraînés, ils ont fait plus qu'ils ne voulaient faire ; une première mise contraint à une seconde mise de fonds, si l'on ne veut pas laisser périr l'œuvre qui a ses jours difficiles, ses oscillations. Pont-Remy et Javel abandonnés eussent disparu pour les créanciers ; ils sont à flot maintenant. L'Union commerciale offre aux Docks ses actions et ses obligations hypothécaires. Si M. Cusin eût été l'homme de la fraude organisée et des détournements, eût-il immobilisé l'argent disponible ? Félicitons les Docks de compter dans leur actif Pont-Remy et Javel. Si MM. Cusin et Legendre n'ont pas bien pesé leur droit, ils n'ont pas agi frauduleusement.

Ah ! Messieurs, que l'on doit être circonspect avant d'accuser ! Comme il faut se défier d'abord des présomptions les plus écrasantes ! Bernard était le valet de chambre de M. Cusin, et Bernard avait vendu mille actions. Quelle lumière ! La fraude est prise sur le fait, la basse fraude du salon par les mains de l'antichambre. Tout change et s'éclaircit à cette audience. Les mille actions étaient des actions réservées ; le caissier, M. Picard, nous dit qu'en les vendant il a inscrit le nom de Bernard, pour ne pas inscrire vingt noms. Le valet de chambre sort du débat !

Un fait aussi énorme va disparaître tout aussi rapidement. L'expert, M. Monginot, qui dans sa modération et ses conclusions, envoie M. Cusin aux travaux forcés à perpétuité, a grossi son gros in-folio de grattages nombreux, constituant, écrit-il, des faux en écriture publique, en écriture de commerce. Pour inscrire les actions demandées, les actions refusées ou accordées lors de l'ouverture de la souscription, il y a eu des feuilles volantes, des cahiers informes, des brouillons, point de registres. Dans la rapidité du travail, les employés ont tenu leurs notes comme ils l'ont voulu, grattages, altérations des écritures, dit M. Monginot ; mais il aurait pu remarquer comme nous l'innocence des grattages, l'absence de tout intérêt. Comment n'a-t-il pas vu, par exemple, qu'au n° 126, le chiffre 160 d'actions demandées, 160 actions accordées est écrit sur un papier gratté ? Comment n'a-t-il pas vu qu'une semblable inscription s'est renouvelée souvent ? Comment n'a-t-il pas reconnu une main qui a gratté des chiffres rouges, puisque cette main est la sienne ? L'expert a gratté, tout le monde a gratté, excepté M. Cusin, car ces écritures

18

d'employés, ces détails étaient pour lui insignifiants. En quoi était-il nécessaire, en quoi aurait-on nui à quelqu'un en parlant de 800,000 demandes, lorsqu'on n'en accordait que 85,000 ? Fallait-il donc des écritures enfouies dans des cartons pour une pareille vanterie ? On voulait inspirer la confiance ? Tout le monde avait confiance dans les Docks, et le Gouvernement tout le premier.

Je ne traiterai pas avec dédain le bilan du 12 août 1854, mais il n'a rien non plus de sérieux. Que dit M. l'Avocat impérial ? Pour ce travail coupable, M. Cusin a évoqué, comme un mauvais génie, Lombard, lui qui avait détourné l'argent des Docks ; Cusin s'est servi de sa main habile et frauduleuse pour fabriquer l'œuvre d'iniquité. Voici ma réponse : Pourquoi Lombard ? Les mains ne manquaient pas pour un si facile travail. Ce bilan a été fait avec des feuilles volantes fournies par des employés et non par M. Cusin. Ce bilan a été fait sans les livres de l'*Union commerciale*, avec des documents incomplets ; il fallait à l'instant un chiffre pour le Ministre ; il ne s'agissait pas de nuire à quelqu'un, mais d'homologuer. Toutefois, malgré l'erreur signalée, M. Cusin soutient que les chiffres sont exacts. Dirai-je encore que ce bilan n'est pas un bilan, mais un projet de bilan ? Un vrai bilan est adopté par les administrateurs, sanctionné par l'assemblée générale des actionnaires. Bilan ou projet, point de délit ! Le bilan du 12 août sera à l'instant une importante justification.

Fox et Henderson ! Nous voici à la grosse fraude, aux 1 million 800,000 fr. Mon Dieu, n'enflons pas ce qui est faute après l'événement, ne regardons pas seulement l'effet ; c'est la cause, c'est l'intention que vous devez examiner. Il fallait construire les Docks et ranimer leurs ateliers déserts ; il fallait 24 millions, 20 millions pour la place d'Europe, 4 millions pour les Marais ; on commence par les Marais. 32,000 actions payeront les premiers travaux à Fox et Henderson. D'après le devis ils gagnent 20 pour 100. Par un traité secret, ils abandonnent 7 et demi p. 100, 1 million 800,000 fr., aux possesseurs des Docks ; ainsi donc 17,600 actions à Fox et Henderson ; 14,400 actions aux concessionnaires. Un traité secret !... Pourquoi une dissimulation ? Pourquoi un traité secret ? N'était-il pas tout naturel de solder le chiffre vrai aux entrepreneurs anglais, 2 millions 200,000 fr. ? Dans une situation ordinaire, oui sans doute ; mais on était devant le Conseil d'État, il y avait un déficit, et si on ne le comblait pas, rejet définitif et désastreux de la demande en homologation ; on présente donc le chiffre de 4 millions, et, pour voiler le déficit, on fait rentrer aux Docks le million 800,000 fr., on enfle de ce million 800,000 fr. le chiffre réel des Docks. Que voulaient les défenseurs des Docks ? Sauver les Docks, sauver les actionnaires et ne point abandonner une entreprise, source pour eux de tant de craintes, de tant d'espérances, de tant de chagrins, de tant de travaux et de sacrifices, et prête à échapper de leurs mains. Si les fruits mystérieux du traité sont pour Cusin, Legendre et Duchêne de Vère, ils sont coupables. Les actions, cette part fictive des concessionnaires signataires du traité, ont été vendues ouvertement. L'arrangement était connu de tout le monde; à ce traité on appelait des témoins honorables, MM. Stokes et Carteret; M. Orsi était présent; tout le monde savait l'arrangement. Dans la décomposition du bilan du 12 août 1854, envoyé au Ministre, nous lisons :

> « Suivant acte passé entre MM. Fox, Henderson et compagnie et MM. les con-
> » cessionnaires, cette somme (4 millions) leur a été versée par provision, et impu-
> » table par sixième sur la totalité des travaux à exécuter, et se décompose ainsi :
> » 14,400 actions à 125 fr. aux concessionnaires, soit . .   1,800,000 fr.
> » 17,600 actions à 125 fr. à MM. Fox et Henderson, soit   2,200,000
>
>   » Total . . . . .   4,000,000 fr. »

Sur les écritures du 31 décembre 1855, on lit encore :

> « Fox et Henderson . . . .   2,200,000 fr. »

M. Cusin soutient que la décomposition du bilan a été adressée au Ministre. M. l'Avocat impérial répond que la preuve manque; mais il y a une preuve qui ne manque pas, on n'écrit pas sur les registres, dans sa maison commerciale, que la somme est à la Société; on ne met pas cette somme dans la caisse sociale, lorsqu'on veut en faire un lucre coupable tout personnel. Voulez-vous une dernière preuve qui combattra tous les chefs de la plainte?

M. Pereire vendait à M. Cusin pour 1 million de terrains. M. Cusin lui a-t-il demandé une remise, un pot-de-vin? M. Pereire faisait pour 1 million 600,000 fr. de terrassements; M. Cusin lui a-t-il demandé une remise? M. Riant a vendu pour 9 millions de terrains; M. Cusin lui a-t-il demandé une remise? M. Cusin est donc un honnête homme, il ne détourne pas une obole des Docks. Jamais de remise pour lui, jamais un pot-de-vin!

Cependant, en cette occasion, la voix un peu puritaine de la partie civile, de mon excellent confrère Celliez s'émeut et s'indigne. Ne soyons pas trop rigides pour des moyens qui ont le tort grave d'avoir échoué. Le monde est aux victorieux; je plains du cœur M. Cusin, malgré sa défaite. Le pauvre homme !... Je ne prétends pas en faire un agneau, mais il a été facile et bon ; avec ses tristes compagnons de police correctionnelle, il n'a point organisé les détournements, pillé la caisse; les loups qui dévorent, les loups ne sont point sur ces bancs!

L'emploi, la disparition d'un nombre considérable d'actions! cela est grave ; je le reconnais. Cherchons donc les causes du fait le plus sérieux du procès. Après la souscription, M. Cusin ne touche pas aux actions; il a rompu avec Ricardo, il guette un capitaliste, il se livre à M. Pereire, il vivra par M. Pereire, il comptait sur lui. Compter sur M. Pereire !... Cependant les liens étaient formés, M. Pereire signait, agissait, dirigeait. Tout aux Docks se courbait,

s'effaçait devant M. Pereire, et voilà que M. Pereire se retire. Retraite désastreuse et mortelle!

Jusqu'à la fin de 1853 M. Cusin ne touche pas aux actions, le caissier
Picard l'atteste. Fait important ! C'est donc dans un moment extrême que
M. Cusin a recours à un moyen extrême. C'est donc, comme il l'a toujours
dit, pour passer une crise qu'on a vendu. Plus tard, les pertes seront répa-
rées. Avant tout, il faut vivre ; M. Cusin n'a point songé à mourir à côté des
éléments d'existence qui étaient entre ses mains. On vend donc des actions
au-dessous du pair, on met des actions en report. M. Cusin n'est point un
homme de Bourse, il n'a jamais joué ; il espère en M. de Rothschild qui ne
trompe pas, il se rattachera M. Pereire ; il se réfugie dans le dévouement,
dans le crédit de son nouvel ami, M. le comte Lehon ; quelques millions
ne sont rien dans l'avenir des Docks ; un nom, l'homologation, et tout est
sauvé ! Il est dû d'ailleurs à MM. Cusin et Legendre : ils ont tout laissé, tout
confondu dans la caisse de l'Union commerciale. Il leur est dû une commission de banque pour l'encaissement des actions, 1 million. Comment, s'écrie
M. l'Avocat impérial, une commission de banque pour la souscription men-
teuse des concessionnaires! une commission pour des fonds qu'ils ne
versent pas !

Je comprends l'objection du ministère public ; mais la commission au moins
est due pour les 85,000 actions dont la valeur a été réellement versée. Sont
dus les loyers de l'hôtel de la rue Laffitte, 100,000 francs ; sont dus
450,000 francs pour ce qu'on appelle le service de la représentation, ce qui
comprend le traitement, les voitures et autres frais inséparables d'une grande
administration. M. Cusin ne pouvait pas, sans voiture, être le même jour aux
Docks, chez les ministres, dans tout Paris. M. Dépinoy doit comprendre le
loyer, lui qui s'est logé si somptueusement dans la rue Laffitte. Il doit comprendre le traitement, lui si exact à percevoir 15,000 francs par an.

Enfin, il est dû le 10 pour 100 dans les bénéfices. Je dois m'expliquer sur
la valeur de ces 10 pour 100.

M. Virey, gérant de la maison Hainguerlot, avec sa grande expérience,
porte à 4 millions le produit annuel des Docks ; c'est 400,000 francs pour les
10 pour 100.

M. Stokes, qui comprend mieux encore les Docks que M. Virey, met aux
produits 9 millions ; c'est 900,000 francs pour les 10 pour 100.

M. Cusin va beaucoup plus loin, il élève à plus de 12 millions le produit
des Docks ; ils ont trois articles lucratifs que n'ont point les Docks anglais :
les articles manufacturés ou confectionnés, les prêts, les assurances ; il calcule ainsi :

« 200,000 tonnes, en moyenne à 27 fr. par an . . . . .   5,400,000 fr.
» Commissions sur les ventes   1,000,000
» Commission ou différences sur les escomptes de warants   4,000,000

» Bénéfices sur les assurances   500,000
»   Id.   sur les délivrances de warants.   500,000
»   Id.   sur les messageries   500,000
»   Id.   sur les chemins de fer. . . . .   500,000 »

Il dit encore aux Docks : « Loin de vous ruiner, je vous ai enrichis :
» mes terrains ont doublé de valeur ; je trouve cette assurance pour les ter-
» rains de la place de l'Europe, dans l'ouverture du nouveau boulevard
» Malesherbes ; je trouve cette assurance pour les terrains des Marais, dans
» une ligne qui les avoisine et qui va s'ouvrir ; au moment où je parle l'en-
» quête est ouverte. M. Riant reconnaît à cette audience l'augmentation tou-
» jours croissante des terrains qu'il m'a vendus. Je suis modeste en portant
» aujourd'hui le mètre à 200 francs, je l'ai acheté 105 francs. Voici donc mes
» calculs :

» Environ 100,000 mètres de terrains, à 200 fr. . . . . 20,000,000 fr.
» Plus, en caisse, actions Fox ou reports, 34,624 actions 4,328,000
» Javel, Pont-Remy, Union commerciale   5,214,000
» Terrassements, enregistrements   2,000,000
» Cautionnements, rente, matériel   1,000,000
                        » Total   32,543,000
» Dû à M. Riant et imprévu   3,542,000

                » Reste aux Docks . . 29,000,000 fr. »

M. Cusin dit à l'Union commerciale effrayée : « votre position est|loin d'être
mauvaise :

» Il vous est dû (1) . . . .   4,639,000 fr.
» Vous devez aux Docks . . . 2,300,000 ⎫
» Aux actionnaires. . . . . . 2,000,000 ⎭ 4,300,000

» L'actif excède le passif de. . . . .   339,000 fr. »

M. Cusin contrôle ce compte par le tableau des profits et pertes, et sa maison de banque bénéficie encore de 224,000 francs.

M. Cusin a eu des illusions, il a commis des fautes. Pourquoi transformer
des fautes en délit ? je comprends l'action civile ; mais l'action publique !...

Sous la parole animée de M. l'Avocat impérial, les articles 405 et 408 du
Code pénal se dressent contre M. Cusin ; escroquerie, abus de confiance !
L'escroquerie contre un homme dont les antécédents sont purs ! Commencer
l'escroquerie dans la maturité de la pensée et de la vie !

Manœuvres frauduleuses ! M. Cusin a signé un mensonge, l'acte du 20 no-

---

(1) Pour ne pas publier la situation de plusieurs maisons de commerce, nous n'écrivons pas ici la
décomposition des 4,639,000 fr.

vembre 1852 Il a trompé les actionnaires en déclarant que les actions étaient souscrites, que la Société était constituée. L'acte du 20 novembre ! Mais les signataires ne sont-ils donc pas engagés ? N'ont-ils pas derrière eux la responsabilité de l'Union commerciale ? Un contrat civil existe. Si M. de Rotschild ou M. Pereire avait fait une pareille déclaration, serait-elle suspecte, un moment contestée ? Les noms changent-ils une question d'argent ? La maison Cusin-Legendre n'est-elle pas aussi une maison respectable ? Si elle est moins puissante que la plus grande maison du monde, est-elle sans puissance ? L'accuse-t-on de s'être présentée au préfet, d'avoir proposé un chiffre, et d'avoir ouvert la souscription des emprunts de 25 millions et de 50 millions de la ville de Paris ? L'accuse-t-on d'avoir souscrit l'emprunt de 7 millions de la ville de Bruxelles ? De tels souvenirs ne lui permettaient-ils pas de faire pour elle ce qu'elle fit pour deux grandes cités ? La souscription est sérieuse, légale, point de délit !

Manœuvre frauduleuse ! redit toujours M. l'Avocat impérial.

Tout le monde ne connaissait-il pas cette déclaration du 20 novembre, l'intention qui la dictait, l'urgence de constituer la Société ? Un actionnaire de mauvaise humeur envoyait la déclaration au Ministre. M. Cusin se mettait aux ordres de M. Pereire, lui abandonnait sa direction. Il implorait M. de Rothschild, il se livrait à M. le comte Lehon. Le pauvre homme criait à tout le monde : *Sauvons les Docks !* Voilà sa fraude. Manœuvre frauduleuse ! On a sali les actions pour cacher qu'elles étaient neuves. Mais il est notoire, et c'est même un grief signalé par le parquet, il est notoire que des actions bien neuves, bien immaculées, ont couru à la Bourse. Est-ce M. Cusin qui a sali les actions ? Je l'ai dit, il n'allait jamais à la Bourse. Manœuvre frauduleuse !... Les grattages, le chiffre mensonger des souscriptions, les 17 millions. Je vous ai dit ce que c'était que les grattages, leur parfaite innocence, l'insignifiance du chiffre des actions demandées, lorsqu'il est bien reconnu que ce chiffre dépassait 200,000, et que les concessionnaires ont réduit les demandes de plus de moitié.

Les dix-sept millions ! Dans une assemblée, au milieu d'une discussion, sur cette question subite de M. Dolfus : *Quel est le capital des Docks ?* M. Cusin répond : *Dix-sept millions.* Il n'y avait en caisse que 11 millions. Dans un mot rapide, au milieu d'un débat, M. Cusin confond l'espérance avec la réalité, la recette prochaine avec la recette accomplie. Il comptait payer en partie les 9 millions de M. Riant avec des actions de M. Riant. M. Riant n'avait pas dit encore, comme à cette audience, qu'il ne souscrit jamais. M. Cusin commençait ses illusions par la souscription de M. Riant. Est-ce que les débats d'un Conseil ont été portés au public ? Qui donc a été trompé par les dix-sept millions ?

M. Cusin vendait à 72 et 73 francs. Bonne affaire, trop bonne affaire pour les acheteurs. Ils ont reçu plus qu'ils n'ont donné. Le porteur des actions ainsi vendues serait-il admis à se plaindre d'un fait sans dommage pour lui, mais lucratif ? La plainte de M. l'Avocat impérial ne peut être que la plainte, des acheteurs trompés, et il n'y a point d'acheteurs trompés. La fortune d'autrui est restée intacte d'escroquerie.

. . M. l'Avocat impérial nous presse sous son raisonnement inflexible. En vendant au-dessous du pair, on a abusé de la confiance des actionnaires, on a nui aux actionnaires. *Abusé!* M. Cusin croyait agir dans l'intérêt commun. *Nui!* Tout était perdu et l'intention de M. Cusin était d'appliquer un remède désespéré à une situation désespérée; il n'a pas nui sciemment; il croyait d'ailleurs tenir de l'article 63 des statuts le droit d'administration, de placement, de roulement des fonds, et, par les circonstances, il s'est trouvé trop engagé. Si l'abus de confiance, mot vague, mot élastique, fait à l'honneur une brèche moins profonde que le mot escroquerie, M. Cusin ne proteste pas avec moins d'énergie contre la pensée qu'il aurait eue de frustrer ceux qui se fiaient à lui. Son intention, Messieurs, son intention, le relève de tous les chefs d'une éloquente plainte. En groupant avec talent des faits qui n'ont isolément aucun caractère de délit, on n'arrive pas à une pénalité.

Des millions, des préventions écrasantes, poursuivent M. Cusin, et un réquisitoire serré, ardent, a saisi partout le délit et l'a jeté à flots sur les inculpés. Mettez-vous en garde contre l'éclat de la parole et du raisonnement, contre les préventions qui doivent mourir dans cette enceinte. Rappelez-vous que la justice descend de Dieu et que la justice humaine, comme la justice divine, juge l'intention. En 1852, M. Cusin est à la tête d'une immense concession qui le portera au faîte de la puissance financière. Le public accourt pour souscrire, l'Angleterre offre ses millions; M. Pereire, aux mains duquel ne périt jamais une entreprise, adopte les Docks. La guerre éclate; l'industrie se trouble. M. Cusin a repoussé l'orgueilleuse exigence anglaise : M. Pereire, malgré un traité, a retiré son nom et ses millions; tout s'évanouit. Après deux ans, M. Cusin est seul sous l'énorme fardeau des Docks. La manœuvre notariée du 20 novembre est accomplie. Depuis deux ans, tout le monde la connaît, tout le monde ne marche pas moins à la conclusion, et M. Cusin croirait avoir commis un délit?... Pour M. Cusin, le fait grave, c'est d'avoir acheté trop de terrains. Les fonds manquent, les Docks se meurent, et trois Ministres ont dit : *Que les Docks vivent!* Pour M. Cusin, les Docks ne sauraient mourir. Pendant deux ans, il n'a pas touché à une action, et, après deux ans, pour conjurer une chute imminente, il ne voit plus que les actions. Il emprunte, il met en gage des actions, il vend des actions. N'a-t-il pas d'ailleurs des ressources personnelles pour combler le déficit qu'il va creuser? Les Docks ne rapporteront-ils pas 12 millions, n'a-t-il pas 10 pour 100 sur les bénéfices? Calculs chimériques! dit la plainte. Illusions!... on nous jette le mot illusions. Il est constant cependant que le gouvernement et les calculateurs ont pris au sérieux les Docks; il est incontestable au moins que les rêves de M. Cusin sont pour lui des réalités. Ira-t-il déchirer son œuvre, l'immoler à des sommes faibles devant celles qu'il attend? Les Docks vivront, les Docks lui donneront cette haute position, cette haute fortune à laquelle il aspire, et il éparpille misérablement, criminellement le gain d'un jour entre lui et ses complices, lui si présomptueux, lui Cusin, lui que le nom seul de Pereire empêche de dormir ? S'il a vendu pour lui et non pour les autres, il a l'opulence des hommes ruinés qui installent la banqueroute dans un hôtel, la promènent dans un équipage ? Il ne reste à M. Cusin que le souvenir de son rêve et la conscience de sa chute profonde.

L'avocat n'a point à invoquer ses convictions. Son émotion est suspecte : il est si naturel de se passionner pour celui qui souffre, pour celui que, durant tant de semaines, on a entendu parler avec déchirements de son innocence ; mais l'attitude de M. Cusin à cette audience, ses mouvements spontanés et si touchants, ne l'entourent-ils pas d'un vif intérêt ?

Il est bien malheureux, plus d'une plainte est dans son cœur, et pourtant pas un murmure, pas une récrimination ; il n'accuse personne, il ne jette à personne une part de son fardeau. Vous avez entendu ses paroles saisissantes, son accent vrai.

J'ignore encore si M. Cusin vous a convaincus ; il vous a certainement remués. Ah ! les cordes émouvantes qui sont dans la voix d'un prévenu, ces protestations qui sortent profondément de sa poitrine, sortent aussi de sa conscience. Il y a des accents qui ne trompent pas, et ces accents qui m'ont souvent agité, ont monté jusqu'à vous. M. Cusin a été téméraire, ambitieux peut-être, mais son ambition n'avait que de légitimes ardeurs. N'était-il pas entouré de richesses fabuleuses et subites, de succès provocateurs ?

Hélas ! Messieurs, notre siècle est aventureux. Il a écrit sur son front un vieil enseignement dont il n'avait pas besoin : *Audaces fortuna juvat*. Il a écrit encore : *Auri sacra fames*. Des fortunes inouïes s'élèvent et s'abaissent. C'est le flot qui monte et retombe. C'est la marée effrayante qui accourt et se retire, ne laissant souvent que des débris sur la plage. Les grands exemples entraînent. On croit à sa raison, à ses calculs, à son étoile. On se précipite dans une mer d'orages et de périls. Le plus honnête homme est emporté comme les autres. Il tombe, on l'accable, et les félicitations du monde entourent celui qui a prospéré. Mais la justice ne juge pas comme le monde. Elle pèse le passé, les circonstances et jusqu'au caractère de l'inculpé.

L'attente de votre décision fait palpiter toute une famille ; ce qu'elle demande, ce ne sont plus des millions, c'est l'honneur, c'est la liberté de son chef, c'est la fin de cette fièvre incessante qui le dévore depuis si longtemps sous les murs sombres de Mazas. Les Docks sont sauvés, les hommes attendent, a dit un ministre. Les Docks sont sauvés ! ce n'est pas M. Cusin qui les perdait. Les hommes attendent, M. Cusin attend dans sa pauvreté, et cette pauvreté est sa meilleure justification. Les Docks sont sauvés ! vous ne perdrez pas M. Cusin !

PLAIDOIRIE DE Me DUFAURE,

Défenseur de Legendre.

En prenant la parole pour M. Legendre, je ne me dissimule pas que je remplis un rôle égoïste et par conséquent ingrat. Je viens en effet soutenir que, dans les faits qui vous ont été racontés, il n'y en a aucun qui concerne directement et personnellement M. Legendre; qu'il a été étranger à peu près à tous ceux qui ont été blâmés ou incriminés; et toutefois je veux prier le Tribunal, lorsque je ferai mes efforts pour démontrer que M. Legendre est resté en dehors des actes qui sont l'objet de l'accusation, de ne pas voir dans mes efforts mêmes ni une affirmation, ni un aveu de la vérité ou de la criminalité de ces faits. Je les tiens pour étrangers à M. Legendre, et je n'entreprends pas de les juger, encore moins de les inculper.

Je trahirais la pensée de mon client si je disais un mot qui pût aggraver la situation de son ancien associé. Vous l'avez entendu lui-même dans son interrogatoire. Il vous a dit en toute sincérité qu'en 1852, à l'époque où commençait l'affaire des Docks, il avait dans Cusin une confiance parfaite : confiance en sa probité comme en son intelligence, et que cette confiance lui était commandée par six années de relations qu'ils avaient eues ensemble. Il a ajouté qu'après avoir vu Cusin au milieu des tourments que cette affaire lui cause depuis quatorze mois, après s'être assis à côté de lui sur ces bancs de la police correctionnelle, sa confiance n'avait pas été un moment inquiète ni ébranlée. Je ne dirai pas un mot qui donne un démenti aux déclarations que mon client a faites.

Aussi bien, en défendant l'accusé, en appréciant les faits du procès, serais-je désolé qu'il sortît de mes lèvres une seule expression soit pour tourner en dérision, soit pour affaiblir, soit pour atténuer les vérités morales dont l'éloquent organe du ministère public s'est fait le défenseur à la dernière audience. Après ces cinq longs jours de débats, après cinq jours d'attention et de réflexion, à vous dire toute ma pensée, je ressens surtout deux désirs vifs et très sincères : l'un, c'est qu'un nom qui pour moi n'est pas seulement la représentation d'une longue gloire et d'un admirable talent, mais encore du cœur le plus pur, du caractère le plus sûr et le plus attachant, sorte intact de cette douloureuse épreuve; et l'autre, c'est que la famille de M. Legendre, qui m'a confié le soin de le défendre, ne soit pas frappée d'une condamnation ; à mon avis, imméritée; c'est de pouvoir obtenir du Tribunal que des négligences, trop de confiance peut-être, un laisser-aller peu ordinaire, ne soient pas considérés comme des actes criminels et punis d'une peine correctionnelle.

Je voudrais pouvoir vous exposer la défense de Legendre avec cet ordre si logique que M. l'Avocat impérial a suivi dans l'accusation. J'ai fait mes efforts pour y arriver ; je me sens impuissant à le faire. Il m'a paru seulement que j'aurais plaidé toute ma cause si, reprenant d'abord dans leur ordre chronologique, avec la sobriété qui m'est imposée par ma situation, les faits incriminés, je disais quelle part Legendre y a prise, et si plus tard, abordant l'examen des délits qui lui sont imputés, je montrais que dans les faits comme dans la part qu'il y a prise, on ne trouve pas les caractères auxquels la loi reconnait ces délits.

C'est là la double tâche que je m'impose et que je remplirai en épargnant autant que possible les moments que la patience du Tribunal a bien voulu déjà nous accorder.

Je suis obligé de remonter, soit avec l'honorable défenseur des parties civiles, soit avec l'organe du ministère public, à des faits même antérieurs à la constitution des Docks, car la première parole de l'un et de l'autre est celle-ci : Lorsque le décret du 17 septembre 1852 a été rendu, lorsque trois concessionnaires ont été choisis par le gouvernement, et lorsque M. Legendre en particulier a été l'un d'eux, il apportait à cette concession un passé déjà suspect, une fortune compromise, une réputation entachée qui aurait dû lui faire une loi de s'abstenir. Cela est-il exact ?

M. Legendre a été pendant vingt ans dans le commerce des toiles à Paris. Il y a passé avec la réputation la plus incontestée ; il y a laissé les souvenirs les plus honorables. J'en ai des témoignages nombreux entre les mains. Je crois qu'il est de mon devoir d'en faire connaître au Tribunal quelques-uns.

Voici un premier certificat :

« Les soussignés déclarent, pour rendre hommage à la vérité, que pendant près
» de trente années M. Casimir Legendre a été négociant en toiles à Paris : il s'est
» très honorablement conduit et a été entouré de la considération du commerce ;
» ils affirment, en outre, que pendant cette longue période de temps aucun fait
» n'est venu à leur connaissance qui puisse nuire à l'estime qu'ils avaient pour
» lui.

> » V. COHEN et comp. — MILLESCAN et comp. — BOISTEL
> » frères. — BRÉBION et COURTOIS. — Ch. LEBORGNE. —
> » DUVEAU et GUYON. — CAVARE frères. — VINCENT. —
> » PRIEUR-DELACOMBLE.— MORÉNO-HENRIQUEZ.— BOUF-
> » FARD-FERRIER et comp. — VARIN. — BERTECHE, BEAU-
> » DOUX, CHESNON et comp. — MESLIER. — ESNAULT-
> » PELTERIE aîné.

» Paris, le 25 février 1857. »

Ces signatures sont celles des plus notables commerçants de la ville de Paris dans le commerce des toiles. La maison Cohen et comp., qui figure en tête de cette liste, est peut-être dans ce genre la première maison de l'Europe.

J'ai une autre déclaration que je lis :

« J'ai connu il y a quelques années M. Legendre, c'était un très honorable né-
» gociant qui jouissait de la meilleure réputation. Il a été plusieurs fois honoré du

» suffrage de ses concitoyens et à rempli des fonctions publiques à la satisfaction de
» tous. Je souhaite que mon témoignage, ajouté à tant d'autres, lui soit utile ; car
» il mérite, à mes yeux, l'intérêt de tous ceux qui ont eu des rapports avec lui.

» Paris, 26 février 1857.

» GUYARD-DELALAIN,

» Député au Corps législatif. »

Enfin j'apporte au Tribunal d'autres certificats et des lettres touchantes qui
ont été adressées à la famille de M. Legendre depuis qu'on a connu son arrestation, dans les premiers jours de 1856.

Voilà quel était le passé de M. Legendre à l'époque où il a formé avec M. Cusin, en 1846, une Société en commandite.

A l'occasion de cette Société, on a été réveiller un fait dont le commerce de
Paris ne s'était jamais plaint. La Société, d'après les statuts, avait été formée
au capital de 3 millions. C'était à la fin de 1846. Vous vous rappelez les difficultés qu'éprouva dans cette année le commerce des grains, les capitaux qui
sortirent de France, la baisse de toutes les valeurs.

Après avoir fait tous leurs efforts, MM. Cusin et Legendre ne réunirent que
2 millions ; le troisième million ne put être souscrit. Mais c'est avec l'assentiment de tous leurs commanditaires, qui ne voulaient pas voir tomber pour
cette cause une maison qu'ils avaient fondée, qu'ils déclarèrent à cette époque
que la Société était constituée. Ont-ils donc ainsi fait tort à personne ? A-t-on
entendu une seule plainte ? Quand ils ont avoué la situation obligée que leur
faisaient les embarras de l'année 1846, accrus encore en 1847, devenus plus
grands en 1848, s'est-il élevé une seule voix dans l'assemblée des actionnaires
pour leur dire : Non, vous n'avez pas réuni 3 millions, la Société ne pouvait
être constituée qu'avec 3 millions ; elle doit être dissoute ? Non, je le répète,
ils ont fait ce qui était de l'intérêt de leurs actionnaires, avec l'assentiment de
tous : et la situation a été finalement régularisée par une assemblée générale.
Quelle induction peut-on tirer contre eux de ce qui s'est passé à cette
époque ?

Leur conduite commerciale plus tard ne les a-t-elle pas complétement justifiés. Avec ce capital de 2 millions, leur maison, en 1848, a été une des maisons les plus incontestablement solides de la capitale. Consultez les meilleurs
appréciateurs de la solidité de nos maisons de commerce, consultez la Banque,
consultez M. Verne, le plus habile de tous. Il vous dira qu'en 1848 une des
maisons de Paris qui lui paraissaient le plus solides, était à ses yeux, pour
l'escompte du papier, la maison Cusin.

Permettez-moi encore de vous rappeler avec quelques détails un fait dont
il a été parlé dans le débat, dont un de mes honorables confrères vient de
parler tout à l'heure. Je trouve par hasard, dans un journal du temps, des
détails sur ce point, et je prie le Tribunal de me permettre de les lui
donner.

Le préfet de la Seine, en 1849, à une époque où les capitaux se retiraient, au nom de la ville de Paris, ouvre un emprunt par adjudication pour 25 millions, en obligations de 1,000 francs. L'adjudication doit avoir lieu le 26 mars ; mais une seule maison, la maison Béchet-Dethomas se présente ; elle offre un chiffre de 1,005 francs 20 centimes par obligation, et le préfet déclare que ce chiffre est inférieur à son minimum : l'emprunt n'a pas lieu. Ceci fut répété dans les journaux de l'époque, et je lis dans le *Journal des chemins de fer* un article qui, avec le récit des faits, contient des blâmes très vifs contre le préfet pour s'être montré si exigeant dans un moment où les capitaux se réunissaient difficilement, et le journaliste annonçait que très probablement le refus aurait le *détestable* résultat d'amener une concurrence. A quelque temps de là, le même journal annonce en effet que cette concurrence s'était produite, et dans l'article que j'ai entre les mains, il apprend à ses lecteurs que MM. Cusin et Legendre ont eu cette *détestable* idée de se porter en concurrence dans un moment pareil. Il ne leur ménage pas les attaques pour cette raison, non plus qu'au préfet qui a appelé cette intervention. Voici la note que je lis :

« Après les désordres financiers dont la révolution de février a été suivie, l'emprunt au pair était déjà une opération fort avantageuse. Il prouvait le bon vouloir et la confiance des capitalistes, et, selon nous, M. le Préfet n'eût pas dû se montrer si rigoureux. Ces exigences, dont nous ne venons point ici discuter les motifs, ont eu malheureusement pour résultat la création d'une concurrence immédiate, car la maison Cusin-Legendre s'est mise sur les rangs depuis la non-adjudication. En toute autre occurrence nous ne pourrions qu'applaudir à cette initiative et nous féliciter de voir se multiplier le nombre de nos établissements financiers qui se placent résolûment à la tête des grandes opérations de crédit. Elles ont été trop longtemps l'objet du monopole, et il convenait surtout à une maison honorable comme celle de MM. Cusin-Legendre de marcher la première dans une voie progressive. Mais nous regrettons que son heureuse détermination se soit manifestée dans la circonstance actuelle. Ce n'est pas le défaut de souscriptions qui nous préoccupe ; nous savons qu'elles abondent et que la formation du capital n'éprouvera pas la moindre difficulté. Nous sommes uniquement influencés par une plus haute considération, l'intérêt même des souscripteurs menacés par cette concurrence inopportune qui pourrait faire monter le taux d'adjudication à un chiffre imprudemment élevé. Toutefois nous espérons que ces craintes sont prématurées ; les deux maisons de banque rivales sont dirigées par des hommes pratiques pénétrés de la gravité de leur responsabilité. Ils comprendront qu'en général les souscripteurs s'intéressent dans les deux entreprises, et que ce serait méconnaître les premières notions financières que de les faire ainsi combattre contre leurs propres intérêts. Il est donc à désirer qu'un arrangement intervienne entre eux, s'ils ne veulent point nuire à leurs souscripteurs, se compromettre dans l'esprit des capitalistes, et s'aliéner pour toute opération future la confiance publique. »

C'est dans un journal du 7 avril 1849 que je lis ces mots.

En attendant le 20 avril, époque où devait avoir lieu la seconde tentative d'adjudication d'emprunt, que devaient faire MM. Cusin et Legendre, s'ils n'avaient suivi que leur intérêt? Une chose facile : aller trouver MM. Béchet-Dethomas, s'entendre, *se fusionner*, comme on disait déjà, avec eux, et par ce moyen soumissionner l'emprunt à de très bonnes conditions. Loin d'agir ainsi (et le Tribunal pensera comme moi que c'est un acte de probité), ils portèrent leur soumission à 1,066 francs. MM. Béchet-Dethomas offrirent 1,105 fr. 40, et n'obtinrent l'emprunt qu'à ce taux : bénéfice par obligation, pour la ville de Paris, de 100 fr. 20, bénéfice total de plus de 2 millions 500,000 fr. C'était là, je le répète, un acte de probité d'autant plus méritoire, que les circonstances étaient plus difficiles. L'opinion publique leur en tint compte, et ils sont arrivés revêtus de toute considération à l'année 1852, époque où la concession des Docks a été faite par le gouvernement.

J'ai parlé du passé; vous l'avez vu, il est honorable. Je suis arrivé aux circonstances qui précèdent immédiatement le décret de concession. A l'occasion de cet emprunt, M. Cusin avait été mis en rapport avec un membre du Conseil municipal, M. Riant. Celui-ci avait depuis longtemps une idée qui le poursuivait. Propriétaire de terrains d'une étendue considérable à côté de la gare du chemin de fer de Saint-Germain, qui devait être la gare du chemin de fer de l'Ouest, il rêvait la vente de ces terrains à de bons prix. Il avait déjà imaginé plusieurs moyens, et notamment il avait adressé ou fait adresser à l'Assemblée législative des pétitions assez nombreuses pour la création de Docks dans Paris, pétitions dans lesquelles on montrait que le seul emplacement où les Docks pussent être établis étaient les abords du chemin de Saint-Germain, de l'Ouest et de Rouen. M. Riant entre en communication avec M. Cusin : entrevues nombreuses, fréquentes. Il parvient à convaincre le banquier de ces deux choses : l'une que Paris tirera le plus grand avantage de la création des Docks, et l'autre, la plus importante, que l'emplacement des Docks doit être nécessairement à côté de la gare du chemin de l'Ouest.

C'est après ces longues conférences, auxquelles (je ne perds pas de vue ma cause) M. Legendre a été absolument étranger, selon la propre déclaration de M. Riant, c'est après ces longues conférences qu'on demande et qu'on obtient du gouvernement le décret du 17 septembre 1852. M. Riant avait d'abord mis en communication avec M. Cusin M. Duchêne de Vère. Pourquoi ? Vous le savez.

M. Duchêne avait parcouru la Hollande et l'Angleterre, les avait habitées, connaissait l'exploitation des Docks, et l'on espérait tirer un grand parti de son concours.

Ce décret, à prendre les articles qui le composent, autorisait MM. Cusin, Legendre et Duchêne de Vère à créer de grands magasins appelés Docks (qu'on leur donne un nom français ou un nom anglais, peu importe !) et indiquait l'endroit où ils devaient être élevés, à côté de la place de l'Europe. Pour M. Riant, c'était un grand point; mais, pour le commerce parisien, ce n'était pas un grand progrès : l'emplacement des Docks est désigné. Quant à l'exploitation, quant au parti à tirer de ces établissements, que l'on qualifiait de nouveauté, il n'en est point parlé dans le décret. Tout cela était matière à études par les concessionnaires ; ce que je dis est si vrai, que M. Heurtier nous a appris qu'au mois de novembre 1853, c'est-à-dire quatorze mois après cette époque, on nommait une grande commission au ministère du commerce pour savoir ce qu'on ferait des Docks et comment on les exploiterait.

Quoi qu'il en soit, le décret est accordé. Il est accordé, le Tribunal ne l'oubliera pas, à MM. Cusin, Legendre et Duchêne de Vère.

Après le décret de concession, qu'y avait-il à faire ? Il fallait organiser une. Société pour l'exploiter. Mais ici le ministère public nous arrête et nous dit : Comment avez-vous accepté cette condition ? Vous aviez un passé compromis, vous aviez une fortune ébranlée.

. Vous aviez un passé compromis ! Je ne répondrai qu'un mot en ce qui concerne Legendre. On a cherché à aggraver la situation de Legendre en faisant le rapprochement des trois concessionnaires : Voyez le premier, Duchêne de Vère, s'écrie-t-on, qu'est-ce ? Il a été condamné en Belgique aux travaux forcés. Je me permets de le dire à M. l'avocat impérial : ce rapprochement, en tant qu'on voudrait en tirer parti contre nous, est injuste. MM. Cusin et Legendre ne connaissaient pas un mot du passé de M. Duchêne. Ce n'est qu'au mois d'avril 1853 qu'ils l'ont su. Si quelqu'un pouvait le connaître, n'était-ce pas plutôt le gouvernement, auteur de la concession, que nous, concessionnaires accouplés par son fait avec M. Duchêne ? On a lu à la dernière audience une lettre de M. le ministre de la justice en Belgique, rappelant qu'à la fin de 1848, son département avait envoyé au ministre de la justice de France une expédition de l'arrêt de condamnation.

Je veux bien qu'on l'eût oublié, je suis convaincu qu'on l'avait oublié; mais, je le répète, si quelqu'un pouvait connaître le passé qu'on nous oppose, ce n'était pas nous. Il n'y avait pas lieu, à l'aide de ce rapprochement, de jeter du discrédit sur les deux concessionnaires qui sont maintenant sur vos bancs. Point de passé compromis ! Le gouvernement choisissait des concessionnaires, ceux-ci n'avaient pas de raison pour reculer.

Mais, dit-on, leur fortune était ébranlée.

Comment ébranlée ! l'a-t-on prouvé ? On a recherché quelle était la situation financière de là maison Cusin, Legendre et comp. à l'époque où le décret avait été concédé. Erreur ! On s'est mis à la suite de l'expert Monginot dans cette fausse voie. Ce n'est pas la maison Legendre et comp. qui a été déclarée concessionnaire des Docks, remarquez-le bien, ce sont trois individus, et non pas une maison de commerce : c'est Cusin, c'est Legendre, c'est Duchêne de Vère. Si vous voulez savoir quelle était la situation financière des trois concessionnaires, demandez-vous quelle était la situation individuelle de Cusin, quelle était la situation individuelle de Legendre, quelle était la situation individuelle de Duchêne de Vère. Ne cherchez pas autre chose. Mais est-ce que la situation financière des concessionnaires de travaux publics, pourvu que l'honorabilité du caractère s'y trouve, a jamais été prise en très grande considération par

le gouvernement? On sait très bien, quand on concède une entreprise de
50 millions, que les trois individus auxquels on la concède ne feront pas avec
leurs propres fonds, avec leurs seules forces, l'entreprise qu'on leur confie.
Vous en avez des exemples nombreux.

Ainsi, on a beaucoup parlé dans ce procès du chemin de fer de Béziers à
Graissessac. Que M. l'avocat impérial veuille se reporter à la concession qui
en a été faite à la même époque, fin de 1852, il verra qu'il a été concédé à
quatre individus appelés Granier, Couttet, Delcrosse et Orsi. Je ne crains pas
de le dire : Si à cette époque on avait réuni toutes les ressources de MM. Granier, Couttet, Delcrosse et Orsi, on n'aurait pas trouvé plus de fortune que peuvent en avoir personnellement les trois concessionnaires des Docks Napoléon.
Mais on savait, pour le chemin de Béziers comme pour les Docks, qu'on ferait
une Compagnie qui serait chargée de remplacer les concessionnaires et de
mener à fin la grande entreprise que le gouvernement leur confiait.

Vers le même temps prenez le chemin de fer de Provins aux Ormes, vous
verrez qu'on l'a concédé à un homme dont je ne me rappelle pas le nom, qui
est venu trouver M. Mirès et lui a demandé de former une compagnie.

Enfin, pour citer un exemple plus ancien et plus éclatant, que le tribunal
se rappelle cette grande entreprise de chemin de fer qui est à la tête de toutes
les autres, le chemin d'Orléans. Il a été concédé à un M. Casimir Lecomte
qui n'a pas fait le chemin avec ses propres ressources, mais il a réuni une
compagnie, celle qui le dirige aujourd'hui, avec de grands financiers, avec
des hommes très pratiques à la tête, et il a obtenu qu'on lui donnât pour prix
de sa concession 12,000 fr. de rente viagère que vous verrez tous les ans
inscrits au débit du compte de la compagnie d'Orléans.

Voilà comment à toute époque les concessions ont été faites. Je sais que
quelquefois, et je ne blâme pas le gouvernement qui le fait, on cherche au contraire à réunir de grandes notabilités financières pour des concessions de cette
nature, mais on ne le fait pas toujours, et dans tous les cas ce n'est pas ce qui
a eu lieu pour les Docks ; le gouvernement a suivi d'autres exemples, et il a
trouvé que MM. Cusin, Legendre et Duchêne de Vère individuellement,
étaient de très bons concessionnaires. Ce ne serait pas à eux en tout cas que
le reproche devrait être adressé. On leur accordait la concession, ils devaient
l'accepter. C'est au gouvernement qui a choisi les concessionnaires qu'on
devrait adresser le reproche auquel je réponds.

Et maintenant, je rentre dans l'ordre des faits.

La concession est accordée, le décret du 17 septembre 1852 est rendu.
Qu'y a-t-il à faire? Deux choses : Préparer les statuts de la Société à laquelle
sera confiée l'exécution du décret de concession ; appeler les souscripteurs
dont les capitaux sont nécessaires pour exécuter le décret.

Les statuts ont été préparés, et le tribunal me permettra de lui en dire
quelques mots, parce qu'ils renferment deux clauses auxquelles j'attache une

extrême importance, et qui me paraissent nécessaires en particulier pour la complète justification de Legendre.

Le tribunal sait quelle est la Société qu'on préparait. Ses statuts imprimés, qui ont été distribués, mis sous les yeux de tous les capitalistes et commerçants de Paris, déclarent que la Société sera une Société anonyme, qu'elle sera au capital de 50 millions.

Il fallait un banquier à cette Société comme à toute autre. L'art. 3 déclare qu'on choisit pour banquier la maison Cusin, Legendre et compagnie, et c'est dans ses bureaux, dans la rue Laffite, 27, que seront les bureaux de la Société.

Cela a été l'objet de reproches de la part du défenseur de la partie civile. Il a dit : Voyez avec quel soin on s'empare de tous les résultats de ce décret de concession. C'est dans les bureaux mêmes de MM. Cusin et Legendre qu'on a mis le siége de la Société !

Quoi de plus naturel ? On devait choisir un banquier. Pourquoi ne pas prendre la maison Cusin, Legendre et compagnie, qui s'était présentée à la ville, et que la ville avait trouvée excellente comme maison de banque, concourant à ses emprunts ?

Où seront les bureaux provisoirement ? Où les établir ailleurs que dans ce grand hôtel Laffitte ? Seront-il mieux nulle part ailleurs ? Je dois ajouter cependant que pour ne pas les confondre avec les bureaux de la maison de banque l'Union commerciale, de ce grand hôtel on a fait deux parts : l'une a été affectée aux bureaux des Docks, on a laissé l'autre aux bureaux de l'Union commerciale. Entre ces deux parts il y a eu une distinction aussi marquée (si le tribunal se transportait dans l'hôtel il s'en convaincrait), que si les deux Sociétés avaient eu deux siéges différents.

Je continue : On énumère l'apport que font les trois concessionnaires Cusin, Legendre et Duchêne de Vère. On dit ensuite que le fonds social est fixé à 50 millions divisés en 200,000 actions de 250 fr., que la Société ne sera constituée que par la souscription intégrale de ces 200,000 actions. Enfin, voici l'art. 14 :

« Les droits et obligations attachés à l'action suivent le titre dans quelques mains » qu'il passe. La possession de l'action emporte adhésion aux Statuts de la Société.

» Art. 17. — Jusqu'à la mise en exploitation des Docks à construire à Paris, » quartier de l'Europe, il sera payé aux actionnaires 4 pour 100 d'intérêt sur les » sommes versées; il sera pourvu à ce payement soit par les intérêts des place-» ments des fonds, soit par les produits des entrepôts des Marais, soit par tous » autres produits accessoires de l'entreprise, soit enfin, en cas d'insuffisance, par » un prélèvement sur le capital social. »

A l'article 22 on s'occupe de l'administration de la Société :

« La Société est administrée par un Conseil. Un Comité est chargé de l'exécution » de ses décisions. Les opérations sont surveillées par des Censeurs. »

Le chapitre suivant parle du Conseil d'administration, premier élément d'organisation de la Société. Il peut être porté à vingt membres.

« Art. 26. — Par dérogation aux articles qui précèdent, sont dès à présent
» nommés membres du premier Conseil d'administration : MM. Cusin, Legendre et
» Duchêne de Vère, lesquels auront un délai d'un an pour compléter le Conseil au
» nombre de vingt personnes. Les administrateurs faisant partie de ce premier
» Conseil resteront en fonctions jusqu'à l'assemblée générale de 1860 sans renou-
» vellement ; à partir de cette époque le renouvellement s'opérera par quart, de
» deux en deux ans, d'après l'ordre désigné par le tirage au sort. »

Voilà pour le Conseil d'administration ; ensuite les articles 35 et 40 règlent ce qui regarde le Comité de direction ;

« Art. 35. — La direction est confiée par le Conseil d'administration à un Co-
» mité composé de deux de ses membres qu'il désigne à cet effet, et pouvant être
» porté à trois dans le cas ci-après prévu. Les membres de ce Comité prennent le
» titre d'administrateurs-directeurs ; ils sont rééligibles ; ils peuvent être révoqués
» de leurs fonctions de membres du Comité par le Conseil réuni à cet effet, sur une
» convocation spéciale ; la révocation ne peut être prononcée qu'à la majorité
» des deux tiers des membres composant le Conseil.
» Art. 40. — Par dérogation à l'art. 35 ci-dessus, sont dès à présent nommés
» administrateurs-directeurs de la présente Société : MM. Cusin et Duchêne de
» Vère. Ils resteront en fonctions jusqu'à l'assemblée de mil huit cent soixante. »

Le Tribunal voudra donc bien remarquer que, par les statuts auxquels tous ceux qui plaident contre nous ont adhéré, les deux administrateurs-directeurs de la Société étaient M. Cusin et M. Duchêne de Vère. Pourquoi pas M. Legendre ? Vous le savez, il ne s'était pas occupé des préparatifs de l'entreprise. Son nom avait été mis parmi ceux des concessionnaires par un acte de bienveillance de son associé dans la maison l'Union commerciale, mais il ne s'en était pas occupé ; il ne devait pas s'en occuper à l'avenir. Voilà pourquoi, dans l'article 40 du projet des statuts, le Comité de direction, celui qui va tout diriger, est composé de MM. Cusin et Duchêne de Vère. Quant à M. Legendre, il reste simple administrateur, sans prérogatives, semblable à tous ceux qu'on appellerait à faire partie du Conseil d'administration.

Enfin, l'article 63 prévoit l'état provisoire dans lequel se trouvera la Société jusqu'à l'époque où l'homologation aura été accordée par le Conseil d'État :

« MM. Cusin, Legendre et Duchêne de Vère sont spécialement chargés, comme
» mandataires de tous les intéressés, de suivre l'homologation des présents statuts
» et d'obtenir le décret d'autorisation, et, à cet effet, de consentir toutes les modi-
» fications qui seraient exigées aux présents par le gouvernement, et de signer tous
» actes nécessaires. En outre, en attendant cette homologation et même à son
» défaut, tous pouvoirs leur sont donnés à l'effet de réaliser par acte authentique, au
» profit de la Société, les traités apportés sous le § II de l'art. 5 du présent acte,
» d'en payer les prix et de faire remplir sur ces actes les formalités nécessaires, de

19

» commencer immédiatement les travaux des fouilles de construction et d'exploita-
» tion ; en un mot de faire fonctionner la Société, d'administrer et de gérer ses
» affaires dans toute l'étendue des attributions énoncées aux présents statuts, étant
» expliqué à l'avance que la souscription ou la possession des actions équivaudra à
» la ratification de la présente clause et de ce que les comparants auront fait en
» conséquence. Les pouvoirs ci-dessus seront communs aux autres membres du
» Conseil d'administration, au fur et à mesure que MM. Cusin, Legendre et Du-
» chêne de Vère se les adjoindront. »

Voilà donc l'organisation de la Société bien déterminée, sauf l'homologation du Conseil d'État. Voilà les statuts préparés. C'était la première condition
à remplir.

La seconde condition sans laquelle il était impossible d'exécuter le décret,
c'était de recueillir des souscriptions, M. Legendre, quoiqu'il ne fût pas directeur, consentit à s'en occuper en Angleterre, et il reçut avant de partir
un pouvoir de MM. Cusin et Duchêne. Il est parlé de ce pouvoir dans le
rapport de l'expert. En effet, M. Legendre n'était pas administrateur-direc-
teur, et quoiqu'il fût administrateur en titre, il était nécessaire que les deux
directeurs lui donnassent cette procuration. Il part donc ainsi armé en la compagnie de M. Riant, pour négocier l'annexion à la Société de capitalistes
anglais.

De toutes les affaires faites par M. Legendre pendant ce voyage qui a duré
depuis le 29 septembre jusqu'au 7 octobre 1852, on n'a parlé que d'une chose :
à savoir d'une lettre qu'il a écrite le 6 octobre, qui est copiée dans le rapport
de l'expert, et que M. l'Avocat impérial a citée dans son réquisitoire. Mais ce
n'est pas là toute la part que M. Legendre a prise en Angleterre, avec le pouvoir qui lui était confié, à la négociation avec la maison de Londres, et je prie
le Tribunal de s'en assurer par un moyen que j'ai pris moi-même. Je dois à
l'extrême bienveillance du Président du tribunal et je lui en témoigne ma
reconnaissance, d'avoir pu prendre connaissance des documents qui sont dans
la chambre du Conseil. Le Tribunal pourra voir une liasse de lettres que
M. Legendre écrit de Londres, lettre à la date du 2, lettre à la date du 4,
lettre à la date du 6, dépêches télégraphiques entre les lettres, et si le tribunal
veut les lire, il se convaincra des efforts sincères et loyaux que M. Legendre a
faits en Angleterre pour obtenir l'accession d'une des premières maisons de
Londres, de la maison Ricardo et compagnie. Il est vrai qu'il y a eu des
difficultés pour le traité. A côté de M. Legendre était M. Riant, qui était prêt à
tout accorder ; il avait un but, vous a-t-il dit : il agissait dans l'intérêt municipal de la ville de Paris. Or, la maison Ricardo demandait que le Comité fût
partagé par moitié, entre les Anglais et les Français, et M. Legendre trouvait
que, dans une opération qui devait se faire à Paris, il était juste que l'intérêt
français dominât : voilà la cause de cette lettre qu'on a invoquée contre nous.
Les lettres précédentes montrent au contraire le sincère désir qu'avait M. Legendre d'arriver à un arrangement avec les capitalistes anglais, et malgré la

lettre du 6 octobre dans laquelle il annonce les embarras qu'éprouvait sa négociation, le lendemain 7 il consent à signer le traité avec M. Ricardo. Il n'est donc pas hostile à l'idée de réunir des capitaux anglais.

Il revient à Paris, et l'on a dit contre M. Cusin : Cusin refuse le traité, le rejette, et Legendre repart pour l'Angleterre pour dénoncer la rupture. Ce n'est pas exact. M. Legendre affirme qu'il est retourné en Angleterre pour négocier encore, et non pas pour annoncer une rupture. A la vérité ici j'ai cherché des lettres. Il écrivait tous les jours de Londres à son associé, il y en a, je ne les ai pas trouvées. Et veuillez bien tenir compte, aux prévenus qui sont devant vous, de la situation dans laquelle ils sont placés. Ils ont été arrêtés tout d'un coup ; on a mis, comme on le devait, les scellés sur tous leurs papiers. Ce qui se trouvait dans leur maison de commerce, de correspondances, de carnets, tout ce qu'ils avaient a été saisi; tout cela a été transporté dans une chambre du greffe où, m'a-t-on dit, ces archives forment une masse énorme. De toutes ces pièces, nous en avons quelques-unes ; mais tout le reste, nous ne le connaissons pas. Ce que M. Legendre affirme, c'est qu'il n'est pas allé en Angleterre pour rompre, mais pour négocier encore, et que si la rupture a eu lieu, ce n'est pas par suite de la déclaration qui lui avait été faite à la gare par Cusin, mais parce qu'on n'a pas pu tomber d'accord.

Voilà donc la part qu'a prise M. Legendre à la souscription des actions. Elle a été aussi sincère et aussi sérieuse qu'elle devait l'être d'après le mandat qu'il avait reçu pour obtenir l'accession des capitalistes anglais.

On a relevé quelques mots dans cette lettre du 6 octobre : elle parle de prime. Je prie le Tribunal de se souvenir que cette lettre est une réponse à une lettre de M. Cusin, où celui-ci prononçait un mot que je rappelle sans craindre qu'il ne l'accuse. M. Cusin disait :

« Quoique notre affaire soit sérieuse, il faut songer à la prime ; ce n'est que par » la prime que nous pouvons réunir les capitaux dont nous avons besoin. »

Mais n'est-ce pas une vérité pratique ! Il ne faut pas chercher à se briser contre un fait incontestable. Si vous voulez faire des entreprises de 50 ou 100 millions, quoi qu'on ait dit de l'enthousiasme qu'inspirent les Docks, vous ne trouverez personne qui veuille consentir à y concourir uniquement par l'enthousiasme ; je ne sais pas si cette tendance est à blâmer, mais il est parfaitement certain que tous les grands capitaux qui sont réunis pour de grandes entreprises financières sont réunis surtout par l'appât du succès. Voilà toute la portée des paroles de M. Cusin. Je n'examine pas si cela est bien, mais pratiquement je constate qu'il était dans la vérité. Voilà le caractère exact de la lettre qu'on a rappelée contre M. Legendre, non pas pour servir de texte d'accusation, mais pour incriminer son caractère.

On a donc tenté inutilement d'appeler les souscripteurs anglais. Pendant ce temps, que faisaient les directeurs restés à Paris ? Ce qu'ils pouvaient faire ;

ils appelaient les souscriptions à Paris, et tandis que M. Legendre était en Angleterre, ces souscriptions avaient lieu et affluaient à la maison concessionnaire des Docks. Ceci est prouvé par la correspondance de M. Cusin. M. Legendre n'y a pris aucune part, il n'a pris aucune part à la répartition d'actions qui a été faite et que M. Pereire a déclarée lui avoir paru une répartition très intelligente ; tous ces faits lui sont étrangers. De cette époque, on ne peut mettre à sa responsabilité que ce qui s'est passé à Londres, et il accepte complétement cette responsabilité, ayant la conscience qu'il a fait ce qu'il a pu pour obtenir le concours des capitalistes anglais, et que, s'il ne l'a pas obtenu, il n'y a aucune faute à lui reprocher.

Ainsi deux points ont été remplis : les statuts sont préparés, publiés, répandus, et l'on a appelé les souscriptions du commerce de Paris ou de l'étranger pour former le capital nécessaire.

Maintenant il faut former un Conseil d'administration, et j'ai entendu avec étonnement le défenseur de la partie civile dire que les accusés s'étaient bien gardés de former ce Conseil, qu'ils avaient voulu échapper à toute surveillance, qu'ils avaient été eux-mêmes les membres de leur Conseil d'administration et leurs propres surveillants.

Cela est complétement inexact. Je trouve dans un journal, à la date du 13 novembre 1852, la note suivante qui a été répétée dans tous les journaux de l'époque :

« Le Conseil d'administration de la Compagnie des Docks est ainsi composé : » le prince Murat, président ; MM. Dolfus-Mieg, Seydoux, Cusin, baron de Mecklem- » bourg, vicomte de Chabrol Chaméane, Legendre, Goldsmith, Aguírèvengoa, » Claudio-Adriano da Costa, Bayvet, baron Hallez de Claparède, Riant, Duchêne de » Vère. »

Le Conseil d'administration a donc été annoncé au public immédiatement après que les souscriptions ont été recueillies.

M. l'Avocat impérial a dit : Ce Conseil n'a duré qu'un jour. Il a amené peu à peu des démissions nombreuses, il a cessé de fonctionner.

Sur ce point encore, j'avais un désir très vif que je n'ai pas pu satisfaire. Je trouve dans les pièces copiées par l'expert une délibération du Conseil d'administration ou un procès-verbal de cette délibération, à la date du 28 novembre 1852. Je me suis dit : Voyons si les registres des procès-verbaux du Conseil d'administration vont nous apprendre successivement la suite des délibérations que le Conseil d'administration a prises et la part qu'il a eue dans les affaires de la Société. Je n'ai trouvé nulle part ce registre. Cependant il doit exister, il a été tenu, et si on peut le trouver, on y verra non-seulement quelle participation le Conseil a eue dans les affaires de la Société, mais encore, et c'est la réponse que je fais au défenseur de la partie civile, la suite de la surveillance exercée par un Conseil d'administration sérieux.

M. l'Avocat impérial dit : Il y a eu des démissions. Savez-vous combien ? Il y

en a eu une le lendemain de la séance du 28 novembre 1852, celle de
M. Dolfus.

On a parlé du prince Murat. J'en demande pardon, M. Murat a écrit une
lettre, que je puis dire de mauvaise humeur, à M. Cusin se plaignant de ce qu'on
répandait le bruit qu'il ne voulait pas siéger avec quelques personnes. Mais
donne-t-il sa démission? Non. J'ai trouvé à côté de la lettre la réponse de
M. Cusin qui lui fournit les explications les plus naturelles, les plus franches,
les plus loyales, réponse qui n'est suivie d'aucune démission de la part de M. le
prince Murat.

Je connais une seconde démission. Après que M. Pereire s'est retiré, à la
date du 31 juillet, c'est-à-dire dix mois après le décret de concession, et huit
mois après la formation du Conseil d'administration, M. le général Morin se
retire par une lettre à la date du 31 juillet 1853.

Voilà les deux seules démissions que j'ai trouvées, et quant au Conseil, il y
est entré des membres nouveaux, M. le baron de Heeckeren, plus tard d'autres
membres dont nous pourrons avoir à parler; mais le Conseil a toujours été
composé, il a toujours été en fonctions, il a pu surveiller, et il a surveillé, et
je le répète, l'assertion du défenseur des parties civiles était complétement
inexacte.

C'est après la formation du Conseil d'administration et à la date du 20 novembre 1852, qu'est faite la déclaration donnée par les trois concessionnaires,
Cusin, Legendre et Duchêne de Vère, que la Société est définitivement constituée. Sur ce point, après les observations que vient de faire l'honorable défenseur de M. Cusin, je ne dirai qu'un mot au Tribunal.

On a fortement incriminé les trois concessionnaires, et mon client en particulier, d'avoir fait cette déclaration à la date du 20 novembre 1852. Sans en
parler maintenant au point de vue de la criminalité, je m'attache seulement à
étudier l'esprit qui l'a dictée.

En pareille matière, tout le monde sait ce que cela veut dire, lorsque les
fondateurs d'une Société viennent déclarer que le capital est constitué; et
pour que le Tribunal ne me trouve pas trop hardi, lorsque je lui dis que tout
le monde le sait, je le prie de me permettre d'employer le langage de M. Pereire s'adressant au Ministre dans la lettre qu'il a écrite à la date du 17 mars :

« La Compagnie s'est constituée au capital de 50 millions, divisé en 200,000 ac-
» tions de 250 francs chacune. Cette somme a été déclarée souscrite; mais par la
» retraite des souscripteurs anglais sur lesquels on avait compté, par la non-réali-
» sation d'une partie des souscriptions françaises, le capital souscrit s'est trouvé
» réduit à 85,494 actions, dont la moitié, soit 10,786,750 francs, a été effective-
» ment versée dans la caisse de la Société. Les fondateurs, trompés par de fausses
» promesses, ayant prématurément déclaré que le capital était entièrement sou-
» scrit, se trouvaient personnellement responsables, vis-à-vis des souscripteurs qui
» avaient rempli leurs engagements, de la réalisation du fonds social. »

Voilà la vérité : en pareil cas une déclaration de cette nature n'est pas une déclaration-fausse. Les fondateurs de la Société déclarent seulement que, quant à eux, ils prennent à titre de souscription personnelle tous les titres qui n'ont pas leur souscripteur étranger. Et l'on s'explique très bien pourquoi dans ces grandes opérations il en est toujours ainsi et surtout dans celle-ci. Quelle était la nécessité des trois concessionnaires que le Gouvernement avait choisi? A quoi étaient-ils absolument forcés? A chercher le concours ou d'une grande association ou d'un très grand capitaliste, pour mettre en action leur Société. Cela était inévitable, et vous voyez que, dans tout le cours de l'histoire de la Société des Docks, la principale recherche qui a été faite ou par les concessionnaires ou par tous ceux, peut-être trop nombreux, qui se sont mêlés de l'affaire, ou enfin par le Gouvernement lui-même, ça été de trouver quelque grande existence commerciale qui pût prendre la direction de l'affaire. Mais avant de trouver cette grande existence qui s'associât avec eux pour la direction de l'affaire, il y avait une condition indispensable, il ne fallait pas se le dissimuler, on le blâmera si on veut, mais c'est un fait positif : c'était de lui faire un puissant intérêt dans l'affaire qu'on l'appelait à diriger. Et comment lui faire ce puissant intérêt? Il n'y avait qu'un moyen. Par le fait, quand la maison Ricardo a demandé à intervenir dans l'affaire, vous rappelez-vous quelles conditions elle faisait? Elle demandait le tiers du capital. Quand M. Pereire a été conduit par M. le Ministre de l'intérieur à intervenir, quelle condition a-t-il faite? Il a demandé qu'on lui donnât 83,000 actions. Si vous vous adressez à M. de Rothschild, même demande. Adressez-vous à qui vous voudrez, demande d'un très grand nombre d'actions sans quoi on n'intervient pas. Qu'avaient donc à faire les concessionnaires qui, par eux-mêmes, qui, par leurs seules forces, n'étaient pas capables de faire les Docks Napoléon? Ils devaient se réserver du moins les moyens d'appeler de grandes existences commerciales pour concourir avec eux à l'exécution du décret de concession. C'est ce qu'ils ont fait, quand ayant pour 101,000 actions de souscrites à cette époque ils ont gardé entre leurs mains 99,000 actions. A-t-on trouvé cela si irrégulier? Vous voyez ce que dit M. Pereire. J'ai une autre autorité bien plus grande. Vous avez entendu M. Heurtier, directeur général du commerce qui dit : Au mois de septembre 1853, M. Cusin jouissait encore de toute notre confiance. Cela est écrit dans la *Gazette des tribunaux* qui a rendu compte de la déposition de M. Heurtier. Au mois de septembre 1853! Mais avant cette date, combien de communications avec le Ministre! Mon client les ignorait absolument; mais j'ai appris par les pièces du procès que, le 17 mars 1853, M. Pereire avait écrit au Ministre qu'il y avait 112,000 actions qui n'étaient pas souscrites. Le Ministre le savait, M. Heurtier le savait! il le savait depuis six mois! et néanmoins, au mois de septembre 1853, M. Cusin jouissait encore de toute sa confiance. Vous voyez donc qu'on n'avait pas trouvé que ce fût un acte ni étrange ni blâmable que d'avoir pris le parti de faire la déclaration du 20 novembre 1852.

J'en ai assez dit sur cette déclaration; et pourtant j'ajoute qu'elle a été faite après qu'un Conseil de surveillance était nommé, et que, par conséquent, le Conseil de surveillance a surveillé même la déclaration du 20 novembre 1852.

Après ce fait de la déclaration du 20 novembre 1852, déclaration qui, du reste, de la part de M. Legendre a été, comme je vous l'ai dit, un acte de confiance complète à l'égard de son associé M. Cusin, que trouvé-je? La réunion du Conseil d'administration, à la date du 28 novembre 1852.

M. l'Avocat impérial faisait remarquer que, dans cette réunion, M. Cusin avait pris la parole, avait présenté un rapport; que M. Duchêne l'avait fortement appuyé. Et mon client! qu'y a-t-il fait? M. Legendre l'a-t-il appuyé? M. Legendre a été comme un membre du Conseil d'administration ordinaire, écoutant ce que les deux membres du Conseil de direction déclaraient au Conseil d'administration; mais quant à lui, on peut voir le procès-verbal, le seul qui ait été extrait du registre des procès-verbaux, et l'on verra que son rôle a été complétement passif le jour de cette réunion.

J'ai suivi les actes des concessionnaires jusqu'à la réunion du Conseil d'administration du 28 novembre. J'arrive sans retard aux relations qui se sont établies avec M. Pereire. Vous vous rappelez que, dans sa déclaration écrite, M. Pereire avait dit que ces relations avaient commencé au mois de janvier 1853. Vous vous rappelez que, dans sa déclaration à l'audience, M. Pereire a avoué que les relations avaient commencé après une communication du Ministre de l'intérieur qui lui avait été faite au mois de décembre 1852. Peu importe un mois de différence. Les communications commencent, elles durent entre M. Pereire et M. Cusin depuis le mois de décembre 1852 jusqu'au mois de juillet 1853. On demande à M. Legendre de donner sa signature pour conférer tous les pouvoirs que pouvaient avoir les concessionnaires des Docks à M. Pereire. M. Legendre donne sa signature, et puis dans cet intervalle, des actes importants sont faits. Le chemin de Saint-Germain a la bonne fortune de céder tous les terrains dont il avait besoin de se débarrasser. On obtient de M. Riant une rétrocession que M. Riant consent à faire par les motifs qu'il vous a très naïvement avoués. En échange de la rétrocession avec M. Riant, M. Pereire place pour 1 million 100,000 de terrains du chemin de Saint-Germain. Une opération d'une importance extrême, un marché pour des travaux de déblaiement dont vous pouvez voir encore les traces à l'entrée du chemin de l'Ouest, tout cela se fait pendant ces sept mois. Je demande au Tribunal quelle a été la participation de M. Legendre. Je le demande plutôt à M. Pereire : Avez-vous vu M. Legendre? Avez-vous eu le moindre rapport avec lui, la moindre communication avec lui? Il me répond, le Tribunal l'a entendu : Je n'ai vu M. Legendre qu'une fois, c'est quand il a donné sa signature pour rétrocession des terrains de M. Riant. En effet, comme les concessionnaires avaient acheté les terrains de M. Riant, il fallait bien pour un acte de cette importance que M. Legendre donnât sa signature. C'est la seule fois que M. Pereire l'a vu, et le Tribunal croira que si M. Legendre avait pris une part active à tous les faits incriminables ou non qui se sont passés dans l'histoire de la Société des Docks, M. Legendre aurait bien eu quelques communications avec M. Pereire dans le cours de ces sept mois. Mais cette abstention complète, cette abdication évidente pendant un intervalle si important où le sort de la Société a été continuellement en question, où elle pouvait vivre si M. Pereire avait persisté, où elle a été tuée parce que M. Pereire s'est retiré, montre bien que M. Legendre avait abandonné toute action dans la Société.

On cite pour cet intervalle de sept mois d'autres faits qui sont beaucoup moins importants. Comme la présence de M. Pereire, son concours probable à l'affaire, avaient fait hausser les actions à la Bourse, il y a eu des ventes d'actions à prime. On en a parlé; on l'a reproché aux concessionnaires des Docks. Je crois que les explications qui ont été données montrent suffisamment que les ventes d'actions faites ont eu lieu sur les 1,978 que M. Cusin s'était réservées. Mais enfin, quand même il serait vrai qu'il y ait eu des ventes d'actions à prime que le Tribunal pourrait incriminer, M. Legendre y a-t-il eu aucune part? Et lui qui n'était pas en conférence avec M. Pereire dont dépendait le sort de l'affaire tout entière, a-t-il eu quelques rapports avec les acheteurs et les vendeurs d'actions pendant tout cet intervalle? Avez-vous entendu un témoin qui vous l'ait dit? Oui, vous avez entendu un témoin : M. Picard; il est très important, non pas parce qu'il est partie civile contre nous; j'admets que sa loyauté ne peut être mise en doute, parce qu'il est partie civile, pas plus que sa sincérité ne pourrait être plus grande, parce qu'il ne le serait pas, M. Picard vous a dit : « Je connais à peine M. Legendre; M. Legendre ne prenait part à rien. » Et pourtant c'était M. Picard qui était chargé de la remise de toutes ces actions, ou quand il ne remettait pas des actions, c'était lui qui était chargé de remettre des primes.

Vous avez entendu aussi, je n'ai pas pu m'empêcher de témoigner un peu d'étonnement, un employé du ministère de l'intérieur venant dire qu'on devait le récompenser de quelques services et qu'il était allé dans les bureaux, qu'il avait parlé de ces services, et qu'alors on lui avait dit : « Nous pourrions vous donner des actions, vous iriez les vendre à la Bourse, vous gagneriez 9 francs de prime; autant vaut vous épargner la course de la place de la Bourse, nous allons vous donner la prime et les actions resteront chez nous. »

J'ai entendu cela avec étonnement, je le répète, mais enfin, avec qui tout cela se passe-t-il? Avec M. Picard. M. Legendre y a-t-il pris aucune part, l'a-t-il su? Il déclare au Tribunal qu'il l'a complétement ignoré, comme la plupart des autres faits de l'affaire. Comment pouvez-vous l'incriminer? Avant d'élever une accusation de cette gravité, il faut avoir quelques preuves personnelles contre lui. Tous ces témoignages que vous avez entendus sont pour lui : aucune preuve contre lui.

J'ai passé ainsi l'intervalle pendant lequel M. Pereire a eu les pleins pouvoirs de la Société. Pendant cet intervalle, j'ai vu M. Legendre étranger à tout ce qui se passait ; seulement, donnant sa signature sur des actes où elle était nécessaire. Et comment la donnait-il ? Dans l'instruction écrite, vous pourrez le voir. Il y a une déposition de M. Dépinoy qui prouve ce qui se passait. M. Legendre disait toujours : « Cusin a-t-il signé ? S'il n'a pas signé, je ne signe pas. Allez trouver M. Cusin, quand je verrai sa signature, je vous donnerai la mienne. » C'était ce que lui dictait sa confiance dans son associé, et c'était ainsi qu'il ne prenait aucune part aux faits, et qu'on ne peut les lui reprocher, si l'on pouvait les reprocher à M. Cusin.

A la fin de juillet 1853, M. Pereire se retire. Entre les mains de qui va passer l'affaire ? car il faut trouver quelqu'un qui en prenne la direction, qui se mette à la tête et promette de réunir les capitaux. M. Stockes, que vous avez entendu comme témoin, prétend avoir eu une conversation avec M. le Ministre des travaux publics Magne, et M. Magne lui aurait dit : « Vous avez été si utile dans l'affaire des chemins de l'Ouest, que je désire beaucoup que vous preniez part aussi à l'affaire des Docks. » Je ne sais pas si les souvenirs du Ministre le servaient bien relativement à la part de M. Stockes dans le chemin de l'Ouest, mais enfin celui-ci croit devoir se dévouer encore une fois, et voilà M. Stockes qui prend la véritable direction de l'affaire. C'est alors qu'il ménage le traité avec MM. Fox et Henderson. C'est alors qu'ont lieu une partie des faits que le Tribunal connaît, et dans lesquels je ne rentre pas. Je me borne à dire une chose : Voilà l'affaire passée en d'autres mains. Un nouveau directeur, nommé par le Ministre, non pas par les concessionnaires, aura-t-il plus de rapports avec M. Legendre que n'en a eu M. Pereire ? Verra-t-on mieux l'action de M. Legendre dans les nouveaux actes à passer, dans les faits incriminés ou non, qu'on ne l'a vu du temps de M. Pereire ? Toujours la même situation. Il n'est pas directeur ; il ne prend pas un rôle qui ne lui convient pas. Il est parfaitement déterminé à l'avance à suivre l'impulsion que lui donnera M. Cusin, son associé.

Voilà donc, pendant tout ce temps, M. Legendre encore étranger à ce qui se passe.

Mais non, me dit-on, il y a 14,400 actions représentant un capital de 1 million 800,000 francs attribués à MM. Cusin et Legendre. M. Legendre les accepte ; il prend donc quelque part dans l'affaire.

Jamais les 14,400 actions n'ont été détachées de la souche, ce jour-là du moins. Il ne faut pas que le Tribunal croie qu'on avait entre les mains 32,000 actions, et que faisant le traité entre M. Stockes, MM. Fox et Henderson d'un côté, et MM. Cusin, Legendre et Duchêne de Vère de l'autre, on a remis aux premiers 17,600 actions et aux seconds 14,400. Pas le moins du monde. On a représenté 17,600 actions, on les a remises à MM. Fox et Henderson. Elles ont été renfermées dans une caisse dont la clef leur a été donnée, à eux ou à M. Stockes, et le Tribunal sait l'événement de la disparition de ces actions. Quant aux 14,400 actions réservées pour les concessionnaires, elles ne leur ont pas été remises en nature ; mais elles ont continué de figurer dans le portefeuille laissé à M. Stockes, dont elles ont été distraites plus tard. C'est un autre fait dont nous parlerons, mais je constate que, dans ce moment-là, il n'y a pas eu de la part de M. Legendre l'acte caractérisé de prendre sa part dans 14,400 actions qui ont été abandonnées par MM. Fox et Henderson, sur les 32,000 qui leur étaient livrées. Je prie le Tribunal de ne pas oublier cela et de rester convaincu que, dans la période où a régné M. Stockes comme dans la période où régnait M. Pereire, M. Legendre a été complétement étranger, sauf la signature qu'il donnait, à tous les actes qui se passaient.

Je continue. Après M. Stockes, j'ai un peu de peine à savoir les différents personnages auxquels on s'est adressé. Je vois qu'on s'est adressé à M. de Rothschild, d'après les pièces du procès. Quelles ont été les négociations entamées avec lui? Je ne le sais pas; elles ne sont pas constatées comme celles qui ont été faites et qui ont été poussées plus loin avec M. Pereire. Ce que je puis dire, au nom de mon client, c'est qu'il n'a pas eu plus de rapports avec M. de Rothschild qu'il n'en a eu avec M. Pereire.

Je trouve ensuite que M. Carteret a obtenu les mêmes fonctions qu'avait obtenues M. Stockes, c'est-à-dire que M. le Ministre des travaux publics Rouher, lui a dit : « Vous êtes un homme capable (et cela était indubitable), vous devriez vous mêler de l'affaire des Docks. » Il s'en est mêlé ; il est devenu membre du Conseil d'administration, mais dans tout ce qu'il a fait, M. Legendre a été également étranger.

Enfin, je crois que le dernier sauveur qui a été appelé pour cette affaire, a été M. le comte Lehon : M. Legendre déclare qu'il n'a eu aucun rapport avec M. Lehon, sauveur indiqué également par M. le Ministre des travaux publics.

Le Tribunal le voit donc, dans cette succession d'hommes qui sont venus pour prendre la direction de l'affaire, pour lui donner une vie qu'elle n'avait pas, ou pour lui rendre la vie qu'elle aurait pu avoir dès le commencement, il n'y en a pas un qui ait cru devoir se mettre en communication avec M. Legendre, qui l'ait considéré comme prenant part à la direction des affaires.

Pendant tout ce temps que je viens de parcourir, il y a eu autre chose : il y a eu des communications avec les différents Ministres : avec M. de Persigny, avec M. Magne, avec M. Rouher, avec leurs directeurs généraux, avec leurs chefs de division : M. Legendre n'a jamais vu aucun d'eux ; il n'a été en négociation ni avec les Ministres, ni avec les directeurs généraux, ni avec les chefs de division. M. le directeur général Heurtier a été obligé de déclarer qu'il ne le connaissait pas, et son erreur paraissait telle, qu'il appelait M. Cusin M. Cusin-Legendre, croyant qu'il portait les deux noms. Voilà comment M. Legendre a été étranger à toutes ces négociations. Et s'il avait voulu participer en quelque chose à la direction de l'affaire, croyez-vous que dans des conversations d'une telle importance, dans ces négociations d'où dépendait le sort de sa concession, Legendre n'aurait pas paru.

J'ai parlé des correspondances. Il y en a, en effet. Le Tribunal les a vues se succéder dans le cours des débats. C'étaient les correspondances que nécessitaient les voyages en Angleterre. Vous avez en Angleterre des correspondants: c'est le Commissaire du gouvernement, c'est M. Orsi, c'est M. Duchêne de Vère, c'est à la fin un M. Guilloteau. Avec qui correspondent-ils? Tous avec M. Cusin. Y a-t-il une lettre adressée à M. Legendre? pas une seule. Comment! M. Legendre aurait pris part à la direction de cette affaire en quelques détails; et il se trouve que le Commissaire du gouvernement en Angleterre, que M. Orsi en Angleterre, que M. Guilloteau, dont M. Legendre ne connaissait pas même le nom avant les débats, auraient toujours écrit à M. Cusin, jamais à M. Legendre! Cela est absolument impossible.

Vous prendrez tous les faits de cette affaire; je viens de les passer tous en revue, vous y verrez marquée partout cette complète abstention de M. Legendre.

On dira: Il avait tort. Je verrai plus tard. C'est un tort moral, je le veux bien. Mais enfin, je tiens à constater les faits. Tout ce que je viens d'avoir l'honneur de dire au Tribunal, c'est la première partie de ma plaidoirie. Je voulais lui montrer la part que M. Legendre avait prise dans tous les faits qui sont l'objet de l'accusation. Je crois avoir montré, d'une manière irrécusable, que dans tous ces faits M. Legendre a abdiqué, qu'il n'a pas voulu participer à ces négociations. Il lui manque un mérite, je le reconnais. Il n'a pas fait effort, comme tant d'autres, pour sauver la Société des Docks. Reprochez-le lui, mais en même temps renoncez à dire qu'il ait pris part, comme tant d'autres, aux faits que vous déclarez être incriminables, et si vous ne lui accordez pas la gloire d'avoir voulu sauver la Société, ne lui infligez pas la responsabilité de faits que vous prétendez coupables, et auxquels il est complétement étranger!

J'arrive à examiner quelles conséquences on peut tirer de ces faits, sous le rapport de la criminalité, contre mon client.

Parmi tous les actes que je viens de rappeler, il y a certainement des actes dont M. Legendre est civilement responsable. Je prie le Tribunal de croire que je ne veux rien exagérer. Pour la responsabilité civile, je n'admets pas que l'abstention d'examen, quand on donne sa signature, soit une excuse suffisante, et je pense que si l'action des parties civiles était portée devant une autre juridiction, il y a peut-être quelques-unes de leurs demandes qui, dirigées contre M. Legendre, pourraient être admises. Mais le Tribunal comprend bien avec moi qu'il en est tout autrement de la responsabilité civile ou de la responsabilité pénale. Nos lois ont pu permettre qu'on s'engageât civilement, c'est-à-dire qu'on engageât sa fortune par autrui. Mais, quant à la responsabilité pénale, il n'en est pas ainsi. Le crime ou le délit consiste dans une intention frauduleuse, dans une volonté coupable. Il n'y a rien de plus incommunicable et de plus personnel que l'intention et la volonté, et il n'appartient à personne de stipuler qu'à l'avenir il sera responsable des délits ou des crimes qu'un tiers pourra commettre.

M. Legendre est donc peut-être civilement responsable de quelques-uns des faits que les parties civiles relèvent, sans être pénalement responsable des faits auxquels il n'a pris aucune part. Cela est élémentaire, je n'ai pas besoin de l'établir; et alors, partant de ce principe, mettant de côté la responsabilité civile que je n'ai pas à contester en ce moment, je me demande si, sous quelques rapports, il y a lieu d'appliquer à Legendre la responsabilité pénale qu'on invoque contre lui?

Pour présenter cette partie de ma défense, je demande la permission au Tribunal de rappeler les chefs d'imputation tels qu'ils sont écrits dans la citation en police correctionnelle qui a été donnée à M. Legendre, à la date du 6 janvier 1857, reconnaissant que ces chefs d'imputation sont le résumé sommaire et fidèle du réquisitoire que M. l'Avocat impérial a prononcé l'autre jour.

Voici dans quels termes la citation a été donnée à M. Legendre :

Il est prévenu : « D'avoir depuis moins de trois ans détourné, au préjudice de la Société des Docks, 1° une somme de 405,000 fr. jetée dans l'opération de Pont-Remy , 2° une somme de 2 millions 349,816 fr. jetée dans l'opération de Javel ; lesquelles sommes ne lui avaient été remises qu'à titre de mandat, à la charge de les rendre ou les représenter. »

Voilà sous ces deux numéros le premier chef d'accusation dirigé contre M. Legendre. Permettez-moi de le préciser. Il ne s'applique pas, à mon avis, à M. Legendre concessionnaire ; il s'applique à M. Legendre un des gérants de la maison de banque Cusin, Legendre et compagnie, choisie pour banquier par la Société des Docks ; et on lui dit : Comme maison de banque, à mesure que les souscripteurs des Docks ont fait des versements, vous avez reçu ces versements dans vos caisses, vous les avez employés à Pont-Remy et à Javel ; c'est une violation du mandat que vous aviez reçu comme banquier de la Compagnie, c'est un abus de confiance punissable aux termes de l'article 408 du Code pénal.

Je lis l'article 408 du Code pénal, voici en quels termes il est conçu :

« Quiconque aura détourné ou dissipé, au préjudice des propriétaires, possesseurs
» ou détenteurs, des effets, deniers, marchandises, billets, quittances ou tous autres
» écrits contenant ou opérant obligation ou décharge qui ne lui aurait été remis
» qu'à titre de louage, de mandat, de dépôt, ou pour un travail salarié ou non
» salarié, à la charge de les rendre, ou représenter, ou d'en faire un usage ou un
» emploi déterminé, sera puni des peines portées en l'art. 406. »

Voilà bien le délit puni par l'article 408 du Code pénal. Il faut que nous ayons reçu des fonds en notre qualité de mandataire avec mission, avec obligation d'en faire un emploi déterminé.

Maintenant que j'ai posé l'accusation, que j'ai rappelé le texte de la loi, j'examine s'il peut être invoqué en quoi que ce soit contre M. Legendre.

En remettant les fonds de la Société des Docks à la maison de banque

Cusin, Legendre et compagnie, entendait-on que la maison Cusin, Legendre et compagnie conserverait ces fonds dans sa caisse pour les représenter au jour où l'on en aurait besoin? C'est la première question qui se présente.

Je ne crois pas que personne ose dire que, lorsqu'on a remis les fonds dans la caisse de la maison Cusin, Legendre et compagnie, on entendait qu'elle les recevrait comme un dépôt, qu'elle ne les toucherait pas et les remettrait en nature. Cela est contraire à la nature des choses, contraire à l'usage constant. Nous voyons tous les jours de grandes entreprises qui sont obligées d'avoir un banquier et qui déposent leurs fonds chez un banquier. M. Pereire vous l'a dit dans sa déposition, c'est une question de crédit ; mais par cela seul qu'on choisit un banquier et qu'on lui remet les fonds, on entend que ces fonds entrent dans sa maison de banque.

Du reste, nous avons dans le projet de statuts auquel tout le monde s'est soumis, un article qui nous dit la pensée des statuts à cet égard. On payera 4 pour 100 aux souscripteurs des actions. Avec quoi ? Avec l'intérêt des placements qu'on fera. Ce sont les termes de l'article 17. Donc la maison de banque qui reçoit les fonds, aura le droit de faire des placements et de retirer les intérêts de ces placements. Il importe très peu que des intérêts n'aient pas été payés. Si j'avais à l'expliquer, le Tribunal le comprendrait bien, au milieu de toutes ces fluctuations auxquelles a été livrée la Société des Docks, depuis la déplorable retraite de M. Pereire, que la Société n'ait pas pu marcher, qu'il n'y ait pas eu d'intérêts payés. D'ailleurs qu'importe ? Il ne s'agit pas de savoir si des intérêts ont été payés, il s'agit de savoir si la maison de banque a été autorisée à faire des placements de fonds. Je crois pouvoir dire que les termes formels des statuts indiquent qu'elle a été autorisée à faire des placements de fonds. C'est le premier point que je retiens, et par conséquent en faisant des placements de fonds elle n'a pas violé son mandat, elle n'a pas commis un abus de confiance ; M. Legendre, en tant que gérant de la Société Cusin, Legendre et compagnie, n'a commis aucun abus de confiance.

Mais on conteste le mode de placement que la Société a choisi, et l'on dit : Ce mode de placement était mauvais ; vous auriez dû en choisir un autre. Et on a la prétention de lui indiquer le mode de placement qu'elle aurait dû choisir.

L'article 408 du Code pénal déclare qu'on commet un abus de confiance lorsque, des fonds qu'on a reçus, on ne fait pas l'emploi qui a été déterminé. Dans les statuts, y avait-il un emploi déterminé de ces fonds ? S'il y avait un emploi déterminé, si la maison de banque en a fait un autre, l'article 408 est applicable. Ce n'est pas aujourd'hui qu'il faut le déterminer, ce n'est pas aujourd'hui qu'il faut dire : J'aurais mieux aimé verser mes fonds à la Banque, prendre des bons du Trésor, acheter de rentes, prendre des obligations de chemins de fer. Vous avez un mandataire, vous l'accusez d'abus de confiance, vous prétendez qu'il a fait un emploi des fonds contraire à l'emploi déterminé, montrez quel est l'emploi déterminé. L'honorable défenseur des parties civiles et M. l'Avocat impérial ont bien senti qu'ils devaient chercher quelque part une détermination de l'emploi à faire des fonds, pour montrer qu'il y avait eu violation du mandat, et alors ils ont invoqué l'un et l'autre l'article 19 du projet des statuts ainsi conçu :

« Le fonds de réserve sera placé en rentes sur l'État, ou autres valeurs garanties » par l'État..... »

Et j'ai entendu qu'on m'a dit deux fois : Vous le voyez, il y a un emploi déterminé par l'article 19 des statuts. Vous auriez dû vous y conformer. Il fallait acheter des rentes sur l'État, ou d'autres valeurs garanties par l'État.

Quoi ! en matière pénale est-ce qu'on étend ainsi les conventions ? Est-ce qu'on peut porter la prescription d'un objet à un autre ? Qu'est-ce qu'on devait employer en rentes sur l'État ? C'était le fonds de réserve ! Qu'est-ce que c'était que le fonds de réserve ? Étaient-ce les fonds que les souscripteurs versaient avant l'homologation de la Société ? Voici d'après l'article 18 ce que c'était que le fonds de réserve :

« Après la mise en exploitation des Docks du quartier de l'Europe, il sera dressé, » tous les ans, dans le cours du premier trimestre, un inventaire général... Sur les » bénéfices nets, constatés par cet inventaire, il sera prélevé une retenue destinée » à constituer un fonds de réserve pour les dépenses extraordinaires ou imprévues » de la Société. La quotité de cette réserve, qui sera déterminée chaque année par » le Conseil d'administration, ne pourra être inférieure à 5 pour 100 des bénéfices » nets. »

A quelle époque y aura-t-il une réserve ? Après la mise en exploitation des Docks. Et qu'est-ce que c'est que la réserve ? Une partie des bénéfices nets de l'exploitation des Docks une fois mis en exploitation. A quoi se rapporte l'article 19 ? A cette réserve ainsi formée et constituée. Que nous dites-vous qu'il y avait un emploi déterminé pour les fonds que versaient les souscripteurs avant l'homologation de la Société, avant la mise en exploitation des Docks ? C'est insoutenable : c'est une erreur qui est échappée à mon honorable confrère. Ce sont deux choses différentes. Que par conseil de prudence, je le comprends, on nous dise : Vous auriez dû être assez prudent pour employer les fonds en rentes sur l'État, comme vous l'indiquait l'article 19 pour le fonds de réserve quand il y en aura. Que, plaidant devant nous en responsabilité civile, on aille jusqu'à nous dire (je ne l'admettrais pas tout à fait, mais je comprendrais l'argument) : Vous avez fait un mauvais placement, et vous êtes d'autant plus responsable civilement, que vous en aviez un bon qui était indiqué dans l'article 19 des statuts. Pourquoi ne l'avez-vous pas préféré ? Je pourrais l'admettre; mais quand il s'agit de pénalité, quand il s'agit de l'application de l'article 408 du Code pénal, quand l'article 408, pour déclarer coupable d'abus de confiance, demande qu'on ait manqué à un mandat déterminé, à un emploi déterminé de valeurs qu'on a reçues, cela est complétement inadmissible. Il n'y avait aucun emploi pour les fonds que versaient les souscripteurs, et c'était à la maison de banque, sous sa responsabilité, à en faire l'emploi qu'elle jugerait à propos.

Mais on ajoute : A la date du 29 septembre 1853, M. Heurtier, directeur général du commerce, vous a écrit une lettre par laquelle il vous indiquait des emplois que vous pourriez faire. Il n'était pas tout à fait d'accord avec les statuts, mais il vous dit : Ou bien versez à la Banque, ou bien prenez des bons du Trésor.

Versez à la Banque ! Le directeur général en parle bien à son aise. La Banque n'aurait donné aucun intérêt, et l'on aurait été obligé, on l'aurait fait si la ruine ne s'était pas attachée immédiatement à la Société, on aurait été obligé de payer les intérêts aux actionnaires ! C'est un singulier mode d'opérer que conseille M. le directeur général.

Employez des bons du Trésor ! A la bonne heure. Mais à quelle époque le disait-on ? Le 29 septembre 1853, à une époque où les deux placements à Pont-Remy et à Javel étaient déjà faits, en partie pour Javel, en totalité pour Pont-Remy. C'était un peu tard, et puis la lettre du directeur général contient un conseil ; elle ne pouvait pas contenir autre chose, elle ne pouvait pas contenir un ordre, et surtout elle ne pouvait pas imposer cet emploi déterminé, qu'exige l'article 408 du Code pénal pour constituer l'abus de confiance. Il n'y a donc pas eu abus de confiance, il n'y a pas à en douter.

On ajoute : Mais tout au moins il y a eu imprudence, imprévoyance complète en employant les fonds que versaient les souscripteurs dans les deux opérations de Pont-Remy et de Javel. Vous couriez un risque, c'était de les immobiliser, et c'était qu'un jour venant où la Société aurait besoin de ressources, vous ne les retrouviez pas. En effet, c'est ce qui est arrivé. Vous avez eu des besoins plus tard, et l'on dit que c'est pour satisfaire à ces besoins que vous avez émis des actions à perte. Vous auriez évité cela si vous n'aviez pas commis l'imprudence d'immobiliser vos fonds dans les deux Sociétés de Pont-Remy et de Javel.

J'admets pour un moment qu'il y a eu imprudence ; j'admets qu'une maison de banque qui reçoit des capitaux considérables, capitaux qui doivent être employés plus tard, ne doive pas les placer de manière à ne pas les retirer au moment même où elle veut les retirer. Cela ne constitue pas un délit. C'est une imprudence. Elle en sera civilement responsable ; mais il n'y a aucune loi qui dise qu'il y a là un délit. Nous avons eu malheureusement trop d'exemples de nos jours de maisons de banque dont la chute a été entraînée précisément par cette cause. Je n'en rappelle que trois : la maison Jacques Laffitte, la maison Ganneron et la maison Gouin et compagnie. La cause de leur chute, le Tribunal peut se le rappeler comme moi, ça été d'avoir immobilisé les capitaux qu'elles avaient entre les mains, et qu'un jour donné elles ont été forcées de rendre. Ç'a été un malheur. Il a été déploré de tout le commerce parisien, mais enfin leur imprudence n'a pas été considérée comme un délit ; ces trois honorables personnes n'ont pas été poursuivies pour escroquerie. MM. Laffitte et Ganneron ont laissé une mémoire respectée, et quant à M. Gouin, son honneur n'en a pas été atteint ; il n'en est pas moins resté un des hommes politiques les plus persévérants et les plus infatigables de notre époque, puisqu'il a été député sous la monarchie de Juillet, représentant sous la République, et qu'il est maintenant membre du Corps législatif.

Vous le voyez donc bien, on n'a jamais trouvé aucun délit dans un fait de cette nature.

Aussi bien, permettez-moi de vous le dire, il y a ici bien des circonstances atténuantes ; car enfin MM. Cusin, Legendre et Duchêne de Vère, qui pensaient toujours que par ces hautes interventions qui tour à tour l'imposaient à eux, la Société pouvait être sauvée, que prévoyaient-ils ? Ils avaient en perspective des travaux à payer : 24 millions de travaux. Est-ce qu'on croyait que ces 24 millions de travaux se seraient faits immédiatement ? Ils ne devaient payer qu'au fur et à mesure de l'entreprise. Ne pouvaient-ils pas espérer de recouvrer les sommes qu'ils avaient mises dans Pont-Remy et dans Javel avant que ces travaux ne vinssent appeler de nouveaux fonds ?

Enfin étaient-ce des opérations si folles, si imprévoyantes et si blâmables ? Pour Pont-Remy, on déclare que c'est une bonne affaire. Ils avaient donc là, à côté d'eux, une bonne affaire qui donnait chaque année de beaux revenus, dans laquelle ils plaçaient les capitaux qui étaient dans leur maison de banque. Peut-on blâmer ce placement ? Ils en avaient une autre, Javel. On parle de Javel comme si c'était une mauvaise affaire. Javel a été pendant quelque temps ébranlée, elle a eu besoin de capitaux, elle a été relevée par les capitaux, et en 1856, dans l'année qui vient de s'écouler, elle a donné 9 pour 100 de revenus. Ce n'est pas une si mauvaise entreprise ; et si les espérances de M. Cusin n'avaient pas été trompées, vous voyez qu'on aurait facilement retiré les capitaux qu'on avait mis dans Pont-Remy et dans Javel. Je le veux bien, il y a eu imprévoyance ; il aurait mieux valu garder les capitaux parfaitement disponibles, les mettre non pas à la Banque (il n'y a que M. Heurtier qui place ainsi les capitaux dont il doit servir l'intérêt), mais les employer en bons du Trésor, en rentes sur l'État, en obligations de chemins de fer. Il y a eu une faute commise ; encore une fois est-ce un délit ? Ce ne peut être un délit qu'autant que l'emploi des capitaux versés par les souscripteurs a été déterminé à l'avance. Il ne l'a pas été. Il n'y a donc pas de ce premier chef abus de confiance.

Je n'aurais plus rien à dire sur ce premier point de l'accusation, s'il n'y avait pas encore un mot qui s'y rattache.

Vous savez que M. Sussex a déclaré, et qu'il a été constaté par les livres de Javel, que MM. Cusin et Legendre avaient reçu chacun 400 actions, et l'on a dit ou insinué que ces 400 actions leur avaient été données pour obtenir d'eux qu'ils arrachassent de la caisse des Docks les fonds qu'ils allaient verser dans Javel. Le fait est inexact. J'ai en main la déposition de M. Sussex, et voici en quels termes M. Sussex raconte cette opération de la délivrance des 800 obligations :

> « Dans la même assemblée, il fut décidé que l'on poursuivrait auprès du Gou-
> » vernement l'autorisation de convertir notre Société en Société anonyme.
> » On pensa que l'attribution qui m'était faite de 60 pour 100 sur les bénéfices
> » pourrait faire tort à cette autorisation. On remplaça mes 40 pour 100 représen-
> » tant mes divers apports par la délivrance de 2000 actions libérées, soit 1 million,
> » et le capital social se trouva ainsi porté de 3 à 4 millions. Il fut convenu, en
> » outre, que dans le cas où les 20 pour 100 représentant ma rémunération comme
> » gérant me seraient administrativement retirés, je n'aurais aucune indemnité à
> » prétendre.
> » Les 2000 actions m'ont été en effet remises. 800 sont encore aujourd'hui
> » entre mes mains. J'en ai donné 800 à MM. Cusin et Legendre qui m'en ont
> » donné un reçu chacun pour moitié, et cela pour les indemniser de l'abandon de
> » moitié fait dans les 40 pour 100 auxquels je venais de renoncer. »

Qu'est-ce que c'était que ces 40 pour 100 ? En avril 1851, traité entre MM. Cusin et Legendre et M. Sussex. M. Sussex, à raison des secours qu'ils lui apportent en avril 1851, à une époque où l'on ne songeait pas encore à la Société des Docks, M. Sussex leur abandonne les 40 pour 100 de bénéfices qui lui sont attribués. Plus tard, on supprime ces 40 pour 100 de bénéfices, on les remplace par 2000 actions. Que fait M. Sussex ? Il donne à MM. Cusin et Legendre 800 actions à la place des 40 pour 100 de bénéfice qu'il leur avait donnés en avril 1851. Les 800 actions n'ont donc pas été données à MM. Cusin et Legendre pour les remercier, les récompenser des sacrifices qu'ils faisaient en 1853 et en 1854, pour la Société de Javel.

Je voulais répondre à ce fait. Il n'entrait pas directement dans l'ordre d'idées où j'étais placé, mais j'avais besoin de l'écarter, et maintenant je puis dire avec assurance, quant à ce premier chef d'accusation : M. Legendre ne peut pas dire, comme il l'a fait pour la plupart des faits du procès, qu'il y est étranger. Non, il n'y est pas étranger, il est évident qu'il a connu l'emploi que sa maison de banque a fait des fonds qui étaient dans sa caisse. Ce n'est pas lui qui tenait la caisse, la comptabilité, mais il avait une partie de la direction de la maison ; il a connu l'emploi, il en accepte la responsabilité, mais cette responsabilité acceptée ne peut pas aller au delà d'une responsabilité civile. Quant à l'abus de confiance sur ce point, vous n'en trouverez nulle part le caractère, et le Tribunal ne s'arrêtera pas à ce premier chef d'accusation.

Il en est un autre auquel encore M. Legendre ne peut se dire étranger, et voici quel est celui-là. Il est sous le numéro 3 de la citation donnée à mon client.

> « 3° D'avoir, à la même époque, détourné ou dissipé une somme de
> » 1,145,926 francs, au préjudice de la Société des Docks ; ladite somme qui a
> » été répartie entre Cusin, Legendre, Duchêne de Vère, Orsi et Arthur Berryer, et

20

» qui ne leur avait été remise qu'à titre de mandat, à la charge de la rendre ou de
» la représenter. »

C'est là ce que l'expert a appelé des prélèvements de la part de MM. Cusin,
Legendre, Orsi, Duchêne de Vère, et pour la part de M. Legendre, ces prélèvements s'élèvent, d'après le rapport de l'expert, à 244,874 francs.

Sur ce point, M. Legendre ne se prétend pas étranger aux faits qui lui sont
reprochés, il en accepte la responsabilité. Nous allons voir jusqu'où va cette
responsabilité.

Je rappelle au tribunal quelle a été, d'après l'expert lui-même, la situation
de M. Legendre à d'autres époques.

Au 1er janvier 1851, M. Legendre avait dans sa maison de banque un crédit de 250,000 francs qu'il a laissés dans sa caisse d'après les statuts. Il avait un
débit de 23,540 francs ; mais je fais remarquer dès ce premier pas au tribunal,
que depuis et y compris 1848, tandis que tous les actionnaires de la maison de
banque avaient touché un dividende et un intérêt, M. Legendre, comme son
associé, M. Cusin, n'avaient voulu percevoir ni dividendes ni intérêts ;
touchés de ce que dans les circonstances où l'on se trouvait, il était prudent de
laisser dans leur caisse autant de capitaux que possible pour faire face aux
nécessités du moment. Ils se réservaient de ne prendre que plus tard la récompense de leur travail. Donc M. Legendre avait à son compte 250,000 francs
au crédit, 23,540 francs au débit, par contre le droit de réclamer sa part
de dividendes et d'intérêts dans les années 1848, 1850 et 1851, ce qui faisait,
et bien au delà, le débit de 23,540 francs.

Le 1er juillet 1852, il a toujours son crédit de 250,000 francs, et il a un
débit de 36,016 francs, et toujours il ne réclame ni dividendes ni intérêts, ni
ceux de l'année, ni ceux qui sont arriérés.

Le 31 décembre 1852, crédit 250,000 fr., débit 47,250 fr. 19 cent.;
même situation à l'égard des dividendes et intérêts augmentés de ceux d'une
année.

31 décembre 1853, crédit 250,000 francs et débit 280,747 francs; il ne
touche pas de dividendes ni intérêts.

31 décembre 1854, crédit 250,000 francs, débit 407,394 francs, et il ne
touche ni dividendes ni intérêts.

Enfin, 31 décembre 1855, crédit 250,000 francs et débit 444,874 francs.

Voilà les chiffres invoqués contre M. Legendre et les chiffres qui constituent les prélèvements qu'il aurait faits dans la caisse de la maison de banque
Cusin, Legendre et Cie. Voici ce que j'ai à dire dans l'intérêt de Legendre :

En 1853 et 1854, lorsque l'affaire des Docks était dans la situation que
vous savez, M. Legendre a été appelé à payer deux dettes qu'il avait contrac-
tées autrefois, l'une au profit d'une maison Cobin, de 150,000 francs, l'autre au
profit d'un M. Troque, de 50,000 francs: total, 200,000 francs. Il a été en outre
obligé de payer des fragments d'une propriété qu'il avait à Boulogne, pour la
somme de 35,000 francs, total 235,000 francs, plus quelques intérêts. Ce sont

là les accidents qui sont arrivés à M. Legendre dans le cours de ces années; ce qu'il a pris pour payer ces sommes, ce n'est pas l'argent des Docks qui n'était pas conservé en nature dans la caisse de la maison de banque Cusin, Legendre et Cie, qui n'a pas été remis à titre de dépôt, qui ne pouvait pas l'être, il a pris dans la caisse presque l'équivalent des 250,000 francs qu'il y avait, et puis secondement, 200,000 francs et un peu au delà en représentation des bénéfices dont il pouvait exercer la revendication. Il a eu depuis pour cet objet un procès. Il est encore en procès avec le liquidateur de la maison. Le liquidateur de la maison lui dit : Vous nous devez une somme considérable ; elle est constatée par nos livres, 440,000 francs, d'où il y a à déduire 250,000 francs, montant du versement et que vous aviez dans la caisse; par conséquent nous avons 184,000 francs à réclamer de vous, payez-nous-les. A quoi M. Legendre répond : Faisons un compte d'abord. J'ai le droit de réclamer mes dividendes et intérêts auxquels je n'ai pas renoncé. Le procès est pendant devant le tribunal de commerce. Le liquidateur a demandé la condamnation à une provision, le tribunal de commerce a accordé la provision de 50,000 francs. Le procès continue sur le fond. C'est une question litigieuse, et je dois dire que le liquidateur n'est pas parfaitement juste envers M. Legendre, car sa propriété de Boulogne, qu'il a payée 35,000 fr., a été expropriée pour le boulevard de l'Impératrice, et expropriée moyennant 87,000 fr., de sorte que cette mauvaise affaire a rapporté un bénéfice de 52,000 fr. que le liquidateur a entre les mains.

Quoi qu'il en soit, voilà un litige engagé. Dans cet état de litige, irez-vous dire que tous les comptes qu'on présente à M. Legendre sont parfaitement exacts et que les compensations qu'il oppose au liquidateur ne sont pas fondées? Irez-vous trancher ce procès et dire qu'il a eu tort de s'approprier des sommes qui lui appartenaient? Assurément non ; et dans tous les cas, vous direz qu'il a fait cela avec la maison de banque, qu'il n'a pas fait cela dans la caisse des Docks, et que, par conséquent, on ne peut pas lui reprocher d'avoir détourné à son profit personnel de l'argent, des valeurs, des effets qui étaient la réelle propriété de l'administration des Docks.

Je crois donc pouvoir conclure de là que pas plus pour ces prélèvements que pour les deux opérations de Pont-Remy et de Javel, il n'y a lieu d'imputer à M. Legendre d'avoir pris ce qu'il ne pouvait pas prendre dans la caisse de la Société.

Mais ensuite sur ce point, comme sur le premier, revenons au droit. On en a très peu parlé dans tout ce que j'ai entendu. On a oublié que c'est une loi pénale qu'on invoque, et que, pour l'invoquer contre nous, il est nécessaire que cette loi pénale soit applicable aux faits qu'on incrimine.

Quel est, en matière d'abus de confiance, le principe constant, certain, incontestable? C'est que pour que les opérations caractérisées comme celles que je viens d'indiquer au tribunal constituent un abus de confiance, il faut qu'il y ait eu intention frauduleuse, intention de s'approprier illégitimement le bien d'autrui. Voilà ce que décide un arrêt de la Cour de Cassation du 27 avril 1854, rapporté par Dalloz, t. LIV, partie 1re, p. 198. Cet arrêt a été rendu sur les conclusions conformes de M. Delapalme, qui a exprimé la même opinion dans l'*Encyclopédie du Droit*, au mot *Abus de confiance*. Cette doctrine est écrite en toutes lettres dans l'ouvrage de Faustin Hélie, t. V, p. 366. Il faut qu'il y ait intention frauduleuse, intention de s'approprier illégitimement la propriété d'autrui.

Je demande au tribunal de se prononcer sur ce point : Croit-il que de la part de M. Legendre, puisant dans la caisse de la Société des fonds ou qu'il croyait lui être dus, ou qu'il avait la ferme espérance d'y faire rentrer plus tard, il y ait eu intention de s'approprier frauduleusement la propriété d'autrui?

Quel est le caractère de la fraude? C'est de se dissimuler. Y a-t-il dans tout ce qui s'est passé à cet égard la moindre tentative de dissimulation? Tout ce qu'on a fait et pour Javel et pour Pont-Remy, et pour ce qu'on appelle les prélèvements personnels, on le trouve partout, cela est écrit partout. On ne l'a pas caché, dissimulé : vous en verrez la trace partout.

Il n'y a donc pas d'intention frauduleuse. Il n'y a qu'un acte ordinaire qui aurait été excellent, que personne n'aurait incriminé si la Société n'avait pas été ruinée. Je ne comprends la critique que dans une certaine mesure ; je la comprends au point de vue de la responsabilité civile; mais parce que la Société, au lieu de prospérer, a été ruinée, il n'y a place à aucune incrimination. Je crois donc que dans les trois chefs d'accusation que je viens d'examiner en détail il n'y a pas abus de confiance, et que, par conséquent, ces chefs doivent être repoussés.

Je continue à lire ma citation, et je trouve au paragraphe 4 :

« 4° D'avoir, à la fin de 1853 et au commencement de 1854, détourné ou
» dissipé, au préjudice de la Société des Docks, 42,176 actions qui ne lui avaient
» été remises qu'à titre de mandat, à la charge de les rendre ou représenter. —
» 5° D'avoir, en 1856, conjointement, détourné ou dissipé, au préjudice de la Société
» des Docks, 32,000 actions livrées à Fox et Henderson , et partagées ensuite
» entre eux et les concessionnaires, lesquelles actions ne leur avaient été remises
» qu'à la charge de les rendre et les représenter. »

Avant de dire que M. Legendre a été complétement étranger à ce qui s'est passé, comme je l'ai dit dans le récit des faits, je voudrais bien me rendre compte de ce chef d'accusation. On accuse M. Legendre d'abus de confiance, parce qu'il aurait reçu des actionnaires des Docks 42,176 actions et qu'il les aurait détournées ou fait disparaître.

Que vient-on dire? De qui M. Legendre a-t-il reçu 42,176 actions ? Quel est le mandant ou le déposant qui lui ait remis 42,176 actions?

Il y a eu, cela est vrai, 85,000 actions pour lesquelles on a souscrit. Elles ont je ne sais combien de porteurs. Ces porteurs ont pu les remettre en nos mains comme on dépose quelquefois dans les caisses d'une société les actions qui appartiennent à chacun des sociétaires, comme on pouvait le faire aux termes de nos statuts. Les porteurs des 85,000 actions sont-ils venus les remettre à titre de dépôt ou de mandat entre les mains de Legendre, lui disant : « Gardez-les à la charge de nous les rendre et représenter », comme dit la citation. Non, ils les ont encore, ou s'ils ne les ont pas, c'est qu'ils les ont vendues, et d'autres les possèdent à leur place. Mais jamais les 85,000 actions n'ont été remises entre les mains de M. Legendre pas plus que de M. Cusin.

De quoi parle-t-on donc? On parle des autres actions pour lesquelles des étrangers n'avaient pas souscrit, et pour lesquelles, comme nous le disait M. Pereire dans sa déposition, les trois concessionnaires étaient engagés solidairement par la déclaration du 20 novembre 1852. Ils peuvent avoir eu tort de les émettre ; ils auraient mieux fait de les garder ; mais ils n'ont pas commis un abus de confiance envers aucun mandant ni aucun déposant, attendu que personne ne les leur avait données ni à titre de mandat ni à titre de dépôt. Cela est parfaitement certain : de manière que les 42,176 actions qui ont été vendues, détournées, dissipées, comme on voudra, n'étant sorties de la main d'aucun mandant ni d'aucun déposant, évidemment il n'y aurait pas abus de confiance ; d'autant mieux qu'une jurisprudence incontestable, rappelée dans Faustin Hélie, à la page 379 de son Vᵉ volume, constate qu'il ne peut y avoir abus de confiance que spécialement et strictement dans l'exécution des contrats mentionnés en l'art. 408. Pour montrer l'abus de confiance, il faut que vous montriez textuellement le mandat, textuellement le dépôt, et quand j'ai des actions entre les mains en vertu de toute autre relation, quelle qu'elle soit, qui n'est ni un mandat ni un dépôt, il n'y a pas abus de confiance, quelque usage que j'en fasse. Ainsi, vous le voyez : même quand on aurait quelque tort à reprocher à ceux qui auraient détourné ou dissipé les 112,000 actions pour lesquelles il n'y avait pas de souscripteur avant le 20 novembre 1852, il n'y aurait pas abus de confiance ; l'art. 408 ne serait pas applicable, et surtout pour M. Legendre.

A quel titre peut-on lui dire qu'il a détourné ou dissipé 42,176 actions de la Société des Docks? Il affirme, et l'on ne prouvera pas le contraire, qu'il n'a jamais disposé d'une action de la Société des Docks. Par conséquent, sous ce rapport encore, le délit d'abus de confiance qu'on lui reproche manque complétement.

Il y a un autre chiffre de 32,000 actions remises à MM. Fox et Henderson, se subdivisant en 17,600 données à MM. Fox et Henderson, et 14,400 qui étaient réservées ou pour la Société, ou pour les concessionnaires. Il a dissipé quoi? les 17,600 actions? Non. Il n'y a pas pris part. — Mais enfin il a signé un contrat par lequel elles étaient remises en payement des travaux à MM. Fox et Henderson. — Ce n'est donc pas une dissipation, un détournement. Dites que le compte est mal fait ; dites qu'on a tort d'abandonner des actions. Mais

donner à des constructeurs des actions en payement de leurs travaux, et encore
en stipulant qu'ils ne pourront en disposer qu'au fur et à mesure de la construction des Docks, ce n'est certainement pas commettre un abus de confiance,
un délit.

Mais elles ont disparu : où sont-elles? Il y avait une caisse, la clef a disparu ;
le tribunal a entendu les singulières explications que M. Stokes a données à
cet égard. Où sont-elles? Je le demande comme la partie civile contre laquelle
je plaide. Il a été parfaitement constaté que pas plus M. Legendre que M. Cusin,
que la partie civile elle-même, n'avaient eu la clef en mains, n'avaient ouvert
la caisse. Nous n'avons pas, je pense, à répondre de la dissipation de ces
17,600 actions qui ont été très régulièrement données à des constructeurs en
payement de travaux qu'ils feraient plus tard.

Mais les 14,400 actions? Je dis pour elles ce que je disais tout à l'heure
pour les 42,176. Jamais M. Legendre n'en a eu une entre les mains ; il n'a
jamais disposé d'une seule ; par conséquent, il ne peut avoir commis un abus
de confiance, pas plus pour les 14,400 que pour les 42,176 actions.

Voilà tout ce que j'avais à dire sur le délit d'abus de confiance.

Il y a un autre chef d'accusation plus grave, et c'est par là que je terminerai
ma discussion :

« 6° De s'être, depuis moins de trois ans, en employant des manœuvres fraudu-
» leuses pour persuader l'existence d'une fausse entreprise, fait remettre conjointe-
» ment, par des personnes restées inconnues, diverses sommes d'argent en échange
» d'actions des Docks faussement présentées comme actions d'une Compagnie
» définitivement constituée, et d'avoir ainsi escroqué partie de la fortune d'autrui. »

C'est bien le délit d'escroquerie avec ses trois circonstances caractéristi-
ques : manœuvres frauduleuses pour persuader l'existence d'une fausse
entreprise, et dont le résultat a été d'escroquer partie de la fortune d'autrui.
Cette escroquerie aurait été consommée par l'échange d'actions contre de
l'argent que M. Legendre aurait reçu.

Je cherche quelles ont été les manœuvres frauduleuses employées par
M. Legendre pour persuader l'existence d'une fausse entreprise. Quand j'ai
examiné les faits, quand j'ai montré que M. Legendre avait été étranger à
presque tous ces faits, j'ai suffisamment fait voir au tribunal que de la part
de M. Legendre, qui se trouve en dehors de toutes ces opérations, il n'y a pas
eu de manœuvres frauduleuses.

On me dit : Mais la déclaration du 20 novembre 1852? Je l'ai expliquée au
tribunal. J'ai dit comment elle avait été faite, comment elle devait être
entendue, dans quel but elle l'avait été. Elle ne contient rien de frauduleux.
Vous avez vu que toutes les fois qu'il s'est présenté quelqu'un pour réclamer
une part du capital à la condition d'intervenir dans la Société, la part du capital
a été immédiatement offerte avec ces actions que les concessionnaires avaient
gardées entre leurs mains.

Mais d'ailleurs, je suis obligé de le dire, je dois défendre mon client à toutes

fins : si le tribunal venait à croire qu'il y a dans la déclaration du 20 novembre
1852, que M. Legendre n'a signée que de confiance, une manœuvre frauduleuse, le tribunal se rappellerait, je suis fâché de le dire, qu'elle est antérieure
de plus de trois ans à la poursuite exercée contre mon client.

M. l'Avocat impérial disait hier : «Vous n'y gagnez rien ; elle a été caractérisée comme un élément d'escroquerie par la dernière loi sur les Sociétés.
Avant, elle constituait un faux en écriture de commerce ; elle ne pouvait avant
se prescrire que par dix ans, elle peut maintenant se prescrire par trois ans. »

J'en demande pardon à M. l'Avocat impérial; j'ose contester que jamais
une pareille déclaration ait été considérée comme un faux en écriture de commerce. Je crois que dans les nombreuses décisions qui ont été rendues relativement au faux en écriture de commerce, décisions qui peuvent, en les
réunissant, caractériser avec toute la précision de la meilleure loi ce que
c'est que le faux en écriture de commerce, on chercherait vainement une
décision qui prouvât qu'une déclaration de cette nature constitue un faux en
écriture de commerce. Je suis parfaitement convaincu qu'il n'y a pas là un
faux. Il y a là une fausse déclaration, c'est-à-dire un faux purement civil.
Donc, encore une fois, on peut être civilement responsable, mais il n'y a pas
eu avant la loi de 1856 un crime dans cette déclaration.

Chose étrange ! le Corps législatif comme le Gouvernement, en faisant la loi
de 1856, ont eu l'intention de rendre beaucoup plus sévères toutes les prescriptions relatives aux Sociétés, de créer des délits là où il n'y en avait pas,
où auparavant il n'y avait que des actes blâmables, et il se trouve que dans
cette loi spéciale, contre leur intention, de ce qui était un crime ils auraient
fait un délit ? Non, cela n'a jamais été imaginé. On pourra prendre le rapport
présenté par notre ancien et respectable confrère, M. Duvergier, au Corps
législatif, le rapport présenté par notre confrère M. Langlais, on ne trouvera
absolument rien qui indique que cette déclaration qui, aux termes de la loi de
1850 devient un élément d'escroquerie, ait été auparavant un crime, un faux
en écriture de commerce.

Je le répète donc : s'il y a eu manœuvre frauduleuse dans la déclaration du
20 novembre 1852 (au nom de M. Legendre, je déclare qu'il n'avait aucune
intention de frauder, qu'il a donné sa signature de confiance), elle serait couverte par la prescription, et par conséquent elle ne peut pas être invoquée.

Mais il y a autre chose. Deux témoins ont été appelés, deux actionnaires
dont je ne me rappelle pas bien le nom, mais le tribunal le suppléera facilement. On leur a demandé : « N'avez-vous pas été trouver Legendre pour avoir
des renseignements sur la société dont il était un des concessionnaires ? —
Oui, nous y sommes allés. » Par exception, ces deux actionnaires, ne trouvant
pas M. Cusin, ont été dans les bureaux très séparés de M. Legendre s'adresser
à lui. –— Et que vous a répondu M. Legendre? Au premier il a dit : « Mais
notre Société va bien : tenez, nous avons un Commissaire du Gouvernement
qui est chargé de nous surveiller, allez demander au Commissaire du Gouver-

nement. » Au second il a dit : « Mais notre Société va bien, nous avons pour
président du Conseil d'administration le prince Murat. Il vous inspirera toute
confiance ; allez demander au prince Murat. »

Je le demande, M. Legendre employait-il là des manœuvres frauduleuses
pour faire croire à la prospérité de la Société à la tête de laquelle il se trouvait ? Il répondait comme quelqu'un qui n'y connaissait rien. Il la croyait
bonne. S'il avait été averti, il est évident qu'il ne serait pas resté passif comme
il est resté. Il la croyait bonne ; mais comme il lui était absolument impossible de donner des renseignements qu'il ignorait lui-même, il disait à l'un :
Demandez au Commissaire du Gouvernement ; à l'autre : Demandez au Président du Conseil d'administration. Et vous savez que c'est le Président du
Conseil d'administration, je ne veux pas qu'on commette de confusion à cet
égard, et non pas Legendre, qui répondait à ces actionnaires : « La Société
est excellente : le décret à lui seul vaut 25 millions. »

Vous le voyez, de la part de M. Legendre il n'y a eu certainement, dans
la déclaration qu'il a faite aux deux témoins, aucune manœuvre frauduleuse
tendant à persuader un crédit imaginaire, et par conséquent constituant les
deux premiers caractères du délit d'escroquerie.

Le troisième caractère, c'est qu'il aurait reçu de l'argent et escroqué ainsi
partie de la fortune d'autrui. Il aurait reçu ainsi cet argent en échange d'actions
qu'il aurait données. Ce serait en effet le troisième caractère, s'il existait. A
défaut des deux premiers, il n'aurait pas les qualités suffisantes pour constituer le délit d'escroquerie. Mais l'a-t-il fait ? Encore une fois, je demande
qu'on n'impute à M. Legendre que les faits qu'il a commis lui-même. Il ne
peut pas, devant vous, encourir d'autre responsabilité. Je demande qu'on
présente un seul témoin venant dire : M. Legendre est venu me trouver ou a
envoyé chez moi tel de ses agents, et au nom de M. Legendre on m'a vendu
des actions en échange desquelles j'ai donné de l'argent. Le tribunal connaît
l'instruction aussi bien et beaucoup mieux que moi, et sait que dans toute
l'instruction, ni écrite ni orale, il n'y a pas un mot qui montre que M. Legendre ait jamais échangé des actions pour de l'argent qu'on lui aurait donné.

J'en ai dit assez. Vous voyez sur quels fondements repose le dernier délit
qui est reproché à mon client, qu'il n'a pas de bases plus solides que le premier, et pour résumer tout cela, vous voyez le rôle que remplit M. Legendre
dans cette affaire. Ce n'est pas un rôle qu'il se fait aujourd'hui, un artifice de
sa part pour échapper à la responsabilité du délit qui pourrait lui être imputé.
Vous avez vu des témoins en qui vous devez avoir une pleine confiance,
appelés par l'accusation elle-même, M. Pereire, M. Picard, le liquidateur
actuel de l'Union commerciale, vous déclarant tous qu'à leurs yeux M. Legendre ne prenait aucune part à l'affaire, qu'il n'avait aucune part dans tout ce
qui s'est passé. Enfin, vous n'entendez pas un témoin déclarant, chose qui
serait nécessaire, que M. Legendre a pris part aux faits qu'on incrimine.
Vous voyez donc son rôle. Il a donné des signatures, il les a données de con-

fiance. Il a cru que les actes au bas desquels il donnait sa signature étaient des actes légitimes, réguliers, et à vrai dire, entre M. l'Avocat impérial et moi, la question est de savoir si qui donne sa signature aveuglément, avec trop de confiance, je le veux bien, avec un laisser-aller blâmable, je le veux bien encore, peut être accusé de délit? Le système de l'accusation revient à dire que s'il n'a pas commis un délit pour son propre compte, d'autres en ont commis pour lui, et par cela seul que d'autres, qui étaient concessionnaires avec lui, gérants de la même Compagnie commerciale, ont commis un délit, il doit être responsable de leur faute; en sorte que, de sa part, il n'y a eu aucun des caractères de l'acte frauduleux et coupable, il n'a pas eu intention, il n'a pas eu volonté, il n'a pas connu, il ignorait, peu importe. Quelqu'un est là qui commettait un délit pour lui, qui le rendait coupable malgré lui, sans qu'il le sût, et qui l'exposait un jour à venir devant vous subir la peine d'une faute qui lui était étrangère, encourir la responsabilité d'un crime qu'il avait ignoré. La justice répressive ne peut jamais aller jusque-là.

Certes, j'applaudis de grand cœur, et je le dis du fond de l'âme, à la ferme et énergique résolution qu'annonçait l'autre jour le ministère public, de poursuivre toutes les manœuvres frauduleuses qu'il verrait se glisser dans les grandes transactions financières de notre époque. Oui, cela est digne de l'indépendance de son caractère et de l'élévation incontestable de son talent. Mais, qu'il veuille bien y prendre garde, pour que cette résolution puisse avoir toute son efficacité, il ne faut pas se tromper au début, il ne faut pas porter ses coups où ils ne doivent pas être portés. Qu'on poursuive, cela est juste, l'audace dans la spéculation, qu'on poursuive l'activité frauduleuse. Mais à vouloir poursuivre la mollesse, la négligence, l'inattention, on court un risque, c'est que l'opinion publique, qui maintenant seconde ces poursuites, n'éprouve une réaction et ne les blâme. Poursuivez, quel que soit le résultat, le succès comme la ruine. Que les grandes fortunes, rapidement acquises, que les prestiges de ces grands succès n'empêchent pas les poursuites. Rien de mieux, nous serons de cœur avec vous. Mais voilà un homme qui a donné quelques signatures, qui les a données négligemment, qui n'a pris part à rien, qui n'a compromis que lui-même, et vous le poursuivez comme un grand coupable.

Grand Dieu! n'en est-il pas assez puni? Cet homme a été arraché, il y a quatorze mois, du sein de sa famille; il a été pendant deux mois et demi jeté dans une prison. Il a eu depuis, par la bienveillance de l'autorité, cette captivité adoucie qu'on appelle une maison de santé; il souffre humilié depuis six jours sur les bancs de la police correctionnelle!

Que le tribunal veuille placer entre soixante-deux ans d'une vie sereine et honorable, et puis quelques années que M. Legendre a encore à passer sur la terre, ces quatorze mois d'anxiété, de douleur, d'amertume, et qu'il se demande si l'expiation de quelques fautes, de quelques négligences n'a pas été suffisante, et si la justice humaine n'a pas obtenu déjà toutes les satisfactions qu'elle pouvait réclamer!

PLAIDOIRIE DE M° NOGENT SAINT-LAURENS,

Défenseur de Duchêne de Vère.

J'arrive au procès pour M. Duchêne de Vère, et je veux aborder immédiatement sa situation particulière, car à mon sens les considérations générales
ont été plaidées avec supériorité, et revenir sur l'ensemble de l'affaire serait
évidemment une chose superflue. Pourtant, avant d'analyser la position de
M. Duchêne de Vère, je vous demande la permission de faire en quelques
mots très rapides la synthèse même de cette position comme je la comprends,
comme je la sens après l'étude du débat et du dossier.

M. Duchêne de Vère, qui s'efface dans le procès (c'est une des prétentions
du ministère public, j'aurai à y répondre), ne se sera pas effacé à l'origine
de l'affaire. Quant à moi j'ai la prétention de le poser comme le fondateur de
l'entreprise. Il a vu les Docks en Angleterre ; il en a déposé l'idée en France,
concurremment avec un M. Smith. Il a travaillé très activement à l'obtention
du décret ; puis par l'intermédiaire de M. Riant, il a été mis en communication avec MM. Cusin et Legendre qu'il ne connaissait en aucune façon. Il est
resté constamment en dehors (c'est ma prétention) des combinaisons financières, et j'entends par *combinaisons financières* les négociations, les réserves
d'actions, l'affaire de Javel, l'affaire de Pont-Remy. Il a fait tout ce qu'il a pu
pour pénétrer dans l'organisation pratique et matérielle de l'affaire, il a fait
acheter des terrains, notamment ceux de M. Riant ; il a conclu le traité de l'entrepôt des Marais, il a fait des démarches, des voyages ; il a voulu appeler les
capitaux anglais, leur action, leur influence sur l'affaire. Dans la question
financière, c'est la maison de banque qui agit, M. Duchêne de Vère n'intervient pas. Quand il s'agit de réaliser l'opération, de lui donner une existence
pratique, vous voyez M. Duchêne de Vère en première ligne. Voilà la synthèse de sa situation.

Il a donné sa démission dans des circonstances que j'ai à examiner. On l'a
gardé, il est resté dans l'affaire parce que c'était un homme très sérieux,
très utile, très nécessaire. Il devait avoir une part de fondateur, car ces
affaires ne se pratiquent pas par pure générosité ; chacun, il faut le dire pour
rester dans la vérité de la situation, y cherche son profit, sa fortune quelquefois, et cela est permis quand on agit sur une surface aussi vaste que celle
d'une affaire de ce genre. Il avait donc un compte courant ouvert dans la
maison de banque l'Union commerciale. J'aurai tout à l'heure à m'expliquer
sur les prétentions de l'expert Monginot à propos de ce véritable compte
courant qui en a toutes les apparences, toutes les conséquences, toute la réalité,
et qu'on veut transformer en prélèvements frauduleux opérés sur la caisse de

la Société des Docks. Ostensiblement, M. Duchêne de Vère est débité de toutes les sommes qu'il a prises dans la comptabilité de l'Union commerciale. Il est crédité de tout ce qu'il a versé, car il a fait des versements d'argent ; on lui en demandait. On a dit qu'on ne lui en avait pas demandé. C'est une erreur, j'en ai la preuve. Tout ceci s'est accompli, sauf règlement et compte.

Voilà bien tout ; je n'ai rien oublié dans la synthèse. Telle est bien la situation de M. Duchêne de Vère. Je vous le déclare, je ne trouve aucun délit, je ne trouve aucune qualification légale qui puisse envelopper ces faits, leur donner des apparences criminelles et déterminer la répression de votre part. Mon regard plongeait dans le vide ; car enfin je me disais : Cet homme est accusé d'escroquerie, pourquoi ? Le principe de l'escroquerie, c'est un mensonge ; l'escroquerie consiste à faire croire à une entreprise imaginaire. Une entreprise imaginaire ! les Docks qui sont son idée, l'idée qu'il a importée en France, le fait qu'il a étudié en Angleterre ! Personne ne le soutiendra. Des manœuvres frauduleuses ! où donc ? A-t-il cherché à tromper par des déclarations faites dans des actes publics, dans des négociations d'actions ? Non, et à cet égard il a été passif ; je l'établirai, c'est ma prétention. Un abus de confiance ? Où donc ? Dans ce prélèvement, apparemment ; c'est un compte courant dans une maison de banque. Je cherchais, je réfléchissais quand les réquisitions sont venues, et du doigt on a cherché à nous montrer la part de M. Duchêne de Vère, à nous montrer qu'il était coauteur, qu'il était complice. J'ai écouté avec un grand soin, un grand respect et une admiration sincère la parole du ministère public, mais je cherche encore le délit que les réquisitions ont eu la prétention de me montrer, et ici me voici sorti de la synthèse que je voulais faire à propos de la situation de M. Duchêne de Vère, me voici pénétrant par l'analyse, rentrant tout à fait dans l'affaire.

L'accusation affirme que M. Duchêne de Vère est coauteur, est complice du délit d'escroquerie avec MM. Cusin et Legendre. Je ne voudrais pas essayer de nouveau devant vous, j'échouerais dans cette imitation téméraire de ma part, je ne voudrais pas recommencer l'analyse légale de la situation qui frappe M. Duchêne de Vère comme M. Legendre. Je profite du bénéfice de cette discussion, qui est évidemment restée dans les souvenirs du Tribunal. Mais enfin il est coauteur : j'examine d'une manière plus rapide que mon honorable confrère ne l'a fait où est sa participation de M. Duchêne de Vère.

La première observation que je trouve dans le réquisitoire ne me paraît pas extrêmement grave. Duchêne de Vère est-il dans l'affaire ? se demande le ministère public. Son attitude est fort habile, c'est un homme rusé qui procède par l'hypocrisie. Il se tient éloigné de ses coaccusés ; il a l'air d'approuver, tant est grande son hypocrisie, ce qu'on dit contre eux ; il a l'air de donner un appui qu'on ne lui demande pas à l'accusation ; il semble répudier tout le monde.

Il y a une chose certaine. Je suis honteux de vous donner ma réponse, tant elle vous paraîtra vulgaire, mais elle a quelque chose de rationnel. Si l'attitude

de M. Duchêne de Vère par sa situation à l'extrémité du banc des prévenus
est quelque chose de calculé, ce n'est pas fort habile ; car le ministère public
s'est aperçu tout de suite de cela, malgré les préoccupations graves de cette
audience, qui devaient le détourner d'entrer dans des détails aussi futiles.
Voyez où va l'esprit quand il soupçonne, quand il se défie. Voulez-vous ma réponse ? La voici toute simple.

M. Duchêne de Vère a été malade, très malade dans le cours de cette instruction. Il y a un homme qui ne sera suspect pour personne, M. le docteur Tar-
dieu, qui a dû faire un rapport relativement à son transfèrement dans une
maison de santé. Sa santé ne s'est pas rétablie ; il était encore dans son lit il y
a peu de jours. Il s'est assis au bout du banc pour pouvoir s'appuyer sur la
cloison qui le sépare de l'auditoire. Est-ce de l'habileté de ma part ? C'est la
vérité même. On raisonne, on fait des hypothèses, on fait des phrases aiguës
qui ressemblent à un sourire d'ironie. Ce n'est que cela, c'est une raison matérielle. Il approuve ? Il désapprouve ? Il continue son rôle. Si le ministère
public le croit, il est dans l'erreur. Peut-on, dans une affaire aussi positive,
dans une question de chiffres, s'arrêter à la pantomime, à l'attitude, aux gestes,
à l'extérieur d'un homme ? Il ne faut pas juger ainsi. Il peut y avoir place
pour quelques phrases ingénieuses, mais il n'y a pas là les éléments d'une
discussion.

Je passe, et en avançant je déclare que je suis profondément triste et affligé,
car le Tribunal prévoit ce que je vais lui dire. Je rencontre un fait déplorable. Les générosités légitimes du débat avaient passé sur ce fait que le Tribunal connaissait, ce souvenir affreux, cause de la démission donnée par
M. Duchêne. Je ne veux pas entrer dans des détails, donner des explications.
On m'a dit que ce fait était moins grave qu'il n'en avait l'air, qu'il y avait de
la part de M. Duchêne de Vère indolence, faiblesse. Quoi qu'il en soit, ce
fait il l'expie cruellement aujourd'hui. Il y a dix-neuf ans de cela, je ne vois
pas trop quelle influence ça peut avoir sur la cause après ces dix-neuf ans.

Pendant ces dix-neuf ans, cet homme a été en Angleterre ou en France
recherché pour son instruction, pour la solidité de ses aptitudes et par les plus
grands noms du commerce et de l'industrie. Tout cela n'est pas de la fantaisie, de la plaidoirie. En 1851, en Angleterre, quand il y a eu ce grand événement appelé l'Exposition de Londres, qui a été reproduite, imitée ensuite
à Paris, il a reçu un brevet, c'est le brevet d'une médaille honorable qui n'a
pas été prodigué, et que le prince Albert a cru devoir accepter lui-même,
pour services rendus à l'Exposition.

Est-ce donc un chevalier d'industrie ? Est-ce donc un homme qui n'est pas
sérieux ? Tout à l'heure, quand il paraîtra dans cette affaire, vous verrez
M. Pereire et les plus grands financiers de notre époque, les ministres descendre jusqu'à lui, le consulter, lui demander des renseignements.

Le temps, la distance, l'éloignement, effacent tout dans ce monde. Dans le
débat, la chose avait passé, mais les réquisitions ont mis en avant une inexo-

rable nécessité. Je prie le ciel de m'éviter de jamais subir des nécessités pareilles, car je n'ai pas la constitution assez forte, l'humeur assez austère pour saisir ces armes impitoyables qui viennent déchirer une plaie cicatrisée, qui vont s'appesantir sur une malheureuse femme, sur des enfants, et qui vont anéantir (voilà ce qu'il y a de plus triste) une position qu'on s'était faite, qui vont raviver ce souvenir racheté par dix-neuf ans d'expiation, d'efforts, de travaux continuels.

J'en ai dit assez, j'espère être compris, et j'espère que, avec cette humanité intelligente qui est aussi la justice, ceux qui auront entendu cette partie des réquisitions ne voudront plus s'en souvenir quand ils auront à juger cette affaire, à donner leur réponse sur elle.

Entrons dans le débat. Pour aller vite et ne pas m'égarer dans des digressions qui sont une mauvaise chose dans les plaidoiries, je vais m'arrêter à un système bien net, je vais prendre le ministère public pour guide, suivre pas à pas, un à un, les reproches qu'il fait à M. Duchêne de Vère, répondre à chacun de ces reproches, et si ma réponse est bonne, le tribunal me donnera raison.

Premier argument du réquisitoire : Il est un des concessionnaires primitifs.

Oui, vous avez raison, et, à cet égard, je désintéresse le réquisitoire. J'ai cette fantaisie, cet amour-propre, cet orgueil à mes risques et périls, d'avoir obtenu le décret du 17 décembre 1852. J'ai fait plus que cela ; je suis le fondateur, c'est mon mérite. Cet homme n'entend pas la banque, la comptabilité commerciale proprement dite ; il ne sait pas organiser au point de vue de la banque, chose excessivement abstraite, une affaire industrielle ; mais il a l'instinct des affaires industrielles qui peuvent devenir l'objet de sociétés anonymes ou de sociétés en commandite, il voit juste. J'ai des projets de lui ; il m'en a donné plusieurs sur les forêts de la couronne, sur les ventes publiques. J'ai un mémoire sur les douanes qui est de lui, qui a précédé de beaucoup le travail de M. Pereire. Tout cela est merveilleusement fait, est merveilleusement écrit ; il a l'intelligence de ces questions au suprême degré, et cette question des Docks le passionnait aussi. C'est tout simple, c'est une question à la mode du jour. Il y a des époques, quand on consulte l'histoire, où tout s'immobilise ; aujourd'hui tout se mobilise, la propriété foncière n'a plus d'argent, il va dans les affaires industrielles. A une certaine époque, on a cherché à mobiliser la propriété avec ces bons hypothécaires qui devaient être transmissibles par la voie de l'endossement. Ce système me rappelle un magnifique réquisitoire qui a été prononcé par M. le procureur général Dupin à cette occasion, pour savoir si l'hypothèque pouvait être transmissible par la voie de l'endossement, et je me rappelle les dangers qu'il signalait à cette mobilisation du sol. Les Docks... voilà la mobilisation de la marchandise ; c'est une idée du jour qui devait avoir de la faveur. Je n'examine pas si elle pouvait présenter les dangers que l'on avait signalés pour les bons hypothécaires ; mais l'idée était bonne, l'idée était excellente ; elle était évidemment dans les tendances du jour, car il y a peu de propriétaires aujourd'hui, à part cependant quelques propriétaires, qui cherchent à réaliser, afin de mettre de l'argent dans l'industrie, afin d'avoir moins d'impôts à payer. Je ne sais pas ce que l'avenir réserve aux valeurs industrielles, si elles se transformeront ; mais aujourd'hui elles paient moins d'impôts et elles donnent un revenu double ou triple de la propriété foncière.

C'est une idée qui est dans les goûts, dans les tendances du jour, qui devait avoir faveur ; elle est sérieuse, féconde ; M. Duchêne de Vère l'a apportée. Où est le principe d'une escroquerie à son égard ? Il n'y en a pas, et quand il est arrivé de Londres ayant ce projet dans sa poche, cette idée dans sa tête, voulant la féconder par une Société en commandite ou anonyme, il était dans le vrai, il était dans la tendance de l'époque, il était l'homme de son temps, et il pouvait concevoir et espérer le plus grand succès, car cette affaire pouvait être magnifique.

Voilà le premier reproche du Ministère public : il est un des concessionnaires. Je l'ai justifié au point de vue de cette idée, de ce fait, puisque l'idée s'est réalisée dans une Société dont il est devenu un des concessionnaires ; c'est une idée sérieuse.

On cherche sa culpabilité en 1853, après la concession de 1852, et la première objection qui vient frapper mon attention est celle-ci : Ah ! M. Duchêne de Vère a signé, et c'est une chose très grave, comme concessionnaire, le traité du 20 novembre 1852, l'acte faux, dit le Ministère public, du 20 novembre, c'est-à-dire que chez Mᵉ Dufour, notaire, concurremment avec ses deux co-concessionnaires, il a signé cette déclaration que les actions nécessaires à la constitution de la Société avaient été souscrites, soit 200,000 actions. Et l'expert vient dans son rapport, avec sa plume impitoyable, et dit qu'il n'y a eu que 850,000 actions souscrites.

J'ai signé cela après ? Je ne veux pas m'effacer, c'est un mauvais rôle, car on ne peut pas, on ne doit pas s'effacer ; il est évident qu'il faut prendre la part au débat qui nous est faite par l'instruction. Je ne nie pas la participation que M. Duchêne a prise à cet acte. Je dis, sans vouloir l'effacer, que quant à la signature qu'il a mise au bas de cet acte, il a agi presque passivement ; ce n'était pas son affaire. Quand il faut discuter, arrêter des traités avec M. Riant, lorsqu'il faut traiter de l'entrepôt avec d'autres, vous le voyez agir, se porter en avant ; mais quant à la constitution de la Société, il ne s'est pas enquis du nombre des actions placées, il n'a vu qu'une chose, une maison de banque qui était puissante et qui existait depuis 1846, qui avait fait des affaires sérieuses, des emprunts avec la ville de Paris, qui lui était présentée par M. Riant, s'emparant de cette affaire, voulant la faire fructifier, lui donner une existence, une activité, une vie véritable, et il se dit : Si toutes les actions ne sont pas souscrites, pour ce qui manque la maison de banque est là.

Vous m'arrêtez, vous dites : C'est une déclaration fausse ; les maisons de banque ne doivent pas répondre du surplus du capital qui n'est pas souscrit par les actionnaires : c'est une fraude.

C'est tout ce que vous voudrez, mais c'est un usage constant ; c'est peut-être un abus, mais pour détruire les abus, il ne faut pas évidemment les transformer en délits et frapper sur ceux qui ont commis cet abus.

Mais est-ce un abus ? Tout le monde le sait. Je prends le rapport de l'expert. Le Ministère public a dit : A la séance du 28 novembre 1852, M. Duchêne s'est fait l'orateur et a appuyé M. Cusin. Je prends le procès-verbal de cette séance, et j'y vois ce qui suit. C'est une séance du Conseil de surveillance, la discussion s'engage sur l'affaire des terrains. Il y a M. Dolfus qui est un manufacturier, qui n'est pas un banquier ; la nuance entre le banquier et le manufacturier, entre le producteur et celui qui est habitué à faire remuer l'argent et à faire produire à l'argent, est très tranchée, et vous allez la voir se dessiner entre M. Goldsmith banquier et M. Dolfus manufacturier. On discute sur la valeur des terrains qu'on a achetés. C'est trop cher, dit-on. Il ne s'efface pas alors, c'est M. Duchêne de Vère qui discute de la manière la plus positive.

M. Dolfus s'inquiète parce qu'on a gardé beaucoup d'actions. Si l'on avait voulu faire une escroquerie, si l'on avait eu dans la conscience cette volonté et qu'on eût commis une escroquerie, on n'aurait pas dit dans ce Conseil de surveillance où étaient M. Dolfus, un des premiers manufacturiers de France, et M. Goldsmith, un des premiers banquiers de Londres, que toutes les actions n'étaient pas souscrites, que des actions avaient été mises en réserve. On le disait, et M. Dolfus s'inquiétait parce que les actions avaient subi une baisse à la Bourse et que la maison de banque pouvait supporter une perte. Il disait : Vous avez trop d'actions. Leur disait-il : Vous commettiez un abus de confiance, une escroquerie, à la date du 20 novembre 1852, chez M. Dufour, quand vous avez déclaré que le capital social était souscrit ? En aucune façon, et il ne l'était pas. Il leur disait seulement : Je trouve que vous avez tort, à mon point de vue, de garder des actions ; elles ont subi une baisse à la Bourse et cela vous embarrassera.

Savez-vous comment continue la discussion ? Je lis le texte :

« M. Cusin, mettant en avant sa profession de banquier et raisonnant à ce point » de vue, soutient que l'entreprise est fondée sur des bases plus que solides, et » considère comme définitive la souscription faite par sa maison et sous sa respon-» sabilité. M. Dolfus ne pense pas comme M. Cusin. M. Goldsmith partage les » idées de M. Cusin. M. Dolfus revient sur ses appréhensions. »

Le voilà disant : Je suis un banquier, je commandite l'affaire, elle est sous ma sauvegarde. C'est une question de crédit ; il faut avoir des reins assez forts pour une affaire comme celle-là ; il y a peut-être de l'imprudence, de la témérité, du mauvais calcul, mais enfin ce qui n'est pas souscrit, est souscrit par moi. Cela est fait. Donc il n'y a pas de mensonge, il n'y a pas de faux dans cet acte.

Et alors sur cette doctrine mise en avant par M. Cusin, voilà le manufacturier et le banquier qui ne sont pas d'accord :

« M. Dolfus, continue le procès-verbal, ne pense pas comme M. Cusin, M. Goldsmith partage les idées de M. Cusin... Et telle est l'influence de M. Goldsmith, que M. Dolfus revient sur ses appréhensions. »

Savez-vous ce qu'est M. Goldsmith? un des premiers banquiers de Londres. Le nom de M. Isaac Goldsmith est sur le même pied à Londres que celui de M. de Rothschild à Paris.

Il n'y a rien d'anormal. Tout se modifie avec le temps. Voilà une nouvelle loi sur les commandites qui est sévère pour les déclarations faites à propos du capital social. C'est une tendance excellente; les mœurs commerciales, les mœurs industrielles changent : tant mieux, j'applaudis sans réserve. Mais il n'en est pas moins vrai, c'est une réalité constante et qui a bien son importance, que dans les usages commerciaux, c'est la maison de banque qui fait le capital qui n'est pas souscrit. S'il y a un moment opportun, laissez-moi employer cette expression, pour lancer l'affaire, la maison de banque fait le capital social afin de profiter de l'occasion, de ne pas la laisser échapper. Je ne vois rien là de monstrueux, je n'y vois aucune espèce de crime ou de délit. On n'a pas réussi, je ne crois rien dire de trop; mais dans ce bas monde, concevoir n'est rien, réussir est tout et comme dans la réussite il y a toujours un peu de hasard, il arrive souvent que les meilleures idées peuvent être vaincues et que les plus mauvaises peuvent triompher. Cette affaire pourrait servir d'exemple à la vérité que j'énonce devant le tribunal.

J'en ai fini avec cette prétendue culpabilité qui résulte de la signature apposée au bas de l'acte prétendu faux du 20 novembre 1852. Il a signé. A-t-il su ce qui en était? S'il l'a su, il a été de l'avis de M. Goldsmith, et M. Dolfus s'est rangé à l'avis de M. Goldsmith.

Continuons. En janvier 1853, dit le Ministère public qui veut l'introduire toujours davantage dans le cercle financier de l'affaire, il a signé des lettres adressées au ministre.

Oh ! la belle affaire ! J'ai pris toutes les lettres avec le plus grand soin. Il y en a deux : une du 14 et l'autre du 24 janvier 1853. Je n'ai rien à défendre sous ce rapport. La première annonce un mémoire sur les acquisitions ; il aurait dû le signer tout seul, car c'est lui qui signe ces acquisitions ; il ne peut pas tout faire. Les négociations d'actions ne le regardent pas; il n'y entendait rien ; mais la discussion avec M. Riant ça le regardait, j'ai cent cinquante lettres de M. Riant, je les ai comptées : c'est lui qui discutait avec M. Riant pour les acquisitions de terrains. Il a signé la lettre, il a très bien fait.

Dans la lettre du 24, on annonce un état général sur la situation administrative de la Société, et comme c'est une question grave, comme ce doit être un compte rendu complet, ils signent tous les trois : il a signé comme les autres, comme concessionnaire. Je ne vois là aucune charge sérieuse. J'aime mieux passer, parce qu'il n'y a pas matière à discussion.

J'arrive au 16 avril 1853. Il donne sa démission, qui a été renouvelée le 21 juin par acte notarié. Savez-vous ce qui a précipité sa démission ? Je vais vous le dire en faisant une dernière et triste allusion à ce fait dont je vous ai entretenu tout à l'heure. Le 10 février, M. Roberti écrit ceci :

« Je viens de recevoir de Belgique un jugement qui vous concerne ; avant d'en
» faire tel usage qu'il appartiendra, je crois devoir vous en informer et vous enga-
» ger à venir demain, samedi, à deux heures, à mon bureau, 32, rue de la Douane.
» Passé ce délai, je me croirai autorisé à agir à ma convenance. »

La fatalité veut qu'il n'ait pas reçu cette lettre.

Le 11, ce M. Roberti écrit à M. Cusin et il le dénonce à l'autorité, il fait un scandale ; le bruit arrive jusqu'au cabinet du ministre, et ce pauvre homme, qui était arrivé après dix-neuf ans de travaux presque à la réhabilitation, a donné sa démission.

Qu'est-ce que M. Roberti ? C'est un homme qui est en procès avec M. Cusin, parce qu'il était propriétaire de l'entrepôt des douanes et qu'il lui réclamait des loyers. M. Roberti avait de la houille dans un magasin, une discussion s'était élevée sur les loyers. Voilà sa manière d'agir dans son procès. C'est pur, c'est honnête, c'est consciencieux, c'est délicat. Je ne sais pas si le tribunal éprouve un profond dégoût, c'est le sentiment qui m'a animé quand j'ai lu cette lettre. Voilà par quelle voie ont passé les renseignements qui ont dû éclairer la justice sur l'antécédent de Duchêne de Vère.

L'accusation lui dit : Vous êtes resté. Entendons-nous, j'ai donné ma démission de quoi ? Je ne veux pas subtiliser, mais il faut distinguer. J'ai apporté l'idée, j'ai travaillé, j'ai voyagé, je me suis voué à cette idée, c'est mon espérance, c'est ma fortune, tout est là pour moi. Il n'est pas défendu d'avoir une idée et d'avoir l'ambition de cette idée. Il veut rester dans l'affaire ? Non, il était découragé, il ne voulait pas rester dans l'affaire, il n'y est pas resté comme administrateur, il a donné sa démission d'administrateur. Mais il y a une humanité qui ressemble à la justice, qui est la justice ; cet homme n'a été chassé par personne. Trois jours après, M. le général Morin allait le voir ; M. Pereire l'envoie chercher pour avoir des éclaircissements sur les Docks qu'il n'avait pas étudiés comme celui qui avait passé quinze ans en Angleterre. Il n'est pas resté comme fondateur, mais il ne pouvait pas perdre le temps qu'il y avait consacré, il est donc resté dans l'affaire. C'est un crime, si vous voulez, je le proclame aussi haut que la prévention. S'est-il imposé ? La démission est du 16 avril.

Le 18 avril, deux jours après, M. Cusin lui a écrit une lettre très bien dans cette circonstance où il montre beaucoup de cœur et d'intelligence, à mon sens.

Voici la lettre de M. Cusin :

« Mon cher monsieur,

» A vos conférences, si actives, si journalières, a succédé la privation même de
» vos nouvelles. Samedi, je me suis présenté chez vous pour avoir le plaisir de
» vous y rencontrer ; jusqu'à cinq heures, aujourd'hui lundi, je serai sédentaire au
» cabinet, si vous pouvez disposer de quelques minutes en ma faveur, je serai à
» vos ordres. Il est indispensable que nous nous entendions.

                                                             » CUSIN. »

Et puis une deuxième lettre :

« A partir de huit heures, nous serons au cabinet à piocher ; si vous avez le
» temps, venez un peu nous visiter et nous aider.

                                                             » CUSIN. »

Il n'est plus administrateur, parce qu'il s'est trouvé un homme qui
s'appelait M. Roberti et qui a commis une dénonciation. Je ne dis pas
qu'il ne faille pas révéler à la justice ce qu'on sait, mais il ne faut pas le faire
à son profit personnel pour gagner un mauvais procès ; car quand on agit
ainsi, on a un nom, et un nom tellement vulgaire que je ne puis pas le prononcer devant le Tribunal. Il a voulu s'en aller, frappé par cette révélation,
découragé, anéanti. On l'a retenu, on l'a gardé, on s'est servi de lui parce
qu'il était l'homme pratique ; il n'y en avait pas d'autre. M. Cusin est un
financier qui entend les affaires de banque, qui s'est enthousiasmé pour la
question des Docks, mais qui ne l'a pas pratiquée comme M. Duchêne de
Vère. Quant à M. Legendre, il est associé de la maison, mais il a un rôle où il
y avait bien plus d'abstraction encore que dans le rôle de M. Duchêne de
Vère.

Je disais que M. Pereire l'a consulté. J'aime bien qu'un homme sérieux
soit sérieusement posé dans un débat. M. Duchêne de Vère s'est-il attaché à
cette question des Docks comme à une opération qui devait mettre des millions dans sa poche ? C'est un homme qui écrivait, qui faisait ce long mémoire
que vous connaissez, qui a donné tellement des preuves de son instruction
pratique, qu'il a été appelé par des gens qui n'ont pas l'habitude de perdre
eur temps, qui s'appellent M. Pereire. M. Pereire lui écrit :

« M. Poyet m'a annoncé votre visite pour ce matin, à neuf heures. Comme j'avais
» oublié de prévenir au bureau, peut-être vous a-t-on dit que j'étais sorti ; dites-
» moi ce qu'il en est, je vous attendrai, dans tous les cas, jusqu'à onze heures, rue
» d'Amsterdam, 5.
     » Agréez, etc.   Émile PEREIRE. »

« M. Pereire attendra M. Duchêne de Vère aujourd'hui, à quatre heures, si cette
» heure lui convient. »

Enfin M. Renard, secrétaire de M. Pereire, lui écrit :

« M. Poyet, qui a l'honneur de vous saluer, est chargé de vous prévenir que
» M. Pereire vous attendra demain matin, à neuf heures précises. »

Qu'est-ce que je vous disais, et que vient-il ? C'est à l'appui de mon dire,
qu'il était l'homme pratique de la Société. Lorsque M. Pereire est entré dans
la Société, à qui s'est-il adressé ? A M. Duchêne de Vère, pour le prier de
rédiger ce fameux mémoire qui a été remis entre les mains du ministre.

Quant à M. Riant, voilà la correspondance entre M. Riant et M. Duchêne
de Vère : vous voyez qu'elle est assez volumineuse. Je ne veux pas vous lire
toutes ces lettres ; mais il y a là évidemment l'échange de toutes les idées qui
pouvaient être émises en pareille circonstance, quand il s'agissait d'établir les
les Docks, de faire des ventes de terrain. Je donnerai au Tribunal cette liasse
de lettres : il verra la participation de M. Duchêne de Vère à l'affaire. Elle
s'est manifestée d'une manière bien sensible quand il a acheté l'entrepôt des
Marais.

Il est resté dans l'affaire, mais il n'a jamais eu une action entre les mains.
J'ai lu avec la plus grande curiosité, avec la sollicitude de la défense qui
cherche un point vulnérable pour elle, avec une impatience fiévreuse, toutes
les lettres écrites par M. Legendre. Dans aucune il ne parle d'actions, de
négociations d'actions. En a-t-il eu ? Jamais. Il a eu un compte courant que
nous aurons à examiner et à juger tout à l'heure.

A propos de l'affaire Riant, il y a quelque chose que je ne puis passer.
Il y a une commission de 65,000 francs sur cette vente de terrains énorme.
Pour nous, gens du palais qui touchons de très loin à ces sortes d'affaires, un
frémissement nous prend. Gagner de l'argent ainsi, c'est fabuleux ! c'est déplorable ! ça nous crispe. C'est pourtant ainsi. M. Riant ne lui reproche rien ;
il a servi singulièrement M. Riant en faisant faire l'achat de ces terrains.
M. Riant le remercie. Il a dit qu'il avait fait beaucoup de démarches, et
cela est vrai. Mais cette somme n'était pas pour lui seul : il y a une
correspondance avec M. Joumet qui a contribué à faire obtenir le décret
d'autorisation des Docks, et l'on avait promis davantage. M. Riant a fait des
économies, car il écrivait :

Ce mercredi, 6 heures.

« Mon cher monsieur Duchêne,

» Voilà une lettre que je reçois de M. Dufour, avez-vous quelque chose de nou-
» veau ? M. Smith est-il allé à Saint-Cloud ?

» Dites-moi ce que vous pensez de la lettre de M. Dufour. Est-ce que vous avez
» annoncé 100,000 francs comptant ?

» Un mot de réponse, s'il vous plaît.

» Mille compliments,

» RIANT. »

Voilà comment la chose s'est passée. Quel délit dans tout cela ? C'est l'indigence de l'accusation qui se trahit. Elle veut accumuler des choses qui ne sont pas des délits, qui sont des choses qu'on trouvera à notre époque et partout. Je ne déclame pas contre les mœurs de mon pays : mais si tous ceux qui ont voulu gagner et qui ont gagné beaucoup d'argent dans les entreprises industrielles devaient être traduits à cette barre, cette audience serait peut-être la plus curieuse de notre siècle, et j'en parle à mon aise. J'ai peu de sympathies pour les fortunes rapides ; je ne suis pas le courtisan du million instantané, ni l'hôte de ces somptueuses demeures qui de nos jours semblent défier par leur luxe les souvenirs des Apicius, des Lucullus, des épicuriens de l'histoire romaine.

Ce qui est certain, c'est que l'affaire Riant est une affaire comme une autre ; c'est que vous en trouverez cinquante pareilles dans tous les bulletins de la Bourse. Ce n'est pas la courtoisie dont on use dans le monde, c'est l'égoïsme des affaires qui s'est traduit, manifesté dans un fait. Il y a eu beaucoup d'activité déployée dans cette affaire où M. Riant a gagné beaucoup d'argent, et M. Riant, qui ne nous reproche rien, a donné une commission qui n'était pas pour nous seuls. C'est un malheur de notre époque, soit ; c'est un fait que je n'approuve pas absolument, mais que je ne désapprouve pas non plus. C'est un fait qu'on pourrait reprocher à des gens très honorables et qui occupent non pas les sommités, mais une place considérable dans notre société moderne.

Que s'est-il passé encore, et où le ministère public prend-il la prévention ? En 1854, M. Arthur Berryer le demande en Angleterre. C'est vrai. Jusque-là les lettres de M. Berryer n'étaient pas adressées à M. Duchêne de Vère directement, mais il ne pouvait pas faire autrement. Il a donné beaucoup d'activité et d'énergie à cette affaire. Dieu me garde de toucher à une position qui a toutes mes sympathies. Il ne pouvait pas faire autrement, ayant cherché l'appui du capital anglais ; nous étions insuffisants, financièrement parlant. Prenez le travail de M. Monginot, vous y trouverez, page 28 du rapport autographié :

« M. Duchêne de Vère venait de faire un long séjour à Londres, où il s'était
» activement occupé de la formation du comité anglais. Des lettres écrites par lui
» à Cusin témoignent de ses nombreuses démarches à ce sujet. Il était encore à
» Londres le 15 juin 1854. »

Vous savez que les Anglais ont été repoussés, parce qu'on a prétendu que s'ils entraient dans l'affaire ils l'accapareraient, et qu'il ne resterait rien pour les financiers français. Quand on voulut renouer avec les Anglais, on eut besoin de M. Duchêne de Vère, qui parle l'anglais comme si c'était sa langue maternelle, qui connaissait M. Goldsmith. Quand M. Berryer faisait venir M. Duchêne de Vère en Angleterre, c'était pour renouer l'affaire avec Londres ; son intervention était utile : il devait y aller. Je ne vois pas que ce soit là un fait répréhensible et que j'aie d'autres explications à donner.

Je rencontre dans le réquisitoire ceci : C'est qu'il a été parlé de lui à propos du traité Fox et Henderson, les entrepreneurs des travaux. Il y a toujours, en ce qui concerne M. Duchêne de Vère, une confusion contre laquelle je me révolte. Il y a un traité du 17 février et un autre du 24 juillet 1854. Je maintiens, je soutiens, ce qu'on a toujours plaidé avant moi, que les deux traités ne pouvaient pas être la base d'une accusation. Mais il y a celui du 24 juillet, qui contient la remise de 1 million 800,000 francs qui a été critiquée par le ministère public. Il ne m'est pas opposable, puisque je ne l'ai pas signé. J'ai signé le traité du 17 février, mais celui-là ne contient pas de commission.

Allons plus loin. J'ai tout vu, tout examiné ; j'ai expliqué la déclaration prétendue fausse, la participation de cet homme après sa démission, le précédent qui pèse sur lui qui ne doit avoir aucune influence vis-à-vis du Tribunal. Il reste une question, la question de savoir si l'argent qu'il a prélevé, 123,000 francs, dit la prévention, 110,000 francs, disons-nous, sauf compte et règlement, constitue un prélèvement frauduleux qui serait l'abus de confiance au préjudice des actionnaires, probablement qui ont apporté leur argent dans la caisse des Docks, ou s'il est le client ordinaire d'une maison de banque exerçant les droits que lui donne un compte courant ouvert dans cette maison de banque.

MM. Cusin et Legendre ont fait, en mars 1853, l'emprunt de Bruxelles. M. Duchêne de Vère, malgré le précédent qu'on lui reproche, a pourtant conservé dans son pays des relations si bonnes, que quand il s'est agi de faire un emprunt de 6 millions, il a été en relations avec le bourgmestre de Bruxelles, qu'il connaissait et qui était chargé de cette affaire ; il a été un agent actif, et c'est lui qui a procuré cet emprunt à MM. Cusin et Legendre. A cet égard on aurait une réclamation à faire, une commission à demander. Ce qu'il y a de certain et ce qui m'intéresse, c'est qu'il a fait cette affaire. Il m'a apporté des quantités de lettres. J'en ai pris trois ou quatre de M. Carton, avocat à Bruxelles, qui s'est très activement occupé de cette affaire et a correspondu directement avec M. Duchêne de Vère. Il est même venu à Paris. Voici une de ses lettres de Paris :

« Je suis fatigué de faire le pied de grue pour faire gagner un demi-million à vos
» amis, et il faut en finir. Depuis huit jours on me trimballe du matin au soir, et
» je ne puis pas attendre davantage. Quand je vais à la Banque, on me renvoie
» chez vous ; quand je vais chez vous, on m'envoie à la Banque ; je prends donc le
» parti de vous écrire pour avoir une solution.
   » Je puis, avec deux personnes différentes, traiter aux mêmes conditions que pour
» Bruxelles ; cependant j'ai voulu laisser la préférence à vos gens ; mais il faut
» qu'ils se décident. Je vois que c'est la commission qui les chiffonne ; et bien,
» voici ce que je propose, etc. »

Autre lettre datée de Liége, 18 mars 1853 :

« J'ai eu hier une rude séance pour l'emprunt, qui a bien failli nous échapper.

» Il faut de toute nécessité que le contrat soit signé le 12 mars. Faites donc quel-
» ques nouvelles démarches pour le cas où la négociation actuelle n'aboutirait
» pas. »

Enfin autre lettre de Bruxelles, 31 mars 1853 :

« Comment se fait-il qu'en huit jours de temps vous ne trouviez pas deux mi-
» nutes pour m'écrire, ne fût-ce que *quatre lignes*. C'est mal à vous, car enfin je
» tiens à avoir des nouvelles non-seulement de vous, etc.

» J'ai reçu lundi matin l'acte dont vous aviez emporté la première minute à Lon-
» dres, et je suis ensuite entré en campagne ; mais la campagne a été rude. Il m'a
» fallu batailler deux heures avec Delloye, deux heures avec Bragman ; bref, à
» huit heures du soir j'avais obtenu quatre adhésions, et j'allais chez Mathieu, où
» j'ai inutilement passé deux heures à me débattre : je n'ai rien obtenu, parce
» que ledit Mathieu fait partie d'une autre combinaison dont j'ai appris hier l'exis-
» tence. »

Enfin, une dépêche télégraphique, adressée à M. Duchêne de Vère, rue et
hôtel Laffitte, à Paris :

« Traité signé en mon nom. »

Voilà l'affaire qu'il a faite avec ces messieurs. Il prétend qu'il a un compte
avec eux ; c'est une des raisons qui ont fait que son compte n'a pas été réglé.

Qu'est-ce que ce compte ? Me voilà bien dans la situation vis-à-vis de la
prévention ; me voici au bord du Code pénal.

Suis-je d'abord vis-à-vis d'une maison de banque, et y a-t-il une maison
de banque ? Ou les écritures et la comptabilité sont désormais un mensonge,
une chimère, ou la maison de banque est évidente.

En 1846, l'Union commerciale a été fondée, et elle n'a pas cessé. Ce qu'il
y a de certain, de positif, c'est que la comptabilité de l'Union commerciale
existe et est parfaitement distincte de la comptabilité des Docks. C'est tout à
fait différent. C'est le même argent ; vous ne distinguez pas, vous n'avez pas
une caisse spéciale.

M. de Rothschild n'en est pas là, a dit M. Pereire. Il est vrai que tout cela
est une question de puissance, de crédit financier, et MM. Cusin et Legendre
n'ont pas eu de caisse spéciale pour les Docks ; il est possible qu'ils aient été
téméraires, mais pas autre chose. Mais la maison l'Union commerciale continue toujours ; elle a son compte à la Banque ; cette maison n'est pas dissoute ; elle est dans les mains d'une association que la publicité a révélée au
public, qui a son crédit, qui a sa comptabilité.

Je prends le rapport de l'expert, la pièce la plus défavorable. Quand il
s'occupe de comptabilité, il me donne raison ; quand il se laisse aller à ses
impressions personnelles, il me donne tort : mais dans une question de
chiffres, la comptabilité doit avoir plus d'importance que l'impression personnelle. Voilà ce qu'il copie dans la comptabilité :

Situation de la maison de banque au 31 décembre 1853 :

Duchêne de Vère	78,361 fr. 60 c.	
Situation de la maison de banque au 31 décembre 1854. .	116,877	45
Comptabilité de la maison de banque en décembre 1855. .	123,477	45

Voilà la comptabilité qui existe. J'accuse l'expert d'avoir changé le titre de cet argent, de ces prélèvements qui ont été faits après avoir copié sur les livres que ma situation, mon débit, était porté dans les situations de la maison de banque en 1853, en 1854, en 1855 ; mais de décembre, par des inventaires, il va d'un bond de sa plume transporter tout cela dans une comptabilité toute différente, et il met : Caisse des Docks. Je ne puis pas accepter cela ; car si cela était, il faudrait dire que la comptabilité est un mensonge et une fraude ; mais il ne suffirait pas de le dire, il faudrait le prouver. Ma situation est bien fixée vis-à-vis de la maison de banque, et l'expert ne peut pas, mêlant ainsi les deux comptabilités, mettre à la charge de M. Duchêne de Vère ce qui ne doit pas y être. Mon esprit se révolte contre une pareille manière de faire. Vous ne pouvez changer la comptabilité pour faire une culpabilité.

Est-ce que l'argent a un nom ? Est-ce que c'est le produit de négociations d'actions, des affaires que M. Cusin faisait à la Bourse quand avec M. Riant je voyageais à Londres, m'occupant des Docks. On portait à mon débit ou à mon crédit, suivant que je prenais de l'argent dans l'Union commerciale, maison de banque, ou que j'en laissais. Moi, qui n'ai pas touché à une négociation d'actions, qui n'ai pas pris part à cette affaire, financièrement parlant, au point de vue des négociations d'actions, des primes à toucher, qui en suis le fondateur, c'est vrai, je n'ai jamais reculé devant ce titre, il est évident que je n'ai rien pris aux Docks, que je n'ai jamais commis d'abus de confiance, et tant que la maison était debout j'avais le droit d'avoir un compte courant.

Si tout cela est vrai, je dis que c'est un client ordinaire. C'est tellement un client ordinaire, que tout est régulier, et que si ça n'existe pas, toutes ces régularités sont des mensonges et des hypocrisies. Quand on a un compte courant, on vous l'envoie tous les trois mois de la maison de banque. Voilà mon compte courant ; il faut bien l'examiner ; ça m'a été envoyé tous les trois mois de la façon la plus sérieuse ; il n'y a pas de comédie, il n'y a pas d'arrangement ; tout cela a été fait à l'époque avec sa réalité, avec son authenticité. C'est l'extrait, c'est la conséquence de cette comptabilité que j'invoquais tout à l'heure.

Vous dites : Vous preniez toujours, vous ne versiez jamais. Quand ce serait, est-ce que cet homme ne pouvait pas compter sur les magnifiques résultats que promettait l'affaire ? On disait que le décret valait 25 millions. C'est une parole exagérée, suivant moi ; mais si jamais affaire, en dehors des chemins de fer, qui sont dans les nécessités de l'époque, a été dans les goûts et dans les idées du jour et présentait des garanties, c'est celle-là. Elle était dans le goût de tout le monde; elle a entraîné tout le monde. Il ne manquait qu'une chose, la capacité ou un capital suffisant pour enlever l'affaire. Si l'affaire avait réussi, M. Cusin serait aujourd'hui sur un piédestal.

Si j'avais fait ces prélèvements, toujours en prenant de l'argent, j'aurais escompté mon avenir. J'avais fait l'affaire de l'emprunt de Bruxelles, j'avais gagné de l'argent; j'avais quelques réclamations à faire, j'escomptais mon avenir; vous n'avez rien à dire à cela.

Mais c'est une erreur. Il apportait de l'argent aussi, en moins grande quantité, c'est vrai; mais c'est bien là le signe caractéristique de ce qu'on appelle un compte courant. Un compte courant permet à un homme de prendre dans la caisse d'un banquier et d'y verser des fonds. On peut être tour à tour créancier ou débiteur. La situation a ses fluctuations, le débit augmente, le crédit diminue. J'ai des reçus de l'Union commerciale pour des sommes de 2000 francs, de 500 francs, et notamment pour une somme de 28,485 francs.

Il a forcé son compte courant dans les derniers temps, soit; ce sont ses besoins personnels qui l'y ont forcé. Il a escompté les espérances de l'avenir, c'était son droit, puisque le compte courant était ouvert. Voilà 28,000 francs qu'il dépose. Est-ce de la comédie? c'est de la réalité; ce sont les allures des comptes courants.

J'ai retrouvé une lettre. Je n'ai retrouvé que celle-là dans la quantité de papiers qu'il m'a apportés, mais enfin elle prouve quelque chose; elle est la présomption, la petite preuve, si vous voulez, mais au moins la preuve que quelquefois on lui réclamait de l'argent. Le ministère public dit qu'on ne lui en réclamait jamais. Qu'importe? S'il avait un compte courant vis-à-vis d'une maison de banque, sérieux, certain, positif, c'est sauf compte à régler. Voici ce qu'on lui réclamait:

8 juillet 1854.

« Nous vous confirmons notre lettre du 4 février.

» Sous ce pli, nous vous remettons un extrait de votre compte chez nous, époque
» du 30 juin dernier, et se soldant audit jour par 113,436 francs 53 cent., à votre
» débit à nouveau, etc. »

Je porterais cela devant tous les tribunaux de commerce de la terre, tous me diraient: c'est bien là un compte courant. Il y aurait une faillite au bout, un compte courant que cet homme se serait fait ouvrir et qu'il ne pourrait pas remplir ensuite, tous les malheurs possibles, derrière ces malheurs il y aurait de la témérité, de l'imprudence, de la légèreté, de la prodigalité; mais un crime, mais un abus de confiance, mais un délit, ce n'est pas possible.

J'ai terminé; je me résume en un mot. Il a apporté l'idée, elle est excellente. La partie financière, il y est resté complétement étranger. Quant à la partie pratique, il s'y est voué de toutes ses forces. Quant aux prélèvements,

il n'y a évidemment qu'un compte courant. Me voici arrivé au terme de ce
long débat, qui a reçu une direction si intelligente, et où la fermeté s'est
constamment alliée à la douceur, qui fait aimer la justice. J'ai suivi pas à pas
le système de la prévention ; je crois avoir répondu à toutes les objections. Je
suis pénétré de la bonté de ma cause, et il ne me reste qu'à la livrer avec confiance aux graves méditations du tribunal.

PLAIDOIRIE DE M⸴ GREVY,

Défenseur de Orsi.

Messieurs,

Lorsque l'instruction, en scrutant dans tous ses détails cette déplorable
affaire des Docks, a trouvé M. Orsi mêlé à quelques-uns des faits incriminés,
il a pu s'élever contre lui des soupçons, et il a pu paraître nécessaire, dans
son propre intérêt s'il est innocent, dans l'intérêt de la vindicte publique s'il
est coupable, de l'appeler à fournir devant vous sa justification.

Cette justification, il n'a pu que l'indiquer dans son rapide interrogatoire ;
je viens y ajouter quelques développements; j'espère qu'elle sera complète.
Elle n'exige ni talent ni effort ; je n'aurai qu'à laisser parler les faits et les
documents recueillis par l'instruction elle-même.

Ils montreront comment M. Orsi est accouru tardivement au secours de
cette affaire compromise ; quelles ont été la droiture de ses intentions et la
pureté de ses actes. Ils prouveront que M. Orsi n'a point été poussé par une
pensée cupide, que tous ses actes sont marqués au coin du désintéressement;
qu'il ne devait rien retirer pour lui-même de cette affaire, qu'il n'en a rien
retiré ; qu'il y a laissé au contraire une partie de sa fortune, et qu'il n'a
trempé comme complice dans aucun délit.

C'est en 1852 que l'idée, importée d'Angleterre et de Hollande, de fonder
à Paris des Docks, reçut un commencement de réalisation. Était-ce, comme
on l'a dit ici, une idée juste et féconde ? Ces grands établissements qui pros-
pèrent à Amsterdam, à Londres, dans des conditions particulières, auxquelles leur existence semble attachée, réussiraient-ils à Paris dans des conditions si différentes ? Question grave, qu'à défaut des hommes le temps restait chargé de résoudre, aux risques de qui de droit.

Toujours est-il que cette idée fut accueillie avec une grande faveur. Le chef
du Gouvernement la patrona de son nom ; le ministre de l'intérieur, non
content d'y attacher le sien, tint à honneur que le décret de concession fût
daté de sa ville natale. Il n'en fallait pas tant pour rallier à ce projet de nombreux intérêts et d'ardentes convoitises. On sait avec quel empressement
furent recherchées, au début, les actions de cette Compagnie et les positions

à prendre dans son administration. Les princes mêmes ne les trouvaient pas au-dessous d'eux.

M. Orsi, par une longue étude de cette question des Docks en Angleterre, par sa grande situation dans les affaires, par la nature de ses relations avec le pouvoir de ce temps, était plus que qui ce fût en position de prendre place dans cette attrayante spéculation ; il laissa la foule s'y précipiter et se tint à l'écart. Il ne participa ni à la concession, ni à la formation de la Compagnie, ni à l'émission des actions, ni à leur souscription. Pendant longtemps il resta entièrement étranger à la Société des Docks, et il eût vraisemblablement continué de s'en tenir éloigné sans les désastres qui vinrent fondre sur elle.

Ces désastres, le tribunal les connaît ; il en connaît aussi les causes.

Ce que je veux constater dès ce moment, c'est qu'avant l'intervention de M. Orsi, tout le mal était consommé. Je prie le tribunal d'arrêter son attention sur ce point important. L'émission trop restreinte des actions, le rejet du traité Ricardo et de la majeure partie des souscriptions françaises, la déclaration de constitution de la Société, l'insuffisance du capital encaissé, l'engagement irréfléchi de ce capital dans les affaires de Javel et de Pont-Remy et dans des acquisitions écrasantes.... Toutes ces fautes étaient faites, le déficit était creusé avant que M. Orsi touchât aux affaires de la Compagnie des Docks.

Lorsque cette situation, longtemps couverte, commença à transpirer, elle jeta parmi les actionnaires une émotion qui se ressentit jusque dans les régions du pouvoir. Cette Société naissante, objet de tant de prédilection, et fondement de tant d'espérances, était en péril ! Allait-on la laisser périr malgré le nom qu'elle portait ? La sauver à tout prix fut le cri général ; et ce fut aussi, à partir de ce jour, l'objet de la préoccupation constante du Gouvernement, qui, pendant trois ans, ne cessa d'y travailler officiellement et officieusement : officiellement, en plaçant auprès de la Compagnie, quoiqu'il eût refusé de la convertir en société anonyme, d'abord un commissaire impérial, et plus tard un inspecteur général ; officieusement, en intervenant dans toutes les négociations entamées pour reconstituer la Compagnie. Mais, comme si cette triste affaire eût porté malheur à tous ceux qui y touchaient, ces efforts n'aboutirent qu'à des échecs successifs, après chacun desquels la Compagnie qu'on avait tenté de relever tombait encore plus bas.

C'est du jour où éclata l'émotion publique dont je viens de parler ; c'est du jour où l'administration intervint dans cette affaire, que M. Orsi s'y dévoua. Non qu'il appartînt à l'administration et qu'il cédât à un sentiment de responsabilité personnelle ; il obéit à l'intérêt que lui inspirait ce qu'il regardait comme une grande institution, et surtout à son dévouement au nom qu'elle portait. Pour qui connaît M. Orsi, son caractère, ses antécédents, ses vingt-sept ans de fidélité au même nom, dans les souffrances de l'exil et de la captivité, un nouvel acte de dévouement à ce nom n'a rien qui puisse surprendre. Ce mot ne paraîtra pas suspect dans ma bouche ; on ne me soupçonnera pas d'enthousiasme ou de faiblesse pour un tel sentiment, et M. Orsi lui-même n'attend de moi rien de pareil ; il n'est pas venu à moi sans me connaître, et quoique nous ne nous en soyons jamais expliqués ensemble, il sait bien quelle distance sépare sur ce sujet ses sentiments des miens.

Ce dévouement fut accueilli comme il devait l'être et fut mis sans ménagement à contribution.

Placé entre M. le ministre des travaux publics, dont le cabinet lui était ouvert à toute heure pour cette affaire, et l'administration des Docks ou les tiers avec lesquels il s'agissait de s'aboucher, M. Orsi intervenait là où le caractère officiel empêchait d'autres de paraître. L'instruction vous en fournit la preuve. C'est ainsi, par exemple, que, M. le commissaire impérial écrivant de Londres à M. le directeur général de l'agriculture et du commerce, pour lui demander, au nom de MM. Fox et Henderson, la promesse d'un délai pour le versement du montant des actions qu'il s'agissait de leur faire prendre, M. le directeur général, ne pouvant répondre officieusement à cette demande, charge M. Orsi de la faire pour lui, et M. Orsi répond au commissaire impérial, le 23 janvier 1854 :

« Quelque officieuse que puissent être vos lettres à M. le Directeur général, lors-
» qu'elles sont relatives à l'organisation financière des Docks, il n'en est pas moins
» vrai que, par suite du caractère dont vous êtes investi, elles empruntent une
» nuance officielle qui n'est pas sans danger, et il m'a prié d'appeler votre atten-
» tion sur ce sujet. Il serait donc préférable que vos lettres au sujet des Docks, en
» tant que cela regarde le côté financier, fussent directement adressées à MM. les
» concessionnaires ou à moi, selon vos convenances.

» Après une assez longue entrevue avec M. Heurtier, il en est ressorti l'impos-
» sibilité pour l'administration de vous écrire une lettre dans le but de donner à
» sir Charles Fox et à ses amis un délai quelconque pour le versement du montant
» des actions. Cette concession ne peut être que verbale. En effet, l'administration
» est censée ignorer que les actions ne sont pas versées..... L'administration con-
» sent à un délai, qui peut aller jusqu'à deux mois ; mais à la condition que les
» 50,000 actions seront souscrites par un engagement sérieux. »

C'est ainsi encore que le commissaire impérial écrivant à M. le ministre des travaux publics pour l'informer que l'administration du chemin de fer de Graissessac à Béziers menaçait de faire vendre les actions qu'elle détenait en report, et pour lui annoncer qu'il avait fait au Crédit mobilier une démarche afin d'obtenir de M. Pereire qu'il consentît à prendre en report ces mêmes actions, et que M. Pereire exigeait que le Gouvernement lui en fît lui-même la demande, le ministre répond au commissaire impérial, le 4 août 1855 :

« Vous m'informez que la Compagnie du chemin de fer de Béziers à Graissessac
» exige le remboursement immédiat de 360,000 francs qu'elle a prêtés à la Compa-
» gnie des Docks, et qu'à défaut elle va faire vendre 11,200 actions qui lui ont été
» déposées en garantie de ses avances.

» Ce fait étant de nature à aggraver la situation des Docks, vous avez proposé à
» la Compagnie du Crédit mobilier de prendre ces actions en report ; M. Émile

» Pereire vous aurait répondu que, si cette demande lui était faite au nom du Gou-
» vernement, la Compagnie était prête à l'acueillir, et vous me demandez un ordre
» dans ce sens.

  » La Société des Docks étant une Société purement de fait, à laquelle le bénéfice
» de la forme anonyme a été refusé, je n'ai aucune qualité pour intervenir dans
» cette circonstance. »

Et à côté de cette correspondance officielle, qne voit-on se produire?
M. Orsi est dépêché officieusement au Crédit mobilier; il fait auprès de
M. Pereire la démarche exigée, et il obtient du Crédit mobilier le report
désiré.

Fallait-il traiter par correspondance ou de vive voix les questions qui sur-
gissaient au cours des négociations? C'était M. Orsi qui écrivait, qui faisait
les démarches, qui entreprenait les voyages. L'instruction nous le montre à
chaque instant voyageant ou séjournant en Angleterre, et, pour le dire en
passant, elle nous l'y montre toujours dans l'attitude la plus honorable. Le
tribunal a dû remarquer le ton général de sa correspondance; il a dû
être frappé notamment de l'accent d'honnêteté de cette lettre du 23 août 1853,
sur laquelle M. le Président, dans sa haute impartialité, attentif à mettre en
relief ce qui peut venir à la décharge des prévenus aussi bien que ce qui est à
leur charge, a fixé l'attention au commencement des débats.

Et lorsque l'un des concessionnaires est contraint de se retirer devant une
révélation foudroyante, à qui fait-on appel pour prendre cette place compro-
mettante? Au dévouement de M. Orsi; et comme M. de Rothschild avec qui
on se croit sur le point de conclure, fait de cette substitution la condition de
son concours, M. Orsi se met sans mot dire, comme un soldat, au poste
qu'on lui assigne, malgré ses répugnances personnelles et les appréhensions
de ses amis. Vous avez entendu sur ce point M. Carteret.

Pendant que le dévouement de M. Orsi était mis à de pareilles épreuves,
son crédit était mis aussi à contribution. Les engagements de la Compagnie
des Docks tombaient à échéance les uns sur les autres; et avec les échéances
arrivaient les poursuites. La Compagnie d'assurances qui avait hypothéqué
sur l'immeuble de Putod pressait son remboursement; M. Pereire demandait
le paiement des terrains qu'il avait vendus; après des mises en demeure
épistolaires, il en était venu à signifier un commandement. D'autres créanciers étaient encore plus pressants; des saisies avaient été pratiquées, et les
affiches pour la vente étaient placardées sur la porte de l'entrepôt des Marais.

Comment faire face à cette urgente nécessité? La caisse était vide, et les
concessionnaires, en mettant M. Orsi dans la confidence de cette détresse, le
priaient d'user de son crédit pour leur procurer de l'argent; et comme les
actions qu'ils avaient en main étaient les seules valeurs sur lesquelles on pût
en trouver, M. Orsi se prêtait à négocier un premier, puis un second report;
et quand cette nature de ressources était épuisée, il consentait à laisser vendre
sous son nom un certain nombre d'actions, rapportant fidèlement, religieuse-

ment, jusqu'au dernier centime (l'expert a pris soin de l'établir avec une attention dont je le remercie), les sommes considérables provenant de ces ventes et de ces reports, dont les intérêts énormes sont restés à sa charge, et lui font payer cher aujourd'hui les services qu'il a rendus.

C'est ainsi que M. Orsi s'est consacré pendant trois ans à cette affaire des Docks, ne ménageant ni son temps, ni ses soins, ni ses voyages, ni ses dépenses, ni son crédit, ni sa personne même, jusqu'au jour où ceux avec qui et sous l'inspiration de qui il travaillait à cette tâche ingrate, désespérant à la fin d'en venir à bout, abandonnèrent le tout à la police correctionnelle, y compris M. Orsi, quoique aucun de ceux qui ont touché à cette affaire des Docks ne l'ait fait avec plus de désintéressement que lui et n'en soit sorti les mains plus pures.

C'est ce que je veux avant tout établir solidement devant vous. Quand je l'aurai fait, ma tâche sera bien avancée.

M. Orsi est mêlé à de grandes affaires en France et en Angleterre. Il s'y est acquis une haute réputation de probité. La position qu'il s'y est faite est assez grande pour qu'on puisse dire sans exagération que, dans les deux pays, sa loyauté est de notoriété publique. Dans le cours de ces longs débats, qui n'a parlé de M. Orsi comme d'un parfait homme? Lorsqu'on a demandé à M. Cusin comment il avait pu confier, sans reçu, un si grand nombre d'actions à M. Orsi, qu'a répondu M. Cusin? — Je me suis fié sans crainte à la loyauté bien connue de M. Orsi. — Et il a eu raison, car cette loyauté ne lui a pas fait défaut.

Vous avez entendu un homme dont nous connaissons et dont nous apprécions tous le caractère, M. Carteret; avec quel accent du cœur n'a-t-il pas parlé de la droiture et du désintéressement de M. Orsi!

Aux témoignages que vous avez entendus, M. Orsi désire en ajouter un autre. Voici un document qu'il m'a remis, en me priant de vous en donner lecture. C'est une lettre adressée à M. Josuah Bates, à Londres; elle est datée de Ham, 6 novembre 1844. En voici la teneur:

« Monsieur,
» Je charge M. Orsi, un de mes amis, que la récente amnistie a mis en liberté, » de vous porter cette lettre, et de vous demander quelques conseils relatifs à mes » intérêts actuels.
» J'espère, monsieur, que vous voudrez bien l'écouter avec bienveillance, car » votre caractère honorable m'assure que le malheur n'est pas, à vos yeux, un » titre d'exclusion.
» Je vous recommande, en outre, M. Orsi comme un homme d'une intelligence » et d'une probité peu communes.
» Recevez, monsieur, l'assurance de mes sentiments distingués.
                                        » LOUIS-NAPOLÉON. »

Voyons si cette *probité peu commune* s'est démentie dans les faits de ce procès.

Je disais, au début de ces explications, que M. Orsi ne devait rien retirer pour lui-même de l'affaire des Docks, et qu'il n'en a rien retiré. Le moment est venu de prouver cette double proposition.

Vous avez devant vous le volumineux dossier de l'instruction. Dans les stipulations faites au profit des concessionnaires et des fondateurs, dans les arrangements pris entre eux pour la répartition de ces avantages, dans les commissions ou rémunérations promises aux auxiliaires, cherchez le nom de M. Orsi, vous ne le trouverez nulle part.

Lorsque, pour ne pas faire échouer la négociation entamée avec M. de Rothschild, M. Orsi consent à occuper momentanément la place de M. Duchêne de Vère, quel prix met-il à cette substitution? Aucun. Relisez l'acte du 21 juin 1854, M. Duchêne de Vère y stipule expressément la réserve de tous ses avantages. « M. Duchêne de Vère, porte cet acte, explique que la démission par lui ci-dessus donnée ne porte aucune atteinte aux avantages stipulés en sa faveur comme étant l'un des concessionnaires des Docks par l'art. 18 des statuts, avantages dont il déclare faire au besoin toutes réserves. » Et vous savez que, non content de cette stipulation authentique, M. Duchêne de Vère s'est fait écrire par M. Cusin une lettre particulière qui en était l'acceptation et la confirmation. Vous savez, au surplus, M. Cusin l'a déclaré, et dans l'instruction, tout le monde l'a reconnu, vous savez que cette substitution n'était que de forme; qu'elle n'était de la part de M. Orsi qu'un acte de complaisance; que M. Orsi ne prenait la place de M. Duchêne de Vère que parce que M. Duchêne de Vère ne pouvait plus la garder, et qu'il était entendu par tout le monde que si, en apparence, M. Duchêne de Vère ne restait pas personnellement concessionnaire et administrateur, il conservait en réalité ces deux qualités, au moins pour les avantages qui y étaient attachés.

Et M. Orsi, que stipulait-il dans ce même acte?

« M. Orsi, ici présent, déclare accepter les fonctions à lui conférées pour les » exercer à partir de ce jour, l'administration antérieure lui demeurant, bien en- » tendu, étrangère. »

Voilà tout ce que stipule M. Orsi : en succédant à M. Duchêne, il ne succédera pas à sa responsabilité pour l'administration antérieure.

Je crois donc avoir acquis le droit de dire qu'en intervenant dans l'affaire des Docks, M. Orsi n'a fait pour lui-même aucune stipulation; qu'il n'en devait rien retirer.

J'ajoute qu'en fait, il n'en a rien retiré. A l'occasion des reports et des ventes d'actions auxquels il a prêté son entremise, des sommes considérables ont passé par ses mains; il ne lui en est pas resté un centime; il les a versées scrupuleusement aux mains de MM. Cusin, Legendre et Duchêne de Vère; l'expert l'a démontré avec les livres, les bordereaux et les reçus, de manière à ne pas laisser place au doute.

Et lorsque, par suite de sa substitution à M. Duchêne de Vère, il a été appelé à intervenir dans la dernière phase du traité Fox et Henderson, pour mettre sa signature à côté de celles de MM. Cusin et Legendre sur la quittance des 14,400 actions, est-ce qu'une seule de ces actions a profité à M. Orsi? Est-ce qu'il s'est élevé dans le débat l'ombre d'un tel soupçon? L'instruction elle-même est-elle allée jusqu'à le supposer? Elle a reproché à M. Orsi son compte courant auquel j'arriverai tout à l'heure; mais l'accusation n'est jamais allée jusqu'à soupçonner M. Orsi d'avoir reçu une part quelconque de ces 14,400 actions. Si elle l'eût fait, tous les documents de la cause lui eussent donné un démenti : ces 14,400 actions n'ont pas été détournées; elles sont restées dans l'actif social, je le prouverai bientôt; mais eussent-elles été partagées, les stipulations et les réserves faites par M. Duchêne de Vère indiquent assez que la part à prendre eût été prise par lui et non par M. Orsi.

Loin que ce dernier eût rien retiré de l'affaire des Docks, il y a laissé, au contraire, une partie de sa fortune. Les reports pour lesquels il a consenti à prêter son nom et son crédit durent depuis trois ans. M. Orsi est obligé d'en payer les intérêts et les commissions, dont le montant s'élève aujourd'hui à une somme énorme. L'expert l'a chiffré à 90,000 fr., et ce chiffre est fort au-dessous du chiffre réel.

M. L'AVOCAT IMPÉRIAL. — Il y a une quittance établissant 110,000 fr., payés pour droits de reports. On n'indique pas pour quels reports.

Me GREVY. — Cette somme s'applique au report Galiera. L'affaire Galiera a été précédemment liquidée. La Compagnie a retiré ses actions et payé M. de Galiera en principal et accessoires. C'est à ce report que se rattache la quittance dont parle M. l'Avocat impérial. Mais pour le report des 11,200 actions, fait d'abord par la Compagnie du chemin de fer de Graissessac à Béziers, plus tard par des courtiers, et finalement par le Crédit mobilier, je maintiens que la Compagnie des Docks n'en a point payé les intérêts; l'expert, dans son rapport, la débite lui-même d'une somme de 90,000 fr. pour cet objet. M. Orsi, qui a été un des concessionnaires du chemin de fer de Graissessac à Béziers, avait des valeurs entre les mains de cette compagnie; il était en compte avec elle, comme il l'est aussi avec le Crédit mobilier, et c'est à la faveur de cette situation et du crédit qu'elle lui a donné, qu'il a pu négocier les reports en question. C'est aussi pourquoi ces reports ont été faits sous le nom de M. Orsi; ni la compagnie de Graissessac à Béziers, ni le Crédit mobilier, n'ont voulu connaître d'autre débiteur que M. Orsi, et la Compagnie des Docks ne payant point les intérêts et les frais de ces reports, ils ont été portés au compte de M. Orsi et sont ainsi restés à sa charge. Ils se sont élevés à un chiffre considérable; ils coûtent à M. Orsi plus de 150,000 fr.

Le tribunal sent la portée d'un tel fait. Voilà un homme qui, selon l'accusation, ne s'est mêlé de l'affaire des Docks que pour en retirer quelques milliers de francs, sous la forme d'un compte courant, et je vous le montre, au contraire, engageant sa fortune pour cette affaire en détresse, et payant pour elle plus de 150,000 fr., dont il reste son créancier, sans parler de tous les autres sacrifices qu'il lui a faits, de son temps, de ses soins, de ses démarches, de ses voyages, de ses dépenses pendant trois ans, toutes choses qui ont pourtant leur importance et leur prix.

Rien de ce que je viens de dire ne peut être méconnu ; aussi n'est-ce pas dans cet ordre de faits que le Ministère public a cherché l'intérêt personnel à attribuer à M. Orsi, l'intérêt sans lequel on a bien senti que son implication dans ce procès était impossible. Cet intérêt, on a été réduit à le chercher dans le compte courant de M. Orsi avec la maison Cusin, Legendre et compagnie, et l'on est allé jusqu'à faire de ce compte courant le prix de la complicité de M. Orsi dans les détournements imputés aux inculpés principaux.

Je touche au point capital du débat, en ce qui regarde M. Orsi. S'il est vrai qu'il ait reçu une somme d'argent sous la forme mensongère d'un compte courant, si ce compte courant n'est que la rémunération déguisée et honteuse de la complicité, M. Orsi est coupable ; vous devez le frapper. Mais si ce compte courant est vrai, s'il est la représentation sincère d'opérations réelles ; s'il ne peut, ni par sa nature, ni par son résultat, être présenté comme un avantage fait à M. Orsi, où est l'intérêt de ce dernier à tremper dans des actes répréhensibles ? sans intérêt, où est l'intention criminelle ? et sans intention criminelle, où est la culpabilité ?

La question à résoudre est donc celle-ci : Y a-t-il eu entre M. Orsi et la maison Cusin, Legendre et compagnie, un véritable compte courant ?

La prévention, qui le nie, ne s'inquiète pas de prouver sa négation. Elle range tout simplement le débit de ce compte courant parmi ce qu'elle appelle *les prélèvements faits au profit des inculpés*, comme si la chose allait d'elle-même, et tranche ainsi, sans la prouver, sans la poser, j'ai presque dit sans paraître la soupçonner, la question fondamentale du procès.

J'ai donc à prouver, quoique je n'y sois pas tenu, puisque la prévention n'a pas même tenté de faire la preuve contraire qui est pourtant à sa charge, je vais, dis-je, prouver la sincérité du compte courant qui existe entre la maison Cusin, Legendre et M. Orsi, et je le ferai, j'espère, de manière à porter la conviction dans tous les esprits.

Et d'abord, quoi de plus vraisemblable que la réalité d'un compte courant entre la maison Cusin, Legendre et compagnie et M. Orsi ? MM. Cusin, Legendre et compagnie sont une maison de banque dont le principal objet est d'ouvrir des comptes courants au commerce. M. Orsi est un négociant engagé dans d'importantes affaires qui exigent de grands mouvements de fonds. Ces mouvements de fonds ne peuvent s'opérer qu'à l'aide de comptes courants ; M. Orsi n'a jamais cessé d'avoir des comptes courants dans des maisons de banque en France et en Angleterre. Est-il étonnant qu'il en ait eu un chez MM. Cusin, Legendre et compagnie ? Avant de l'avoir chez ces derniers, il l'avait dans la maison Monteaux, où il l'a gardé jusqu'à la liquidation de cette maison : en voici la preuve (Mᵉ Grévy montre une liasse de papiers), et depuis la mise en liquidation de la maison Cusin, Legendre et compagnie, M. Orsi a porté son compte courant dans la maison Green, où il est aujourd'hui.

Un compte courant entre MM. Cusin, Legendre et compagnie et M. Orsi, était chose si naturelle, que, pendant que M. Orsi avait chez eux un compte courant pour ses affaires de France, ils en avaient un chez lui, à Londres, c'est-à-dire, dans la maison Orsi et Armani, pour leurs affaires d'Angleterre. Le voici, je le représente au Tribunal ; il a été arrêté récemment entre MM. Orsi et Armani, et M. Despinois, liquidateur de la maison Cusin, Legendre ; il se solde par un chiffre de vingt mille francs, au profit de MM. Orsi et Armani, solde que M. Despinois vient d'acquitter il y a quelques jours.

Pour se convaincre que c'est bien un vrai compte courant qui s'est établi entre M. Orsi et la maison Cusin, Legendre et compagnie, il suffit de jeter les yeux sur les livres de cette maison. En voici un extrait qui a été fourni par le liquidateur, M. Despinois. C'est un compte courant en forme, avec le crédit d'un côté et le débit de l'autre. Les articles, qui sont nombreux, embrassent une période de plus de deux ans, et sont tous le résultat de véritables opérations de banque, telles que négociations, remises, contrats de change, etc., comme le montrent les bordereaux et les autres pièces justificatives que je produis à l'appui de chacun de ces articles.

M. LE PRÉSIDENT. — La date de ces articles ?

Mᵉ GRÉVY. — Le compte s'ouvre le 24 juin 1853, et se clôt le 22 septembre 1855 ; les articles du crédit et du débit s'échelonnent mois par mois et jour par jour dans cet intervalle. Il faut n'avoir jeté les yeux ni sur ce compte courant, ni sur les pièces qui l'expliquent et le justifient, pour le qualifier, comme on l'a fait si gratuitement, d'allocations ou d'avances déguisées, de prélèvement au profit de M. Orsi. Si ce n'est pas là un compte courant réel, portant sur des opérations sérieuses, je défie qu'on en montre un plus sincère et mieux justifié, je ne dis pas seulement dans la maison Cusin, Legendre et Comp., mais dans aucune autre maison de banque.

Est-ce que, à côté du *débit* de M. Orsi dans ce compte courant, il n'y a pas son *crédit* ? Est-ce qu'en même temps que M. Orsi recevait de la maison Cusin, Legendre et compagnie de l'argent ou des valeurs, il ne lui en remettait pas, de son côté, selon la nature et les exigences de chaque opération ? Savez-vous à quelle somme s'élève le chiffre total de son crédit ? Savez-vous quelle somme M. Orsi a versée dans la caisse de MM. Cusin, Legendre et compagnie, pendant ces deux années de compte courant ? Il y a versé plus de 300,000 fr. ! Et ce compte courant n'est pas une chose sérieuse !

Comment peut se légitimer, comment peut s'expliquer une telle supposition ? La fraude ne doit pas se présumer, ici moins encore qu'ailleurs ; et cependant, en présence de tous ces documents si irrécusables et si décisifs, au lieu de voir dans ces comptes courants, établis réciproquement dans les deux maisons, ce qu'ils présentent en réalité, une suite de véritables opérations de banque, on ne craint pas, pour accuser, de les dénaturer par des suppositions que rien ne justifie, et qui sont détruites par les documents que l'instruction elle-même a recueillis, c'est-à-dire, par la situation des parties, par la nature du compte courant, par les éléments dont il se compose, par les pièces justificatives qui en attestent la sincérité.

Elles sont détruites surtout, ces suppositions, par le simple rapprochement des dates. A quelle époque remontent les premiers faits imputés à M. Orsi comme actes de complicité? Au commencement de 1854. Les reports ne sont pas antérieurs au mois de mars 1854; les ventes d'actions et la quittance des 14,400 actions sont postérieures. Ces reports, ces ventes, cette quittance, les trois ordres de faits imputés à M. Orsi, sont tous trois postérieurs au commencement de mars 1854. Et à quelle date s'ouvre le compte courant qui, suivant la prévention, n'est que la rémunération de ces actes? Au mois de juin 1853, c'est-à-dire huit mois avant les faits reprochés à M. Orsi! De sorte que le prix de la complicité a précédé le délit et a été payé à une époque où ni le délit ne pouvait être conçu ni la complicité prévue.

Et si, au lieu d'être au profit de la maison Cusin, Legendre et compagnie, comme l'accusation le suppose sans le prouver, le solde du compte courant était au profit de M. Orsi, si le règlement de ce compte constituait M. Orsi créancier de la maison Cusin, Legendre et compagnie, au lieu de l'en rendre débiteur, que deviendrait la supposition contraire, sur laquelle la prévention est échafaudée?

Or, tel est le résultat auquel conduisent le règlement de ce compte et son redressement au moyen des pièces justificatives que j'ai dans mon dossier et des documents que me fournit l'instruction elle-même. Ce travail de redressement, je l'ai fait, le voici : vous en suivriez difficilement le détail et les chiffres à l'audience, je vous le remets avec les pièces justificatives ; vous l'examinerez, vous le vérifierez, et vous reconnaîtrez que le compte se solde au profit de M. Orsi, et que s'il est, comme le veut la prévention, le prix de ce qu'elle appelle la complicité, ce n'est pas M. Orsi qui a été payé, c'est au contraire lui-même qui a payé pour être complice.

Ne sentez-vous pas ici le néant de l'accusation? On a détourné des millions, dit-elle, M. Orsi est complice de ces détournements. Il en a pris sa part, sans doute? Il a partagé avec les auteurs des détournements? Nullement. Il n'a pas demandé; on ne lui a pas donné un centime; on lui avait ouvert précédemment un compte courant dans lequel il a versé plus d'argent qu'il n'en a reçu; voilà sa part. On n'est pas complice plus désintéressé et plus commode.

Voilà donc un homme qui se présente devant vous, protégé par une haute réputation de probité; un homme qui n'a eu dans l'affaire à laquelle il se trouve mêlé aucun intérêt personnel, un homme qui n'a rien demandé, qui n'a rien reçu, qui laisse au contraire, dans cette déplorable affaire, une partie de sa fortune personnelle. On n'en fera pas aisément un complice.

Je pourrais peut-être me dispenser de descendre de ces généralités aux détails des faits présentés comme constituant les actes de complicité imputés à M. Orsi ; mais, pour ne rien laisser sans justification, je demanderai au Tribunal quelques instants encore de sa bienveillante attention.

Je m'expliquerai :

Sur les reports et les ventes d'actions;

Sur la part prise par M. Orsi à la dernière phase du traité Fox et Henderson ;

Et sur le projet de traité Willmor et Wilson.

M. Orsi a mis en report un certain nombre d'actions ; il en a vendu ou laissé vendre d'autres sous son nom.

M. l'Avocat impérial a posé sur ce point la question avec autant de loyauté que de netteté. Il a dit : « M. Orsi n'a pu se prêter à ces reports et à ces ventes que s'il a cru que les actions avaient été réellement souscrites par MM. Cusin, Legendre et Duchêne de Vère. S'il l'a cru, il faut l'acquitter ; mais s'il a eu la conviction contraire, et je soutiens qu'il l'a eue, il doit être condamné. »

J'accepte le débat dans ces termes.

M. l'Avocat impérial soutient que M. Orsi a eu la conviction que les actions n'étaient pas souscrites. Je dis que M. Orsi a eu la conviction qu'elles l'étaient. Voyons comment M. l'Avocat impérial prouve ce qu'il avance ; vous verrez ensuite comment je prouve ce que je dis.

Pour justifier son assertion, M. l'Avocat impérial a dit : « M. Orsi assistait à la séance du Conseil de surveillance du 28 novembre 1852, et il y a appris que les actions n'étaient pas souscrites par MM. Cusin et Legendre. »

Cette phrase n'est pas longue ; elle l'est assez cependant pour contenir deux grosses erreurs. M. Orsi n'assistait pas à la séance du Conseil de surveillance du 28 octobre 1852 ; et s'il y eût assisté, il y eût appris, non pas que les actions n'étaient point souscrites, mais au contraire qu'elles l'étaient réellement.

M. Orsi n'assistait point à la séance du Conseil de surveillance du 28 novembre 1852, par une bonne raison : il n'en faisait point partie à cette époque. Et la preuve directe qu'il n'y assistait pas se tire du procès-verbal de la séance, qui mentionne les noms des membres présents, parmi lesquels ne figure point M. Orsi. Écoutez ce procès-verbal :

« Le 28 novembre 1852, le Conseil se réunit sous la présidence de M. le prince » Murat ; il est composé de MM. Dolfus, Mieg, Goldsmith, Cusin, Duchêne de Vère » et Dacosta. »

Si M. Orsi eût assisté à cette séance, il y eût appris que les actions étaient souscrites, et non qu'elles ne l'étaient point. Je lis en effet, dans le procès-verbal : « M. Cusin, mettant en avant sa profession de banquier, et raisonnant à ce point de vue, soutient que l'entreprise est fondée sur des bases plus que solides, *et considère comme définitive la souscription faite par sa maison et sous sa responsabilité.* »

Ainsi, pour prouver que M. Orsi a su que les actions n'étaient pas souscrites, M. l'Avocat impérial dit qu'il a dû l'apprendre à la séance du Conseil de surveillance du 28 novembre 1852, et le procès-verbal de cette séance prouve que M. Orsi n'y assistait pas, et que s'il y eût été, il eût appris que les actions étaient souscrites. Il est difficile d'être plus malheureux dans une démonstration, et de prouver mieux le contraire de ce qu'on avance.

Je pourrais en rester là; mais j'ai promis de prouver directement que M. Orsi a cru que les actions étaient souscrites; je veux tenir parole.

Le 23 janvier 1854, M. Orsi écrivait à M. A. Berryer, alors à Londres :

« Après une assez longue entrevue avec M. Heurtier, il en est ressorti l'impossi-
» bilité pour l'administration de vous écrire une lettre dans le but de donner à
» sir Charles Fox et à ses amis un délai quelconque pour le versement du montant
» des actions. Cette concession ne peut être que verbale. En effet, l'administration
» est censée ignorer que les actions ne sont pas versées. Un acte passé par-devant
» notaire constate que MM. Cusin, Legendre et Duchêne de Vère ont souscrit toutes
» les actions. La position de ces derniers est nettement définie. L'administration ne
» reconnaît d'autres souscripteurs que ceux qui se sont déjà engagés..... C'est donc
» une substitution qu'il s'agit de faire aujourd'hui, une substitution de sir Charles
» Fox et ses amis aux concessionnaires actuels, et ce pour 50,000 actions..... Un
» acte notarié existe ; MM. Cusin, Legendre et Duchêne de Vère sont souscripteurs
» de toutes les actions , cela ne peut être détruit. »

Voilà la conviction de M. Orsi exprimée à une époque et dans des circonstances non suspectes : MM. Cusin, Legendre et Duchêne de Vère sont souscripteurs des actions par acte authentique, et cette souscription est si sérieuse, si régulière, qu'aux yeux de l'administration elle-même, elle fait obstacle à toute autre souscription des mêmes actions, qui ne peuvent passer en d'autres mains que par voie de substitution ou de cession.

Ce document m'a semblé de nature à faire impression sur vos esprits. Vous cherchez la conviction de M. Orsi, c'est-à-dire ce qu'il y a de plus difficile à saisir au fond de la conscience ; si vous avez le bonheur de trouver à une époque antérieure l'expression non suspecte de cette conviction, saisissez-la, vous n'en aurez jamais un plus sûr témoignage. Eh bien! ce bonheur, vous l'avez ; la lettre que je viens de lire démontre, à n'en pouvoir douter, que M. Orsi a considéré comme réelle, comme valable, comme irrévocable, la souscription des actions par les trois concessionnaires signataires de l'acte authentique du 20 novembre 1852.

Cette conviction, M. Orsi ne l'avait pas seul ; il la partageait avec tout le monde.

Il la partageait avec l'administration, dont il n'était que l'organe, dans sa lettre du 23 janvier 1854 à M. A. Berryer, et dont il exprimait la pensée en même temps que la sienne.

Il la partageait avec le Conseil de surveillance qui, dans la séance du 28 novembre 1852, avait accepté comme toute simple la déclaration de M. Cusin, qu'il considérait comme définitive la souscription faite par sa maison sous sa responsabilité.

Il la partageait avec tous ceux qui, comme lui, ont prêté leur concours aux ventes et aux reports incriminés, avec tous ceux dont l'expert vous a révélé les noms dans son rapport, avec M. Pereire, par exemple, qui connaissait mieux que personne l'état de la souscription, puisqu'il en avait fait son rapport au ministre, et qui n'en a pas moins pris en report des mains de M. Orsi 6,000 actions, qu'apparemment il considérait comme régulièrement souscrites.

Pourquoi veut-on que M. Orsi n'ait pas été de bonne foi comme M. Pereire, comme toutes les autres personnes qui ont prêté leur concours ou leur intermédiaire à ces ventes et à ces reports? Et si aucune de ces personnes n'est recherchée, si M. Pereire n'est pas inculpé pour le report qu'il a fait par l'entremise de M. Orsi, pourquoi celui-ci l'est-il pour cette cause? Y a-t-il pour le même fait deux poids et deux mesures?

J'ai donc prouvé que M. Orsi a cru que les actions étaient souscrites. Je vais plus loin, et je soutiens qu'elles l'étaient réellement.

Que le Tribunal veuille bien ne pas se méprendre sur la portée de mes paroles et sur mon intention. Je n'entends point justifier le fait, j'en veux seulement prouver la réalité. Je n'entends pas excuser une souscription faite dans de pareilles conditions, j'en veux constater l'existence; il ne s'agit pas là de savoir si l'on a bien fait de souscrire, il s'agit de savoir si l'on a réellement souscrit. Or, la proposition ramenée à ces termes est indiscutable. Rappelons sommairement les faits.

Le capital social a été fixé à 50 millions représentés par 200,000 actions. Il a été demandé par des souscripteurs français 225,000 actions, pour prendre le plus bas chiffre. En Angleterre, M. Ricardo a offert de prendre pour lui et ses amis le tiers des actions. La proposition de M. Ricardo a été rejetée, pour une raison ou pour une autre; et, sur les 225,000 actions demandées en France, il n'en a été accordé que 104,000, chiffre qui s'est réduit plus tard, par le rachat d'un certain nombre de lettres, à 85,000.

Voilà les faits. Il s'agit de les interpréter. A-t-on pu émettre les 200,000 actions? Incontestablement, puisqu'il en a été demandé un plus grand nombre. Pourquoi ne les a-t-on pas émises? Parce qu'on ne l'a pas voulu. Et pourquoi ne l'a-t-on pas voulu? Parce qu'on a préféré les garder pour soi, c'est-à-dire en rester soi-même souscripteur. C'est précisément le reproche que la prévention fait aux principaux inculpés. Elle leur dit : « Vous avez été trop avides; vous avez gardé un trop grand nombre d'actions, dans l'espoir de bénéficier des primes; vous vous êtes chargés d'un fardeau que vous ne pouviez porter, et vous avez en tombant entraîné avec vous la Société. »

Comment ne voit-on pas que, par ce reproche, on constate soi-même le fait contesté? Les concessionnaires, dites-vous, ont gardé pour eux, ils se sont attribué 100,000 actions? Ils les ont donc souscrites? Ils ont voulu, dites-vous, bénéficier des primes? Comment pouvaient-ils bénéficier des primes sans vendre les actions à la Bourse, et comment pouvaient-ils vendre les actions pour leur compte sans en être propriétaires; en d'autres termes, sans les avoir souscrites?

Critiquez la témérité d'une telle souscription; demandez-en un compte sévère devant le Tribunal de commerce; rendez les souscripteurs responsables du défaut de versement du montant de ces actions et des désastres qui en ont été la suite, je le comprends; mais nier le fait de la souscription, vous ne le pouvez pas.

Vous ne pouvez pas même en nier la régularité; car vous ne pouvez pas nier deux choses: la première, c'est que MM. Cusin, Legendre et Duchêne de Vère se sont constitués souscripteurs par l'acte authentique du 20 novembre 1852; la seconde, c'est que, chargés de recevoir les souscriptions, ils ont pu se mettre eux-mêmes au nombre des souscripteurs.

Mon honorable confrère, M. Dufaure, disait il n'y a qu'un instant, avec l'autorité qui appartient à sa parole, que les choses ne se passent jamais autrement. Est-ce que les fondateurs des Compagnies ne gardent pas toujours pour eux une partie des actions? N'est-ce pas là la source ordinaire de leurs bénéfices? Encore un coup, je n'entends pas justifier cet usage; je dis seulement qu'il est constant et que la loi a le tort de le permettre. Demandez aux fondateurs du Crédit mobilier, par exemple, s'ils ne se sont attribué aucune de ces précieuses actions dont la prime a triplé la valeur. Quelle différence y a-t-il entre tous les fondateurs d'affaires industrielles que nous voyons s'enrichir en un jour et les fondateurs de la Compagnie des Docks? La différence de la hausse à la baisse; les uns ont réussi, les autres ont échoué.

Contre la régularité de la souscription de MM. Cusin, Legendre et Duchêne de Vère on a élevé deux objections: on a dit qu'il n'a pu y avoir souscription, parce qu'il n'y a pas eu versement, et qu'en tous cas cette souscription, n'ayant laissé aucune trace, aucun titre contre les souscripteurs, devait être considérée comme nulle.

Depuis quand une souscription n'existe-t-elle qu'autant que les versements ont été effectués? Depuis quand la validité d'un contrat dépend-elle de son exécution? Ce serait une théorie commode pour les souscripteurs de mauvaise foi. Et cet autre grief, que la souscription n'a point laissé de trace, que signifie-t-il en présence de l'acte authentique du 20 novembre 1852 qui constate cette souscription? Où a-t-on vu, d'ailleurs, qu'un contrat n'existe ou n'est valable qu'à la condition d'être plus ou moins aisé à prouver?

Ces objections sont futiles; elles ne méritent pas qu'on s'y arrête plus longtemps.

Il reste donc prouvé que M. Orsi a dû avoir et qu'il a eu, comme tout le monde, la conviction que toutes les actions étaient souscrites, et que, par conséquent, il doit être acquitté, de l'aveu du ministère public.

Je me proposais de vous soumettre, messieurs, quelques réflexions sur la qualification légale des faits ; mais les défenseurs qui ont parlé avant moi ne m'ont rien laissé à dire. Je crois, avec eux, que les reports et les ventes d'actions ne constituent ni un abus de confiance ni une escroquerie.

Ils ne constituent pas un abus de confiance, parce que personne n'a remis, n'a confié à MM. Cusin-Legendre les actions dont ils ont disposé ; parce que n'ayant pas de mandants, MM. Cusin-Legendre n'étaient mandataires de personne ; parce qu'il n'y a pas eu là cette confiance trahie qui est l'élément essentiel de l'abus de confiance, et surtout parce que les concessionnaires se croyaient et qu'ils étaient en réalité souscripteurs des actions.

Ils constituent encore moins une escroquerie, puisqu'il n'y a point eu de manœuvres frauduleuses ; que la déclaration notariée du 20 novembre 1852 est un acte de souscription réelle, et qu'elle a été sans influence sur les ventes ultérieures d'actions, comme le prouvent les dépositions reçues à l'audience et dans l'instruction.

Je me borne à ces indications ; je m'interdis tout développement ; les quelques mots que je viens de dire peuvent même paraître superflus, puisqu'il est avéré qu'en se prêtant à ces reports, à quelques-unes de ces ventes, M. Orsi a agi de bonne foi, sans intérêt personnel et n'a rien retenu.

Quant à la question de savoir si le fait d'avoir disposé des fonds versés dans la maison Cusin, Legendre et comp. constitue un détournement, je n'ai point à m'en expliquer, ce fait étant étranger à M. Orsi.

En suivant jusqu'ici l'accusation pas à pas, j'ai trop généralisé peut-être la défense de M. Orsi. Je veux la ramener à ses vrais termes.

M. Orsi n'est pas impliqué comme complice dans la généralité des faits incriminés. La prévention ne prétend pas le rendre responsable de ce qu'elle appelle le détournement des 4 ou 5 millions et des cent et quelques mille actions. Elle ne peut lui demander compte, à la grande rigueur, que de la partie de ces sommes et de ces actions qui a passé par ses mains. M. Orsi consent à rendre ce compte.

Il est provenu des ventes et des reports négociés par M. Orsi diverses sommes ; M. Orsi les a versées intégralement dans la caisse sociale ; les livres, les reçus et le rapport de l'expert le constatent. Que peut-on lui demander de plus ?

On oppose que ces sommes ont été détournées plus tard par MM. Cusin et Legendre.

Quand le fait serait constant, en quoi pourrait-il incriminer M. Orsi ? Est-ce que M. Orsi a procuré ces fonds à la Compagnie dans la pensée qu'ils seraient détournés ? Est-ce qu'il a pris part au détournement ? Est-ce qu'il a pu l'empêcher ? Est-ce qu'il a pu le prévoir ?

Les sommes provenant de ces reports et de ces ventes ont été détournées,

dites-vous ? Et où en est la preuve ? Il faut la donner d'une manière catégorique. Il a été détourné, selon vous-même, 4 ou 5 millions sur les 15 millions
de l'actif social. Prouvez que les quelques cent mille francs provenant des reports et des ventes de M. Orsi font partie des 4 ou 5 millions détournés, et
non des 10 ou 11 millions qui restent. Jusqu'à ce que vous ayez fait cette
preuve, vous ne pouvez pas dire que les sommes procurées par M. Orsi ont
été détournées.

Tout montre, au contraire, qu'elles ne l'ont point été. Ne savez-vous pas
qu'à l'époque où se placent ces ventes et ces reports, c'est-à-dire en 1854, les
4 ou 5 millions qui manquent avaient déjà disparu, et M. l'Avocat impérial
n'a-t-il pas lui-même soutenu que ce déficit existait dès l'année 1853 ? Ne
vous êtes-vous pas convaincus, par le simple rapprochement des dates, qu'au
moment où l'on se procurait de l'argent par les ventes et les reports, la Compagnie, poursuivie à outrance, allait être expropriée, et M. Cusin n'a-t-il pas
déclaré qu'il n'avait fallu rien moins qu'une nécessité si urgente pour qu'on se
résignât à se créer des ressources au prix de tels sacrifices ?

Lors donc que la prévention dit que les sommes produites par les ventes et
les reports ont été détournées, elle le dit sans preuve, elle le dit contre les
preuves, et ce grief, fût-il fondé, ne saurait atteindre M. Orsi.

Et quand elle ajoute que les actions comprises dans ces ventes et ces reports
ont été détournées aussi, elle se trompe encore et en plusieurs manières. Car,
outre qu'il n'est pas possible de considérer comme détournées des actions engagées ou vendues pour des sommes qui ont été versées dans la caisse sociale,
rien ne permet d'affirmer que les actions vendues ou mises en report par l'intermédiaire de M. Orsi sont du nombre de celles qui n'ont pas été émises. Le
rapport de l'expert nous apprend qu'outre les actions qu'ils se sont attribuées
comme souscripteurs, MM. Cusin et Legendre en ont acheté à la Bourse un
nombre total de 49,842. Or, M. Orsi n'en a vendu ou reporté en tout que
24,780. Pourquoi ces 24,780 actions ne seraient-elles pas de celles qui ont
été achetées à la Bourse ? Qu'est-ce qui prouve qu'elles sont de celles que
MM. Cusin et Legendre se sont réservées et qui n'ont pas été émises? Il faudrait le prouver avant de parler de détournement. N'est-il pas vraisemblable,
au contraire, que les 24,780 actions reportées ou vendues ont été prises sur
les 49,842 actions achetées, lorsqu'on songe, d'une part, que ces dernières
ont été acquises à la fin de 1853 et au commencement de 1854, comme le
prouvent les livres, c'est-à-dire peu de temps avant les reports et les ventes
des premières ; et, d'autre part, que l'inutilité et l'inconvénient de détacher
des actions de la souche, lorsqu'on en avait d'autres à sa disposition, ont dû
faire préférer celles qui avaient déjà circulé ?

En résultat, la prévention ne prouve ni que les sommes provenant des ventes
e des reports aient été détournées, ni que les actions reportées et vendues aient
été prises à la souche ; tous les indices, toutes les vraisemblances, toutes les
preuves sont contraires.

J'arrive au traité Fox et Henderson.

Avant d'en déterminer le caractère, je dois préciser la part qu'y a prise M. Orsi.

M. Orsi est étranger à ce traité, au traité public comme au traité secret ; il n'a signé ni l'un ni l'autre.

Ce traité était conclu et signé depuis quatre mois lorsque, le 20 juin 1854, M. Orsi fut appelé à remplacer M. Duchêne de Vère.

Le Tribunal n'a pas oublié que ce remplacement n'était qu'apparent, et que M. Duchêne de Vère conservait tous les avantages de sa position.

C'est par suite de cette substitution que M. Orsi fut·amené à mettre sa signature à la place de celle de M. Duchêne de Vère, sur la quittance des 14,400 actions, le 24 juillet 1854.

Il a eu tort sans doute, puisque cette signature trop légèrement donnée est une des causes de son implication dans ce procès. Mais ai-je besoin de répéter qu'ici, comme pour les ventes et les reports d'actions, M. Orsi est couvert par sa bonne foi et son défaut d'intérêt? L'accusation le reconnaît elle-même ; elle est la première à dire que la retraite de M. Duchêne de Vère n'était qu'apparente, qu'il n'avait renoncé à aucun de ses avantages, et qu'il a partagé ces 14,400 actions avec MM. Cusin et Legendre. Ainsi, loin de chercher à prouver que M. Orsi a eu part à ces actions, elle ne l'en soupçonne même pas.

Mais voyons ce qu'était ce fameux traité.

Sur ce point, le Ministère public a sa version ; nous avons la nôtre.

Le Ministère public dit que les concessionnaires n'ont stipulé la remise de 14,400 actions que pour se les partager au préjudice des actionnaires.

Nous soutenons que telle n'a point été leur intention ; que ces 14,400 actions n'étaient point réservées aux concessionnaires ; qu'elles devaient rester dans l'actif social, comme elles y sont restées en effet ; qu'elles étaient destinées à combler, ou plutôt à masquer le déficit, de manière à pouvoir présenter une situation qui permît d'obtenir l'homologation des statuts et la constitution de la Société anonyme ; expédient qu'on peut critiquer, que je ne défends point, que n'excuse même pas à mes yeux l'alternative d'une liquidation désastreuse, mais expédient qui n'est point un détournement.

Une première réflexion frappera vos esprits. L'explication que je viens de reproduire, les cinq prévenus l'ont donnée dans l'instruction ; ils l'ont donnée de la même manière, sans chercher, sans hésiter, sans se contredire ; ils l'ont donnée séparément, sans se concerter ; car trois d'entre eux, arrêtés depuis longtemps, étaient au secret. Si vous considérez que cette explication n'est pas toute simple, qu'elle ne se présente pas d'elle-même à l'esprit, qu'elle a plutôt quelque chose d'extraordinaire, qu'elle ne peut guère s'inventer par une personne prise au dépourvu, qu'elle ne peut certainement pas s'inventer par cinq personnes séparées les unes des autres sans communication possible, vous serez bien près d'être convaincus que cette explication est sincère, et qu'elle n'a été possible que parce qu'elle est vraie.

Vous n'en pourrez douter, lorsque vous vous rappellerez que cette explication unanime des prévenus a été reproduite et confirmée par les témoins. Vous avez entendu M. Stockes, vous avez entendu M. Carteret. Ils ont été initiés l'un et l'autre à la pensée de ce traité, auquel ils ont concouru. Ils ont répété devant vous, sous la foi du serment, l'explication des prévenus.

On a tenté d'infirmer la déposition de M. Stockes. On a dit de lui que c'est un Anglais qui parle bien français. L'avocat de la partie civile a ajouté qu'il a été mêlé à je ne sais quelle histoire de clef. Qu'est-ce que cela signifie, et que prouve cette impuissante agression, si ce n'est le besoin d'affaiblir un témoignage gênant?

Mais M. Carteret, on a pas osé l'attaquer; on a reculé devant la droiture et la loyauté si connues de son caractère. Il a pourtant fait une déposition semblable, et il a confirmé, comme M. Stockes, la déclaration des prévenus.

S'il m'était permis d'exprimer ici un sentiment personnel, je dirais que, pour moi, la meilleure preuve, la plus solide garantie que ces 14,400 actions ne devaient pas être détournées au préjudice des actionnaires, c'est l'intervention de M. Orsi, qui, de l'aveu de l'accusation, ne devait point profiter de ces actions, et qui, sa probité m'en répond, ne se serait jamais prêté à en faire bénéficier personne, au détriment de la Société.

Passons à d'autres preuves.

Je trouve dans le dossier de M. l'Avocat impérial un document qui me semble décisif. C'est la décomposition du bilan du 12 août 1854.

On a parlé beaucoup de ce bilan; on en a critiqué la sincérité. Je n'ai point à le défendre. Je ne veux que constater une chose reconnue par tout le monde, c'est que ce bilan a été dressé pour être remis au ministre, et qu'il lui a été effectivement remis.

Ce bilan était accompagné d'une pièce intitulée : *Décomposition du bilan du 12 août 1854*, qui en était l'explication ; pièce évidemment faite pour le ministre, et qui a dû lui être remise avec le bilan, inintelligible sans elle.

Or, dans cette pièce, je trouve un article ainsi conçu :

« 4,000,000 suivant actes passés entre MM. Fox et Henderson et compagnie
» et MM. les concessionnaires. Cette somme leur a été versée par provision ; elle
» est imputable par sixième sur le total des travaux à exécuter, et se décompose
» ainsi :
» 14,400 actions, à 125 fr., aux concessionnaires, soit . . . . . 1,800,000 fr.
» 17,600 actions, à 125 fr., à MM. Fox et Henderson, soit . . . 2,200,000
                                            » Total égal. . . . . 4,000,000 fr.

De ce document irrécusable et que l'instruction me fournit elle-même, je tire cette double induction : Premièrement, que les concessionnaires n'ont pu avoir l'intention de s'approprier les 14,400 actions, puisqu'ils ont fait connaître au ministre et le fait de cette remise et sa destination ; deuxièmement, qu'en réalité ils ne se les sont pas appropriées, puisqu'au 12 août 1854, la décomposition du bilan et le bilan lui-même constatent que les 14,400 actions sont restées dans l'actif social.

La remise du bilan et de sa décomposition prouve invinciblement que le ministre a connu cette situation ; s'il l'a connue, c'est qu'elle n'avait rien de criminel, c'est qu'elle n'était point ce que l'accusation veut aujourd'hui la faire ; autrement le ministre l'eût-il tolérée, comme il l'a fait, faute de combinaison meilleure ?

Et en présence du fait constaté, peut-il rester quelque incertitude ? Après l'exécution du traité Fox et Henderson et la remise des 14,400 actions aux concessionnaires, on retrouve ces actions figurant dans l'actif social, comment peut-on dire qu'elles ont été détournées ?

Voulez-vous une dernière preuve ? Je la tirerai, comme toutes les autres, des documents recueillis par l'instruction.

Au mois de juin 1855, les concessionnaires poursuivaient une autre combinaison. Le traité Fox et Henderson, n'ayant point atteint son but, était devenu pour eux un obstacle ; ils cherchaient à le détruire. Voici ce qu'à la date du 16 juin 1855, M. Orsi écrivait de Londres à M. Cusin :

« *Si sir Charles Fox refuse de rompre le contrat à l'amiable*, il n'y a plus rien
» à faire pour moi ici ; c'est perdre mon temps que d'essayer de trouver de l'argent
» dans les conditons actuelles ; L'EXISTENCE DE CE MAUDIT CONTRAT M'A TUÉ.....
» CE CONTRAT M'A TOUJOURS PARU ÊTRE NOTRE RUINE. »

Le 28 du même mois, M. Cusin lui répondait :

« Le motif qui a amené la rupture de la première négociation se tire, nous dites-
» vous, du contrat Fox et Henderson. *Ce contrat est*, vous le dites avec raison,
» *la ruine de toutes les combinaisons* ET LE VICE CAPITAL DE L'AFFAIRE.
» Or, vous avez vous-même rédigé avec M. Carteret, le tout d'accord avec nous,
» une note remise à M. le C. L....., et, dans laquelle, en déclarant que vous étiez
» prêt à amener la réparation du déficit, vous avez annoncé que la condition du
» succès était *la rupture du traité Fox*. Les dispositions du Gouvernement, du
» conseil d'État, de M. le C. Lebon, à l'égard de ce contrat, ne sont douteuses pour
» personne, et probablement si votre première négociation avait réussi, *le main-
» tien du traité Fox aurait été un obstacle quelconque à son acceptation ici.*
» S'il y en avait, tout indique donc la marche à suivre : Suivre la négociation
» financière, EN LAISSANT DE CÔTÉ LE TRAITÉ FOX, *et déclarer nettement* QUE VOUS
» PRENEZ LA RUPTURE DE CE TRAITÉ COMME BASE DE LA NÉGOCIATION ; faire con-
» naître la situation à M. le C. L....., et, d'accord avec lui, DEMANDER VOUS-MÊME
» AU MINISTRE LA RUPTURE DE CE TRAITÉ. »

Peut-il, en face de cette correspondance, rester l'ombre d'un doute ? Si le traité Fox et Henderson eût mis dans la poche des concessionnaires un bénéfice illicite de 1,800,000 francs, en eussent-ils parlé de la sorte ? Eussent-ils dit : « Ce maudit contrat nous a tués ; ce contrat est notre ruine ? » Eussent-ils cherché à le rompre, si cette rupture eût dû les obliger à restituer 1,800,000 francs ?

A ce faisceau de preuves qu'oppose le Ministère public ? une seule chose, la lettre écrite par M. A. Berryer à M. Cusin, le 4 février 1854, dans laquelle on lit ce passage :

> « Il (sir Charles Fox) ne veut à aucun compte faire une remise sur les travaux
> » aux concessionnaires, sans que cette remise soit constatée ouvertement. Pour
> » qu'il ne restât pas dans son esprit une impression fâcheuse à cet égard, je lui ai
> » fait dire qu'à ma connaissance (ce que, Commissaire du gouvernement, j'avais pu
> » constater), les concessionnaires avaient pu sauver l'affaire en faisant des sacri-
> » fices qui se montaient, à leur préjudice, à six ou sept cent mille francs ; qu'il était
> » juste qu'ils rentrassent dans ces avances, et eussent, en outre, un bénéfice sur la
> » cession de leur propriété. Ceci a paru frapper ; je saurai ce soir positivement
> » l'impression que cela a laissée. »

Tel est l'unique document d'où le Ministère public tire la preuve que les concessionnaires ont détourné les 14,400 actions.

Je nie que ce document ait une telle portée.

Arrêtons-nous d'abord à sa date ; il est du 4 février 1854 ; il précède de dix jours le traité Fox et Henderson, qui est du 14 du même mois.

Quand cette lettre aurait la signification qu'on lui attribue, que prouve-rait-elle ? Qu'au début de l'affaire et avant de la conclure, on a eu une mauvaise pensée ; qu'on a songé d'abord à s'approprier les 14,400 actions que plus tard on a affectées à l'extinction du déficit. Mais puisqu'en fait ces actions n'ont pas été détournées, puisqu'elles sont restées dans l'actif social, ce que j'ai mis, je crois, au-dessus de toute contestation, qu'importerait une mau-vaise pensée qui n'aurait pas eu de suite ?

Mais il suffit de lire attentivement cette lettre et de se reporter aux circon-stances dans lesquelles elle a été écrite, pour rester convaincu qu'elle n'a ni la signification ni la portée qu'on veut lui donner.

On se trouvait en présence de MM. Fox et Henderson ; le traité n'était pas fait encore ; on négociait avec eux cette question délicate de la remise des 14,400 actions, allait-on leur dire : « Il nous faut cette remise, moins pour réparer nos pertes que pour les masquer ; notre situation est désastreuse ; commencez par jeter 1,800,000 francs dans le gouffre de notre déficit ? » Était-il possible de tenir un tel langage ? N'eût-ce pas été éloigner ceux qu'on voulait attirer ? On s'en gardait bien. Cependant, comme il fallait arriver au but et obtenir la remise des actions, on cherchait d'autres raisons ; on parlait de pertes éprouvées, d'indemnité légitime à recevoir en retour de l'abandon d'une propriété ; et lorsqu'on avait trouvé ces explications, on s'en félicitait, on s'en prévalait auprès des intéressés comme d'un service rendu et d'une difficulté levée. La lettre de M. A. Berryer n'est pas autre chose ; c'est de la diplomatie ; on en fait en affaires comme ailleurs.

On nous dit que notre explication n'explique rien, puisqu'en l'admettant, les prévenus n'auraient fait que couvrir un détournement par un autre.

Je réponds, en premier lieu, que ce reproche ne saurait atteindre M. Orsi, qui, étant étranger au déficit, n'avait rien à couvrir, rien à réparer, et que sur ce point son défaut d'intérêt, garant de sa bonne foi, le sauverait au besoin comme sur tous les autres.

Je réponds, en second lieu, que les concessionnaires n'avaient pas la pensée de combler définitivement leur déficit au moyen de cette remise, puisqu'ils s'en étaient ôté la possibilité en révélant leur position à l'administration, et qu'ils avaient pris entre eux des mesures pour affecter à cette destination les avantages qui devaient leur revenir.

Je réponds enfin que, en fait, le reproche est sans fondement, puisque tout s'est borné à une combinaison avortée, que rien n'a été consommé, que les 14,400 actions n'ont pas servi à atténuer le déficit, et qu'elles ne sont pas sorties de l'actif social au préjudice des actionnaires.

Mais, dit-on, ces 14,400 actions ne se retrouvent plus aujourd'hui ; elles ont donc été détournées.

Si depuis le traité Fox et Henderson elles sont sorties de la caisse sociale, comme presque toutes les autres, ce n'est point par l'effet de ce traité, après lequel elles sont restées pour les concessionnaires ce qu'elles étaient auparavant. Les concessionnaires en ont disposé, comme ils l'auraient fait sans ce traité, en leur qualité de souscripteurs, dans les circonstances et pour les causes que le Tribunal connaît.

Quant au traité, ou plutôt au projet de traité Willemar et Wilson, je n'en dirai qu'un mot. C'était une combinaison imaginée pour tirer parti des actions souscrites par les concessionnaires. M. Orsi avait d'abord consenti à y prêter son nom, sans intérêt personnel, comme il l'avait fait pour les ventes et les reports ; mais la réflexion lui ayant fait entrevoir des dangers pour lui dans cette nature d'opérations, il retira son concours, et le traité resta à l'état de projet. Je ne vois pas quel grief on en peut tirer contre M. Orsi.

Voilà les explications que j'avais à vous soumettre dans son intérêt.

Si vous considérez sa bonne foi, elle vous apparaît dans son attitude, dans sa correspondance, dans tous ses actes.

Si vous recherchez son intérêt personnel, vous ne le trouverez nulle part. Il n'a rien à la Compagnie des Docks ; il lui a sacrifié une partie de sa fortune.

Si vous vous attachez aux actes qui lui sont personnels, aucun d'eux ne présente le caractère d'un délit.

Il n'a donc rien à redouter de votre décision, qu'il attend dans le calme d'une conscience qui ne lui reproche rien (1).

---

(1) Quoique la plaidoirie de Mᵉ Grévy, commencée à la fin de l'audience du 2 mars, n'ait été terminée que dans celle du 3, nous la laissons tout entière sous la date du 2, pour ne pas la scinder.

PLAIDOIRIE DE Mᵉ MARIE,

Défenseur de Arthur Berryer.

Messieurs, en me levant dans cette enceinte pour défendre M. Arthur Berryer, j'éprouve une émotion bien profonde et bien vive. Son nom, sa personne, sa famille, tous ces grands intérêts qui me sont confiés et qui se groupent aujourd'hui inquiets, troublés, désolés autour de son honneur menacé, tout cela, messieurs, me brise le cœur, et je ne saurais, en vérité, comment rassurer ma parole tremblante, si je ne faisais appel à mon amitié, à mon dévouement absolu, à mes convictions, qui, j'en rends grâces à Dieu, ne se sont ni effacées ni attiédies sous la parole ardente du Ministère public.

Je dis la parole ardente du Ministère public, c'est qu'en effet elle l'a été. Je savais bien que la fermeté ne manquerait pas à sa conscience; je savais bien aussi que le talent ne manquerait pas à son langage... Mais, qu'il me permette de le lui dire, j'avais aussi compté sur sa modération; son cœur élevé me l'avait promise : son esprit a démenti son cœur, et j'ai eu la douleur d'entendre retentir à mes oreilles des détails désolants qui pouvaient bien, hélas! passionner le public, qui l'ont passionné, quand les journaux les ont livrés à sa curiosité toujours partiale et hostile, mais qui véritablement, je le dis avec un regret amer, ne pouvaient être d'aucune utilité sérieuse dans le débat que vous avez à juger.

Je m'en afflige, messieurs, et pourtant je ne m'en étonnerais pas, si je me plaçais au point de vue où le Ministère public s'est constamment placé. L'erreur l'a conduit à l'erreur : c'est tout simple. Sous le poids d'une préoccupation malheureuse et triste, M. l'Avocat impérial n'a voulu voir dans M. Arthur Berryer, résidant en France ou voyageant en Angleterre, que le fonctionnaire portant le titre et jouant le rôle, toujours le rôle de Commissaire du gouvernement; là où les situations changeaient, où elles devenaient profondément différentes, il les a vues toujours identiques. Pour lui, M. Arthur Berryer n'a jamais été en Angleterre comme en France qu'un fonctionnaire vendant sa conscience, trompant ses supérieurs, s'alliant aux concessionnaires des Docks pour ravir à la Société tout ou partie de sa fortune. Ah! vraiment, s'il en avait été ainsi, le langage du Ministère public n'aurait pas été assez sévère. Mais, grand Dieu! la vérité est-elle là? M. l'Avocat impérial ne s'est-il pas trompé?

Emporté par cette idée fausse, à mes yeux, et je le démontrerai, sous cette fatale influence, les faits, les caractères, les actes se sont tout à coup modifiés, transformés à ce point que, en vérité, je ne comprenais plus rien à cette accusation dont j'avais fait pourtant une bien sérieuse étude.

Permettez-moi, messieurs, de rétablir le débat sur ce point; permettez-moi, à moi aussi, quelques généralités qui dégageront cette cause des couleurs fausses et dangereuses qui en cachent ou en obscurcissent les véritables perspectives.

Non, non, les choses ne se sont pas passées comme le dit l'accusation. Non, tout ne se concentre pas dans cette unité systématique qui prête tant de force à ses attaques. Il faut que je dise cela, que je le dise avant tout, ce sont des généralités. Soit, elles auront du moins le mérite de bien dessiner la cause et de la placer sous son véritable jour.

Qu'on y pense bien ! il y a deux époques parfaitement distinctes dans les relations de M. Berryer avec les Docks.

La première s'ouvre le 10 mars 1853 : je la ferme à la fin de cette même année. Oui, pendant ce temps, Arthur Berryer a été, j'en conviens, sinon légalement, au moins de fait, Commissaire du gouvernement. Oui, en cette qualité, il s'est trouvé placé au sein d'une entreprise dont il devait surveiller les opérations et les actes. Fonctionnaire, exclusivement fonctionnaire alors, non-seulement il devait à ses fonctions tout son temps, toute son activité, toute son intelligence, mais il lui devait encore les inspirations élevées et fermes, les éclats de lumière d'une inaltérable conscience. Ce qu'il devait, il l'a donné : je le prouverai.

La seconde époque commence à la fin de 1853 et va jusqu'à la fin de 1855 ; je ne l'arrête pas avant ce terme, parce que la vérité des faits le veut ainsi. Durant cette période, M. Arthur Berryer est-il encore réellement, soit de droit, soit de fait, Commissaire du gouvernement ? Non, non ; son caractère, sa mission, tout va changer. Désormais, en effet, il n'habite plus la France ; il n'est plus au sein de cette entreprise des Docks qui s'exploite en France ; il n'a plus d'actes à surveiller, plus d'opérations à contrôler. Éloigné de la France, habitant de l'Angleterre, au vu et au su, et je dirais presque par ordre de l'administration dont il relève, sa mission est changée : il était hier simple surveillant d'une entreprise, il est maintenant négociateur, chargé de préparer, de développer, de mener à bonnes fins, dans l'intérêt de cette entreprise, des négociations financières sur un sol étranger et auprès de capitalistes étrangers. Que parlez-vous de surveiller cette entreprise ? elle va mourir si des capitaux anglais, des notabilités anglaises, la grande expérience de l'Angleterre, ne viennent la secourir et rendre à son organisation la vie qui s'en échappe. Il faut la sauver, la sauver à tout prix, c'est le cri général ; il le veut, lui aussi, plus fortement peut-être que tous les autres, et c'est dans cet esprit qu'il abdique en France une surveillance inutile, pour accepter, entreprendre, accomplir en Angleterre une mission nouvelle plus active et plus féconde. La fonction de Commissaire du gouvernement disparaît complétement devant cette nouvelle fonction. Et cette transformation radicale s'est-elle faite sans que le ministre l'ait voulue, d'une volonté ferme, intelligente, méditée, bien arrêtée ? Je dis non ! la main sur la conscience et la certitude dans le cœur. Voilà, messieurs, voilà comment Arthur Berryer s'est présenté en Angleterre; voilà les faits qui s'y sont accomplis, voilà quelle y a été sa fonction, et c'est en examinant cette seconde situation où viennent se placer exclusivement tous les actes incriminés, que vous aurez à vous demander quels sont la nature, le caractère, la moralité de ces actes, et surtout s'il est possible de les placer dans la catégorie des délits? Voilà, enfin, les époques et les situations qu'il fallait distinguer et que, je le dis avec douleur, le ministère public n'a pas distinguées!

Ce n'est pas tout.!

De même qu'il s'était trompé sur les situations diverses dans lesquelles M. Arthur Berryer s'est trouvé engagé, de même il s'est trompé sur son caractère, et ça été un grand malheur encore, car enfin c'est au caractère de l'homme qu'on mesure le mieux ses œuvres.

Vous avez entendu Berryer; il ne faut pas l'entendre longtemps pour le connaître. C'est une nature vive, ardente, impressionnable jusqu'à l'excès, une nature expansive comme celle d'un enfant : eh bien! M. l'Avocat impérial en a fait, répéterai-je l'expression? un *hypocrite*; oui, on l'a dit, un hypocrite rusant avec ses supérieurs, les égarant par ses rapports pleins d'insidieuses habiletés et de dissimulations impénétrables; trompant la religion sévère de celui-ci, la candeur naïve de celui-là... Non, non... Ce n'est pas Berryer, non, ce n'est pas lui; je ne le reconnais pas, personne ne le reconnaîtrait à ce portrait de fantaisie. Jamais, jamais, à aucun jour de son existence il ne s'est posé ainsi! Lui, hypocrite! sa nature y répugne; il y a des visages qui ne supportent pas le masque, et l'hypocrisie ne va pas à toutes les organisations : elle ne va pas à la sienne.

Et puis, voyez donc jusqu'où va l'injustice des attaques! Berryer est, avant tout, un homme d'imagination et non de raison, un homme d'action et non de réflexion; qu'il me permette de le dire : c'est un homme du monde qui a la légèreté d'un homme du monde et qui n'a pas compris assez tôt, descendant d'une si grande origine, qu'il devait entrer plus vite et plus avant qu'il ne l'a fait dans la vie sérieuse et utile. Eh bien! on en a fait un spéculateur profond, un calculateur savant devant lequel M. Monginot lui-même, l'expert très habile de la comptabilité des Docks, devrait pour ainsi dire s'effacer. Il n'est pas comptable, il vous l'a dit à cette audience, messieurs, et c'est la vérité. Eh bien! on lui a fait un reproche, un reproche sérieux, de n'avoir pas jeté la lumière sur la comptabilité des concessionnaires, de n'avoir pas découvert dans cette comptabilité, obscure pour tout le monde, même pour les hommes spéciaux, tous les secrets qui pouvaient y être ensevelis! Est-ce tout? Non, ce n'est rien encore. De même qu'on s'était trompé sur la situation de Berryer en France, en Angleterre sur son caractère, de même on s'est trompé, étrangement trompé sur ses actes.

Ici je ne comprends plus rien aux exagérations que j'ai entendues.

Berryer est traduit devant vous comme complice; il a un rôle bien secondaire dans ce procès après tout, car il a été, on le reconnaît, étranger au mouvement des actions, étranger à ces détournements obscurs, impénétrables, de ces millions entrés, dit-on, dans la caisse et qui se sont égarés au profit de qui? Je n'en sais rien. Eh bien! tout à coup, dans le réquisitoire du Ministère public, il a pris le premier rôle, le rôle principal; c'est sur lui que se sont abaissés tous les foudres du parquet. Un peu plus, et l'on aurait concentré sur sa tête la responsabilité de toute cette affaire, dans laquelle, cependant, il n'est entré que quand elle était déjà perdue, ruinée, morte; si bien perdue, si bien morte, qu'en réalité l'administration, je le dis en face des faits et des preuves, nommait un Commissaire surveillant pour aller surveiller les actes de vie d'un cadavre que toute la puissance des Rothschild et des Pereire n'a pas même essayé de galvaniser. D'où viennent donc tant de sévérités envers un homme désarmé dès le premier jour de sa fonction? D'où vient donc cette interversion des rôles? Comment se fait-il que cet homme qui, hier encore, n'était qu'un simple témoin, prenne dans le système de l'accusation le rôle principal? Comment occupe-t-il, dans le réquisitoire éloquent de M. l'Avocat impérial, une place si large, que devant lui tous les prévenus signalés comme auteurs disparaissent, en quelque sorte, devant ce complice? Est-ce que c'est hier seulement qu'on a découvert la grande culpabilité de Berryer? Est-ce que les pièces n'étaient pas depuis longtemps dans les mains de l'instruction? Est-ce qu'elle n'avait pas vu ces documents sur lesquels on s'appuie aujourd'hui? Non, non; elle a vu tout cela; pendant un an elle a interrogé Berryer; elle l'a interrogé comme témoin. D'où vient donc, d'où vient, je vous le demande encore, cette interversion des rôles?

On m'a dit qu'on avait hésité devant la grandeur du nom. Ah! je vous en remercie; ce n'est pas moi, assurément, qui viendrai reprocher à la justice de mon pays cette pieuse faiblesse qui, à mes yeux, la grandit et l'honore. On m'a dit aussi qu'on avait hésité à croire qu'Arthur Berryer eût démenti la pureté, la dignité de son origine. Merci, merci encore! je regrette seulement que cette pensée vraie et généreuse qui devait naître, qui est née dans l'esprit et dans le cœur de tous, n'ait pas eu assez de puissance pour adoucir au moins les sévérités du Ministère public, si elle ne pouvait le conduire jusqu'au doute. Eh bien! soit, on a hésité, on a reculé longtemps devant ces nobles raisons; mais je cherche, je cherche toujours comment ces hésitations ont tout à coup fait place à des accusations si ardentes? L'examen attentif de la cause le dira peut-être, abordons-le donc; j'en ai fini avec les considérations préliminaires, et je veux désormais vous démontrer que l'esquisse que j'ai à vous présenter d'abord des situations, du caractère et des actes d'Arthur Berryer, est pleine de vérité et de franchise. A quelque époque que se soit produite l'accusation, je n'en conteste pas la forme, la légalité, mais j'en conteste la légitimité en fait et en droit.

Cela dit, j'analyse la prévention :

Arthur Berryer n'est pas, il est vrai, dit-elle, l'auteur principal des délits relevés dans l'instruction, mais il en est le complice ; le complice à un double point de vue : il a reçu des actions, il a reçu des sommes d'argent, sachant que ces valeurs étaient détournées de l'actif social. Voilà son premier délit. Il en a commis un autre : au lieu de surveiller les concessionnaires, il les a assistés dans leurs exactions ; bien plus ! le Gouvernement, les actionnaires avaient intérêt à connaître tout ce qui se passait au sein de la Société ; il a trompé les actionnaires et le Gouvernement en leur cachant ce qu'il savait ; ce que son devoir lui ordonnait de dire, il ne l'a pas dit : il a vendu sa conscience.

Voilà l'accusation dans l'ordre où M. l'Avocat impérial l'a présentée.

Je renverse cet ordre ; il y a avant tout une préoccupation qui me froisse le cœur : je veux savoir si, en effet, Arthur Berryer a vendu sa conscience aux concessionnaires. C'est là pour moi, si elle existe, la grande, et je le dis, l'unique culpabilité. Je l'aborde donc cette accusation, je l'aborde en première ligne ; j'ai à cœur de la démentir, de prouver que le fonctionnaire, dans la situation si difficile qu'il a occupée, ne s'est rendu coupable ni de prévarication, ni de corruption. Ces preuves faites, que deviendront les délits d'abus de confiance ou d'escroquerie, que m'importe ? Ces accusations, secondaires à mes yeux si je prouve que Berryer a dit tout ce qu'il savait, tout ce qu'il pouvait savoir, tout ce que son intelligence et sa conscience lui ont révélé, si le fonctionnaire est resté fidèle, ces accusations resteront sans portée légale.

La fidélité ou l'infidélité du fonctionnaire voilà donc la question vraie, capitale de ce débat.

Et qu'on ne se trompe pas, messieurs, sur l'esprit de cette plaidoirie. La discussion de M. l'Avocat impérial a laissé penser qu'il y avait dans la défense l'intention de déclarer la guerre à l'administration. Non ; cette intention n'est ni dans l'esprit de M. Berryer, ni dans ma pensée. Je ne fais pas la guerre pour la guerre, je sais le danger de ces sortes de débats ; mais il y a une nécessité devant laquelle je m'incline, devant laquelle je ne reculerai jamais. Je mettrai, moi aussi, de la modération dans mes paroles, je le promets, mais aussi de la fermeté, parce que ma conscience veut que je sois ferme dans la défense, comme la conscience de M. l'Avocat impérial voulait qu'il fût ferme dans l'attaque. Je considérerai le droit et le devoir de chacun ; j'examinerai si Berryer a bien connu son devoir ; si l'ayant bien connu, il l'a bien rempli, s'il s'est livré à toutes les investigations auxquelles il devait se livrer, et si, quand la lumière s'est faite pour lui, il l'a éteinte de sa propre main, intéressé qu'il était à la cacher, parce qu'il avait reçu d'avance le prix de son silence. Et s'il sort de cette

étude faite sur des documents incontestables et incontestés, qu'il y a eu de
la part de Berryer ou de la part de l'administration de ces imprudences que
je fais accompli relève souvent avec trop d'injustice, de ces enthousiasmes
qui ne s'expliquent pas, de ces désirs insensés qu'on aurait dû redouter et
réprimer, de ces entêtements devant lesquels il n'aurait pas fallu céder, je
le dirai hautement, et la responsabilité ira là où moralement elle doit aller:
   Quand je parle d'enthousiasmes, d'illusions, d'entêtements, je n'accuse
personne. Le Gouvernement venait de créer, par décret, une grande
affaire qu'on voulait, qu'on espérait faire réussir. Eh bien! je comprends,
moi, que devant ce désir, devant cette espérance, bien des imprudences,
bien des fautes, aient été commises... Je comprends que ces imprudences,
ces fautes connues de l'administration aient été par elle tolérées, pardon-
nées; qu'elle n'est pas coupable pour cela. Ce que je demande, c'est que
si Berryer a eu les mêmes espérances, s'il a été sous le feu du même
enthousiasme et des mêmes folies, si, entraîné par le même esprit du
succès, il s'est montré ou trop tolérant ou trop facile au pardon, qu'on
ne lui impute pas non plus à crime ces erreurs de son esprit, ces écarts
d'un zèle trop aventureux ou trop ardent. Est-ce trop demander?
   Ceci dit, voyons dans quelle position s'est trouvé Berryer au moment
où il a commencé sa mission.
   C'est le 10 mars 1853 qu'il a été nommé Commissaire du gouvernement. Quelle était alors la situation des Docks? Qu'en a-t-on dit à Berryer?
Qu'en savait-il? Ces questions ont leur importance; car enfin, quand un
ministre nomme un Commissaire du gouvernement et qu'il veut obtenir
de lui des rapports actifs, intelligents, c'est bien le moins qu'il lui fasse
connaître, s'il la connaît lui-même, la position de l'entreprise à côté de
laquelle cet agent va être placé. Personne ne niera ce premier devoir de
l'autorité supérieure envers le fonctionnaire qui doit la servir.
   Or, que s'est-il passé?
   Après les plaidoiries si savantes, si lumineuses, si éloquentes que vous
avez entendues, je n'entrerai pas, messieurs, dans de grands détails sur
la situation des Docks au commencement de 1853; je ne reviendrai même
sur certains faits qu'avec une extrême réserve, en les généralisant, et pour
rappeler vos souvenirs bien plus que pour faire à nouveau des preuves
déjà faites. Je ne chercherai pas à savoir, par exemple, si cette institution
des Docks, créée par un décret impérial, avait été avant sa création bien
étudiée; si elle portait en elle, à son origine, un germe de succès ou un
germe de mort et de ruine. Vous savez ce que vous devez penser de tout
cela. Il est évident pour tout le monde, quoi qu'en ait dit Duchêne de
Vère, auquel je ne veux en aucune façon enlever le mérite qui lui a été
décerné par son défenseur, il est évident pour tout le monde que cette
institution n'avait été profondément étudiée par personne; enfin, on l'a
décrétée, passons. Je ne rechercherai pas non plus si elle a été confiée à

des hommes d'une capacité, d'une moralité, d'une solvabilité bien éprouvées. On a dit, depuis ce procès et dans ce procès, beaucoup de mal de ces hommes; on a porté un œil scrutateur sur leur passé financier, et l'on a fait sortir de cet examen bien des révélations hostiles : on a dit que la banque à la tête de laquelle Cusin et Legendre étaient placés était, dès alors, une banque ruinée, dont les gérants ne pouvaient pas, sans crime, aspirer à la grande concession des Docks. L'honorable M. Dufaure a sur ce point, il est vrai, donné des explications plus rassurantes ; mais enfin, si l'accusation dit vrai, n'admirez-vous pas, messieurs, comment la concession des Docks a été faite à de tels hommes, et n'y a-t-il pas dans ce fait une précipitation au moins étrange? Ceci me rappelle une autre institution dont on voulait aussi, il y a quelque temps, le succès à tout prix : les Cités ouvrières Napoléon. Et, chose étrange! parmi les concessionnaires de ces cités se trouvait également un homme à qui l'on pouvait reprocher ces tristes antécédents judiciaires que M. l'Avocat impérial a si vivement reprochés à Duchêne de Vère!... Mais qu'il y ait eu là ou non une cause de ruine, ce n'est pas ce qui m'occupe; ce que je veux constater au moment où Berryer est entré dans l'entreprise, c'est l'organisation de l'affaire, c'est sa situation, sa situation industrielle, morale, financière.

Or, entendez-le bien, j'affirme qu'à ce moment, que dis-je, à ce moment? non, non, mieux que cela, je dis que, bien avant que Berryer fût nommé Commissaire, l'entreprise des Docks était déjà perdue, ruinée, frappée de mort; je l'ai déjà dit, je le répète parce que cela est important, décisif. J'ai entendu beaucoup parler de la constitution frauduleuse de la Société, c'est sur cette même constitution, frauduleusement faite avant que toutes les actions eussent été souscrites, c'est sur cette base unique que reposerait le délit d'escroquerie. Or, quand donc cette constitution a-t-elle été déclarée? En septembre 1852, et Berryer a été nommé le 10 mars 1853 ! Vous parlez d'achats insensés d'immeubles, de placements d'actions au-dessous du pair, d'une partie du fonds social détourné ; ces achats, ces placements, ces détournements avaient tous précédé l'arrivée de Berryer. Le traité anglais, je parle du traité Ricardo, était déjà rompu, par la faute de Cusin ou de tout autre (je ne recherche pas cela), qu'on ne songeait pas même encore à donner Berryer pour surveillant aux Docks. Encore une fois, tout cela existait, tout cela était accompli, tout cela était manifeste pour tout le monde dès la fin de 1852, et Berryer n'entre dans l'affaire que le 10 mars 1853.

Eh quoi! est-ce que cette administration, qui avait déjà fait un si grand pas dans la voie déplorable qui vous est signalée aujourd'hui, était alors livrée à la discrétion de Cusin, Legendre et Duchêne de Vère? Non, certes ; elle avait à sa tête un Conseil, le seul Conseil sérieux, vous a dit le Ministère public, qui se soit jamais placé à côté des concessionnaires. Ce Conseil avait pour président le prince Murat, et pour membres MM. Dacosta, Heeckeren, de Mecklembourg, le général Morin, des hommes graves, en un mot, d'une capacité éminente et d'une probité qui ne peut pas être suspectée. C'est sous les yeux de ce Conseil qui, aux termes des statuts sociaux, avait le droit et le devoir de tout vérifier, de tout régler, que la constitution incriminée a été faite ; c'est sous les yeux de ce Conseil, qui avait le droit et le devoir de surveiller et d'empêcher des opérations imprudentes, que les achats d'immeubles, les ventes d'actions au-dessous du pair, les applications détournées des fonds sociaux, se sont accomplis !

Et qu'on y prenne garde ! ce Conseil n'était pas un pouvoir méconnu et inutile. Je ne veux pas entrer dans le détail de ce qui s'est passé dans son sein, cependant j'ai grand intérêt à vous dire que parmi les séances trop peu nombreuses, malheureusement, dont le secret vous a été livré, il en est deux qui méritent d'être signalées. Ainsi, le 27 novembre 1852, une discussion très sérieuse s'est engagée sur le marché anglais Ricardo, que l'on reproche si vivement à Cusin d'avoir abandonné. Ce Conseil avait donc l'œil bien ouvert. Ainsi encore, en février 1853, on veut organiser dans le Conseil l'action administrative, des commissions sont instituées : commission de commerce, dans laquelle je lis les noms de MM. Dacosta et Orsi ; commission de construction, composée de MM. Dacosta, du général Morin, etc., etc.; commission de finances : MM. Heeckeren, Mecklembourg, etc., etc. Le Conseil de surveillance était donc composé d'hommes sérieux, actifs, M. l'Avocat impérial a eu le droit de le dire ; il s'occupait donc vraiment des affaires, et cependant c'est sous lui, sous ses yeux, sous son empire, que les principaux faits signalés au débat comme criminels se sont accomplis. Et Berryer, qu'on accuse, n'était pas même désigné encore pour la place qu'il n'a occupée que plus tard. C'est à cette époque aussi, c'est-à-dire en janvier 1853, que se serait passé un fait dont un témoin, le sieur Delmas, a rendu compte dans l'instruction orale : « On ne donnait ni dividende ni intérêts ; étonné, j'ai voulu savoir où en » était l'affaire, je suis allé à la source, je me suis adressé au prince » Murat, et je lui ai demandé quelle était la situation de l'entreprise. — » Parfaite, parfaite ! m'a-t-il dit, le décret à lui seul vaut 25 millions. » Quelle est la conséquence que je veux tirer de tous ces détails ? Que les hommes considérables dont j'ai cité les noms se sont entendus avec Cusin pour tromper les actionnaires ? Qu'il y a eu de leur part complicité morale au moins, sinon complicité réelle ? Non ; mais j'en tire la conséquence, ou que les faits n'avaient pas l'importance qu'on leur attribue aujourd'hui, ou que s'ils l'avaient, le Conseil d'administration a été le premier trompé. Mais quoi ! s'il a été trompé ou s'il s'est trompé alors qu'il était au centre des opérations, s'il a pris ses illusions pour des réalités, ses espérances pour des faits; comment donc n'admettez-vous pas qu'Arthur Berryer, qui viendra après eux quand tous les faits seront accomplis, puisse sans fraude, sans délit, partager les erreurs, les imprudences, si vous le voulez, les légèretés de ces administrateurs ? Je ne vous demande pas autre chose, mais je vous demande cela, est-ce trop ?

Mais allons plus loin, messieurs, allons plus loin; ce que je veux savoir, ce que je veux que vous sachiez, c'est la situation exacte de l'entreprise au 10 mars, jour de l'entrée de Berryer.

Ne craignez pas les digressions, les recherches aventureuses, les argumentations de ma part. Non ; j'ai pour préciser ce point si important du débat, un document officiel, authentique, irrécusable, c'est le rapport de M. Pereire. Ce rapport est du 17 mars 1853, la nomination de M. Berryer est du 10. Or, que dit-il ? Il constate, en premier lieu, que le ministre a demandé à M. Pereire de *réorganiser* l'entreprise des Docks. Bien. Le ministre était donc déjà édifié sur la mauvaise organisation, puisqu'il voulait une réorganisation. M. Pereire déclare, en outre, que l'entreprise est compromise par de fausses mesures financières. « *Je puis affirmer,* » dit-il, que *depuis* PLUS DE DEUX MOIS *que j'étudie pour répondre aux dé-* » *sirs du ministre,* LE DÉSORDRE *est tel, que l'entreprise* NE PEUT NI SE » CONSTITUER, NI SE LIQUIDER. » Puis il donne les raisons de son opinion. Ainsi, c'est le capital qui *n'est pas souscrit en entier,* ce ne sont pas 200,000 actions qui ont été souscrites, mais 85,000 seulement ; ainsi encore, il n'a pas été versé dans la caisse 25 millions, comme on l'a dit, mais 10 millions 865,000 francs seulement. Il ajoute : « Il y avait en caisse 10 millions » 865,000 francs, on a déjà dépensé 5 millions 230,000 francs, il resterait » donc 4 millions 960,000 francs ; mais ce qui reste à payer serait de » 10 millions d'une part, de 4 millions de l'autre, total 14 millions. Ainsi » déficit si les actions ne se placent pas, et elles sont déconsidérées ! » Voilà ce que déclare, voilà ce qu'affirme M. Pereire dans son rapport au ministre, après avoir pu tout examiner, tout vérifier, tout contrôler pendant deux mois ; et c'est après cet examen, cette vérification, ce contrôle, qu'il vient déclarer au ministre que l'entreprise est dans un état tel, qu'elle ne peut être ni liquidée ni continuée. Il termine par ces mots : « Telle est » la situation de cette entreprise, dont le succès peut honorer un règne, » mais dont la chute prochaine aurait les plus tristes conséquences. »

Avais-je donc tort de dire au début de cette plaidoirie, et dans les généralités qui l'ont dominée, qu'Arthur Berryer avait été nommé Commissaire du gouvernement pour surveiller une Société perdue, ruinée, une Société morte ? Avais-je tort de le dire ? Cela n'est-il pas évident ?

Et prenez-y garde ! Cette Société perdue, ruinée, morte. M. Pereire ne songe pas à la constituer d'après ses bases, ses éléments primitifs ; non, non, un tel projet, à ses yeux, serait insensé. Non, il parle bien de prendre en main ses destinées, lui aussi il a cette illusion ou cette espérance qu'une telle institution peut honorer un règne, mais à la condition qu'il sera, sinon le seul maître, au moins le maître dominant ; à la condition que des réformes législatives seront votées, que les lois de douane seront modifiées, etc.; en un mot, pour lui, l'ancienne Société est morte, il faut fermer sa tombe, et sur cette tombe fermée organiser une Société nouvelle et sur des bases différentes. Voilà la vérité : M. Pereire ne l'a pas cachée, et l'administration supérieure ne l'ignorait pas quand elle a donné à Berryer sa mission.

Mission de surveiller une entreprise dont le *désordre est tel, qu'elle ne peut ni se constituer ni se liquider*.

Tâche difficile ! Mais voyons encore.

Quand on nomme un Commissaire du gouvernement, surtout à côté d'une entreprise en désordre, c'est biens le moins qu'on lui donne quelques instructions sur la marche qu'a suivie l'affaire dans le passé, sur la moralité des hommes qui la dirigent, sur leur capacité; c'est bien le moins, surtout quand on a le rapport de M. Pereire entre les mains, qu'on le lui communique. A-t-on fait cela ? Non, rien, pas une instruction, on n'en produira pas une, on est dans l'impuissance absolue de le faire. Que produit-on ? La nomination seule. Vous êtes Commissaire de surveillance : allez, faites votre devoir, étudiez, devinez, cherchez! Nous avons en main les éléments, les renseignements les plus précis, nous savons dans quelle situation déplorable est l'entreprise, nous ne vous le dirons pas; nous pourrions éclairer votre marche, nous ne le ferons pas! Début étrange! qui a son enseignement et sur lequel j'appelle très vivement l'attention du tribunal.

Marchons toujours !

Voilà M. Arthur Berryer installé sans avis, sans instruction, sans documents. Que doit-il faire? Il doit examiner en conscience, il doit dire en conscience tout ce qu'il sait ; il doit le dire, oui toutefois dans la mesure de ses forces, dans les limites de ses vérifications possibles, dans l'étendue de sa capacité relative, rien de plus, rien de moins.

Dès le début, il rencontre un obstacle, et cet obstacle dont on ne lui tient aucun compte, est pourtant considérable. Il est nommé Commissaire du Gouvernement, dans quelle Société? dans une Société en commandite. Dans une Société en commandite! on le voit tout d'abord, sa qualité est plutôt officieuse qu'officielle; l'autorité qui lui est déférée est une autorité qu'on peut accepter si on le veut, repousser si on le veut, et il n'aurait pas convenu probablement à toute Société industrielle qui se serait formée, et qui aurait vécu d'une vie véritablement indépendante, d'accepter une telle surveillance, avant qu'il eût plu au Gouvernement de la déclarer Société anonyme. Mais enfin je ne discute pas là-dessus, je ne mets ce fait en relief que parce que vous verrez que plus tard il sera invoqué par l'administration supérieure elle-même, quand elle voudra dégager sa responsabilité envers certains actionnaires. D'ailleurs légale ou non, Berryer a accepté sa qualité, cela suffit, je le reconnais, sa conscience est engagée dans une voie difficile, oui, mais elle est engagée.

Maintenant, voyons comment il a rempli sa mission. L'a-t-il remplie fidèlement, loyalement, ou bien a-t-il, comme on le dit, vendu sa conscience? Écoutez, messieurs! voilà le débat, débat douloureux, fatal! vendu sa conscience! voyons, voyons!

Depuis le 10 mars jusqu'à la fin de cette année de 1853, la gestion de Berryer a-t-elle été loyale? Oui, on l'accorde Ah! je m'empare avec bonheur de cette concession que le caractère du Ministère public ne pouvait me refuser : un an de loyauté, ah! du moins le début est donc honorable: Il est pourtant un fait que l'instruction n'avait pas relevé et que le réquisitoire a signalé, je veux parler d'un achat d'actions fait en avril; ce fait je le discuterai plus tard, et j'en prouverai la fausseté, mais enfin pourquoi en parler? Quand on avance que l'année 1853 a été loyale, veut-on dire, par une contradiction étrange, que, dès son début, Berryer aurait vendu sa conscience? Pour quelle somme? Pour une somme de 1000 fr., 1500 fr.? les faits vont répondre, et diront bien haut que s'il a vendu sa conscience, il ne l'a pas livrée.

Vous m'accordez que l'année 1853 a été une année de fidélité, de loyauté. Vous me l'accordez, je pourrais me contenter de la concession, je n'en veux pas; non, je ne veux pas de concession, la vérité est éclatante, c'est son éclat, son éclat seul que j'invoque.

Vous savez, messieurs, dans quelle situation Berryer se trouve au moment où sa mission s'ouvre. Il est seul, livré à lui-même, sans instruction, sans documents, n'importe! son zèle suffit à tout : je serai très sobre de lectures, je ne ferai qu'analyser, à ce moment du procès, des pièces qui déjà ont été lues en partie, mais j'insisterai sur des détails qui ont été négligés, trop négligés. Aussitôt qu'il est nommé, ce traité Ricardo qui devait apporter des capitaux considérables à la Société des Docks, préoccupe vivement sa pensée. Ce traité si important comment a-t-il été brisé? Il s'empresse de demander des renseignements à cet égard à Cusin et à Legendre; dès le 17 mars, Cusin et Legendre les lui fournissent, puis en quelques jours il pénètre dans tous les détails de l'entreprise, il en saisit tous les points culminants, les qualités et les vices : il est pressé de résumer dans son premier travail ses observations, ses pensées, ses craintes, ses espérances.

Son premier rapport ne se fait pas attendre. A la date du 23 mars 1853 il l'adresse au ministre. Lisez ce rapport, vous y trouverez la situation exacte de l'affaire, tout ce qui s'est passé à l'égard des actions, l'exagération du nombre des demandes, le chiffre exact des actions souscrites; tout est là. On n'a pas souscrit 200,000 actions, dit-il, non cela n'est pas vrai, on en a souscrit seulement 85,479, *chiffre très inférieur*, dit-il au ministre, *à celui que vous pensiez devoir être.*

M. Pereire, dans son rapport au ministre, n'avait rien dit ni de plus net, ni de plus complet, ni de plus exact. Ce n'est pas tout : il y dénonce hautement ce fait, que l'accusation taxe d'escroquerie, à savoir, la constitution frauduleuse de la Société, en septembre 1852 ; il parle aussi des livres, des écritures, qui *n'ont pas la forme commerciale*. Il dit plus, il ajoute que les livres ont été faits après coup ; qu'ils sont tout d'une venue; il représente fidèlement toutes les opérations, il en donne le compte détaillé, il fait connaître le montant des actions versées, 10 millions 687,000 fr., et non 25 millions comme on l'avait annoncé à tort; il donne enfin des renseignements sur le traité Pereire. Voilà le premier rapport de Berryer; comparez-le avec le rapport de M. Pereire, contrôlez-les l'un par l'autre, et demandez-vous où est la vérité, si M. Pereire a été plus complet, plus explicite que M. Berryer. Je ne crois pas me tromper en affirmant que le rapport de M. Berryer est plus complet, sinon aussi hostile que celui de M. Pereire, et je le comprends : lui, Commissaire du Gouvernement, il agissait dans l'intérêt seul du Gouvernement ; M. Pereire voulait, lui, se mettre à la tête de l'affaire, par certains côtés il devait donc être partial, hostile peut-être. Ainsi, dès ce moment par le rapport de M. Pereire, adressé officiellement le 17 mars 1853, et surtout par celui de M. Berryer, adressé officiellement le 23 mars, le ministre, l'administration supérieure, ont été parfaitement édifiés sur tous les faits alors consommés, et qu'il leur importait de connaître ; ils avaient appris par ces rapports au moins, si non avant, que dans les conseils la demande des actions avait été exagérée ; que le chiffre des souscriptions réelles était inférieur au chiffre énoncé ; que les ressources n'étaient pas en rapport avec les besoins ; que la Société avait été illégalement, sinon frauduleusement constituée; qu'elle ne pouvait, *dans l'état de désordre où elle se trouvait, ni se constituer ni se liquider;* ils savaient la position des personnes, l'état de la caisse..., cela n'est pas contestable.

Eh bien! qu'a-t-on répondu à ce rapport du 23 mars 1853 ? Rien, absolument rien !... Ce silence est remarquable pourtant ; je me l'explique. En réalité, le rapport de M. Berryer, identique avec celui de M. Pereire, n'apprenait à l'administration rien de nouveau, elle n'avait donc point à s'étonner des renseignements, si alarmants d'ailleurs, qu'il contenait. Au surplus, on était en pourparlers avec M. Pereire pour réorganiser l'entreprise, on avait l'espérance que le puissant secours que M. Pereire paraissait devoir y apporter la ferait marcher. Oui, dans une telle situation, il était prudent peut-être de ne pas se montrer trop exigeant et trop sévère. Berryer relevait des faits fâcheux, mais ne désespérait pas.

Mais voici un fait grave qui se produit. En juillet, M. Pereire se retire complétement. M. Pereire, qui n'a pu obtenir du Gouvernement les réformes qu'il avait présentées dans son rapport du 17 mars, M. Pereire ne veut pas prendre la responsabilité d'une affaire perdue. Les moyens de salut qu'il a indiqués ne sont pas acceptés, il quitte la partie, il disparaît. Prenez garde, messieurs! ce fait est un fait immense. Lorsque

M. Pereire est arrivé, il a dénoncé l'entreprise comme ne pouvant ni se liquider, ni se continuer ; le ministre lui demande de la réorganiser, il accepte, il se met à l'œuvre, mais ses efforts restent sans résultat ; alors persistant dans l'opinion qu'il avait émise dans son rapport du 17 mars, il jette sur cette Société désespérée le linceul qui doit la couvrir, et il disparaît. Quoi donc! est-ce que la retraite d'un tel homme, dans de telles circonstances, ne va pas éclairer le Gouvernement sur le péril de sa situation ? Est-ce que ses espérances ne seront pas ébranlées, ses illusions effacées, sa foi dans le succès d'une affaire mal constituée, au moins un peu vacillante ? Non, non. Ah! du moins, il va s'adresser à son Commissaire, et lui demander comment et pourquoi M. Pereire se retire ? Y a-t-il des faits nouveaux ? Quels sont-ils ? Pourquoi M. Pereire désespère-t-il de l'affaire ? Le silence n'est plus possible. Eh bien! demande-t-on quelque chose au Commissaire du Gouvernement ? Répond-on à son rapport du 23 mars ? Non, rien, absolument rien ; le silence continue.

Et le Commissaire du Gouvernement reste-t-il, lui aussi, tranquille et silencieux ? Non, il a une mission, il veut la remplir, et encore, bien qu'on n'ait pas répondu à son premier rapport, encore une fois dire les pensées qu'il a déjà dites, rappeler des souvenirs oubliés peut-être.

Le 3 août 1853, presque immédiatement après la retraite de M. Pereire, il fait un nouveau rapport dans lequel il donne quelques détails sur les entrepôts, puis il termine son travail en indiquant certaines réformes que, selon lui, il serait opportun d'introduire. Alors il a aussi, lui, la pensée de reconstituer cette grande affaire : cette pensée, il la caresse, il entoure son avenir de ses espérances, de ses illusions, de ses ardents désirs de succès ; tout cela n'est encore qu'en germe dans son esprit, plus tard ce germe se développera et deviendra fécond au fur et à mesure qu'il étudiera plus à fond la question de l'institution des Docks ; alors il passera de l'enthousiasme à la folie : emporté par ses rêves sur le magnifique avenir des Docks, il ne reculera devant aucunes dépenses, devant aucun obstacle ; les questions techniques, il les abordera avec courage et les éclairera par des études expérimentales approfondies en Angleterre et ailleurs.

En attendant, il veut que le Gouvernement soit bien éclairé :

« Je n'entre pas dans des détails plus étendus, dit-il dans son rapport du 3 août,
» sur le résultat de mes investigations.....
» S'il vous semblait nécessaire (M. le directeur général) d'entrer plus avant dans
» le détail des questions, je suis tout prêt soit à compléter ce que j'ai eu l'honneur
» de vous dire ici, soit à continuer mes investigations. »

Lui répond-on ? Non. Lui adresse-t-on quelques questions ? Non, rien absolument. Malgré ce silence, Berryer, toujours empressé, ne continue pas moins ses rapports, et le 8 août 1853 il en adresse un nouveau très circonstancié au ministre, dans lequel il parle de l'entrepôt des marchandises, et de quelques faits importants qui s'y passent ; puis il donne un avis confidentiel sur un voyage de Cusin au Havre ; il parle enfin de la retraite de M. Picard, un des employés des Docks, et de son remplacement par M. Levitre.

Comment le ministre pourra-t-il dire plus tard, ou comment pourra-t-on dire, en son nom, qu'il n'a pas été instruit ? Même sur des faits indifférents, au moins en apparence, le Commissaire a l'œil toujours ouvert. Ainsi il y a une modification dans la maison centrale, M. Picard se retire ; alors cela paraissait peu important, mais on a dit que M. Picard s'était retiré pour des raisons graves , parce qu'il se passait au sein de la Société des choses dont il ne voulait pas être témoin. Je ne sais ce qu'il y a de fondé dans cette assertion, mais ce que je sais, c'est que, quelle qu'en ait été la raison, Berryer a immédiatement signalé au ministre la retraite de M. Picard et son remplacement par M. Levitre ; il ne cachait donc rien. Bien plus, il allait au-devant des désirs ministériels ; écoutez comment il termine son rapport :

« Je vous demande avec instance de vouloir bien, le plus que vous pourrez, me » faire connaître les points sur lesquels devront principalement porter mes inves- » tigations. »

Que pouvait-il faire, que pouvait-il dire de plus ?

Enfin, cette fois, l'administration se décide à envoyer une série de questions.

Le 24 août 1853, M. Berryer répond en détail à toutes ces questions. Je ne les signale pas, parce qu'elles tiennent plus au fond de l'institution qu'à son organisation ou à son attitude administrative ; seulement il répète encore qu'il n'y a à ce moment que 100,000 actions environ de placées.

Puis il termine ainsi :

« Je désire vivement, Monsieur le directeur général, pouvoir concourir, par mon » activité et mon zèle à cette entreprise si grande pour mon pays. »

On vous a dit que cet enthousiasme de Berryer, qui perce dans toutes ses paroles, dans tous ses écrits, qui se manifestera plus tard dans toutes ses actions, n'était qu'un calcul, un calcul honteux, un calcul étrange ! Mais enfin, pour réfuter de telles assertions, je suis bien aise que vous suiviez cet homme dans tous les développements de sa mission, que vous voyiez voyager son esprit au milieu des phases progressives de l'institution qu'il surveille ; qu'en le voyant à l'œuvre et en le saisissant sur le fait, vous puissiez comprendre qu'il ne marche pas en hypocrite, mais toujours, au contraire, la lumière à la main, interrogeant, scrutant les faits, leur demandant l'avenir, croyant à cet avenir, révélant tout ce qu'il sait à mesure qu'il le sait. Il vient d'exprimer son désir de concourir au succès d'une entreprise dans laquelle il a foi ; dans ce même rapport, il dit encore :

« Je vois qu'il faut hâter, par tous les moyens possibles, la réalisation de la volonté
» de l'Empereur.....»

Voilà bien l'homme ! Passionné dès le début, passionné toujours, passionné aujourd'hui encore malgré les désastres, malgré les ruines ; il ne calcule pas, il croit.

Revenons.

Savez-vous à quelle époque, enfin, le ministre ou le directeur général se décident à répondre à ce rapport du 28 mars ? Le 3 septembre ! après six mois de date ! Oui, le 3 septembre, M. le directeur général s'exprime ainsi :

« Monsieur,

[» Dans le courant du mois de mars dernier, vous avez adressé à M. le ministre
» de l'intérieur un rapport sur la situation des Docks Louis-Napoléon, j'aurais
» intérêt à connaître les modifications que cette situation a subies depuis lors, et je
» vous prie de prendre des renseignements sur les points suivants : Quel est le
» nombre des actions placées ? Quel a été le produit de ces actions ? Quel emploi
» a été fait du capital versé et encaissé ? Quels sont les travaux en cours d'exécu-
» tion et leur degré d'avancement ? Les immeubles acquis sont-ils intégralement
» payés ?...»

Enfin, voici donc une série de questions capitales, fondamentales, je le reconnais. Ah ! je reconnais aussi qu'Arthur Berryer ne serait pas excusable si, en face de questions ainsi posées, il gardait le silence, ou si ses réponses étaient ambiguës, évasives. A-t-il répondu ? A-t-il répondu catégoriquement, loyalement ? Messieurs, la lettre du directeur général est du 3 septembre, la réponse ne se fait pas attendre, elle est du 11 septembre.

Ici je n'analyse pas, je lis. Il n'y a pas une phrase, pas un mot qui ne réponde d'avance aux accusations produites contre Berryer ; pas une phrase, pas un mot qui ne le relève surtout de cette accusation qu'il aurait vendu sa conscience.

On lui demande quel est le nombre des actions placées, il répond :

« 1853, au 23 mars, le chiffre des actions placées était de 85,499, qui,
» multiplié par 125 francs, chiffre du versement fait par action, donne en
» somme . . . . 10,687,375 fr.
   » Au 31 juillet, chiffre des actions,   87,472 × 125 =   10,934,000
   » Au 1er septembre,   —   103,472 × 125 =   12,933,000
   » L'avoir des Docks, ajoute-t-il, en y comprenant certaines souscriptions, est
» donc de 13,137,379 fr. 20 c.»

On lui demande l'emploi qui a été fait de ce capital, il répond :

« En immeubles dont il donne le détail, en frais qu'il précise, 8,945,829 fr. ; il
» reste en caisse 4,191,549 fr. »

Il ne s'arrête pas là. 4 millions 191,549 francs, c'est un chiffre. Cette
somme est-elle bien dans la caisse?
Écoutez, messieurs, car ceci est de la plus haute gravité.

« J'ai demandé à vérifier l'encaisse actuel de la Société; à cet égard il m'a été
» répondu que, par économie, la Société n'avait pas de caisse proprement dite.
» Que, conformément à ce que font toutes les Compagnies et Sociétés non en
» cours d'opération, les fonds étaient déposés dans une maison de banque, et la mai-
» son Cusin, Legendre et comp. avait été désignée par le Conseil d'administration
» pour recevoir ces fonds.
» Je me suis présenté au comptoir de cette maison. Comme je n'avais aucun droit
» de vérifier les livres qu'en ce qui concerne la Société des Docks, je me suis livré
» aux investigations nécessaires avec tous les ménagements possibles.
» J'ai reconnu que comme il résultait des livres de la Société, le montant res-
» tant en caisse du dépôt fait à la maison Cusin, Legendre et comp. était d'une
» somme de 4,191,549 fr. 72 c.
» Je n'ai pu me faire représenter cette somme en numéraire, par suite des néces-
» sités où les banquiers sont de bonifier un quantum pour cent des fonds déposés
» dans leurs maisons, et par conséquent d'en faire l'emploi ; mais la maison Cusin,
» Legendre et comp. m'a remis une reconnaissance dont j'ai l'honneur de vous
» donner ici copie. »

L'entendez-vous! l'entendez-vous! Tout cela est-il obscur, ambigu? La
vérité, toute la vérité n'est-elle pas révélée à l'administration supérieure
par son subordonné?
Prenez-y garde'! cette théorie des banques dont le Commissaire du Gouvernement, en cela fidèle écho des concessionnaires, rend compte dans
son rapport, c'est le système plaidé par Mᵉ Dufaure, c'est le système de
M. Pereire. Vous êtes-vous occupé de la caisse? lui demandait-on. Non,
a-t-il répondu, c'est une question de crédit. Vous acceptez telle personne
pour votre banquier, c'est que, apparemment, vous avez confiance en elle.
Vous placez mal votre confiance, c'est un malheur sans doute, mais en
résultera-t-il que le banquier doive laisser inactifs des capitaux dont il doit,
lui, servir l'intérêt? Non, c'est aussi la théorie de Cusin. Quand j'ai stipulé
qu'une somme serait placée dans ma caisse, dit-il, et quand j'y ai été
autorisé par les statuts d'abord, et ensuite par le Conseil d'administration, qui a droit de surveillance sur mes actes, qu'avez-vous à me dire?
Je suis comptable, sans doute, mais je n'étais pas tenu d'avoir éternelle-
ment les fonds en caisse. Encore une fois, voilà la théorie, je n'ai pas
besoin de la discuter davantage, car on n'accuse pas Berryer d'avoir emporté quoi que ce soit de ce capital de 4 millions 191,000 francs dont on

cherche vainement la trace; non, non, on ne l'accuse pas de cela. Pour moi, et au point de vue de la défense de Berryer, il me suffit donc de dire que cette théorie, fausse ou vraie, favorable ou dangereuse, le ministre l'a connue; il me suffit de dire qu'il a su que les 4 millions 191,000 francs qui devaient être en caisse, en réalité n'y étaient pas; qu'ils avaient reçu un emploi, non pas un emploi hypothécaire, mais un emploi en banque. Et quand plus tard on viendra reprocher à Berryer d'avoir, dans une lettre postérieure à son rapport, parlé de placements hypothécaires; quand on se révoltera, quand on s'indignera de cette erreur, ne trouverai-je pas dans le rapport que je viens de vous lire une réponse éclatante à ces indignations?

Je viens d'établir que l'administration supérieure a été éclairée sur le vide de la caisse, sur l'emploi des fonds.

Eh bien! a-t-elle protesté contre la théorie de M. Cusin? a-t-elle ordonné des mesures? Non; elle ne s'est pas plus émue de cette révélation qu'elle ne s'était émue, en mars, du rapport de M. Pereire et du rapport de M. Berryer, resté six mois sans réponse. Cependant les affaires ne s'étaient pas améliorées depuis la retraite de M. Pereire; cette Société, qui ne pouvait ni se liquider ni continuer le 17 mars, n'avait pas atteint depuis une situation plus prospère. Non, non, tout cela ne l'émeut pas. Le Commissaire du Gouvernement lui dit : Il doit y avoir 4 millions 191,000 francs en caisse, et ils n'y sont pas; elle ne lui répond pas, et ce n'est qu'à la date du 1er octobre (le rapport est du 8 septembre, on ne se presse jamais) qu'elle écrit enfin sa réponse, et quelle réponse? Écoutez!

« Vous m'annoncez que le reliquat du dépôt fait dans la caisse de MM. Cusin et » Legendre, et s'élevant, le 10 septembre dernier, à 4,191,549 francs, n'a pu vous » être présenté en numéraire, par suite de l'obligation où se trouvent ces banquiers » de faire l'emploi des sommes qui leur sont remises et pour lesquelles ils ont à » payer un intérêt.

» Je viens d'écrire à M. Cusin que, sans contester le mérite de cette explication, » je dois cependant leur faire observer que, jusqu'à la constitution définitive de » l'entreprise en Société anonyme, il conviendrait de conserver, sous la forme » qui serait le plus aisément disponible et à l'abri de toute dépréciation, les fonds » versés par les actionnaires, soit en plaçant à la Banque ou à la Caisse des consi- » gnations, soit en les convertissant en bons du Trésor. »

Voilà une réponse très catégorique faite à un rapport officiel. Blâme-t-elle la théorie dénoncée dans le rapport? Non. Ordonne-t-elle des mesures? Non; seulement, dit-elle, il serait plus convenable de faire tel ou tel emploi. Est-ce que je lui fais un crime à l'administration de ses adhésions ou de ses tolérances? Non. Que voulez-vous? tout le monde veut que l'entreprise marche; on veut la sauver à tout prix, comme le disait spirituellement mon confrère, M. Dufaure : de tous côtés les sauveurs se lèvent, ce n'est pas le cas de les effrayer par des rigueurs envers les concessionnaires, soit; mais au moins avouez donc que vous qui deviez tout savoir, vous avez su, et su par votre Commissaire, qu'il y avait 4 millions 191,000 francs qui devaient être représentés et qui ne l'étaient pas. Vous dites que Berryer s'est vendu moyennant je ne sais quelle prime qui lui aurait été donnée en avril 1853. Est-ce donc à cause de cela qu'il a révélé tous ces faits si importants et qui devaient si fort éveiller votre sollicitude? En vérité, c'est abuser de la crédulité que de faire peser sur un homme une telle inculpation si énergiquement repoussée par ses rapports. Retenez bien ce fait, messieurs, je ne dis pas cela dans l'intérêt des coaccusés de Berryer, ils ont été assez bien défendus pour que je n'aie pas à m'occuper de leur défense; je ne dis pas cela pour la théorie de M. Pereire, qui ne venait pas ici porter un secours aux accusés; je ne dis pas cela pour eux, je le dis pour moi; je suis égoïste aussi, moi, et je dis qu'on a fort mauvaise grâce, quand on a laissé au mois de septembre 4 millions 191,000 francs sans emploi déterminé, et sous la foi d'une théorie qu'on ne veut pas même contester, on a fort mauvaise grâce à venir se plaindre de son ignorance, et à reprocher à un fonctionnaire qui a tout dit, d'avoir refusé des renseignements qu'on a soi-même négligés ou méconnus.

Est-ce tout? Non, ce n'est pas tout. Nous arrivons au 11 novembre, et là je trouve encore un rapport de Berryer très détaillé sur le produit des Docks (division des Marais); dans ce rapport, je retrouve toujours cette pensée qui l'anime, qui l'excite, qui le pousse en avant et qui bientôt le conduira en Angleterre :

« Nous sommes arrivés au jour où la volonté de S. M. l'Empereur recevra une
» grande et utile application.
» Les intérêts engagés dans l'entreprise recevront toutes les satisfactions qu'ils
» peuvent exiger, on espère; et notre pays sera doté d'une de ces institutions qui
» portent la vie dans tous les éléments de la richesse nationale. »

Voilà toujours l'homme, le rêveur, l'enthousiaste. J'ai fait un grand pas, messieurs, votre attention bienveillante m'a suivi à travers tous ces détails sans se fatiguer, je vous en remercie. Vous connaissez les premiers rapports de Berryer, vous en avez saisi l'enchaînement, l'économie, les renseignements, les révélations. Vous savez ce que Berryer y a apporté d'intelligence, d'activité, de sincérité, de loyauté. Ah! s'il en est ainsi, oui j'ai fait un grand pas, car enfin, dans ces rapports, tout ce qui est essentiel, est dit, il n'y a rien, plus rien désormais à dire. Arthur Berryer pourrait fermer sa correspondance, briser sa plume de rapporteur, ne plus dire un mot de l'entreprise; il a révélé tout ce qu'il pouvait révéler, l'administration a su tout ce qu'elle pouvait savoir. Y avait-il quelque chose à ajouter à cet avis, que 4 millions 191,000 fr. n'étaient pas dans la caisse où ils devaient être? Devait-il combattre dans l'esprit de ses supérieurs la théorie de M. Pereire ou de M. Cusin, qu'il leur plaisait de ne pas contester ? Cette révélation n'enseignait-elle pas tout ce qu'elle devait enseigner, pour qu'on veillât à l'intérêt des actionnaires, si cet intérêt était par là menacé ? Non, il n'avait plus rien à faire ; la vérité dite sur les situations, son rôle était fini. Malgré les attaques dont il a été l'objet, je dis, moi, que dans cette première époque qui se ferme à la fin de 1843, Berryer a rempli sa mission avec intelligence, loyauté, sincérité ; je le dis, et je suis heureux d'ajouter que le Ministère public lui-même ne le conteste pas ; comment le contesterait-il ?

Maintenant, messieurs, j'aborde la seconde époque, le voyage en Angleterre. Jusqu'ici Berryer a résidé en France, au siége de l'entreprise où il n'avait qu'une position officieuse, mais acceptée ; il devait surveiller, il a surveillé, je viens de l'établir. Mais à la fin de 1853, sa position va complétement changer. J'affirme dès à présent, j'aurai à le démontrer plus tard, que la situation qui va lui être donnée en Angleterre n'est plus et ne peut plus être la simple fonction de Commissaire chargé de surveiller l'entreprise, mais qu'elle va être une mission tout à fait à part : l'agent qui n'était en quelque sorte qu'un agent passif, va devenir un agent actif, chargé de concourir à une organisation à laquelle tout le monde aspire, le ministre autant que les concessionnaires. On a fatigué tous les financiers de France pour les associer aux Docks ; tous ont promis, tous se sont rétractés. L'affaire leur a paru si aventureuse, qu'ils n'ont pas même voulu essayer de la reconstituer. Voilà la position dans laquelle on est. Cependant la haute administration veut que l'affaire réussisse, elle le veut, sa volonté est une loi devant laquelle il faut s'incliner. Berryer entre dans cette volonté, parce qu'il est brûlé de ce feu sacré qui brûle le Gouvernement lui-même, parce qu'il a foi dans l'entreprise comme le Gouvernement ; parce qu'il a foi en son avenir, comme le Gouvernement.

Des négociations actives ont été engagées avec tous les financiers de France, elles ont été stériles ; que lui importe à lui ! qu'importe au Gouvernement ! il croit au succès, il veut le succès ; il marchera au succès, malgré les refus des spéculateurs qui devraient pourtant détruire ses illusions et secouer ses rêves. Ce sentiment n'est pas seulement dans son cœur, il est dans le cœur de tous ceux qui de près ou de loin se rattachent aux Docks ; il y est à cette époque, c'est un point important, c'est un point incontesté.

Je veux, messieurs, vous arrêter à ce propos, sur quelques détails, je vous en demande pardon, mais ce sont ces détails-là qui ont fait ma croyance, entraîné mes convictions ; j'espère, oui, j'espère qu'ils entraîneront votre propre conviction et vos croyances, et je ne me pardonnerais pas de vous en épargner un seul, dussé-je y épuiser votre attention, dussé-je y épuiser mes forces. Oui, il faut que vous sachiez bien si Berryer, dans les sentiments qu'il a exprimés, a été un hypocrite, sentant, comme on l'a dit une spéculation impossible et honteuse sous les dehors d'un enthousiasme mensonger, ou s'il a été vraiment, sincèrement enthousiaste. Or, suivez-ledans ses correspondances avec l'administration, qui apparemment n'apportera pas, elle, d'hypocrisie dans ses espérances, dans sa persistance ou dans ses rêves.

Le 24 août 1853, il disait dans un rapport :

« Revenant à l'état actuel de la question, les avantages énormes qui naîtront
» pour le commerce de Paris du fonctionnement complet des Docks frappent vive-
» ment mon hâter ; je crois qu'il faut hâter, par tous les moyens possibles, la
» réalisation de la volonté de l'Empereur.
» Je désire vivement, monsieur le Directeur général, pouvoir concourir par mon
» activité et mon zèle à cette entreprise si grande pour mon pays. »

Je lirai plus tard une lettre de l'ambassadeur de France en Angleterre, où les mêmes sentiments sont exprimés.

Dans une lettre au ministre, du 29 mai 1854, *il dira* encore :

« Pénétré des bienfaits immenses, des richesses incalculables que l'institution des
» Docks peut faire naître en France, j'ai consacré toutes mes forces soit à pouvoir
» éclairer le Gouvernement sur la situation vraie des choses, SOIT A AIDER LA
» COMPAGNIE à atteindre le but vers lequel elle tend, et qui n'est que l'expression
» d'une pensée à jamais féconde pour notre pays ; je continuerai à marcher dans
» cette voie, sûr que je suis *de votre approbation.* »

D'un autre côté, personne n'a avec plus d'insistance provoqué la constitution anonyme. Et pourtant c'était appeler sur les faits les investigations du Conseil d'État, et par conséquent la lumière.

Ainsi.

1° Rapport du 11 septembre 1853 :

« Le seul moyen de faire cesser toutes les causes qui chaque jour se renouvellent
» pour entraver l'accomplissement de la volonté de l'Empereur, est d'insister au-
» près de la Société des Docks pour qu'elle ne retarde pas davantage sa constitu-
» tion définitive. »

2° Rapport du 11 novembre 1853 :

« Je pense que l'homologation des statuts de cette Société comme Société ano-
» nyme devant mettre ses administrateurs dans le libre usage et la libre pratique
» des droits et des devoirs que leur impose le décret, toutes difficultés disparaî-
» tront complétement.
» Nous sommes arrivés au jour où la volonté de Sa Majesté recevra une grande
» et utile application. »

Voilà quel est son langage. Il est pénétré de cette idée qu'il faut que les Docks réussissent, et de cette autre idée qu'ils ne réussiront que sous la

24

forme anonyme vers laquelle il faut tendre et marcher ; et il y tend, et il y marche avec ardeur : c'est son caractère.

Aussi, quand l'administration a ou paraît avoir l'intention de créer une commission dans ce but, A. Berryer, dans une lettre du 26 novembre 1853, adressée au Directeur général de l'agriculture et du commerce, demande à en faire partie, et les raisons qu'il en donne, c'est qu'il connaît la question, c'est que d'un autre côté il aurait été chargé par le Directeur général, dans l'éventualité de la Société anonyme, de rédiger un règlement.

C'est aussi dans cette lettre qu'il parle, pour la première fois, de son projet de voyage en Angleterre.

Ici je m'arrête, je précise. Selon moi, le caractère de la mission de M. Berryer va complétement changer. Il faut donc être net. Plusieurs questions se posent : Comment ce changement s'est-il opéré ? Quel en sera l'objet ? Quels devoirs nouveaux créera-t-il à l'agent ? Ces devoirs, comment Berryer les a-t-il remplis ? Ces questions, je veux les bien éclairer. A elles seules, et pour tout esprit impartial, elles constituent vraiment le débat. J'en veux finir avec toutes les confusions qui ont si fatalement pesé sur ce déplorable procès.

C'est M. A. Berryer qui le premier, j'en conviens, a, dans l'intérêt des Docks, parlé du voyage en Angleterre.

Dans sa lettre au Directeur général, du 26 novembre 1853, il s'exprime ainsi :

« Les documents auxquels je suis obligé de recourir sont souvent insuffisants pour » m'éclairer, et je reconnais souvent aussi que mon esprit ne saisit pas clairement » la portée de certaines mesures ou de certaines explications.

» Il m'est, pour arriver à un résultat utile, de toute nécessité d'aller en Angle-» terre, et sur les lieux, au milieu de la pratique des Docks, de me rendre compte du » mécanisme général et des détails de fonctionnement de ces institutions. »

Voilà de bonnes pensées, des pensées dévouées.

Il ajoute :

« Je prévois que les ressources financières du ministère ne vous permettraient » pas de me confier cette mission, si elle devait être à la charge de l'État, aussi me » suis-je précautionné par ailleurs de la question financière ; je ne viens que vous » demander l'autorisation de me rendre en Angleterre... Je me livre à votre » disposition. »

Voilà la première proposition du voyage en Angleterre. Vous comprenez que je ne veux pas me détourner du but que je me suis proposé, que je ne veux pas m'en écarter pour me livrer à une discussion intempestive ; plus tard je discuterai et la question de finances, et la question de savoir ce qui en a été dit à l'administration, ce qu'elle en a connu. Sur tous ces points, je n'éviterai aucune des objections de M. l'Avocat impérial ; je les examinerai, je les combattrai, je l'espère. Jusqu'à présent, restons dans le fait.

Le voyage est accordé. Non-seulement il est accordé, mais il est bien entendu que Berryer, selon le désir qu'il en a exprimé, sera accrédité auprès de notre ambassadeur à Londres. Des lettres lui seront remises afin qu'il reçoive partout l'accueil le plus favorable. Après quelque temps écoulé, Berryer part en effet, muni des instructions qu'il a demandées et des meilleures recommandations.

Voilà la mission ; la voilà bien définie, bien caractérisée. Ainsi Berryer quitte la France. Il la quitte avec l'adhésion du Gouvernement, avec les lettres de crédit qui lui sont données par lui. Le voilà désormais en Angleterre, loin de l'entreprise des Docks, loin de ce siége social où s'accompliront des opérations qu'assurément il ne pourra plus, il ne devra plus surveiller.

On a équivoqué ; on a dit : Oui, c'est vrai, on lui a bien donné une mission en Angleterre, mais cette mission avait un but très restreint, très limité, dont il avait lui-même déterminé l'étendue. Il avait demandé à aller en Angleterre, ce pays des grandes expérimentations, pour y étudier les faits accomplis de l'institution des Docks ; rien de plus. C'était là sa mission.

Non, non, ce n'était pas là sa mission. Les faits, des faits éclatants protestent contre une telle assertion. Et qu'on ne vienne pas me jeter ici à la face, comme on l'a fait dans le débat, ces distinctions subtiles entre ce qu'il y avait dans la mission d'*officieux* ou d'*officiel* : il faut s'entendre à cet égard. Nous sommes ici devant une juridiction où l'honneur d'un homme est engagé. L'honneur ! mais c'est la vie pour cet homme, et je ne pense pas à cela sans désespoir et sans larmes ! non qu'ici une question de solidarité morale m'agite et me tourmente, non, non : la solidarité descend quelquefois, elle ne remonte jamais, et je n'accorde pas, moi, aux enfants le droit de compromettre leurs pères. L'intérêt, le grand intérêt qui m'occupe en ce moment, c'est donc l'honneur seul d'Arthur Berryer, et je laisse au secret du foyer cette autre solidarité des douleurs qui n'épargne pas les âmes les plus élevées et les plus nobles. Ah ! j'avais de la peine à me contraindre, je l'avoue, quand, à l'une de vos audiences, j'ai entendu un témoin venir équivoquer ici sur l'*officieux* et l'*officiel*, à propos de la mission donnée à Berryer. Je voudrais bien savoir où il avait pris le droit de faire de pareilles distinctions.

Sortons, messieurs, sortons de ces ambiguïtés qui ne font honneur ni à l'esprit ni au cœur de ceux qui s'y réfugient. Berryer a été en Angleterre. Y a-t-il été uniquement, exclusivement, comme on l'affirme, pour étudier la question technique des Docks ? Non, cela n'est pas vrai. En fait, je le répète, cela n'est pas vrai. Il y est allé, je dirais presque avant tout, pour réorganiser la Société des Docks, pour trouver en Angleterre ce qu'on n'avait pas trouvé en France, un Rothschild ou un Pereire qui voulût bien se mettre à la tête de l'entreprise. Écoutez: je n'aurais pas de preuves directes de ce fait, que peu m'importerait, si j'en avais d'indirectes et qui fussent de nature à saisir vos esprits, mais j'ai des preuves directes. Vous dites que dans la correspondance engagée, dans les lettres échangées entre l'administration et M. Berryer, il n'a été habituellement question que d'une étude théorique des Docks! Tenez, voici ce que Berryer écrit, à la date du 14 septembre 1854, au Directeur général qui parle ainsi. Il lui rappelle ce qui s'est passé en 1853 entre le ministre et lui. Prenez-y garde! le procès actuel n'était pas engagé encore, il ne menaçait personne; Berryer était encore Commissaire du Gouvernement, il était encore sous la main de celui qui l'avait nommé. Eh bien! qu'écrivait-il au Directeur général, le 14 septembre 1854, sur la nature de sa mission reçue en 1853?

« En recevant de vous personnellement, monsieur le Directeur général, les autori-
» sations nécessaires pour me rendre en Angleterre, j'ai eu l'honneur de vous faire
» connaître et de faire connaître à M. le ministre, les conditions dans lesquelles je
» partais. »

Pesons bien ces mots :

« J'ai eu l'honneur de vous faire connaître à vous et à M. le ministre les condi-
» tions dans lequelles je partais. »

Et puis, voici quelque chose de plus précis :

« J'ai eu l'honneur de vous dire que, bien que mon but principal fût d'étudier
» sur les lieux les questions des Docks, tous mes efforts tendraient à aider la Com-
» pagnie française des Docks dans les négociations qu'elle entamerait avec les
» grandes maisons anglaises pour arriver à sa constitution définitive. »

Est-ce clair? y a-t-il une équivoque possible entre la mission *officieuse* et la mission *officielle? Officieuse* ou *officielle*, cette mission ne va-t-elle pas jusqu'à aider la Compagnie française dans ses négociations avec l'Anterre? Le Commissaire du Gouvernement qui accepte cette mission restera-t-il Commissaire du Gouvernement même en Angleterre? Le langage de Berryer est net et positif, c'est au Directeur général lui-même qu'il dit en 1854 : « Nous avons eu des conversations particulières; je vous ai dit que je voulais aller en Angleterre, non pas seulement pour étudier la question technique des Docks, mais pour organiser la Société anonyme que nous n'avons pas pu organiser en France. Lui a-t-il alors donné un démenti? Non, messieurs, non. Quoi! ce n'est pas un agent actif! La mission bien précisée, dans cette lettre du 14 septembre, n'était donc pas restreinte, comme on l'a dit, à une simple étude théorique des Docks. M. le Directeur général niera-t-il cette lettre, lui qui nie tant de choses?

Est-ce tout? Non. Nous sommes au 24 décembre 1853, Berryer est en
Angleterre, il y est depuis quelque temps ; aussitôt arrivé, il a pris ses
mesures pour accomplir sa mission. Cependant, comme il se défie un peu
de l'officieux et de l'officiel, et qu'il ne serait pas fâché d'avoir une position bien tranchée vis-à-vis de l'administration, il écrit à l'ambassadeur,
M. Walewski, pour lui dire comment il comprend sa mission, et quelle
étendue importante pour les Docks il entend lui donner :

> « Il est résulté de mes fréquentes entrevues avec quelques notabilités du haut
> » commerce, qu'un parti anglais désirerait entrer dans la création aujourd'hui en
> » cours d'exécution à Paris, et y prenant dès à présent une situation importante, se
> » réserve une coopération puissante dans la formation des Docks dans nos grands
> » ports de mer...
> » L'entrée dans notre institution d'un parti anglais me semble donc inévitable et
> » sur tous points désirable...
> » Le Gouvernement de Sa Majesté veut-il entrer dès à présent dans cette voie ?...
> ».L'Empereur a livré une grande pensée à l'industrie ; les préventions injustes,
> » la jalousie, peut-être bien aussi notre inexpérience pratique, ont fait que, depuis
> » dix-huit mois, cette pensée n'a pas encore eu son application.
> » Je vois où sont le mal et le remède ; mais ma modeste position administrative,
> » la prudente réserve qu'elle m'impose, m'arrêtent dans l'entraînement auquel je
> » céderais. Avant de m'engager dans la voie qui est ouverte devant moi, voie inévi-
> » table à suivre pour la France, un jour ou l'autre, j'ai besoin de savoir si le Gou-
> » vernement applaudirait à mon intervention dans la question que j'ai eu l'honneur
> » de vous exposer plus haut, et si je dois encourager les ouvertures qui me sont
> » faites, en profitant de la confiance et des égards que me témoigne la Compagnie
> » française pour l'amener à une association utile avec des négociants anglais.
> » J'ose espérer que vous voudrez bien demander en France, si vous croyez devoir
> » communiquer cette note au Gouvernement, une réponse assez prompte pour que
> » je ne laisse pas dormir et disparaître peut-être les chances favorables qui nous sont
> » offertes. »

Comment! l'homme qui parle ainsi a fait croire à l'administration qu'il
ne voulait s'occuper, en Angleterre, que d'études théoriques! il a voulu
cacher, il a caché ses négociations dans l'intérêt de la Compagnie des
Docks! Ah! quand il s'écriait, dans un emportement dont j'aurais voulu
tempérer la forme, mais que je comprenais pourtant : C'est une monstruosité que cette accusation! c'était et ce devait être, en effet, une monstruosité
pour lui. Non, il n'a rien caché. Ce qu'il a voulu, ce qu'il a fait, il l'a dit,
il l'a dit hautement au Directeur général, à l'ambassadeur. Il a demandé
à l'un, à l'autre une position non pas *officieuse*, elle lui était déjà accordée
celle-là dans le secret des communications particulières, mais *officielle*,
parce qu'alors il pouvait marcher ainsi vers le succès avec plus d'autorité
et plus de certitude.

Mais avançons toujours, car il me semble qu'à chaque pas la lumière
rayonne plus éclatante.

M. Walewski adresse immédiatement, on en convient, la lettre qu'il a reçue au ministre des affaires étrangères, M. Drouin de Lhuys. M. Drouin de Lhuys écrit, à son tour, à son collègue, le ministre de l'intérieur ; on en convient encore. J'ai cherché dans les pièces la réponse du ministre de l'intérieur à cette lettre de l'ambassadeur ; il est impossible qu'elle n'existe pas, mais je ne l'ai pas trouvée ; si elle y était, M. l'Avocat impérial me l'aurait communiquée, sans nul doute.

M. L'AVOCAT IMPÉRIAL. — Je ne l'ai pas.

Mᵉ MARIE. — Je le crois ; mais enfin elle existe quelque part : le ministre de l'intérieur a dû répondre quelque chose à son collègue des affaires étrangères ; ou donc est cette réponse ?

M. LE PRÉSIDENT. — Elle est au dossier, Mᵉ Marie.

Mᵉ MARIE. — Je ne le crois pas, monsieur le Président.

M. LE PRÉSIDENT. — Je vous demande pardon, elle porte la date du 17 janvier. Le ministre de l'intérieur répond à son collègue qu'il ne peut pas donner à M. Berryer une mission officielle.

Mᵉ MARIE. — Je ne l'avais pas aperçue au milieu de tant de pièces.

Mais enfin soit, le ministre ne veut pas donner une mission *officielle ;* toujours la même distinction entre l'*officiel* et l'*officieux.* Quoi qu'il en soit, voilà l'intention de Berryer bien attestée. Il est en Angleterre, il n'y est pas, il ne peut pas y être en qualité de Commissaire du Gouvernement surveillant les Docks ; il n'y est pas non plus pour étudier seulement la question théorique des Docks, il y est encore pour faire un appel aux notabilités anglaises, aux capitaux anglais, pour fonder en France, à l'aide de ces notabilités et de ces capitaux, une Société qui puisse vivre ; pour rendre féconde enfin la pensée de l'Empereur, sa propre pensée à lui.

Après ce premier voyage, Berryer revient en France ; il est en France le 5 janvier 1854. Il a manifesté son intention à l'ambassadeur, il l'avait manifestée au Directeur général ; il a l'espérance, l'illusion, si vous voulez, de reconstituer la Société, de substituer un être vivant à un cadavre, de demander en un mot la vie pour la pensée du règne. Que fait-il à son arrivée ? Sa première démarche n'est plus de s'adresser à l'administration, il veut aller plus haut. Il veut aller droit à l'Empereur. Il demande une audience ; mais le 5 janvier 1854, M. Mocquard lui répond :

« Le duc de Bassano, grand chambellan, est seul autorisé à soumettre les de-
» mandes d'audience à l'Empereur ; je viens de lui envoyer une note extraite de
» ta lettre, sans omission d'aucune des circonstances qui peuvent te faire obtenir
» ce que tu désires.

» Tout à toi.

» Signé : MOCQUARD. »

Vous le voyez, messieurs, dans chaque acte, dans chaque mouvement de cet homme, se manifestent le désir, la passion du succès, et ce désir il est légitime, et cette passion elle est honorable, car elle éclate au grand jour. Il veut, oui, comme l'Empereur le veut, comme l'administration le veut; que l'institution des Docks rivalise de puissance avec l'institution de l'Angleterre. Il va chez M. Mocquard, il lui laisse une note pour qu'elle soit mise sous les yeux de l'Empereur. En sortant de là, il va trouver M. de Béville, attaché, je le crois, à la maison de Sa Majesté, il lui remet également une note. M. de Béville la lui renvoie le 11 janvier 1854, en lui disant :

« 11 janvier 1854.

» Je vous renvoie, cher monsieur, la note que vous avez bien voulu me commu-
» niquer, et que j'ai lue avec le plus vif intérêt.

» Je désire bien sincèrement que les idées que vous y avez développées reçoivent
» la sanction du Gouvernement et obtiennent tout le succès qui leur est dû, et qui
» seul peut fonder d'une manière stable l'institution si importante à laquelle vous
» avez voué vos études et vos bons soins.

» Agréez, etc. »

Où donc est le mystère ? Le but de son voyage en Angleterre, il l'a dit au Directeur général, dans des conversations particulières, qu'il affirme, et l'on n'a pas protesté contre son affirmation ; il l'a dit à l'ambassadeur, et l'ambassadeur le redit au ministre de France.

De retour en France, après ses négociations commencées en Angleterre, négociations sincères déjà, et qui lui permettaient d'appuyer par des faits l'idée qu'il avait conçue, il va droit à l'Empereur. Pourquoi ? Doute-t-on du sujet qu'aurait eu l'entretien ? Ne pouvant pas obtenir d'audience, il s'adresse à M. Mocquart et à M. de Biéville. A qui encore ? Mais à tout le monde, à tout le monde : n'est-ce pas l'évidence ?

Ce n'est pas tout pourtant : le 21 janvier 1854, Berryer est de retour en Angleterre ; c'est son second voyage, il en fera quinze, dans l'espace de deux ans, il dépensera en Angleterre deux cent soixante-dix jours de son existence laborieuse et dévouée à l'intérêt des Docks. Il y est le 21 janvier, et il se met cette fois en rapport direct avec M. le Directeur général. Pourquoi ? Eh mon Dieu ! par une raison bien simple, c'est que si le Directeur général a refusé de l'accréditer *officiellement* , il l'a dans les conversations particulières accrédité *officieusement;* c'est que si officiellement M. le Directeur général ne sait pas, officieusement il sait beaucoup de choses.

Ah ! écoutez cette lettre, car là est enfin déposée en traits de feu la vérité que nous cherchons.

Suivons les dates.

Le 21 janvier 1854, M. Berryer écrit à M. le Directeur général :

« J'ai eu l'honneur de vous adresser cette lettre par l'intermédiaire de M. Orsi ;
» la réponse que j'ai l'honneur de solliciter de vous, pour m'arriver en temps
» utile, devrait me parvenir, au plus tard, mardi matin, 24 courant.

» Les négociations qui ont été entamées sur mes indications par les concession-
» naires des Docks seraient, je crois, définitives et aboutiraient utilement, si une
» des clauses réclamées par MM. Cusin et Legendre pouvait recevoir une modifi-
» cation.

» Ces Messieurs ont mis dans leur note à M. Fox que les versements d'actions
» souscrites par lui et ses coassociés devaient avoir lieu quinze jours ou trois se-
» maines au plus après le jour de la souscription.

» Les difficultés financières actuelles, la dépréciation des actions des Docks, font
» penser à M. Fox que ce délai paralyserait, par sa brièveté, les moyens qu'ils ont
» de rendre toute la vitalité à cette affaire.

» J'ai l'honneur de vous prier de vouloir bien me faire connaître, par une note
» écrite avant le départ du courrier de lundi soir, ou par une dépêche télégra-
» phique dont je tiendrai, au besoin, compte à l'administration, si je puis assurer
» à M. Fox que le Gouvernement leur assigne une époque plus éloignée. »

Le 23 janvier, M. Berryer reçoit effectivement une réponse; mais elle
est de M. Orsi. On l'a déjà lue, j'en cite quelques passages curieux :

« J'ai reçu votre lettre du 21 courant et j'ai remis à M. Heurtier (le Directeur
» général) celle qui lui était destinée.

» Quelque officieuses que puissent être vos lettres à M. le Directeur général, les-
» quelles sont relatives à l'organisation des Docks, il n'en est pas moins vrai que
» par suite du caractère dont vous êtes investi, elles empruntent une nuance offi-
» cielle qui n'est pas sans danger. M. Heurtier m'a fait sentir les inconvénients de
» cette double position... Il serait donc préférable que vos lettres au sujet des
» Docks, en tant que cela regarde le côté financier, fussent directement adressées à
» MM. les concessionnaires ou à moi, selon vos convenances.

» Après une assez longue entrevue avec M. Heurtier, il en est ressorti *l'impossi-
» bilité* pour l'administration de vous écrire une lettre dans le but de donner à
» sir Ch. Fox un délai quelconque pour le versement des actions. Cette concession
» ne peut être que verbale; en effet, l'administration *est censée ignorer* que les
» actions ne sont pas versées. Un acte passé par-devant notaires constate que
» MM. Cusin et Legendre ont souscrit toutes les actions. La position de ces derniers
» est nettement définie. L'administration ne reconnaît d'autre souscripteurs que
» ceux qui se sont déjà engagés. En accordant officiellement à M. Fox un délai quel-
» conque, l'administration viendrait à reconnaître que le capital qu'on lui présente
» comme souscrit ne l'est pas.....

» Du reste, M. Heurtier est prêt à donner, à cet égard, à M. Fox toutes les
» satisfactions qu'il peut désirer. »

Eh bien ! le Directeur général sait-il, cette fois, que Berryer est en
Angleterre? sait-il, oui ou non, qu'il s'occupe *officieusement*, sinon *officiellement*, de la négociation anglaise ? Ah ! oui, je vois bien se produire
dans cette correspondance étrange la fameuse théorie, l'officieux et
l'officiel. Je vois bien que l'administration est censée ignorer que le
nombre des actions souscrites n'est pas vrai, et que la Société a été illégalement constituée sur ce mensonge, que l'on qualifie aujourd'hui d'escroquerie ; je vois bien qu'elle est censée ne pas savoir que le montant des
actions n'a point été versé ; je vois bien aussi qu'elle veut être censée

ignorer les relations de M. Berryer avec Ch. Fox, en Angleterre, dans l'intérêt des Docks ; mais je dis qu'au milieu des grands intérêts qui s'agitent ici, en face d'honneurs menacés, vivement attaqués, cette ignorance officielle est intolérable ! J'accorde, messieurs, que lors de la confrontation qui a eu lieu à votre audience, entre M. Heurtier et M. Berryer, M. Berryer s'est défendu avec passion, trop de passion peut-être, plus de calme convenait sans doute à sa position, et pourtant, je l'avoue, quand j'ai entendu M. Heurtier nier les affirmations de M. Berryer, ah ! les mains pleines de preuves, j'ai été étonné, j'avais au moins le droit de l'être !

M. Berryer n'avait pas beaucoup goûté les conseils de M. Orsi ; il écrit encore le 30 janvier, mais toujours au Directeur général, et lui donne avis que la négociation qu'il avait engagée, suivie en Angleterre, est arrivée à bonnes fins.

« Les bases d'un traité ont été arrêtées entre les concessionnaires des Docks et » sir Ch. Fox.
» Fox a envoyé à Paris son représentant pour y faire rédiger les actes officiels » de son entrée dans l'affaire. »

Est-ce assez? Ai-je besoin de résumer tous ces détails? N'est-il pas désormais évident qu'il y a eu non-seulement mission donnée, mais que cette mission comprenait tout à la fois, et des études théoriques et pratiques, et aussi des travaux, des efforts plus importants pour l'avenir des Docks, je veux dire ces négociations financières, qui n'avaient pas pu réussir en France, et qui ont réussi en Angleterre ? Qu'il ait été, en cela, accrédité officiellement ou officieusement, que m'importe ! c'est pour cela qu'il quitte la France : sa qualité de Commissaire du Gouvernement près des Docks, il l'a abdiquée de fait le jour où il est sorti de Paris ; à dater de ce jour, il a pris la seule qualité qui pût désormais lui appartenir, celle d'un agent actif chargé de négocier, au vu et au su de l'administration, dans l'intérêt des concessionnaires des Docks, avec les notabilités anglaises. Voilà la réalité! voilà la vérité!

Comme agent de négociations financières, M. Berryer a-t-il dû voyager à ses frais, aux frais de sa fortune personnelle? Nous verrons cela. Je n'oublie pas cette grave question, mais je la traiterai plus tard; le bon sens dit d'abord que je n'ai pas à la redouter, la discussion fera le reste.

Maintenant, chargé de cette mission nouvelle, profondément distincte de la première, quels devoirs Arthur Berryer avait-il à remplir? Celui de surveiller encore les Docks? de suivre les concessionnaires à travers leurs projets, leurs opérations industrielles ou financières et dans les détails minutieux d'une comptabilité insaisissable, si l'on en croit l'expert judiciaire lui-même? Cela n'est pas sérieux. Comment aurait-il pu savoir en Angleterre ce qui

se passait en France ? Non ! de même qu'il avait une qualité nouvelle, de
même il avait des devoirs nouveaux à remplir : ces devoirs, c'étaient
des études à faire, des négociations à suivre; or, je ne connais personne
qui ait pris plus au sérieux que lui l'accomplissement de ces devoirs.
Il ne savait pas ou savait peu l'anglais, c'était un obstacle; cet obstacle, il
le brise avec résolution, en peu de temps il se familiarise avec la langue
anglaise, pour la parler et se mettre ainsi en rapports directs avec les
notabilités industrielles ou financières qu'il devra aborder et convaincre.
On a beaucoup parlé dans ce procès de l'argent dépensé : oui, pour un tel
voyage entrepris dans un tel intérêt, Berryer a eu besoin de se préparer
des ressources pécuniaires importantes, et pour cela, il a fait d'abord
appel à sa fortune personnelle, à la fortune de sa femme. Il avait reçu par
son contrat de mariage, en septembre 1852, une dot immobilière importante et 50,000 francs en argent. Le 17 mars 1852, il avait touché, j'en ai
la preuve dans mon dossier, une somme de 15,000 fr. Tous ces capitaux
appartenaient à sa femme. Que voulez-vous ? C'est une femme aimante,
dévouée ; elle voyait son mari entrer avec courage dans la vie sérieuse.
C'était pour elle, pour sa famille, une grande joie, une grande espérance,
et elle ne voulait pas reculer, elle n'a pas reculé devant les sacrifices, et
ces sacrifices ont pourvu aux premières dépenses, avec d'autres ressources
étrangères dont j'aurai, je le répète, à expliquer, dont j'expliquerai la
légitimité.

Ces dépenses ont été considérables, j'en conviens. Un mot là-dessus.

J'ai dit que Berryer y avait fait quinze voyages, je n'en retranche pas un
seul. J'ai dit qu'il y avait dépensé deux cent soixante-dix jours de son
existence dans l'espace de deux années, je ne retranche pas un jour de mon
calcul. Deux cent soixante-dix jours en Angleterre, cela pèse sur le budget d'un simple voyageur, et Berryer n'est pas un simple voyageur, il
veut étudier les Docks, il veut les étudier de près ; il a des lettres qui
l'accréditent auprès des grandes notabilités commerciales et financières.
A la faveur de ces lettres, il est bien reçu de l'ambassadeur ; grâce à ces
hauts patronages, il pénètre partout, dans les Docks, dans les douanes,
dans tous les établissements publics ou privés qui s'étalent avec tant
d'éclat sur le sol de l'Angleterre, et il n'y entre pas en curieux ininteli-
gent et désœuvré qui se contente d'une vue de surface ; non, de puissantes
recommandations lui ont ouvert les portes, il les franchit. Ce qu'il veut
étudier, ce n'est pas ce que tout le monde sait, c'est ce que tout le monde
ignore, c'est ce qui est prudemment et constamment caché aux regards
indiscrets et infidèles, c'est le secret de cette grande institution des Docks,
qui, depuis tant d'années déjà, et après tant de nobles, tant de persévérants efforts, produit en Angleterre des résultats si admirables et si admi-
rés. Mais on ne pénètre pas ainsi dans un sanctuaire fermé à tous sans
qu'il en coûte. En Angleterre surtout, les complaisances se paient et toute

éducation coûte fort cher. Je ne suis pas partisan, moi, des dépenses folles, pas le moins du monde ; mais je suis partisan des dépenses utiles, et quand elles ont ce caractère et qu'elles doivent d'ailleurs conduire à un grand résultat, fussent-elles excessives, luxueuses même, je les approuve. C'est un rêve insensé de croire que, dans un grand pays, on s'initiera aux secrets d'une puissante institution en calculant à chaque seconde avec sa bourse. Un homme qui voudrait vivre ainsi, en Angleterre surtout, ne pénétrerait nulle part, ne serait reçu chez personne. Constamment en relation avec des personnages haut placés par leur position sociale, par leur fortune, je ne dis pas que Berryer dût rivaliser avec eux de luxe et d'éclat, mais je dis qu'il ne pouvait pas, dans un tel milieu, vivre d'une vie économe et réglée comme un simple particulier qui n'a rien à demander à personne, et n'est pas forcé de fréquenter, même accidentellement, les grands seigneurs de l'aristocratie, de l'industrie ou de la finance.

Voilà mon système à moi, et je ne suis pas, encore une fois, partisan des dépenses folles.

Et puis, il faut être juste, messieurs. Berryer a dépensé de l'argent, il en a dépensé beaucoup ; mais n'a-t-il donc rien fait ? n'a-t-il acquis aucune richesse en échange des sommes qu'il a dépensées ? J'ai voulu vous apporter ici un échantillon de ses travaux qu'on appelle théoriques et qui sont devenus dans ses mains des documents pratiques précieux. Ces deux liasses (l'orateur soulève avec peine deux énormes liasses de documents recueillis par son client), ces deux liasses qui sont sous vos yeux et que je n'ouvrirai pas, mais que vous consulterez, ce sont des collections étudiées, dans lesquelles vous trouverez tous les renseignements qui peuvent intéresser les Docks et les douanes. Voilà ce que cet homme a recueilli à force de patience, de travail, de persévérance et d'argent. Que voulez-vous ? il fallait bien associer l'argent aux travaux et à l'intelligence. Si grand que soit l'esprit, s'élevât-il même jusqu'au génie, en industrie il ne peut rien seul ; l'argent est pour lui la condition du succès. Est-ce que les preuves de ce fait ne sortent pas éclatantes de toutes parts dans le monde industriel qui s'agite autour de nous ?

Voilà ce qu'a fait Berryer, ce qu'il a fait au point de vue théorique ou plutôt pratique, voilà ses travaux, ses recherches, les trésors amassés ; voilà comment il a passé son temps. Trésors amassés, non pour lui, car il voulait travailler, il travaillait pour le compte d'une institution qu'il voulait voir prospérer en France comme elle prospère en Angleterre. A cet égard, je ne me suis pas contenté d'une simple affirmation, je parle preuves en main. Je n'ai pas vu les travaux de M. Duchêne de Vère, il en a sans doute ; mais voici les travaux de Berryer, et je conclus de ces preuves matérielles qu'il a bien compris la mission nouvelle qu'il avait demandée et qui lui avait été donnée, et qu'il l'a bien exécutée. Suivons-le maintenant dans le milieu des négociations financières qui, je l'ai démontré, faisaient aussi partie de sa mission. Est-ce que là il s'est montré insouciant, négligent? est-ce que ses travaux ont été stériles? Grâce à la protection de l'ambassadeur, grâce aussi à celle des grands industriels auprès desquels l'éclat de son nom, il faut bien le dire, donnait certainement autant et plus de crédit que les lettres du Directeur général, il est arrivé à la conclusion de cette affaire considérable qui se place sous le nom de traité Fox et Henderson, traité qui pouvait, qui devait sauver l'entreprise des Docks en France.

Je le déclare, il y a dans le procès une chose qui m'a singulièrement étonné, c'est l'oubli qu'on fait sans cesse des temps, des circonstances et des époques. On raisonne aujourd'hui en face d'une entreprise écroulée après vingt tentatives infructueuses pour la constituer sur des bases solides, on raisonne, dis-je, en face de ces ruines comme si elles avaient toujours existé, et l'on se montre très sévère envers ces hommes dont on a partagé les espérances, encouragé les efforts; on parle aussi du traité Fox et Henderson avec un dédain qui voudrait faire croire que ce traité n'a jamais été sérieux.

Remontez les temps, jugez les hommes dans le milieu où ils ont été placés, c'est bien; mais les juger selon le succès ou la ruine, cela ne saurait être.

A l'époque où se place le traité Fox et Henderson, la maison Fox et Henderson était une maison importante, puissante, dont le crédit était considérable; les hommes qui la dirigeaient avaient l'estime de tous. Ils l'avaient conquise par de magnifiques travaux, parmi lesquels l'Angleterre cite avec orgueil son Palais de cristal, l'une des merveilles du monde.

Ainsi Berryer ne s'attaquait pas à des impuissances, il n'allait pas quêtant, sur le sol de l'Angleterre, je ne sais quelles capacités industrielles douteuses, acheter ces capacités pour les introduire en France, et redonner ainsi et frauduleusement, à l'aide d'un crédit factice, à l'entreprise des Docks, la vitalité qui lui manquait. Non, il visait haut, et j'ajoute qu'il visait bien, puisqu'en effet, grâce à ses efforts, et aussi au crédit officieux au moins que lui donnaient les hommes de son Gouvernement, il introduisait dans les Docks deux grandes intelligences anglaises.

N'y avait-il donc pas là un service éminent rendu à l'institution française? Pourquoi le nier aujourd'hui?

Au reste, si le traité avait été de fait négocié par M. Berryer, il ne se faisait point en son nom; il n'avait pas qualité pour agir ainsi, et pour rien au monde il n'aurait voulu prendre cette qualité. Il n'était dans tout ceci qu'un simple porteur de paroles, un simple intermédiaire entre Cusin et ces messieurs, mais un intermédiaire actif, dévoué, intelligent, persévérant.

Les bases posées, en effet, et quand il s'est agi de discuter les conditions du traité, MM. Fox et Henderson se sont donné la peine de venir en

France. Alors seulement le traité a été formulé, rédigé par Fox et les concessionnaires. Berryer y est resté complétement étranger; bien mieux! il
était encore en Angleterre pendant qu'on traitait à Paris. Le traité fut
signé le mercredi 15 février 1854, et Berryer en reçut la nouvelle par
dépêche télégraphique d'abord; puis, plus tard, par une lettre d'un
M. Wilson, qui lui adressa, à ce sujet, une lettre importante que vous ne
connaissez pas encore, mais qu'il faut que vous connaissiez, car elle jette,
selon moi, une grande clarté sur cette partie du débat.

« Paris, 14 février 1854.

» Cher Monsieur,

» Je ne vous ai pas écrit hier parce qu'il n'y a eu que des discussions entre
» nous, c'est-à-dire entre Fox, moi, Stokes, d'une part, et les concessionnaires, de
» l'autre. Mais, à la fin, nous sommes tombés d'accord sur les bases de la conven-
» tion qui doit se faire, pourvu, toutefois, qu'on puisse se satisfaire, que le Gou-
» vernement ne s'oppose pas à admettre la souscription des actions par Fox de la
» manière que vous savez.
» Sir Ch. Fox avait sollicité une entrevue avec un certain personnage haut
» placé; mais Sa Majesté, ne pouvant pas le recevoir immédiatement, l'a référé
» au ministre des travaux publics, M. Magne. Ce dernier a mis un empressement
» très gracieux à lui accorder une entrevue sur-le-champ; et ce matin, à neuf
» heures, sir Ch. Fox et M. Stokes se sont rendus dans son cabinet et lui ont expli-
» qué les conditions sous lesquelles sir Charles était prêt à entrer dans l'affaire et à
» compléter les travaux en question. Le ministre s'est montré parfaitement satisfait
» sur tous les points. . . . .
» . . . .
» Je crois que nous pouvons nous féliciter mutuellement sur l'heureuse réussite
» de cette négociation, qui est arrivée à son développement, il faut le dire, grâce
» à l'intelligence et à l'énergie de l'envoyé impérial, d'un côté, et à l'influence
» qu'a pu avoir auprès de Ch. Fox votre très humble serviteur. »

Ainsi, vous le voyez, messieurs, sous le rapport des négociations financières, qui seules pouvaient, encore une fois, relever l'entreprise des Docks,
comme sous le rapport des études théoriques, qui seules pouvaient concourir à la développer et à l'affermir en France, la mission confiée à Arthur
Berryer a été parfaitement accomplie. Il n'y a rien de mystérieux dans
tout cela. Tout s'est fait, au contraire, au grand soleil, et je m'étonnerais
fort que dans les entretiens avec le ministre dont parle M. Wilson, le nom
de l'envoyé impérial n'ait pas même été prononcé.

Mais ici s'élève une grande objection, et l'accusation présume que cette
objection va jeter un grand trouble dans vos esprits; une grande inquiétude au sein de la défense. Oui, oui, dit-on, le traité Fox et Henderson a
été sollicité, préparé, mené à bonnes fins par Berryer, mais ce traité est
frauduleux pour les actionnaires; et cette fraude le négociateur s'est bien
gardé de la signaler au ministre: si le ministre l'eût connue, certainement
il n'aurait pas approuvé le traité. Le tribunal comprend qu'il s'agit ici de

cette fameuse clause qui mettait aux mains, non de Berryer, on ne l'articule pas même, mais des concessionnaires, qui seuls, seuls entendez-le bien, en auraient profité, une valeur de 1 million 800,000 francs en actions.

Des explications vous ont déjà été données sur la nature et la portée de cette clause, sur l'intérêt qui l'avait dictée. Je n'y reviendrai pas par deux raisons : d'abord parce que je ne pourrais que redire ce qui déjà a été dit, et ensuite parce que, quel que soit le caractère de la clause incriminée, elle n'en est pas moins, elle n'en doit pas moins rester étrangère à Arthur Berryer. En admettant qu'elle dût profiter aux concessionnaires, par exemple, certainement elle ne pouvait, elle ne devrait en rien profiter à Berryer. Lorsqu'on a signé en France le traité négocié à Londres (je parle du premier traité que, dans le système de la prévention, on appelle le traité ostensible), Berryer absent n'y a pas figuré, il n'avait aucune qualité pour y figurer. Quand plus tard on a rédigé un traité secret, il n'y a pas plus figuré que dans le traité ostensible. Jetez un regard sur les traités signés, sur aucun d'eux vous ne trouverez la signature de Berryer. Ces faits sont incontestables, incontestés.

Voilà la vérité matérielle.

Voulez-vous mieux encore ? écoutez !

Quelques difficultés de détail s'élèvent. Voici, à ce sujet, dans quel style écrit Berryer à M. Cusin, le 8 février :

« MM. Fox et Henderson m'ont fait part des conditions auxquelles ils vont entrer ;
» mais, comme je n'ai à entrer *pour rien* dans un semblable règlement, je lui ai
» dit, etc. »

C'est l'expert judiciaire qui donne la copie de cette lettre. Elle a donc été saisie dans les papiers de M. Cusin. Tant mieux ! car elle va si bien à la défense, qu'on la dirait faite pour elle : grâce à la saisie, elle échappe à ce soupçon.

Ainsi, il ne veut pas se mêler des clauses du traité, il ne veut entrer pour rien dans le règlement des conditions, il n'a pas intérêt à y entrer.

Ce n'est pas tout encore, à la date du 25 avril 1854, il écrit une nouvelle lettre :

« Je ne puis en rien intervenir... dans les pourparlers qui doivent hâter la réali-
» sation des actes passés avec MM. Fox, Henderson et Compagnie ; ce sont des actes
» que les seuls concessionnaires peuvent faire et auxquels je *dois* et *veux* rester
» étranger. »

Ah ! voilà certes encore une lettre qui n'est pas écrite pour la cause ! elle est dans le dossier du ministère public ; c'est là que je l'ai trouvée et copiée. A moins de supposer qu'il ait été joué entre l'auteur et le complice une de ces comédies impossibles et que l'on aurait peine à comprendre, il faut bien convenir que Berryer, une fois les négociations arrivées à leur terme, a voulu rester étranger et est resté étranger aux traités qui devaient les formuler et les régler. Il le dit avec raison et avec convenance : « Ce sont des actes que les concessionnaires seuls doivent faire, et auxquels je dois » rester étranger. »

Voilà son attitude, sa résolution vis-à-vis de qui ? Vis-à-vis de celui dont il serait, dit-on, le complice. Comment c'est là son langage en face de Cusin qui, lui, recevrait, grâce à l'intervention, aux soins, aux stipulations de Berryer, une valeur en actions de 1 million 800,000 francs ! Mais je ne comprends pas, je ne peux plus comprendre ce désintéressement étrange. Comment ! Berryer a préparé, accompli une fraude qui va placer dans la main des concessionnaires 1 million 800,000 francs ; et il ne stipulera pas, et il ne prendra pas sa part ; il a bien voulu participer au délit, et il rejettera loin de lui les fruits de ce délit, il voudra y rester étranger !

Oui, oui, même dans le système de la prévention, il en sera ainsi : Berryer ne demandera rien, ne recevra rien. J'ai bien suivi, bien écouté ces longs débats ; eh bien ! je puis l'affirmer et je l'affirme, pas une articulation, pas même une insinuation ne s'est produite qui ait tendu à faire croire que Berryer ait pris une part quelconque au traité Fox et Henderson, et aux avantages que ce traité secret pouvait donner.

Pas un mot n'a été prononcé qui ait pu infirmer le langage de Berryer dans ses lettres, ses déclarations si nettes. Il ne demande rien, il ne veut rien. Faites ce que vous voudrez : un traité ostensible, un traité secret ; enveloppez-vous de mystères, restez au grand soleil, tout cela m'est indifférent ; je n'ai rien à voir dans vos accords, je ne veux rien y voir. » Et c'est là un complice ! et c'est contre un tel complice qu'une condamnation est demandée !

Une condamnation ! Oui, et même une condamnation aussi forte, plus forte même, si l'on en croit le réquisitoire du Ministère public, que celle qui est demandée contre les hommes qui auraient consommé la fraude et en auraient profité. Allons donc ! c'est faire injure à l'esprit et à la conscience des juges éclairés qui nous entendent.

Cependant le Ministère public insiste encore. Que Berryer ait été étranger ou non à la rédaction du traité secret et aux avantages qu'il devait procurer, toujours est-il qu'il a été l'intermédiaire entre les concessionnaires et Fox pour faire accepter par ceux-ci la clause des 1 million 800,000 fr. S'il n'a pas consommé la fraude, il l'a préparée ; et, pour appuyer cette accusation, on cite une lettre de Berryer en date du 4 février.

Dirai-je quelques mots de cette lettre ? Ne suffit-il pas de la lire et d'en peser les termes pour comprendre que le rôle de Berryer n'a été, dans tout cela, que le rôle imprudent, mais effacé, d'un porteur de paroles, d'un intermédiaire désintéressé, et dès lors très indifférent, répétant comme un écho plus fidèle ici qu'intelligent et ce qu'on lui a dit, et la leçon qu'on lui a faite. La version que vous allez trouver dans sa lettre, c'est la version qu'Orsi lui a donnée et qu'il va transmettre sans y rien changer; les raisons qu'il donnera à l'appui de cette version, ce sont les raisons que l'honorable avocat qui plaidait avant moi vous donnait lui-même dans l'intérêt d'Orsi, et dont il vous démontrait la convenance et la légitimité industrielles.

Ce que je dis là est-il vrai? Voyons la lettre. Vous la connaissez dans son ensemble, je la prends dans ses détails. C'est l'unique lien par lequel la prévention rattache Berryer au fait Fox et Henderson. Voyons donc de près quelle est la force de ce lien.

Cette lettre, du 4 février, est adressée à M. Cusin.

Elle commence ainsi :

« Je viens d'avoir une conversation sur le fond de la pensée de sir Ch. Fox ; il
» veut faire l'affaire, il n'attend que l'avis du retour de M. Stokes pour partir pour
» Paris. »

En effet, Stokes est à Paris, car c'est dans cette ville que doivent se traiter et se traitent les questions de détail.

« La lecture de M. Orsi l'a vivement frappé et impressionné en bien, il est donc
» très bien disposé. »

Ainsi M. Berryer suit, il est vrai, à Londres, les négociations françaises; mais, dès l'origine, des rapports directs s'engagent et s'entretiennent entre les concessionnaires et sir Ch. Fox. M. Orsi, notamment, traite directement avec lui.

Puis écoutez ceci, messieurs :

« Il était donc très bien disposé.
» Une seule chose heurte son esprit. Il ne veut, à aucun compte, faire une re-
» mise sur les travaux aux concessionnaires, sans que cette remise soit constatée
» ouvertement. »

Cette proposition d'une remise à faire aux concessionnaires, remise qui heurte l'esprit de Fox, vient-elle donc de Berryer? Comment, pourquoi l'aurait-il imaginée? Non, elle vient de Paris directement : la lettre le démontre d'une façon énergique.

Maintenant que va faire Berryer?

Suivons encore :

« Pour qu'il ne reste pas dans son esprit une impression fâcheuse à cet égard,
» je lui ai fait dire qu'à ma connaissance (ce que Commissaire du Gouverne-
» ment j'avais pu constater) les concessionnaires avaient pu sauver l'affaire en

» faisant des sacrifices qui se montaient, à leur préjudice, à 6 ou 700,000 francs, et
» qu'ils rentrassent dans ces avances, et eussent, en outre, un bénéfice sur la ces-
» sion de leur propriété. Ceci a paru frappe*, je saurai ce soir positivement l'im-
» pression que cela a laissée. »

La lettre s'arrête là, et c'est dans cette dernière phrase que se concentrent tous les efforts de l'accusation.

Voyez, dit-on, Berryer, pour donner de l'autorité à ses paroles, parle
en qualité de Commissaire du gouvernement. Première erreur : la paren-
thèse de la lettre manifeste une réflexion de l'écrivain lui-même. Elle ne
dit pas qu'il ait parlé à Fox ou à d'autres en cette qualité de Commissaire.
D'ailleurs, il n'est pas ici en rapport direct avec Fox seulement : « il lui a
fait dire. »

Mais, ajoute-t-on, les raisons qu'il donne pour déterminer Fox sont
frauduleuses?

La version que Berryer met en avant pour expliquer la clause, c'est la
version qui lui a été donnée par les concessionnaires ; c'est la version
qu'à cette audience même M. Carteret, l'un des témoins, expliquait et
justifiait au point de vue industriel. Berryer ne l'avait point inventée, et
il pouvait apparemment, sans délit, l'apprécier comme l'ont appréciée et
M. Carteret et M. Stokes.

Au reste, permettez-moi d'insister à cet égard : est-ce que Berryer est
allé discuter avec Fox? est-ce qu'il a essayé, en tête à tête avec lui et
invoquant sa qualité de Commissaire du gouvernement, de faire taire ses
scrupules, s'il en a? Eh! que lui importe, à lui? toute son ambition est
d'amener dans les Docks, qui se meurent, un parti anglais qui les
ressuscite. Quant aux avantages à recueillir, il y sera complétement
étranger, il veut y rester complétement étranger. Voilà, messieurs, la participation, toute la participation que M. Berryer a prise à la clause incriminée. M. Orsi a directement proposé cette clause. M. Berryer a non pas
dit lui-même à Fox, mais lui a fait dire les raisons qui pouvaient la mo-
tiver et la justifier. Ces raisons, il ne les a pas puisées en lui-même, il les
a reçues des concessionnaires. Seulement il les a appuyées parce qu'il
lui a paru juste de le faire. S'il s'est trompé, il s'est trompé avec des personnes fort capables, et dont la conduite ou le langage n'ont pas été, que
je sache, incriminés.

Plus tard, la clause est passée dans des traités écrits. Ici M. Berryer
disparaît complétement : on en convient.

Je pourrais m'arrêter là, ma preuve est faite, et M. Berryer tient par un
si petit côté à la fraude reprochée aux concessionnaires, qu'en vérité, s'il
y a délit, on ne comprend pas comment il pourrait y être associé.

Mais enfin ces traités, dont on fait tant de bruit, ont-ils donc été aussi
secrets qu'on le dit ?

25

Précisons bien les dates : le traité secret passé entre Fox et les concessionnaires seuls, tout à fait en dehors, à l'insu même de Berryer, le traité secret, dis-je, n'a été signé qu'en juillet 1854...

M. LE PRÉSIDENT. — C'est en février.

Me MARIE. — En février le traité ostensible, mais non le traité secret.

M. L'AVOCAT IMPÉRIAL. — Le 14 février, on promet bien les 1 million 800,000 francs, mais Fox et Henderson ne signent, en effet, que le 24 juillet.

Me MARIE. — Ainsi c'est bien le 24 juillet que le contrat secret a été signé. Quinze jours environ s'écoulent, et le 12 août 1854, un bilan est adressé, par M. Cusin au ministre, bilan dans lequel on fait figurer, en tête et par détail, précisément cette valeur de 1,800,000 francs, résultat chiffré du fameux traité secret Fox et Henderson !

Si le mystère a existé jusque-là, il a été bien vite dissipé, et chose remarquable, c'est Cusin lui-même qui a jeté la lumière là où il aurait dû, au contraire, épaissir les ténèbres !

En résumé donc, messieurs, la lettre du 4 février, si formidable dans les sévérités du ministère public, vue de près, interrogée avec calme, ne démontre rien, si ce n'est une inconvenance ou un laisser-aller imprudent et inintelligent ; il n'y a rien de plus, et il reste acquis au débat que Berryer a voulu rester étranger et est resté étranger au traité Fox. Sa conduite, ses lettres sont en harmonie.

Et maintenant, résumant cette seconde série de faits, qui comprend le voyage de Berryer en Angleterre, je dis qu'il est désormais bien prouvé que quand Berryer est allé en Angleterre, il y est allé avec une mission tout à fait étrangère à celle qu'il avait en France ; que sa qualité de Commissaire du Gouvernement s'est complétement effacée, pour faire place à une autre, qui est celle d'agent actif, ayant mission de faire des études spéciales sur les Docks, mais aussi d'engager des négociations anglaises, à l'aide desquelles on pût donner le mouvement et la vie à cette entreprise française, qui n'avait plus ni vie ni mouvement. Avec sa qualité changée, changent aussi, ou du moins se modifient ses droits et ses devoirs. Et il est fidèle à ses nouveaux devoirs, comme durant son séjour en France il a été fidèle à ses devoirs de Commissaire surveillant.

Retenez bien ceci, messieurs, je vous en supplie, car cette distinction si profonde entre les situations occupées par Berryer en France et en Angleterre, je l'invoquerai, et elle sera pour moi la lumière, quand j'aurai à apprécier les remises d'argent qu'on lui reproche.

Qu'il me soit permis de dire seulement que si au sein de sa mission anglaise se place un traité suspect, du moins Berryer, aux yeux intéressés de la prévention, est pur de toute participation aux avantages qu'il a pu produire, et je m'empresse d'ajouter d'ailleurs qu'il n'en a produit aucun pour personne.

Continuons les faits.

Après ses études faites, et le traité Fox convenu, quelques jours après ce traité, Berryer rentre en France, et alors, j'en conviens, de nouveaux rapports s'établissent entre lui et les Docks ; sa qualité de Commissaire revit un moment, et alors aussi renaissent, à ce sujet, de nouveaux rapports entre l'administration et lui. Ici se placent de nouvelles correspondances administratives, que je veux examiner; car j'y trouve, moi, la preuve de la fidélité constante de Berryer dans toutes ses relations.

Mais pour l'enchaînement logique des idées, remontons un peu les temps.

Vous vous rappelez, messieurs, la lettre qu'avait écrite Berryer au mois de septembre de l'année précédente, 1853 ; vous vous rappelez, et ceci est bien précieux, que par cette lettre, adressée au Directeur général, il informait l'administration que 4,191,000 francs qui devaient se trouver en caisse, en fait ne s'y trouvaient pas ; et il précisait le système de comptabilité qu'à ce sujet les concessionnaires avaient mis en avant pour expliquer cette absence. Vous vous rappelez la réponse du Directeur général, ses condescendances envers les concessionnaires, et les conseils timides qu'il leur avait alors donnés, sans d'ailleurs discuter leurs théories, d'employer de préférence le capital de 4,191,000 francs en valeurs facilement négociables.

Depuis ce temps, bien des mois s'étaient écoulés pendant lesquels l'administration, bien avertie cependant, ne paraît pas s'être préoccupée beaucoup du sort des 4,491,000 francs, dont l'absence avait préoccupé le Commissaire.

Mais voici qu'en avril des plaintes d'actionnaires viennent assiéger l'administration. On s'inquiète sur sa responsabilité. L'intervention de l'autorité par elle-même et par son Commissaire donnerait, dit-on, une base sérieuse à cette responsabilité.

C'est sous l'impression de ces menaces que le Directeur général écrit à Berryer, le 22 avril 1854 :

« Plusieurs actionnaires de l'entreprise des Docks m'informent que s'étant
» transportés au siége de la Société pour demander des renseignements sur la situa-
» tion actuelle de l'entreprise, les concessionnaires, MM. Cusin et Duchêne de
» Vère, leur ont répondu que, dans l'état actuel, ils n'avaient aucune communi-
» cation à faire... Je ne saurais admettre que MM. Cusin et Duchêne de Vère vou-
» lussent en quelque sorte faire retomber sur l'administration, et par cela seul
» qu'elle a chargé un Commissaire de surveiller leurs opérations, *la responsabilité*
» d'une entreprise qui n'a pas revêtu la seule forme qui permette *une surveillance*
» *effective.* »

Vous l'entendez, messieurs, le Directeur général écrit, le 22 avril 1854, que la surveillance, dans les conditions où elle est organisée, ne peut pas être effective. Elle est si peu effective, qu'on ne pourrait, dans le sentiment de l'administration, en faire découler même une responsabilité d'argent. Si le surveillant se trompe dans ses recherches, dans ses constatations, dans ses résultats, il ne pourra donc pas être inquiété, même dans sa fortune. Cela est juste ; le Directeur général a raison.

Et voilà pourtant que nous entendons ici, dans cette enceinte, revendiquer contre un Commissaire du Gouvernement, sans droit légal, sans autorité effective, non pas une responsabilité civile, mais une responsabilité correctionnelle ! non pas son argent ; son honneur, sa vie ! L'administration pourrait échapper à toute action civile intentée, et lui, qui n'avait pas après tout l'autorité de l'administration supérieure, qui bien moins qu'elle peut surveiller efficacement, si sa surveillance n'a pas été effective, s'il y a eu erreur, négligence, faute, tant pis pour lui ! il en subira la peine ! il sera puni correctionnellement pour n'avoir pas fait ce qu'il était impossible de faire ! ainsi le veut le Ministère public. Je ne puis pas comprendre de pareilles contradictions.

Je ne les comprendrais que dans un cas : si, par exemple, dans les rapports du ministre et du Commissaire, il y avait eu tromperie intentionnelle évidente, palpable, et qu'une surveillance nécessairement inefficace ne pourrait pas expliquer. Cela existe-t-il ?

Oui, dit le Ministère public, et j'en trouve la preuve dans une lettre écrite par Berryer au Directeur général, le 29 mai 1854.

Ah ! de grand cœur, je vous suis sur ce terrain. Mais point de confusion, je vous en prie, ni dans les faits, ni dans les dates.

Je parlais tout à l'heure de la lettre écrite par Berryer au Directeur général en septembre 1853. Je disais les révélations de cette lettre sur les 4 millions 191,000 fr. non employés, et j'ajoutais que de septembre 1853 à mai 1854, l'administration ne paraissait pas s'être préoccupée de ce fait. Le Commissaire avait averti, qu'avait-il à faire de plus ? Rien.

Mais j'en conviens, le 22 avril 1854, l'administration, dont la responsabilité est menacée, s'inquiète, et elle demande à Berryer de nouveaux renseignements.

M. l'Avocat impérial a fait un crime à Berryer de ce qu'il avait répondu moins promptement que d'habitude au ministre. La raison de ce retard est bien simple. Berryer, le 22 avril, était en Angleterre ; il ne reçut donc pas immédiatement la lettre du ministre. De là le retard. Mais il est de retour en France le 28 mai, et alors il écrit au ministre cette réponse du 29 mai, objet des vives attaques de M. l'Avocat impérial.

Veuillez bien d'abord en peser les termes ; veuillez aussi, messieurs, en les pesant, vous rappeler cette circonstance que, dès septembre 1853, Berryer avait révélé à l'administration, sur la situation financière des Docks, tout ce qu'il avait à révéler ; que depuis ce moment il avait été presque toujours absent de France et avait abandonné de fait la surveillance des Docks.

Or, il arrive d'Angleterre le 28 mai, il trouve les lettres du Directeur lui demandant les renseignements; le lendemain, avec une précipitation qu'on peut lui reprocher, il répond :

« Autant qu'on le peut, dans la position plus officieuse qu'officielle que j'ai au-
» près de la Société des Docks, je suis parvenu à m'assurer que ce solde n'a reçu
» d'emploi que dans des conditions qui, avant tout, présentent la plus entière
» sécurité.

» Ce sont principalement des placements hypothécaires qui ont été faits, et ces
» placements sont en premier rang sur des immeubles d'une valeur de beaucoup
» supérieure à leurs chiffres.

» Mes investigations ne pouvaient porter sur rien de très précis, j'ai donc fixé
» mon attention sur des points qui pouvaient m'amener à quelque certitude à
» l'égard de la situation vraie. »

Je le demande, y a-t-il quelque chose de bien précis, de bien net dans ces renseignements ? Ce langage ne respire-t-il pas au contraire le doute et l'incertitude ? Est-ce ainsi que parlerait un homme qui voudrait tromper ?

Voyez donc ! M. le Directeur général s'y trompe-t-il ? Non, il demande des renseignements plus détaillés sur les placements hypothécaires. Il veut que Berryer se les fasse représenter. Voilà Berryer interpellé. Eh bien, voyons encore ! Il veut frauder, cet homme, d'accord avec les concession-naires ? que va-t-il donc dire ? Il va répondre au Directeur général : « J'ai vérifié, tout est bien. » Pas du tout, il ne perd pas un instant, il écrit aussitôt, lui, le complice dans la fraude tentée; il écrit à ses com-plices, à Cusin, à Legendre ! Pourquoi ? Pour leur demander les rensei-gnements que désire le Directeur !

« Je reçois, sous la date du 17 juin, une lettre de M. le Directeur général, dans
» laquelle, au sujet de l'emploi du solde des fonds déposés entre vos mains, par
» le fait de la souscription des actions, le ministre désire : 1° la production des
» obligations hypothécaires, constituant la plus grande partie des emplois; 2° un
» relevé de l'emploi des fonds qui ont reçu une autre disposition.

» Je viens vous demander, messieurs, de vouloir bien me communiquer les do-
» cuments nécessaires pour que je sois à même de répondre à M. le Directeur.

» J'ai su que, dans une entrevue que M. Orsi, l'un de vous, a eue avec M. le mi-
» nistre du commerce, des explications à cet égard avaient été données à Son
» Excellence et que ces explications avaient été accueillies par elle.

» Je ne puis cependant donner comme renseignements positifs les documents
» qui sont à ma connaissance.

» Je vous prie de m'envoyer une note, etc. »

Il n'a donc pas vérifié suffisamment avant d'écrire la lettre du 29 mai ! il veut donc donner au Directeur général les renseignements qu'il de-mande; il n'est donc pas d'accord avec Cusin pour tromper l'administra-tion ! il ne veut donc pas donner comme renseignements positifs les documents qu'il connaît! Si la lettre du 29 mai avait été concertée, comment la lettre que je viens de lire s'expliquerait-elle? Comprenez-vous ces deux complices jouant entre eux, dans leur intimité privée, je ne sais quelle scène de comédie dans laquelle l'un demanderait à l'autre des renseignements, qu'il sait bien d'avance que celui-ci ne lui donnera pas?

Mais ce n'est pas tout. Voici une seconde scène. Cusin, interrogé, répond : La lettre est aux pièces du ministère. Donc, cette réponse est parvenue ; or, cette réponse persiste-t-elle à dire qu'il y a eu des placements hypothécaires? Non. Où donc est la tromperie, la tromperie intentionnelle, préméditée, accomplie?

Mais enfin, dit la prévention, la lettre du 29 mai est une lettre mensongère, car les placements hypothécaires annoncés n'existaient pas! Or ces mensonges n'ont été mis en avant par le Commissaire du Gouvernement que pour tromper le ministre et porter un préjudice à l'intérêt des actionnaires.

Qu'il y ait dans la lettre de M. Berryer une erreur matérielle, cela est possible, au moins dans une certaine mesure. Mais cette erreur matérielle est-elle volontaire, est-elle frauduleuse? C'est ce qu'il faut rechercher. Or, je dis que l'erreur n'a pas été volontaire, que l'intention qui a dicté la lettre n'a jamais été frauduleuse ; et non-seulement je dis qu'elle n'a pas été frauduleuse, mais je soutiens qu'il n'est pas possible, dans la situation où M. Berryer se trouvait placé, que cette intention frauduleuse ait pu lui dicter la lettre qu'il a écrite au ministre.

En effet, veuillez vous rappeler dans quelle position très nette s'était placé le Commissaire du Gouvernement, dès le mois de septembre 1853. Il ne faut pas isoler les faits, il faut les enchaîner ; car si la mission du Commissaire du Gouvernement est, d'une part et pour le besoin de la prévention, présentée comme une mission unique, et si l'on veut que tous les faits de surveillance s'enchaînent non-seulement dans un ordre logique, mais aussi dans un ordre moral, il n'est pas juste, d'une autre part, d'isoler une lettre d'une autre lettre, quand ces deux lettres se concentrent sur un même fait, et d'imputer un mensonge à celle-ci, quand l'autre, au contraire, aura dit la vérité, et l'aura dite de telle façon que le mensonge de la seconde ne serait plus même possible.

Or, que dit donc, je le demande bien haut, cette lettre du mois de septembre 1853? C'est un rapport très net, très positif, très catégorique sur la situation de la caisse des Docks. A cette époque, M. A. Berryer, interrogé aussi par le Directeur général sur cette situation si importante pour les actionnaires, je le reconnais, est entré dans les détails les plus minutieux et les plus loyaux. Il y a un encaisse de 4 millions 191,000 fr., a-t-il dit ; j'ai voulu savoir quel était cet encaisse ; je n'avais pas le droit, moi, Commissaire du Gouvernement attaché à l'entreprise des Docks, de m'ingérer dans les opérations qui concernaient la maison de banque Cusin ;

mais comme mon devoir était au-dessus de mon droit, j'ai voulu pénétrer au sein d'une entreprise où je n'avais pas le droit de pénétrer, pour savoir quel était cet encaisse, et je viens vous dire que l'encaisse de 4 millions 191,000 fr. n'est pas en deniers dans les caisses de la banque, qu'il a été employé par M. Cusin, banquier. Voilà ce qu'il a dit en septembre 1853, ce qu'il a dit au ministre ou au Directeur général, ce qui est la même chose ; le Directeur général ou le ministre ont été dès lors bien édifiés sur ce point.

C'était le cas d'ouvrir les yeux !

Eh bien ! le Directeur général répondant à la lettre de M. Berryer, demande-t-il des renseignements plus précis ? S'effraie-t-il ? Non ; il répond tout simplement que, sans contester à MM. Cusin, Legendre et compagnie, le droit d'employer comme banquiers les fonds qui leur ont été remis, cependant il serait peut-être plus prudent, plus convenable que les fonds des Docks fussent employés en valeurs actuellement réalisables. — Rien de plus, rien de moins ! !

Voilà donc un fait grave, celui de l'emploi des fonds en valeurs de banque et non en valeurs hypothécaires, accueilli, consacré en quelque sorte, par l'adhésion au moins implicite de l'administration, et, désormais, il ne peut pas ne pas être dans la pensée comme dans la conscience de M. Berryer, que, pour le ministre comme pour lui, encore bien que l'encaisse de 4 millions 191,000 fr. n'ait pas été employé en valeurs hypothécaires ou en bons du Trésor, cependant le Directeur général a pu tolérer l'emploi fait par les banquiers en vertu du système que les banquiers mettaient dès alors en avant.

En telle sorte que le 29 mai 1854, quand on l'interroge de nouveau, il ne peut pas croire que si les fonds n'ont pas été employés en valeurs hypothécaires ou en bons du Trésor, il y aura un bien grand danger ; il ne peut pas croire que l'administration si tolérante sur l'emploi des fonds en septembre 1853, se montre tout à coup, en mai 1854, si sévère et si hostile ; quand même il aurait voulu se donner à Cusin, quand même, acheté par lui, il aurait voulu couvrir ses fraudes ou ses délits, certes il ne se serait pas imaginé qu'en redisant en mai 1854 ce qu'il avait déjà et si nettement dit en septembre 1853, il portait préjudice à ses intérêts. Il ne pouvait pas s'imaginer cela, non, mille fois non ! puisque encore une fois le ministre avait accepté la position qu'il avait loyalement dénoncée une première fois, et que, depuis, cette position n'avait pas varié.

Ajoutez à ces raisons d'autres raisons que vous avez déjà recueillies.

L'esprit de l'accusation, qu'il ne faut pas perdre de vue, est celui-ci : Berryer, méconnaissant ses devoirs de fonctionnaire, est entré non-seulement comme associé, mais comme complice dans les intérêts de la maison Cusin.

Acceptons un instant cette hypothèse, bien qu'elle coûte à ma raison et à l'idée que je me suis faite et que je garde d'Arthur Berryer. Et si nous en avons les dangers, au moins qu'on ne nous en dispute pas les bénéfices.

Donc, dans cette hypothèse, quand Berryer écrira à l'administration, je concevrai ses ruses, ses tromperies ; mais quand les deux complices seront en présence, en tête à tête, et quand il y aura entre eux une correspondance confidentielle, non destinée au ministre, et qui devra rester entièrement consignée dans les archives particulières, mystérieuses, de l'un et de l'autre, quand alors on devra se parler on se parlera à cœur ouvert, est-ce que le style des entretiens ne changera pas ? Est-ce que Berryer parlera à Cusin comme s'il parlait au ministre, ou comme si le ministre l'entendait ? C'est insensé.

Que se passe-t-il cependant le 29 mai 1854, et quand le ministre veut avoir des renseignements plus précis sur l'emploi des fonds ? Immédiatement, je vous l'ai déjà dit, M. Berryer écrit à M. Cusin, il lui envoie les passages de la lettre dans laquelle le ministre ou le Directeur général demande des éclaircissements, et il le presse de donner ces renseignements! et Cusin les donne! Conciliez donc, conciliez cette correspondance avec l'hypothèse du concert frauduleux tenté contre la vigilance inquiète de l'administration !

Ah ! je suis heureux que cette correspondance ait été saisie, car l'existence et la date n'en peuvent être niées, et selon moi, elle met sur ce point la prévention en poussière.

Savez-vous, si un concert frauduleux avait réellement existé, quelle correspondance se serait engagée entre les deux complices? probablement, sous le scellé des papiers Cusin, on aurait trouvé une lettre confidentielle à peu près ainsi conçue :

« Prenons garde, l'attention du ministre est éveillée, il demande la représenta-
» tion des obligations hypothécaires. Que faire? nous voici découverts! A défaut
» d'obligations, n'avez-vous pas des valeurs qui auraient la force, la puissance des
» valeurs hypothécaires... La fraude est éventée... Avisons. »

Oui, on trouverait des lettres de ce genre.

En a-t-on trouvé? Non, non. Berryer a pu être imprudent, léger dans les renseignements qu'il a recueillis et donnés ; mais, quand la préoccupation du Directeur général le réveille, il se dresse vivement et, se plaçant vis-à-vis de Cusin comme un Commissaire du Gouvernement loyal doit se placer, il lui dit : « Vous m'avez parlé de placements hypothécaires, où sont-ils ? M. le Directeur général en veut la représentation, donnez-les-moi, je veux les vérifier par moi-même, apportez-les moi. » Alors Cusin indique l'emploi qu'il a fait des valeurs. La note est aux pièces : elle a été saisie.

Ah! que toute cette correspondance révèle l'imprudente légèreté du

Commissaire du Gouvernement, je le veux bien ; mais le dol, mais le concert frauduleux, c'est insensé, vous dis-je, c'est insensé !

Eh ! après tout, qu'avait donc tant à redouter Berryer des révélations qu'il pouvait avoir à faire de la situation financière de Cusin, à cette époque de mai 1854 ? Qu'avait donc à en redouter Cusin lui-même ? Est-ce que la situation de 1854 était autre que celle de 1853 ? Est-ce que la situation de 1853 n'était pas connue depuis longtemps ? Est-ce qu'alors le Commissaire avait été blâmé ? Est-ce que Cusin avait été inquiété ? Qu'avaient-ils donc à redouter ? Pourquoi des fraudes ? Pourquoi, je le demande, moi, à toute conscience impartiale ?

A ce sujet, permettez-moi, messieurs, une courte digression.

On se fait une fausse idée de la position d'un Commissaire du Gouvernement. Il faut que je la rétablisse.

Dans certaines circonstances que je n'ai pas besoin de rappeler, j'ai pu savoir, et j'ai su ce qu'était un Commissaire du Gouvernement, quels sont ses devoirs, quels actes on a le droit de demander à sa vigilance, dans quelles limites ses pouvoirs doivent être exercés. Le devoir d'un Commissaire du Gouvernement, c'est de surveiller activement, consciencieusement les opérations dont le détail est confié à son examen et à son intelligence, de vérifier si tout se passe selon le droit, selon la loi ; c'est de surprendre les abus, de les dénoncer sans faiblesse, sans exagération : de l'habileté, du zèle, de la conscience, pas trop de zèle ; pas trop d'habileté, mais toujours beaucoup de conscience, voilà les qualités qui doivent présider à ses actes et les gouverner. Mais les faits dénoncés, la vérité dite, son devoir est accompli, il s'arrête ; il n'a plus rien à faire, point de mesures à prendre : le coup d'œil lui appartient, l'action, non ; autrement, la hiérarchie des pouvoirs serait à l'instant violée. Il est l'appréciateur des abus qu'il dénonce ; il les dénonce au ministre, c'est un intermédiaire purement passif ; je ne lui accorde même pas, ou du moins je lui accorde à peine le droit de raisonner : c'est au ministre à le faire. Et si le ministre, instruit des faits, édifié sur certains abus violateurs des lois, si le ministre, qui voit de plus haut et plus loin, croit devoir fermer les yeux et tolérer des infractions qui, dans le mouvement général de son administration, ne seraient à ses yeux que des aspérités de détail qui peuvent heurter une grande machine, mais ne la font pas dévier de sa marche, c'est son droit ; il est le souverain appréciateur des choses, c'est à lui de savoir ce qu'il convient de faire.

Quand, donc, M. Berryer a dénoncé en 1853 au Directeur général l'emploi des fonds des Docks, emploi que l'on considère aujourd'hui comme un délit, et quand il a plu à la haute administration de ne pas contester, ou du moins de tolérer à cet égard la théorie de M. Cusin et de la laisser passer, M. Berryer n'a rien eu à dire. L'administration a jugé de haut ; elle a pu mal juger, mais M. Berryer n'avait pas le droit de s'ingérer, lui, dans l'administration, et de corriger des abus que l'administration ne considérait pas comme abus, puisqu'elle ne les réprimait pas.

Je vous ai donné, messieurs, une observation générale que je crois sincère et vraie; je suis entré dans l'appréciation des droits et des devoirs d'un Commissaire du Gouvernement, et sur ce point, j'ai fait la part de la haute administration et la part de l'employé qui agit sous ses ordres, sous sa surveillance et d'après ses conseils. Mais voyons de plus près encore l'erreur matérielle qui s'est glissée dans la lettre du 29 mai. J'ai démontré, je le crois, qu'elle n'est pas une fraude; voyons si, en admettant qu'elle soit le résultat d'une négligence ou d'une légèreté, cette négligence, cette légèreté ne seraient pas excusables.

C'est le 29 mai que Berryer écrit. Eh bien! le Directeur général l'avait dit dans une lettre du 22 avril 1854 :

« L'administration ne peut avoir à accepter la responsabilité d'une entreprise qui
» n'a pas revêtu la seule forme qui permette une surveillance effective. »

Ainsi, voilà l'administration qui repousse toute responsabilité civile indirecte, et cela, parce qu'elle n'a pas une surveillance effective. Elle a raison; sa surveillance, comme elle est organisée, n'est pas, en effet, et ne peut pas être effective... Mais, s'il en est ainsi pour l'administration, comment n'en sera-t-il pas de même pour le Commissaire du Gouvernement? Comment le Commissaire du gouvernement sera-t-il plus puissant que l'administration? Et si l'inefficacité de sa surveillance forcée le conduit à des fautes, comment lui imposer une impitoyable responsabilité?

M. Berryer écrivait, dans cette lettre incriminée du 29 mai :

« Autant qu'on peut le faire dans une situation plus officieuse qu'officielle, mes
» investigations ont été, etc... — Mes investigations, ajoute-t-il encore, ne pou-
» vaient se porter sur rien de précis. »

Mais il a raison; il parle comme parle le Directeur général.

Et puis enfin, aujourd'hui que les ruines sont éparses sur le sol, nous jugeons de toutes ces choses comme si, en d'autres temps, elles n'avaient pas été riches d'espérances et d'avenir; nous sommes sans pitié sur l'appréciation de la comptabilité de la maison Cusin, aujourd'hui qu'un teneur de livres nous en a donné tous les détails, après y avoir passé cinq ou six mois de sa vie et y avoir apporté son intelligence spéciale, aujourd'hui que ce chaos est débrouillé et qu'on a jeté un peu de lumière sur tant d'obscurités, on en parle bien à son aise.

Qu'a dit l'expert dans son travail? Ceci, notamment :

« Les livres n'indiquaient pas au 31 décembre 1853 la quantité d'actions placées
» et les sommes encaissées par les inculpés. »

Il prouve cela en comparant les livres avec une note particulière qui était en dehors de la comptabilité. Cette note a pu être saisie. La justice a mis la main sur tous les documents patents ou cachés que contenaient les archives de la maison de banque. Bien! Mais le Commissaire du Gouvernement qui, on en convient, n'était pas armé d'une surveillance effective, avait-il, pour se bien rendre compte de la comptabilité, tous les documents, tous les travaux. toutes les lumières que possède maintenant la justice? Pouvait-il voir, en dehors de la comptabilité apparente, les pièces mystérieuses qui ne se révélaient qu'aux intéressés?

D'un autre côté, l'expert dit : « Cette situation n'était pas intelligible à première vue. » Voilà où en était le Commissaire du Gouvernement : en présence d'une situation qui n'était pas intelligible à première vue! Pouvait-il l'examiner, au moins comme M. Monginot l'a fait, avec l'expérience de cet expert, avec les cinq ou six mois de travail qu'il y a donnés? Pouvait-il jeter l'ordre dans ce chaos comme l'a fait l'expert, apercevoir au fond de cet abîme les vérités cachées, essentielles pour l'administration, le pouvait-il? Je le demande à la raison publique, à la conscience de M. l'Avocat impérial!

Il y a quelque chose de mieux. M. Berryer est interrogé par M. le Directeur général, quand? en avril 1854. Est-ce qu'il est alors à Paris, dans l'exercice de ses fonctions de Commissaire du Gouvernement? Non. J'ai établi qu'il a quitté Paris pour une mission bien autrement importante que celle qu'il avait dans cette ville. Il est en Angleterre, il a déjà fait plusieurs voyages, le traité est signé; oui, mais on ne s'arrête pas là : il y a autre chose à faire, il y a à en régler l'exécution. Cette exécution est pleine de détails qui entraînent une foule de contestations, les difficultés naissent à chaque pas, il faut donc les surveiller, les résoudre; il est donc en Angleterre en avril 1854, quand le Directeur général lui écrit; lorsqu'il l'interroge sur la situation des affaires en France, il est à Londres. C'est un fait certain.

Il revient de Londres, à quelle époque? Entendez bien cette date, messieurs, car elle est décisive au point de vue de l'intention frauduleuse que l'on prête à Berryer. Il arrive de Londres à Paris le 28 mai, et il répond, quand? le 29, le lendemain de son arrivée! Légèreté! imprudence! Oui, oui, j'admets cela; il a écrit sans avoir fait des vérifications suffisantes sur renseignements donnés et qui ne devaient pas être acceptés ainsi. Oui, tout cela est vrai ; mais de la fraude, jamais! Comment! dans le court espace de temps qui s'est écoulé depuis son retour de Londres à Paris, les deux complices se sont concertés, ils ont prémédité la fraude? une fraude inutile pour tromper le ministre, instruit depuis septembre 1853! En quelques heures ils auront imaginé, fabriqué aussi, je le suppose, des indications frauduleuses et hypocrites à l'aide desquelles ils pourront enfanter cette erreur sur laquelle ils comptent, non-seulement pour pallier leurs torts envers le ministre, mais encore pour consolider dans leurs mains la fortune des actionnaires? Ce n'est pas admissible, votre conscience repousse de pareilles inductions.

Voilà comment j'explique la lettre du 29 mai.

Il ne suffit pas qu'on vienne dire à un fonctionnaire : « Commissaire du Gouvernement, vous vous êtes trompé, vous avez commis des erreurs matérielles. » On serait trop heureux, vraiment, si l'on pouvait avoir des hommes infaillibles pour régler les affaires humaines. Ce bonheur-là n'existe pas, il faut savoir s'en passer. Une erreur matérielle a été commise dans une lettre, soit ; faites la part de cette erreur, blâmez-la, mais avant aussi on avait dit la vérité exacte sur l'emploi des fonds ; faites aussi la part de cette vérité, et tenez-en compte à Berryer, si l'administration supérieure n'a pas cru devoir en tenir compte. Elle a laissé passer six ou sept mois sur une position qui, selon elle, était ruineuse pour les actionnaires. L'administration a été trompée un jour, mais au moins elle ne l'a été qu'un jour. En juin, en juillet, en août, si elle avait des doutes, des inquiétudes sur la position de l'affaire, elle pouvait faire une descente chez Cusin, faire ce qu'elle a fait plus tard en août 1855, nommer un inspecteur général : c'était son droit. Elle aurait dû faire cela même en 1853, quand Berryer lui disait que les 4 millions 191,000 francs n'étaient pas en caisse, et si elle pensait que M. Cusin n'avait pas le droit d'employer les 4 millions 191,000 francs comme il l'avait fait.

De son silence, j'ai le droit de conclure qu'elle a été parfaitement édifiée sur le néant des obligations hypothécaires, et qu'elle ne s'en est pas plus préoccupée en 1854 qu'en 1853. C'est là une preuve de raison, ce n'est pas une preuve matérielle ; mais, entre les preuves matérielles et les données de l'intelligence, je n'hésite pas, moi ! Sans donner à la raison plus de puissance qu'elle n'en a, sans prétendre qu'elle soit infaillible, je dis cependant qu'il y a dans cette force que Dieu nous a donnée quelque chose qui vaut mieux que les témoignages oraux ou que les témoignages des sens, plus faillibles toujours que les inspirations intellectuelles et morales.

Je n'en dis pas davantage sur la lettre du 29 mai. Je ne pouvais laisser derrière moi cette force de la prévention, plus apparente que réelle. Vous en savez maintenant la valeur, et je puis, sans crainte, marcher en avant.

Le traité qui donne aux Docks la vie qui leur manquait est signé. M. Berryer rentré en France, sa position va-t-elle être ce qu'elle était avant son voyage en Angleterre, une position de surveillance exclusive? Non, c'est une position en quelque sorte mixte. Ainsi quand il sera à Paris et tout le temps qu'il y sera, il fera encore acte de surveillance, et c'est ainsi, en effet, qu'a pu se placer dans le débat la lettre du 29 mai ; mais il sera aussi de temps à autre appelé en Angleterre, toujours au vu et au su de son administration, en 1854 et même dans le cours de 1855. C'est dans ce long intervalle de temps que se placent les quinze voyages, les 270 ou 280 jours de séjour dont je vous ai déjà parlé ; et alors il est clair que pendant ces longs et fréquents voyages la surveillance ne sera plus qu'un mot, le commissariat qu'un titre. Si M. Berryer fait accidentellement quelque acte de commissariat en France, il fera plus fréquemment encore des actes d'agence positive, active en Angleterre, et ces actes personne ne s'y opposera, personne ne les critiquera, parce qu'ils seront des actes de dévouement à une entreprise dont le succès et le triomphe sont dans la volonté de tous, grands et petits.

Parmi les actes de 1854 qui appartiennent à la mission du Commissaire du Gouvernement, je trouve, dans l'ordre des dates, quelques documents qui n'ont pas une grande signification contre M. Berryer, au moins au point de vue du délit qui lui est reproché : je veux parler du bilan du 12 août 1854 ; d'un acte du 4 janvier 1855, dressé à l'occasion de la levée des scellés posés par les soins même de M. Berryer ; d'un dernier rapport du 15 septembre 1855, dans lequel M. Berryer, même au milieu des difficultés que soulèvent et les embarras de l'entreprise et l'inexécution du traité Fox et Henderson, parle encore de ses espérances et de sa foi dans l'avenir des Docks. On lui en fait un crime! Mais est-il donc le seul?

L'étoile des concessionnaires, autrefois si adulés, si entourés, a pâli, oui ; mais que d'intrigues s'organisent autour de cette fortune qui tombe! je ne vous en ferai pas l'histoire, je n'en ai pas assez pénétré les profondeurs pour essayer d'y jeter quelque lumière. Mais ce que je peux dire, c'est qu'une foule d'ambitions et d'ambitieux se disputent la proie encore, à leurs yeux, riche et séduisante ; c'est que des noms que je pourrais citer s'agitent, se tourmentent pour arracher à Cusin la concession que Cusin veut retenir encore. Le débat est ardent, la guerre tantôt ouverte, tantôt sourde et mystérieuse, toujours menaçante, menaçante pour Cusin, pour Berryer indifférente.

Je ne veux pas entrer dans ces détails ; non, je ne le veux pas, parce qu'ils appartiennent à la cause de Cusin, parce qu'ils sont étrangers à la mienne. Mais ce que je veux vous dire, ce que je vous dirai, c'est que c'est au milieu de ces débats et de ces intrigues que viennent se placer, d'une part, l'inspection ordonnée par le ministre, et, d'autre part, une dernière lettre de Berryer, lettre du 2 août 1855, adressée au ministre, et dans laquelle Berryer fait encore preuve d'une vigilance active et loyale.

De quoi s'agit-il? Le voici en deux mots :

Berryer apprend un jour que des reports d'actions sont faits par M. Orsi, prête-nom de M. Cusin, et, il le croit, dans l'intérêt de M. Cusin ; à ses yeux, ces reports peuvent compromettre une partie de l'actif des actionnaires, il dénonce, lui, le complice! il dénonce le fait au ministre. En même temps, il fait une démarche spontanée auprès de M. Pereire pour que celui-ci prenne en main l'affaire. M. Pereire répond à M. Berryer, qui va le voir : Je veux bien la prendre, mais à la condition que vous m'apporterez une adhésion du Gouvernement. Berryer écrit ces détails au ministre, qui répond qu'officiellement il ne s'occupera pas de cette ques-

tion. Néanmoins le report a eu lieu, comme l'a plaidé Mᵉ Grévy, entre
les mains de M. Pereire, par l'intervention de M. Orsi, en dehors du
Commissaire du Gouvernement, à qui toute mission officielle fut refusée.
Peu importe ce détail! mais ce qui importe, ce qu'il y a de certain, c'est
que le Commissaire du gouvernement, organe de l'administration, a
dénoncé le fait à l'administration; c'est que celle-ci n'a pas voulu intervenir officiellement, mais qu'elle est intervenue officieusement, et que
c'est grâce à cette intervention, excitée par M. Berryer, que les reports
ont passé des mains de M. Cusin dans celles de M. Pereire. C'est un fait
grave et dont la moralité couronne bien, à mon gré, ce récit trop long
peut-être, mais nécessaire pourtant, de la vie de Berryer dans les Docks
pendant ces trois années qui se sont ouvertes pour lui pleines d'espérances
et d'enthousiasmes, et qui se ferment aujourd'hui pleines d'angoisses, de
douleurs et de larmes, donnant ainsi un cruel démenti aux illusions d'une
vie plus rêveuse qu'industrielle, plus mondaine que sérieuse.

Maintenant que vous avez assisté, messieurs, avec une bienveillance
dont je vous remercie du fond de mon cœur, à ce voyage de M. Berryer
à travers toutes les opérations délicates et toutes les missions difficiles
qui lui ont été confiées; maintenant que vous savez quelle distinction
profonde il est juste, il est nécessaire, d'établir entre ces opérations et ces
missions; maintenant qu'il est démontré, par l'éloquence des faits, que si
en 1853 Berryer a été exclusivement Commissaire du Gouvernement, et
Commissaire d'une loyauté incontestée, il a été aussi et avant tout, à partir de la fin de 1853, et je puis le dire, sauf quelques accidents, jusqu'en
1855, il a été, dis-je, l'agent principal, actif, loyal, l'organisateur ou le
réorganisateur d'une Société en péril, si elle n'était pas complètement
morte; maintenant que vous connaissez, que vous appréciez bien ces
deux situations, qui impriment à M. A. Berryer un caractère si distinct et
lui permettent, selon qu'il agit en Angleterre ou en France, des allures
si différentes; maintenant que vous savez tout cela, je m'adresse à vous,
messieurs, je m'adresse au Ministère public lui-même, et je lui demande
et je vous demande, à vous, et je demande à la conscience publique en
quoi, pendant les deux années qui se sont écoulées, M. Berryer a-t-il
trahi ses devoirs? Où est la preuve qu'il a vendu sa conscience? Quel est
le prix qui lui en a été donné? Qu'a-t-il livré, lui, en échange de ce prix
stipulé et reçu? Point de généralités! des faits! des faits! Qu'on me dise
ses trahisons de 1853. Qu'on me dise ses trahisons de 1854; qu'on les
énonce positivement, nettement! Quels secrets a-t-il violés? quelles
vérités a-t-il cachées? N'a-t-il pas dès le début, dans tous ses rapports,
éveillé l'attention de l'administration sur la constitution illégale de la Société; sur les actions non placées comme sur les actions placées; sur l'argent dépensé, sur l'encaisse, sur l'emploi des fonds, sur les embarras
sérieux, sur les modifications du personnel; sur tout ce qui pouvait, en un

mot, intéresser le Gouvernement ou les actionnaires? Qu'on me dise donc ce qu'il a dissimulé? J'aurais le droit d'exiger cela devant un Tribunal d'honneur; j'ai le droit absolu de l'exiger devant un Tribunal correctionnel.

Vous avez cité deux faits. Le traité Fox et Henderson je l'ai expliqué, je vous ai montré ce qu'avait été M. Berryer dans toute cette affaire, un porteur de paroles, un simple intermédiaire d'un jour, qui le lendemain s'efface et qui ne paraît plus, et qui, dans tous les cas, ou en convient, a voulu rester et est resté étranger aux intérêts qui s'y réglaient. Comment! parce que dans des pourparlers, un jour, il aurait été un organe très imprudent mais très désintéressé, il serait traître à ses devoirs, fonctionnaire corrompu et complice misérable de faits d'escroquerie et d'abus de confiance!

Le second fait, c'est la lettre du 29 mai; je l'ai expliquée aussi et je n'y reviendrai plus.

Voilà pourtant où serait la trahison, dans ces deux faits! Cherchez, cherchez encore, on n'en citera pas un troisième!

Et moi je reprends ma question. Il a vendu sa conscience, dites-vous! Eh bien! où est la chose livrée? Quoi? le traité Fox, la lettre du 29 mai! le prix de la vente! Ah! vous serez sur ce point plus désarmés encore. Je vais discuter bientôt les quelques faits misérables que vous mettez en avant pour affirmer qu'un homme comme Berryer, dans la situation sociale où Dieu l'a placé, riche d'un noble nom qu'il doit porter, sinon avec éclat, du moins avec respect, pour affirmer, dis-je, que cet homme, mentant à son origine, a vendu sa conscience pour un prix misérable que le dernier des hommes n'aurait pas accepté! oui, je discuterai ces faits et je démontrerai qu'il n'a rien reçu, parce qu'il n'avait rien vendu.

Mais, avant d'aborder cette discussion, ah! j'ai bien envie, pour démontrer la vérité de mes preuves, de faire ici, devant vous, une contre-épreuve, qui ne manquera ni d'opportunité, ni d'utilité, ni d'intérêt, non pas que je veuille en rien compromettre qui que ce soit au monde : me préserve le ciel de manquer d'indulgence ou de générosité! non, je ne veux qu'une chose, démontrer le danger des accusations aventureuses.

Il y a, dans la lettre de M. le Directeur général que je vous ai citée, un mot qui m'a beaucoup frappé. Des actionnaires avaient demandé des renseignements qui leur avaient été refusés, ils s'étaient alors adressés à l'administration et avaient même parlé de sa responsabilité. Là-dessus M. le Directeur général s'écrie :

« Qu'aucune responsabilité civile ne peut tomber sur l'administration, qui n'avait « pas même de surveillance effective. »

Vous approuvez ce langage, n'est-ce pas? il est vrai, il est juste. Non, il n'y a pas de responsabilité là où l'action est enchaînée. Pourquoi donc,

quand l'action de Berryer était plus enchaînée encore que celle de l'administration, aurait-il une responsabilité plus lourde? Est-ce parce que
l'affaire a péri, que les ruines se sont faites là où l'on espérait de grandes
richesses, là où l'on rêvait une institution qui devait apporter en France
les magnificences dont l'Angleterre est depuis longtemps dotée?

Rêveurs découragés! hier, comme Berryer, enthousiastes jusqu'au délire,
sachez donc, sous le coup de vos illusions perdues, sachez donc faire au
moins la part des événements qui vous emportent, des forces contre lesquelles tous vos travaux, tout votre courage, toute votre intelligence, ne
sont que vanités et néant. L'homme! toujours l'homme! Et c'est Dieu qui
mène tout, en définitive. Mais non, on s'abat sur le malheureux, on
applaudit aux heureux; et pourtant, dans ces hautes fortunes dues à de
hautes entreprises dont la magnificence brille de tout l'éclat du soleil, si
l'on allait au fond des choses, on trouverait souvent plus d'abus de confiance, plus de crimes, peut-être, qu'on n'en trouve dans les affaires rui-
nées d'un malheureux en faillite. Mais non, on ne songe pas à cela!

Je l'ai dit, messieurs, je ne veux pas faire la guerre à l'administration,
mais supposez, et voici ma contre-épreuve, supposez un instant qu'il soit
tombé dans la tête du liquidateur de la Société des Docks de se dire:
L'administration n'est pas responsable correctionnellement, c'est vrai;
mais ne serait-elle pas au moins responsable civilement? Supposez que ce
liquidateur, animé par cette pensée, imagine de faire un procès civil à
l'administration. Bien, le voilà ce liquidateur armé des rapports de
M. Pereire, des rapports de M A. Berryer; fort, enfin, de tous ces documents qui ont passé sous vos yeux Comment, lui dira-t-il, vous avez su
que le capital n'avait pas été souscrit, et que la Société s'était illégalement,
frauduleusement constituée! vous l'avez su dès 1852! vous l'avez su par
le rapport Pereire, par le rapport Berryer; vous avez connu, par conséquent, cette base honteuse de l'escroquerie, quand l'escroquerie pouvait
être étouffée dans son germe, et vous avez gardé le silence! et vous n'avez
vu là qu'une faute que l'administration devait et pouvait couvrir! Une faute,
oui, je lis cela dans le réquisitoire écrit de M. l'Avocat impérial! mais
notre fortune y a péri. Mais si, usant de votre autorité, vous aviez fait
rentrer dans le néant cette Société illégalement constituée, nos millions
seraient là! vous n'êtes pas complices, non, mais responsables!...

Et ce n'est pas tout.

Vous avez su encore tout ce qui s'est passé à la suite de cette constitution illégale, les folles dépenses, les actions vendues au-dessous du cours,
et vous n'avez rien dit! Vous avez su la ruine, et vous avez tenté avec
Pereire une résurrection impossible, et vous avez persisté!

Ce n'est pas tout encore.

Vous avez su, en 1853, que les 4 millions 191,000 fr. qui devaient se
trouver dans la caisse n'y étaient pas: Berryer vous l'a dit. Et vous n'avez

fait aucune diligence, vous n'avez pris aucune mesure ! A chaque pas de cette affaire, pendant deux et trois ans, on vous a édifiés sur les faits essentiels qu'on relève aujourd'hui comme faits d'escroquerie ou d'abus de confiance. Vous étiez là, vous n'aviez qu'un mot à dire, qu'une volonté à exprimer, pour qu'à l'instant même les portes s'ouvrissent largement devant vous : ce mot vous ne l'avez pas dit, cette volonté vous ne l'avez pas manifestée ; ces portes vous ne les avez pas ouvertes. Eh bien ! soit. Je n'accuse pas votre bonne foi, mais j'accuse votre inertie, votre indulgence, et je viens exercer contre vous une action en responsabilité civile.

Ah ! prêtez ces armes à M. l'Avocat impérial, mettez-lui dans les mains tous ces rapports, toutes ces lettres que je vous ai lues ; demandez-lui de parler au nom de la responsabilité civile, comme il parle aujourd'hui au nom de la responsabilité criminelle ; demandez cela à son éloquence, à son talent, et vous verrez quel parti il saura tirer contre l'administration des documents que j'ai mis sous vos yeux.

Eh bien ! moi je ne changerais ni d'opinion, ni d'allure : défenseur de l'administration, je combattrais les conclusions du Ministère public, au point de vue de la responsabilité civile contre l'administration, comme je les combats au point de vue de la responsabilité correctionnelle contre le Commissaire du Gouvernement, et je dirais encore, et je dirais toujours : Vous prenez pour des fautes, pour des négligences, pour une indulgence imprudente et téméraire, l'erreur involontaire d'une administration qui s'est enivrée au désir ardent d'assurer le succès d'une grande institution ; vous voyez une faute impardonnable là où vivait une pensée généreuse, élevée, pensée que rêvait un homme pour honorer son règne. Vous vous plaignez de ce que le dévouement a enfanté le dévouement, c'est la loi des choses : le dévouement est aveugle, l'égoïsme y voit plus clair. Non, il n'y a pas de fautes, pas de délit, pas de crime, pas de responsabilité dans tout cela. Voilà ce que je répondrais, si je défendais l'administration.

Mais je reviens à la réalité ; je ne plaide pas pour l'administration, je plaide pour Berryer, et armé par lui de tous les documents qu'il a livrés à l'administration, j'ai le droit de dire et je dis que si quelqu'un est responsable, ce n'est pas lui.

Voilà ma contre-épreuve, il n'y a rien à y répondre.

Je pourrais vous dire maintenant, messieurs, que j'en ai fini, que je n'ai pas besoin d'entrer dans les détails. Oui, je pourrais m'arrêter ici, et vous dire : Là où les devoirs n'ont pas été violés, là où la conscience n'a pas été vendue ; là où les devoirs ont été accomplis, là où la conscience est restée pure ; là, enfin, où il n'y a rien de grave à relever, sinon des imprudences, des légèretés, des inconvenances de conduite, que je serais-tenté de pardonner à cette nature jeune, impressionnable, étourdie, qui s'est jetée dans l'industrie sans trop en savoir les nécessités et les périls, comment pourriez-vous prononcer une condamnation correctionnelle ?

26

Mais le ministère public insiste sur quelques faits de détail, je ne veux pas les négliger.

Ces faits existent-ils ? Quel en est le caractère moral et matériel ? Comment doivent-ils être qualifiés au point de vue légal ? Trois questions graves ; je les aborde et je les discute.

Messieurs, il se passe ici une chose étrange et que je dois tout d'abord signaler. En allant au fond de toutes ces accusations, qu'y trouvons-nous, en définitive ? Des faits d'escroquerie, d'abus de confiance ? Non, au-dessus de ces faits il y a une pensée qui domine et qu'on ne précise pas, du moins au point de vue légal. On dit à Berryer : Vous avez vendu votre conscience à l'entreprise des Docks, voilà pourquoi vous n'avez pas agi , pourquoi vous n'avez pas parlé ; et voilà l'explication de ces sommes, de ces valeurs que vous avez reçues des mains des concessionnaires. Ce n'est pas la forme de la prévention, ç'en est le fond. Je ne me trompe pas et je vais droit au but.

Messieurs, tant de faits de cette nature se sont déjà passés dans les tristes profondeurs de notre société industrielle, qu'on a pu faire sortir de ces corruptions une sorte de théorie qui précise bien leurs manœuvres et leurs allures. Cherchez dans les archives de ces entreprises où tout se vend , cœur, âme, intelligence, conscience, qu'y trouvez-vous ? Des preuves ? Non ; partout le mystère le plus profond, jamais un nom prononcé, jamais une signature donnée, le silence de la tombe. Seulement par intervalles, un jour, on aperçoit tout à coup, dans un carrosse à quatre chevaux, un homme qui la veille allait à pied. Il logeait dans une mansarde, il habite maintenant un palais. Les palais s'élèvent comme par enchantement sur notre sol enchanté, seulement ce ne sont pas des génies et des fées qui les élèvent d'un coup de baguette : la baguette des temps féeriques s'est transformée en spéculations honteuses. Étonnés, vous vous écriez : Comment se fait-il que cet homme soit en carrosse, qu'il habite un palais ? — Oh ! dit le bruit public, il s'est enrichi. — Où donc ? — On ne sait pas. — Comment donc ? — On n'en sait rien, mais il a figuré dans telle entreprise. — Est-ce qu'on a trouvé dans cette entreprise quelque pièce, quelque document ? Rien, rien ! Et en effet il n'y a rien, rien que l'obscurité et le silence. De telle sorte qu'à en juger par ces néants menteurs qui cachent sous leur enveloppe tant de turpitudes, on pourrait dire que notre société industrielle est la société la plus puritaine et la plus honnête du monde. Il n'en est rien cependant, du moins je l'entends dire.

Voilà les allures, voilà la théorie de la corruption. Non, non, pas d'écrits, pas de traces, pas d'indications, pas de quittances ! Quand on se vend, on se vend au comptant.

Et puis ajoutez que quand on se vend, on se vend très cher : s'il y a des millions à partager, on en prend sa large part. Lorsqu'on s'assied à une table magnifiquement servie, on ne se contente pas des miettes qui tombent, on veut toucher à tous les mets, s'enivrer de tous les vins. Voilà comment cela se pratique.

Or ici, dans ce procès, quelles différences dans les manières! quelles niaiseries, ou quel cynisme! Voilà un homme qui s'est vendu, dit-on; c'est un homme qui, par le nom qu'il porte, sinon par lui-même, a une grande position sociale, qui a quelque fortune, qui est allié à une noble famille; il a tout à ménager, tout à conserver. Mais enfin, s'il veut vendre tous ces trésors qui ne sont pas à lui, son nom, son honneur, sa famille, il le fera; soit, et ce sera un grand malheur, sans doute, mais il le fera comme tout le monde le fait, mystérieusement, clandestinement; on ne trouvera pas vingt, trente, cinquante lettres qui viendront attester qu'il a stipulé le prix de son âme vendue et qu'on le lui a payé! On ne trouvera pas des actes déposés chez un notaire qui attesteront des promesses honteuses; on ne trouvera pas des délibérations publiques attestant l'offre d'une position qui par elle seule révélerait la honte de l'offre acceptée. Non, on ne trouvera pas tout cela. On le trouve cependant, on le trouve, et, grâce à ces découvertes, il y a dans les actes reprochés à Berryer une telle publicité, qu'il faut dire, ou qu'il a un cynisme bien effronté, ou que son innocence est bien parfaite. Il faut choisir entre ces deux choses.

Eh bien! soit, le voilà, ce cynique vendant ouvertement sa conscience. Ah! du moins, il l'a vendue cher. Quel a été le prix de vente? Ah! voyons cela de près.

Berryer a eu des actions, dit M. l'Avocat impérial; il en a eu le 12 avril 1853; il les a achetées au pair, et le même jour, alors qu'elles faisaient prime, il les a vendues et a gardé la prime.

Il a réalisé de ce chef, combien? 500 francs? 1000 francs? tout au plus! Si nous admettions le fait comme vrai, ce serait le prix de l'année 1853! Tel serait le prix de la conscience de Berryer! tel serait le prix qu'il aurait stipulé et touché la veille de ce rapport, le premier de tous, et dans lequel, on est bien forcé de l'avouer, il révèle nettement, loyalement, vigoureusement, au ministre tous les faits qu'il a connus, faits graves et qui appelaient un rigoureux examen; en telle sorte qu'il ne faudrait pas l'accuser seulement d'avoir vendu sa conscience, mais de l'avoir vendue et de ne l'avoir pas livrée: il serait doublement misérable! traître envers le Gouvernement, traître envers les concessionnaires, et cela pour 500 fr. ou 1000 fr.

Mais je ne m'arrête pas à cette considération; c'est avec une preuve matérielle que je veux désarmer la prévention.

M. l'Avocat impérial s'est trompé quand il a dit que Berryer avait bénéficié d'une prime de cent actions. Vous ne connaissez pas encore, messieurs, cette opération, je vais vous la faire connaître.

Berryer a acheté, en effet, 100 actions à la date du 12 avril; il en a en outre acheté 20 le 16 avril, et 28 à la date du 21 avril. C'est donc 148 actions qu'il a achetées en tout. Toutes ces opérations sont portées sur la comptabilité des Docks. On peut y voir aussi ce que M. l'Avocat impérial ne paraît pas y avoir vu, que M. Berryer a versé, à l'occasion de ces achats, et en espèces, le 12 avril, une somme de 2,548 francs, et que le 21 il a déposé des valeurs espagnoles qui ont été réalisées pour une somme de 5,493 francs, laquelle somme a été versée dans la caisse des Docks.

Dans ces documents, je trouve quelque chose de bien plus curieux encore. Ainsi l'achat du 16 a été fait pour 20 actions à raison de 2,800 fr. Pourquoi donc 2,800 francs? C'est parce qu'il y avait ce jour-là une prime de 14 francs. M. Berryer a donc acheté ses actions avec la prime? Oui. Il les a donc payées non pas au pair, mais avec la prime? Oui.

M. Berryer achète, le 21, 28 actions. Ce jour-là les actions font 25 ou 26 francs de prime ; il les paye moyennant une somme de 4,144 francs ; il ne les achète donc pas au pair, mais à la valeur du jour, et, par conséquent, avec la prime qui se rattache à cette valeur du jour.

Ceci est positif; c'est un document matériel sur lequel il n'y a pas d'équivoque possible.

Comment ! M. Berryer aurait, le 12 avril, acheté *au pair* 100 actions qui faisaient prime, et Cusin lui aurait ainsi permis gracieusement de réaliser un bénéfice de 1000 francs environ ; et à la date du 16 avril, et à la date du 21, il en aurait acheté 48 qui faisaient prime de 14 francs, de 28 francs, et cette fois il aurait payé la prime, et il n'aurait pas exigé de M. Cusin la faveur qui une première fois lui aurait été accordée ! et Cusin ne la lui aurait pas spontanément accordée ! il aurait trouvé qu'une remise de 1000 francs, c'était payer assez cher la conscience d'un fonctionnaire ! Non, le 16, le 21 avril, Berryer a fait des opérations sérieuses comme tout le monde les faisait, achetant les actions à leur valeur du jour, comme tout le monde les achetait.

J'en conclus, et vous allez voir s'il y a trop d'audace dans ma conclusion, j'en conclus que l'opération du 12, que l'on reproche à Berryer, n'a différé en rien de celles du 16 et du 21, et que le bénéfice de 1000 francs réalisés alors est une erreur.

A cet égard, j'ai demandé des renseignements à M. Picard, l'un des témoins que j'aurais fait interroger dans le cours des débats sur ce point, si alors on eût manifesté la pensée d'en faire un grief. Je me suis abstenu par cette raison, par cette raison seule. Mais puisque le réquisitoire a cru devoir relever ce fait, j'ai dû aussi l'éclairer en remontant à la meilleure source que je puisse aborder, à M. Picard.

M. Picard m'a dit : Le fait est bien simple, les actions ont été achetées non pas le 12 avril, mais le 15 ou le 17 mars, à une époque où elles étaient véritablement au pair. De ce moment, elles ont appartenu à M. Berryer, avec leurs chances bonnes ou mauvaises ; à la date du 12 avril, il les a revendues, et alors seulement les écritures ont été passées. Prenez-y

garde! M. Picard a déclaré qu'il était sorti de l'administration parce qu'i
avait vu, dit-il, se passer des choses qu'il ne pouvait admettre ; il me l'a
dit, il n'aurait pas, lui qui tenait les écritures, enregistré une opération
qui n'aurait pas été sérieuse, il aurait senti sa conscience se révolter. S
donc il l'a enregistrée, c'est parce que, comme il le déclare, les achats de
M. Berryer remontaient effectivement au 17 mars. Voilà la vérité dans
toute sa netteté positive.

Et cela s'explique, au reste. M. Berryer avait, à cette époque du
17 mars, des fonds à placer. Il s'était marié le 4 septembre 1852 ; il avait
reçu en dot des immeubles assez importants et en outre une somme de
50,000 francs. Cette somme lui a été remboursée en partie le 17 mars 1853,
époque de l'acquisition au pair des 100 actions revendues le 12 avril, j'en
ai dans les mains la preuve authentique.

Voilà des origines certaines. Résumons. Le 17 mars, M. Berryer achète
des actions ; ce jour-là elles étaient même au-dessous du pair. Il les
revend le 12 avril, elles font une prime ; cette prime lui appartient, il la
réalise, c'est son droit. S'il y avait eu baisse, il aurait dû la subir. Mais
les 16 et 21, il fait une acquisition nouvelle, il achète des actions à une
prime supérieure à celle du 12 avril, il paye 14 francs, 28 francs pour ces
actions nouvelles. Voilà l'opération avec ses fluctuations et ses chances.

Ai-je besoin d'insister? Est-ce qu'il y à là une corruption tentée, une
corruption accomplie ? Je n'aurais pas eu ces explications à donner, qu'il
ne serait pas tolérable de dire, dans un pareil procès, que Berryer a
vendu sa conscience pour 1000 francs ; cela serait d'autant moins tolérable,
qu'il n'y a rien dans cette année de 1853, année de fidélité et de loyauté,
on en convient, qui puisse autoriser de pareils soupçons. Laissons donc
de côté ce premier fait.

Mais, dit-on à Berryer, vous avez reçu un traitement de 1,250 francs et
des avances d'argent! Les faits sont vrais en eux-mêmes ; seulement, il
faut savoir à quelle date ils se placent, et surtout quel est leur caractère.

La date d'abord. M. l'Avocat impérial comprenait très bien, encore
qu'il n'en fît pas la distinction, qu'il y avait entre la situation de Berryer
en 1853 et sa situation en 1854 une différence essentielle à établir ; il
comprenait très bien que, dans la seconde année, le Commissaire du Gouvernement avait disparu et fait place non pas à un autre fonctionnaire,
mais à un agent d'une nature distincte, ayant une mission et des opérations distinctes. Si cela est, et cela est, les dates prennent une immense
importance dans l'appréciation des avances d'argent faites à M. Berryer.

M. l'Avocat impérial place ce qu'il appelle le traitement, ce que j'appelle,
moi, une avance, un prêt périodique, en septembre 1853. — Je dis qu'il y
a dans cette assertion une erreur capitale : non, ce n'est pas en septembre
1853, mais en 1854, seulement au mois de février, que ce prêt a commencé ;
jusqu'en 1854, pas une obole n'a été donnée. Nous en trouvons la preuve

dans le compte de la maison de banque, pièce du procès qu'on nous oppose et que nous pouvons à notre tour invoquer. A quelle date débute-t-il ce compte? le 4 février 1854, par une somme de 1000 francs.

C'est donc à partir du 4 février seulement, et j'insiste sur ce détail qui est d'une importance de premier ordre, que ce que vous avez appelé un traitement, et qui n'est rien autre chose qu'un prêt d'argent, a vraiment commencé. Je dis que ce prétendu traitement n'est qu'un prêt, et la preuve je la trouve encore dans le compte. Voyez ce compte! les avances mensuelles y figurent au débit de l'emprunteur comme toutes les autres avances, sur le même pied que les autres avances, et comme toutes les autres avances aussi elles produisent des intérêts à 6 pour 100, qui, comme toutes les avances faites par un banquier, se capitalisent tous les six mois, en sorte que Berryer paie l'intérêt de l'intérêt. Cela est vrai pour le traitement comme pour les avances; ces deux choses ont bien des noms différents, mais dans leur nature elles sont identiques.

L'expert lui-même me fournit une autre preuve. Il a donné une situation de la banque au 31 décembre 1854. A cette époque, M. Berryer y figure-t-il pour une somme quelconque? Non.

Il n'est donc pas exact de dire que, dès septembre 1853, M. Berryer a touché de Cusin une somme quelconque à un titre quelconque.

Il est vrai que, dans un autre passage de son rapport, l'expert dit qu'à la date du 12 décembre 1853, il y aurait eu une avance de 500 francs et à celle du ... décembre une autre avance de 3000 francs. La preuve que l'expert se trompe, c'est qu'il y a contradiction entre cette affirmation de son rapport et la situation au 31 décembre qu'il a lui-même précisée. D'un autre côté, M. Berryer explique cette erreur de l'expert, il a lu involontairement 1853, au lieu de lire décembre 1854. L'antinomie, la contradiction disparaissent donc devant une rectification de date.

De tous ces documents et preuves, je tire cette conséquence, que les avances de toute nature productives d'intérêts capitalisables et capitalisés tous les six mois n'ont réellement commencé qu'en 1854 : voilà pour les dates.

La date bien fixée, quel est le caractère des avances? C'est un don, dit M. l'Avocat impérial, c'est le prix du silence.

Et moi je soutiens que ces avances ne sont pas un don, qu'elles ne sont pas le prix du silence, et je le prouve par des pièces irréfragables. Je le prouve par le compte, auquel je vous ramènerai toujours; et non-seulement par le compte, mais par les pièces à l'appui du compte, par les reçus justificatifs du débet de Berryer, reçus exclusifs d'une libéralité, exclusifs de cet échange abominable qui aurait eu pour contre-partie la conscience d'un fonctionnaire.

Mais, dit M. l'Avocat impérial, prenez-y garde! Comment, des avances! Mais voyez donc le style de la correspondance de M. Berryer avec Cusin, comme il est pressant, importun même! Est-ce un emprunteur qui écrit ainsi? Oui, j'ai entendu et vous avez entendu, comme moi, la lecture de ces lettres douloureuses. En les entendant lire, une réflexion amère m'a traversé l'esprit, et je me suis demandé, le doute au cœur, si cette lecture était bien utile au procès.

Je sais bien que la justice, et surtout la justice criminelle, a ses nécessités, et que, devant elle, un accusé n'a plus droit à ces respects de la vie intime, bases sacrées de la vie sociale; mais quoi! était-il nécessaire pour accuser Arthur Berryer d'une corruption impossible de révéler les tristes secrets de son existence privée et de les livrer avec amertume à la malignité publique? En quoi ces révélations pleines d'angoisses pour le prévenu pouvaient-elles être utiles aux débats? Ah! si M. l'Avocat impérial avait pu trouver, en effet, dans les lettres qu'il a lues, la preuve que M. Berryer sollicitait, non pas un prêt d'argent, mais un don, je le comprends, ces lettres eussent été une arme pour sa cause, une arme cruelle, et que je n'aurais pas eu à lui disputer? Mais en est-il ainsi? grand Dieu! Je l'ai lue aussi, moi, cette correspondance, je l'ai relue. Voyons! est-ce que je rêve? est-ce que je me trompe? est-ce qu'il est possible de se tromper? Une correspondance qui sollicite un don, ou, pour mieux dire, qui réclame le prix d'une conscience vendue, mais elle a un ton particulier, dont la signification ne peut échapper à personne. Quand un homme a vendu sa conscience, quand il l'a livrée, quand il a fait ce marché, il a le droit, au moins, s'il a oublié les lois de la morale, de la probité, de la dignité humaine en mettant à l'encan ce qu'il avait de plus élevé, de plus cher en lui; oui, il a le droit de jeter toute pudeur, et parlant comme parle un marchand, de dire à celui qui l'a acheté : Vous m'avez acheté, je me suis livré, payez-moi. Non, non, il ne viendra pas dire à cet homme timidement et en suppliant : J'ai besoin d'argent, prêtez-moi 500 fr., 1000 fr.! L'emprunteur supplie, le créancier commande. Voilà le ton, le caractère, que nous devrons rencontrer dans les lettres de M. Berryer, si, en effet, il est créancier, s'il s'est vendu, s'il s'est livré.

Je ne veux pas relire ces lettres. Pourtant les besoins de ma cause me forcent à vous en citer quelques passages. Ecoutez!

« Voulez-vous être assez bon pour remettre à mon compte 600 francs. M..... » vous donnera, comme d'ordinaire, le reçu. »

Dans une autre lettre :

« Voulez-vous être assez bon pour me remettre 1600 francs, que vous voudrez » bien porter en mon nom..... »

Dans une autre :

« Vous voudrez bien débiter mon compte de telle somme..... »

Toujours le même style ; il y a trente-deux lettres comme cela, et pas une ne renferme un langage différent.

Est-ce qu'en 1855 le ton changera? Est-ce que, la conscience étant livrée et le prix acquis, Berryer tiendra alors un langage plus hautain? Dira-t-il enfin à son acheteur : Vous me devez, payez-moi? Non ; toutes les lettres de 1855 ont le même ton que celles de 1854. Et vous trouvez qu'un homme qui parle ainsi réclame un droit, et ne sollicite pas un service! Et vous trouvez qu'un homme qui reçoit de l'argent, qui donne reçu, qui dit de passer au débit de son compte, les sommes qu'il a reçues, n'est pas un emprunteur! et vous trouvez que celui qui donne son argent sur reçu, soit périodiquement, soit autrement, mais toujours avec stipulation d'intérêts capitalisables, n'est pas un prêteur!...

Et quand la maison de banque tombe en faillite, on ne s'y trompe pas. Le liquidateur ouvre les comptes courants, lit la correspondance ; son opinion n'hésite pas, il adresse lettre sur lettre à M. Berryer, il lui écrit le 26 février, le 8 mars, le 14 mars :

> « Votre compte avec la caisse de l'Union commerciale, dit-il, se solde par cette
> » somme à votre débit... »

Il demande le remboursement.

Voilà le sens, le vrai sens de la correspondance que vous invoquez.

Maintenant j'ai donc le droit de conclure, et je conclus sur tout ceci, d'une part, que les versements datent de 1854 et non de 1853 ; d'autre part, que tous ces versements ont été faits à titre de prêts, les 1,250 francs mensuels aussi bien que les autres versements, le compte ne distingue pas, il n'y a pas de distinction à faire.

Je dis que les versements partent de 1854; donc ils partent du voyage en Angleterre. Ce fait est énorme, messieurs; pour moi, il est décisif contre la prévention.

Ce voyage d'Angleterre, je l'ai constaté hier, a été entrepris, il s'est fait, il a été accompli non pas seulement dans l'intérêt du Gouvernement, qui voulait sauver l'affaire des Docks, mais dans l'intérêt de l'entreprise qui elle aussi voulait être sauvée. J'ai démontré qu'il y avait là une position toute nouvelle pour M. Berryer.

Eh bien, traitons, je vous en supplie, les choses humaines au point de vue humain. Voici un homme jeune, actif, zélé, bien posé dans le monde, qui vient dire au Gouvernement qui lui a donné confiance, apparemment parce qu'il l'a méritée : Vous m'avez confié une mission auprès de l'entreprise des Docks, mais à chaque pas je trouve l'obscurité et le doute; je demande à visiter l'Angleterre pour y étudier cette affaire qui ne l'est point suffisamment, surtout au point de vue pratique. Vous voulez savoir vous, Gouvernement, si dans les conditions d'existence où cette entreprise fonctionne en Angleterre, elle ne pas pourrait être sérieusement établie en France; vous voulez connaître les principes généraux qui régissent cette belle institution anglaise, son agencement, ses méthodes, ses opérations ; vous voulez apprendre tout cela, et vous avez raison, car il y a dans les mouvements d'une entreprise prise sur le fait, dans sa fonction de tous les jours, il y a des façons de faire d'où dépend quelquefois le succès, et que l'expérience seule peut enseigner. Ce ne sont pas les idées générales qui manquent, ce sont les idées spéciales, pratiques, et ce sont ces idées que vous voulez surprendre. Eh bien, j'irai en Angleterre, j'y dépenserai mon temps, un an, deux ans, s'il le faut, mes efforts, tout ce que j'ai de dévouement et d'intelligence; mais prenez-y garde! je ne pourrai faire cela qu'à une condition, c'est que je serai en rapport avec des hommes éminents, que je serai accrédité près d'eux ; que je vivrai pour ainsi dire avec eux ; je ne jouerai pas ce rôle sans dépenser de l'argent, beaucoup d'argent : en aucun pays on ne se livre à ces études industrielles sans faire des sacrifices considérables; en Angleterre surtout, où il y a des fortunes immenses, on n'aborde les hommes qu'à la condition, non pas sans doute de se mettre à leur niveau, c'est impossible, mais du moins à la condition de ne pas marcher à leur suite comme un mendiant, à ce compte on ne serait écouté nulle part.

D'ailleurs un soin plus grave encore doit vous préoccuper, l'institution française, organisée comme elle l'est, ne peut pas vivre. Vous avez fait appel à une grande intelligence, à M. Pereire : il vous a dit : *elle ne peut ni se liquider ni continuer*, et il ne l'a, en effet, ni liquidée ni continuée. Depuis ce jour, le mal s'est accru, il faut un remède, il est en Angleterre. Votre affaire est morte ; il n'y a qu'un moyen de la sauver, c'est d'appeler des capitalistes anglais, non pas les premiers venus, mais de grandes notabilités financières, industrielles, pratiques; il faut les appeler dans votre intérêt, à vous qui avez donné l'idée, et dans l'intérêt de l'institution elle-même, et aussi dans l'intérêt de la Compagnie, mais il faut se hâter. Je m'offre pour être votre agent, l'agent de cette mission tout industrielle, grande dans son but, délicate, difficile dans son accomplissement, et qui demandera elle aussi beaucoup de temps, beaucoup d'efforts et beaucoup d'argent.

Messieurs! je le demande à votre conscience, à votre raison, à votre bon sens, l'homme qui tient un tel langage, et il l'a tenu, devra-t-il tout donner et ne rien recevoir ? Prendra-t-il pour lui les dépenses de la négociation? Prendra-t-il pour lui les dépenses d'un séjour en Angleterre, dût-il coûter des centaines de mille francs? L'administration le comprenait-elle ainsi ? M. Berryer le comprenait-il ainsi ? Y a-t-il quelqu'un au monde qui eût pu le comprendre ainsi ?

Quand il disait qu'il se *précautionnerait ailleurs*, est-ce qu'il ne disait pas en même temps au Directeur général : Si le résultat de mes recherches en Angleterre est utile au gouvernement, j'ai pensé que je serais indemnisé ? Quoi ! Était-ce avec ces 5000 fr. d'appointements, qu'il pouvait faire quinze voyages en Angleterre, y séjourner pendant près d'un an, se mettre en relations avec les notabilités les plus importantes, pénétrer dans toutes les administrations pour obtenir, sinon surprendre les secrets qu'il voulait recueillir de la bonté des hommes auxquels il s'adresserait ? Vous ne croyez pas cela, messieurs, non vous ne le croyez pas ; il y a donc là une nécessité d'argent qui s'attache à la mission elle-même, qui marche avec elle et ne saurait s'en détacher. Ah ! voilà déjà un grand pas de fait.

Tout cela est possible, dit-on, mais enfin !... un Commissaire du Gouvernement va donc se mettre à la solde des concessionnaires qu'il doit surveiller ?

Ah ! sur quoi m'interrogez-vous là ! Me demandez-vous s'il aurait été plus convenable de ne pas agir ainsi ? Nous serons vite d'accord. Sur ce point, je pense comme vous : non, il n'était pas convenable, en effet, que M. Berryer demandât, même à titre de prêt, des avances d'argent aux concessionnaires. Mais de cette question de convenance à une question d'abus de confiance et d'escroquerie, ou à une question de corruption de fonctionnaire, la seule qui puisse être soulevée dans ce procès, il y a des abîmes tellement profonds, des espaces tellement incommensurables, que je ne comprends pas comment l'œil si exercé de M. l'Avocat impérial ne les saisit pas, ne les mesure pas. Pris en lui-même, l'emprunt dans les circonstances où il le place et qui l'expliquent, n'est pas illégitime ; il n'est reprochable qu'en raison des rapports qui existaient entre celui qui l'a sollicité et celui qui l'a accordé, et encore une fois il n'est reprochable qu'au point de vue de la convenance de ces rapports. Si Berryer s'était adressé à d'autres banquiers pour faire face à ses dépenses, ou si après avoir dépensé 100 ou 150,000 francs dans ses voyages et dans ses négociations, il était venu après le succès conquis, dire au Gouvernement pour lequel il aurait travaillé, à la Compagnie pour laquelle il aurait agi : Ce n'est pas pour moi que j'ai agi, c'est dans l'intérêt d'une affaire grave pour tous, dans l'intérêt d'une entreprise que tout le monde voulait sauver, voici mes comptes, mes dépenses, voici les travaux, le succès : laissez-vous ces dépenses à ma charge ? Qui donc lui aurait refusé la satisfaction d'un si légitime intérêt ? Et si, à défaut du Trésor la caisse de la Compagnie s'était ouverte, il pourrait y avoir inconvenance encore, mais où seraient l'abus de confiance, la corruption ?

Et combien cette proposition ne serait-elle pas plus vraie encore, si, lui, dans sa pensée, n'avait jamais entendu faire ce voyage à ses frais, encore bien qu'en définitive il l'ait fait pourtant, en partie du moins, aux dépens de sa fortune personnelle. Or, est-il certain pour vous qu'il ait eu cette pensée, et le Gouvernement qu'il servait, l'a-t-il ignoré ? Voyons, de bonne foi, l'administration a-t-elle jamais compris que son agent apporterait dans des études, dans des négociations qui ne doivent servir qu'à l'entreprise des Docks, ce désintéressement que le plus petit des particuliers n'aurait pas accepté? Quand Berryer disait dans ses lettres : « Je me précautionnerai par ailleurs; » quand il disait encore : « Je ferai » appel à mes ressources personnelles; » quand il indiquait les ressources personnelles auxquelles il voulait faire appel, est-ce qu'on s'y est mépris? est-ce qu'on pouvait s'y méprendre?

Ici, je le sens, j'aborde une question délicate, difficile. Je ne la toucherai qu'avec la prudence et la modération qu'on doit apporter dans tout débat, surtout quand il s'engage entre un prévenu et une administration publique. Non pas que j'aie cette pensée que l'homme qui est devant vous comme prévenu, et dont les antécédents jusqu'ici ont été honorables et honorés, non pas que je veuille dire que cet homme-là, par cela seul qu'il est prévenu, n'ait pas le droit d'affirmer un fait. Non pas que j'admette non plus que parce qu'un fonctionnaire est fonctionnaire supérieur à lui, il ait le droit d'être cru sur parole dans ses affirmations : non, non ! L'égalité est pour tous. Où est la vérité? voilà la question. Berryer a été très net. Il m'aurait fait peur dans sa netteté même, si j'avais eu moins de confiance dans la loyauté de sa parole. Il vous a dit : « Oui, j'ai écrit à l'occasion des dépenses à faire, que je me précautionnerais par ailleurs ; mais alors je suis allé voir le Directeur général, j'ai eu une conversation avec lui; je lui ai dit que l'entreprise, les concessionnaires pour lesquels, en définitive, le voyage allait être d'une utilité incontestable, que ces concessionnaires feraient les frais de voyage. M. Heurtier a passé là-dessus. Je suis allé ensuite voir M. Fleury, je lui ai dit la même chose. M. Fleury n'a pas été du même avis que le Directeur général ; il a trouvé, quant à lui, que cette position de dépendance d'un Commissaire du Gouvernement à l'égard des concessionnaires qu'il devait surveiller, était une condition que l'administration supérieure ne pouvait pas accepter ; il comprenait très bien que M. Berryer ne pouvait pas faire ce voyage à ses frais, que les appointements de Commissaire du Gouvernement de 5000 francs ne pouvaient pas suffire à de pareilles dépenses, qu'il était déraisonnable de le supposer ; mais, ajoutait-il, « attendez à l'année prochaine, le budget sera ouvert à de nou- » veaux fonds, nous ferons le prélèvement nécessaire à votre voyage en » Angleterre. » Voilà la version de Berryer.

D'après les interpellations contradictoires qui ont été adressées à M. Fleury, à M. Heurtier, à M. Berryer, qu'y a-t-il de prouvé dans cette version? Un fait énorme, décisif, qui me suffit à moi, qui me suffit si bien, qu'en présence de ce fait, je ne sens pas même le besoin de critiquer des dénégations officielles que je n'admets pas d'ailleurs. Ce fait énorme, je le trouve dans la déclaration de M. Fleury : « Oui, dit M. Fleury,

» M. Berryer m'a déclaré que les concessionnaires étaient disposés à faire
» et qu'ils feraient les fonds. » Il ajoute, il est vrai : « Je n'ai pas été de cet
» avis. » Berryer l'avait déclaré lui-même, et avait dit qu'entre M. Fleury
M. Heurtier, il y avait eu une dissidence complète.

Je dis que ce fait est décisif, et voici pourquoi : Comment! M. Berryer,
dans le système de la prévention, aurait fait un traité d'argent avec
Cusin pour voyager en Angleterre, ce traité ne serait rien autre chose
que la vente de la conscience du fonctionnaire au profit des concessionnaires qui l'achètent, et la première démarche que va faire M. Berryer,
ce sera d'aller livrer ce secret à l'administration supérieure! Comment,
lui, le fonctionnaire corrompu, n'aurait pas même compris l'immoralité
d'un tel marché, qui ne serait pourtant que le prix honteux de sa trahison! Non, il ne l'aurait pas même compris, il ne s'en serait pas même
douté! car autrement comment expliquer sa démarche et son langage!
Comment, sans se troubler, aurait-il pu dire au Directeur général, à
M. Fleury, à ses supérieurs enfin : « Ce sont les concessionnaires qui font
» les avances! » Ah! l'on en conviendra du moins, l'administration n'eût
de Berryer que cette confidence première, confidence inexplicable si les
avances des concessionnaires devaient constituer non une inconvenance,
mais un délit, que dis-je! un crime, elle eût déjà été suffisamment instruite,
Berryer lui-même lui ouvrait les yeux ; et certes il ne lui était pas difficile d'apercevoir la vérité qui ne se cachait pas et qui allait se dérouler
comme elle s'était manifestée dès son origine au grand jour.

Non, je n'ai besoin que de cela. Ce que je vois, ce que je veux voir
avant tout, dans le prêt des concessionnaires, c'est la signification morale
de ce fait. Or, cette signification, la version de Berryer contrôlée et véri-
fiée par l'affirmation de M. Fleury la donne éclatante; jamais un fonctionnaire qui veut se vendre ou qui s'est vendu n'a eu l'imbécile naïveté
d'aller se dénoncer lui-même à ses supérieurs.

Si j'avais besoin d'autre chose, je me demanderais quelle est de la déclaration du témoin Heurtier, qui nie ce que M. Fleury affirme, et de la déclaration du prévenu, celle qui mérite le plus de confiance. C'est mon droit
vis-à-vis de tout le monde, il n'y a dans cette enceinte de privilége pour
personne : M. Berryer accepte la responsabilité de ses actes, c'est son
devoir; il n'accepte pas un désaveu, c'est son droit. Je ne comprends pas
qu'un homme ayant quelque sentiment de sa dignité, quand il a appartenu
à l'administration, quand il a traité avec cette administration, quand il s'est
livré à des opérations qui lui ont été confiées soit officiellement, soit officieusement, consente à être avoué dans les opérations officielles et désavoué dans les opérations officieuses. Celui qui veut qu'on accepte un tel
désaveu manque à sa dignité, et celui qui l'accepte est un misérable.
Voilà ma pensée sur ces choses.

J'ai demandé à M. Heurtier s'il se rappelait bien les faits. « Je ne me les

rappelle pas très bien, » a-t-il répondu. Messieurs, ces souvenirs effacés
me sont toujours suspects. J'ai insisté alors, et je lui ai dit : «Mais n'avez-
vous pas écrit à M. Berryer, n'avez-vous pas eu avec lui des entretiens,
notamment à l'occasion du voyage d'Angleterre? » Il a nié formellement
que M. Berryer lui eût même parlé des avances à faire par les concessionnaires. M. Berryer a répondu à son affirmation par une dénégation énergique. J'ai voulu savoir alors si, sur d'autres faits, la mémoire de M. Heurtier serait plus exacte. J'ai prié M. le président de l'interroger sur la lettre
du 19 septembre 1853, relative aux 4 millions 191,000 francs employés,
vous le savez, en valeurs de banque. Ce fait avait son intérêt, puisqu'on
se plaint si amèrement de la lettre du 29 mai, qui parle d'emploi en
valeurs hypothécaires. « N'avez-vous pas, lui ai-je fait demander, n'avez-
vous pas toléré cet emploi en d'autres valeurs? » M. Heurtier a répondu :
«Je ne me rappelle pas bien.—Je vais vous le rappeler, voici votre lettre.»
Cette mémoire est étrange, me disais-je, sur les faits les plus graves, elle
est toujours en défaut.

Il ne se rappelle pas, M. Heurtier, la version de M. Berryer sur les
avances des concessionnaires. Quoi d'étonnant ! il a bien oublié sa lettre
sur l'emploi des fonds, fait bien autrement capital ! Et puis, qu'importe
après tout cet oubli ! Ce qui donne créance à la version de Berryer contre
la dénégation de M. Heurtier, c'est la certitude de ce fait que M. Berryer
a parlé à M. Fleury des avances à faire par les concessionnaires. M. Fleury
n'a rien à nier, car sa résistance a été nette. M. Heurtier, au contraire,
qui a accepté l'inconvenance, veut dégager sa responsabilité ; cela s'explique.

D'ailleurs, un fait important reste debout : c'est que, après l'entretien
Fleury, M. Heurtier a demandé des détails à M. Berryer sur ses ressources
personnelles, que Berryer les lui a donnés dans une lettre, que cette
lettre a été écrite par lui au ministère même sur du papier du ministère.
Que signifie cela ? Est-ce que M. Heurtier, qui a l'habitude des distinctions entre l'officiel et l'officieux, voyant qu'il y avait résistance de la part
d'un des administrateurs placés sous ses ordres, M. Fleury, aurait dit à
Berryer : « Allez, allez toujours; officiellement vous ferez toutes les avances,
mais officieusement je sais ce qui se passera ! » — Ce sont là de ces distinctions que Pascal aurait un peu flagellées, si elles s'étaient passées de son
temps. Pour moi, il est certain que la version de M. Berryer est
vraie. Une lettre que je n'ai pas sous la main, mais qui existe et qui se
retrouvera, ne laisse aucun doute sur ce fait, que M. Berryer a parlé aussi
bien à M. Heurtier qu'à M. Fleury, des avances à faire par les concessionnaires. Les dénégations de M. Heurtier sont donc ainsi complétement
dénuées de fondement.

En résumé, donc, sur ce point, oui, il y a eu des avances faites par les concessionnaires ; mais elles l'ont été à titre de prêt, non à titre de don, elles ont été livrées pour faire face à des dépenses onéreuses et qui ne pouvaient pas véritablement affecter la fortune personnelle de Berryer, et non comme prix d'un honteux marché. L'administration supérieure n'a ignoré ni le projet, ni la réalisation de ces avances, voilà ma conviction ; elle sort des faits et surtout des entretiens engagés avec les chefs de l'administration. Un délit d'abus de confiance ou d'escroquerie dans ces avances, cela n'existe pas et ne se conçoit pas même.

J'aborde une autre objection.

En admettant, dit-on, que dans la pensée première de Berryer il y ait eu un simple prêt, ce prêt va prendre bientôt un autre caractère : ainsi, dans sa lettre du 21 février 1854, il va d'une part stipuler hautement une position dans l'administration des Docks, et cette position lui sera donnée, et d'autre part il stipulera la remise de la dette, et cette remise lui sera consentie.

Je réponds à ces deux points :

La lettre du 21 février 1854 a été écrite au moment où le traité Fox et Henderson venait d'être signé à Paris, en l'absence de Berryer encore en Angleterre. Je ne parle pas des autres traités, du traité secret notamment ; Berryer n'en a pas même voulu entendre parler : C'était, disait-il dans une lettre que j'ai citée et dont on ne nie ni le contenu ni la date, une affaire entre les concessionnaires et MM. Fox et Henderson. Il voulait y rester étranger, il y est resté étranger.

Le traité Fox signé, la négociation anglaise était accomplie : tous les avantages que pouvaient en attendre et l'administration et l'entreprise industrielle française étaient désormais acquis. Acquis, je ne dirai pas grâce à l'intervention exclusive de Berryer, mais grâce au moins à sa participation très active. Que cette participation ait attiré sur lui l'attention des concessionnaires, je n'ai point à le nier et je ne le nie pas. Qu'il y ait eu à cet égard, après le service rendu, quelques conversations engagées, c'est une chose, j'oserais dire, si ordinaire et si naturelle, que pour moi je ne m'en effraie pas. Cela dit, arrivons à la lettre.

Cette lettre du 24 février a besoin d'être lue dans son ensemble, sans système préconçu et sans préoccupation arrêtée, en étudiant le fait en lui-même, à sa date vraie, dans les circonstances où il s'est posé. Ou je me trompe fort, ou vous n'y trouverez en l'étudiant ainsi, ni corruption ni abus de confiance. Nous en serons à mille lieues.

Et d'abord, je le reconnais, oui, il a été question d'une position pour M. Berryer, mais à quelle époque ? Est-ce avant le service rendu, et comme condition stipulée de ce service ? Non ; c'est après le service rendu sans stipulation antérieure. Et encore n'était-il question d'une position à lui offrir, que lorsque la Société anonyme serait définitivement constituée. A la vérité, le Directeur général, les hommes du Gouvernement, M. Ber-

ryer, les concessionnaires, tout le monde tendait alors avec une grande
ardeur vers la transformation de la Société commanditaire en Société
anonyme. Mais enfin, ce n'est qu'après la Société anonyme constituée que
la position de Berryer dans cette Société pourra être dessinée et décidée.

C'est dans ces circonstances que Berryer écrit en effet, le 21 février, à
M. Cusin, entre autres choses, ce que je vais vous lire :

» « Quand j'étais à Londres, les personnes qui depuis quelque temps sont entrées
» dans l'affaire, voulaient que j'eusse une position omnipotente et exceptionnelle,
» cela en raison des influences utiles que j'avais exercées sous leurs yeux. J'avais
» trop le sentiment de mon insuffisance pour laisser un instant la pensée de ces
» personnes s'arrêter sur une semblable résolution, et j'ai cherché un moyen qui,
» tout en permettant de continuer utilement, dans la pratique, ce que j'avais entre-
» pris de faire, assurât le moyen le plus complet de force et d'utilité. J'ai eu
» l'honneur de vous présenter un projet, j'ai été assez heureux de voir que l'en-
» semble en était admis par vous. »

Quel début ! et quel langage entre deux hommes dont l'un achète la conscience de l'autre !

Continuons :

» « Puis m'est venue une question qui m'est exclusivement personnelle, celle de
» ma position dans l'affaire et celle de l'époque de mon entrée.
» Ici nous avons été d'un sentiment opposé, d'abord sur le point même de l'in-
» térêt de l'affaire, ensuite sur la question de la convenance personnelle.
» J'avais bien mûri cette question dans ma tête; l'accession que tout d'abord,
» par un sentiment de déférence pour vous et vos amis, j'avais cru devoir donner
» à votre avis, m'a attentivement préoccupé, et j'ai dû bien examiner mes plus
» intimes sentiments, pour prendre une résolution définitive ; cette résolution la
» voici :
» Je resterai Commissaire du Gouvernement jusqu'au jour de l'homologation des
» statuts; j'essaierai jusqu'au dernier moment d'être utile à votre affaire, comme
» vous y avez droit par le courage que vous avez eu à supporter toutes les
» charges et tous les tourments, tous les déboires de l'entreprise. »

N'oubliez pas la date du 21 février 1854, le sentiment de Berryer alors est
le sentiment de tout le monde :

» « Puis je me retirerai, mais je me retirerai absolument. Vous pouvez donc, dès
» à présent, offrir à quelqu'un la position que vous vouliez me faire. Mes répu-
» gnances à entrer avec vous dans l'affaire aux époques et de la manière qui vous
» semblent le plus convenables, sont invincibles. Je me retire donc purement et
» simplement, sans mauvaise volonté, sans arrière-pensée contre qui que ce soit,
» mais profondément triste de ne pas voir s'achever avec moi ce que j'avais été si
» heureux de voir revivre par moi. »

De bonne foi ! s'agit-il dans tout cela de la liquidation d'un marché fait depuis longtemps.

Mais vient un dernier passage sur lequel l'accusation insiste beaucoup ; lisons donc encore :

« J'ai, je pense, agi avec une telle liberté avec vous, que je ne dois pas hésiter à
» vous parler d'une question qui me regarde plus que les trois concessionnaires,
» c'est celle de l'intérêt, d'un bénéfice dans l'affaire qui peut m'être attribué.
» Libre *vis-à-vis du Gouvernement*, libre vis-à-vis de l'administration de la
» Compagnie, je puis, je dois vous demander quelle part d'intérêt j'ai aujourd'hui
» dans cette affaire.
» Ma fortune, fort ébréchée, me force à chercher dans mon travail, dans mon
» activité, les moyens de réparer le passé et d'assurer le présent. Veuillez me fixer à
» cet égard.
» En suivant cette affaire à Londres, j'ai rempli les vues du Gouvernement. En
» m'interposant auprès de certaines notabilités, je les ai décidées à venir vous
» apporter le point d'appui qui vous manquait.
» Je n'attends ni ne demande rien du Gouvernement, je renonce à mes fonctions,
» et je vous demande, à vous, quelles sont vos intentions à mon égard. »

Puis la lettre se termine ainsi :

« Veuillez faire remettre au porteur une copie de votre état de situation au
» 30 janvier : M. Levitre ne me l'a pas adressée. »

Ainsi, messieurs, tant qu'il a été Commissaire du Gouvernement, Berryer n'a rien demandé ; tant qu'il restera Commissaire du Gouvernement, il ne veut rien ; au moment où il écrit, il n'a rien stipulé, rien obtenu. Si récompense est due à ses services, il est encore, pour cette récompense, il est encore le 24 février, à la discrétion de ses prétendus complices ! Au reste, il ne veut rien, il n'acceptera rien que quand *libre* envers le Gouvernement, sa démission donnée, il rentrera dans toute l'indépendance de sa vie active ; il pourra faire alors ce que tant de fonctionnaires ont fait avant lui. J'en dirai un mot.

M. Cusin lui répond bien, dans une lettre dont M. l'Avocat impérial a donné lecture, qu'il songera à lui, qu'il lui fera une part, dût-il la prendre sur sa fortune personnelle. Oui, des promesses, des promesses vagues ! Rien de plus : où est le marché ?.

Je me trompe pourtant, messieurs, il a été question, en effet, à cette époque, d'une position d'administrateur. Il faut en dire un mot, je regretterais beaucoup d'avoir oublié ce détail, car il n'accuse pas, il justifie.

Voyons donc la position offerte.

Oui, en effet, en Angleterre, là où l'action de M. Berryer s'était manifestée, on avait eu une grande idée des services qu'il avait rendus, on lui avait, à cette occasion, offert une belle position, il y fait allusion dans sa lettre ; et à coup sûr les hommes qui la lui offraient ne se croyaient pas des corrupteurs de fonctionnaires. Et vraiment je m'étonne de ce puritanisme ! Est-ce que tous les jours on ne voit pas des ingénieurs quitter leurs fonctions pour entrer dans l'industrie privée ? Est-ce que l'industrie privée qui leur offre de magnifiques positions, n'est pas le plus souvent cette même industrie qu'ils ont surveillée comme ingénieur ? Il peut y avoir là quelque chose de peu convenable, mais quoi de déloyal ? Eh bien ! ce qui est arrivé à tant d'ingénieurs est aussi arrivé à Berryer.

Oui, en France, au moment où l'on constituait le Conseil d'administration de la Société, avec l'élément anglais dû, en partie, à l'intervention de Berryer, on a dit que ce Conseil se composerait de messieurs tels et tels, et dans la délibération se trouve ceci :

« Sous la réserve d'y ajouter cinq noms pour compléter le Conseil et remplir » les cinq places vacantes, dont l'une devra être offerte à M. Berryer. »

En a-t-on fait mystère ? Non, cette délibération, une fois prise, a passé immédiatement, des archives du Conseil entre les mains du ministre. Le Conseil ne croyait rien faire de déloyal, en disant : M. Berryer nous a rendu de grands services, nous lui offrirons un fauteuil dans l'administration ; et ce qu'ils se disaient entre eux, ils le répétaient tout haut au ministre.

Le ministre a bien reçu cette pièce, car voilà M. le Directeur général qui se révolte ; dans une lettre du 13 septembre 1854, adressée à M. Berryer, il lui dit :

« Il est stipulé, en outre, que cinq nouveaux membres compléteront le conseil et » qu'une de ces cinq places vous sera offerte.... »

Il se révolte ! Puis entendez bien ce qui suit ; entendez-le maintenant, que vous connaissez les faits ! Je ne ferai pas de réflexions, c'est la seule peine que je veuille infliger aux dénégations que vous allez entendre. En croirez-vous vos oreilles ? Écoutez !

« Bien que vous n'eussiez pas reçu de l'administration la mission de prendre » part aux négociations que les concessionnaires des Docks poursuivaient auprès de » capitalistes anglais, vous vous êtes occupé, monsieur, très activement des con- » ventions intervenues le 27 mars et le 23 juin.....
« .....Je pense donc qu'il vous sera possible, etc., etc. »

Enfin, comprenez-vous cela ? Quand j'ai mis sous vos yeux les pièces émanées de l'administration, dans lesquelles je vous ai démontré jusqu'à l'évidence qu'elle avait su le voyage, qu'elle avait su dans quel intérêt il avait été entrepris, que Berryer avait correspondu avec elle par l'intermédiaire d'Orsi, pour la tenir toujours au courant des négociations financières suivies à Londres ; quand vous avez sur tout cela des preuves plus claires que le soleil, comprenez-vous que dans sa lettre du 13 septembre 1854, M. Heurtier, le Directeur général, nie encore ! Et cependant, bien qu'il nie, la vérité l'emporte si bien, qu'il laisse voir qu'il sait tout, puisqu'il s'adresse à M. Berryer, sans trop de colère d'ailleurs, pour qu'il veuille bien lui donner des renseignements sur les négociations dont il s'est activement et utilement occupé en Angleterre.

Pardonnez-moi cette digression, et continuons.

Nous en sommes au fauteuil. Vous savez comment avait été prise, comment cette délibération avait été placée entre les mains du ministre; comment M. Heurtier s'en était scandalisé. Ce qu'il y a de plus curieux, c'est que M. Berryer ne savait rien de tout cela, il ignorait cette faveur qu'on lui réservait, aussi bien qu'il ignorait qu'on l'avait fait figurer encore sur une liste d'actionnaires souscripteurs, établie pour arriver à la constitution anonyme. Aussitôt qu'il en est instruit, et il l'est par la lettre du Directeur général, il s'empresse d'écrire aux concessionnaires une lettre dans laquelle je lis ceci :

« Lorsqu'il y a plusieurs mois vous m'avez fait entrevoir que vous désiriez me » placer parmi les personnes qui, lors de la constitution anonyme, seraient chargées » de l'administration de cette Société, j'en référai à M. le ministre de l'agriculture. » Son Excellence me répondit que bien qu'il fût peu dans ses désirs de voir les agents » du Gouvernement chargés de la surveillance des Compagnies, il me laissait libre » d'agir comme je penserais devoir faire, en prenant du reste l'engagement, vis- » à-vis de lui, de résilier mes fonctions au moment où je serais déterminé à accep- » ter une position dans votre Société. »

C'était aussi le sentiment de M. Berryer; il l'avait exprimé dans la lettre du 24 février, que je discutais tout à l'heure.

Il ajoute :

« La liste d'actionnaires et d'administrateurs que vous avez présentée au ministre » a pu lui faire croire que j'avais accepté les ouvertures qui m'avaient été faites, et » la lettre de M. le Directeur général est venue me confirmer dans cette pensée. » Je vous prie, monsieur, de vouloir bien expliquer à M. le Directeur général » quels ont été les motifs qui vous ont porté à mettre mon nom parmi les vôtres, » et lui dire que rien de ma part n'a autorisé cette apposition de mon nom... »

Et immédiatement les concessionnaires écrivent à M. le Directeur général une lettre dont ils adressent copie à M. Berryer.

J'y trouve notamment ces explications :

« En portant M. Berryer sur la liste de nos administrateurs et de nos souscrip- » teurs, nous n'avons consulté que notre désir d'appeler auprès de nous et à son » insu, un homme déjà investi de la confiance du Gouvernement. » Quant au fait en lui-même, il nous a paru justifié par des antécédents nom- » breux..., etc., etc. »

Ce n'est pas tout. Berryer a sur le cœur la lettre du Directeur général, il ne s'en inquiète pas, mais il veut en finir avec des soupçons injurieux.

Il écrit au ministre le 14 septembre :

« La position dans laquelle je suis placé comme Commissaire du Gouvernement » près des Docks m'a fait un devoir de ne prendre ni d'accepter aucun intérêt

» dans cette Société, sans avoir demandé l'agrément et l'approbation de Votre
» Excellence. Au moment où la Compagnie va être convertie en Société anonyme,
» des ouvertures me sont faites ; quelque flatteuse que soit pour moi cette dé-
» marche, je ne puis et ne veux donner une réponse à cette ouverture qu'avec
» votre approbation. »

La lettre du Directeur général demandait aussi une réponse ; la voici :

« En recevant de vous personnellement, monsieur le Directeur général, les auto-
» risations nécessaires pour me rendre en Angleterre, j'ai eu l'honneur de vous
» faire connaître et de faire connaître à M. le Ministre les conditions dans lesquelles
» je partais. J'ai eu l'honneur de vous dire que, bien que mon but principal fût
» d'étudier sur les lieux la question des Docks, tous mes efforts tendraient à
» aider la Compagnie française des Docks dans les négociations qu'elle entamerait
» avec les grandes maisons anglaises pour arriver à sa constitution définitive.
» J'ai fait plusieurs courses en Angleterre ; j'ai usé, autant que je l'ai pu, de l'in-
» fluence que pouvaient me donner, auprès des personnes hautement placées que je
» croyais utile d'attirer vers notre institution française, et mon caractère de Com-
» missaire du Gouvernement, et le nom que je porte ; et cela, je l'ai fait pour que
» le décret que Sa Majesté l'Empereur avait rendu, comme Président de la répu-
» blique, le 17 septembre 1852, ne fût pas purement et simplement rapporté, parce
» que l'institution qu'il créait n'était pas née viable, dans les conditions où on
» l'avait autorisée.
» J'ai eu l'honneur de vous voir plusieurs fois, monsieur le Directeur général, à cette
» époque ; j'ai eu aussi l'honneur de voir M. le ministre, et c'est avec bonheur que
» je me rappelle que, malgré les lenteurs, les hésitations qui retardaient de jour
» en jour la conclusion désirée, notre bon vouloir personnel et la haute bien-
» veillance de M. le ministre ont continué à la Compagnie des Docks un appui qui
» lui a permis de conclure un premier traité, le 14 février.
» En mars suivant, ayant eu connaissance d'un projet de convention qui, sur
» ma demande, a été remis entre les mains de M. le Ministre, je suis allé trouver
» Son Excellence, je l'ai entretenue de la réserve qui y avait été faite à mon égard
» pour l'avenir ; je lui ai demandé son avis, et cet avis je me suis attaché à le suivre
» scrupuleusement depuis cette époque.....
» La lettre que j'ai l'honneur de vous écrire le 12 du présent mois vous aura, je
» l'espère, fixé très positivement sur ma position vis-à-vis de la Compagnie, et je
» désire vivement, monsieur le Directeur général, que les impressions que vous
» m'exprimez de nouveau dans votre lettre d'hier, à mon égard s'effacent com-
» plétement de votre esprit. »

Vous avez maintenant sous les yeux, messieurs, tous les documents relatifs
à cette position d'administrateur, dont on fait si grand bruit contre Berryer.
Ces délibérations transmises au ministre ; ces correspondances, ces explications échangées, ces avis demandés à Son Excellence ; ces promesses, ces
refus, tout cela est-il un jeu, une comédie ? Ces documents ont-ils été faits
pour la cause ? N'ont-ils pas été saisis ? Ne sont-ils pas ainsi devenus pièces
officielles, authentiques ? Peut-on les nier ? Non, on ne les nie pas, on ne les
repousse pas comme suspects.
Cherchez donc dans ces justifications énergiques et solennelles la preuve

d'un abus de confiance, d'une escroquerie, plus que cela, la preuve d'une
conscience vendue et achetée.

Encore une objection à vaincre, et je termine,

La corruption, dit-on, si elle n'est pas dans cette position promise, dans les
avances ou prêts d'argent, elle est dans la remise de dette consentie par acte,
déposé chez un notaire.

Je vais répondre ; mais avant permettez-moi une observation. Vous avez
beaucoup entendu parler de pots-de-vin, de remises faites pour payer un
service rendu ou un droit négligé. Le procès actuel nous en a offert un modèle
assez curieux.

M. Riant, vous le savez, a vendu des terrains aux Docks. Il les a très bien
vendus, à un prix merveilleux ; il en a vendu pour plusieurs millions, vous
vous le rappelez. Il est venu vous dire ici : « Ah ! on est bien à plaindre quand
on vend des terrains ! A peine les a-t-on vendus qu'une foule d'officieux arrivent, tendant la main et vous disant : « Vous savez, j'ai aidé à l'affaire. » J'ai
subi ces exigences, je n'ai pas contesté, et j'ai jeté à celui-ci 50,000 francs, je
crois, à celui-là 60,000 francs. » A la bonne heure, voilà d'affreux abus. Eh
bien ! ces pots-de-vin, pour un service d'une heure, passent inaperçus, quoiqu'ils donnent bien à réfléchir pourtant sur les contrats qui les ont motivés.
Mais quand un homme vient dire : J'ai passé un an en Angleterre, j'y ai
dépensé beaucoup d'argent, remboursez-moi au moins mes dépenses ; mes
services ! je vous les donne, on s'indigne alors, on s'irrite, on crie à la
trahison !

Vous parlez de remise de dette ; mais d'abord comment et pourquoi cette
dette s'était-elle donc formée ? Pour des négociations suivies dans l'intérêt des
Docks. Était-ce bien la dette de Berryer ? N'était-ce pas plutôt la dette des
Docks, et la remise de dette ne serait-elle pas ici un remboursement que
l'équité ne pouvait refuser ?

Et puis où donc est la preuve de cette prétendue remise de dette ?

On parle d'un acte qui aurait été déposé chez un notaire ; où est-il cet
acte ? Il n'existe plus, il a été annulé longtemps avant le procès. Par qui
a-t-il été déposé ? Par Berryer, apparemment, puisque c'était pour lui un titre
libératoire ? Non, on n'a pas l'acte de dépôt, mais le pli qui le contenait est
aux pièces ; or, j'ai vu avec étonnement que la signature de M. Berryer ne
figure ni dans l'acte de dépôt ni dans l'acte de retrait. Tout s'est donc fait
sans lui, en dehors de lui ; et ce qui est certain, c'est que Berryer aujourd'hui
encore est débiteur envers la maison de banque de toutes les sommes qu'elle a
prêtées, et le liquidateur de cette maison, à l'heure qu'il est, le poursuit de
ses réclamations, en attendant qu'il commence contre lui des poursuites plus
sévères et plus actives.

J'en ai fini avec la discussion des faits, messieurs ; je crois qu'après vous
les avoir expliqués, même au point de vue moral, ils sont singulièrement
atténués, s'ils ne sont pas complétement justifiés. Les services que Berryer a

rendus n'ont pas été payés ; ils ne l'ont jamais été, et aujourd'hui encore sa fortune est engagée et répond à la banque de toutes les avances qu'elle a faites, de toutes, entendez-le bien, même du prétendu traitement secret. En telle sorte qu'il faudra bien qu'il rembourse sur son patrimoine les prêts qui lui ont été faits ; et à côté de cela qu'y a-t-il ? La promesse d'une position qu'il n'a pas voulu accepter, qu'il a refusée.

Voilà les bénéfices qu'il a encaissés dans ces trois années qui auraient été pour lui, suivant la prévention, une époque de spéculations scandaleuses et de honteux marchés.

Mais je suppose que les faits soient debout encore. Même avant d'avoir cette conviction que le travail m'a donnée, je me disais : Qu'est-ce donc au fond que cette accusation ? Si l'on pouvait dire à M. Berryer : Vous, fonctionnaire public, vous avez trahi vos devoirs et vous avez reçu pour cela de l'argent ! je comprendrais qu'il y aurait là un délit de corruption, ou plutôt un crime, et non pas un délit. Je comprendrais qu'on l'envoyât devant la juridiction qui juge ces sortes de crimes ; mais je n'ai jamais compris et je ne comprendrai jamais comment M. Berryer, quand même les faits seraient constants, quand même il s'agirait, non pas d'avances, mais de dons réellement faits, comment, dis-je, il peut être accusé d'escroquerie et d'abus de confiance ou de complicité dans ces délits !

Quelle est donc la base de votre action en escroquerie ? La déclaration qui aurait été faite mensongèrement, frauduleusement de la souscription totale des actions de la Société. Vous n'en avez pas d'autre. Or, quand ce fait s'est passé, Berryer, on peut le dire, n'était pas né : ce fait s'est passé en 1852, et Berryer n'a été nommé commissaire qu'en 1853. Comment a-t-il pu en être complice ? En serait-il le complice parce que, apprenant son existence, il ne l'aurait pas révélé ? L'administration en était instruite longtemps avant son investiture ; elle l'avait été, en outre, par le rapport Pereire. Bien mieux, Berryer le lui a encore, non pas révélé, mais redit dans son premier rapport du 28 mars 1853 ; l'administration savait donc tout et le savait si bien, qu'elle a regardé ce délit comme une simple faute qu'on devait couvrir, qu'elle a couverte parce qu'il lui a plu de la couvrir. — Assez sur la complicité d'escroquerie.

La complicité dans les abus de confiance ! Mais en quoi donc Berryer, qui n'avait aucun rapport actif avec l'entreprise, a-t-il pu abuser, a-t-il abusé de la confiance des actionnaires ? Est-ce qu'il aurait détourné ou participé au détournement des fonds ? D'abord, il n'a rien détourné ; il a emprunté, à différentes fois, différentes sommes, rien de plus.

Comme emprunteur, il est parfaitement responsable de la dette, et il ne la nie pas.

Mais quoi ! emprunter une somme d'argent, cela ne ressemblera jamais à un détournement.

Allons plus loin. Il n'a pas même emprunté aux Docks, il a emprunté à la banque de M. Cusin, à la fortune de M. Cusin. Il n'a pas eu à rechercher et n'a pas pu savoir si les fonds que lui prêtait M. Cusin provenaient de la caisse de Cusin ou de toute autre source ; à cet égard, il était dans la position où se trouvaient toutes les personnes qui avaient des comptes courants à cette banque.

Vous dites : On a volé aux actionnaires 1,800,000 fr. au moyen du traité Fox et Henderson. — Mais M. Berryer a-t-il pris un sou dans ces 1,800,000 francs ? Vous ne le pensez pas, vous ne le dites pas, vous ne l'insinuez même pas. De ce côté donc il n'a encore rien détourné, en admettant qu'il y ait eu des détournements.

Vous parlez d'actions ! En a-t-il pris une, une seule ? Lui en a-t-on donné ? Le voit-on apparaître dans les négociations qui se sont faites à un titre ou à un autre ? Non, et vous ne le dites pas. Il en a acheté quelques-unes ; j'ai expliqué ces achats de manière qu'on n'y revienne plus.

Enfin, vous parlez de millions disparus ! Ah ! oui, il y a là un mystère impénétrable. Je ne connais pas le secret, moi ; il n'y a qu'un homme qui puisse le connaître, il ne veut pas le révéler ; s'il existe, s'il ne veut pas le révéler, son silence est à ses risques et périls, c'est son affaire. Mais ce que je dis, ce que je peux dire, c'est qu'au moins, dans ces millions dont la trace est perdue, et qui n'ont pas pu, j'en conviens, se volatiliser, se perdre dans l'atmosphère, ils sont tombés en pluie d'or quelque part. Où ? Je ne sais ; mais ce que je sais bien, c'est qu'ils ne sont pas tombés dans les mains de Berryer, non pas pour une obole. Sur ce point, du moins, nous sommes d'accord, le Ministère public ne l'accuse pas !

Eh bien ! une dernière fois je le demande : Où donc est la participation de Berryer dans le délit d'escroquerie ? Où donc est sa participation dans le délit d'abus de confiance ? Où sont les détournements ? Où est la conscience vendue et payée ? Où sont les devoirs trahis ? Je cherche, et je trouve, dans toute cette longue histoire de trois années, des légèretés, des inconvenances, des imprudences ; mais, grâce à Dieu, je n'y trouve pas l'improbité et le délit.

Je suis heureux maintenant, messieurs, je vous ai dit tout ce que j'avais dans le cœur et dans l'esprit. Et après avoir dégagé la cause de toutes ces objections qui l'embarrassaient et l'étouffaient, je puis donc enfin invoquer sans trouble ce grand nom devant lequel tous s'inclinent, autour duquel toutes les sympathies du monde et du barreau viennent se grouper. Je puis l'invoquer au moment où vos délibérations vont s'ouvrir, non pas pour les influencer.... Qui donc oserait pénétrer dans ce prétoire pour peser sur votre conscience et commander à votre indépendance ! qui l'oserait !.... Ce ne serait pas lui ! il ne le voudrait pas ! Mais je l'invoque ce nom, pour qu'il vienne du moins abriter sous ces cinquante ans de gloire pure et respectée cette jeune existence qui, je puis l'affirmer maintenant, dirigée qu'elle était par de magnifiques enseignements, n'a pas débuté dans la vie par des spéculations honteuses.

Oui, l'instruction avait raison quand elle refusait d'admettre que Berryer fils eût ainsi trahi son passé. Oui, elle avait une idée noble et généreuse, une idée véritablement sociale, lorsqu'elle reculait devant la pensée que l'homme que je défends eût pu démentir ainsi son origine. Je ne crois pas aisément, messieurs, à ces décadences prématurées d'une noblesse glorieusement acquise, noblesse la plus haute de toutes les noblesses, celle du génie et du travail, celle de la pensée et du cœur. Berryer a parlé trop haut et parle encore trop haut dans le monde intellectuel et moral ! sa parole a eu un retentissement trop éclatant pour qu'elle n'ait pas eu quelque résonnance au foyer de sa famille. Ah ! messieurs, j'aurais dans le cœur et dans l'âme bien des désespoirs en vérité, si je pouvais croire un instant que la famille, cette sublime création de Dieu, ne trouve pas à sa base la plus belle des hérédités, l'hérédité de la pensée, des sentiments et des vertus. Oh ! non, non, je n'ai pas cette croyance désolante ; j'ai la croyance contraire, je la chéris, je la bénis cette sainte croyance, car instinctivement elle m'a donné foi dans l'innocence d'Arthur Berryer, et c'est elle encore qui, fécondée par le travail, éclairée par lui, a amené chez moi ces convictions qui ont pu résister à l'éloquence de M. l'Avocat impérial. Je la bénis, oui, car elle a soutenu mes efforts ; elle m'a protégé dans mes jours fatigués, dans mes nuits sans sommeil, alors que la parole manquait presque à mon dévouement. J'ai l'espérance que bientôt elle passera dans vos esprits, et qu'elle deviendra une réalité judiciaire. Ainsi, messieurs, se trouveront taris bien des chagrins, bien des douleurs, que vous pouvez deviner, mais dont seul j'ai pu mesurer la profondeur, Telle est, mon espérance, et j'ai foi en votre justice (1).

Audience du 4 mars 1857.

RÉPLIQUE DE M. ERNEST PINARD,

SUBSTITUT DE M. LE PROCUREUR IMPÉRIAL.

Messieurs, quand le défenseur que vous venez d'entendre a trouvé de tels accents, quand un grand talent a ainsi défendu un grand nom, je comprends la puissance des émotions qu'il produit. Et cependant, je vous demande encore quelques instants pour résumer l'accusation. Non, ma conviction n'a changé vis-à-vis d'aucun des inculpés ; seulement, à la dernière heure des débats, il ne faut point de répliques inutiles, et je restreins la mienne à deux points essentiels : le terrain du droit, la situation du Commissaire du Gouvernement.

Sur le terrain du droit, je relève deux chefs de prévention : 1° L'article 408 est-il applicable ? 2° L'article 405 l'est-il également ? Je réponds affirmativement et je justifie cette double réponse.

---

(1) La plaidoirie de Me Marie a rempli une partie de l'audience du 3 et de l'audience du 4. Nous l'avons donnée en entier sous la date du 3, pour ne pas la scinder en deux parties.

L'article 408 est applicable à deux séries de faits : le détournement des capitaux, le détournement des actions.

Le détournement des capitaux est certain, si j'établis quatre points : la remise des fonds,—la remise en vue d'un emploi déterminé,—la remise faite à des mandataires,—la disposition des fonds pour un but différent que celui qu'indiquait le mandat.

La *remise des fonds* n'est pas contestée. Plus de 10 millions ont été versés en espèces dès le mois d'octobre 1852.

L'*emploi était-il déterminé?* Oui, assurément; il suffit, pour s'en convaincre, de lire les statuts; cette loi intervenue entre les concessionnaires d'une part et les souscripteurs de l'autre, loi sacrée, faite par les premiers, acceptée par les seconds, et qui créait entre eux le lien d'un contrat de Société. Que disaient les statuts dans l'article 1er : « Une Société est formée pour acheter des entrepôts, construire des Docks et les exploiter. » Sur la foi de cette clause, les souscripteurs répondent à l'appel et versent des fonds destinés nécessairement à ces achats, à ces constructions, à cette exploitation. Il est évident que pas un souscripteur n'a pensé à alimenter d'autres entreprises que celle qui se formait ce jour-là. Les fonds n'avaient donc pas d'autre emploi possible d'après la nature du contrat qui intervenait, et les termes exprès des clauses qui le rendaient public.

Qu'on discute sur la nature des mesures conservatoires qui seront prises pour faire produire à ces capitaux un intérêt avant le jour où ils seront définitivement employés pour les besoins de la Société : soit, je le comprends. Qu'on dise que cet emploi provisoire, qui devait garder les sommes versées sous la forme la plus promptement réalisable, n'était pas explicitement indiqué par les statuts; qu'on ajoute que l'article qui prescrit d'acheter des rentes avec le fond de réserve ne s'applique pas directement aux premiers capitaux versés, et qu'en matière pénale il ne faut pas raisonner par analogie : soit, je l'admets encore. Mais il s'agit entre nous non d'un emploi provisoire, mais bien d'un emploi définitif; il s'agit de savoir si les souscripteurs versaient des deniers dont le dépositaire disposerait à son gré, ou des capitaux qu'il devrait consacrer en dernière analyse aux besoins mêmes de la Société qu'il fondait. Or, sur ce point, le doute n'est pas possible, et si les concessionnaires avaient la faculté de garder en espèces les sommes encaissées ou de choisir comme emploi provisoire le dépôt aux consignations, le titre de rentes, ou le bon du Trésor, il est évident qu'ils ne devaient, aux termes du contrat de Société qui intervenait, et d'après l'article 1er des statuts qui les liaient, ne les consacrer d'une manière définitive qu'à l'entreprise pour laquelle le public avait souscrit.

En troisième lieu, cette remise de fonds avec emploi déterminé était faite à des *mandataires*. Cette qualité des mandataires attribuée aux trois concessionnaires était la conséquence forcée de ce contrat de Société dont nous parlions tout à l'heure. Il n'y a pas contrat de Société sans un mandat conféré à tout gérant provisoire ou définitif. Ajoutons que, si l'article 3 des statuts fixe provisoirement le siège de la Société rue Laffitte, au lieu même où sont les bureaux de l'Union commerciale, aucune délibération du Conseil d'administration ne désigne Cusin, Legendre et compagnie comme les banquiers de la nouvelle entreprise, chargés de faire valoir ou de garder en dépôt le produit des souscriptions. Il y a là deux situations très distinctes et très tranchées : la maison de banque Cusin et Legendre, étrangère à la concession et qu'aucun contrat ne lie vis-à-vis des souscripteurs des Docks ; et les trois concessionnaires Cusin, Legendre et Duchêne de Vère, seuls nommés dans le décret, agissant en leur nom personnel, sous leur responsabilité privée, mandataires vis-à-vis des souscripteurs, non parce qu'ils sont banquiers ou gérants de l'Union commerciale, mais parce qu'ils ont fondé une Société nouvelle qu'ils représentent légalement vis-à-vis de tout actionnaire. Que la maison de banque qui est derrière deux d'entre eux ne fasse donc pas équivoquer sur leur qualité : cette maison de banque a pu doubler leur crédit, faire croire à une large surface, faciliter même l'obtention du décret du 17 septembre 1852 ; mais ce n'est point la maison de banque qui figurait dans ce décret, qui rédigeait les statuts, qui demandait des fonds à titre d'emprunt pour les employer sans contrôle à ses opérations de commerce et ne rendre à ceux qui viendraient à elle qu'un compte de débiteur à créancier. Non : les mandataires vrais, les seuls mandataires, c'est Cusin, Legendre et Duchêne de Vère, en leur nom privé, parce qu'eux seuls sont concessionnaires dans le décret et gérants dans les statuts.

En quatrième lieu, ces fonds remis avec emploi déterminé à des mandataires sont *détournés de leur destination*. Quatre millions disparaissent, et nous les retrouvons distribués aux inculpés, ou engloutis dans les opérations de Javel et de Pont-Remy. Est-ce que la prospérité de Pont-Remy, qui est une Compagnie linière, de Javel, qui est une Société pour la fabrication des engrais, intéressait directement ou indirectement la Compagnie des Docks ? Est-ce que ces prélèvements des inculpés, s'augmentant dans la proportion où la détresse de l'entreprise s'agrandit, étaient le payement d'une dette sociale ? On ne saurait le prétendre, et l'on tourne à demi la difficulté, en disant : L'argent ne devait point rester stérile ; la maison de banque l'employait dans l'intérêt des Docks, jusqu'au jour où ceux-ci auraient besoin du capital. Voyons : si l'explication est sérieuse, les fonds rentreront le jour où la Société, aux abois, sera réduite à vendre à vil prix les titres restés à la souche, et pendant cet emploi provisoire ils auront produit un intérêt pour les Docks. Or, lisez, lisez bien la comptabilité des Docks et de l'Union commerciale, et de 1853 à 1856 vous y verrez que pas une obole n'est rentrée sur le capital, et que pas un centime d'intérêt n'a été inscrit, même sur les livres, pour ces millions qu'on détourne, sous prétexte de les faire fructifier au profit de la Société nouvelle. Non-seulement les inculpés ne payent pas un jour d'intérêt pour les sommes qu'ils prélèvent sous ce nom menteur de compte courant, mais Javel donne 9 pour 100 de dividende, mais Pont-Remy est une bonne entreprise, assurant, dites-vous, de magnifiques bénéfices, et ces dividendes, ces bénéfices, les concessionnaires les gardent pour eux sans jamais les porter à l'avoir des Docks. Il en est de même des titres eux-mêmes, des actions de Javel et de Pont-Remy, qu'on se garde de transférer à la Société, lorsqu'on vient de les payer avec son argent. Non, l'explication tentée n'est pas possible. Les fonds sont détournés de leur destination, ou il n'y aura jamais de détournement.

Ainsi, l'article 408 est applicable à cette première série de faits appelée le détournement des capitaux ; les quatre conditions qui constituent l'abus de confiance sont établies : il y a eu *disparition de fonds remis avec emploi déterminé à des mandataires.*

La seconde série de faits, appelée le détournement des actions, est également puni par l'article 408.

Il y aura détournement d'actions frappé par la loi pénale, si j'établis quatre points : des actions restaient à la souche,—les concessionnaires en étaient dépositaires—à charge de les rendre ou représenter,—ils en ont disposé.

Des actions restaient-elles à la souche? Oui ; elles étaient au nombre de 112,000. 87,802 seulement avaient été souscrites.

Les concessionnaires étaient-ils *dépositaires* de ces titres ? On cherche à le contester, en prétendant que l'acte du 20 novembre 1852 les rend propriétaires des actions non placées ; mais le doute sur ce point n'est pas possible. Consultons encore les statuts, et nous y voyons, à l'article 7, que le titre ne peut se détacher, et par conséquent se transmettre, se négocier, s'acquérir en un mot, qu'après l'acquittement en espèces du premier versement. Tant que vous ne l'avez pas payé, vous ne l'avez pas acquis, et si un tiers fût venu le 12 octobre dire aux concessionnaires : Je souscris, mais sans argent, sauf à payer plus tard, quand les titres feront prime, et quand je pourrai vous rembourser en vendant ; je vous le demande, de bonne foi, eût-on considéré la souscription comme sérieuse et conforme aux statuts ? Non, évidemment. De quel droit donc les concessionnaires feraient-ils à leur profit ce qu'ils n'oseraient faire vis-à-vis d'autrui ? Ainsi se porter fort n'est pas souscrire ; on ne souscrit qu'en payant, on n'acquiert qu'en faisant le versement, et si ce principe doit être rigoureusement appliqué, ce sera surtout lorsqu'il s'agira d'attribuer à trois personnes seulement ce chiffre énorme de 112,198 actions, de 125 francs chacun, demandant un premier versement de près de 15 millions. Aussi, les inculpés ne s'y sont pas trompés ; ils ont bien pensé que si dans l'acte du 20 novembre 1852 ils se bornaient à insérer qu'ils se portaient garants de la souscription future des 112,000 titres, cette mention n'équivaudrait pas à la souscription et au payement en espèces qu'exigeaient les statuts, et ne permettrait pas à la Société de se constituer. Ils ont alors déclaré solennellement un fait mensonger : la souscription intégrale des 200,000 actions et leur réalisation en numéraire. Est-ce qu'ils peuvent aujourd'hui prétendre que ce mensonge inséré dans l'acte authentique, répété dans les lettres des 14 et 24 janvier 1853, a la puissance de dénaturer l'état sérieux des choses, et de les investir d'une propriété qu'ils n'ont point acquise ? Non ; il faut nécessairement opter entre deux qualités : celle de dépositaire ou celle de propriétaire. La qualité de propriétaire des actions restées à la souche n'a jamais été acquise, parce qu'il n'y a eu de leur part ni payement ni souscription effective. Celle de dépositaire a donc subsisté toujours d'une manière invariable. Voilà la situation vraie ; et s'il suffisait, pour la changer au regard de la loi ou des actionnaires, de la contredire dans un acte authentique, en affirmant une souscription qui n'est pas, et une réalisation en espèces qui n'a jamais eu lieu, si l'on donnait au mensonge ce singulier pouvoir de changer la qualité légale de dépositaire et d'investir d'une propriété à laquelle on n'avait nul droit, comment s'appliqueraient, je vous le demande, toutes les lois sur les Sociétés commerciales, comment fonctionnerait spécialement celle du 17 juillet 1856, qui punit comme une escroquerie la simulation des souscriptions ou des versements ? Est-ce que le gérant pourra répondre impunément : En déclarant tous les titres souscrits quand tous ne l'étaient pas, j'entendais prendre pour moi ceux qui restaient ; je ne les ai point payés, mais j'avais cette bonne volonté de les payer plus tard ; j'ai pu disposer des titres que m'attribuait le bénéfice d'une fausse déclaration ; je consens à compter non comme dépositaire, mais comme débiteur? Une pareille réponse serait dérisoire : tout le monde en convient; elle l'est avant comme après la loi du 17 juillet 1856, parce qu'avant comme après, le mensonge ne saurait altérer le droit et le titre légal d'un dépositaire. Avant cette loi de 1856, une déclaration comme celle du 20 novembre 1852 ne sera, si vous le voulez, qu'un mensonge ; après, elle sera un délit assimilé à l'escroquerie. Mais à toutes les dates, en 1852 comme en 1856, elle ne saurait avoir la puissance de vous investir d'une propriété que vous n'avez jamais acquise. Donc, vous restez ce que vous étiez au début : *des dépositaires.*

Si les concessionnaires sont restés dépositaires, ils étaient tenus *de rendre ou de représenter ;* c'est là une conséquence nécessaire de leur qualité légale. On discute ce titre que nous leur avons attribué, on ne peut rien dire sur la responsabilité qui découle de ce titre lui-même.

Ont-ils disposé de ces actions restées à la souche et qu'ils doivent, en qualité de dépositaires, rendre ou représenter ? C'est là notre dernière question, et elle est tranchée par les livres et les témoignages. Ils ont disposé de ces titres à leur profit personnel, sans pouvoir rendre compte, et cela dans les limites que nous avons indiquées. En un mot, ils avaient à la souche 112,198 actions; ils en détachent, contre espèces versées à la caisse, plus de 32,000 que nous considérons dès lors comme légitimement acquises et non détournées ; ils en représentent encore à la souche 5,824. Ils ont indûment détaché, et ont détourné les 74,176 actions qui ont disparu.

L'article 408 doit donc s'appliquer à la seconde série de faits qualifiée : détournement des actions. Les quatre conditions qui caractérisent l'abus de confiance sont nettement démontrées : il y a eu *disparition de titres, restant*

à la souche, entre les mains de dépositaires, chargés de rendre ou de repré-
senter.

Je devrais m'arrêter là dans cette discussion relative au détournement des titres, si un fait spécial, celui des 1 million 800,000 francs de commission secrète, qui caractérise si bien l'intention frauduleuse des inculpés, n'avait été énergiquement discuté par tous les défenseurs. Oui, cette commission secrète de 14,400 actions, ou de 1 million 800,000 francs, est la preuve la plus manifeste de leur intention coupable, et le plus audacieux des détournements de titres que nous leur imputons.

' On a cherché à en atténuer la portée à l'aide de deux raisons que je repousse énergiquement : la première, c'est que la commission secrète n'aurait été stipulée que dans un intérêt social étranger aux concessionnaires, pour combler un déficit antérieur, et permettre la présentation des statuts au Conseil d'État ; la seconde, c'est que le ministre lui-même aurait eu connaissance de la clause et l'aurait tolérée.

Je réponds à la première raison. D'abord, les concessionnaires auraient, dans l'hypothèse que pose la défense, commis un second détournement pour en combler un premier ; ils auraient, suivant l'expression de Stokes, creusé un nouveau trou pour en boucher un autre. Ceci, fût-il vrai, n'éloignerait point l'application de l'article 408, et tous les jours vous condamnez, messieurs, des agents d'affaires qui réparent vis-à-vis d'un client qui les effraie un premier abus de confiance en détournant d'autres sommes. Mais je me hâte d'ajouter que cette habile explication de la défense, qui atténuerait sans la détruire le détournement spécial des 14,400 actions reçues de Fox et Henderson, est complétement détruite par les faits. Les 14,400 actions, dites-vous, ne sont stipulées en février 1854 et livrées en juillet que pour combler le déficit et faciliter l'homologation. Eh bien ! c'est le mensonge le plus hardi qu'aient pu formuler les inculpés. C'est le 24 juillet qu'ils reçoivent de Fox et Henderson ces titres de la commission secrète. De deux choses l'une : ou ils les détachent ce jour-là de la souche, ou ils les y laissent. S'ils les détachent, ils les encaissent, et doivent les reproduire ou en papier ou en espèces. Or, ils ne reproduisent rien en espèces et rien en papier. S'ils les laissent à la souche le 24 juillet (et c'est là l'hypothèse que l'honorable Me Dufaure regarde comme certaine), ce n'est pas pour que la Société en bénéficie, car six jours après, le 31 juillet, elles ont disparu. Écoutez en effet l'expert vous dire que, le 31 juillet 1854, il ne restait plus que 5,824 actions à la souche ; et lisons les procès-verbaux d'Arthur Berryer lui-même, apposant les scellés le 12 août 1854, les levant le 5 janvier suivant, et constatant qu'à ces deux époques la souche ne possède plus que 5,824 titres. Ainsi, qu'on adopte l'une ou l'autre branche du dilemme, il est démontré que les concessionnaires ont seuls profité des 14,400 actions et ne les ont jamais réservées, pour combler un déficit antérieur, au moment de la présentation des statuts.

Ai-je besoin maintenant de réfuter la seconde raison, qui tombe avec la première? Le ministre aurait connu et toléré la clause de la commission secrète, dans la pensée que les 14,400 actions serviraient à couvrir les déficits du passé: et pour rendre plus probable cette allégation, on ajoute que le bilan du 14 août 1854, envoyé à l'administration, décomposait ainsi les 4 millions du traité : 2 millions 200,000 francs à Fox et Henderson, 1 million 800,000 francs aux concessionnaires. Eh bien! c'est là une complète erreur; j'ai là les originaux de toutes les pièces envoyées par Cusin au ministre le 12 août, et sur toutes vous y verrez le chiffre de 4 millions indiqués comme payés en espèces à Fox et Henderson. Maintenant, que Lombard ait fait des copies de ce bilan saisies chez les concessionnaires, et que pour se rendre un compte de la situation vraie on y ait indiqué que 1 million 800,000 francs avaient été payés aux inculpés ; que Cusin ait fait plusieurs brouillons de ce genre où il répète la même mention ; c'est là un fait parfaitement exact et dont on ne peut tirer qu'une seule conclusion : c'est qu'on ne craignait pas d'écrire la vérité sur les notes sans date et sans signature qu'on gardait en portefeuille, et qu'on avait soin de l'altérer sur les états officiels qu'on adressait au ministre. Cette dissimulation qui existait vis-à-vis de l'administration, mais elle était une des conséquences forcées de la situation : comment oser demander l'homologation si l'on avouait la commission soldée le 24 juillet, et déjà partagée et consommée le 12 août? La seconde raison n'est donc pas discutable, et le ministre a si peu connu l'existence de ce traité clandestin, que le jour où M. l'inspecteur général Chappuis le découvre et le lui révèle, il provoque immédiatement et obtient la révocation du décret de concession.

Ainsi reste entière toute mon argumentation relative aux traités Fox et Henderson, qui ont consacré le plus audacieux des détournements de titres reprochés aux inculpés.

L'article 405 sera-t-il applicable aux ventes d'actions non souscrites faites aux tiers ? C'est là le second point que je relève sur le terrain du Droit.

Lorsque les concessionnaires se sont présentés le 20 novembre 1852 devant le notaire Dufour, ils ne se sont pas bornés à se porter garants de la souscription des actions non délivrées : ils ont intentionnellement affirmé un fait mensonger, à savoir, la souscription intégrale de 200,000 actions et leur réalisation en espèces, et ce fait mensonger, ils l'ont consigné dans un acte authentique. C'était là, non une énonciation accessoire, mais ce que la jurisprudence appelle une énonciation *substantielle*, celle qui motive la réunion des déclarants, et la rédaction de l'acte. Or, une semblable déclaration pouvait, quoi qu'on en ait dit, constituer à la charge des concessionnaires un faux en écriture authentique et publique, puisqu'elle était *substantielle*, et faite évidemment avec l'intention de tromper les tiers (1). Maintenant la loi du 17 juillet 1856 est survenue : elle a voulu rendre la poursuite plus efficace et plus sûre, en faisant d'une semblable déclaration un délit spécial de la juridiction correc-

---

(1) Voir dans ce sens l'arrêt de la Cour de cassation, 17 septembre 1843.

tionnelle, puni des peines de l'escroquerie. Cette loi a été promulguée plus de trois ans après l'acte du 20 novembre 1852. Les inculpés profiteront du bénéfice de cette loi, et la fausse déclaration ne sera considérée que comme un délit : ils invoqueront ensuite contre cette loi elle-même la prescription de trois ans qui s'applique au délit : soit : ce sont là deux immunités que nous ne leur avons jamais contestées.

Mais, si depuis moins de trois ans ils ont fait usage de cet acte du 20 novembre 1852, si aux yeux des tiers ils l'ont ressuscité comme sincère, et si ceux-ci ont été trompés, le délit d'escroquerie prévu par le droit commun, puni par l'article 405, sera constant. Il y aura eu manœuvre frauduleuse, entraînant une remise de fonds : les deux conditions exigées par la loi pénale seront nettement établies.

Doutera-t-on de cet usage de l'acte du 20 novembre 1852? Mais quand les concessionnaires écoulent comme souscrites les actions qui ne l'ont pas été, c'est en s'appuyant uniquement sur cet acte qui est leur point de départ, et la justification de toutes les ventes. Pour que les tiers ne s'y trompent pas, le notaire leur délivrera des expéditions de cet acte mensonger en leur remettant des statuts : on poussera même la précaution jusqu'à maculer les actions indûment détachées de la souche avant de les présenter à la Bourse, afin de faire croire aux acheteurs qu'elles ont été réellement souscrites en octobre 1852, et qu'elles passent de main en main depuis cette époque.

Trompés par ces manœuvres, les tiers croient intégrale une souscription qui n'est que partielle : ils croient régulière et conforme aux statuts, une Société de fait qui n'a été constituée qu'en les violant ; ils croient que 25 millions garantissent l'avenir, quand la caisse n'en possède que onze. Voilà pourquoi ils acceptent sur le marché ces actions qu'on leur dit souscrites, et qui ne l'ont pas été ; voilà ce qui détermine ces remises de fonds nombreuses, quotidiennes, enlevées aux bourses les plus petites, aux épargnes les plus modestes. Car ne nous y trompons pas ; ce n'est pas Émile Pereire, ce n'est pas Rothschild, ce ne sont pas les gros capitalistes qu'on cherchait à tromper en sollicitant leur appui : à eux, il fallait tout dire, et montrer le déficit, puisqu'on leur demandait de le combler. Mais lorsque les puissances financières auxquelles on présentait l'affaire en connaissaient tous les vices, les petits capitaux donnaient sur la place, séduits par le nom de l'entreprise, attirés par le bas prix d'émission, trompés surtout par cette déclaration mensongère que les concessionnaires ressuscitaient à chaque phase de leur gestion.

Ainsi l'acte du 20 novembre 1852 revivait dans les trois ans qui ont précédé la poursuite, et les manœuvres frauduleuses des inculpés qui le présentaient aux tiers comme sincère déterminaient l'achat des titres et les remises de fonds. Donc, les deux conditions exigées se rencontrent, et le délit d'escroquerie est établi.

Voilà, messieurs, le terrain du Droit épuisé, et l'application des deux articles 408 et 405 complétement justifiée.

J'ai hâte d'arriver à la situation du commissaire du Gouvernement. Là se concentre, en ce moment surtout, tout l'intérêt de ces longs débats. Eh bien ! qu'a donc prouvé la défense ? Que Arthur Berryer avait été en Angleterre avec l'autorisation du Gouvernement ? C'est là un fait depuis longtemps établi. Que là le commissaire impérial avait joué vis-à-vis de Cusin et des concessionnaires un rôle peu convenable pour sa fonction, celui de mandataire officieux ? C'est encore évident. Qu'en cette qualité de mandataire plus ou moins avoué, il avait cherché à négocier pour eux des emprunts ? C'est également constant. Que l'administration qui blâmait ce rôle dans ses lettres officielles, l'aurait néanmoins toléré ? Soit, je le veux encore. Que ce rôle de négociateur à la recherche des capitaux, Arthur Berryer l'a continué à Paris comme à Londres, et que ses supérieurs ne l'ont point arrêté ? Admettons tout cela. Que dit encore la défense ? Que le commissaire impérial avait annoncé à M. Fleury, chef de division, le projet de faire supporter aux Docks les frais de son premier voyage en Angleterre ? C'est parfaitement vrai, et le chef de division avait répondu par un refus formel. Qu'ajoute-t-on encore ? Que le commissaire impérial avait manifesté la même intention à M. Heurtier, le directeur général ? M. Heurtier n'a gardé nul souvenir d'une communication de ce genre ; mais le fait peut être vrai et avoir échappé à la mémoire du directeur général : ajoutons même que cette communication devient vraisemblable en présence d'une note sans date, signée des initiales de l'inculpé, écrite sur du papier du ministère, et annonçant que le voyage presse, et que M. Fleury s'oppose à ce que les concessionnaires en supportent les frais. Cette note ne porte ni sur le verso ni à l'entête le nom de la personne à laquelle elle est destinée ; admettons toutefois qu'elle soit adressée au directeur général. Qu'ajoutera la défense ? Que M. Heurtier aurait alors autorisé le voyage aux frais des Docks ? Ici je ne puis laisser passer l'assertion, en présence de la dénégation formelle du directeur général, et lorsque le 9 décembre 1853 Arthur Berryer prend l'engagement par écrit d'aller en Angleterre avec ses ressources personnelles. Mais supposons un instant établi ce que l'inculpé n'a nullement prouvé ; admettons que l'administration ait su et toléré que les concessionnaires paieraient les frais du premier voyage ; voilà ce que nous concédons gratuitement, car vous ne le démontrez pas. Quelle conséquence allez-vous en tirer ? Vous ne soutenez pas que l'administration ait connu le reste ; vous n'en êtes qu'au premier voyage. Là s'arrêtent, je ne dis pas vos preuves, mais vos indices ; là s'arrêteront également vos soupçons, et jamais vous n'avez dit (car toute la correspondance vous démentirait) qu'on ait accueilli de l'inculpé d'autres ouvertures. Et moi, je vous réponds : Si vous n'allez pas au delà, si votre unique moyen de défense est de reprocher à l'administration d'avoir soupçonné ou toléré une indemnité de frais de voyage payée une première fois par les concessionnaires, est-ce qu'une pareille condescendance, si regrettable qu'elle soit, vous absout ? Est-ce qu'elle amnistie tous les faits postérieurs ? Est-ce qu'elle détruit un seul instant la prévention ? Non ! la prévention reste avec ces trois faits écrasants que je rappelle d'un mot : le premier, c'est la négociation de la commission secrète ; le second, c'est le ministre trompé ; le troisième c'est le salaire reçu.

Arthur Berryer a-t-il négocié la commission secrète de 1 million 800,000 fr. dans l'intérêt privé de Cusin, Legendre et Duchêne de Vère ? Mais les lettres des 20, 21 janvier, 6, 10 et 11 février le font pressentir, et celle du 4 février le dit expressément.

« Une seule chose heurte son esprit (l'*esprit* de sir Ch. Fox), il ne veut à aucun » compte faire une remise sur les travaux aux concessionnaires, sans que cette remise » ne soit constatée ouvertement. Pour qu'il ne restât pas dans son esprit une *im-* » *pression fâcheuse à cet égard*, je lui ai fait dire qu'à ma connaissance, ce que » *Commissaire du gouvernement* j'avais pu constater, les concessionnaires avaient » pu sauver l'affaire en faisant des sacrifices qui se montaient, à leur préjudice, à » 6 ou 700,000 francs ; qu'il était juste qu'ils rentrassent dans ces avances, et *qu'il* » *eussent, en outre, un bénéfice sur la cession de leur propriété.* »

Après une pareille lettre, toute discussion est inutile : ou les mots n'ont plus leur sens, ou Arthur Berryer a négocié pour les concessionnaires une commission secrète dont j'ai démontré plus haut le caractère frauduleux.

A-t-il trompé le Ministre ? Oui, en taisant certains faits, en en affirmant certains autres. Les faits qu'il cache, c'est cette négociation de la commission secrète, c'est le succès de ses démarches occultes dont Cusin seul fut le confident, c'est la signature des deux traités annexés du 14 février 1854, qui dénaturaient la portée du traité ostensible seul connu du Ministre. A-t-il célé ces faits avec intention ? Ah ! il savait bien que la révélation de cette fraude c'était la révocation du décret : ces actes coupables il les connaissait, puisqu'il les avait négociés : il ne pouvait les oublier en écrivant au Ministre, quand dans ses lettres et ses rapports officiels il faisait sans cesse allusion aux hommes qui les avaient signés, aux entrevues avouables qui les avaient précédés ou suivis. (Lettre du 21 janvier 1854 ; rapports du 24 février et 15 septembre 1855). Les faits qu'il affirme, c'est l'existence de 80,000 actions à la souche le 27 mai 1854, lorsque depuis 1853 une partie considérable de ces actions sont détournées, lorsque le 31 juillet suivant il ne doit plus en exister que 5,824, et lorsque lui-même est appelé à vérifier ce nombre par une levée et une apposition de scellés, le 12 août 1854, et le 5 janvier 1855. Après avoir constaté matériellement cette disparition des titres, et n'avoir rien trouvé en caisse pour en représenter la valeur, pas un mot de lui ne rectifiera sa première assertion en faisant connaître au Ministre la situation réelle. Les faits qu'il affirme, c'est l'existence de placements hypothécaires de premier ordre, garantissant les capitaux de la souscription, quand jamais ces placements n'ont existé, et puis, lorsque Cusin mis en demeure de s'expliquer, le 19 juin 1854, sur sa réponse du mois de mai, est convaincu devant lui de mensonge ou de détournement, le commissaire impérial ne signalera que sa bonne foi et sa probité.

A-t-il reçu son salaire ? Oui, et sous toutes les formes : — Actions concédées gratuitement, en petit nombre il est vrai, le 12 avril 1853 ; ce n'était qu'un premier essai. — Traitement occulte de 15,000 fr. par an, datant du 1er septembre 1853, avant qu'on exécute, avant même qu'on projette le voyage en Angleterre (voir le brouillon du traité du 14 septembre 1854). — Avances indépendantes du traitement, s'élevant à 109,000 fr. — Part d'intérêts stipulée dans un traité secret, et payable au jour de l'homologation des statuts. — Voilà sous quatre noms distincts la rémunération du silence et des services du commissaire impérial, et jugez de ce qu'elle pouvait être au lendemain du succès, quand on payait si largement la veille de la ruine, et en marchant à l'abîme.

Commission secrète négociée, ministre trompé, salaire reçu : est-ce assez pour constituer la complicité? Mais les deux premiers de ces faits suffisent pour établir l'aide et l'assistance prêtée aux concessionnaires dans les fraudes de la gestion, et le troisième démontre que le commissaire du Gouvernement a pris sciemment sa part sur les capitaux détournés. La complicité est donc deux fois prouvée. Cette double preuve, on ne peut ni l'ébranler, ni la faire oublier : on ne pourrait l'ébranler qu'en effaçant les faits, et les faits ne s'effacent pas, ils sont inexorables; on ne pourrait la faire oublier qu'en prouvant une complicité plus haute, celle de l'administration elle-même qui aurait tout su et tout permis : or c'est là ce qu'on n'établira jamais, et ce qu'on n'a même point osé soupçonner.

Et maintenant, messieurs, la question est de savoir si un nom aura la puissance d'effacer toutes les fautes, et de renvoyer d'ici tous les prévenus. Quand le défenseur d'Arthur Berryer reprochait tout à l'heure au Ministère public d'avoir manqué de cœur en lisant cette déplorable correspondance, il voulait dire apparemment que j'aurais dû respecter ce grand nom qu'a compromis son client. Mais ce respect du nom, qui donc ici pouvait l'oublier? On avait ce respect quand, au début de l'instruction, Arthur Berryer était entendu comme témoin avant de l'être comme inculpé. Nous l'avions, nous aussi, quand étudiant toutes les pièces de l'information, relisant le mémoire si calme et si douloureux du père, nous cherchions inutilement un moyen honnête, légitime, avouable, de lui rendre son fils. Ce respect, nous l'avons eu au jour même de l'audience, lorsque nous accusions avec fermeté, mais avec un sentiment de tristesse que la sévérité de nos paroles n'a jamais dissimulé. Et ce nom lui-même, n'a-t-il pas reçu le plus éclatant hommage, lorsque les défenseurs des autres prévenus, quelle que fût la situation de leurs clients, et quel qu'ait été leur passé, sont tous venus vous dire, en parlant pour le barreau tout entier : Rendez-nous le nom du chef, laissez intacte la gloire de sa longue carrière. Et c'est appuyé sur toutes ces voix, entouré de ces sympathies si nombreuses, que le défenseur du fils trouvait tout à l'heure de tels accents pour émouvoir même ceux qu'il ne doit pas convaincre.

Tant d'hommages pour un grand nom, c'est bien. Tant de sympathie pour une si grande douleur, c'est bien encore. Mais que le juge aille au delà, jamais. Ah ! si je lutte seul contre ces voix émues, ces entraînements de l'audience, ces commisérations qui éclatent ; si je le fais contre tous sans hésiter, sans faiblir ; si je vous demande, à la dernière heure du débat comme à la première, une condamnation sévère, c'est que je défends ici un principe que pas un de ceux qui m'écoutent ne déserterait à ma place. Ce principe, c'est que le nom, pas plus que la fonction, ne crée l'impunité ; non, il n'y a pas de prestige contre la justice ! Voilà l'idée, Messieurs, qui doit triompher de toutes ces émotions. C'est en songeant à elle que vous lirez les pièces, que vous comparerez les dates, que vous reprendrez les détails de cette laborieuse affaire. Puis quand vous serez arrivés à la même conviction que nous, si au jour du jugement vous sentez fléchir votre voix, si vous éprouvez au cœur une de ces tristesses amères qui sont en quelque sorte le mérite du devoir (car sans elles le devoir serait trop facile), vous vous direz ce mot que j'emprunte à la défense et qu'elle ne saurait trouver trop ardent : Quand la justice frappe dans une famille, la solidarité des fautes qu'elle punit descend, mais elle ne remonte pas.

RÉPLIQUE DE Mᵉ DUFAURE,

Défenseur de Legendre.

Messieurs,

Le rôle de M. Legendre est très effacé dans le débat ; je n'ai pas intention de l'agrandir. J'avais soumis au Tribunal mes raisons d'affirmer qu'il avait été étranger à toutes les négociations, à toutes les correspondances, à toutes les personnes, qui ont pris part à l'affaire des Docks, excepté son associé. J'ai de nouvelles raisons, après tout ce qui a été dit dans ce débat, pour me convaincre de la vérité du sentiment qui dictait ma plaidoirie : et maintenant que j'ai écouté, avec toute l'attention qu'ils méritaient, les honorables défenseurs qui ont parlé après moi, je puis répéter avec plus d'assurance que, si le nom de M. Legendre n'était pas associé dans la raison de sa maison de commerce avec celui de M. Cusin, tout le débat se serait prolongé sans qu'il fût prononcé une seule fois. Néanmoins, je crois que c'est à moi que M. l'avocat impérial a fait l'honneur de répondre, lorsqu'il a examiné les points de droit qui sont au fond de cette affaire et sur lesquels nécessairement votre jugement doit reposer. C'est pour cela que je tente encore la patience du Tribunal, et que je lui demande la permission d'exposer, en quelques mots, les motifs pour lesquels je persiste, après ce qu'il vient d'entendre, dans les réflexions que je lui ai présentées sur les articles 408 et 405 du Code pénal.

J'avais fait une distinction que M. l'avocat impérial adopte. La concession a été faite à trois individus, Cusin, Legendre et Duchêne de Vère. Cusin, Legendre et compagnie étaient *les banquiers* qui, aux termes des statuts, devaient recevoir les fonds des actionnaires. Nous sommes d'accord sur ce point.

Maintenant, à quel titre nous poursuit-on ? On nous poursuit comme coupables d'abus de confiance et comme coupables d'escroquerie ?

D'abus de confiance, pourquoi ? Les concessionnaires sont-ils dans les termes de l'article 408 ?

M. l'avocat impérial dit : il faut plusieurs conditions. Il faut : 1° qu'il y ait versement de fonds ou remise d'actions ; 2° qu'il y ait un emploi déterminé pour les fonds et pour les actions ; 3° que ceux qui les avaient entre les mains soient des mandataires ou des dépositaires ; 4° qu'ils les aient détournés.

J'examine d'abord la question en ce qui concerne le versement et la destination des fonds. J'arriverai plus tard à la question spéciale des actions souscrites et que l'on dit avoir été détournées.

D'abord, il faut des versements de fonds, dit M. l'avocat impérial, et que ces fonds soient remis à des mandataires.

Eh bien ! je reconnais que les 10 ou 15 millions, souscrits par les actionnaires, ont été versés entre les mains des trois concessionnaires, et que ceux-ci peuvent être considérés comme ayant été les mandataires des souscripteurs relativement aux fonds versés. Nous sommes d'accord sur ces deux points.

Il faut, en outre, que les fonds aient un emploi déterminé, et que les concessionnaires en aient fait un emploi différent de celui qui leur était prescrit par leur mandat.

Ici, j'arrête le ministère public. Quel était l'emploi prescrit ? Y a-t-il eu un emploi différent de celui qui avait été déterminé ? On me répond : Oui, il y avait un emploi qui était indiqué par les statuts mêmes de la Société.

Or, que disent ces statuts ? Que résulte-t-il de la nature de la Société, de ses conditions essentielles ? Mais vous l'avez dit vous-même : qu'on choisissait des banquiers pour la Société, et que ces banquiers, c'était la maison Cusin, Legendre et comp. On aurait pu choisir tout aussi bien la maison Mallet, la maison Hottinguer ; que deux des concessionnaires se trouvent dans la maison élue pour banquière, peu importe. L'emploi déterminé des fonds remis aux concessionnaires que vous poursuivez, aux mandataires que vous indiquez, était de remettre à leur tour ces fonds dans la maison de banque Cusin, Legendre et comp. Voilà l'emploi qui était imposé à tous les concessionnaires : à mesure que les souscripteurs versent leurs fonds, les remettre dans la maison de banque choisie par les conventions sociales, c'est bien là, ce me semble, le seul emploi prescrit par les statuts.

Mais, on dit : Non ! il y avait un autre emploi déterminé par la nature de la Société ; cette Société était formée pour construire des Docks, par conséquent les capitaux devaient être employés en constructions, achat de terrains, travaux, etc.

Cela est vrai ; les fonds devaient être employés à mesure qu'on en aurait besoin ; aussi quand les premières échéances pour le paiement des terrains sont arrivées, on a retiré des fonds de la maison Cusin et comp., et on les a employés à payer les premières acquisitions faites. Quand on a traité avec M. Pereire, on a retiré des capitaux des caisses de la compagnie banquière, et on les a employés à payer les aliénations de terrains consenties par M. Pereire. Voilà, jusque-là, l'emploi incontestable des fonds fait comme il était indiqué par la nature de la Société.

Mais le ministère public va plus loin : il trouve une analogie pour les fonds qu'on n'employait pas ; ces fonds devaient être employés en rentes ; l'analogie est dans l'article 19 des statuts.

M. l'avocat impérial ne pense pas plus que moi, j'en suis convaincu, qu'en matière pénale on puisse raisonner par analogie, et qu'on puisse dire à un mandataire : Vous avez reçu des fonds, nous avons déclaré par notre contrat, qu'à une époque déterminée, après que la Société aura été homologuée, si vous aviez des fonds de réserve entre les mains, vous les emploieriez en rentes sur l'État ; par conséquent, par analogie, avant que ces conditions soient arrivées, avant que le terme soit échu, vous devez employer de la même manière les fonds que vous recevez provisoirement.

On m'arrête à ce mot *provisoirement*. Il ne s'agit pas, dit-on, de l'emploi provisoire ; on pourrait avoir raison quant à l'emploi provisoire ; il s'agit de l'emploi définitif ; toute la question est là.

J'en demande pardon à M. l'avocat impérial, entre nous la question ne peut être que sur l'emploi provisoire. Et la raison en est que la Société a toujours été à l'état provisoire. Aux termes de ses statuts, l'état définitif ne devait commencer qu'après l'homologation par le Conseil d'État, et tant que cette homologation ne serait pas accordée, la Société était dans le provisoire. Ce sont les statuts qui le disent. Il s'agit donc bien de l'emploi provisoire des fonds fournis par les souscripteurs aux concessionnaires, fonds que ceux-ci devaient verser à la maison de banque ; et la maison de banque les recevant, les concessionnaires devaient les demander à cette maison quand il en était besoin.

Aussi, dans la première accusation de M. l'avocat impérial, avant de faire cette distinction si éclatante entre les trois individus concessionnaires et la maison de banque dans laquelle les fonds devaient être versés ; avant cette époque, on disait que la maison Cusin, Legendre et compagnie était coupable d'avoir employé les fonds à Pont-Remy et à Javel, au lieu de faire des avances aux souscripteurs. Et cependant, on nous poursuit.

La maison Cusin, Legendre et compagnie recevait des concessionnaires les fonds versés par les souscripteurs ; elle les recevait sans que personne lui eût dit : Vous ne les emploierez pas, vous les garderez dans vos caisses, ou vous les verserez à la Banque. On lui disait, au contraire : A des époques déterminées, vous aurez des intérêts à payer, par cela même que vous avez des placements à faire ; comme toute maison de banque, vos fonds, une fois reçus, vous les employez comme vous l'entendez ; seulement, vous en êtes responsables ; mais il n'y a aucune loi, aucune règle, aucun statut, aucune convention qui vous dise que vous emploierez les fonds de telle manière plutôt que de telle autre. Vous avez employé des fonds pour Pont-Remy, bonne affaire ! Pour Javel, ils nous ont donné 9 pour 100 ; ce n'était pas si mal ! Il y avait quelque intelligence de la part de la maison Cusin, Legendre et compagnie à employer ainsi les fonds, et Dieu veuille que toutes les maisons de banque qu'on choisit pour recevoir les capitaux des sociétés les emploient aussi bien.

Si on juge le sort de la maison Cusin, Legendre et compagnie par la catastrophe qui est venue la frapper, lorsque ses deux gérants ont été arrêtés, ses biens mis sous séquestre, je comprends qu'on dise que tout s'est évanoui, et encore cela ne serait pas exact. Le rapport du liquidateur actuel montre que tout ce qu'espéraient MM. Cusin et Legendre de leur maison se réalise peu à peu, que des capitaux sur lesquels on ne comptait plus seront recouvrés, que des propriétés acquises sont expropriées pour trois fois ce qu'elles ont coûté. Le Tribunal n'aura pas égard à la décadence dans laquelle a été jetée cette maison par suite de la malheureuse affaire des Docks. Le Tribunal verra la maison Cusin, Legendre et compagnie jouissant de son crédit, faisant des escomptes sur Paris (et c'était Legendre qui était chargé de les faire), recevant des fonds des compagnies, les employant raisonnablement. Il n'y a rien d'imprudent à cela.

Vous reprochez aux concessionnaires d'avoir fait, des fonds que les souscripteurs leur versaient, un autre emploi que celui qui était déterminé ; vous le leur reprochez pour demander l'application de l'art. 408.

Je crois pouvoir dire, et c'est ma conviction profonde, que, sur ce point, vous n'avez pas montré que les trois concessionnaires aient fait, des sommes qui leur ont été confiées par les souscripteurs, un emploi qui ne fût pas déterminé.

Mais, ajoute M. l'avocat impérial, ces fonds n'étaient pas versés à la maison de banque, car, où sont les comptes, et quand a-t-elle été reconnue débitrice de la société des Docks ?

Les comptes ! ils sont partout. La première accusation reposait précisément sur cela. Dans le rapport de l'expert, vous verrez constatée partout la situation de la maison de banque à l'égard de la société des Docks. Vous verrez partout la maison de banque tantôt débitrice, tantôt créancière de la société des Docks ; les deux existences sociales sont à côté l'une de l'autre : l'une recevant des souscripteurs, l'autre recevant de la première société, l'une devenue créancière d'abord, et plus tard débitrice. Vous trouvez cela partout. Donc, les fonds étaient versés comme ils devaient l'être, donc ils étaient employés comme ils devaient l'être. Vous n'avez rien à dire sur ce point. Il est évident qu'il n'y a eu que l'emploi des fonds que la maison de banque a voulu faire.

Et ceci, on l'a su plus tard. Mais est-ce qu'avant l'arrestation de MM. Cusin

et Legendre on leur a dit : Comme concessionnaires, vous avez détourné des
fonds, vous les avez employés à Pont-Remy et à Javel; dans vos comptes,
c'étaient des détournements? On ne leur a pas dit cela. On voulait sauver la
société avec eux, on voulait négocier avec eux. S'ils avaient été si coupables
qu'on le dit, le gouvernement aurait-il eu cette persévérance, pendant deux ou
trois ans, de vouloir sauver, non pas la société, mais les concessionnaires, les
sociétaires? Leur aurait-il indiqué de s'entendre avec telle grande existence
financière qui prenait le pas sur eux? Non, le gouvernement ne voulait pas les
faire disparaître! il voulait leur garder les avantages de la concession, à eux,
qui auraient commis des délits d'abus de confiance! — Il n'y avait donc pas
abus de confiance quant aux fonds versés.

Y a-t-il eu abus de confiance quant aux actions souscrites?

On a dit d'abord : Il y a eu des actions, il y a eu une souche où restaient
112,000 actions, et il n'y en avait eu que 85,000 livrées aux souscripteurs.
Nous sommes d'accord sur ce point; mais ensuite? Il faut aller plus loin :
Entre les mains de qui étaient ces 112,000 actions encore attachées à la souche? On me répond : Entre les mains des dépositaires, qui étaient chargés de
les conserver et de les rendre; par conséquent, on est bien dans les termes de
l'art. 408.

Est-il bien vrai que Cusin, Legendre et Duchêne de Vère fussent tenus de
conserver et de rendre les 112,000 actions restées à la souche après la souscription des 85,000 actions? Je n'élude pas la question : Étaient-ils tenus de
les conserver et de les rendre? — Comment entend-on que ces 112,000 actions restaient à la souche, et au profit de qui devaient-ils les garder et à qui
devaient-ils les rendre?

J'avais fait une distinction que M. l'avocat impérial a bien voulu appeler
ingénieuse, mais qui a surtout le mérite d'être vraie et incontestable. —
85,000 actions ont été prises en échange de souscriptions; elles appartiennent
aux souscripteurs, cela est incontestable. Si on vient prétendre que nous avons
détourné ces actions, nous sommes coupables d'un abus de mandat ou d'un
abus de dépôt si elles ont été déposées entre nos mains. Mais les 112,000, qui
peut nous dire qu'il nous en avait fait le dépôt et que nous les avons détournées
malgré le dépôt?

On dit : C'est que vous attribuez à votre déclaration du 20 novembre 1852
un sens qui ne doit pas lui être attribué; vous prétendez que le résultat de
cette déclaration était de vous rendre vous-mêmes, Cusin, Legendre et Duchêne de Vère, souscripteurs pour les 112,000 actions restantes. Tel ne peut
pas être le sens de la déclaration du 20 novembre 1856, et, a ajouté M. l'avocat impérial, à quoi aurait donc servi la loi du 17 juin 1856? Était-ce la
peine de faire le savant rapport de l'honorable M. Duvergier?

En vérité, je ne comprends pas comment M. l'avocat impérial n'a pas vu la
réponse qui s'attachait immédiatement à son objection. Au nombre des abus
que l'on a signalés dans la marche de nos sociétés en commandite, il y en a un

qui a paru grave, c'était que des concessionnaires, après avoir placé une partie de leurs actions, pussent se déclarer souscripteurs pour le reste, en être responsables, alors que quelquefois la masse d'actions qu'ils conservaient ainsi excédait toutes les bornes de leur responsabilité personnelle. Qu'a-t-on fait pour parer à cet abus? Précisément la loi du 17 juin 1856, précisément le savant rapport de M. Duvergier. Vous me demandez : Était-ce la peine de faire ce rapport et cette loi? Certainement ; c'était parce que l'abus existait que le législateur avait besoin de le réprimer. Ah ! si nous avions fait la déclaration depuis la loi du 17 juin 1856, je comprendrais votre poursuite et votre objection. Vous me diriez avec raison : A quoi bon la loi de 1856 si, après sa promulgation, vous pouvez encore vous déclarer souscripteurs pour 112,000 actions? Je le comprendrais ; mais lorsqu'il s'agit d'un fait antérieur de quatre ans à la loi de 1856, que vous me disiez : A quoi bon cette loi ? Je réponds franchement, quoiqu'engagé dans l'accusation : Cela a été fait pour empêcher qu'à l'avenir d'autres concessionnaires ne fissent pas ce que nous avons fait. Lorsque la loi a voulu réprimer un abus, lorsqu'elle l'a signalé elle-même et lorsqu'il ne pouvait y avoir abus et mal qu'à la condition qu'avant la loi une telle chose était licite, je ne comprends pas qu'on dise que cela était illicite, impossible. Cela était licite, et c'est parce que la chose était licite qu'on a fait la loi de 1856.

Maintenant, la chose étant licite, a-t-elle été comprise dans le sens que j'indique? Vous avez entendu M. Pereire, qui a l'habitude de ces sociétés en commandite. J'invoque les faits constants. La déclaration est du 20 novembre 1852 ; mieux que personne M. Pereire l'a connue ; je passe un moment là-dessus. Mais le 19 mars 1853, M. Pereire a déclaré au ministre qu'il n'y avait que 85,000 actions souscrites, que les 112,000 étaient dans les mains des concessionnaires, qui en étaient responsables ; que cette responsabilité paraissait un peu lourde pour eux. Si M. Pereire l'a déclaré le 19 mars ; si, le 23 mars, le commissaire du gouvernement a fait au ministre la même déclaration, le ministre a donc été averti par tous les moyens, qu'en effet, les concessionnaires avaient gardé pour eux et étaient réellement souscripteurs d'une quantité d'actions de beaucoup supérieure à celle que leur maison de commerce pouvait prendre.

Et cela est si vrai, qu'en entendant tout à l'heure les paroles de M. l'avocat impérial contre le commissaire du Gouvernement, j'ai remarqué le passage d'une lettre de M. Heurtier, dans laquelle le directeur-général disait : « MM. Cusin-Legendre étaient *souscripteurs* (le mot y est) pour le reste des » actions. » C'est que tout le monde l'a compris ainsi ; c'est que lorsqu'ils ont déclaré que tout le capital était souscrit alors qu'il n'y avait que 85,000 souscripteurs étrangers, il était parfaitement évident qu'ils étaient souscripteurs pour le reste. Tout le monde l'a si bien compris ainsi, que le gouvernement et M. Pereire ont traité avec eux sachant cela.

Si le système que soutient M. l'avocat impérial était exact, je lui demande quel rôle il ferait au gouvernement. Je me permets de prendre contre lui la défense de l'administration.

Comment ! vous dites que l'administration qui a su au moins depuis le 17 mars que MM. Cusin et Legendre avaient gardé pour eux 112,000 actions, vous dites que l'administration après cet encaissement qui est, à votre avis, un abus de confiance, a consenti encore à traiter avec eux, leur a envoyé pour sauveurs M. Pereire, M. Stokes, M. Lehon, M. de Rothschild, etc. Comment, M. Heurtier écrivait en 1853, que MM. Cusin-Legendre avaient toute sa confiance, et vous prétendez que l'administration a pu écrire cela alors qu'elle était confidente depuis six mois d'un acte qui aurait été un délit ! Cela n'est pas possible. J'aurais pu dire que c'était un usage de toutes les sociétés en commandite. Si la parole de M. Pereire n'avait pas été assez grave pour le constater, nous aurions pu avoir des certificats, des témoignages. Mais je ne veux que l'opinion du Gouvernement, et je dis que lorsque le Gouvernement, par des rapports incontestables de M. Pereire et de M. Berryer, a été prévenu de cela et qu'il n'a pas cru à un abus de confiance, qu'il a gardé ces messieurs à la tête de l'affaire, le tribunal doit être averti par là que le Gouvernement reconnaissait très bien que Cusin-Legendre avaient pu garder ces actions, sauf à être engagés pour une responsabilité qui dépassait leurs forces.

Que le tribunal me pardonne ce souvenir ! Était-ce pour eux-mêmes qu'ils les gardaient ? N'y avait-il pas une raison pour qu'ils les gardassent ? Je l'ai déjà dit, tout le monde était convaincu qu'à eux seuls ils ne pouvaient pas diriger cette grande affaire ; le Gouvernement, avant tout le monde, était convaincu qu'il leur fallait une coopération puissante pour arriver à cette direction. A cet égard, on ne m'a pas répondu. Pour avoir cette coopération puissante, il leur était nécessaire de mettre entre les mains de la personne qui interviendrait une masse considérable d'actions. M. Pereire demandait 83,000 actions, les banquiers anglais 70,000, M. de Rothschild je ne sais combien. Il n'y avait que ce moyen pour espérer une puissante coopération.

Je voudrais que l'on ne fît pas une confusion. Sans doute, avec une Société ainsi constituée, avec 112,000 actions entre les mains des concessionnaires on n'aurait jamais pu arriver à l'homologation. Le vice de cette institution, telle qu'elle était alors formée, ce n'était pas de constituer un abus de confiance, mais de mettre la Société en situation de ne jamais être homologuée. Aussi ne songeait-on pas à demander l'homologation dans cette condition, mais bien lorsque l'on aurait eu la coopération d'une maison assez forte pour supporter tout cela.

J'ai montré que MM. Cusin-Legendre n'avaient pas ces actions à la condition de les rendre à qui que ce fût. Leur condition était toute différente.

J'ajoute qu'il n'y a aucun moyen de prétendre qu'ils ont violé un dépôt. S'ils avaient ces actions pour eux, il les ont gardées pour eux. S'ils les ont employées plus tard, qu'entendaient-ils faire, et qu'entendait le Gouvernement lorsqu'ils traitaient avec M. Pereire, en lui donnant 83,000 actions par un traité particulier? Comment! les concessionnaires se permettaient de donner à M. Pereire 83,000 actions! et tout le monde était prêt à accueillir le traité comme un bienfait! Mais ils avaient donc quelque pouvoir sur ces actions! car on ne donne que ce qui vous appartient. Tout le monde a regretté qu'à l'époque de la guerre M. Pereire se retirât de cette grande affaire, car c'est là la vraie raison de sa ruine. On reconnaissait donc qu'ils avaient un pouvoir sur les actions.

On demande : Qu'en ont-ils fait ?

M. Legendre n'a rien à dire sur ce point. La Société, a dit M. Cusin, a eu des besoins; 1 million a dû être remboursé à la Compagnie d'assurance générale, créancière hypothécaire ; j'ai vendu des actions pour payer ce million. — De manière que les actions qui étaient à leur disposition ont été employées pour la Société, il n'y a pas autre chose : ils n'étaient ni mandataires ni dépositaires; quant aux 112,000 actions, ils pouvaient les employer comme bon leur semblait.

Mais le traité Fox et Henderson, dit-on. — Je n'entre pas dans ces explications. Mon client est fort inhabile à vous les donner. Il a été étranger aux préparatifs du traité; il a donné une signature comme il l'a donnée à tous les actes qu'on lui a présentés. Ce que je puis dire, et je me suis assuré depuis de la vérité du fait, c'est que lorsqu'on a traité avec Fox et Henderson, on n'a détaché de la souche, et s'il y avait quelque doute à cet égard, on pourrait interroger les témoins, on n'a détaché de la souche que les 17,600 actions de Fox et Henderson; elles seules ont été versées dans la caisse particulière; les 14,400 autres sont restées attachées à la souche ; elles sont sorties plus tard, mais M. Legendre n'y a pris aucune part. Il n'y a donc pas eu de délit.

A mon avis, et relativement au délit d'abus de confiance, le caractère de l'article 408 ne se retrouve pas quant aux sommes, parce que, s'il y avait des mandataires, il n'y avait d'autre emploi déterminé que celui de les verser à la maison Cusin et Comp., et parce que cette maison en a fait l'emploi qu'elle pouvait en faire. Quant aux actions, il n'y pas eu de dépositaires des 112,000 ; il y avait des souscripteurs téméraires, audacieux, qui n'ont pu faire cette souscription qu'avec la confiance dans laquelle ils ont toujours vécu, je parle surtout de M. Cusin, qu'on viendrait à leur secours, qu'ils auraient l'appui des banquiers de France ou d'Angleterre, mais enfin, en disposant de ces actions, ils n'ont pas violé un mandat, ils n'ont pas abusé d'un dépôt, par conséquent, ils ne se sont pas rendus coupables d'un abus de confiance.

Je ne dirai que quelques mots sur le délit d'escroquerie.

Sur ce délit, on convient que l'action est plus douteuse. J'accepte cela comme une déclaration très loyale de M. l'avocat impérial. Je ne voudrais pourtant pas qu'en faisant une concession sur le délit d'escroquerie, on cherchât à appuyer l'accusation d'abus de confiance. Je crois que le délit d'abus de confiance est aussi inapplicable aux personnes pour lesquelles je plaide que le délit d'escroquerie. Je repousse autant l'article 408 que l'article 405.

Cet article 405 dit qu'il faut qu'il y ait des manœuvres frauduleuses tendant à escroquer tout ou partie de la fortune d'autrui.

Où sont les manœuvres frauduleuses ?

Ici une discussion de droit s'engage entre M. l'Avocat impérial et moi. La déclaration du 20 novembre 1852 peut-elle être considérée, j'avais dit comme un faux en écriture de commerce ; M. l'Avocat impérial dit en écriture authentique ? Pas plus dans un cas que dans l'autre, je n'admets qu'il y ait faux. Il y a une déclaration qui, d'après M. l'Avocat impérial, est mensongère. Mais si on l'entend comme l'ont entendue M. Pereire et le gouvernement, elle est sincère et non pas mensongère. Dans les deux cas, il n'y a pas un faux en écriture authentique. Je me présente devant un notaire, je lui déclare que ma Société est constituée, rien de plus, et je me retire. La Société n'a pas été régulièrement constituée, il y a quelque vice ; toutes les actions ne sont pas souscrites. Soit ! j'y consens. Mais il n'y a là aucun faux. Autrefois on n'aurait pas pu le soutenir, et si l'on avait pu le soutenir autrefois, M. l'Avocat impérial le soutiendrait également aujourd'hui.

Autrefois, qu'y avait-il ? Un abus possible, contre cet abus une loi à faire ; cette loi est faite depuis le 17 juin 1856. Par conséquent, depuis le 17 juin 1856, il est écrit dans nos lois qu'une déclaration pareille, avec des circonstances de cette nature, peut être considérée comme une manœuvre frauduleuse constituant l'escroquerie. Voilà la vérité.

Mais nous avons fait cette déclaration à une époque où la loi n'existait pas ; par conséquent, elle ne peut être invoquée comme une manœuvre frauduleuse tendant à constituer l'escroquerie.

D'ailleurs, tout à l'heure j'ai dit qu'il y a plus de trois ans que la déclaration est faite, plus de trois ans avant la poursuite, par conséquent, elle ne peut pas être invoquée comme élément de la poursuite du délit.

Mais si elle ne peut pas être invoquée, ce n'est qu'à la condition, dit-on, que depuis moins de trois ans avant la poursuite vous n'auriez pas fait usage de cette déclaration du 20 novembre 1852, et vous en avez fait usage. — Et comment ? — On l'a dit, elle était chez un notaire ; des tiers ont pu aller chez ce notaire en prendre des expéditions.

Pardon ! si des tiers sont allés chez un notaire croyant que la déclaration du 20 novembre était exacte, ce n'est pas moi qui ai levé des expéditions de cette déclaration, ce n'est pas moi qui en ai fait usage.

Mais, ajoute-t-on, plus tard, pendant toute la durée de la Société, vous avez toujours fait considérer que la Société était véritablement constituée.

Je l'ai fait considérer, mais en disant à quelles conditions elle l'était. Lorsque M. Pereire est venu nous trouver par ordre du Ministre, peu de temps après la déclaration du 20 novembre 1852 (car les négociations ont commencé à la fin de décembre 1852), lorsqu'il est venu, lui a-t-on dissimulé la situation de la Société des Docks ? Non, on lui a mis sous les yeux tous les livres de la Société des Docks : il a tout vu. Par conséquent, du moment où M. Pereire a vu l'état de la Société, nous ne faisions plus usage de la déclaration du 20 novembre.

A-t-il été le seul, a-t-il gardé le secret ? Il l'a écrit au ministre le 17 mars. Le Ministre sait donc, à cette date du 17 mars 1853, qu'en réalité notre déclaration du 20 novembre 1852 veut dire ce que nous lui faisions dire. Le 23 mars 1853, le Commissaire du Gouvernement le dit, et tout ce qui se passe dans la Société des Docks en est une révélation continuelle.

De là résulte l'exception naturelle de prescription que j'invoquais à regret. Pour repousser cette exception, on invoque l'usage que nous aurions fait de cette déclaration, et jamais nous n'en avons fait usage depuis le 20 novembre 1852.

Voyez le peu d'importance de cette déclaration ! Le 28 novembre, le Conseil d'administration se réunit, et là M. Cusin a le tort de dire qu'il y a pour 17 millions de souscriptions. Il comptait sur une souscription de M. Riant ; celui-ci a dit qu'il n'avait jamais voulu s'engager ; il se tient en dehors de cette spéculation. Cependant M. Cusin dit que c'est pour cela qu'il a ajouté 6 millions que M. Riant devait prendre. M. Cusin déclarait donc déjà au Conseil d'administration que tout le capital n'était pas souscrit ; 17 millions n'étaient pas 25 millions. Sa maison restait donc obligée pour 8 millions, en supposant que toutes les souscriptions fussent acceptables. Si le 20 novembre on avait dit que la Société était entièrement constituée, on avait voulu dire qu'elle l'était au moyen des souscriptions qui avaient été prises et au moyen de la responsabilité individuelle que prenaient les trois concessionnaires Cusin, Legendre et Duchêne de Vère ; la déclaration du 28 novembre n'est que la reproduction de paroles prononcées le 20.

Que parlez-vous donc de manœuvre frauduleuse ? C'est un caractère indispensable de l'escroquerie ; elle consiste uniquement, dites-vous, dans la déclaration du 20 novembre 1852. Le Tribunal se rappellera qu'on n'a indiqué aucune autre manœuvre tendant à dissimuler la situation de la Société. Je vous ai opposé la prescription ; vous m'avez dit : Vous avez fait usage de la déclaration du 20 novembre ; vous ne m'indiquez aucun usage que j'en aie fait, et je vous montre que j'ai donné non un démenti à ma déclaration, mais l'explication de cette déclaration. Donc pas de manœuvre frauduleuse, rien pour dissimuler la situation de la Société.

Le délit d'ailleurs ne peut exister sans un autre élément : escroquer tout ou partie de la fortune d'autrui.

J'en reviens à M. Legendre. Qu'on indique ce qu'il a escroqué. Il est réduit à la condition la plus douloureuse. Il y a quatorze mois, on est entré chez ces messieurs, on a pris tout ce qu'ils avaient, on a vérifié leurs registres, leurs ressources. On peut dire s'il a mis de côté quelque ressource occulte pour se sauver de cette mauvaise affaire. Qu'on indique les bénéfices que Legendre a faits, les richesses qu'il a conquises dans cette Société en ruines !

Pour moi, je suis convaincu que, de la part de Legendre, il y a eu une très grande confiance dans son associé ; que, de la part de Cusin il y a eu peut-être de l'ambition, de l'illusion, de l'entraînement ; mais qu'au fond de tout cela il n'y a rien eu de ce qu'on peut appeler abus de confiance et escroquerie.

Je n'ai pas répondu à toutes les paroles de M. l'Avocat impérial. Il y a une autre partie en cause à laquelle je tiens de cœur ; mais elle a été si admirablement défendue dans votre dernière audience et dans celle d'aujourd'hui que je craindrais d'affaiblir la puissance des paroles que vous avez entendues en prévenant la réponse que fera l'honorable défenseur de M. Arthur Berryer.

RÉPLIQUE DE Mᵉ MARIE,

Défenseur de Berryer.

Messieurs,

La plaidoirie que vous avez bien voulu entendre hier et aujourd'hui est présente à votre esprit, et je ne crois pas que les réponses de M. l'Avocat impérial aient pu atténuer les raisons sérieuses que j'ai produites qui sont la base de ma conviction, qui seront la base de la vôtre.

Nous avons déjà fait une grande conquête depuis les premières conclusions de M. l'Avocat impérial ; aujourd'hui, le réquisitoire est singulièrement réduit, et les accusations qui avaient été développées avec tant d'énergie ont pris une teinte bien affaiblie. Je n'impute pas ce changement à la seule nécessité d'être bref dans une réplique. Je crois que M. l'Avocat impérial, qui ne connaissait pas toutes les pièces que j'avais dans les mains, n'avait pas pu apprécier avec le soin que j'y ai apporté moi-même et aussi exactement que j'ai pu heureusement le faire, la nature des relations de M. Berryer en France et en Angleterre : ne connaissant pas bien les causes, il a mal jugé les résultats. C'est tout simple, éclairé par les pièces, il a vu chanceler sa conviction, et sa loyauté n'a pu méconnaître la puissance des arguments que j'ai pu dérouler devant vous.

Maintenant, l'accusation se réduit à trois faits ; je ferai à chacun d'eux une courte réponse.

Mais avant, permettez-moi une observation. M. l'Avocat impérial vous disait : J'ai une grande conviction, et je la traduis ainsi : « M. Berryer est » tellement coupable à mes yeux qu°, si on l'absolvait, il faudrait absoudre » tous les autres. »

En parlant ainsi, le ministère public aurait pu me mettre dans une cruelle situation, me forcer à devenir pour ainsi dire son auxiliaire, et à concentrer sur les hommes qu'il accuse comme auteurs toute la puissance de ses accusations, afin d'établir une séparation profonde entre eux et Berryer. Non, non, ce n'est pas mon rôle et je ne veux pas l'accepter. Je réponds à cette obser-

vation qui, peut-être, n'aurait pas dû être faite, que c'est la première fois
que j'entends dire en matière criminelle que la complicité est tellement nécessaire à la démonstration d'un délit, que sans elle cette démonstration serait
impossible ; c'est la première fois que j'entends dire que l'accusation contre
l'auteur principal tombe à l'instant même, si l'accusation contre le fait de
complicité n'est pas acceptée. Quoi donc ! ne peut-il y avoir des accusés convaincus et des complices innocents ? N'avez-vous pas pu vous tromper sur la culpabilité du complice tout en restant dans le vrai sur la culpabilité des auteurs
principaux ? Sortons des généralités : vous dites que personne n'est coupable
si Berryer est innocent. Réfléchissez ! Comment cela est-il possible ? Toutes les
accusations si graves d'abus de confiance, d'escroquerie que vous relevez dans
toute la gestion des concessionnaires, toutes ces accusations se concentrent
dans des faits qui sont nés, qui se sont accomplis avant que M. Berryer ait
paru dans l'affaire. S'il est complice, il l'est pour n'avoir pas révélé ces faits
accomplis avant son arrivée, à ce point que sans lui ils auraient été impossibles. S'il y a eu des fraudes, le mal était fait sans lui, avant lui. Comment !
quand, dans votre réplique, vous en êtes réduit à l'accuser de quoi ? d'avoir
gardé le silence sur le traité secret Fox et Henderson, que d'ailleurs il n'a pas
signé et dont vous en convenez il n'a profité en rien ; d'avoir écrit la lettre du
29 mai, et enfin d'avoir accepté des avances d'argent qui, évidemment, n'ont
pu être d'aucune utilité pour la perpétration des délits reprochés aux concessionnaires, quand vous réduisez à ces termes l'accusation contre M. Berryer,
vous dites qu'il faut ou condamner Berryer ou absoudre tout le monde ! Je ne
comprends pas une telle assertion ; non, je ne la comprends pas.

Abordons les faits.

Il faut s'entendre sur la mission ou plutôt sur les missions de M. Berryer ; il
faut s'entendre aussi sur l'époque et la nature des avances qu'il a reçues.
J'attache une grande importance aux objections de M. l'Avocat impérial ; mais
j'ai à cœur de savoir si ces avances ont été faites pour payer des services rendus
à l'entreprise, ou bien si elles ont été faites à titre de don, pour payer une
conscience qui se vendait.

M. Berryer a été commissaire du Gouvernement depuis le 10 mars 1853,
et il l'était encore en 1856. Il n'a été révoqué que quand l'entreprise est
sortie des mains de Cusin-Legendre. Oui, je ne conteste pas cela ; mais à côté
de cela, il y a une distinction importante à saisir, et sur laquelle je ramène et
ramènerai toujours le ministère public : ainsi M. Berryer a eu incontestablement en France, je l'accorde, la qualité de commissaire du Gouvernement.
Ses devoirs, en cette qualité, étaient des devoirs de surveillance sur une entreprise établie en France. J'accorde encore que cette qualité est restée sur
la tête de Berryer même quand il a quitté la France pour se rendre en Angleterre ; oui, mais alors elle a été purement nominale ; elle est devenue un titre
sans fonctions, cela n'est pas contestable.

Oui, dit M. l'avocat impérial, au moment où Berryer quitte la France et va en Angleterre, il y a *quelque chose*. Quelque chose ! sans doute, et ce n'est pas une petite chose, ce n'est pas seulement un mot, c'est un fait immense. Ce fait est celui-ci : Berryer vous dit alors, et a droit de vous dire : J'étais hier commissaire du Gouvernement. Et j'exerçais ainsi une surveillance active ; mais quand le lendemain j'ai quitté la France, quand je n'ai plus été à côté de l'entreprise, j'ai cessé de la surveiller ; et qu'on ne m'accuse pas d'avoir en cela manqué à mon devoir ! J'ai tout dit à mes chefs ; ils ont tout su, tout accepté. Je suis allé en Angleterre, non pas apparemment pour continuer une surveillance impossible, non, mais pour remplir une mission qui se distinguait très profondément de la mission de commissaire du Gouvernement, qui était même incompatible avec elle. D'agent passif que j'étais en France, je suis devenu agent actif en Angleterre ; voilà en effet la situation vraie. Ce fait incontestable, j'ose dire incontesté, ne doit-il pas avoir et n'aura-t-il pas dès à présent une immense autorité sur vos esprits, et n'exercera-t-il pas sur votre jugement une immense influence ?

Ceci entendu, que me dit-on ? Soit, il va en Angleterre comme agent ; le ministre y consent ; mais ce consentement a des limites aussi. Le ministre a bien su qu'il allait là pour étudier les Docks, et il a donné son consentement à cette étude ; mais il n'a pas accepté qu'il y allât pour se livrer très activement aux négociations financières qui devaient faire revivre en France l'affaire des Docks.

Ah ! le ministre ne l'a pas su ! Que signifie cette dénégation ? Est-ce qu'on veut encore distinguer entre l'*officiel* et l'*officieux ?* Je dis, moi, qui ne me prête pas à ces subtilités, que le ministre a parfaitement su les négociations financières et qu'il les a acceptées ; quand je dis le ministre, c'était surtout avec le directeur-général qu'on s'entendait ; par conséquent le ministre devait être instruit. Je ne parle pas des conférences particulières et directes de M. Berryer avec le ministre, mais des conversations particulières avec le directeur-général. Dans ces conversations, il a été bien entendu qu'il y avait deux choses à faire en Angleterre, et la plus importante, c'était la négociation financière, qui devait remettre sur pied l'affaire des Docks. Sans cette négociation financière avec l'Angleterre, l'affaire ne mourait pas en 1856, elle mourait en 1853. Empêcher ce désastre, qui ne pouvait être conjuré que par une intervention anglaise, c'était donc là le fait important ; à moins, toutefois, qu'on ne vienne dire aujourd'hui que l'administration, qui avait tant à cœur l'institution des Docks en France, y avait renoncé en 1853 et avait pris son parti de sa ruine ; à moins qu'on ne vienne me dire cela, malgré l'évidence qui démentirait une telle assertion, malgré l'administration tout entière qui protesterait énergiquement aussi, je persiste à dire que c'était là le fait important du voyage en Angleterre ; que l'administration l'avait bien compris ainsi, et que dès lors la mission en Angleterre n'avait pas d'autre but principal et sérieux que l'accession des capitalistes anglais. Il faut sauver à tout prix l'affaire, rappelez-vous ce cri rapporté par les témoins, il est caractéristique.

Voilà le sentiment qui est dans l'esprit des chefs de l'administration ; et quand, sous l'empire de ce sentiment qui domine tout, Berryer ira en Angleterre et rendra compte de ses négociations, on viendra soutenir en son nom qu'elle a fermé les oreilles et qu'elle n'a rien su !

Le ministère public dit : Vous voyez bien qu'elle n'a pas consenti, puisque d'Angleterre même Berryer écrit à l'ambassadeur pour être accrédité ; à son tour, l'ambassadeur écrit au ministre, et le ministre répond qu'il ne veut pas donner de mandat.

Oui, cela est vrai, il n'y a pas eu de mandat, pas de mission officielle. Mais la pensée de M. l'Avocat impérial, toujours si nette et si loyale, peut-elle aller jusque là, que s'il n'y a pas eu mandat officiel, c'est-à-dire un ordre descendant du ministre et allant se reposer sur la tête de Berryer, afin de le produire à l'Angleterre comme l'agent officiel du Gouvernement, ira-t-elle jusque là, dis-je, de prétendre qu'au moins il n'y avait pas eu un mandat officieux, une approbation, toute une adhésion d'homme à homme et de conscience à conscience ? Sa pensée ira-t-elle jusque là ? Non, elle n'ira pas si loin. Cela me suffit. Il y avait incontestablement au moins une adhésion officieuse ; tout s'était fait d'un commun accord avec les chefs de l'administration ; la vérité est là ; la mission sera officieuse ou officielle, peu m'importe ! Officieuse ou officielle, je la saisis dans les faits ; que voulez-vous de plus ?

En résumé donc, et ceci est capital, il est bien établi que Berryer, en partant pour l'Angleterre, a cessé de fait d'être l'agent de surveillance en France, et est devenu agent actif en Angleterre, et cela au vu et au su de l'administration.

J'aborde un autre point. Berryer part pour l'Angleterre, il part dans l'intérêt des Docks, intérêt protégé par le Gouvernement et par les concessionnaires, que tout le monde veut sauver ! Eh bien ! ira-t-il en Angleterre remplir une telle mission sans argent ? Fera-t-il le voyage à ses frais ? En conscience, il ne peut pas, quand il remplit une mission pour l'utilité du Gouvernement, quand il se prête aux vœux de ce gouvernement, quand il quitte la France dans l'intérêt d'une grande institution à laquelle il ne se rattache d'ailleurs par aucun côté matériel, il ne peut pas apparemment, parce qu'il est agent accrédité, aller dire à tous les intérêts qu'il doit servir : Non-seulement je mets mon activité, mon intelligence, toutes mes forces à votre service, mais j'y mets aussi ma fortune. Il ne peut pas le faire. Aussi, affirme-t-il, a-t-il toujours affirmé qu'il avait dit à M. le directeur-général : « Je ferai le voyage avec des » fonds qui me seront avancés par les concessionnaires. »

M. le directeur général l'a nié.

Il l'a nié !

Ah ! je vous remercie du fond du cœur, monsieur l'Avocat impérial, et c'est un trait de caractère que je n'oublierai pas : il y avait dans le dossier une pièce restée inconnue, et cette pièce vient aujourd'hui confirmer les affirmations de Berryer sur ce point, et par conséquent détruire complétement la dénégation du directeur général. — Vous avez dit, monsieur le directeur général, vous avez dit, à cette audience, sous la foi du serment, que vous n'aviez pas su cela ; vous avez dit que si on en avait parlé à M. Fleury, on ne vous en avait pas parlé, à vous, et qu'on s'était bien gardé de le faire, parce que M. Fleury avait déjà manifesté sa résistance, et que la vôtre aurait été plus grande encore ! On ne vous en a pas parlé ? Vous n'avez rien su ? — Ce n'est pas possible ; la pièce que M. l'Avocat impérial a livrée à la défense, en disant qu'il était de sa loyauté, dans ces derniers moments, de parler non-seulement des pièces pouvant servir à l'accusation, mais des pièces ignorées qui peuvent servir à la défense, cette pièce affirme que Berryer vous a tout dit, comme à M. Fleury.

Mais je veux insister et comparer une dernière fois les déclarations de M. Heurtier. Qu'a dit Berryer ?

J'ai d'abord vu M. Heurtier ; il avait accepté, lui, que les avances fussent faites par les concessionnaires. J'en ai parlé à M. Fleury, M. Fleury a résisté. J'ai rendu compte alors à M. le directeur général de cette résistance, et à lui, qui sait tout, j'ai dit : Je dois vous faire connaître que M. Fleury résiste à l'approbation que vous m'avez donnée.

Voilà la version de M. Berryer.

Maintenant, que s'est-il passé dans cette enceinte, ici, devant vous, messieurs? M. Fleury a affirmé tous les faits que Berryer avait affirmés.

M. Heurtier a prétendu, au contraire, qu'il n'avait rien su et que Berryer ne lui avait parlé ni des avances à faire par les concessionnaires, ni de son entretien avec M. Fleury.

Or, voici la réponse. Elle est énergique, dans la lettre adressée par Berryer au directeur général et trouvée dans les papiers du ministère. La voici telle que l'a produite et lue M. l'Avocat impérial dans sa réplique :

« Monsieur Fleury pense que le voyage est opportun, mais qu'il est peu conve-
» nable de faire faire les frais du voyage par les concessionnaires des Docks.

» Il voudrait que cette discussion fût ajournée au mois de janvier prochain,
» époque à laquelle on pourra imputer cette dépense au budget de l'exercice 1854.

» Tout cela me paraît très juste, mais le temps presse l'étude de la question, et
» c'est un mois de perdu.   A. B... »

Voilà la lettre écrite par Berryer, au ministère même, sur du papier du ministère, adressée au directeur général après l'entrevue Fleury ; trouvée dans les papiers du ministère, ce qui prouve qu'elle est bien arrivée à son adresse.

Et M. le directeur général n'a rien su !

Ceci n'a pas besoin de commentaires.

Je résume : L'administration a su que M. Berryer allait en Angleterre pour étudier les Docks et pour les négociations financières ; elle a su que, s'il y allait, ce n'était pas avec ses ressources personnelles, et que ce n'était qu'autant qu'il pourrait puiser dans la caisse des concessionnaires ce qui était nécessaire

à sa dépense. Elle a su cela, et quand Berryer écrit sur du papier du ministère : « Les ressources personnelles auxquelles j'emprunterai sont telles et
» telles, » c'était chose convenue ; il s'agissait de mettre l'*officiel* en dehors et
de laisser l'*officieux* avec toute son énergie. — La preuve est faite, j'en tirerai
tout à l'heure les conséquences.

J'aborde maintenant et très rapidement les trois faits dans lesquels viennent
se concentrer aujourd'hui toutes les puissances de l'accusation.

Et d'abord le traité Fox et Henderson !

On fait ici une concession. M. l'avocat impérial a reconnu que jamais Berryer n'avait eu la pensée de profiter en quoi que ce soit du traité Fox et Henderson. Après la lettre dont j'ai donné lecture, le ministère public a dit : Oui,
j'accorde à la défense que non-seulement Berryer n'en a pas profité, mais que,
dès l'origine, il a protesté énergiquement contre l'idée que l'on pourrait avoir
de l'introduire par une voie quelconque, directement ou indirectement, dans
les stipulations de ce traité. Il devait y rester étranger ; c'était sa volonté arrêtée, absolue. — Voilà ce que l'accusation nous concède, et cette concession
est capitale. Point d'intérêt pour Berryer ! Mais c'est tout ! !

Oui, dit-on ; mais il connaissait ce traité ; il aurait dû en révéler l'existence
au ministre, et il n'en a pas parlé.

Pour tirer une conséquence quelconque contre M. Berryer de cette circonstance, en admettant qu'elle existât, il faudrait établir d'abord que le
traité était frauduleux, qu'ensuite M. Berryer s'en était bien rendu compte, et,
en outre, qu'en ne le dénonçant pas, il a non-seulement commis une imprudence, une négligence, mais qu'il s'est associé au traité lui-même, bien plus,
aux détournements que ce traité devait favoriser ; qu'il s'y est associé contre
les actionnaires ; qu'ainsi il n'a pas seulement commis une faute grave envers
le ministre, mais un délit d'abus de confiance. — Voilà ce qu'il faudrait établir ; car enfin, nous sommes devant une juridiction correctionnelle. Or,
M. l'avocat impérial y a-t-il même songé dans son premier réquisitoire ?

Eh bien ! voyons : la légitimité du traité Fox et Henderson a été, depuis le
réquisitoire, examinée à fond dans une discussion d'une logique très serrée,
celle de M. Grevy, avocat de M. Orsi. Son dernier argument m'a surtout
frappé et a dû frapper tout le monde. L'habile avocat l'avait placé en dernière ligne comme corps de réserve, comme une sorte de garde impériale
destinée à donner au dernier moment de la bataille. Permettez-moi de le
rappeler et de le préciser encore.

Voici, a dit M. Grevy, des hommes qui s'associent pour fabriquer dans le
mystère un traité qui doit leur donner 1,800,000 francs ; c'est un fort joli
denier ! M. Orsi doit prendre sa part pour un tiers, c'est-à-dire 600,000 fr. ;
il doit donc tenir à ce traité. Quand on a commis la fraude, qu'on s'est entouré de tant de manœuvres pour la faire réussir ; quand on a été jusqu'à demander au commissaire du Gouvernement de vouloir bien prêter ou plutôt
vendre son silence pour s'assurer le succès, le succès obtenu, on s'en réjouit

on y tient, on s'en réjouit dans les confidences échangées de complice à complice. Or, écoutez Orsi : il écrit en juin 1855 à M. Cusin, je crois : « Ce » *maudit contrat* m'a toujours paru être notre ruine ! » — Cette lettre et d'autres lettres dans le même sens, ont été saisies au domicile et dans les archives de M. Cusin. Eh quoi ! ce traité devait donner à ces hommes 1,800,000 fr., et M. Orsi dit : « Ce maudit contrat m'a toujours paru être notre ruine. Je » ne demande qu'une chose, c'est qu'il soit annulé ! » — J'en conclus, moi, que ce traité n'a pas le sens que lui prête l'accusation, mais, au contraire, le sens que lui ont donné, dans leurs dépositions, et M. Carteret et d'autres témoins ; il était fait pour arriver à la société anonyme, but cherché par tous, et qui n'aurait pas été atteint si les pertes sur les actions avaient révélé un déficit, et, en effet, il n'a jamais eu d'autre résultat.

Insiste-t-on ? Il faudrait alors prouver que M. Berryer s'est bien rendu compte de la spéculation, et qu'il n'en a pas loyalement pensé ce que loyalement en a pensé M. Carteret.

Il n'est pour rien dans le traité ; il a joué un rôle tellement négatif, qu'en vérité on ne devrait pas lui demander un compte bien sérieux de ce qu'il a pu écrire ; je l'ai déjà dit, en Angleterre, il n'a été que le porteur des paroles de M. Orsi. Quelle que soit sa capacité, je ne le crois pas un homme d'affaires ; il entre d'hier dans la vie sérieuse et industrielle. Quand M. Carteret, ou d'autres personnages habiles en industrie, ont pu donner et ont donné à la clause du traité Fox le sens qu'ils lui ont donné à cette audience, croyez-vous que M. A. Berryer, à qui on transmettait cette même interprétation, n'a pas pu la prendre pour vraie ? et s'il l'a prise pour vraie, pourquoi s'en serait-il tant préoccupé ?

Il n'a pas instruit le ministre, dit-on ! ce silence est grave, j'en conviens, si Berryer a cru lui-même à la fraude. Cela ne le rendrait pas complice cependant. Mais s'il n'a pas cru à la fraude, pas plus que M. Carteret n'y a cru lui-même, pourra-t-on voir là autre chose qu'une imprudence, une légèreté ?

Ce n'est pas tout, il faudrait établir que M. Berryer, en ne disant pas cela au ministre, n'a pas commis seulement une faute envers le ministre, mais qu'il a commis un délit envers les actionnaires ; en d'autres termes, qu'il s'est associé au détournement des fonds des actionnaires. Prenons garde ! car enfin autre chose est de ne pas dénoncer un délit dont on est témoin, autre chose est de s'en faire le complice en s'y associant.

Soit ! je le suppose un instant, il y a délit dans le traité Fox ; Berryer le sait, il ne le dénonce pas au ministre. Qu'y a-t-il là ? une faute grave envers lui-même, une faute encore envers le ministre ; mais une participation directe à l'abus de confiance, au détournement, quand il ne prend rien, quand on reconnaît qu'il n'a jamais eu la pensée de rien prendre ! Il est témoin d'un délit, et parce qu'il ne le révèle pas, il en devient le complice ! et c'est devant la justice criminelle que j'entends ce langage !

On n'est complice que si l'on aide au délit, si on le facilite. Eh bien ! est-ce

parce qu'il a été l'intermédiaire d'une proposition qu'il n'a jamais interprétée
comme on l'interprète aujourd'hui, qu'il a aidé et facilité ? Ah ! si vous pouviez dire que son silence a été payé, je comprendrais une accusation de corruption ; mais une accusation d'abus de confiance ! jamais. Au reste, de
corruption, on n'en parle plus même au point de vue moral, grâce à Dieu !
J'ai pu sur ce point jeter assez de lumière dans le débat et même dans le cœur
de M. l'avocat impérial, pour qu'il abandonne cette thèse de conscience vendue, de silence payé.

On ne soutient plus cela.

Mais je vais plus loin, et je dis que si le ministre a ignoré la clause, il ne
l'a pas ignorée longtemps, car dans le bilan du 12 août 1854, on a fait la décomposition des sommes, et parmi ces sommes décomposées, figurent nettement et expressément les 1,800,000 fr. du traité Fox.

M. L'AVOCAT IMPÉRIAL. — C'est une erreur !

Mᵉ MARIE. — Mᵉ Grévy a plaidé ce fait et produit le bilan ; votre réplique
n'a rien réfuté. Maintenant j'aborde le second chef, la lettre du 29.

Une seule objection m'est faite à cet égard.

Lorsqu'on écrit au ministre qu'il y a des obligations hypothécaires, le ministre, dit-on, veut qu'on précise la réponse, que le commissaire du gouvernement se fasse remettre sous les yeux les obligations hypothécaires. — Cela est
vrai, je ne l'ai jamais nié et je ne le nie pas ; mais j'ai dit que M. Berryer
s'était adressé immédiatement à M. Cusin, et j'ai dit aussi que M. Cusin avait
répondu et dit qu'il n'avait pas placé en obligations hypothécaires, mais en
d'autres valeurs.

Pourquoi n'avoir pas transmis cette réponse au Ministre ? dit M. l'avocat
impérial. Pourquoi ? par une première raison, c'est qu'il avait été dit à
M. Berryer, et cela est consigné dans une lettre, qu'il y avait eu sur ce point
une explication entre le directeur-général et M. Orsi ; et non-seulement cela
était probable, mais pour moi, cela est constant, et voici ma preuve ; c'est
une preuve morale, mais elle me paraît infaillible. M. le directeur-général a
mis beaucoup d'empressement, dit-on, à demander des indications précises
pour savoir si véritablement il existait ou non des obligations hypothécaires,
je le veux bien ; mais j'en tire immédiatement cette conséquence, qu'il était
fort intéressé à bien éclairer cette question. Or, je le demande, n'est-il pas
possible d'admettre qu'après avoir montré tant d'empressement à connaître la
nature d'un emploi, il soit tout à coup resté inactif et froid sous le silence
qu'aurait gardé le commissaire du gouvernement ? Non, non, après avoir demandé par une première lettre, à M. Berryer, de vérifier ces obligations
hypothécaires, il aurait, dans une seconde lettre, dans une troisième si la
seconde n'avait pas suffi, et même dans une quatrième s'il l'avait fallu, il aurait
dit à son agent trop silencieux : « Je vous ai demandé ce renseignement, je
» le veux ; je veux savoir si les obligations hypothécaires existent ou n'existent
» pas. » Or, y a-t-il une lettre de rappel ? Pas une.

Eh bien ! je dis que quand un directeur-général demande des explications sur un fait important, essentiel, si on ne les lui donne pas, il les redemande ; qu'il les redemande encore, et que si on les lui refuse, il brise l'homme qui ne fait pas son devoir. Si M. le directeur-général n'a pas fait cela, c'est qu'il a eu, soit avec M. Orsi, soit avec M. Berryer, des explications sur ce point ; c'est que ces explications l'ont satisfait ; c'est qu'il a trouvé bon de tolérer en 1854 ce qu'il avait déjà toléré en 1853.

Troisième point. — M. l'Avocat impérial dit : « Mais des actions ont disparu ; on les avait mises sous scellés, et, lors de la levée des scellés, il a été constaté que le nombre des actions s'était affaibli, et cependant on n'a rien dit au Ministre. Ce n'est pas seulement une imprudence, c'est plus que cela, c'est un délit, car il s'agit d'un détournement d'actions. »

Et d'abord, c'est la première fois que cette objection est soulevée. Une explication très courte suffira pour en faire raison. Sur le détournement des actions, nous avons justice faite. M. l'avocat impérial, dans son impartialité, a dit lui-même dans son premier réquisitoire comme dans la réplique, que jamais Berryer n'avait en rien profité des actions qui ont pu être détournées. Quant aux actions placées sous scellé, l'objection est étrange. Comment ! Berryer remplissant la mission de commissaire du gouvernement, aurait constaté la présence d'un certain nombre d'actions, il les aurait mises sous son scellé, avec son cachet, et quand il aurait ainsi bien matérialisé le fait et agit de telle façon que désormais il ne pût échapper à personne, quand il aurait suffi au directeur-général ou à l'administration de se porter au centre de la Société pour vérifier l'état des choses et savoir ce qui avait été constaté, si bien constaté, on veut que le commissaire du gouvernement, dans une pensée de fraude, de dissimulation, dissimulation volontaire, n'ait pas constaté et révélé un déficit qui, dit-on, aurait existé ! Est-ce possible ? Est-ce tolérable ? S'il avait voulu taire quelque chose sur la disparition d'un certain nombre d'actions, non-seulement il aurait gardé le silence à l'égard du directeur-général, mais il n'aurait pas fait de constatation ; il n'aurait pas apposé de scellés. Au contraire, il constate cela, le fait matériel est acquis.

Mais d'ailleurs, où donc en sommes-nous ? Je ne comprends plus l'administration. Comment ? elle pense que dans un intérêt d'ordre il est urgent de vérifier une situation, de la faire constater par procès-verbal, de mettre ses valeurs sous scellés pour qu'elles ne s'échappent pas ; puis l'opération faite, elle s'étend dans son fauteuil et elle n'y pense plus ! C'est ainsi qu'elle administre ! Elle n'a pas même l'idée de faire venir le commissaire du gouvernement pour lui demander ce qu'il a fait ! Que voulez-vous ? Ceci me paraît tellement ridicule que je ne peux pas l'admettre.

D'un autre côté, est-ce qu'on n'a pas remis une situation au directeur-général ? Est-ce que dans cette situation, consignée dans le rapport de M. Monginot, je ne vois pas figurer 2,128,000 francs à l'actif ? Lisez ces chiffres, cela me suffit ; vous contestez le bilan du 12 août, je n'ai pas besoin du bilan contesté ; pourtant il contient une décomposition éclatante ; il a été remis au directeur-général. Ce n'est, je le sais encore, qu'une affirmation d'un prévenu ; mais enfin, ce qui est constaté par M. Monginot a bien quelque valeur. Je ne demande pas de jeter dans le débat cette décomposition du 12 août 1854 ; mais j'ai l'ensemble, j'ai la situation synthétisée ; il suffit au directeur-général d'y jeter un regard pour en faire l'analyse. Et Berryer a dissimulé ! cela ne peut se soutenir.

Quatrième fait : les avances et le traitement.

M. l'Avocat impérial a prétendu encore que le traitement a couru de septembre 1853. Non, non, non ! Dans la comptabilité de M. Cusin, redressée par l'expert, j'ai démontré que, d'après M. Monginot, les avances n'avaient commencé qu'en 1854.

J'ai intérêt à fixer cette date, parce que je démontre ainsi un fait capital, à savoir que les avances ont été faites à l'occasion et pour le voyage d'Angleterre, non au Commissaire du gouvernement, agent passif, mais à l'agent actif d'Angleterre ; et s'il en est ainsi, si ce point est vérifié à l'instant même, ces avances se justifient, sinon au point de vue des convenances, au moins au point de vue de la moralité, supérieure aux convenances. Ici revient toute ma thèse, qui est encore debout, et que je n'ai pas besoin de fortifier par de nouveaux arguments. Je vous ai dit : M. Berryer part pour l'Angleterre ; il aura de grandes dépenses à faire ; il ne peut pas les prendre sur sa fortune personnelle, il l'a dit ; il les fera avec l'argent des concessionnaires. Il est parti ; Cusin a fait des avances périodiquement, accidentellement ; oui, mais il en a dressé le compte, il a des reçus ; il a capitalisé les intérêts tous les six mois, le compte est là 109,000 fr. dus par M. Berryer. Il faudra qu'il les paye. En telle sorte que lui, qui n'a pas voulu faire les dépenses, qui ne devait pas les faire, qui ne le pouvait pas, qui, en donnant son aptitude, son intelligence, son temps, à des intérêts qui n'étaient pas les siens, mais qui étaient ceux du Gouvernement au point de vue de l'Institution, qui étaient ceux de la Compagnie au point de vue de son action industrielle, lui qui, dis-je, en agissant ainsi, devait au moins rester indemne, non-seulement il n'aura pas touché une obole, ni dans les actions, ni dans les fameux millions dont on parle, mais, compte fait avec lui, il reste débiteur de 109,000 fr. ; le droit est acquis contre lui, il faut qu'il paye. Et tous les travaux qu'il a faits, et tout l'argent qu'il a dépensé, tout cela doit être payé par lui ! Voilà le résultat final de cette intervention si critiquée du Commissaire du gouvernement dans l'affaire des Docks, et surtout de ces marchés indélicats, immoraux, qu'il a consentis, dit-on, pour faire payer son silence !

Messieurs ! quand un prévenu se présente devant vous avec de tels résultats ; quand on ne peut pas lui dire : Vous avez détourné une obole, vous avez profité d'une action ; quand on en est réduit à l'accuser... de quoi ? de s'être fait faire des avances, des prêts d'argent, qu'il doit, après tout, rembourser ; comment ! cette inconvenance, grandissant peu à peu sous la parole de

M. l'Avocat impérial s'élèvera, ou plutôt descendra jusqu'au délit! Je le répète, cela n'est pastolérable.

Vous dites : Il a eu cependant une mauvaise pensée! Il a voulu, au moins un instant, se faire remettre sa dette, la promesse en a été secrétement déposée chez un notaire.

Cette promesse, où est-elle? Est-ce que vous l'avez, par hasard? Non. Berryer y a-t-il jamais paru pour stipuler ou pour signer? Non. Est-ce que ce contrat a été déposé par lui? Non encore. Dans le reçu qui a été donné du dépôt et du retrait, sa signature figure-t-elle? Pas davantage. 100,000 francs étaient promis, dit-on; cette promesse, si elle existe, ne payait même pas ses dépenses, elle ne balançait pas son compte; il était encore en avance de 9,000 fr. qu'il perdait! La belle spéculation! Voyez-vous Arthur Berryer allant traiter avec ses concessionnaires, riches à millions apparemment, puisqu'ils ont détourné des millions; le voyez-vous, lui, le fonctionnaire vendu, le complice de toutes les soustractions commises, le voyez-vous tendant la main à ses complices pour leur demander humblement... quoi? sa part? Non, le remboursement de ses avances, je me trompe, le remboursement d'une partie de ses avances!

M. l'Avocat impérial fait observer que, même après les dépenses faites en Angleterre, les avances ont toujours continué de la maison Cusin à Berryer.

Comment! est-ce que M. l'Avocat impérial a perdu le souvenir, bien consigné dans les pièces cependant, qu'après le traité Fox et Henderson, tout n'a pas été dit, qu'il y a eu des contestations interminables qui se sont prolongées en 1854 et 1855; que les voyages faits par M. Berryer ne cessent pas à la date du 3 février 1854, mais se continuent, au contraire, après cette époque et jusqu'en 1855! Les quinze voyages dont j'ai parlé ne sont pas tous de 1854, il y en a en 1855.

Un mot maintenant de la part d'intérêt réservée à Berryer dans l'organisation future des Docks. Je l'ai expliquée très nettement. Je crois aussi, sur certaines délicatesses de position, avoir des idées bien acquises. Eh bien! examinons cela de près sans trop de condescendance, mais aussi sans exagération, selon les temps et les circonstances.

Voilà un homme qui est allé en Angleterre chargé d'une double mission : l'étude de l'Institution, des négociations financières. On convient que le traité Fox et Henderson a été amené par lui à un bon résultat; le succès obtenu ainsi était immense, on l'espérait du moins alors; ce traité devait sauver l'entreprise des Docks, sauver l'Institution pour laquelle tout le monde faisait des vœux ardents; eh bien! on a dit à cet homme : Vous avez dépensé 109,000 fr., on vous les restituera, mais seulement si la Société anonyme se constitue. On lui dit alors, je le suppose, car, je l'ai dit, rien n'établit que Berryer ait accepté cette promesse, mais enfin je le suppose, oui, on lui dit tout cela! — Pour avoir bien servi la Compagnie en lui préparant des négociations financières utiles, vous serez remboursé d'une partie de vos dépenses, soit

100,000 francs sur 109,000, vous perdrez encore 9,000 francs, plus même.

Complicité ! s'écrie-t-on, complicité dans les abus de confiance, dans l'escroquerie ! Mais, répond Berryer, même en admettant comme vraies toutes vos hypothèses, je n'ai rien enlevé aux actionnaires. C'est entre Cusin, Legendre et moi que tout s'est passé ; je n'ai rien emprunté aux Docks ; les Docks ne me réclament rien, ils ne veulent pas de ma créance. Les rapports encore établis aujourd'hui sont des rapports entre moi et la maison de banque ; si je ne paye pas, ce ne sont pas les actionnaires des Docks, c'est la maison de banque qui seule m'a prêté, qui seule est ma créancière et qui seule perdrait. Elle m'a prêté, dites-vous, avec les fonds des Docks ! Qu'en savez-vous ? et surtout, que pouvais-je en savoir moi-même ? C'est donc à dire que je serai ou ne serai pas coupable, selon que la maison de banque sera ou non assez solvable pour régler les comptes avec les Docks ! Cela est-il juste ? cela est-il raisonnable ? En tout cas, peut-on trouver là trace d'abus de confiance ?

Quant à la part d'intérêt que l'on reproche à Berryer d'avoir acceptée, c'est une part d'intérêt qui ne devra être fixée qu'après la constitution de la Société anonyme, c'est-à-dire quand Berryer ne sera plus rien, quand il aura donné sa démission de commissaire du Gouvernement, comme il l'a dit dans sa lettre du 21 février. Quand il sera libre vis-à-vis du Gouvernement, il fera, avec l'Entreprise qu'il a servie, les stipulations qu'il aura le droit de faire à raison des services qu'il a rendus ; il fera ce que font les ingénieurs qui, après avoir rendu des services, rentrent dans l'industrie privée. Et il y a là encore corruption ! complicité d'escroquerie !

Je m'arrête, Messieurs ; je ne veux rien ajouter, bien que mon esprit veuille lutter encore ; mais mes forces s'épuisent. Je recommande cette affaire à votre conscience, à votre indépendance, à votre justice ; et je suis convaincu, comme je l'ai dit en terminant ma première plaidoirie, que M. A. Berryer sortira de cette enceinte acquitté de toute prévention.

DERNIÈRES EXPLICATIONS DE CUSIN.

Messieurs, je pensais que l'audience serait continuée à un autre jour. Dans la position exceptionnelle qui m'est faite, j'aurais voulu protester, avec la conviction d'un homme qui dit la vérité, que rien, rien n'a été détourné par lui. J'ai écrit, dès le 17 avril, que les investigations qui auraient lieu dans la maison Cusin-Legendre, constateraient la somme qui était due aux Docks. Il ne m'a point été répondu. J'ai fait part à M. Monginot de cette situation. J'ai entendu tout ce qui a été dit ; il n'a jamais été fait allusion à cela en quoi que ce soit. Quant au bilan du 12 août qui contient la décomposition, j'affirme qu'il a été remis au ministre, à M. Pereire, à M. Lehon, à tous ceux qui se sont occupés de l'affaire.

J'ai entendu dire qu'un prévenu ne pouvait pas donner une affirmation. Eh bien ! malgré cela, je jure, Monsieur le Président, que jamais je n'ai rien pris pour moi. La preuve en résulte de mon compte dans la maison Cusin-Legendre. Nous nous sommes trouvés, M. Legendre et moi, dans l'impossibilité de réunir nos actionnaires, et, par conséquent, de leur donner la situation que la position des Docks venait nécessairement compliquer. J'espère que mes paroles seront pesées. Les témoignages que j'ai reçus ici sont nécessairement bien froids. J'ai été en rapports non-seulement avec les deux personnes qui sont avec moi sur ce banc, mais aussi avec M. Carteret, avec M. Orsi, qui étaient membres du conseil de surveillance de Javel en même temps que du comité des Docks. Tenez compte de cela ; voyez l'embarras de ma position. Donner des démentis ? non, ce n'est pas mon rôle. — Je ne puis que répéter ce que j'ai dit à M. Heurtier : Pourquoi ne m'avez-vous pas retiré la concession après le traité avec M. Pereire ? Pesez ces mots, Messieurs ; je les dis sans ostentation, sans bruit. Si, à ce moment, le décret de concession nous avait été retiré, est-ce que rien de ce qui s'est produit se serait manifesté dans cette affaire ?

J'ai fait peut-être plus que les autres. Je suis laborieux, travailleur. A-t-on jamais fait un reproche de cela à quelqu'un ? Mon nom cependant est partout ; on ne dit pas Cusin-Legendre et Cie, on dit Cusin ; me voilà en évidence. Je suis plus jeune que M. Legendre, je suis peut-être plus actif que lui ; je me suis occupé de l'affaire des Docks. Mon enthousiasme se comprend par l'enthousiasme qu'ont apporté dans cette affaire d'autres esprits qui s'y sont mêlés.

Je répète que jamais, jamais ! la pensée de vouloir m'approprier un sou ne m'est venue, et j'en donne la preuve en deux mots : La maison Cusin-Legendre, je le soutiens, a dans son actif une valeur qui dépasse de beaucoup son passif. Qu'ai-je pris ? Je n'aurais pas fait le partage de ce que je considère comme le bénéfice liquide de la maison Cusin-Legendre ! J'aurais été m'approprier quelque chose dans l'affaire des Docks, quand je savais que le capital qui était liquide dans cette dernière affaire, était obtenu à l'aide d'un sacrifice, puisque avant le jour où M. Pereire s'est retiré les actions étaient beaucoup au-dessous du pair ! Il me semble que, dans ces deux faits, il y a quelque chose qui doit plaider, jusqu'à un certain point, en faveur de ce que je dis au Tribunal. Du moment où, dans la maison Cusin-Legendre, il se trouvait 1100,000 fr. de profits et pertes, sur lesquels M. Legendre et moi avions 60 p. 100 à prendre, peut-on penser que des hommes qui pouvaient réaliser une somme de profits et pertes si considérables, auraient cherché à détourner les fonds ou les actions de la Société des Docks ? On me laisse seul ; c'est triste ; peu importe. Mais je répète que je n'ai pas pu rassembler les actionnaires pour leur exposer la situation des choses ; je répète que je ne suis pas homme à avoir pris dans les fonds de la Société des Docks, dont je savais que les actions se vendaient à perte, et que si j'avais pris sur les profits et pertes de la maison Cusin-Legendre, je n'aurais fait que ce qui était légitime.

Je remercie le Tribunal d'avoir bien voulu m'accorder la parole pendant quelques instants. Je lui ai dit tout ce qui est ; quelle que soit sa décision, ma conscience sera tranquille.

<hr />

Audience du 7 Mars 1857.

<hr />

JUGEMENT.

Le Tribunal,

« Après en avoir délibéré conformément à la loi faisant droit :

« En ce qui touche Joseph Orsi,

« Attendu que si dans le cours des années 1854 et 1855, il a consenti à diverses reprises à prêter son nom et son appui financier à Cusin et Legendre, soit pour la vente ou l'achat, soit pour la mise en report d'un nombre considérable d'actions de la compagnie des Docks Napoléon, cependant il n'est pas suffisamment établi qu'il ait eu connaissance de l'origine frauduleuse de ces actions ni qu'il en ait profité ;

«Attendu que si à la date du 20 juin 1854 et par acte devant Dufour, notaire, à Paris, Orsi est devenu l'un des administrateurs de la Société des Docks, en remplacement de Duchêne de Vère, et si, en cette qualité, il a signé à la date du 24 juillet 1854, collectivement avec Cusin et Legendre, le traité en vertu duquel il était fait remise à Fox et Henderson de 4 millions à valoir sur les travaux à faire par ces derniers, pour le compte de la Compagnie des Docks, cette coopération d'Orsi quelque blâmable qu'elle puisse être, ne suffit pas cependant pour le faire considérer comme ayant sciemment participé au détournement reproché à Cusin et Legendre ;

« Attendu que si Joseph Orsi a eu le tort grave de donner son concours dans l'intérêt des concessionnaires de la Société des Docks à des opérations de bourse fictives ou ruineuses, et de figurer à des actes énonçant des faits contraires à la vérité, cependant il n'est pas suffisamment établi qu'il ait aidé ou assisté avec connaissance de cause, ses co-inculpés dans les faits d'abus de confiance ou d'escroquerie qui leur sont imputés, ni qu'il ait recélé sciemment tout ou partie des valeurs détournées ;

« Le Tribunal le renvoie de la prévention portée contre lui sans dépens ;

« En ce qui touche les inculpés Cusin, Legendre et Duchêne de Vère ;

Attendu qu'il résulte de l'instruction et des débats, et des nombreux documents placés sous les yeux du Tribunal, qu'à la date du 17 septembre 1852, et en vertu d'un décret signé à Roanne, Cusin, Legendre et Duchêne de Vère, ont été antorisés à établir à Paris, des Docks, ou Entrepôts destinés « à rece- » voir les marchandises dont on veut mobiliser la valeur au moyen de warrants » ou récipissés négociables » ;

« Attendu que, par acte devant Dufour, notaire à Paris,]en date du 12 octobre 1852, les trois concessionnaires ont formé au capital de 50 millions de francs, divisés en 200 mille actions de 250 francs chacune, une Société dont ils se proposaient de poursuivre la conversion en Société anonyme et qui aux termes de l'article 6 des Statuts ne pouvait être légalement constituée que par la souscription intégrale de 200 mille actions, constatée par une dé- claration authentique, laquelle a été faite le 20 novembre 1852, par les trois concessionnaires et par acte devant Dufour, notaire ;

« Attendu que si les Statuts ne s'étaient pas expliqués d'une manière caté- gorique sur l'emploi momentané à faire des fonds provenant des souscriptions, la nature des choses indiquait qu'ils devaient être employés uniquement et exclusivement dans l'intérêt de la Société des Docks et qu'il n'était pas per- mis d'en détourner la moindre partie pour l'affecter à des entreprises indus- trielles autres que celle pour laquelle la Société avait été formée ;

Attendu que nonobstant, Cusin et Legendre, gérants de la maison de Banque l'*Union commerciale*, confondant à dessein leur dite qualité avec celle de concessionnaires de la Société des Docks, ont versé dans la caisse de la maison de Banque tous les fonds disponibles provenant des actionnaires des Docks et les ont pour ainsi dire immédiatement appliqués dans une proportion con- sidérable à des entreprises commerciales complétement étrangères, et dans lesquelles ils avaient des intérêts personnels, notamment dans la Société linière de Pont-Remy, et dans la fabrique de produits chimiques de Javel, dont le sieur Sussex était gérant ;

« Attendu qu'ils ont ainsi versé successivement et au détriment des action- naires dans le courant des années 1853, 1854 et 1855, des sommes qui se sont élevées, d'une part, pour la Société de Pont-Remy, à 405,000 francs, et d'autre part, et pour la Société de Javel, à 3,451,026 fr. 66 cent., lesquelles se décomposaient ainsi : 2,520,500 fr., pour les actions ; 930,526 fr. 66 cent., pour les obligations ;

« Attendu que le versement de ces sommes considérables, progressivement continué pendant le cours de trois années, ne peut aucunement être justifié, qu'il a été fait frauduleusement, d'une manière subreptice et au mépris même des avertissements donnés par le Ministre du commerce et de l'agriculture qui, dans une lettre en date du 29 septembre 1853, adressée aux concession- naires et portée à la connaissance du Commissaire impérial, les invitait : « à « conserver sous la forme la plus aisément disponible et à l'abri de toute dé- » préciation, soit en la déposant à la Banque, à la caisse des dépôts et consi- » gnations soit en la convertissant en bons du Trésor, » une somme de 4,191,549 francs, qu'ils annonçaient mensongèrement avoir en caisse ;

« Attendu que la conduite de Cusin et Legendre est d'autant plus coupable qu'au moment où ils employaient et compromettaient ainsi les sommes qui leur avaient été versées pour une destination spéciale, ils recevaient clandestinement du sieur Sussex, gérant de la Société de Javel, 800 actions, représentant une somme de 400 mille francs, que celui-ci abandonnait à leur profit personnel, et dont la saisie n'a été opérée que par suite de circonstances fortuites et indépendantes de leur volonté ;

« Attendu qu'indépendamment de ces détournements, les inculpés se sont encore fait attribuer, sous le titre de comptes courants ouverts par la maison de Banque l'*Union commerciale*, des sommes importantes ; que ces sommes se sont accrues d'année en année, et que si, en ce qui touche Orsi et Duchêne de Vère, elles peuvent être considérées comme des comptes courants ordinaires de Banque, elles ne sauraient avoir ce caractère, en ce qui concerne Cusin et Legendre qui, au 30 décembre 1856, se trouvaient débiteurs, le premier, de 265,153 francs et le second de 444,874 francs, et qui n'ignoraient pas que ces sommes considérables ne pouvaient être versées à leur débit par la maison de Banque l'*Union commerciale*, dont la situation était précaire, mais devaient nécessairement provenir de l'argent des actionnaires des Docks ;

« Attendu qu'il résulte des états de situation soumis au Tribunal, qu'à la date du 20 novembre 1852, sur les 200,000 actions composant le fonds social, il avait été souscrit réellement 89,106 actions, formant par suite des diverses opérations illicites de bourse faites par les inculpés, une somme totale de 11,189,563 francs 75 centimes ; au 31 décembre 1853, le nombre des actions placées était de 103,802 représentant 12,934,006 francs. Enfin, d'après les inculpés eux-mêmes, ils accusaient le 19 février 1854, le placement de 120,000 actions pour une valeur de 15,000,000 ;

« Attendu qu'une partie seulement de cette somme de 15,000,000 a été appliquée aux dépenses réelles de la Société des Docks qui, jusqu'au 1er *janvier* 1855, ne se sont élevées qu'à la somme totale de 11,636,501 fr., et que le surplus a été détourné au profit des établissements de Pont-Remy et de Javel, et a servi à faire des opérations illicites de bourse de compte à demi avec diverses personnes sous le nom de tiers ;

» Attendu que cette gestion, coupable à tous les points de vue, avait fixé dès 1855 l'attention du Gouvernement, qui avait chargé un inspecteur-général des finances de procéder à un examen sérieux et approfondi de la comptabilité des Docks, examen dont les résultats ont été consignés dans un rapport en date du 31 août 1855, dans lequel on signale aux Ministres des finances, de l'agriculture et du commerce les fraudes des concessionnaires, les artifices de leurs écritures, les dissimulations dont ils se sont rendus coupables;

« Attendu que ce rapport, dans lequel l'inspecteur des finances concluait au retrait de la concession, a été suivi d'un décret impérial, en date du 19 décembre 1855, portant révocation du décret du 17 septembre 1852, par

ces motifs « que de l'ensemble des renseignements recueillis, il résulte que
« les concessionnaires, par les irrégularités et les abus graves de leur gestion,
» se sont mis dans l'impossibilité absolue de réaliser les intentions du décret
» du 17 septembre 1852, et de procurer au commerce les avantages qu'il
» pouvait en attendre ; »

« Attendu qu'au moment où l'instruction a pris naissance, il n'a plus été
trouvé à la souche des actions que le nombre de 5,824 actions, qui n'avaient
pas été émises, et qu'en prenant pour point de départ le nombre de
120,000 actions placées et reconnues par les inculpés eux-mêmes, à la date
du 19 février 1854, ils ont à rendre compte des 74,176 actions représentant
9,272,000 francs ;

« Attendu que ces actions ont été détournées comme l'avaient précédemment été les capitaux provenant de la souscription des actionnaires sérieux ;
qu'une portion, composée de 42,176 actions, a été successivement vendue à
la Bourse, à des prix la plupart du temps de beaucoup inférieurs à leur valeur
d'émission, et ce, sous des noms empruntés et par l'entremise de courtiers
dont les opérations ont été relevées dans le cours de l'instruction et figurent
dans le rapport de l'expert commis par le juge d'instruction ; que la responsabilité de ces faits coupables doit peser uniquement sur Cusin et Legendre et
non sur Duchêne de Vère, qui est resté étranger à tout ce qui concernait la
maison de banque l'*Union commerciale*, et, par conséquent au détournement des sommes versées et des 42,176 actions susdites ;

» Attendu que 32,000 autres actions ont également été détournées au moyen
de divers traités frauduleusement organisés, à la date du 14 février 1854, entre
les trois concessionnaires Cusin, Legendre et Duchêne de Vère, d'une part, et
les constructeurs Fox et Henderson de l'autre, et aux termes desquels ces derniers s'engageaient par actes ostensibles à exécuter, pour le compte de la Société
des Docks, pour 24,000,000 de travaux, et en même temps s'obligeaient par
un acte secret, portant la date du même jour 14 février 1854, signé d'eux et
saisi dans le cours de l'instruction, à faire remise aux trois concessionnaires
d'une somme de 1,800,000 francs, soit 600,000 francs pour chacun d'eux
au fur et à mesure de l'achèvement des travaux ;

« Attendu que l'exécution de ces conventions frauduleuses a été consommée
à la date du 24 juillet 1854, par la remise à Fox et Henderson, qui n'avaient
encore commencé aucunes constructions, de 32,000 actions des Docks, représentant une valeur de 4,000,000 de francs, et par l'abandon par ceux-ci
de 14,400 actions, formant, aux termes du traité secret, la part de Cusin, Legendre et Duchêne de Vère dans la commission de 1,800,000 francs stipulée
à leur profit ;

» Attendu que vainement les inculpés prétendent n'avoir eu aucune intention frauduleuse et n'avoir eu en vue dans les stipulations sus-énoncées que
de replacer les 14,400 actions à eux attribuées dans la caisse des Docks pour
amoindrir d'autant le déficit que leur gestion avait causé ;

» Attendu que cette allégation, qui ne repose sur aucune base digne de foi, doit être repoussée, et que, dans tous les cas, et en admettant même que les 14,400 actions dont s'agit eussent été replacées dans la caisse au compte des actionnaires, elles auraient servi uniquement à amoindrir le déficit causé par les concessionnaires, mais les actionnaires n'en auraient pas moins été lésés d'une somme de 1,800,000 francs, puisque le traité existant avec Fox et Henderson avait pour effet de leur faire payer 24,000,000 de travaux qui, en réalité, ne coûtaient que 22,200,000 francs ; d'où il ressort qu'il y a eu entre toutes les parties ayant intérêt à l'acte un accord frauduleux pour dépouiller les actionnaires d'une somme de 1,800,000 francs ;

» Attendu qu'indépendamment des nombreux détournements sur lesquels le Tribunal vient de s'expliquer, les inculpés Cusin et Legendre se sont encore rendus coupables d'escroquerie en employant des manœuvres frauduleuses pour persuader l'existence d'une fausse entreprise et se faire remettre des fonds par des personnes restées inconnues ;

» Attendu que ce délit auquel Duchêne de Vère paraît être resté étranger, ne se fonde pas seulement sur l'usage de la fausse déclaration notariée du 20 novembre 1852, laquelle constitue un délit particulier, prévu et puni par la loi du 17 juillet 1856, et qui se trouve aujourd'hui couvert par la prescription, mais encore par un ensemble de manœuvres ayant pour but d'égarer l'opinion publique et de persuader l'existence d'une entreprise dont la constitution était entachée d'illégalité aux termes mêmes des statuts ;

» Attendu que, non contents de déclarer que la Société était définitivement constituée, alors même que la moitié du capital social ne se trouvait pas souscrit, Cusin et Legendre annonçaient au Conseil de surveillance, tantôt que le chiffre des demandes d'actions s'élevait à 327,000, tantôt même à plus de 800,000, tandis qu'il n'était réellement que de 225,000. A l'appui de ces assertions mensongères, ils faisaient opérer des grattages sur les états récapitulatifs du nombre des actions demandées ; ils affirmaient que les capitaux encaissés s'élevaient à 17,000,000 de fr. et dans une lettre au Ministre de l'agriculture et du commerce, en date du 14 janvier 1853, Cusin poussait même l'audace jusqu'à dire : « Dès le 20 octobre 1852, la moitié du capital » était versée, et dès lors commençait pour nous une responsabilité dont nous » avons mesuré l'étendue et que nous n'avons pas déclinée.

» Enfin, pour faire taire certains bruits fâcheux qui circulaient sur le compte des concessionnaires et l'usage qu'on soupçonnait qu'ils faisaient des actions restées à la souche, les inculpés faisaient maculer les actions neuves, et ne les livraient à la spéculation qu'après les avoir tachées et salies, afin de leur donner l'apparence d'actions ayant déjà circulé à la Bourse. Tous ces faits doivent être considérés comme autant de manœuvres frauduleuses constitutives du délit d'escroquerie ;

» En ce qui touche l'inculpé Arthur Berryer :

» Attendu qu dans le courant du mois de février 1853, il a été nommé commissaire du Gouvernement près la Compagnie des Docks, bien qu'elle ne fût pas encore constituée en Société anonyme. A ces fonctions était attaché un traitement annuel de 5,000 fr.

» Attendu que cette mission de confiance imposait à Berryer des devoirs impérieux, tant envers l'administration supérieure dont il était le représentant et qu'il était chargé d'éclairer, qu'envers le public dont il avait à sauvegarder les intérêts, et qui, sur la foi d'une généreuse pensée et d'un nom auguste, était venu apporter ses capitaux à la Société des Docks Napoléon ;

» Attendu que ces devoirs il n'a pas tardé à les méconnaître :

» Premièrement, en consentant à recevoir des concessionnaires Cusin et Legendre, un traitement occulte de 1,250 fr. par mois, soit 15,000 fr. par an, indépendamment du traitement de 5,000 fr., attaché à ses fonctions ;

» Secondement, en recevant sur l'argent des Docks et à diverses reprises, dans le cours des années 1853, 1854 et 1855, une somme de 20,057 fr. et en se faisant ouvrir sur les livres de la maison de banque, l'Union commerciale, un crédit qui s'élève à plus de 110,000 fr., et en stipulant par des conventions en date du mois de septembre 1854, dont la trace a été saisie et dont l'existence n'est niée par aucun des inculpés, l'abandon d'une somme de 100,000 fr. qui devait lui être comptée après l'homologation des statuts de la Société anonyme ;

» Troisièmement, en concourant sciemment à la préparation du traité frauduleux fait entre Fox et Henderson d'une part, et les concessionnaires de l'autre, et en usant auprès des premiers de l'influence que lui donnait sa qualité de commissaire impérial pour les déterminer, ainsi que l'atteste sa lettre du 4 février 1854, à abandonner au profit des concessionnaires la commission secrète d'un million huit cent mille francs dont il a déjà été parlé ;

» Quatrièmement, en égarant la religion du Ministre et en trompant sa surveillance par des rapports mensongers dans lesquels il s'efforçait de présenter sous un aspect tout différent de la vérité, la situation de la Société des Docks, tantôt en déclarant que les sommes considérables qui, d'après les bilans formaient l'encaisse de la Compagnie, « étaient placées en valeurs hypo-
» thécaires de premier ordre et présentant les plus entières sûretés, ce dont,
» disait-il, il était parvenu à s'assurer, alors qu'il n'en était rien, tantôt en
» repoussant comme peu dignes d'intérêt les réclamations des actionnaires,
» tantôt enfin en attestant la loyauté et la probité des concessionnaires » ;

» Attendu qu'il est établi et qu'il résulte clairement de la correspondance mise sous les yeux du Tribunal et des rapports du commissaire impérial lui-même, que ce langage contraire à la vérité était la conséquence du salaire reçu par Berryer, et que l'on voit pas à pas, pour ainsi dire, ce langage se modifier au fur et à mesure que l'inculpé entrait plus avant dans la voie de corruption où il s'était engagé.

» Attendu que c'est vainement que Berryer allègue dans son intérêt, que le traitement occulte qu'il recevait mensuellement, ainsi que les sommes considérables qui lui étaient incessamment versées étaient une sorte d'indemnité des voyages qu'il faisait à l'étranger et des dépenses auxquelles il se livrait dans l'intérêt de la Compagnie des Docks, au vu et avec l'assentiment de l'administration supérieure, par laquelle il était considéré, à partir de l'année 1854, moins comme un fonctionnaire chargé d'une mission de surveillance que comme un agent ou un négociateur stipulant dans l'intérêt d'une grande entreprise ;

» Attendu que le contraire ressort de l'instruction et des débats, et de la propre correspondance de l'inculpé qui prouve qu'à l'exception d'une somme de 20,000 fr. environ qui lui a été expédiée en Angleterre, tout le reste a été employé à ses besoins ou à ses dettes personnelles et sur ses demandes pressantes et réitérées ;

» Attendu que l'instruction et les débats ont surabondamment démontré que l'Administration a dû croire, sur les affirmations écrites de Berryer, que les frais de voyage en Angleterre étaient supportés par sa fortune personnelle ; qu'elle a toujours ignoré l'existence du traitement occulte de 1,250 fr. par mois, ainsi que la remise des sommes importantes qui figurent au compte de Berryer sur les livres de l'Union commerciale, et enfin qu'à toutes les époques de 1854 et 1855, elle n'a jamais cessé de le considérer comme un fonctionnaire chargé de surveiller la société des Docks et d'éclairer le Ministre sur la marche intérieure et l'état des affaires de la Société, ce que Berryer reconnaît lui-même formellement, puisqu'il termine son dernier rapport, en date du 15 septembre 1855, par cette phrase significative : « Je vous demande, Monsieur le Ministre, de vouloir bien voir dans ce travail mon désir extrême de remplir avec intelligence et droiture la mission qui m'a été confiée ; »

» Attendu que sa conduite a été d'autant plus coupable qu'à diverses reprises, et notamment dans sa lettre du 17 juin 1854, le Ministre demandant à Berryer des renseignements sur les prétendus placements hypothécaires qu'il disait avoir été faits dans l'intérêt des actionnaires, et présenter toute sécurité » (Rapport du 29 mai), appelait toute son attention sur l'obligation d'un con- » trôle sévère de la part du département du commerce dans l'intérêt des action- » naires comme de l'entreprise elle-même ; » — Et que plus tard, dans sa lettre du 9 septembre 1854 à Berryer, le Ministre, s'expliquant sur la présence du nom de ce dernier sur une liste d'actionnaires des Docks et sur le peu de convenance de le voir intervenir, à un degré quelconque, dans une affaire dont la surveillance lui était confiée, lui demandait des explications précises sur ce fait, ajoutant « que son immixtion, soit comme actionnaire, soit comme admi- » nistrateur, serait considérée par lui comme incompatible avec ses fonctions » de Commissaire du gouvernement, et aurait pour conséquence une décision » dont il n'aurait qu'à attribuer à lui-même la rigueur. » Au moment où ce langage si ferme et si précis était tenu à Berryer et lui rappelait toutes ses obligations envers le gouvernement, il répondait pour récuser toute participation intéressée avec la société des Docks, et cependant il avait déjà, à cette époque,

stipulé le salaire qui lui appartiendrait, et Cusin lui avait donné l'assurance
que personne, dans l'affaire, n'aurait un schelling de plus que lui ; c'est à
l'aide de cette connivence criminelle, c'est par suite du lien pécunaire qui en-
chaînait le Commissaire du gouvernement aux concessionnaires, que la vérité
n'a pas pu se faire jour, que la situation des Docks a été longtemps méconnue,
que les détournements des concessionnaires n'ont pu être arrêtés en temps
utile et qu'on est arrivé à un déficit énorme, que les appréciations les plus
modérées n'estiment pas être moins de 6 à 7 millions ; déficit dont Cusin a été
le principal auteur et Arthur Berryer le plus actif agent, et que tous deux
s'efforçaient d'atténuer par un bilan mensonger dans lequel on faisait figurer,
entre autres articles frauduleux, 1 million pour frais de commission de banque
et 300,000 francs pour 20 mois d'une gérance non moins coupable que désastreuse.

» Attendu que ces faits constituent en ce qui concerne Cusin, Legendre et
Duchêne de Vère le délit d'abus de confiance, par le détournement soit de
sommes considérables, soit d'actions qui ne leur avaient été confiées qu'à titre
de mandat pour en faire un usage déterminé, à la charge de les rendre ou de
les représenter ;

» En ce qui concerne Cusin et Legendre, le délit d'escroquerie par l'emploi de manœuvres frauduleuses pour persuader l'existence d'une fausse entreprise et se faire remettre à l'aide de ces moyens, des sommes d'argent par des
personnes restées inconnues ;

» En ce qui concerne Arthur Berryer, le délit de complicité des détournements commis par Cusin, Legendre et Duchêne de Vère, en aidant et assistant
avec connaissance les auteurs de ces détournements, dans les faits qui les ont
préparés, facilités ou consommés, et en recélant sciemment tout ou partie
des sommes détournées ;

Délits prévus et punis par les art. 406, 408, 405, 59, 60 et 62 du Codepé-
nal, desquels il a été donné lecture, par le Président et qui sont ainsi conçus ;

« ART. 408. — Quiconque aura détourné ou dissipé au préjudice des pro-
» priétaires, possesseurs ou détenteurs des effets, deniers, marchandises, billets,
» quittances, ou tous autres écrits contenant ou opérant obligation ou décharge
» qui ne lui auraient été remis qu'à titre de louage, de dépôt, de mandat, ou
» pour un travail salarié ou non salarié, à la charge de les rendre ou repré-
» senter ou d'en faire un emploi ou un usage déterminé, sera puni des peines
» portées en l'article 406.

« ART. 406. — Quiconque aura abusé, etc., etc., sera puni d'un empri-
» sonnement de 2 mois au moins et de 2 ans au plus, et d'une amende qui
» ne pourra excéder le quart des restitutions et des dommages qui seront dûs
» aux parties lésées ni être moindre de 25 francs.

» ART. 405.—Quiconque, soit en faisant usage de faux noms ou de fausses
» qualités, soit en employant des manœuvres frauduleuses pour persuader
» l'existence de fausses entreprises, d'un pouvoir ou d'un crédit imaginaire, ou

» meubles ou des obligations, dispositions, billets, promesses, quittances ou décharges, et aura, par un de ces moyens, escroqué ou tenté d'escroquer la totalité ou partie de la fortune d'autrui, sera puni d'un emprisonnement d'un an au moins et de 5 ans au plus, et d'une amende de 50 fr. au moins et de 3,000 fr. au plus.

» Art. 59. — La complicité d'un crime ou d'un délit sera punie de la même peine que les auteurs mêmes de ce crime ou délit.

» Art. 60. — Seront punis comme complices d'une action qualifiée crime ou délit, ceux qui auront avec connaissance aidé ou assisté l'auteur ou les auteurs de l'action dans les faits qui l'auront préparée ou facilitée, et dans ceux qui l'auront consommée.

» Art. 62. Ceux qui sciemment auront recelé, en tout ou en partie, des choses enlevées, détournées, ou obtenues à l'aide d'un crime ou d'un délit, seront aussi punis comme complices de ce crime ou délit. »

» Faisant application des susdits articles aux divers inculpés,

» Les condamne, savoir : Cusin, à trois années d'emprisonnement, 5,000 fr. d'amende ; Berryer, à deux années d'emprisonnement, 5,000 d'amende ; Legendre, à une année d'emprisonnement, 2,000 fr. d'amende ; Duchêne de Vère, à six mois d'emprisonnement ;

» Statuant sur les conclusions prises par les administrateurs provisoires des Docks, en leur qualité de parties civiles ;

» Attendu qu'un préjudice a été causé, et que le Tribunal a les éléments nécessaires pour apprécier au moins en partie ;

» Condamne Cusin et Legendre à restituer aux parties civiles les actions d'obligations des Sociétés de Pont-Remy et de Javel, qui sont reconnues avoir été acquises avec les sommes provenant de la Société des Docks Napoléon ; Cusin et Legendre, à restituer aux parties civiles la quantité de 42,176 actions qui ont été détournées par eux de la caisse de la Société des Docks, sinon à en payer la valeur au prix d'émission ; Cusin, Legendre et Duchêne de Vère, à restituer aux parties civiles 32,000 actions de la Société des Docks par eux remises à Fox et Henderson, sinon à en payer la valeur au prix d'émission ; Arthur Berryer, à payer aux parties civiles, à titre de restitution, la somme de 130,000 fr., montant des sommes par lui reçues ;

» En ce qui touche le surplus des conclusions posées par les parties civiles ;

» Attendu que le Tribunal n'a pas les éléments nécessaires pour les apprécier ;

» Déclare n'avoir à statuer à cet égard, sauf aux parties civiles à se pourvoir ainsi qu'elles aviseront, tant contre Cusin, Legendre et Compagnie, que contre tous autres ;

» Condamne Cusin, Legendre, Duchêne de Vère et Berryer, aux frais solidairement, lesquels sont taxés et liquidés à la somme de 10,281 fr. 50 cent., sur lesquels il a été avancé par le Trésor public 246 fr. 10 cent. ; fixe à une année la durée de la contrainte par corps en faveur du Trésor public, pour le recouvrement des amendes et des frais ci-dessus;

» Fixe à une année la durée de la contrainte par corps qui pourra être exercée par les parties civiles;

» Déclare les parties civiles, ès-noms, personnellement tenues des frais avancés par le Trésor, sauf leur recours de droit contre les condamnés. »

PROCÈS DES DOCKS NAPOLÉON.

SUPPLÉMENT.

COUR IMPÉRIALE DE PARIS. (Chambre Correctionnelle.)

PRÉSIDENCE DE M. ZANGIACOMI.

MM. Cusin, Legendre, Duchêne de Vère et Berryer ont interjeté appel du jugement qui les avait condamnés.

De leur côté, les administrateurs provisoires représentant la Société des Docks ont, en qualité de parties civiles, appelé de la disposition du jugement qui avait acquitté M. Orsi.

M. le Procureur général a aussi appelé *à minimâ* contre M. Cusin, et au principal contre M. Orsi.

Dans cet état, la cause est venue à la chambre des appels correctionnels de la Cour impériale, aux audiences du 23 avril et jours suivants.

Le rapport sur l'affaire a été présenté à la Cour par M. le conseiller Perrot de Chezelles.

M. Roussel, avocat général, a porté la parole contre les prévenus ; et M. le Procureur général Waïsse, qui a assisté en personne à tout le débat, a soutenu la prévention dans une énergique réplique.

Les parties civiles ont été assistées de Me Naudot, leur avoué ; et Me Henry Celliez, leur avocat, a plaidé pour faire valoir leur appel contre M. Orsi.

Les prévenus étaient aussi assistés des mêmes défenseurs qu'en première instance, MM. Nibelle, Dufaure, Nogent Saint-Laurens, Grévy et Marie.

Les débats ont reproduit les moyens respectivement présentés devant le tribunal, en sorte que l'on ferait double emploi en l'analysant ici. Ils ont rempli les audiences des 22, 23, 24, 25, 27 et 28 avril. L'affaire a été alors remise pour la plaidoirie de Me Marie, qui venait d'être subitement affligé d'une perte de famille. Elle a occupé les audiences des 15, 16, 18 mai. Le 19 mai, la Cour a rendu un arrêt ainsi conçu :

« La Cour reçoit le Procureur impérial près le tribunal de la Seine, appelant *à minimâ* contre Cusin, et au principal contre Orsi, de la sentence rendue le 7 mars dernier par ce tribunal ;

» Reçoit également les parties civiles, ainsi que Cusin, Legendre, Duchêne de Vère et Berryer, appelants de la même sentence ;

» En ce qui touche les délits d'abus de confiance imputés à Cusin, Legendre et Duchêne de Vère :

» Considérant que les gérants des Sociétés de commerce anonymes ou en

31

commandite sont de véritables mandataires à l'égard des associés de qui ils tiennent leurs pouvoirs, qu'ils représentent et à qui ils doivent compte de leur gestion, et se rendent coupables d'abus de confiance toutes les fois que, frauduleusement, ils détournent des sommes ou des valeurs sociales à eux confiées à raison du mandat qu'implique leur qualité de gérant ;

» Que les détournements d'actions et de sommes d'argent imputés à Cusin, Legendre, Duchêne de Vère, ont d'ailleurs eu lieu en abusant d'un mandat exprès que l'article 63 de l'acte de Société du 12 octobre 1852 a conféré à Cusin, Legendre et Duchêne de Vère pour organiser et faire fonctionner, comme mandataires de tous les intéressés, l'entreprise des Docks en attendant l'homologation de la Société anonyme;

» Que de l'instruction et des débats il résulte la preuve :

» 1° Que Cusin et Legendre ayant reçu comme administrateurs-directeurs des Docks et banquiers de la Société des Docks, d'actionnaires nombreux ayant répondu à leur appel et des entrepôts de douanes anciens ayant été acquis et ayant fonctionné pour la Société des Docks, des sommes qui s'élèvent à plus de 15 millions de francs dont la destination spéciale était le payement des terrains, des travaux et des dépenses diverses nécessaires pour l'organisation des Docks, ont en 1853, 1854 et 1855 détourné et dissipé une partie importante de ces fonds, notamment en les appliquant, contre le vœu de leur mandat, à des entreprises chanceuses de la maison de banque *l'Union commerciale* dont Cusin et Legendre étaient gérants, en les jetant aux fabriques de Pont-Remy et Javel en vue d'avantages à eux tout personnels, et en les employant à faire des avances considérables en prétendus comptes courants à eux-mêmes et à Berryer ;

» 2° Que Cusin, Legendre et Duchêne de Vère, concessionnaires et administrateurs-directeurs des Docks, ont en 1854, au moyen de traités frauduleux avec la maison Fox et Henderson, de Londres, ayant été négociés à Londres par Berryer, mais ayant été arrêtés, signés et consommés à Paris, prélevé et détourné, au préjudice de la Société des Docks, 14,400 actions représentant au pair une valeur de 1,800,000 fr., en se faisant attribuer lesdites 14,400 actions à titre de remise sur le prix des travaux de construction concédés à la maison Fox et Henderson à des prix exagérés, et les retenant sur une avance de 32,000 actions sur lesdits travaux, avances de nature à compromettre sous tous les rapports les intérêts de la Société des Docks;

» 3° Que clandestinement Cusin et Legendre ont encore, en 1854 et 1855, détourné et dissipé, au préjudice de la Société des Docks, 42,176 actions à eux confiées, comme les 32,000 actions dont il vient d'être parlé, comme mandataires de la Société, en détachant de la souche lesdites actions non libérées par le versement de partie de leur capital, les faisant vendre par des prête-noms ou sous des noms supposés, à perte, et sans compter à la Société les prix de vente obtenus ;

» Que vainement Cusin et Legendre allèguent qu'ils se sont crus autorisés à disposer des fonds à eux confiés sous leur responsabilité, et se sont considérés comme souscripteurs et propriétaires des actions de la Société des Docks non souscrites par des tiers ;

» Qu'il y a abus de confiance par tout mandataire, lorsqu'au temps où il détourne ou dissipe les fonds ou valeurs qui lui sont confiés dans un but déterminé, il a, ou devait avoir la conscience qu'à raison de sa situation il ne pourrait les représenter ;

» Que les concessionnaires ne pouvaient devenir propriétaires des actions non souscrites par des tiers qu'en s'en déclarant souscripteurs par un acte ostensible donnant à la Société des Docks un titre synallagmatique contre eux et en satisfaisant à l'obligation imposée à tous par les statuts de verser préalablement la moitié du capital de chaque action ;

» Que Cusin, Legendre et Duchêne de Vère ne pouvaient se dissimuler l'impuissance où était la maison de banque *l'Union commerciale*, et où chacun d'eux était personnellement, de faire face à la restitution des fonds, aux versements et au payement du prix des actions dont ils ont disposé indûment ;

» Qu'ainsi Cusin, Legendre et Duchêne de Vère ont été justement déclarés coupables d'avoir, en 1853, 1854 et 1855, détourné, au préjudice des actionnaires des Docks propriétaires, des sommes et actions qui leur avaient été confiées comme mandataires, à charge de les rendre ou d'en faire un emploi déterminé, délit prévu par l'article 408 du Code pénal ;

» En ce qui touche le délit d'escroquerie, dont Cusin et Legendre ont été déclarés coupables :

» Considérant que la vente à des tiers de 42,176 actions, dont le détournement constitue un abus de confiance au préjudice de la Société des Docks, est elle-même constitutive d'une escroquerie au préjudice des tiers qui ont acheté lesdites actions; qu'en effet les acquéreurs de ces actions les ont acceptées, trompés par des manœuvres frauduleuses sur les conditions dans lesquelles elles étaient livrées :

» Que de l'instruction et des débats il résulte que, dans les trois années qui ont précédé les poursuites, en 1853, 1854 et 1855, Cusin et Legendre ont persisté à faire usage de la fausse déclaration de constitution de la Société du 20 novembre 1852, ont renouvelé les mensonges de cette déclaration; qu'ils ont cherché à persuader qu'il s'agissait d'actions anciennes régulièrement émises, libérées de la moitié de leur capital avant leur délivrance et donnant des droits dans une Société constituée et viable, ce en faisant vendre les actions par des prête-noms ou sous des noms supposés, en livrant des titres ayant déjà circulé, rentrés dans leurs mains par voie d'échange, et des titres salis à dessein; qu'il y a eu ainsi remise de fonds obtenus à l'aide de manœuvres frauduleuses employées pour faire naître des espérances chimériques, et la réunion des diverses circonstances qui constituent le délit d'escroquerie prévu par l'article 405 du Code pénal;

» Qu'en conséquence, il a été fait à Cusin et à Legendre une juste application des peines prononcées par ledit article ;

» En ce qui touche Orsi :

» Considérant que la prévention, en ce qui concerne les chefs d'abus de confiance et d'escroquerie, résultant du détournement et de la vente de 42,176 actions que Cusin-Legendre ont indûment détachées de la souche et fait vendre, sans les avoir libérées et sans en avoir rapporté le prix, n'est point établie contre Orsi, qui, entré plus tard dans l'affaire, a été étranger aux fraudes qui ont présidé à la constitution de la Société des Docks, et a pu de bonne foi reporter et vendre comme mandataire de la maison de banque *l'Union commerciale* les actions qu'il a reportées et vendues sur l'ordre de cette maison, qui, à sa connaissance et même par son intermédiaire, avait racheté un grand nombre d'actions des Docks, soit par spéculation, soit pour en soutenir les cours ;

» Mais que de l'instruction et des débats il résulte que Orsi a en France, en janvier et juillet 1854, coopéré à la négociation et à la consommation des traités Fox et Henderson, stipulant au profit des concessionnaires, personnellement, une remise secrète de 14,400 actions ou 1,800,000 francs ;

» Qu'Orsi ne présente pas une excuse admissible par la Cour en alléguant que dans ces traités il n'a vu qu'un moyen de couvrir des pertes qui s'opposaient à l'obtention de l'autorisation de la Société anonyme ;

» Que, d'une part, il n'est pas justifié qu'à l'époque des traités Fox et Henderson, les pertes s'élevassent à 1 million 800,000 fr., montant de la remise accordée aux concessionnaires ;

» Que, d'autre part, Orsi, membre de l'administration des Docks, ne pouvait se dissimuler que les traités Fox et Henderson, suivis des fausses écritures qui ont été passées en conséquence de ces traités, en admettant qu'elles n'eussent pas pour objet de préparer de nouveaux détournements, devaient avoir pour résultat de consommer des détournements préexistants en les masquant et en couvrant la responsabilité de leurs auteurs ;

» Que la circonstance alléguée qu'Orsi n'aurait pas profité des traités Fox et Henderson n'effacerait pas la responsabilité légale qu'il a encourue en coopérant avec connaissance à un acte de sa nature frauduleux et dommageable pour des tiers ;

» Qu'en conséquence Orsi doit être déclaré coupable de s'être, en 1854, rendu complice de l'abus de confiance commis par Cusin, Legendre et Duchène de Vère, par le détournement, au préjudice de la Société des Docks, de la remise de 14,400 actions obtenues à l'aide des traités Fox et Henderson, sinon en recélant sciemment tout ou partie des actions obtenues, au moins en aidant et en assistant avec connaissance les auteurs des détournements dans les faits qui les ont préparés, facilités et consommés ;

» Qu'en ce faisant, Orsi s'est rendu coupable du délit prévu et puni par les articles 57, 60 et 408 du Code pénal ;

» A l'égard d'Arthur Berryer, en ce qui touche le recel :

» Considérant que la prévention de complicité par voie de recel, dans les faits d'abus de confiance imputés à Berryer, n'implique pas nécessairement de sa part l'inculpation de corruption en tant que fonctionnaire public ;

» Considérant que, même en admettant que ce dernier pût, en raison de sa situation auprès de la Société des Docks, non encore autorisée ni constituée en Société anonyme, être considéré comme fonctionnaire public, il n'est pas suffisamment établi qu'il ait, en cette qualité, agréé des offres ou promesses, ou reçu des dons ou présents pour faire un acte quelconque de sa fonction ou pour s'en abstenir ;

» Considérant qu'il résulte des faits et circonstances du procès que Berryer a reçu, en dehors de sa qualité et comme personne privée, non pour faire un acte de sa fonction ou pour s'en abstenir, des sommes qu'il savait détournées de la caisse de ladite entreprise par Cusin et Legendre qui en étaient gérants, et s'est par là rendu coupable du délit de complicité par voie de recel relevé à sa charge par les premiers juges, et prévu par les articles 59, 62, 406 et 408 du Code pénal ;

» Que les faits de complicité des mêmes abus de confiance par aide et assistance imputés à Berryer doivent être écartés, soit parce qu'ils ne sont pas suffisamment établis, soit parce que, comme ceux relatifs au traité Fox et Henderson, s'étant, quant à Berryer, personnellement passés en Angleterre et constituant de simples délits, ils ne seraient pas, aux termes de l'article 7 du Code d'instruction criminelle, justiciables des Tribunaux français ;

» Qu'en conséquence il n'y a lieu d'admettre l'exception d'incompétence présentée par Berryer ;

» En ce qui touche les conclusions des parties civiles :

» Considérant que rien ne s'oppose au maintien de la restitution ordonnée par les premiers juges des actions des Docks détournées, dont le compte est liquide et n'intéresse que les parties en cause ;

» Que l'article 55 du Code pénal, qui déclare qu'à titre de peine et réparation tous ceux qui sont condamnés pour un même crime ou délit sont solidairement responsables des restitutions comme des amendes et frais, suite de ces crimes ou délits, sans égard à la part de profit que les auteurs des crimes ou délits ont pu en retirer, alors même qu'ils n'ont retiré aucun avantage du préjudice auquel ils ont contribué par leur faute, ne permet pas de ne pas accueillir les conclusions des parties civiles, tendantes à ce que Orsi soit solidairement condamné à la restitution des actions, objet des traités Fox et Henderson ;

» Sur la restitution des actions, objet des traités Fox et Henderson :

» Considérant que le traité Fox et Henderson ne présente de délictueux que la clause secrète dudit traité stipulant la remise aux concessionnaires, à titre de rabais sur les travaux à effectuer, de 14,400 actions ; que c'est uniquement à la restitution de ces 14,400 actions frauduleusement détournées au préjudice de la Société des Docks que les concessionnaires et Orsi, déclaré leur complice à raison de ce fait, doivent être condamnés par la juridiction correctionnelle, qui ne peut statuer que sur les réparations à accorder pour des délits ;

» Sur la restitution des actions et obligations des fabriques Javel et Pont-Remy et du montant du compte courant de Berryer dans la maison de banque *l'Union commerciale* :

» Considérant que, relativement auxdites restitutions, il y a à faire entre les parties un compte dont les éléments ne sont pas présentés à la Cour ; que ce compte est nécessairement à débattre avec les représentants actuels de la maison de banque *l'Union commerciale*, qui ne sont pas en cause et paraissent être en instance avec les administrateurs des Docks devant une autre juridiction ; que déjà les parties civiles, qui n'ont pas interjeté appel de ce chef, ont été renvoyées à se pourvoir sur l'établissement du déficit à la charge de Cusin et Legendre sur les sommes d'argent de la recette desquelles la maison de banque doit être débitée pour l'émission de 120,000 actions et diverses recettes pour les Docks, et l'apurement des sommes prélevées par Cusin et Legendre sur les valeurs détournées au préjudice des Docks ; que ces comptes connexes seront plus utilement débattus ensemble entre tous les intéressés ;

» En ce qui touche les peines : Que celles d'emprisonnement prononcées contre Cusin, Legendre et Berryer, ont justement été proportionnées à leur degré de culpabilité ;

» Que, mal à propos, et contrairement aux dispositions de l'article 365 du Code d'instruction criminelle portant qu'en cas de conviction de plusieurs crimes ou délits, la peine la plus grave sera seule prononcée, Cusin, passible des peines prononcées pour l'escroquerie par l'article 405 du Code pénal, peines moins sévères, quant à l'amende, mais plus graves dans leur ensemble que les peines édictées par l'article 408 du même Code contre l'abus de confiance, a été frappé d'une amende de 5,000 francs supérieure à celle que permet l'article 405 ; qu'en conséquence, il y a lieu de réduire l'amende prononcée par les premiers juges contre Cusin ;

» Qu'eu égard aux circonstances reconnues par la Cour, il y a lieu aussi de modérer les amendes prononcées contre Berryer et Duchêne de Vère ;

» En ce qui touche les frais :

» Considérant que les premiers juges ont à tort déclaré Cusin, Legendre, Duchêne de Vère et Berryer solidaires de tous les frais occasionnés par divers délits auxquels tous les condamnés n'ont pas pris part ; que la solidarité, aux termes de l'article 55 du Code pénal, doit être prononcée seulement entre condamnés pour mêmes crimes et délits ; que, dans la distribution des frais et pour la solidarité, il y a lieu d'avoir égard au nombre de faits dont chacun des inculpés s'est rendu coupable comme auteur ou complice ;

» La Cour, sans s'arrêter à l'exception d'incompétence présentée par Berryer, laquelle est rejetée, a mis et met au néant les appellations et ce dont est appel, en ce que Orsi a été renvoyé des fins de la plainte ; en ce que Berryer a été déclaré coupable de s'être, par aide et assistance, rendu complice des abus de confiance commis par Cusin, Legendre et Duchêne de Vère; en ce qui concerne le montant des amendes contre Cusin, Duchêne de Vère et Berryer; en ce que les premiers juges ont ordonné la restitution de 32,000 actions pour réparation du traité Fox et Henderson ; en ce qui concerne la solidarité pour les dépens prononcés entre des condamnés non déclarés tous coupables des mêmes délits et aussi en ce que le jugement ordonne la restitution des actions et obligations de Javel et de Pont-Remy, et fixe la restitution contre Arthur Berryer ;

» Émendant quant à ce,

» Faisant à Orsi application des art. 408, 406, 59 et 60 du Code pénal, desquels il a été donné lecture par le Président, et qui sont ainsi conçus :

« ART. 408. — Quiconque aura détourné ou dissipé, au préjudice des pro-
» priétaires, possesseurs ou détenteurs, des effets, deniers, marchandises, billets,
» quittances ou tous autres écrits contenant ou opérant obligation ou décharge,
» qui ne lui auraient été remis qu'à titre de louage, de dépôt, de mandat, ou pour
» un travail salarié ou non salarié, à la charge de les rendre ou représenter, ou
» d'en faire un usage ou un emploi déterminé, sera puni des peines portées en
» l'article 406. — Si l'abus de confiance prévu et puni par le précédent para-
» graphe a été commis par un domestique, homme de service à gages, élève,
» clerc, commis, ouvrier, compagnon ou apprenti, au préjudice de son maître,
» la peine sera celle de la réclusion. — Le tout sans préjudice de ce qui est dit
» aux articles 254, 255 et 256, relativement aux soustractions et enlèvements
» de deniers, effets ou pièces, commis dans les dépôts publics.

» ART. 406. — Quiconque aura abusé des besoins, des faiblesses ou des
» passions d'un mineur pour lui faire souscrire à son préjudice des obliga-
» tions, quittances ou décharges, pour prêt d'argent ou de choses mobilières,
» ou d'effets de commerce ou de tous autres effets obligatoires, sous quelque

» forme que cette négociation ait été faite ou déguisée, sera puni d'un empri-
» sonnement de deux mois au moins, de deux ans au plus, et d'une amende
» qui ne pourra excéder le quart des restitutions et des dommages-intérêts qui
» seront dus aux parties lésées, ni être moindre de 25 francs. — La disposition
» portée au second paragraphe du précédent article pourra de plus être appliquée.
  » ART. 59. — Les complices d'un crime ou d'un délit seront punis de la
» même peine que les auteurs mêmes de ce crime ou de ce délit, sauf les cas
» où la loi en aurait disposé autrement.
  » ART. 60 — Seront punis comme complices d'une action qualifiée crime
» ou délit ceux qui, par dons, promesses, menaces, abus d'autorité ou de
» pouvoir, machinations ou artifices coupables, auront provoqué à cette action
» ou donné des instructions pour la commettre ; — ceux qui auront procuré
» des armes, des instruments ou tout autre moyen qui aura servi à l'action,
» sachant qu'ils devaient y servir ; — ceux qui auront, avec connaissance, aidé
» ou assisté l'auteur ou les auteurs de l'action dans les faits qui l'auront pré-
» parée ou facilitée, ou dans ceux qui l'auront consommée, sans préjudice des
» peines qui seront spécialement portées par le présent Code contre les auteurs
» de complots ou de provocations attentatoires à la sûreté intérieure ou exté-
» rieure de l'État, même dans le cas où le crime qui était l'objet des conspi-
» rateurs ou des provocateurs n'aurait pas été commis ; »
  » Condamne Orsi à trois mois d'emprisonnement et 100 fr. d'amende ; le
condamne par corps, solidairement avec Cusin, Legendre et Duchêne de Vère,
à restituer aux parties civiles 14,400 actions de la Compagnie des Docks,
sinon à en payer la valeur au cours de ce jour ;
  » Renvoie Orsi du surplus des fins de la plainte ;
  » Renvoie Berryer des fins de la plainte et le décharge, en ce qui concerne
la complicité, par aide et assistance, des abus de confiance commis par Cusin,
Legendre, Duchêne de Vère et Orsi ;
  » Réduit à 14,400 le nombre des actions dont Cusin, Legendre et Duchêne
de Vère doivent opérer la restitution, à raison de la remise stipulée dans le
traité Fox et Henderson ; les droits des parties civiles réservés à raison
de la responsabilité de la faute que les concessionnaires ont pu commettre en
délivrant 17,600 actions à Fox et Henderson ;
  » Dit qu'à défaut de la remise des actions à restituer par eux, Cusin,
Legendre et Duchêne de Vère restitueront aux parties civiles la valeur des-
dites actions, non au cours d'émission, mais au cours de ce jour ;
  » Réduit à 3,000 fr. l'amende prononcée contre Cusin, à 2,000 fr. l'amende
prononcée contre Berryer, à 1,000 fr. l'amende prononcée contre Duchêne
de Vère ;
  » Décharge Cusin, Legendre et Berryer des restitutions ordonnées par les
premiers juges, à l'exception de celles des actions des Docks détournées ;
  » Relativement aux restitutions des actions et obligations de Pont-Remy et
Javel, et des sommes reçues en compte courant par Berryer sur les valeurs
détournées au préjudice de la Société des Docks,
  » Renvoie les parties civiles à se pourvoir ainsi qu'elles aviseront, tous
droits des parties et des tiers réservés ;
  » Le jugement dont est appel sortissant, au surplus, effet :
  » Ordonne que, des dépens de première instance et d'appel, trois neuvièmes

seront supportés par Cusin, trois neuvièmes par Legendre, un neuvième par Orsi, un neuvième par Berryer, un neuvième par Duchêne de Vère ;

» Déclare que Cusin et Legendre seront tenus solidairement de tous les dépens ; que Duchêne de Vère et Orsi seront tenus solidairement entre eux du neuvième mis à la charge de chacun d'eux et d'un tiers des dépens particuliers à la charge de Cusin et de Legendre ; que Berryer sera tenu solidairement d'un tiers des dépens mis à la charge particulière de Cusin et Legendre ;

» Condamne Cusin , Legendre , Duchêne de Vère , Orsi et Berryer, par corps, au payement desdits dépens ;

» Fixe à une année la durée de la contrainte par corps qui pourra être exercée contre Orsi pour le recouvrement de l'amende et des dépens mis à sa charge, et aussi de la restitution prononcée contre lui au profit des parties civiles ;

» Déclare les parties civiles responsables, suivant la loi, des frais du procès envers l'État, sauf leurs recours contre les condamnés ;

» Liquide les dépens, etc. »

COUR DE CASSATION. (CHAMBRE CRIMINELLE.)

PRÉSIDENCE DE M. LAPLAGNE-BARRIS.

MM. Legendre et Arthur Berryer se sont pourvus en Cassation contre l'arrêt du 19 mai.

Ils ont chargé de leur défense Mᵉ ACHILLE MORIN. Les administrateurs provisoires des Docks ont confié les intérêts de la Société, comme partie civile, à Mᵉ LÉON BRET.

M. Arthur Berryer, qui n'avait point été mis en état d'arrestation, a présenté une requête pour être autorisé à demeurer en liberté sous caution ; car en matière de délits punis de peines correctionnelles, on n'est admis à soutenir le pourvoi qu'autant qu'on justifie que l'on a commencé à exécuter l'arrêt en se constituant prisonnier.

La Cour impériale, en chambre du conseil, a examiné la requête de M. Berryer et les observations des administrateurs des Docks, représentés par leur avoué. La loi exige qu'en cas de condamnation pécuniaire, le chiffre de la caution soit fixé au triple du montant de la condamnation. Ici l'arrêt du 19 mai, modifiant le jugement, avait renvoyé à compter sur le chiffre des restitutions dues par M. Berryer, tout en maintenant le principe de ces restitutions par la disposition qui confirme la condamnation pour recel. Il n'y avait donc pas lieu d'appliquer le triple. Mais la Cour avait, dans l'évaluation des premiers juges et dans les documents du débat, des éléments suffisants pour estimer la somme réellement due par M. Berryer en principal , intérêts et frais. Elle a fixé le chiffre de la caution à 145,000 fr.

A l'audience du 23 juillet, la Cour de cassation a fait appeler le pourvoi. Mais M Legendre s'était désisté, et M. Berryer ne s'était pas mis *en état* en se constituant prisonnier ou en fournissant caution.

En conséquence, la Cour, sur le rapport de M. le conseiller LEGAGNEUR et les conclusions conformes de M. l'avocat général GUYHO, a donné acte du désistement de M. Legendre et a déclaré M. Arthur Berryer déchu de son pourvoi.

Paris. — Imprimerie de L. MARTINET, rue Mignon, 2.

TABLE DES MATIÈRES.

TABLE DES MATIÈRES.

www.ingramcontent.com/pod-product-compliance
Lightning Source LLC
Chambersburg PA
CBHW031623210326
41599CB00021B/3270